海丰 2014 年鉴

HAIFENGYEARBOOK

中共海丰县委
海丰县人民政府　主办
海丰县人民政府地方志办公室　编

方志出版社
Publishing House of Local Records

图书在版编目（CIP）数据

海丰年鉴．2014/海丰县人民政府地方志办公室编．—北京：方志出版社，2014.9
ISBN 978-7-5144-1378-6

I. ①海…II. ①海…III. ①海丰县—2014—年鉴
IV. ① Z526.54

中国版本图书馆 CIP 数据核字（2014）第 223740 号

海丰年鉴（2014）

编　　者：海丰县人民政府地方志办公室
责任编辑：罗　滔

出 版 人：冀祥德
出 版 者：方志出版社
　　　　　地址　北京市朝阳区潘家园东里 9 号（国家方志馆 4 层）
　　　　　邮编　100021
　　　　　网址　http://www.fzph.org
发　　行：方志出版社发行中心
　　　　　电话　（010）67110500
经　　销：各地新华书店
印　　刷：深圳市佳信达印务有限公司

开　　本：889mm × 1194mm　1/16
印　　张：33.5
字　　数：969 千字
版　　次：2014 年 9 月第 1 版　2014 年 9 月第 1 次印刷
印　　数：1~2500 册

ISBN 978-7-5144-1378-6/K · 1124　　定　价：226.00 元

编辑说明

一、《海丰年鉴·2014》是中共海丰县委、海丰县人民政府主办的大型地方综合年鉴，是一部融思想性、科学性和资料性于一体的实用工具书，由《海丰年鉴》编纂委员会组织实施，县人民政府地方志办公室、《海丰年鉴》编辑部编辑，方志出版社出版发行。

二、《海丰年鉴·2014》以马克思列宁主义、毛泽东思想、邓小平理论和‘三个代表’重要思想为指导，全面贯彻落实科学发展观，坚持辩证唯物主义和历史唯物主义的立场、观点和方法；坚持实事求是的原则，全面、系统、翔实地记述2013年海丰县自然、政治、经济、文化、社会的基本面貌和发展情况，为“资治、存史、教化”服务，为各级领导决策服务，为广大读者掌握信息、积累资料、了解海丰服务。

三、本卷年鉴卷首设彩页、特载、大事记。卷尾附录设有统计资料、专记和报刊文摘。本卷年鉴配备双重检索系统，正文前有目录、正文后有索引，索引按照主题词首字汉语拼音字母顺序排列。为适应时代发展的要求，有利于阅读和对外宣传。年鉴出版同时制作电子版光盘。

四、本卷年鉴的主体内容采用栏目、分目、子目、条目四级结构层次，栏目有：概况、政治、经济、科教文卫体、社会生活、区镇概况、先进人物与先进集体。条目为基本记述实体，全书共设条目982个。年鉴主体内容附配插图，图文并茂地反映海丰社会经济发展面貌。

五、本卷年鉴在卷首设“数字海丰”专页，旨在突出反映海丰县2013年国民经济和社会发展的重要数据。政务视窗彩页按时间顺序编排。

六、本卷年鉴所记述的资料，分别由海丰县各有关部门负责提供，并经所在单位领导审定。年鉴所用的统计数字，采用县统计局快报数或撰稿单位数据，使用时应以县统计局公布的《社会经济统计资料》中的数字为准。

七、本卷年鉴的编纂工作得到县委、县政府的高度重视和县直各单位、各镇场、社会各界的大力支持，谨此，表示真诚的感谢。由于年鉴编纂工作涉及面广、时间紧迫，书中纰漏之处在所难免，敬请各界人士批评指正。

海丰年鉴编纂委员会

2014年2月26日海委办〔2014〕19号文调整

名誉主任：沈木荣

主　　任：陈德忠

副 主 任：许信咏　廖汉生　叶胜勇　蔡　忠

委　　员：陈建东　罗展峰　黄剑雄　吴远峰　林国强　张文亮

谢立群　郑永城　郭庆寿　林国义　张翰文　颜荣林

陈容生　何秀山　卢小娟　林建军　刘城芳　李小平

黄大毅　吴敬耀　黄辉流

编委会下设海丰年鉴编辑部，由许信咏任主编、蔡忠任执行主编，负责海丰年鉴编纂工作。

海丰年鉴编辑部

2012年4月16日海府办函〔2012〕20号文批复

主　　　编：许信咏

执 行 主 编：蔡　忠

执行副主编：叶玉坤

总　　　纂：赵　辉

编　　　审：黄俊仁

编　　　辑：吕奋腾　方楚华　张梅春　黄群彬　余景新

编　　　务：林巧惠

《海丰年鉴·2014》撰稿人名单

（按姓氏笔画排序）

马　民	马泽民	马泽奇	马泽葵	马家川	马斯力	王小明	王富海
方楚华	方武会	邓伟斌	朱华斌	龙信荣	叶　琪	叶　娜	叶玉坤
叶克好	叶军声	叶楚东	冯琬舒	吕以实	吕锦佳	庄瑞军	庄焕新
刘少予	刘建辉	刘诗章	刘德新	刘锦琪	刘思捷	许竞跃	许海明
许镇奎	孙云山	苏少楠	杜少明	杜俊刚	李　艺	李立文	李伯仪
李向东	李碧良	李海明	李海膑	李智荣	杨乐娜	杨靖海	何海平
吴小川	吴文达	吴远峰	吴书滨	吴贤圳	吴家海	邱佳文	余晓亮
余威娜	余景新	余海洋	张志刚	张泗忠	张梅春	张增祥	张瀚骏
陈　川	陈力维	陈广真	陈小明	陈土财	陈仁耀	陈仕明	陈汉武
陈尔松	陈北洋	陈少锐	陈泽忠	陈启航	陈炯城	陈孝光	陈学胜
陈冬妮	陈伊拉	陈寿浩	陈秋荣	陈楚文	陈晓彬	陈高贤	陈智军
陈建东	陈卓如	陈海平	陈海鸣	陈智辉	陈俊超	陈锡坤	陈耀华
招秉纬	林　望	林小明	林仁涛	林汉利	林加樟	林时伟	林学强
林学愚	林泽远	林海榕	林嘉良	林储武	林镇城	林基谋	林坤国
林雅棠	卓晖山	罗挺中	罗展平	罗泽奇	罗争鸣	周初现	郑江利
郑晓峰	郑碧山	郑凯旋	郑建程	赵启辉	柯以捷	柯明文	钟秀业
施圣悦	施美华	洪海洋	姚汉斌	徐晓文	莫建中	倪素瑜	郭志峰
郭务民	郭丽生	郭耀鸿	唐海生	黄志雄	黄俊荣	黄永泰	黄群英
黄秩才	黄俊敏	黄德银	黄奕添	黄建平	黄信鑫	黄武海	黄晓程
黄振锋	黄晓曼	黄群彬	黄翰瑜	黄腾辉	黄保欣	黄振启	章为华
梁泽文	彭军科	彭成托	彭素珍	程少章	程传穆	程招焕	曾庆诗
曾宪阔	温海波	谢钊毅	谢耀富	赖小雷	蔡　忠	蔡小健	蔡华杰
蔡翠萍	蔡春婷	蔡春辉	蔡素芬	廖建峰	黎义华	黎智文	颜俊富
颜雅静	戴晓震						

广东省地图院 编制　　2014年11月

海丰县行政区划图

参考比例尺 1:250 000

本图取自本院编制的《汕尾市地图》，审图号：粤S（2014）007号

数字海丰·2013

总面积：1783.01 平方千米
常住人口：80.82 万人
户籍人口：82.55 万人
本地生产总值：221.7 亿元
其中：第一产业增加值：33.3 亿元
第二产业增加值：100.0 亿元
第三产业增加值：88.4 亿元
第一、第二、第三产业构成：15.0 ∶ 45.1 ∶ 39.9

人民币存款余额：148.3 亿元
人民币贷款余额：50.5 亿元
居民储蓄存款余额：122.6 亿元
职工人均工资：33485 元
居民人均可支配收入：18200 元
居民人均消费性支出：15216 元
居民家庭恩格尔系数：47.2%
农民人均经营性收入：2940.8 元

农民人均生活消费支出：8734.4 元
规模以上工业总产值：285.3 亿元
人均本地生产总值：2.75 万元
地方财政一般预算收入：13.2 亿元
地方财政一般预算支出：13.2 亿元
全社会固定资产投资：223.9 亿元
社会消费品零售总额：198.3 亿元
商品出口总额：68400 万美元
商品进口总额：3.399 万美元
实际利用外资：7065 万美元
货物运输量：1250 万吨
医院床位数：2623 张
卫生技术人员：2969 人
供电总量：12.03 亿千瓦小时

（海丰县统计局）

海丰烈士陵园广场

2013年1月28日，县委书记沈木荣（中）、代县长陈德忠（右一）、县委常委刘剑平（左一）慰问消防官兵

2013年1月30日，县委书记沈木荣（左一）慰问贫困户

2013年2月4日，市长吴紫骊（左三）在县委副书记、代县长陈德忠（左二）等领导陪同下，深入海丰县黄羌镇坑联村检查扶贫“双到”工作

2014年3月5日，广东省国土资源厅李俊祥副厅长（右三）到海丰县调研

2013年3月6日，市委书记郑雁雄到赤石镇明热田园沐歌温泉旅游度假村调研

2013年3月12日，县委书记沈木荣，代县长陈德忠等县四套领导班子带领县直各机关单位干部职工及公安干警、武装部、消防、边防大队官兵和中学生代表共3000多人到县城牛黄山开展全民义务植树活动

2013年3月16日，县委、县政府在县迎宾楼会议厅隆重举行著名民俗学家、民间文学大师、现代散文作家、被誉为“中国民俗学之父”的钟敬文先生诞辰110周年纪念大会

2013年3月16日，县委书记沈木荣在钟敬文诞辰110周年纪念大会上致辞

2013年3月16日，县委副书记、代县长陈德忠主持钟敬文诞辰110周年纪念大会

2013年3月16日晚，在“中国民俗学之父”钟敬文先生诞辰110周年纪念日之际，海丰县委、县政府主办的“海丰首届民俗文化节”在县体育场盛大开幕。县委书记沈木荣宣布：海丰首届民俗文化节开幕

2013年3月16日晚，在“中国民俗学之父”钟敬文先生诞辰110周年纪念日之际，海丰县委、县政府主办的“海丰首届民俗文化节”在县体育场盛大开幕。县委副书记、代县长陈德忠致辞

2013年3月16日晚，在“中国民俗学之父”钟敬文先生诞辰110周年纪念日之际，海丰县委、县政府主办的“海丰首届民俗文化节”在县体育场盛大开幕。县委副书记林建隆主持开幕仪式

①
② ③
④

2013年3月16日晚，在“中国民俗学之父”钟敬文先生诞辰110周年纪念日之际，海丰县委、县政府主办的“海丰首届民俗文化节”在县体育场盛大开幕

① 2013年3月16日，出席钟敬文先生诞辰110周年纪念大会的领导嘉宾在县迎宾楼合影

② 2013年3月17日上午，海丰县举办钟敬文学术思想座谈会。省内外民俗文化领域专家学者相聚海丰，研讨钟敬文学术思想，传承和发扬“中国民俗学之父”——钟敬文的学术精神。县委常委、宣传部长卢雁慧，钟敬文先生女儿钟宜，中国民俗学会顾问、中山大学教授叶春生等领导、专家学者参加座谈会

③ 2013年3月16日，海丰县委、县政府在海丰县博物馆隆重举行“中国民俗学奠基人——钟敬文生平图片展”。出席钟敬文先生诞辰110周年纪念大会的领导、嘉宾和社会各界人士参观图片展

2013年4月2日，市县党政领导以及海丰县各界人士代表在海丰烈士陵园举行扫墓活动

① 2013年3月29日，县委在县迎宾楼召开全县领导干部大会

② 2013年4月11日，市政协副主席，市旅游局局长吕珠龙（右三）调研海丰县赤石镇新厝林古寨旅游项目

③ 2013年4月12日，海丰县第十四届人民代表大会第三次会议开幕

④ 2013年4月24日，县委书记沈木荣（中）率县有关领导深入海丰县中等职业技术学校指导工作

⑤ 2013年5月15日，广东省农业厅蔡汉雄副厅长（右三）深入海丰县检查指导高标准基本农田建设工作和“三旧”改造工作

2013年5月19日，县委副书记、县长陈德忠（右三）深入梅陇镇指导梅陇西环路规划建设工作

2013年5月19日，县委副书记、县长陈德忠（左三）率领县委常委刘剑平（左四），副县长施流德（左二），县政府办公室、县水务局、县农业局、梅陇镇等有关领导到梅陇平安洞水库检查指导工作

2013年6月9日，省政府邓海光副省长（右一）、在汕尾市吴紫骊市长（右二）、洛金堤副市长（左四）、海丰县委书记沈木荣（右五）、县长陈德忠（右四）等领导的陪同下，到汕尾海堤海丰东关联安围加固达标工程调研指导

2013年6月17日，县委副书记、县长陈德忠（右一）深入梅陇镇指导梅陇西环路工程建设

2013年6月17日，县委副书记、县长陈德忠（右四）深入梅陇西环路建设工程现场指导工作

2013年6月27日,广东省教育厅副厅长王斌炜到海丰县调研民办教育工作

①

②

③

① 2013年6月27日，广东省教育厅副厅长王斌炜到海丰县仁荣中学调研

② 2013年7月22日上午，汕尾市人大常委会副主任吴友深（中）率市“六五”普法检查督导组到海丰县检查指导“六五”普法工作，县人大常委会副主任陈智景（后排右一）等领导陪同检查

③ 2013年7月30日，县委书记沈木荣（左一）等县领导参加军事活动日活动

④ 2013年7月30日，县委书记沈木荣（前左一）带领县四套班子成员到某军事基地参加军事日活动

⑤ 2013年8月5日，县委在县迎宾楼召开全县纪律教育学习月活动动员会

⑥ 2013年8月13日，汕尾市市长吴紫骊（右一），在县委书记沈木荣（前左二）、县长陈德忠（前左一）等领导陪同下到陈炯明都督府旧址调研

全县纪律教育学习月活动动员会
请勿吸烟
⑤

④

⑥

2013年8月17日，县长陈德忠（前左）在县三防指挥部主持召开抗击8・16特大暴雨灾情会商会,部署抗灾抢险工作

2013年8月17日晚，吴紫骊市长（中）在海丰县三防指挥部坐阵指挥防汛救灾工作

2013年8月22日，市委书记温国辉（前一）在县委书记沈木荣（前二）的陪同下到海丰县公平镇指导救灾复产工作

2013年8月22日上午，汕尾市委书记温国辉（右二）在县委书记沈木荣（右三）、汕尾市水务局局长陈永宁（右一）、副县长施流德（左二）等领导陪同下深入公平水库指导防洪工作

2013年9月23日，中共中央政治局委员、广东省委书记胡春华（左二）在市委书记温国辉（左一）、市长吴紫骊（右三）等市县党政领导的陪同下深入海丰县大湖镇石牌社区灾区考察

2013年9月23日，中共中央政治局委员、广东省委书记胡春华（左三），在市委书记温国辉（后排右二）和县长陈德忠（左一）等市、县领导的陪同下，深入大湖镇受灾群众家中了解情况

2013年9月24日，市委副书记陈央（右三），在县委副书记、县长陈德忠（左三）等领导的陪同下，深入海丰县平东镇绿港种养基地指导抗灾复产工作

2013年9月27日下午，汕尾市副市长李贤谋（左三）带领工作组在海丰县委常委刘剑平（左一）等的陪同下，到附城镇万和蔬菜批发市场实地察看灾情，指导灾后复产工作

2013年9月29日，海丰县委、县政府举行"南粤幸福周活动"启动仪式

2013年10月2日，县委书记沈木荣（中）深入赤石镇实地察看灾情，指导抗灾复产和全倒户房屋重建工作

① 2013年10月2日，县委书记沈木荣（中）深入赤石镇实地察看灾情，指导抗灾复产和全倒户房屋重建工作。县民政局局长黄小流（左）、赤石镇委书记吴筱聪（右）陪同

② 2013年10月12日，县委副书记、县长陈德忠（前右）在县委四楼迎宾厅接见前来海丰县慰问的深圳市龙岗区区长冯现学（前左）等一行

③ 2013年10月15日上午，省公安厅副厅长郑东（左三）在市局副局长李越（右二）和副县长、公安局长王楚雄（左四）等领导的陪同下深入县消防大队检查督导消防工作

④ 2013年10月31日，县委召开全县宣传思想工作会议

⑤ 2013年10月31日，县委书记沈木荣在全县宣传思想工作会议上作重要讲话

⑥ 2013年11月7日下午，县委副书记、县长陈德忠（右二）在县委常委刘剑平（左二）、县交通运输局局长黄坚如（右一）、赤石镇委吴筱聪书记（左一）等陪同下，深入潮惠高速公路莲花山一号隧道检查指导工作

①

②

③

④

⑤

⑥

2013年11月14日，汕尾市人民政府市长吴紫骊（左二）在县长陈德忠（左三）及市县林业部门负责人陪同下亲临造林绿化和森林防火工作挂钩联系点陶河镇调研新一轮绿化大行动工作

2013年11月14日，吴紫骊市长（中）深入海丰县陶河镇调研造林绿化与教育创强工作

2013年11月16日上午，市委书记温国辉（左五）在市委常委、宣传部长林涛，县委书记沈木荣，县委常委、组织部长陈紫光和镇委书记吴筱聪、镇长林永长等市、县、镇领导的陪同下深入赤石镇田园沐歌温泉旅游度假村调研

2013年11月16日，县长陈德忠（中）与浙江省海亮集团副总裁汪鸣签订海亮有机农业海丰项目

2013年11月17日，副市长刘小静（右六）、县委书记沈木荣（左五）等市县领导和彭湃中学校友，为彭湃中学校友陈芝强先生捐资兴建的科技楼举行奠基仪式

2013年11月17日海丰县彭湃中学建校100周年庆典活动

① 汕尾市副市长刘小静在彭湃中学百年校庆大会上讲话
② 县委书记沈木荣在彭湃中学百年校庆大会上致词
③ 县长陈德忠主持彭湃中学百年校庆大会
④ 彭湃中学百年校庆现场

①

②

③

④

⑤ 彭湃中学百年校庆会场全景

⑥ 彭湃中学百年校庆活动，校友为校庆献歌

2012年11月28日，县长陈德忠（前排左二）深入县卫生系统调研

2013年12月10日，县委书记沈木荣（前左二）、县委副书记林建隆（前左一）到海城镇新园社区调研创新社会管理工作

2013年12月11日，省十件民生实事水利建设项目督导组在组长梁裕明（右三）的带领下，由市水务局副局长肖瞻、县水务局局长刘英剑、县水务局副局长简健全和镇委书记吴筱聪等有关领导陪同，深入赤石河防洪整治工程现场检查工作

2013年12月12日，县委、县政府在迎宾楼召开海丰县新一轮绿化大行动工作会议

2013年12月27日，汕尾市副市长刘小静（前左三）深入海丰县中等职业技术学校指导工作

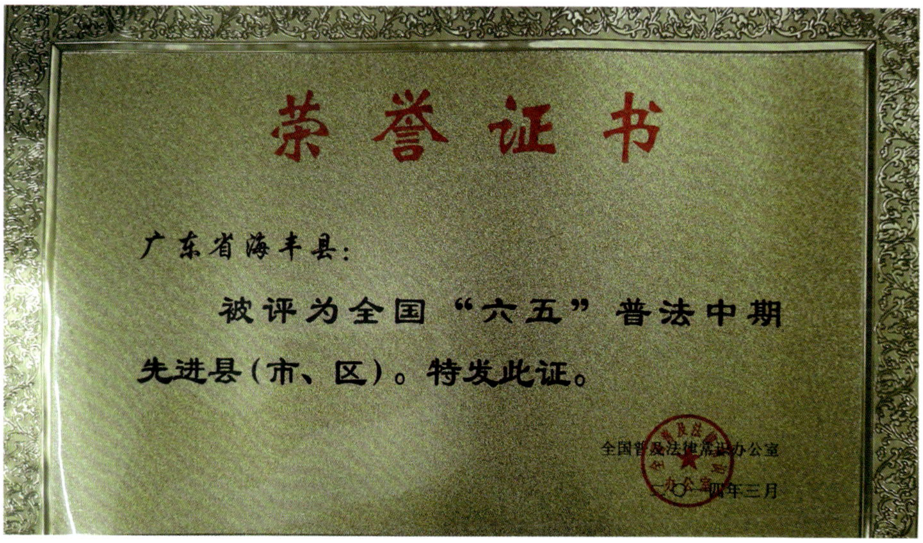

荣誉证书

广东省海丰县：

被评为全国"六五"普法中期先进县（市、区）。特发此证。

全国普及法律常识办公室

二〇一四年三月

海丰县被全国普及法律常识办公室评为全国"六五"普法中期先进县

①

①　全国首批重点文物保护单位——红场

②　马思聪故居

彭湃故居

全国首批重点文物保护单位——红宫

汕尾市文物保护单位——陈炯明都督府旧址

位于海丰县公平镇的钟敬文广场

海丰县赤石镇新厝林古寨一角

海丰县附城镇粉围村

海丰县莲花山——莲花叠翠

海丰县莲花山——银瓶瀑布

海丰县赤石镇五龙峰

海丰县文天祥公园

海丰县赤石镇新厝林古寨全貌

海丰县莲花山鸡鸣寺

海丰县鲘门海丽国际高尔夫球场

海丰县大湖鸟岛省级自然保护区

国际重要湿地——海丰县东关联安围

海丰县东关联安围红树林

海丰县大湖鸟岛
省级自然保护区

海丰县大湖镇风
光旖旎的十里银滩

海丰县联安镇田园风光

海丰县丽江水鸟

国家Ⅰ级保护动物——黑鹳

国家Ⅱ级保护动物——白琵鹭（左）与黑脸琵鹭

国家Ⅱ级保护动物——黑脸琵鹭

省级重点保护动物——白鹭

国家Ⅱ级保护动物——卷羽鹈鹕

展翅高飞，千姿百态

海丰县莲花山——空山秋韵

海丰县丽江

海丰县小漠镇南方澳度假村

海丰县金丽湾度假别墅

海丰县小漠镇南方澳度假村

海丰县西闸

海丰鲘门——惊涛拍岸

海丰县金丽湾

目　录

CONTENTS

政　治

经　济

教科文卫体

社会生活

区镇概况

先进人物与先进集体

附 录

特　载

Te zai

县城龙津河新貌

在县委十届二次全会上的讲话

（2013年2月5日）

海丰县委书记　沈木荣

同志们：

这次县委十届二次全会，主要任务是：全面贯彻党的十八大、习近平总书记视察广东重要讲话精神，以及省委十一届二次全会、市委六届二次全会精神，总结我县去年经济社会发展情况，部署新一年各项工作，动员全县广大党员干部群众坚定信心，加快发展，率先发展，推动海丰科学跨越发展迈上新台阶。下面，我代表县委常委会，向全会作工作报告。

一、肯定成绩，振奋精神，进一步增强推动海丰新跨越的信心

刚刚过去的2012年，是我县富有挑战、满载收获的一年。一年来，在市委的正确领导下，坚持以科学发展观为指导，紧紧围绕“推动创新发展、建设幸福海丰”的总目标，着力在“提升综合经济实力、促进区域协调发展、推进产业转型升级、建设宜居宜业城乡、创新社会建设管理、提高党建科学化水平”等六个方面下功夫，县域经济综合发展力挺进全省67个建制县（市）第10名，呈现出“五大突破”“四个加强”“三个新”亮点。

“五大突破”：一是全县GDP首次突破200亿元，达到201.6亿元，比增13.6%。二是规模以上工业产值首次突破200亿元，达到214.5亿元，比增37.1%。三是县级财政一般预算收入首次突破10亿元，完成11.34亿元，比增26%。四是总投资300亿元的华润海丰电厂全面开工建设，预计明年底可投产发电，实现了超大型项目建设“零”的重大突破，其他重点项目也稳步推进。五是成功举办“马思聪诞辰百年大型纪念”活动，新编历史西秦戏《留取丹心照汗青》入选广东省第八届“五个一工程”，非物质文化遗产保护发展实现历史性突破。

“四个加强”：一是社会管理进一步加强。及时妥善化解了一批社会矛盾及信访维稳案件，初步构建成有效的社会治安防控和公共安全防控体系。尤其是深入开展“三打”专项行动，查处了一批欺行霸市、制假售假和商业贿赂案件，促进我县社会稳定和谐。二是宜居建设进一步加强。县城红城大道第一期改造工程、龙津河市政改造工程等一批工程顺利竣工；海丰碧桂园、“第一城”等大型高层房地产首期项目基本建成；市政环境、交通秩序、治安环境等管理逐步规范，中心镇、专业镇和新农村建设稳步推进。三是民生事业进一步加强。教育基础设施逐步完善，普高工作实现达标验收；扶贫开发“双到”工作提前半年完成，帮扶经验在全省推广；科技、计生、殡改、卫生、社保、医保，以及依法治县等社会各项事业均走在全市前列，并荣获28个国家和省级荣誉称号，其中，县荣获“第六次全国人口普查先进集体”“全省集体林权制度改革工作先进集体”“广东省军区先进人武部”“广东省首批法治文化建设示范点”称号等。四是党的建设进一步加强。创先争优活动深入开展，基层组织不断优化，党风廉政建设责任制有效落实，惩治和预防腐败体系建设扎实推进。县人武部党委被评为“广东省军区先进党委”，县委组织部被评为“全省提高选人用人公信度示范创建活动先进单位”。

“三个新”：一是形成新的海丰精神和海丰经验。广大党员干部以真抓实干和昂扬奋进的斗志，扎实有效推进海丰的建设和发展，形成了“敢于担当、精细落实、用心倾情、刻意动脑”的海丰精神和“班子敢担当，队伍敢争先，落实敢叫板；碰到问题淡定，确定目标咬定，落实过程坚定”的“三敢三定”的海丰经验，开创了海丰发展理论创新的先河。二是形成海丰科学发展的新思路。新一届领导班子站在发展的新高度，深入调研，科学提出了

海丰今后一段时间“三个坚持”、四个争当、五个发展”的总体发展思路，为海丰新一轮跨越发展，指明了方向、绘就了蓝图。三是形成凝心聚力谋发展的新氛围。新一届领导班子始终坚持必须紧紧依靠党员干部和群众来办好海丰的事情，以身作则，躬力亲为，团结带领各级党政和干部群众团结干事，形成了凝心聚力谋发展的良好发展氛围。

总的来说，过去一年，我县经济社会发展取得了良好的成效，发展态势强劲。这些成绩凝聚着全县广大党员干部的智慧和力量，倾注着全县人民的心血和汗水。但是，我们也清醒地看到，当前我县仍存在一些突出问题：全县经济总量仍然不大，经济结构不合理，重点项目推进不快，传统产业发展后劲不足，缺乏大型支柱项目和新兴产业支撑，社会管理不够完善等等。特别是我县划出西部四镇设立特别合作区后，资源优势明显削弱，面临着巨大挑战。各地各单位一定要精准把握新形势新机遇，进一步增强责任感和紧迫感，坚定信心，下定决心，推进海丰大发展大跨越。

二、明确目标，突出重点，全力推动海丰经济社会“加快发展、率先发展”

当前，全省都在贯彻落实党的十八大和习近平总书记视察广东重要讲话精神，市委六届二次全会强调要增强加快发展紧迫感，努力争当促进区域协调发展排头兵。我县作为全市发展的排头兵，要把思想和行动统一到省委、市委全会的要求上来，以“三个坚持、四个争当、五个发展”为主线，以开展“五个工作年”活动为抓手，挖掘内生动力，打造新增长极，加快发展，率先发展，为全市争当促进区域协调发展排头兵作出应有的贡献。

海丰要实现加快发展、率先发展：速度是关键，环境是基础，素质是保证。我们一定要坚持以下“三个必须”：

加快发展、率先发展，必须做大做强经济总量。虽然县域经济综合发展力已跻身全省十强，但是人均GDP仍落后于全国平均水平，原有的经济增长力和优势已逐渐减弱。此外，我市兄弟县（市、区）的发展势头迅猛，追兵迫近，我县排头兵地位面临严峻挑战。海丰要加快发展、率先发展，必须树立全球眼光，通过打造“园区经济”、改造传统产业、发展现代服务业和物流业等一批新增长极，不断优化产业结构，在调结构中加快发展、率先发展，做大经济总量，增强经济实力。

加快发展、率先发展，必须打造高效政务环境。政务环境，被称作是城市文明水平的“第一环境”，它已成为吸引人才和资金的第一考量。海丰要加快发展、率先发展，必须改变外界的偏见，着力打造阳光高效的政务环境。我们把今年定为“政务环境活动年”，就是强调要把“依法行政”作为第一法则，通过改进机关作风，营造一个“法制化与人情味”兼容的软环境，进一步提升政府公信力和执行力。

加快发展、率先发展，必须提升干部队伍素质。我们常说：谋事在人。干部队伍素质已成为衡量一个地方发展潜力的重要指标。经过多年发展，海丰干部队伍素质有了显著提高，但还远远不能适应新任务新要求。海丰要加快发展、率先发展，必须进一步提高选人用人公信度，不让老实人吃亏，广开进贤之路，广纳天下英才，打造一支“政治合格、能力过硬、作风优良、清正廉洁”的队伍。

根据海丰实际，今年的奋斗目标是：继续保持较快的增长速度，并促进经济增长质量和效益明显提高。全县GDP预期目标增长13.5%以上，财政一般预算收入增长20%以上，县域经济综合发展力显著增强；民生改善，社会和谐，各项事业取得全面进步，人民群众幸福感进一步加强，党的建设科学化水平得到新提高。

为实现今年的奋斗目标，我们要着力突出“五大重点”，实现“五大促进”：

（一）以打造“园区经济”为重点，促进新型工业大发展。要把打造“园区经济”作为今后一个时期推动我县经济跨越发展的重要增长极，在积极融入“深汕特别合作区”加快发展的基础上，着力抓好“大办工业年”活动，在全县掀起“园区经济”建设新热潮。一要强化园区载体。以县经济开发区为依托，进一步整合园区资源，扩容提质，提升园区载体功能。重点推进10平方公里海丰生态科技城、梅陇天星湖科技园等项目建设，打造具有“造血功能”的新增长点；加快公平服装城、可塘珠宝产业园、梅陇金银首饰加工园等园区建设，推动传统产业转型升级；继续抓好各园区内基础设施的完善和配套，使各园区成为集聚产业功能、资金技术、巨大产能和增长潜能的重要经济载体。二要强化园区招商。加强招商引资力度，采取各种有效方式，有针对性地开展招商引资，力争引进一批高新技术、高端产业、特别是央企、大型国企或行业性龙头企业到园区落户投资。三要强化园区服务。

发挥好县外商投资服务中心功能作用，进一步优化政务环境建设，创新服务方式方法，加强部门协调，为企业提供“一条龙”、“保姆式”行政服务，全力打造阳光高效的投资软环境。

（二）以推进重点项目建设为重点，促进经济发展承载力大提高。今年县委、县政府根据各地各单位续建和已申报立项的建设项目，西部四镇除外，重新调整和确定了32个重点项目，总投资高达423.2多亿，今年计划完成近40.4亿元投资。一方面，要重点抓好华润海丰电厂、海丰生态科技城、天星湖科技园、南方国际商贸物流城等龙头项目建设，带动全县其他项目建设全面铺开。另一方面，要不断健全考核制度，强化领导挂钩、业主负责和部门协作机制，加大督查力度，确保这些重点项目扎实稳步推进。各责任领导和单位要立即行动起来，“逢山开路，遇河架桥”，确保重点项目建设顺利推进，切实提高我县经济发展的承载力。

（三）以打造文化旅游产业为重点，促进现代服务业大跨越。我县具有发展文化旅游产业优势和潜力，是推动海丰经济跨越发展的另一大增长极。要借力红海湾旅游产业整体升级契机，科学规划，加大宣传，打造“全省文化旅游强县”。一要进一步整合我县区域资源和历史文化名城优势，重点抓好县城历史文化和红色旅游、莲花山森林公园绿色生态和宗教旅游、联安湿地生态休闲旅游、大湖滨海和赤坑咸水温泉度假旅游等“四大旅游基地”的专项规划编制，大力推进莲花山旅游景区公路、索道和五星级酒店等旅游基础配套设施建设。二要充分利用“红宫红场”“中国水鸟之乡”“国际重要湿地”等品牌效应，与梅陇金银首饰、可塘珠宝、公平服装等特色产业市场连结起来，积极开发旅游经典景区和精品线路，把海丰打造成广东优质旅游休闲度假区。三要加强文化软实力建设。加强文化引领，继续擦亮“文化海丰”品牌，挖掘海丰文化底蕴，展示海丰文化精髓。重点办好“钟敬文诞辰110周年纪念活动暨海丰首届民俗文化节”，“端午节龙舟赛”文化体育活动，抓紧红宫、红场、陈炯明故居等修建工作。抓好新编白字戏《龙宫奇缘》戏曲项目，并加强宣传推介工作，力争入选2013年广东省“五个一工程奖”。四要突出抓好以南方国际商贸物流城、岁宝百货等重点项目为龙头的县城物流中心及可塘珠宝市场、梅陇首饰市场和公平服装市场等“一中心三市场”建设，把海丰建设成为粤东的物流中转基地。

（四）以推进宜居城乡建设为重点，促进生态文明大进步。围绕建设“美丽海丰”这一主线，突出生态文明进步，以宜居宜业为重点，着力推进城乡一体化进程。一要坚持把规划建设与环境保护优化紧密结合起来，进一步强化县城和各镇区的经济社会发展规划、建设和管理，特别抓好县城三环路沿线两侧、海丽大道两侧、北部新区、城南新区等县城新区的规划建设，推进城乡自来水改造升级、中心镇位污水处理厂等市政设施建设，全面完善城市服务功能。二要推进城市精细化管理，深入开展“环境卫生整治年”活动，着力打造数字化城市管理平台，建立健全城市监管长效机制，不断优化全县人居环境。三要加强自然资源保护，抓好美化、绿化、净化、亮化，全面推进荒山造林、生态景观林带、绿道等工程建设，展现海丰城乡新形象。四要全面铺开新农村建设，大力加强污染整治，认真解决群众饮水安全、金银首饰、珠宝、毛织等特色行业的污染问题。继续实施“五改、五化”工程，着力改善群众的生活生产环境。扎实推进“名镇名村”“新农村建设示范点”工作，加快公益林体系建设，加强湿地保护，努力建设“生态海丰”和“美丽海丰”。

（五）以落实民生实事为重点，促进人民群众幸福感大提升。我们的一切工作都是为了人民，必须真正做到“乐民之乐，忧民之忧”，切实提高人民群众幸福感。一要扎实推进“三农”工作。大力发展新生态农业，提高农业产业化水平，促进农民增收。扎实推进城乡一体化进程，解决好“三农”问题。重点抓好“五大现代农业生产基地”和“十大现代化农业示范园区”建设，精心打造全市“新三农”示范县。二要扎实推进“十大民心工程”。大力抓好教育多媒体建设工程、平安海丰信息化工程、中心幼儿园和特殊学校建设工程、保障性住房建设工程、龙津河（三期）改造工程等“十大民心工程”建设，要通过强化责任，细化任务，使它成为“合民意、顺民心、利民生”的工程。三要扎实推进“平安海丰”建设。继续加强社会治安综合治理，深入开展“三打两建”等专项活动，重点加强公共安全管理，确保群众饮食、用药安全和就医安全；充分发挥三级综治信访维稳平台作用，坚持开展“领导包案”和“大排查、大接访、大调处”活动，及时妥善解决群众矛盾纠纷、实际问题和困难，不断提高人民群众幸福指数。

为确保“五大重点”工作落到实处，实现海

丰经济社会加快发展、率先发展。今年，县委、县政府根据海丰面临新形势新任务，提出了深入开展“大办工业年”“旅游发展年”“环境卫生整治年”“政务环境建设年”“村级组织建设年”等“五个工作年”活动，各地各部门都要从全县发展大局出发，以“五个工作年”活动为抓手狠抓工作落实。通过以点带面，带动、促进农业农村、外资出口、公共财政，以及教育、文化、科技、计生、殡改、维稳等各项工作大落实。对“应付式、走过场、搞噱头”的，将实行全面问责制，严厉追究有关领导和干部的连带责任。

三、加强党建，从严治党，为推动海丰“加快发展、率先发展”提供坚强保障

实干兴邦，空谈误国。实现新一年的奋斗目标和工作任务，关键在党。要坚持党要管党、从严治党，贯彻“为民、务实、清廉”的要求，用改革创新的精神，全面提高党的建设科学化水平。

（一）强化思想保障。要加强理想信念教育，积极引导广大党员干部培养高尚情操，提升思想境界，不断增强党性修养；要深入开展学习培训活动，不断强化各级领导班子和党员干部的执政能力、创新能力和工作能力；要加强学习宣传，使在全县上下进一步统一思想，形成推动发展的强大合力。

（二）强化作风保障。要突出“实干意识”，各级领导干部要大兴实干之风，做到在其位谋其政，敢担当敢碰硬，用心谋事、用力干事；要突出“群众意识”，密切联系群众，深入基层、深入群众，为群众解决实际问题，办好事实事；要突出“服务意识”，各地各部门特别是窗口部门，要致力于服务创新，提高办事效能，全力打造“阳光政务”“服务型党政”。尤其要深入开展“政务环境建设年”活动和“万众评股室”活动，大力整顿机关部门拖拉扯皮、违规乱纪、吃拿卡要等不正之风。

（三）强化组织保障。要继续推进“固本强基”工程，各级党组织特别是“一把手”要牢固树立“党要管党”观念，强化党建“主业”意识，强化制度建设，把各级党组织建设成为坚强有力、团结奋进的战斗堡垒；要继续创新选人用人制度，要敢于打破“关系优先、资历优先”等条条框框束缚，加强和改进党员干部的管理工作，大胆起用“想干事、能干事、干成事”的人。要继续抓好“六好村庄”建设，要结合开展“创先争优”“双考双评”“村级组织建设年”等活动，力争在强化班子核心、提高队伍素质、发挥示范带动、创建阳光农村、健全运行机制等方面取得突破，促使全县村级党组织达到“五好五有”。

（四）强化廉政保障。要深入开展各类党纪政纪主题实践活动，教育广大党员干部严于律己、清正廉洁，堂堂正正做人、干干净净干事，筑牢拒腐防变的防线；要严格执行《廉政准则》和中央“八项规定”，加强对重点领域、关键岗位干部的监督，着力查处领导干部贪污贿赂、以权谋私、为黑恶势力充当“保护伞”，农村基层干部偷卖私卖土地等违法违纪案件。

同志们，做好今年工作使命光荣、任务艰巨、责任重大，我们一定要高举“加快发展、率先发展”旗帜，对这次会议制定的各项目标任务，要精准把握，精心部署，精细落实，凝聚全县干部群众力量，铆足干劲，乘势而上，攻坚克难，为实现“美丽海丰”梦、为全面建成小康社会而努力奋斗！

在县委十届二次全会上的讲话

（2013年2月5日）

海丰县人民政府代县长　陈德忠

同志们：

刚才，木荣书记代表县委常委会作了工作报告，各地各单位要深刻领会，认真贯彻落实。现在，我就全县经济社会发展情况讲两点意见。

一、2012年我县经济社会发展情况

一年来，我县认真贯彻落实中央和省市委全会精神，紧紧围绕“推动创新发展、建设幸福海丰”的奋斗目标，突出第一要务，不断开拓进取，全县经济社会呈现持续健康快速发展的态势。主要体现在以下六个方面：

（一）综合实力显著增强。全县GDP和规模以上工业产值同时突破200亿元大关，分别完成201.6亿元和214.5亿元，比增13.6%和37.1%；财政一般预算收入达到11.35亿元，比增26.01%，首次突破10亿元大关；社会商品零售总额177.1亿元，比增12.4%；全社会固定资产投资总额179.1亿元，比增30.0%；外贸出口总值4.92亿美元，比增3.6%；实际利用外资12680万美元，比增20.9%；城镇居民人均可支配收入1.6万元，比增15%；农民人均现金收入9196元，比增18%。全县综合发展力跻身全省67个县（市、区）第10强。

（二）项目建设全面推进。2012年全县30个新上续建重点项目有27个开工建设，开工率达90%，完成投资20.4亿元，超出年度计划投资任务13个百分点；全年争取中央和省的项目总投资2.34亿元，到位资金近1亿元。是我县历史上项目建设投资规模最大的一年。华润电厂已全面建设，完成年度投资计划155%；可塘珠宝产业园二期、部分保障性住房等项目相继建成；中阳光研、三阳饰品等项目按时开工；县中等职业技术学校、东关联安围及影剧院等项目进展顺利；其他重点建设项目都有不同程度的进展。市委市政府对我县重点项目建设工作给予了高度评价，并总结为“三敢三定”的新海丰精神推广全市。

（三）产业结构逐步优化。一是新型工业化加快推进。百斯盾服饰、金桔莱首饰、展鹏珠宝首饰和敏兴毛织等11家企业成为我县传统产业转型升级示范企业；全县中小企业投入技改和创新的资金达8000多万元，争创广东省著名商标10个、广东省名牌产品5个；电力能源、电子信息、精细化工和生物药物等新兴产业迅速壮大、加快集聚发展，全县新型工业化水平进一步提升。二是农业现代化成效显现。全年累计投入农田水利建设近2亿元，争取上级农田整治项目投资总额7600多万元，农业基础设施进一步完善。全县新增省级农业龙头企业1家、市级农业龙头企业2家、农民专业合作社179家，农业产业化水平进一步提高。莲苑茗茶登上央视经济频道，并与皇斋虎暾金针菜同获国际农产品交易会金奖，“益之康”木瓜、绿田花生、公平花生等通过省级无公害农产品和产地认证。粮食生产实现五连增，全年产量达18多万吨。三是商贸旅游业欣欣向荣。岁宝百货引进落户，成为县城又一大型高档购物中心；6家具有竞争力和代表性的企业参与“广东网上行活动”，争锋国内电子商务战场；深入开展“家电下乡”活动，销售金额2800万元。红色旧址、名人故居、国际湿地、海滨休闲美食等旅游项目及相关配套不断完善，全年共接待游客170万人次，同比增长18%；实现旅游总收入10亿元，同比增长14%。

（四）宜居环境明显改善。一是市政设施日臻完善。碧桂园、第一城、雍悦豪苑、凯旋花园等大型高层房地产项目基本建成；红城大道一期改造工程和龙津河景观改造工程全面竣工；北三环LED路灯建设春节前完成；三阳路及南二环30米大道改造工程全面开工；县影剧院、东关联安围海堤、龙

津河整治等市政项目加紧建设。二是交通环境进一步优化。厦深铁路（海丰段）基本完成路基工程；国道324线海丰收费站至省道242线路段及其县城联络线、小漠至惠东黄埠公路、遮浪至大湖公路海丰段等一批公路建设工程相继建成或抓紧建设之中。三是市政管理和环境整治力度加大。全年查处违法用地318宗、违章建筑75宗。“三旧”改造有效推进，环境卫生管理不断强化，饮用水源和生态林保护工作扎实开展。四是社会主义新农村建设步伐加快。深入开展“大清洁、乡村美”活动，全县新涌现60个社会主义新农村建设合格村、示范村。积极组织开展名镇名村示范村创建工作，公平镇、可塘镇和黄羌镇坑联、平东镇新东等一批名镇名村示范村通过市级验收。

（五）各项事业长足发展。一是民生保障不断增强。全县增收五项社会保险费3亿多元，增长4.6%，新增城镇就业1.43万人，转移农村劳动力6411人，城镇登记失业率2.72%。社会养老保险、医疗保险和新农合实现全覆盖。社会救助力度加大，2012年全县低保五保对象超4万人，年支出5233多万元，人数和金额均为10年前的10倍以上。扶贫开发投入资金1.9亿元，实施帮扶项目286个，改建农村低收入群众住房1800户，全县83个贫困村和4659户贫困户提前脱贫。二是科技教育持续进步。大力开展科技创新应用工作，全年申请专利192件，获得授权121件，分别比增200%和267%。坚持教育优先发展，投入资金近1.2亿元，着力加快县教育园区、职业技术学校、公办高中及德成中英文学校等教育基础设施建设；制订完善《海丰县义务教育布局调整规划方案》，教育创强工作全面启动。三是文体卫生累结硕果。红宫红场纪念馆、革命烈士纪念馆以及镇村文化站室等文化工程先后上马投建，县博物馆被省评定为第二批达标博物馆，县西秦戏剧团成为省级非物质文化遗产传承基地，《留取丹心照汗青》优秀剧目荣获省“五个一工程”奖，白字小戏《领导亲笔信》和圆山麒麟舞获得省级金奖，县第四届全民健身运动会暨第六届老年人运动会成功举办。医疗卫生体制改革有序推进，基层卫生院100%实施基本药物制度；彭湃医院深入创建“三甲”，中医医院引入市场机制，赤坑、后门、联安3家卫生院扩建项目基本完成。四是计生殡改良性发展。进一步落实计生经常性工作，组织开展春、夏、秋、冬四季集中服务活动，全年政策生育率70.01%，长效措施落实率61.18%。全面推行殡葬管理火化“一刀切”，大力推进清迁坟工作和公益性公墓山建，城乡殡葬新风逐步形成。

（六）社会管理强力有效。大力开展“两抢一盗”等严打整治活动，全县治安发案率和破案率一降一升。加大信访维稳工作力度，成功处置了梅陇银锭、赤石洛坑、联安下许、赤坑石望、城东后林等10多宗较为突出的群体性案件，全年进京上省非正常上访均有下降。深入开展“三打两建”工作，全县共查处“三打”案件3135宗，涉案2040人。“两建”试点工作全面启动，成效初显。

今年以来，全县经济社会发展取得了一定成效，但受全球经济形势影响，经济发展步伐整体放慢，经济建设和社会管理仍存在一些困难和薄弱环节。主要是经济结构仍不够合理，尤其是GDP与财政收入的比例不协调；重点项目推进不平衡；一些村镇集体经济薄弱，农业产业化水平程度不高；工业企业档次不高，高科技、高税利、高附加值的工业企业为数较少；社会建设投入和管理压力增大等等。对此，我们一定要高度重视，采取有力措施认真加以解决。

二、明确目标任务，全力做好今年经济工作

2013年是全面贯彻落实十八大精神的开局之年，是实施“十二五”规划承前启后的关键一年，更是为全面建成小康社会奠定坚实基础的重要一年。新的一年，既充满机遇，又极具挑战。我们一定要充分认识海丰多年持续发展、干部凝心聚力，“珠三角”转型升级，深汕特别合作区“聚能辐射”等难得而利好的基础、条件、优势和时机，也要始终保持清醒头脑，增强居安思危意识，尤其要正确面对经济增长下行压力，认真应对企业生产经营成本上升和创新能力不足等问题，坚持以解放思想推动科学发展，以长远眼光谋划发展，主动抢占新一轮发展先机，千方百计提升产业和县域竞争力，不断推动经济社会科学发展、跨越发展。

今年经济社会发展的主要预期目标初步设想是：地区生产总值增长13.5%；工业增加值增长21%，规模以上工业增加值增长28%；农业总产值增长6%；全社会固定资产投资增长30%；社会消费品零售总额增长15%；外贸出口总值增长8%力争10%；外商直接投资增长5%；地方财政一般预算收入增长

20%以上；城镇居民人均可支配收入增长12%；农民人均纯收入增长15%；万元GDP能耗下降、二氧化硫和化学需氧量排放总量实现减排目标。

围绕上述目标任务，新的一年，我们要全力做好八项工作：

（一）全力推进新型工业化

继续坚持“工业强县”战略，全面开展“大办工业年”活动，进一步提升全县工业生产的规模化、集约化和效益化水平。一要高起点办好工业园区。坚持高起点规划，高标准建设，加快配套完善全县园区建设。要全面启动县城东北部10平方公里的工业园区规划建设，集中力量完成1至2个平方公里的建设和招商，逐步把县城东北部地区建设成为生态科技工业新城，形成我县经济发展新的增长极。二要掀起新一轮招商引资热潮。主动对接深汕合作，敞开县门承接珠三角产业辐射；完善招商引资优惠政策，创新招商引资方法方式，落实专业招商引资队伍，全力招引“高、大、强”项目。三要着重帮扶老旧企业。全面落实重点企业领导挂钩制度，深入老企业帮助解决用地用工、引进技术及掌握市场信息等问题；加快建设小额贷款机构，进一步激活银行对工企业的信贷机制。重点要扶持百斯盾等企业改制上市，鼓励威文、文时特、古士旗、圣堡罗等企业争创名牌产品和著名商标，进一步提升传统产业竞争力。四要打造新型工业基地。充分发挥中阳光研、华润电厂、华南云计算中心、抗衰老研发中心及大百汇生物园等新兴产业龙头项目的带动和辐射作用，加快推进电力能源、信息产业、精细化工、生物工程“四大基地”建设，大力构建现代工业体系。

（二）全力发展现代服务业

紧紧抓住中央扩内需促消费的政策，大力发展以现代服务业为重点、与城市化进程同步的第三产业。一要打造旅游强县。以“旅游工作年”为活动载体，加强旅游建设规划，积极引进大型旅游项目，开发旅游经典景区和精品线路，并规划新建1～2家星级酒店，进一步打响“红、蓝、绿、古”四大旅游品牌，打造珠三角优质旅游休闲度假区。二要建设物流园区。在继续抓好县城物流中心及可塘珠宝市场、梅陇首饰市场和公平服装市场等“一中心三市场”建设的同时，集中精力在县城东北部地区规划建设大型物流园区，引进物流企业发展仓储货运，全力打造粤东地区新的物流中转基地。三要培养新兴消费。积极引进国内外知名购物品牌企业进驻，加快发展连锁、配送、代理、电子商务等现代营销方式，为加速我县现代商贸服务业发展注入新活力。

（三）全力扶强做大对外经济

积极推动外贸经营模式转变，扶持一批上规模、有优势的加工贸易企业增强设计研发、品牌营销能力，鼓励、促进有条件的企业开展国际化经营，扩大出口业务。落实好各项鼓励进出口政策，充分发挥部门协力，提高通关、质检、退税及外汇管理等环节的服务水平。努力探索商品出口“回流”方法，着力解决鲜活产品、金银珠宝饰品等本地特色产品在外地代理出口的“流失“问题。积极创造条件申报建设保税仓，增强我县投资吸引力。

（四）全力推进重点项目建设

坚持把重点项目建设作为拉动经济快速发展强大引擎，精心谋划，稳步推进。一要落实重点项目建设任务。今年列入县委县政府计划笼子的新上续建重点项目初定30个，年度计划投资39.6亿元，项目属性更侧重于产能项目和民生项目。要将这些项目建设作为今年重要工作任务之一，做到层层分解、落实责任，统筹协调、全面推进。二要充分发挥推进机制的作用。进一步强化领导挂钩、业主负责和部门协作机制，实施定期通报，加强进度督查，确保“瓶颈”及时破解、工程依时推进、任务全面完成。三要全方位向上争取项目和资金。抢抓国家和省的扩内需政策，全力争取上级项目资金，积极主动参与竞争性项目资金。

（五）全力建设“新三农”示范县

围绕“农业增效、农民增收、农村发展”的目标，精心打造全市“新三农”示范县。一要优化农业基础设施。加快实施7.2万亩高标准基本农田整治，按计划分步骤地争取和推进防灾减灾、除险加固和“村村通”工程等水利项目建设，全面提高农业生产综合条件。二要提升农业产业化水平。突出抓好优质水稻、优质水果、无公害蔬菜、海淡水养殖和良种禽畜五大现代农业生产基地建设，着力提升联安海纳有机米、黄羌虎噉金针菜和平东九龙峒生姜等10个现代农业示范园区发展水平，进一步扶持发展莲苑茗茶、海崇食品等农业龙头企业，鼓励创办农民专业合作社。加大农业产业化招商力度，引资发展一批现代农业龙头企业，使海丰真正成为汕尾现代农业基地建

设的一面旗帜。三要激活农民增收机制。加强农科培训、推广和农业信息服务，争创农产品优质品牌，不断提高农民经营性收入。坚持“依法、自愿、有偿”原则，科学做好农村土地流转工作，引导农民从散户独立经营向出租土地搞联合集约经营转变，不断增加资产性收入。结合劳动力转移工作，积极鼓励农村开展富余劳动力的劳务输出，不断增加农民工资性收入。四要优化农村发展环境。结合农村卫生整治活动，按照“五改五有五提高”的目标要求，深入开展社会主义新农村建设，争取20%的村建设达标。大力推进名镇名村示范村创建活动，加快我县社会主义新农村建设进程。

（六）全力壮大本级财政收入

紧紧围绕全年财政增收目标，积极拓宽财税增收渠道，不断做强做大财政蛋糕。一方面，要强化税收征管。狠抓土地使用税、土地增值税、个人所得税、车船使用税、建筑安装税等重点税种和生产经营大户、外商投资企业的税收征管工作，大力清理经济户口，强化协税护税责任，严厉打击漏、偷、骗税行为，深挖各种税源，确保各项税款应收尽收。加强对敏兴集团、珠江啤酒厂和雅天妮等老旧企业的帮扶，激发增税活力。加大项目引进和建设力度，加快产能项目的投产增效，不断培育新的税源。想方设法吸引外地企业到本县纳税，以外来税源弥补本地税源的不足，扩大我县税收总量。另一方面，要做好土地储备、资产处置盘活工作，增强发展活力，增加财政收入。

（七）全力整治优化发展环境

强化“以人为本”理念，突出文化、生态、宜居特色，努力建设生活舒适型、资源节约型、环境友好型社会。一要深化宜居建设。紧紧围绕建设“中等现代化城市”“美丽海丰”的目标，加快“美丽海丰”建设步伐，积极编制并严格执行建设规划，大力实施海城公园小区、城东石塘片、附城埔下和大云岭片的“三旧改造”，着力抓好行政小区、市民广场、县城影剧院等重点工程建设，加快实施红城大道改造、北三环路配套完善和二环路改造升级工程，突出做好潮惠高速、陆丰上英至大湖公路以及S335线海丰至陆河公路等公路建设，进一步完善绿道网工程，大力推进景观林带建设。同时，要深入开展闲置土地处置工作，严格查处违法用地和违章建设；组织开展“卫生整治年”活动，大力整顿县城交通混乱、占道经营、乱停乱放等问题和城乡环境卫生，不断优化全县人居环境，提升城市化水平。二要强化生态管理。加快推进梅陇、可塘首饰珠宝园区建设，加速污染行业进区入园、集中管理。加强对公平水库、青年水库和红花地水库的水资源监控和治理，确保人民群众饮用水安全。做好植树造林和生态保护工作，努力实现水更清、山更秀、天更蓝、地更绿。三要优化政务环境。认真落实“机关作风建设年”的工作部署，坚持依法行政，接受社会监督，改进工作作风，提高行政效能，力促全县政务环境大改善、政府形象大提升。

（八）全力发展社会各项事业

一要办好民生实事。全力实施教育多媒体建设工程、龙津河改造工程，保障性住房建设工程、中心幼儿园和特殊学校建设工程，影剧院建设工程，妇幼保健院和疾控中心建设工程，社会保障惠民工程，“平安海丰”信息化工程，农村环境卫生整治工程和平价商店建设工程等十大民生工程；抓紧启动新一轮扶贫“双到”工作。二要发展公共事业。全面实施《海丰县教育改革创新行动纲要（2013～2017）》，加快推进以黄羌、陶河、联安三镇为试点的教育创强工作，加快职业中学、实验中学和公办高中等学校建设，突出抓好学校安全管理，集中力量大打教育质量翻身仗。深化医药卫生体制改革，健全公共卫生服务体系，提升县、镇、村三级医疗配套和医技水平。加大公共文化设施建设力度，修缮建设一批名人故居和历史文化名村名镇，积极做好文物和非遗的普查、保护及开发利用，鼓励扶持创演优秀文艺作品，积极开展群众性文体活动，促进海丰文化事业大繁荣。三要创新社会管理。进一步强化社会治安综合治理，重点在县城和中心镇主要路道设置监控视频和卡口，严厉打击各种违法犯罪活动。继续深入开展“三打两建”工作，突出推进社会信用体系和市场监管体系建设。全面落实维稳工作包案责任制，积极预防和妥善处置群体性事件。不断加大计生殡葬管理力度，大力弘扬优生优育和文明办丧的良好风气。狠抓安全生产“一岗双责”，坚决防范和遏制重特大安全事故发生。

同志们，做好今年各项工作，任务繁重，责任重大，既面临新的考验，也承载着新的希望。只要我们坚决贯彻落实中央、省、市工作部署和县委本次全会精神，坚定信心，团结拼搏，以求真务实的工作作风，以奋发有为的工作热情，细化落实工作措施和责任，新一年的工作任务就一定能够全面完成，全县经济社会发展就必然会呈现崭新局面，建设幸福美丽海丰的目标就必将指日可待！

在县纪委十届三次全会上的讲话

（2013年2月25日）

海丰县委书记　沈木荣

同志们：

这次县纪委十届三次全会，主要是学习贯彻中央和省、市纪委全会精神，总结去年我县党风廉政建设和反腐败工作情况，研究和部署今年反腐倡廉各项工作。刚才，全会以书面形式传达了中央和省、市纪委全会精神；刘帆同志代表县纪委常委会作了工作报告，讲得很好，我完全赞同。会后，各地、各单位和各级纪检监察机关要认真贯彻落实。下面，我强调三点意见。

一、保持清醒，时刻绷紧反腐倡廉这根弦

严明党的政治纪律，改进工作作风，加强党风廉政建设，是推进全面建成小康社会的重要保障。在十八届中纪委二次全会上，习近平总书记郑重强调，要以严明党的政治纪律为重点加强纪律建设，以保持党同人民群众的血肉联系为重点加强作风建设，以完善惩治和预防腐败体系为重点加强反腐倡廉建设，更加科学有效地防治腐败，坚定不移把党风廉政建设和反腐败斗争引向深入。习近平总书记的重要讲话，是加强党风廉政建设和反腐败斗争的纲领性文献，是当前和今后一个时期反腐倡廉建设的重要指针。在省纪委十一届二次全会和市纪委六届三次全会上，省委胡春华书记和市委郑雁雄书记分别从全省、全市的角度阐明了当前反腐倡廉建设的重要性和紧迫性，强调要严明党的政治纪律，大力改进作风，惩治和预防腐败，推进党风廉政建设和反腐败斗争。胡春华书记和郑雁雄书记的重要讲话精神，完全符合全省、全市的实际，也符合海丰的实际，为我们加强反腐倡廉建设明确了新方向，提出了新要求。我们要从落实习近平总书记的要求和中央、省、市纪委的部署，推进我县党风廉政建设的高度，深刻认识加强反腐倡廉工作的重要性和紧迫性。

过去一年，全县纪检监察系统认真贯彻落实县委、县政府和上级纪检监察机关的部署和要求，加强廉政风险防控，扎实开展农村“三资”清理监管工作，查办违纪违法案件，坚决纠正损害群众利益不正之风，尤其在“三打两建”专项行动中，坚决查处了一批商业贿赂案件，维护了改革发展稳定大局，为海丰首次跻身全省67个建制县（市）的“县域经济综合发展力十强”做出了积极贡献。在此，我代表县委向辛勤工作在纪检监察岗位上的同志们表示衷心的感谢和诚挚的问候。

当前，我县党风廉政建设总体形势是好的，党员干部的主流是好的。但也要清醒地看到，我县的反腐倡廉建设仍然存在一些薄弱环节，突出表现在以下几个方面：

一是少数党员干部理想信念动摇、纪律意识淡薄。一些党员干部在改革步入攻坚期和深水期时，面对前程与发展，理想信念动摇不坚定、精神懈怠不自信、纪律意识淡薄不自觉，坚定走社会主义道路的自觉性严重缺失。

二是不同程度存在作风散漫、慵懒散奢等作风问题。有些机关单位工作人员工作纪律松散，上班迟到早退现象常见，甚至还在工作时间出去打麻将；有的上班时间上网玩游戏、聊天、打私人电话等；个别机关单位对上级部署的工作任务不落实，有利益就争着做，没好处就拖着办，工作效能低下。

三是政务环境程序不规范、透明度不高。郑雁雄书记曾经说“一个股长就可以拖垮一个重点项目”。虽然是说整个汕尾，但我县少数有审批权的部门股室确确实实也存在“吃拿卡要”现象，不给好处不办事，给了好处乱办事。个别地方和部门规章制度不够健全，内部管理不够规范，监督不到位，存在违章收费、办“人情案”、收“人情税”

等不良现象。

四是损害群众利益的现象仍时有发生。有的个别干部以权谋私，弄虚作假骗取国家资金；个别干部甚至领导干部参与炒卖土地，个别干部无视城镇规划进行违法违规建筑，个别村（社区）委干部违规使用集体资金，私自出租出卖集体土地，种粮直补资金不及时发放到群众手上等等。

五是反腐倡廉制度仍不够完善。一些地方和部门党风廉政建设责任制落实不够到位，对党员干部的监督管理缺乏力度，反腐倡廉制度的执行力还不够强；个别单位领导干部对抓党风廉政建设责任制的落实缺乏主动性，甚至对本单位的反腐倡廉工作不抓不管，对存在的不良行为、腐败现象放任自流。

六是纪检监察干部队伍素质仍有待提高。面对新形势新任务，纪检监察干部队伍仍不能适应新要求，必须强化提高。

敢于直面存在的问题，敢于向不良现象开刀，本身就需要一股勇气，本身就是“敢担当”的海丰精神的具体体现。上述的这些问题，都是严重影响我县党风廉政建设深入开展、阻碍全县经济社会科学发展的关键因素，也充分说明了我县党风廉政建设形势的严峻性和反腐败斗争的长期性和艰巨性。今天的会议，我之所以把存在的问题和不足找出来，就是希望能引起大家高度重视、重新审视，就是希望能做到有的放矢，对症下药，就是希望让权力在阳光下运行。

当前，我县正处在加快发展、率先发展的关键之年，也是新一届班子谋划新发展、体现新作为、展示新形象的关键之年。为进一步落实“三个坚持”“四个争当”“五个发展”工作主线，县委、县政府已吹响了大力开展“五个工作年”活动的号角，并明确新一年突出“五大重点”、实现“五大促进”的发展任务，全县各级党政务必保持清醒头脑，认清形势，统一思想，大力推进反腐倡廉建设，坚定不移地抓好党风廉政建设和反腐败工作，为我县经济社会加快发展、率先发展保驾护航。

二、严字当头，深入推进党风廉政建设和反腐败工作

面对新的形势、新的任务，我们要严格按照中央和省、市委的部署和要求，坚持“标本兼职，综合治理，惩防并举，注重预防”的方针，突出“六个严”，以严措施、大力度，扎实推进我县党风廉政建设和反腐败工作。

一要严明党的政治纪律。遵守党的政治纪律是对每一个共产党员最基本、最重要的要求。各地各单位要按照县的部署，进一步提高认识，切实增强广大党员干部遵守党政治纪律的自觉性。首先，要牢固树立党章意识。全县党员干部特别是领导干部要认真学习党章，自觉遵守党章，坚决维护党章，尤其要把党章作为根本准则，自觉按照党的组织原则和党内政治生活准则办事，自觉接受党纪的规范约束。其次，要加强政治纪律教育和监督。各级党组织要切实负起执行和维护政治纪律的责任，在思想上、政治上、行动上与习近平同志为总书记的党中央保持高度一致。同时，要加强纪律监督，坚决反对和纠正散布违背党的理论和路线方针政策的意见、公开发表同中央的决定相违背的言论、泄露党和国家的秘密、参与各种非法组织和非法活动、编造和传播政治谣言及丑化党和国家形象等行为。第三，要确保政令畅通。各地各部门和领导干部要不折不扣地贯彻落实党的路线方针政策，不折不扣地贯彻落实上级的重大决策部署，及时发现和纠正有令不行、有禁不止的行为，确保政令畅通、步调一致。当前，要突出加强对党的十八大、省、市全会精神贯彻落实情况的监督检查，尤其要重点围绕县委十届二次全会确定的“突出‘五个重点’、实现‘五大促进’”的发展任务，以及开展“五个工作年”活动落实情况，加强监督检查，从而确保各项工作真正落到实处。

二要严守中央“八项规定”。去年底，中央出台了关于改进工作作风、密切联系群众的《八项规定》，这是我党改进作风的重大举措，更是我们广大共产党员应该遵守的日常行为准则。县纪委要按照“八项规定”的要求，结合海丰的实际，出台落实“八项规定”的《实施细则》，把中央“八项规定”和省、市、县委要求落到实处。各地各单位也要结合本地区本部门的实际，针对存在问题，制定更为具体可行的贯彻措施。全县各级党政尤其领导干部要严格对照中央“八项规定”的要求，切实发挥表率作用，带头执行中央规定，尤其要带头深入基层，密切联系群众，倾听基层“沉默的声音”，切实为群众办好事实事；要切实改进文风会风，精简文件简报，特别要严格会议、文件报批手续，能通过文件或现场解决问题的不再召开会议，能合并的要合并，尽量减少会议数量和时间；要弘扬求真务实的实干精神，深入开展调查研究，注重调研实

效，减少陪同人员，简化接待工作，基层也不要再做那些装点门面、劳民伤财的事；要健全符合科学发展观的政绩评价考核体系，坚决纠正“形象工程”和“政绩工程”，努力创造群众认可、不含水分的实绩；要保持艰苦奋斗的政治本色，坚持厉行节约、勤俭办事，进一步简化接待礼仪，减少应酬活动，不搞形式主义，不做表面文章，把心思和精力用在干事创业上；要积极回应群众和社会关切，加强对公款消费的监督约束，认真治理公款大吃大喝等问题，把有限的资金和资源用到推动发展、改善民生上来，从而真正把中央要求落实到实际行动中，切实为全县广大党员干部作出表率。

三要严改工作作风。这是促进勤政廉政、推动工作落实的重要保障。各地各部门特别是窗口部门要弘扬真抓实干的作风，不断提高执行力，加强服务创新，提高办事效率，全力打造“阳光政务”“服务型党政”。当前，尤其要按照县委、县政府的部署和要求，以开展“政务环境建设年”为抓手，突出“万众评股室”活动，成立县机关作风建设暗访小组，不定期加强对各地各部门尤其是办证办事等关键股室的暗访，大力整治机关部门“早退迟到风、吃喝风、走读风、赌博风”等歪风，整治违规执法、办事拖拉、推诿扯皮，“吃拿卡要”等不正之风。暗访小组要每两个月定期公布暗访结果，对累计连续两次上暗访“黑名单”的单位或股室，一律取消当年本单位、本部门的评优；对累计连续两次上暗访“黑名单”的个人，一律待岗培训或转岗工作，当年不能参与评优或晋升。评得最差的部门和股室，主要领导和股室负责人要予以调整；企业和群众举报有吃拿卡要行为的，要启动问责机制，情节严重的对主要责任人先免职再调查处理；当年有两个股长被免职的，局长要进行调整。通过这些严厉手段，进一步推进各机关各部门特别是“窗口”单位进一步转变作风，提高工作效能，以清新正气的工作作风，推动我县重点项目建设、民生事业和社会各项工作大落实，促进海丰经济社会加快发展、率先发展。

四要严格反腐倡廉机制。进一步加强机制创新，全面推进廉政风险防控，把权力关进制度的笼子里，形成“不敢腐的惩戒机制、不能腐的防范机制、不易腐的保障机制”。权力导致腐败，绝对权力导致绝对腐败。尤其要以领导干部特别是“一把手”为重点，建立健全决策权、执行权、监督权既相互制约又相互协调的权力结构和运行机制，科学配置、运行权力；完善依法行政制度，严格规范行政执法；深入推进干部人事制度改革，健全干部选拔任用提名制度和工作责任追究制度，探索试行新任职领导干部家庭财产申报制度和任前廉政警示教育制度，完善干部选拔任用监督机制和干部勤政廉政考核机制；继续推行“一把手”不直接分管财务、人事、审批、执法等工作制度，健全领导干部不能违反规定干预和插手有关市场经济活动的制度，完善、规范财政转移支付制度，健全“收支两条线”管理；完善政府重大投资项目公示、政府采购、工程建设招投标等制度。县纪检监察机关还要牵头有关部门，围绕县各项重点工作，进一步完善好抓落实的责任、督促、奖罚等三大机制，切实提高科学性、可操作性和实效性，为我县改革发展和反腐倡廉建设注入新的生机和活力。

五要严抓农村基层组织廉政建设。当前，农村信访问题突出，越级上访事件时有发生。各地和有关部门要紧密结合开展“村级组织建设年”活动，着力抓好三方面的工作：一要加强对“强农惠农”资金的专项清查，严格扶贫救济、渔民油补、种粮直补、库区移民扶持、山区生态林补偿等一系列惠农资金的使用范围，坚决杜绝资金截留挪用，确保专款专用。二要加大对农村集体资金、资产、资源“三资”的管理，尤其是农村土地出让出租的管理和督查，进一步健全农村村务公开、村账镇代理、民主理财等各项制度，规范农村基层资金财务管理，并加大对农村集体资产、资源的清理清查，摸清家底，建立管理台账，防止农村基层干部欺诈群众，侵占集体资产、资源。三要加强对涉农物资的监管，严厉打击销售假肥料、假农药、假种子等假冒伪劣农资商品和坑农害农行为，全力维护好农村群众的切身利益。

六要严惩违纪违法行为。查办违纪违法案件，严厉惩处腐败分子，是加强党风廉政建设和反腐败工作的关键环节，对震慑腐败分子、严肃党的纪律、教育党员干部至关重要。一方面，要加大违法违纪案件的查办力度。按照“老虎”“苍蝇”一起打的要求，着重严肃查办领导干部滥用职权、贪污贿赂、腐化堕落、失职渎职的案件，查办利用人事权、司法权、审批权、行政执法权谋取私利的案件，查办官商勾结、钱权交易、为黑恶势力充当“保护伞”的案件，查办以各种手段侵吞国有资产的案件，查办商业贿赂案件，查办党员干部违章建设，查办党员干部违规违法参与买卖土地，以及农村干部私卖土地等违法违纪行为。对违法违纪案件，检监察部门要坚持严惩的原则，不论涉及谁，都要一查到底，严惩不贷，绝不姑息迁就。对查处的“大要案”，纪检机关要进行剖析曝光，做到举一反三，加强宣教，充分发挥警示作用。另一方面，要切实纠正损害群众利益的不正之风。把解决损害群众利益的突出问题作为纠风工作的重点，着力解决群众反映强烈的食品药品安全、劳动安全等突出问题，严肃查办在征地拆迁、教育收费、医疗服务、企业重组改制、安全生产、社保基金管理、环境保护等方面严重侵害群众利益的案件。同时，要教育、督促各级党员干部尤其是领导干部严格执行廉洁自律各项规定，筑牢拒腐防变防线，杜绝各种腐败行为和不正之风，在任何时候、任何情况下，决不用手中的权力谋取私利，决不拿党的原则做交易，决不插手工程承包、产权变更、市场交易等事情，切实成为一名风清气正、干净干事的党员干部。

三、凝聚合力，确保反腐倡廉工作取得实效

各级党组织必须把党风廉政建设和反腐败斗争作为关系全局的大事来抓，坚持党要管党、从严治党，切实担负起全面领导反腐倡廉工作的政治责任，加强领导，大抓落实，形成反腐倡廉合力，确保我县反腐倡廉工作扎实开展、取得实效。

一要加强领导，明确责任。各级党组织要严格执行党风廉政建设责任制，主要领导要对本地本部门的党风廉政建设和反腐败工作负起总责，带好队伍，重大问题亲自过问、一管到底；领导班子其他成员也要担负起“一岗双责”的责任，根据分工抓好分管部门和单位的反腐倡廉工作，对职责范围内的党风廉政建设负直接领导责任。各级党组织要领导、支持纪委的工作，研究解决纪委在工作中遇到的重大问题和实际困难，做纪委履行职责的坚强后盾，为深入推进反腐倡廉建设提供有力保障。

二要齐抓共管，形成合力。坚持和完善党委统一领导、党政齐抓共管、纪委组织协调、部门各负其责、群众支持参与的反腐败领导体制和工作机制。各级党组织要统揽全局，把党风廉政建设和反腐败工作纳入到经济社会发展全局和党的建设总体布局，一起部署、一起落实、一起检查、一起考核。各地、各部门要结合业务工作开展好反腐倡廉工作，坚决防止和纠正本地、本部门的不正之风和腐败现象，切实抓好反腐倡廉工作任务的落实。要进一步发挥人大、政协、检察、司法、审计等机关的职能监督，发挥媒体和群众的社会监督，凝聚监督合力，形成全县上下共同支持、参与反腐倡廉工作的良好工作格局。

三要强化队伍，提高素质。打铁还须自身硬。各级纪检监察机关和广大纪检监察干部要以更高的标准和铁的纪律，大力加强自身建设，打造一支“忠诚可靠、服务人民、刚正不阿、秉公执法”的干部队伍，尤其要严把入口关，把党性强、作风正、素质高的人才选拔到纪检监察干部队伍；要增强对办案人员的业务培训，严格管理监督，加强廉政风险防控。对不适合从事纪检监察工作的坚决调离，对违纪违法的严肃查处，努力打造适应反腐倡廉建设科学化要求的纪检监察队伍。

同志们，加强党风廉政建设和反腐败斗争，责任重大，任务艰巨。我们一定要认真贯彻中央和省、市纪委全会精神，以“踏石留印，抓铁有痕”的工作劲头，坚持标本兼治，加大工作力度，开创我县党风廉政建设和反腐败工作新局面，为海丰推进全面建成小康社会提供坚强的政治纪律保障。

政府工作报告

——2013年4月12日在海丰县第十四届人民代表大会第三次会议上

海丰县人民政府代县长 陈德忠

各位代表：

我代表县人民政府向大会作政府工作报告，请予审议，并请政协各位委员和其他列席人员提出意见。

2012年工作回顾

一年来，在市委、市政府及县委的正确领导下，在县人大及其常委会和县政协的监督支持下，县政府坚持以科学发展观为指导，紧紧围绕“推动创新发展、建设幸福海丰”的发展目标，进一步解放思想，深入扩大内需，加快产业转型升级，推进区域协调发展和宜居城乡建设，加强以改善民生为重点的社会建设，顺利完成了第十四届人大会第二次会议的各项目标任务。2012年，全县完成地区生产总值201.6亿元，比上年增长13.6%。其中，第一产业增加值完成31.1亿元、第二产业增加值完成89.4亿元、第三产业增加值完成81.1亿元，分别比增6.3%、21%和7.7%，三次产业结构为16：44：40。财政一般预算收入突破10亿元大关，达到11.35亿元，比增26%。城镇居民人均可支配收入1.6万元，比增15%；农民人均纯收入9142元，比增17.3%。全县综合发展力跻身全省67个县（市、区）第10强。

一、发展水平进一步提升

工业发展有新突破。全年完成工业总产值324.4亿元，比增25.6%；规模以上工业总产值突破200亿元大关，达到214.5亿元，比增37.1%，占全县工业总产值的比重达66.1%。全县已拥有中国驰名商标1个，广东省著名商标9个、广东省名牌产品4个；敏兴毛织、百斯盾服饰和金桔莱首饰等11家企业成为全县转型升级示范企业；全年民营经济实现增加值122.3亿元，比增15.6%，占全县生产总值20%。

现代农业水平有新提高。全年完成农业总产值50.5亿元，比增6.3%；粮食生产实现“五连增”，总产达到18.33万吨，比增3.9%；全县新增省级农业龙头企业1家、省级现代农业园区1个、市级农业龙头企业2家、农民专业合作社179家；海淡水高位养殖、畜牧标准化饲养技术普遍提高；莲苑茗茶荣登央视经济频道，并与皇斋虎噉金针菜同获第十届国际农产品交易会金奖，丰盈水稻、平岗杨桃等通过省级无公害农产品和产地认证。

商贸旅游有新发展。国内知名零售企业“岁宝百货”进驻我县，6家具有竞争力和代表性的企业参与“广货网上行”活动，20家“家电下乡”销售网点销售金额2800万元，全县市场贸易购销两旺。2012年全县实现社会商品零售总额177.1亿元，比增12.4%。红色旧址、名人故居、国际湿地、海滨休闲美食和农家乐等特色旅游加快发展，全年吸引游客218.24万人次，完成旅游总收入11.74亿元，分别比增13.8%和13.3%。

二、发展活力进一步显现

项目投资快速增长。2012年全县完成固定资产投资179.1亿元，比增30%。其中城镇投资169亿元，比增30%；农村投资10.1亿元，比增30.1%。30个新续建重点项目完成投资20.4亿元，超出年度计划投资任务13个百分点，其中华润海丰电厂、县中等职业技术学校、东关联安围海堤3个列入市的重点项目完成投资13.27亿元，完成年度计划的144%。全年争取中央和省各类投资项目专项补助资金超6亿元。

对外开放持续扩大。2012年全县进出口总额70655万美元，其中外贸出口49233万美元，实现贸易顺差27811万美元；实际吸收外资12680万美元，比增20.9%，超出任务90万美元。

三、发展环境进一步优化

全县城乡焕发新貌。龙津河景观改造、县城亮化、红城大道一期改造等市政工程先后竣工，碧桂园、第一城、雍悦豪苑、凯旋花园等一批大型高层房地产项目和城镇保障性住房项目加快推进，清拆违章建筑、清理无证经营和占道经营、清洁环境卫生及“三旧”改造等城镇环境整治工作深入开展。全县涌现出60个社会主义新农村建设示范村，创建省级宜居村2个、省级名村示范村5个、县级新农村建设示范村24个、生态文明“万村绿”县级示范村20个。生态绿化建设有效推进，全县造林3.17万亩，封山育林4.46万亩，抚育林苗1万亩。

基础建设稳步夯实。厦深铁路（海丰段）路基工程、国道324线海丰收费站至省道242线路段及其县城联络线、小漠至惠东黄埠公路、遮浪至大湖公路海丰段等一批公路建设工程相继建成或抓紧建设之中。累计投入农田水利建设资金2.7亿元，加固、新建、复修一大批水库、堤围、渠道、塘坝、涵闸等水利设施，整治基本农田面积6万亩。500千伏惠茅甲线单改双工程海丰段、110千伏虎金线建成投产，完成2012年中低压配电网工程113个。

社会事业蓬勃发展。教育方面，投资近1.2亿元，加快县教育园区、职业技术学校、公办高中及德成中英文学校等教育基础设施建设；制定出台了《海丰县义务教育布局调整规划方案》，教育创强工作全面启动；完成新一届中小学校长聘任工作；全县高中阶段毛入学率、初中升学率、小学入学率分别达到86.6%、95%、100%。医疗卫生方面，公立医院改革试点工作正式启动，基层卫生院基本药物制度实现全覆盖，彭湃医院创“三甲”工作深入开展，县中医院改革取得初步成效，全县基层医疗卫生机构基础建设稳步推进。文化体育方面，县影剧院和红宫红场纪念馆、文化馆、图书馆、博物馆以及镇级文化站等一批维修、改造、建设工程相继上马，县博物馆被省评定为第二批达标博物馆；县西秦戏剧团被省文化厅颁布为省级非物质文化遗产传承基地，《留取丹心照汗青》优秀剧目荣获省“五个一工程”奖和广东省鲁迅文学奖，白字小戏《领导亲笔信》和圆山麒麟舞代表队获得省级大赛金奖；成功举办了纪念马思聪百年诞辰、元宵文化巡游、幸福活动周和第四届全民健身运动会暨第六届老年人运动会等大型活动。计生、殡改、统计、侨务、档案、修志、人民武装、人防、气象、打私、口岸、金融、港澳台、民族宗教、工青妇等工作均取得新成绩。

四、发展保障进一步增强

政府自身建设不断加强。自觉接受县人大及其常委会和县政协的监督，人大议案和建议、政协提案办复率100%；“六五”普法全面推进；审计、监察、法制工作不断加强；全面落实政务公开制度，重点工程招投标、征地拆迁补偿、惠农资金发放等重要事项及时向社会公布；效能监察、党风廉政建设进一步加强，政府采购限额标准调整为货物类10万元以上、工程类50万元以上，政府效率和服务水平有所提升。

民生保障逐步完善。中央惠农政策各项补助落实到位；全县城乡居民60周岁以上人员养老金按时足额发放，新型农村和城镇居民养老保险制度全覆盖；全县征收五项社会保险费3亿多元，比增4.6%；新农合和城镇居民一体化医保工作有效推进，城乡居民医疗保险补助由200元提高至240元；城镇失业率创新低，农村劳动力转移就业率75%；新开工建设保障性住房350套，1800户农村低收入住房困难户的住房改造任务全面完成；全县83个贫困村和4659户贫困户提前脱贫，脱贫率达到100%，新一轮扶贫开发工作顺利启动。

平安建设扎实推进。不断加大对违法犯罪活动的整治打击力度，全年刑事案件破案率同比提升7.06%；重视信访维稳工作，实现了中共十八大“百日防护期”进京“零上访”目标；“三打”工作成效显著，“两建”试点全面启动，食品药品安全、安全生产形势平稳。

各位代表，2012年取得的成绩来之不易，这是市委、市政府及县委正确领导的结果，是县人大及其常委会和县政协大力支持的结果，是全县干部群众团结奋斗的结果，也是各界人士关心支持的结果。在此，我代表县人民政府，向辛勤工作在全县各条战线上的广大干部群众，向给予政府工作大力支持与监督的人大代表、政协委员、工商联、各人民团体和其他各界人士，向离退休老干部、老职工，向解放军、武警、民兵预备役指战员、政法干警，向在我县创业的境内外投资者、建设者，向所有关心支持海丰建设与发展的同志们、朋友们，表示崇高的敬意和衷心的感谢！

在肯定成绩的同时，我们也要看到，面对新形势、新任务和新挑战，我县经济社会发展还存在不少压力和困难：一是经济发展质量不高。GDP虽然连续8年高位增长，但总量仍然偏低；财政收支矛盾突出，税费结构仍不合理；产业化程度较低，规模以上工业总量较小，第三产业发展滞后，自主创新能力处于低水平。二是城市化进程不快。县城地区扩容提质进展慢，交通基础设施和市政公共服务配套不够完善，城市管理水平亟待提高。三是社会事业发展不均衡。基本公共服务均等化水平不高，部分群众生活仍然困难，就业还不够充分，尤其是教育、计生、卫生、殡改、社会保障、信访维稳、社会治安等工作有待加强。四是政府效能和执行力仍需提高。一些干部加快发展意识淡薄，安于现状，抓工作的拼劲和狠劲不足；行政效能和服务水平与人民群众的期望还有较大差距。对此，我们必须高度重视，采取有效措施加以解决。

2013年工作安排

当前，我县正处于“加快发展、率先发展”的黄金机遇期，既有诸多新挑战，也面临难得的发展机遇。在省委、省政府吹响加快粤东西北区域协调发展的号角下，随着深汕特别合作区加快建设、红海湾大旅游战略的实施、厦深铁路即将建成通车，县内一批重点项目相继落户建设，海丰融入珠三角的区位、资源优势已日渐凸显，加快发展、率先发展的条件已逐步成熟。因此，我们一定要坚定信心，抢抓机遇，锐意进取，攻坚克难，努力开创经济社会全面协调可持续发展新局面。

今年政府工作的总体要求是：以邓小平理论、“三个代表”重要思想和科学发展观为指导，全面贯彻落实党的十八大精神，继续围绕我县“十二五”规划的战略定位，按照县委提出的“立足三个坚持、勇于四个争当、推进五个发展”工作思路，以“五个工作年”为抓手，进一步解放思想，加大改革开放步伐，积极转变经济发展方式，不断优化宜居环境，大力保障和改善民生，创新和加强社会管理，力促城乡区域协调发展，全面推动经济、政治、社会、文化、生态“五位一体”建设，努力建设美丽幸福海丰。

今年经济社会发展的主要预期目标是：地区生产总值增长14.8%；工业增加值增长24%，规模以上工业增加值增长32%；农业总产值增长6%；全社会固定资产投资增长35%；社会消费品零售总额增长16%；外贸出口总值增长18%；外商直接投资增长13%力争15%；地方财政一般预算收入增长20%以上；城镇居民人均可支配收入增长13%；农民人均纯收入增长15%；万元GDP能耗下降、二氧化硫和化学需氧量排放总量实现减排目标。

为实现上述目标，今年要全力做好以下六方面工作：

一、坚持不懈做强做大实体经济

实体经济始终是一个地区夯实发展基础，壮大经济实力的根本所在。新的一年，我们要把工业、农业作为培育、发展实体经济的主阵地，按照主体功能区规划，坚持实施“工业强县”“农业稳县”战略，脚踏实地强根基，矢志不移办实业，全力打造海丰县域经济的强力支撑。

要大力推进工业集约化。全面铺开“大办工业年”各项工作，掀起我县新一轮发展热潮。要加快县直“园区经济”建设。大力整合经济开发区、金园工业区等园区资源，重新定位产业布局和准入条件，建设规划面积15平方公里的海丰生态科技城，近期规划建设7平方公里，今年要完成一期1平方公里的征地和基础设施建设，积极探索BT、BOT等园区建设新方式，社会融资、招商引资同步进行，努力打造我县新型工业发展载体。要推进“四大传统产业”转型升级。落实各项扶持政策，鼓励和支持公平服装、可塘珠宝、梅陇金银首饰、城东毛织等传统产业企业加大资金投入，加快技术改造，重点扶持百斯盾等企业做大品牌、加快上市，进一步提升本地企业和产品的竞争力。积极探索城东毛织和公平服装两大产业的整合、融化和提升，创造条件申报国家级加工贸易转型升级示范基地。要突出解决工业污染问题。以可塘珠宝和梅陇金银首饰产业为整治重点，通过建设专业园区，引导组织零散企业进区入园，实施污染物统一处理，统一排放。同时，提高新引进项目准入条件，拒绝不符合环评要求和产业规划的项目，坚决防范先污染后治理的发展弊端。要合力营造帮扶老企业的良好氛围。出台《重点工业企业扶持办法》，全面落实党政主要领导挂钩制度；调整充实县投资服务中心，增强服务职能，帮助老企业解决用地、用工、技改等历史遗留问题；加大信贷支持力度，打破企业融资瓶颈，促进老企业增资扩产，激发中小企业发展活力。

要大力推进农业现代化。要以加快土地流转夯实现代农业发展基础。坚持依法自愿有偿原则，鼓励农民群众以转包、转让、出租、互换等形式流转土地承包经营权，促进农业生产从散户独立经营向联合规模经营转变。重点建成扩大海亮有机农业、海纳有机大米、合利现代农业等基地规模。要以加强农业基础建设改善生产条件。紧紧抓住上级加大农田水利建设投资的有利契机，整合国土、水利、农业等部门的行政资源，积极向上争取农田水利项目，集中资金逐片有序改造农田，加强水利建设，抓紧建设7.2万亩高标准农田。要以推进集约化经营提高农业产业化水平。着力培育农业产业化主体，创建省市级农业龙头企业5家以上，新增农民专业合作社50家以上；打造梅陇无公害蔬菜、联安有机米、赤坑凤山红灯笼荔枝和陶河樱花观赏园四大特色镇和虎噉金针菜、莲花山茶、九龙峒生姜、月池莲藕、大湖花生等十大特色村，做大以海淡水养殖为重点的海洋经济，扶强禽畜饲养业，促进农业区域结构、产业结构、品种结构不断优化。要以打造农业品牌提升农业生产效益。组织涉农企业和农民专业合作社开展商标注册，申报“三品一标”认证，参与各类展会、展销活动，提高品牌知名度，新增“三品”认证和省市名牌5个以上。

二、突出发展现代服务业

现代服务业是加快经济发展、促进转型升级的加速器。近年来，随着县城地区城市化进程的加快，现代服务业已在我县初显端倪、崭露头角。我们要适应经济发展潮流，因势利导，着重发展以旅游、商贸为重点的现代服务业，促进第三产业蓬勃发展。

要突出景点设施建设，致力打造特色旅游。以提升旅游产业化水平为方向，以开展“旅游工作年”活动为载体，从旅游规划入手，从旅游景点和配套设施建设着力，积极开发旅游经典景区和精品线路，打响“红、蓝、绿、古”四大特色旅游品牌。迅速启动建设莲花大道，抓紧完成勘测、工可、设计等前期工作，全力筹措建设资金，保障工程顺利开展；加快海丽国际高尔夫球场海燕半岛酒店建设，新引进规划建设1家五星级酒店，努力打牢旅游发展基础，大力推进旅游特色化。

要突出电子商务主攻方向，拓展商贸流通新领域。在进一步完善县经促网、山区信息网和中小企业网的基础上，依托我县几大传统特色产业和产业园区，发展行业电子商务平台；推动中小微企业应用电子商务，加强企业门户网站建设；鼓励更多的企业参与“广货网上行活动”，增强县内企业的网上市场竞争力；引导大学毕业生、个体工商户通过电子商务创业，培育发展我县网商队伍，从而以电子商务的加快发展开拓我县商贸流通新天地。此外，要进一步建立农村集体资产交易平台，完善农村信息咨询点，继续扩大和完善“万村千乡”市场网络；要积极引进商贸物流企业和国内外知名购物品牌企业进驻，加快规划建设商贸物流城，着力建设粤东地区最大的物流基地，促进全县商贸物流业升级发展。

三、全力以赴推进重点项目建设

重点项目建设是推动经济增长的强大引擎。今年要大打重点项目建设新战役，把海丰生态科技城、梅陇天星湖科技园、梅陇西环路以及市民广场、行政小区等32个新上续建重点项目和20个预备项目作为今年全县重点项目战役的主战场，千方百计解决资金和土地报批征用问题，以统筹办法加快进度，以倒逼机制推进建设，确保全面完成年度建设任务，拉动新一年经济强劲增长。与此同时，要办好十大民生实事。一是教育多媒体建设，完成全县公办高中、初中和中心小学多媒体教育平台建设1953套；二是龙津河改造，完成清淤工程，加快排污管道和泵站建设；三是建设保障性住房300套，全面完成市政府下达的年度建设任务；四是中心幼儿园和特殊学校建设，改建1所县特殊学校，建设8所镇中心幼儿园；五是影剧院建设，完成室内装修和相关配套工程；六是妇幼保健院和疾控中心建设；七是社会保障惠民工程，加大社会救助力度，巩固提升新型农村和城镇居民养老保险工作成果，新增城镇就业14500人，新增转移农业劳动力5800人；八是“平安海丰”信息化视频监控建设工程，建设县二级监控中心1个、三级监控中心24个、前端监控点420个、卡口9个；九是农村环境卫生整治，重点完成18个镇场的生活垃圾设施配套建设；十是平价商店建设工程，建设10至15家平价商店。推进这些重点项目和办好十大民生实事是今年政府工作的重头戏，要落实领导、落实责任、落实时间，确保完成，以实实在在的工作成果兑现民生承诺。

四、着力提高经济增长质量和效益

坚持把提质量、增效益作为强化经济工作目标管理的重要内容，要在继续深化产业结构调整、

加快推进经济转型升级的基础上，发力抓好“内外源经济”，突出加快财税收入和对外经济的提质增效，全面夯实县域经济快速发展的良好基石。

要进一步激发财税金融活力。要充分调动一切可调动的力量，进一步把各级党政和各协税单位动员起来，共同投入征税协税工作，形成全县上下联动、协调配合、齐抓共管、共同推进的税收征管局面；要坚持“扶、挖、培、引”四管齐下，“扶”强老旧税源、“挖”掘漏收税源、“培”育新生税源、“引”进外来税源，全力壮大新一年财税增收规模；要加大非税收入力度，积极做好土地储备、资产处置盘活工作，千方百计增加财政收入。要不断深化金融体制改革，发展小额贷款公司和融资性担保机构，组建农村商业银行，拓宽中小微企业和政府性投资项目融资渠道，增强发展活力，降低财政风险。

要提高外向型经济整体水平。首先，要发起招商引资新攻势。要来一次全县再动员、再鼓劲，掀起招商引资新热潮，再创我县投资置业黄金期。要主动对接深汕合作，锁定向西发展目标，敞开县门主动承接珠三角产业辐射；结合园区建设，优化客商投资环境；创新招商引资方法方式，落实专业招商队伍，全力招引“高、新、大、强”项目落户。其次，要着力提升外经外贸效益。扶持一批上规模、有优势的加工贸易企业增强设计研发、品牌营销能力，鼓励、促进有条件的企业开展国际化经营，扩大出口业务；落实好各项鼓励进出口政策，提高通关、质检、退税及外汇管理等环节的服务水平；努力探索商品出口“回流”方法，着力解决鲜活产品、金银珠宝饰品等本地特色产品在外地代理出口的“流失“问题。积极创造条件申报建设保税仓，增强我县对外贸易的吸纳能力。

五、致力建设“美丽海丰”

“美丽海丰”是我们生态环境建设的长远目标、发展大计。要扎扎实实地抓好当前的城镇建设、环境整治、生态文明等工作，使“美丽海丰”的愿景逐步化为美好现实。

要加快新型城镇化建设。坚持中等现代化城市建设方向，明确城市功能区的产业布局，严格执行县城发展规划，健全公共设施配套，加快推进县城扩容提质；加大基础设施建设力度，继续改造红城大道、二环路，加快龙津河整治，配套完善北三环路，建设潮惠高速、大湖通陆丰上英大桥、S335线海丰至陆河公路及一批行政村公路；加紧实施城东名园旧厂房、附城联河彭厝围旧村和海城龙津社区旧村等“三旧改造”，加大土地执法力度，深入清理违法用地和违规建设，不断亮化、绿化、美化城镇环境；坚持立足市场，合理投放土地，开发商业性房地产和建设安居房相结合，保障城市集聚人口居住需求。

要加快城乡环境整治。全面开展“环境卫生整治年”活动，以县城地区为重点，深入整顿占道经营和乱搭乱贴，规范卫生环境管理，进一步解决“脏、乱、差”问题；严格查处无牌无证三轮车、摩托车及其他营运车辆，突出整治违规驾驶、乱停乱放等违法交通行为，全面改善县城地区的“大交通”环境，建立健全县城环境管理长效机制；着重加强城镇卫生、交通秩序、建筑市场、集贸市场的管理，规划建设农村垃圾清运基础设施，努力营造卫生整洁、规范有序、优美舒适的城乡环境；深化社会主义新农村建设，推进名镇名村建设工程，大力创建一批新农村宜居村、示范村、精品村；巩固扶贫“双到”工作成果，启动新一轮扶贫开发工作。

要加快生态文明建设。实施森林碳汇重点生态工程、生态景观林带建设工程和“万村绿”工程，严格查处盗采滥伐森林矿产，破坏绿化生态的行为；加强湿地和水资源保护，进一步加大公平水库、青年水库和红花地水库等饮用水源的污染治理力度，继续推进安全饮水工程建设；加强环境污染控制，规范污染行业管理，加快电镀厂和污水处理系统建设。狠抓节能减排工作，努力建设资源节约型社会。

六、全面营造促进发展的优良环境

要坚持统筹发展社会各项事业，加快推进公共服务均等化，力促保障水平与经济发展水平同步提高，不断提升人民群众的幸福感和满意度。要致力创造干事创业的优良环境，让人人享有出彩的机会，凝聚力量，加快发展，以“三敢三定”的新时期海丰精神共圆“中国梦”。

要营造良好文明环境。始终坚持把教育放在优先发展的位置，全面铺开“教育创强”工作，巩固提高“普高”质量和水平，促进义务教育均衡发展，全力打好教育质量翻身战；加大教育基础设施建设投入，加快推进教育园区、县职中、实验中学及学前教育配套建设，支持特殊教育和民办教育发展。深化医药卫生体制改革，完善城乡卫生均等化服务体系，提升县、镇、村三级医疗配套和服务水平；推进公立医院改革试点工作，加快医疗卫生信息平台建设，引进社会资本，多措并举促进医疗水平提升。加快推进以镇、村文化站（室）建设为重点的公共文化设施建设，大力鼓励文艺精品创作，加强文化遗产保护和开发利用，积极发展文化产业，广泛开展群众性文明创建活动和全民健身运动。继续实施妇女儿童两个规划纲要，进一步稳定低生育水平，不断强化殡改工作管理，支持气象现代化建设，扎实推进科技、人防、档案、外事侨务、民族宗教、广播电视等工作；充分发挥工会、妇联、共青团、残联、关工委等组织的积极作用。

要营造安定社会环境。加强社会治安综合治理，严厉打击各种违法犯罪活动，着力推进平安海丰建设；认真落实信访维稳责任机制，进一步畅通信访渠道，维护群众合法权益；完善网上舆论引导机制，从源头上预防和减少社会矛盾；巩固扩大“三打”工作成效，全面推进社会信用体系和市场监管体系建设；认真落实安全生产“一岗双责”，强化交通、消防、食品药品等安全管理，加强动物疫病防控，提高城乡防灾减灾能力；扎实推进“六五”普法教育，认真做好征兵、双拥、国防教育和转业退伍军人安置工作，进一步促进军政军民团结。

要营造高效廉洁政务环境。根据新形势、新任务、新要求，结合开展“机关作风建设年”活动，不断加强政府自身建设，转变政府职能，提升行政效率和施政水平。要时刻保持好学求进的精神状态，加强对新理论、新政策、新法规、新知识的学习，增强驾驭全局、应对复杂局面的能力；坚持问需于民、问计于民、问政于民，深入调查研究，提高科学决策水平；注重思维创新，善于在招商引资、项目推进、服务企业、环境建设等领域尝试新办法、探索新模式，提升推动跨越争先、引领科学发展的本领；始终把执行力和落实力作为政府工作的生命线，不折不扣地落实好县委的决策和部署；坚持依法行政，推进政务公开，建设民主法治政府；切实精减审批项目，加快行政审批系统和办公自动化系统建设，提高政府行政效能和服务水平；增强公务员队伍素质，加大从源头上防治腐败的工作力度，大力推进惩治和预防腐败体系建设。

各位代表！建设幸福海丰使命光荣，推进科学发展任重道远。让我们在县委的坚强领导下，勇于担当、团结奋进、不辱使命，为开创海丰发展新局面、谱写人民幸福生活新篇章而努力奋斗！

大事记

Da shi ji

大面岭

大事记

1月

1月4日晚 根据马思聪创作的芭蕾舞剧《晚霞》而改编的白字戏精品剧目《龙宫奇缘》启动仪式在金鹏国际酒店隆重举行。市委常委、宣传部部长林涛，副市长刘小静，县委书记沈木荣，县委副书记、代县长陈德忠，县委副书记林建隆，县委常委、宣传部部长卢雁慧等市县领导和《龙宫奇缘》策划兼艺术总监——省社科院研究员、戏曲专家许翼心，广东省原广播电视局主任编辑、马思聪侄女马之庸，省艺术研究所所长、一级导演梅晓等省内外著名专家及白字戏曲爱好者，以及《龙宫奇缘》剧组成员出席启动仪式。

1月3日、5日 县公安局交警大队成功破获两宗发生在海丰县国道联安路段和县城华泰路自来水公司门前路段的重大道路交通事故逃逸案件。

1月6日 县委书记沈木荣深入调研县城龙津河排污管道安装工程、红城大道改造工程、县实验中学、三阳饰品公司和碧桂园等全县民生工程和重点项目建设，沈木荣强调：各地各有关部门要注重工程质量与施工安全，加快推进项目建设，推动海丰经济社会又好又快发展。县人大常委会代主任姚英谋陪同调研。

1月10日 全市金融工作汇报会在海丰县召开。

1月12日晚 县委、县政府在香港九龙帝京酒店举行2013年乡情通报会，与海丰籍在港澳的省、市、县政协委员，汕尾市荣誉市民，海丰籍港澳名望人士代表，海丰籍港澳社团负责人，有投资意向的客商代表，外资企业客商代表以及关心支持海丰建设的嘉宾、朋友欢聚一堂，共叙乡情，共商发展。县委书记沈木荣作热情洋溢的讲话，县委副书记、代县长陈德忠主持通报会，县政协主席冯月琴，县委副书记林建隆，县人大常委会代主任姚英谋等县领导出席通报会。

1月15日 县委、县政府在广州广东迎宾馆举行乡情通报会，县委书记沈木荣，县委副书记、代县长陈德忠等县领导与海丰籍在广州、佛山工作的处级以上领导，曾在海丰工作的省有关部门领导，以及海丰县在广州、佛山地区发展的企业家、知名人士代表欢聚一堂，通报海丰县一年来经济社会发展情况和新一年的工作思路，搭建信息互通平台，广邀各方客商前来投资置业，进一步凝聚“爱我海丰，建设海丰”的力量，共同建设美丽幸福家园。县委副书记、代县长陈德忠主持通报会。

1月16日 县委书记沈木荣，县委副书记、代县长陈德忠率团赴深圳举行乡情通报会，与海丰籍在深圳、珠海、东莞、惠州等地工作的领导、知名人士代表、嘉宾等欢聚一堂，通报一年来海丰经济社会发展情况，展望新一年工作前景，与大家共叙乡情亲情，共商家乡发展大计。

1月16日 南方出版传媒股份有限公司和省水库移民工作局联合在海丰县公平镇胜高楼村隆重举行全省百间“广东益智图书室”首批授牌仪式，并赠书籍1000册。南方出版股份有限公司副总经理何祖敏、省水库移民工作局局长曾建生、市水利局局长陈永宁、副县长施流德及县水利部门负责人出席揭牌仪式。

1月22日 由国家环境保护部污防司副司长李蕾带队的国家联合调研组到海丰县开展预防和打击“洋垃圾”非法进口联合调研工作，副县长余振光等市县相关人员陪同调研。

1月23日上午 全县农村环境卫生整治年动员会在梅陇镇召开，会议分析当前海丰县农村环境卫生状况，研究部署2013年和今后一个时期农村环境卫生整治工作。县委书记沈木荣要求动员群众积极参与，扎实推进农村环境卫生整治，使全县农村环境卫生建设成为展示海丰形象的一张靓丽“名片”。县委副书记、代县长陈德忠，县委常委、县委办主任廖汉生，副县长施流德、李旭强等县领导出席会议，各镇场（开发区）书记、镇长，县直有关部门负责人参加会议。

1月25日上午　县委书记沈木荣深入城东镇开展大接访活动，详细倾听群众反映的有关土地纠纷、民事纠纷等情况，仔细了解问题存在的原因、产生的根源，就来访群众反映的问题一一作出办理批示和办理意见。

1月25日　县委副书记、代县长陈德忠，深入梅陇镇开展大接访活动。详细了解各来访群众所反映社保、山林权属、民政救济等的问题，从政策、法律、情理层面耐心地做上访者的思想工作，解除他们忧虑；对上访者提出的合理诉求现场提出解决方案，或交有关部门限期办理。

1月28～29日　县委书记沈木荣，县委副书记林建隆深入黄羌开展春节慰问活动，把党和政府的关怀和温暖送达老党员、老同志、困难群众家中。

1月29日　新春佳节来临之际，由县委书记沈木荣，县委副书记、代县长陈德忠等县领导率领的拥军慰问四个团分赴汕尾军分区、县武装部、县消防大队等驻地部队进行慰问。感谢驻地部队长期以来为地方经济社会发展做出的积极贡献，向他们表示崇高敬意并致以新春问候。

1月29日　市委常委、政法委书记郑佳到海城镇莲光村慰问挂钩扶贫户，向他们送上党和政府的新春祝福。县委常委、政法委书记陈连郑陪同慰问。

1月29日　县委副书记、代县长陈德忠，深入到梅陇镇外寮、上墩等村委慰问贫困户，为他们送上党和政府的关怀和新春问候。

是月　广东县域经济研究与发展促进会发布2012年广东县域、镇域经济综合发展力研究报告，全省67个县域经过综合测评，海丰县位居第十。

是月　中央电视台戏曲频道《戏曲采风》栏目编导郝文山等摄制组一行到大湖镇采访海丰县国家级非物质文化遗产西秦戏的发展情况。

是月　到2012年年底，全县GDP、规模以上工业两大指标双双突破200亿元大关，财政一般预算收入首次突破10亿元大关。

2月

2月5日　中国共产党海丰县第十届委员会第二次全体会议在县迎宾楼会议厅召开。县委书记沈木荣代表县委常委会作工作报告。县委副书记、代县长陈德忠作经济工作讲话。会议主要是总结全县2012年经济社会发展情况，部署新一年各项工作，动员全县人民继续扎实工作，营造良好环境，加快发展步伐，为推动科学跨越发展、建设美丽海丰而奋斗。

2月18日　县委书记沈木荣主持召开党政联席会议，总结春节期间各项工作，部署2013年经济指标、项目建设、“五个活动年”等重点工作。县委副书记、代县长陈德忠，县政协主席冯月琴，县委副书记林建隆，县人大常委会代主任姚英谋等县领导参加会议。

2月25日　中国共产党海丰县第十届纪律检查委员会第三次全体会议召开。会议传达贯彻十八届中央纪委二次全会、省纪委十一届二次全会和市纪委六届三次全会精神。审议、通过县纪委工作报告，县纪委十届三次全会决议草案。县委书记沈木荣作重要讲话；县委副书记、代县长陈德忠，县政协主席冯月琴，县委副书记林建隆，县人大常委会代主任姚英谋等领导出席会议。县委常委、纪委书记刘帆主持会议并代表县纪委常委会向大会作《工作报告》。

2月26日　县委书记沈木荣，县委副书记、代县长陈德忠率县党政领导班子成员深入龙津河排污管道安装工程、县行政小区、市民广场、县实验中学、生态科技城、物流中心、县双桂中学、海城至莲花山公路改建工程和县中等职业技术学校等重点项目施工现场，调研全县重点项目建设工作，要求各地各有关部门要切实落实责任，群策群力，加快推进重点项目建设工作，为建设美丽海丰、幸福海丰做出积极贡献。

2月27日　由省公安厅副巡视员栾广生，省政法委综治协调处处长邓小君带队的省综治考评组对海丰县2011～2012年社会治安综合治理工作进行考评，县委副书记、代县长陈德忠，县委副书记林建隆，县委常委、政法委书记陈连郑，副县长余振光，副县长、公安局局长王楚雄，县人民法院院长林建新等领导陪同考核。

3月

3月1日　县委书记沈木荣在县委常委、组织部部长陈紫光，县委常委、常务副县长许信咏，副县长施流德、符坚以及有关部门负责人的陪同下，深入赤坑镇调研农业农村、基层组织建设、社会管理和信访维稳工作。

3月5日　全县重点项目建设工作会议在县政

府迎宾楼召开，会议对过去一年全县30个新上续建重点项目建设情况进行总结分析，部署下来重点项目建设工作，明确2013年重点项目建设任务。县委书记沈木荣，县委副书记、代县长陈德忠，县政协主席冯月琴，县委副书记林建隆，县人大常委会代主任姚英谋等县四套班子领导成员出席会议，各镇党委书记、镇（场）长，县直副科以上单位主要负责人参加会议。会议由县委副书记林建隆主持。

3月8日 县委书记沈木荣主持召开县委理论学习中心组学习会。深入学习贯彻十八届中央纪委二次全会、习近平总书记重要讲话和中央八项规定，以及十一届省纪委二次全会、省委书记胡春华视察汕尾时的重要讲话和六届市纪委三次全会精神，认真贯彻落实中央和省、市关于更加科学有效地防治腐败，坚定不移把党风廉政建设和反腐败斗争引向深入的要求和部署，推动海丰经济社会加快发展。要求党员领导干部要带头廉洁从政，稳得住心神，管得住手脚，抗得住诱惑，耐得住寂寞，经得住考验。县委副书记、代县长陈德忠，县政协主席冯月琴，县委副书记林建隆，县人大常委会代主任姚英谋等县四套班子领导成员出席会议。

3月16日 县委、县政府在县迎宾楼隆重举行著名民俗学家、民间文学大师、现代散文作家、“中国民俗学之父”钟敬文先生诞辰110周年纪念大会，市委常委、纪委书记陈少菲，中国民俗学会会长、中国社会科学院民族文学研究所所长朝戈金教授，中山大学副校长、广东省民间文艺家协会主席陈春声教授，市人大常委会副主任黄宏伟，副市长刘小静，市政协副主席刘概，县委书记沈木荣，县委副书记、代县长陈德忠及钟敬文先生女儿钟宜教授、钟敬文先生孙子钟炎等亲属代表出席大会。大会由县委副书记、代县长陈德忠主持。

3月16日晚 在“中国民俗学之父”钟敬文先生诞辰110周年纪念日之际，由海丰县委、县政府主办的海丰首届民俗文化节在县体育场盛大开幕，市、县领导以及钟敬文先生亲属、嘉宾、专家学者等出席活动，县委书记沈木荣宣布文化节开幕，县委副书记、代县长陈德忠致辞，县委副书记林建隆主持开幕仪式。

3月17日上午 海丰县举办钟敬文学术思想座谈会，省内外民俗文化领域专家学者相聚海丰，研讨钟敬文学术思想，传承和发扬“中国民俗学之父”——钟敬文的学术精神。县委常委、宣传部部长卢雁慧，钟敬文先生女儿钟宜，中国民俗学会顾问、中山大学教授叶春生等领导、专家学者参加座谈会。

3月18日 市委书记郑雁雄到海丰县调研“三农”工作，要求海丰县要立足抓早抓主动，采取有效措施，抓好春耕生产，确保生活用水和灌溉用水，着力发展新生态农业。市委常委、秘书长李庆新，副市长骆金堤，县委书记沈木荣，副县长施流德等市、县领导陪同调研。

3月21日上午 县委召开议军会议，会议学习贯彻省、市党管武装工作会议精神，听取2012年度全县武装工作报告，分析2012年武装工作形势，总结部署2013年海丰县武装工作，讨论解决新年度武装工作急需解决的问题。县委书记、县人武部党委第一书记沈木荣作重要讲话，县委副书记、代县长陈德忠主持会议，县四套班子领导成员，各镇（场）党委书记、镇（场）长、武装部部长，县直有关单位主要负责人参加会议。

3月27日 县委副书记、代县长陈德忠深入海城镇莲花山调研莲花大道建设工程。调研中，陈德忠强调要站在更高的起点规划建设莲花大道，使之更好地推动莲花山景区旅游资源的科学开发，打造成为县城地区的后花园。副县长余振光以及相关部门负责人陪同调研。

3月27日下午 县委书记沈木荣在县委会议室主持召开县委常委（扩大）会议，会议传达贯彻落实全国“两会”精神以及省委书记胡春华在粤东调研座谈会上的重要讲话精神和汕尾市领导干部会议精神，研究部署下来的各项相关工作。县委副书记、代县长陈德忠，县政协主席冯月琴，县委副书记林建隆，县人大代主任姚英谋等县四套班子领导以及相关部门负责人出席会议。

3月29日 县委、县政府召开安全生产暨防范重特大安全事故工作会议，传达中央政治局委员、省委书记胡春华对安全生产工作的批示和全市安全生产暨防范重特大安全事故工作会议精神，总结2012年全县安全生产工作，对2013年的安全生产工作进行部署。县委副书记、代县长陈德忠，县委常委、常务副县长许信咏出席会议。

3月29～30日 国务院扶贫办培训中心副主任刘晓山率领调研组到海丰县调研，国务院扶贫办培训中心副主任刘晓山等一行先后到公平镇胜高楼村、黄羌镇合门村等地调研，详细了解海丰县“规划到户、责任到人”扶贫工作的成效和经验。肯定海丰扶贫开发“双到”工作。省扶贫办副主任

李冠强，副市长骆金堤，副县长施流德等领导陪同调研。

4月

4月1日 全县创建平安海丰工作会议在县迎宾楼召开，会议总结全县“三打”工作情况，贯彻落实胡春华书记近期关于维稳的一系列重要讲话和全市信访维稳工作会议精神，部署2013年平安建设工作。县委书记沈木荣强调：各地各单位要高度重视，精心组织，实干争先，努力开拓创建平安海丰新局面。县委副书记林建隆，县委常委、纪委书记刘帆，县委常委、组织部部长陈紫光，县委常委刘剑平等县领导出席会议。县委常委、政法委书记陈连郑主持会议。

4月2日 市委书记郑雁雄到海丰县调研，要求海丰县要以贯彻落实省委书记胡春华考察汕尾和汕头座谈会重要讲话以及全市领导干部大会精神为指导，勇当深汕合作排头兵。要从基础设施、产业布局、招商引资等方面加快与珠三角地区的对接，并努力做到与深汕特别合作区同规划、同招商、同发展，主动接受其聚能辐射带动。市委常委、秘书长李庆新，副市长邹广，县委书记沈木荣，县委副书记、代县长陈德忠等市、县领导陪同调研。

4月2日 市长吴紫骊到海丰县检查指导防汛工作，要求海丰县落实责任，完善预案，抓好防汛工作，确保安全度汛。副市长骆金堤，县委副书记、代县长陈德忠，副县长施流德等市县领导陪同检查。

4月8日 县委书记沈木荣到陶河镇调研农业农村工作和农村基层组织建设工作，要求陶河镇抓住机遇，大力发展特色农业，抓好生态文明建设和社会稳定，打造东部生态文明镇。县委常委、组织部部长陈紫光，副县长符坚及县委办等单位负责人陪同调研。

4月8日 县委副书记、代县长陈德忠到城东镇调研海丰生态科技城建设工作，要求该镇紧抓发展机遇，高起点、高标准、高效能打造海丰生态科技城，谋划海丰发展新出路。县委常委、常务副县长许信咏，副县长卓凛波等参加调研。

4月9日 县委书记沈木荣到梅陇镇调研防汛、农村饮水安全工程、重点项目建设和农村基层组织建设工作，要求梅陇镇要全力以赴做好当前各项重点工作，把水库的安全度汛放在管理的第一位，想尽办法解决群众的切身利益，确保让人民群众喝上放心水、卫生水，确保西环路建设工程顺利开工建设。副县长施流德、符坚等县领导陪同调研。

4月11日 中国人民政治协商会议海丰县第八届委员会第三次会议隆重开幕。4月12日下午，大会选举许妈银为政协海丰县第八届委员会副主席，叶国平为政协海丰县第八届委员会常务委员。

4月12日 海丰县第十四届人民代表大会第三次会议在迎宾楼隆重开幕。本次大会应到会代表257人，实到248人。代县长陈德忠代表海丰县人民政府向大会作《政府工作报告》。

4月13日下午 海丰县第十四届人民代表大会第三次会议选举沈木荣为海丰县十四届人大常委会主任，陈德忠为海丰县人民政府县长。

4月15日 县长陈德忠主持召开政府廉政工作会议，传达贯彻国务院、省、市廉政工作会议精神，部署政府系统反腐倡廉工作。县委常委、常务副县长许信咏，县委常委刘剑平，副县长余振光，副县长、公安局局长王楚雄，副县长施流德，县政协副主席、交通局局长许妈银等领导出席会议。

4月22日下午 由省人大法工委委员刘涛带队的省人大立法工作调研组到海丰县调研，了解海丰县人大立法工作开展情况，探讨交流“立法工作如何为省的改革发展创造良好法治环境”。县人大常委会常务副主任姚英谋，县委常委、常务副县长许信咏，县人大常委会副主任陈智景等领导陪同调研。

4月24日 县委书记沈木荣在县人大常委会常务副主任姚英谋，县委常委、常务副县长许信咏，副县长符坚，以及相关部门负责人的陪同下，深入县城重点项目施工现场，调研全县重点项目建设工作。沈木荣要求各地各有关部门要切实落实责任，群策群力，加快推进重点项目建设工作，为建设美丽海丰、幸福海丰做出新的贡献。

4月27日 县委、县政府召开生态科技城发展规划征求意见会，听取海丰生态科技城2013至2020年发展规划，研究部署下一步工作。县委书记、县人大常委会主任沈木荣，县长陈德忠，县政协主席冯月琴，县委副书记林建隆，县人大常委会常务副主任姚英谋等县领导出席会议。会议由县长陈德忠主持。

4月28日下午 县长陈德忠在县政府会议室主

持召开县城饮用水源地环境污染整治工作动员会，动员部署县城饮用水源地的环境污染整治工作。县自来水、环保、卫生局等有关部门负责人参加会议。

5月

5月8日下午　全县整治违法用地和违法建设专项工作情况汇报会在县委会议室召开，会议通报2012年以来全县整治违法用地和违法建设专项工作情况。县委书记沈木荣主持会议并作工作部署。县长陈德忠以及刘帆、廖汉生、陈连郑、余振光、王楚雄等县领导和有关部门负责人出席会议。

5月8日　市委书记郑雁雄到海丰县开展“短平快、走基层“活动，实地调研民营经济发展情况，强调要一手抓重点项目建设，一手抓民营经济发展，满腔热忱、千方百计地支持帮助民营企业做大做强，为全市加快发展、率先发展做出积极贡献。市委常委、秘书长李庆新，县委书记、县人大常委会主任沈木荣，县长陈德忠，县委常委刘剑平，副县长符坚等市县领导陪同调研。

5月9日　海丰县召开全县加快推进重点项目建设暨经济工作分析会，会议主要传达贯彻全市加快推进重点项目建设工作会议和市第一季度经济工作分析会议精神，总结2013年全县经济运行及重点项目推进情况，研究、部署下来的工作。县四套班子领导成员，各镇（场）党委书记、镇（场）长，县直有关部门负责人参加会议。

5月15日　省公安厅副厅长郑东到海丰县检查指导“百局千所”立体化治安示范单位创建工作。副县长、公安局局长王楚雄陪同检查。

5月16日　国务院召开贯彻落实《中华人民共和国旅游法》电视电话会议。县长陈德忠，副县长卓凛波及县相关部门负责人在海丰县分会场参加会议。

5月20日晚　中央电视台戏曲频道《戏曲采风》栏目播出《走进西秦戏》节目。广泛宣传海丰县国家级非物质文化遗产——西秦戏。

5月22日　县长陈德忠深入县三防指挥部、西溪水闸等地检查指导防汛工作，要求各地各部门要落实责任，密切监视天气变化，继续加强河溪的清淤清障等工作，保证河道溪流畅通，确保海丰县安全度汛。副县长施流德陪同检查。

5月23日　县委书记沈木荣在县委会议室主持召开党政联席会议，听取各镇（场）夏季计生工作情况汇报，讨论研究实行计划生育服务证“一证先行”办事制度，同时听取县经促局近期有关项目招商情况汇报等重点工作。县四套班子领导成员，各镇（场）党委书记，县计生兼职成员单位主要负责人参加会议。

5月27日　县委书记沈木荣在副县长施流德陪同下深入受灾较为严重的公平镇新塘村委、龙岗村委、公平水库等地检查指导抗洪受灾工作。

5月30日　县长陈德忠深入金园工业园区，就园区内企业已建成厂房但未取得国土证的事项进行专题调研，要求相关部门要统一思想，高度重视，协调配合，妥善处理好全县各工业园区内已建成厂房的企业国土证办理事项，营造一个良好的发展环境和招商引资环境，助推海丰县大办工业年活动的开展。县政府办及相关部门负责人陪同调研。

5月31日　在“六一”国际儿童节临近之际，县委书记、县人大常委会主任沈木荣，县长陈德忠，县政协主席冯月琴，县委副书记林建隆，县人大常委会常务副主任姚英谋等县领导深入学校、幼儿园看望慰问少年儿童，向全县少年儿童致以节日问候和良好祝愿。

5月31日　省军区司令员盖龙云、省军区参谋长王培利等一行到海丰县对武装军事战争准备、日常战备和训练工作及器材物质等检查指导。市委常委、汕尾军分区司令员林坚明，汕尾军分区政委甘祥，县委书记、县人武部党委第一书记沈木荣，县长陈德忠，县委常委、武装部部长郑秋汉等陪同检查。

6月

6月6日　市委书记郑雁雄到海丰县调研基层党建工作，重点了解、解决基层党建工作中存在的问题，推进基层稳定发展。郑雁雄要求县、镇、村各级党员干部要心忧民困、身常在民、耳知民情、口解民争，手办民需，行受民督，夙夜在公，接通地气，形成常态，共同推动基层党建工作上新水平。市委常委、组织部部长苏茂荣，市委常委、秘书长李庆新，县委书记沈木荣，县长陈德忠等市、县领导陪同调研。

6月6日　县委书记沈木荣，县长陈德忠，县委常委、县委办主任廖汉生，副县长、公安局局长王楚雄，副县长卓凛波等县领导深入各考场检查高

考准备工作。

6月8日上午 海丰县召开全县扶贫开发工作会议，贯彻落实省、市扶贫开发工作会议精神，总结三年扶贫开发“双到”工作情况，并部署新一轮扶贫开发“双到”工作。县委书记沈木荣主持会议并作重要讲话，强调要全力以赴，坚决打好新一轮扶贫攻坚硬仗。县长陈德忠、县政协主席冯月琴、县委副书记林建隆、县人大常委会常务副主任姚英谋等县四套班子领导成员出席会议。

6月8日 县长陈德忠主持召开全县“两建”工作会议，传达贯彻省市“两建”工作会议精神，总结和部署“两建”工作。

6月8日 深圳龙岗—海丰扶贫开发“双到”对接座谈会在县委会议室举行，深圳市龙岗区扶贫工作组共25个帮扶单位与海丰县交流帮扶工作情况，共商扶贫对接工作。县委书记、县人大常委会主任沈木荣，县长陈德忠，深圳市龙岗区扶持办公室主任郑展怀等领导出席座谈会。

6月13日 海丰仁荣龙舟队在2013年中国龙舟公开赛（海南澄迈站）的比赛中，夺得500米直道竞速第1名、200米第2名，5000米绕标赛第1名，获得总成绩第1名。海丰仁荣女子龙舟队获得中国龙舟公开赛（江苏江阴站）第1名。

7月

7月1日下午 海丰县委、县政府在县迎宾楼召开全县推行计划生育“一证先行”办事制度工作会议。会议由县委书记沈木荣主持，县长陈德忠作讲话，县委副书记林建隆就夏季计生服务工作完成情况进行总结，副县长卓凛波宣读《关于分类分步推行计划生育“一证先行”办事制度的实施意见》。

7月4日 市委副书记、政法委书记陈央到海丰县调研政法工作，要求海丰县要处理好发展与稳定的关系，坚持把造福群众作为发展的根本目标，努力从源头上预防和化解社会矛盾纠纷，着力构建平安和谐海丰。沈木荣，陈德忠，林建隆，陈连郑，王楚雄等县领导陪同调研。

7月5日上午 海丰县召开重点建设项目现场办公会，县委书记沈木荣、县长陈德忠带队检查县重点项目建设情况，并现场办公协调解决项目建设中遇到的困难和问题，力促重点项目建设迈新步。

7月8日下午 县委、县政府召开重点建设项目（梅陇）现场办公会，就如何加快推进重点项目建设，确保完成全年主要经济指标及需要着力解决的问题进行了深入研究。县委书记沈木荣强调，各地各单位要统一思想，增强大抓重点项目建设的紧迫感、责任感和使命感，千方百计解决项目建设存在的突出问题，掀起新一轮项目建设热潮。县长陈德忠就相关工作提出要求，刘帆、许信咏、刘剑平、郑秋汉、廖汉生、陈连郑等县领导出席会议。

7月9日 县委、县政府召开重点建设项目（城东）现场办公会，县委书记沈木荣、县长陈德忠带队检查县重点项目建设情况，就如何加快推进重点项目建设，确保完成全年主要经济指标及需要着力解决的问题进行了深入研究，并现场办公协调解决项目建设中遇到的困难和问题。

7月10日 县委、县政府在政府迎宾楼召开全县政法工作会议，会议传达贯彻市政法工作会议精神，总结2013年全县政法工作，部署新一轮政法工作。县委书记沈木荣，县委副书记林建隆，县委常委、政法委书记陈连郑，副县长、公安局局长王楚雄等县领导出席会议。会议由县委副书记林建隆主持。陈连郑在会上通报全县2013年政法工作情况。

7月12日 县委书记沈木荣到小漠镇旺官社区开展“千名党代表走基层”——市委委员联系后进村（社区）活动，听民声、察民情、体民意，推动后进社区加快发展。县委常委、组织部部长陈紫光及该镇党政负责人参加座谈会。

7月12日 市委书记温国辉在海丰县梅陇镇调研镇、村基层组织建设时强调：发展和稳定是当前必须抓好的两件大事，要坚持两手抓、两手都要硬，努力推动全市基层组织建设上新台阶。市委常委、秘书长李庆新，县委书记沈木荣，县长陈德忠等市县领导陪同调研。

7月14日上午8时 中央电视台4套《走遍中国·湿地行》栏目播出反映海丰优美自然环境的电视专题片《水鸟之乡》，扩大海丰知名度，助推美丽海丰建设。

7月17日 县委书记沈木荣深入北片公平、黄羌等镇，调研创建教育强镇和多媒体教室建设工作，要求公平、黄羌等镇要增强责任感、紧迫感，加快推进教育强镇创建工作，确保早日通过省教育强镇的验收。副县长卓凛波及相关部门负责人陪同调研。

7月18日 县委书记沈木荣深入大湖镇调研镇域经济社会综合发展工作和计划生育“一证先行”

执行情况，要求大湖镇强化基层组织建设，大力推进各项重点工程建设，把计划生育“一证先行”制度宣传好、贯彻好、落实好。郑秋汉，廖汉生，施流德等县领导陪同调研。

7月19日 县委书记沈木荣在海丰鸟类省级自然保护区——东关联安围调研湿地和自然保护区工作时强调，建设“美丽海丰”要从大环境出发，自然保护区要与旅游规划相结合，擦亮“中国水鸟之乡”品牌，进一步提升海丰知名度。县委常委、县委办主任廖汉生陪同调研。

7月22日 县长陈德忠深入大湖镇就经济社会发展、社会管理、教育创强和计划生育“一证先行”办事制度落实情况等工作进行调研，要求大湖镇突出资源优势，谋划好项目建设，把大湖发展成为全县乃至全市经济社会发展的一面旗帜，县政协副主席施培养等县领导陪同调研。

7月23日 县委书记沈木荣主持召开县党政联席会议，会议传达全市上半年经济工作分析会精神，总结上半年经济工作情况，研究部署下半年工作。沈木荣强调：各级党政和广大干部要准确把握当前的经济形势，保持清醒头脑，坚定发展信心，确保重点项目顺利推进、社会和谐稳定、全年各项经济指标实现“满堂红”。县长陈德忠对当前相关工作提出要求，县政协主席冯月琴，县委副书记林建隆，县人大常委会常务副主任姚英谋等县领导出席会议。

7月24日下午 全市人口与计划生育“一证先行”现场会在海丰县召开，会议总结全市人口计生工作情况，学习推广海丰县人口计生“一证先行”工作经验，进一步强化全市人口与计划生育的综合治理，更好地推动全市人口计生工作的落实。副县长卓凛波及市、各县（市）区人口与计生部门相关负责人参加会议。

7月24日 县委书记沈木荣到经济开发区调研时强调，举全县之力，做大做强县直工业园区，推动海丰经济社会加快发展，率先发展。县委常委刘剑平，县委常委、县委办主任廖汉生等县领导陪同调研。

7月24日 《海丰县志（1988～2004）》和《海丰年鉴·2012》举行首发式。

7月29日下午 全县上半年经济工作分析会在县政府迎宾楼召开。会议分析海丰县上半年经济社会发展情况，研究、部署下半年经济发展和社会各项工作。县委书记沈木荣在会上作讲话，县长陈德忠在会上传达全市上半年经济工作分析会精神，总结全县上半年经济社会发展情况，部署下半年全县经济社会发展各项工作。会议由县委常委、常务副县长许信咏主持。县四套班子领导成员，县法院院长，县检察院检察长，县委办、县政府办正副主任，各镇（场）党委书记、镇（场）长，县直副科以上单位负责人参加会议。

是月 海丰县陈介仁、吕伟涛、钟华南、王汉有、罗丽蓉、马汉强、朱炯城、曾向追入选汕尾市首届“感动汕尾”十大人物。

8月

8月2日 县委书记沈木荣主持召开县委理论学习中心组（扩大）学习会，学习贯彻全省进一步促进粤东西北地区振兴发展工作会议、省委组织工作和全市纪律教育学习月活动动员会精神。县长陈德忠，县政协主席冯月琴，县委副书记林建隆，县人大常委会常务副主任姚英谋等县领导出席会议。

8月2日 深圳市龙岗区委常委熊小平率队到海丰县调研新一轮扶贫开发“双到”工作，实地了解龙岗区在海丰县帮扶情况，与县长陈德忠等县领导共商扶贫大计。

8月5日 全县纪律教育学习月活动动员会在县迎宾楼召开，全面部署2013年的纪律教育学习月活动。县委书记沈木荣强调：以纪律教育学习月为契机，扎实推进干部作风大转变、发展环境大改善，为推动海丰大发展、大跨越提供坚强的政治保证。县长陈德忠，县政协主席冯月琴，县人大常委会常务副主任姚英谋等县领导出席会议。县委副书记林建隆主持会议，县委常委、纪委书记刘帆作纪律教育学习月活动动员讲话。

8月6日 由省政协副主席陈蔚文率领的省普法督导组到海丰县检查督导“六五”普法中期工作。市委常委、宣传部部长林涛，市人大常委会副主任吴友深，市政协副主席邱伟南，县政协主席冯月琴，县委副书记林建隆，县委常委、宣传部部长卢雁慧，县人大常委会副主任陈智景，副县长、公安局局长王楚雄等市县领导出席汇报会。

8月13日 市长吴紫骊在市政协副主席李秉记，县委书记沈木荣，县长陈德忠，县委常委、宣传部部长卢雁慧等市县领导陪同下深入陈炯明都督府旧址调研，要求实事求是去研究和挖掘文化资源，发挥特色，擦亮名人品牌，提升知名度，为促进海丰及至全市经济发展做出贡献。

8月15日晚 根据著名音乐家马思聪晚年在海外精心创作的大型舞剧《晚霞》改编的海丰白字戏《龙宫奇缘》，在汕尾市马思聪艺术中心首演，受到观众的赞赏和欢迎。市长吴紫骊，市委常委、宣传部部长林涛，县委书记沈木荣，县长陈德忠等市县领导出席首演仪式。

8月16～18日 受台风“尤特”的影响，海丰遭受空前特大暴雨的袭击。全县多地暴雨成灾，山洪狂泻。过程降雨达745.5毫米，特别是公平镇西坑片，16日18时30分至20时30分的2个小时内突降特大暴雨199.5毫米，致使公平水库集雨量暴增，水位迅速上涨，达到建库以来的最高水位16.80米，17日下午开始以700个流量泄洪，为历史以来最大的排洪量。17日晚，市长吴紫骊急赴海丰三防指挥部，指挥抗灾救灾工作。县委书记沈木荣、县长陈德忠等党政领导靠前指挥。全县上下全力应对，转移灾区群众1.5万余人。同时，全县启动防汛二级响应，有效地抗击了特大暴雨和山洪的袭击。

8月18日上午 县委、县政府召开灾后复产工作会议，部署灾后复产工作，要求各地各部门迅速掀起灾后复产工作高潮。县长陈德忠，县委常委、常务副县长许信咏，县委常委、武装部部长郑秋汉，副县长施流德出席会议。

8月18日 受特大暴雨袭击，陶河镇多处遭受严重洪涝灾害。灾情发生后，县委书记沈木荣，县长陈德忠等县党政领导及时赶赴现场指挥抗洪抢险。全县多个应急抢险分队与陶河镇全体干部职工协力抢险救灾，化险为夷。

8月22日 市委书记温国辉率领市农业、国土、水务、公路等有关部门负责人深入海丰检查指导救灾复产工作。要求海丰各级党委、政府要以对人民群众高度负责的精神，切实把救灾复产工作作为当前最重要的任务来抓，夺取救灾复产工作的全面胜利。市委常委、秘书长李庆新，县委书记沈木荣等市县领导陪同检查。

8月24日 市长吴紫骊到海丰县调研救灾复产工作，要求海丰县要以人为本，把人民群众生命安全放在第一位，强化防汛抗灾意识，抓好水库堤围除险加固、加快水毁农田复耕复产和清理排查危房隐患，切实做好防汛和恢复重建工作。市政府秘书长杨双标，县委书记沈木荣、县长陈德忠等市县领导陪同调研。

8月25日 县委书记沈木荣深入赤坑、可塘两镇检查指导灾后复产重建工作，要求两镇扎实做好恢复生产和重建家园工作，科学指导群众及时补种农作物，加快水毁农田复耕复产，强化水利设施安全管理和河道清障工作，确保灾后复产工作尽快见到成效。副县长施流德陪同检查。

8月27日 县长陈德忠深入各学校检查指导多媒体教室建设工作，强调各地各部门要提高认识，加大投入、加快进度，落实和普及学校多媒体教室建设工作，让学生充分享受优质教育资源以及推动全县教育创强工作上新台阶。副县长卓凛波陪同检查。

8月28日 县长陈德忠到陶河、赤坑、可塘三镇检查指导灾后复产工作，要求各地加快水毁农田复耕复产，科学指导帮助群众做好农作物抢种、转种和补种，确保灾后复产工作取得成效。副县长施流德、符坚等领导陪同检查。

8月30日 县委书记沈木荣主持召开县委理论学习中心组(扩大)学习会，会议传达全省第十二期领导干部党纪政纪法纪教育培训班和全市组织工作会议精神，学习《中国共产党党员领导干部廉洁从政若干准则》，研究部署当前救灾复产工作和秋季计生集中服务工作。县委书记沈木荣，县长陈德忠分别就当前工作提出要求，县人大常委会常务副主任姚英谋等县领导出席会议。

8月31日 海丰县仁荣实业发展有限公司董事长陈介仁先生被国家体育总局评为全国群众体育先进个人。出席在沈阳召开的全国群众体育先进单位和先进个人代表表彰大会，受到习近平总书记等党和国家领导人的亲切接见并合影留念，并出席第十二届全运会开幕式。

9月

9月11日 海丰县举办“创新转型提升发展”学习论坛，特邀原江淮汽车集团董事长，现任中国汽车人才研究会副理事长、天津大学兼职教授左延安先生作题为“坚持系统创新，实现企业持续健康发展”的专题报告。县长陈德忠，县政协主席冯月琴，县人大常委会常务副主任姚英谋等县领导和各镇（场）党委、政府，县直各单位负责人及有关企业负责人到场学习。学习论坛由县委副书记林建隆主持。

9月17日 全县2013年普通高考总结暨2014年

高考工作会议通报海丰县2013年高考情况。2013年全县参加普通高考的应届毕业生共6530人，各批次入围人数和增长率分别为：第一批入围88人，比增31.34%；第二批A线入围416人，比增2.21%。第二批B线入围610人，比增15.53%；本科以上入围1114人，比增11.08%。第三批A线以上入围2477人，比增6.26%；第三批B线以上入围4562人，比增1.94%。

9月21日 全省三防电视电话会议召开，全面部署第19号超强台风“天兔”防御工作。县长陈德忠，县委常委、武装部部长郑秋汉，副县长余振光、王楚雄、施流德等在县三防指挥部分会场参加会议。

9月21日下午 市委书记温国辉到海丰县检查指导防抗第19号超强台风“天兔”工作，市委常委、秘书长李庆新，县长陈德忠，副县长施流德及市县领导陪同检查。

9月22日 强台风“天兔”升挂红色预警应信号，海丰县于22日上午10时启动防台风I级响应，县委、县政府周密部署防御强台风工作。县长、县三防总指挥陈德忠坐镇县三防指挥部指挥。

9月22日上午 县长陈德忠深入鹅埠、小漠、后门、梅陇等地检查防御强台风“天兔”工作，强调要以人为本，高度戒备，落实各项应急措施，做好危房险舍的群众转移工作，确保群众生命财产安全。廖汉生、余振光，陈凯婵等县领导一起检查防台风工作。

9月22日晚7时40分 强台风“天兔”在汕尾市沿海一带登陆，正面袭击海丰。台风登陆前后，中心风力14级，阵风17级。为近40年来登陆海丰的最强台风，22日下午4时开始至23日凌晨，持续10多小时，狂风挟着暴雨，猛烈肆虐全县。截至24日下午3时，全县直接经济损失达29.4159亿元。受灾人口近60万人。

9月22日19时50分 海丰县可塘镇楼雅砖厂因台风风势过猛导致烧砖锅炉被掀翻引发大火，火势瞬间蔓延并围困砖厂工人近40人。海丰消防大队立即出动12名官兵赶赴现场，及时将全部被困群众转移至安全区域。

9月23日 省委书记胡春华到大湖镇察看台风灾情，看望慰问受灾群众，检查指导防风防汛抗灾工作，要求海丰县要妥善安置受灾群众，抓紧开展复产重建工作。省委常委、秘书长林木声，市委书记温国辉，市长吴紫骊，副市长骆金堤，县长陈德忠等领导陪同检查。

9月23日 强台风“天兔”登陆后第一天，县长陈德忠、副县长王楚雄、施流德带领县民政部门前往受灾严重的大湖镇，看望慰问受灾群众，指导救灾复产工作。

9月23日 阳江供电局积极组织，紧急调拨350余人奔赴汕尾海丰县参与抗灾复电。

9月24日上午 县长陈德忠深入赤石镇和供电供水抢修现场检查指导抢险救灾工作。县委常委、武装部部长郑秋汉，县委常委、政法委书记陈连郑，副县长余振光等县领导陪同检查。

9月24日 副省长、省防总总指挥邓海光到海丰县检查指导防风防汛抗灾和水毁堤围修复工作，强调堤围水毁修复建设既要立足长远，又要适度超前，注重工程的科学规划和统筹协调，着力保持人与自然、工程与环境生态的和谐。市长吴紫骊，市政府秘书长杨双标，县长陈德忠，副县长余振光等市县领导陪同检查。

9月24日晚8点 海丰县召开恢复灾后生产工作会议，传达贯彻省市领导指示精神，紧急动员全县上下迅速开展灾后复产工作。县长陈德忠主持会议并作讲话，要求以人为本、全民动员，全面夺取抗灾救灾、重建复产的胜利。县政协主席冯月琴、县委副书记林建隆、县人大常委会常务副主任姚英谋等县领导出席会议，各镇（场）党委书记，县直副科以上部门负责人参加会议。

9月25日下午 海丰县举行强台风“天兔”灾后复产重建捐款活动。县长陈德忠，县政协主席冯月琴，县委副书记林建隆，县人大常委会常务副主任姚英谋等县四套班子领导和县委大院干部职工，用实际行动和全县人民一起共度时艰、重建复产。

9月27日 县长陈德忠深入黄羌、公平、平东、公平水库等地检查指导复产重建工作，要求各地各单位充分发挥党的核心力量，政府主体力量，群众支持力量，社会捐助力量，全力以赴投入到灾后复产和重建美丽幸福家园。副县长余振光、符坚陪同检查。

9月28日 市委书记温国辉到海丰县联安镇看望慰问广东电网珠海供电局支援抢修队伍，代表市委、市政府向他们致以崇高敬意，感谢他们全力以赴支援海丰灾后复电工作。市委常委、秘书长李庆新，副市长李贤谋，县长陈德忠陪同慰问。

9月29日上午 第二届“南粤幸福活动周”启动仪式在海丰县红场门口举行。市政协主席莫英

群，县长陈德忠，县委副书记林建隆，县委常委、宣传部部长卢雁慧等市、县领导出席启动仪式。

9月29日 全市农业灾后复产汇报会在海丰县召开，通报全市农业受灾情况，研究部署灾后复产工作。副市长骆金堤以及副县长余振光等各县（市、区）相关领导参加会议。

9月30日下午 县长陈德忠主持召开全县救灾复产工作会议，会议传达贯彻全市救灾复产工作会议精神，部署下一阶段救灾复产工作。县长陈德忠要求各地各单位要在救灾复产工作中统筹兼顾，注重细节，有序高效地推进救灾复产各项工作。县政协主席冯月琴，县委副书记林建隆等县领导出席会议。

10月

10月2日上午 副市长骆金堤到海丰县检查指导灾后复产工作，要求海丰县要抓好受损的堤围除险修复加固、妥善安置受灾群众和做好农业灾后复产工作。县委书记沈木荣，市政府副秘书长郑伟中，县委常委、武装部部长郑秋汉，副县长余振光等市县领导陪同检查。

10月2日上午 县委书记沈木荣深入大湖镇检查指导灾后复产工作，要求相关部门和大湖镇要迅速对因台风影响而不同程度受损的堤围进行修复，对受灾群众进行妥善安置，确保人民群众的生产、生活秩序正常。县委常委、武装部部长郑秋汉，副县长余振光等陪同检查。

10月2日下午 县委书记沈木荣深入小漠、赤石等镇，检查指导灾后复产工作。要求各地要突出重点，科学救灾，全面加快救灾复产工作步伐。副县长余振光陪同检查。

10月3日上午 县委书记沈木荣深入公平青湖种养专业合作社、五联村甲鱼养殖基地、平东镇陆港生态农业科研基地、黄羌镇香夹兰种植基地和公平水库、青年水库等地检查指导灾后复产工作。鼓励各种养企业和种养户要树立信心，积极采取补救措施，抓紧修复受损大棚，争取早日全面恢复生产。副县长余振光陪同检查。

10月5日 市委书记温国辉到后门镇调研滨海旅游工作。要求海丰县加强滨海旅游业发展规划，树立品牌，展示滨海旅游特色，做大做强滨海旅游产业，助推汕尾蓝色崛起。市委常委、秘书长李庆新，县委书记沈木荣，县长陈德忠等市、县领导陪同调研。

10月7日 县长陈德忠深入梅陇镇西环路建设施工现场，实地察看工程进度，了解存在问题。县委常委刘剑平、副县长施流德、陈凯婵及相关部门负责人陪同检查。

10月9日 县委书记沈木荣主持召开县党政联席会议，研究部署当前抗灾复产、计划生育和信访维稳工作。要求全县上下要一手抓灾后复产，一手毫不松懈地推进经济工作，努力实现全年各项工作任务的圆满完成。县长陈德忠，县政协主席冯月琴，县委副书记林建隆，县人大常委会常务副主任姚英谋等县领导出席会议。

10月11日下午 全县第三季度经济形势分析会在迎宾楼召开。会议分析总结前三季度全县经济社会运行发展情况，分析研判当前经济形势，部署第四季度经济发展和社会各项工作。县委书记沈木荣强调，要全力突击抓好各项工作，坚决圆满完成2013年的目标任务，实现全年经济社会发展“满堂红”。县长陈德忠作工作部署。县政协主席冯月琴，县委副书记林建隆，县人大常委会常务副主任姚英谋等县四套班子领导成员参加会议。县委常委、常务副县长许信咏主持会议。

10月12日 深圳市龙岗区委副书记、区长冯现学率扶贫开发“双到”慰问组一行，向海丰县捐赠救灾款300万元，帮助灾区人民重建家园。

10月12日下午 海丰县举行强台风“天兔”赈灾募捐活动，现场募集捐款2112万元。县委书记沈木荣出席会议并作重要讲话。县长陈德忠、县政协主席冯月琴、县人大常委会常务副主任姚英谋等县领导出席会议。会议由县委副书记林建隆主持。

10月14日下午 海丰县举行“粤联—13·汕尾”军地联合演习作战会议。县委书记、县人武部党委第一书记沈木荣，县委常委、常务副县长许信咏，县委常委、人武部部长、指挥长郑秋汉，县人武部政委、指挥长倪少勇，以及县人武部、县国动委等成员单位负责人出席作战会议。

10月15日下午 县委书记沈木荣深入梅陇镇检查指导重点项目建设，要求该镇要全力以赴，排除万难，加快推进重点项目建设。县委常委刘剑平，县委常委、县委办主任廖汉生陪同检查。

10月16日 省水利厅副厅长刘敏到海丰县检查指导民生水利建设及“水利管理年”工作。市委副书记陈央，副市长骆金堤，县委书记沈木荣，副县长余振光等市县领导陪同检查。

10月17日 县委书记沈木荣到城东镇调研重点项目建设工作，要求城东镇要增强紧迫感和使命感，加快县生态科技城的征地进度，推动县生态科技城尽快开工建设，使之建设成为海丰经济社会发展的重要增长点。县人大常委会常务副主任姚英谋，县委常委、组织部部长陈紫光等县领导陪同调研。

10月18日 县委书记沈木荣到赤石镇调研潮惠高速公路建设进展情况。要求高速公路沿线各镇和各有关部门要强化服务意识，全力支持高速公路建设；希望高速公路项目部加大投入，加快推进，确保质量，创造精品工程。县委常委刘剑平，县委常委、县委办主任廖汉生等县领导陪同调研。

10月18～21日 海丰县人民政府组织具有地方特色的可塘珠宝工艺美术品3000多件参加第十届中国（云浮）国际石材科技展览会暨第四届中国（云浮）石文化节。

10月22日 县委书记沈木荣深入县城龙津河整治工程、市民广场和东关联安围百里海堤建设现场，调研全县重点项目建设工作。姚英谋，许信咏，廖汉生，余振光等县领导陪同调研。

10月23日下午 县政府在县广播电视大学举行广东省网上办事大厅海丰分厅第一轮培训会，邀请广州市中智软件开发有限公司技术人员对第一批具有网上办事服务项目的37个县直单位有关人员进行培训。

10月23日下午 县委书记沈木荣在县委5楼会议室主持召开县委常委（扩大）会议，会议传达贯彻落实全国、省、市宣传思想工作会议精神，研究部署当前和今后一个时期全县宣传思想工作。县政协主席冯月琴，县委副书记林建隆，县人大常委会常务副主任姚英谋等县领导出席会议。县委常委、宣传部部长卢雁慧在会上传达贯彻全国、省、市宣传思想工作会议精神。

10月29日 县委书记沈木荣到海城、平东、公平等镇调研潮惠高速公路建设进展情况。县委常委刘剑平，县委常委、县委办主任廖汉生等县领导陪同调研。

10月31日上午 全县宣传思想工作会议在县迎宾楼召开。传达贯彻全国、全省、全市宣传思想工作会议精神，部署海丰县当前和今后一个时期的宣传思想工作。县政协主席冯月琴，县委副书记林建隆，县人大常委会常务副主任姚英谋等县领导参加会议。林建隆主持会议。

10月31日 广东医学院附属医院彭湃纪念医院签约暨揭牌仪式在彭湃纪念医院举行。广东医学院院长郑学宝、副院长赵斌，市政府副秘书长蔡水镜，副县长卓凛波及市县卫生局相关负责人出席签约揭牌仪式。

10月31日 县长陈德忠到公平、平东等镇调研潮惠高速公路海丰段建设进展情况，现场察看了沿线征拆和建设现场，详细了解公路建设的进展情况及在建设进程中遇到的困难和问题，要求各有关部门和高速公路沿线各镇要落实责任，加强沟通协调，及时解决项目建设中遇到的实际问题，全力推进高速公路建设。县委常委刘剑平陪同调研。

10月31日下午 县委书记沈木荣深入大湖镇、赤坑镇调研"全倒户"重建工作，要求各地及相关部门，采取措施，加快建设进度，确保在春节前让"全倒户"迁入新居。县委常委、县委办主任廖汉生，副县长余振光陪同调研。

11月

11月5日 县委书记沈木荣到海城镇莲花山埔仔村委调研扶贫开发工作，要求各地各单位要在新一轮扶贫开发"双到"工作中，大力实施整村推进和连片集中开发等项目，制定好产业发展整体规划，让贫困村整体经济再上新台阶，为建设幸福海丰做出新贡献。县委常委、县委办主任廖汉生及县扶贫办、财政局等单位负责人陪同调研。

11月7日 县委书记沈木荣到可塘镇调研珠宝产业发展情况，要求可塘镇要抢抓机遇，坚持把珠宝产业作为重点产业、支柱产业来抓，做大做强珠宝产业，力促可塘珠宝提水平、上档次，创名牌、建名企。县委常委刘剑平，县委常委、县委办主任廖汉生等县领导陪同调研。

11月8日 县委书记沈木荣到梅陇农场调研，希望农场把握发展机遇，整合资源、形成规模，逐步推进农场农业转型发展。县委常委、县委办主任廖汉生，副县长施流德等县领导陪同调研。

11月14日上午 市长吴紫骊到海丰县调研林业生态建设工作，要求海丰县要明确目标，全面把握绿化大行动新要求，全力推进全市新一轮绿化大行动，力促汕尾生态文明建设上新台阶。县委书记沈木荣，县长陈德忠等领导陪同调研。

11月17日上午 彭湃中学迎来建校百年庆典，由该校校友陈芝强先生捐资兴建的科技大楼举

行奠基仪式。副市长刘小静、县委书记沈木荣、县长陈德忠等市县领导为科技大楼奠基培土。奠基仪式由县委副书记林建隆主持。

11月17日 彭湃中学举行建校100周年庆典大会。海内外彭中校友云集母校，祝贺母校百年华诞。市人大常委会代主任杨青，市委常委、常务副市长魏友庄，副市长刘小静、骆金堤，县委书记、县人大常委会主任沈木荣，县长陈德忠等市、县领导和彭湃中学历届校友参加庆典大会。庆典大会由陈德忠主持。

11月20日 县委书记沈木荣主持召开县委常委(扩大)会议。传达学习党的十八届三中全会精神、市委理论学习中心组学习会和市委常委（扩大）会议精神，研究海丰县贯彻落实意见，凝聚全县的精神和力量，推动海丰新一轮大改革，大开放、大发展。县长陈德忠，县政协主席冯月琴，县委副书记林建隆，县人大常委会常务副主任姚英谋等县四套班子领导出席会议。

11月20日 海丰县举行2013年度海丰县药品经营守信企业授牌仪式。海丰县卫生局对全县230家药品零售企业评选出的陈古中药材店、赤石和生堂药店等30家药品经营守信企业进行授牌。

11月22日 海丰县委书记兼海丰县人武部党委第一书记沈木荣荣获广州军区第六届“国防之星”。

11月24日下午 省委召开全省电视电话会议，中央宣讲团成员、国务院法制办副主任袁曙宏宣讲党的十八届三中全会精神，省委书记胡春华主持会议。县领导及各镇各机关单位第一把手在海丰县分会场参加会议。

11月30日 广州海丰商会成立大会在广州举行。市政协主席莫英群，市人大常委会代主任杨青，县委书记沈木荣，县长陈德忠等市县领导，国家部委、广东省有关部门原领导到场祝贺。海丰籍在珠三角地区的知名企业家、商会会员等1000多人出席大会。

12月

12月2日上午 县长陈德忠到海城、城东等镇检查指导潮惠高速公路海丰段建设工作，要求各有关部门和高速公路沿线各镇要敢于担当，加强沟通协调，及时解决项目建设中遇到的实际问题，确保高速公路建设如期推进。县委常委刘剑平陪同检查。

12月3日 县委书记沈木荣到县生态科技城、经济开发区等地调研生态科技城建设工作，要求各责任单位要紧抓发展机遇，加快县生态科技城的征地进度，高起点、高标准、高效能打造海丰生态科技城，使之建设成为海丰工业发展的重要示范基地和承接产业转移的重要基地。县委常委刘剑平，县委常委、县委办主任廖汉生等县领导陪同调研。

12月4日 全县禁毒集中大清查专项行动动员会在可塘镇举行。县委书记沈木荣，县委副书记林建隆，县委常委、宣传部部长卢雁慧，县委常委、政法委书记陈连郑，副县长、公安局局长王楚雄，县法院院长林建新，县检察院检察长黄友瑜等出席会议。动员会由林建隆主持。

12月4日 省民政厅厅长刘洪一行在市长吴紫骊、县委书记沈木荣、县长陈德忠等市县领导陪同下，深入大湖镇、赤石镇检查指导“全倒户”建设工作。

12月5日 省经信委副主任林位超到海丰县调研工业园区建设工作，肯定海丰县生态科技城的总体发展规划和在加快园区发展工作中所取得的成绩。汕尾市市长吴紫骊，汕尾市市政府秘书长杨双标，县委书记沈木荣，县长陈德忠，县委常委刘剑平等市、县领导陪同调研。

12月5日 县委书记沈木荣主持召开党政联席会议，传达贯彻全市加快振兴发展工作会议和全市新一轮绿化大行动工作会议精神，研究部署全县振兴发展和新一轮绿化工作。县长陈德忠，县政协主席冯月琴，县委副书记林建隆，县人大常委会常务副主任姚英谋等县领导出席会议。

12月10日 县委书记沈木荣深入公平、平东等镇，调研村（社区）两委换届选举工作，要求各地抓早、抓主动、抓基础，坚持“党的领导、依法办事和民主选举”三者有机统一，确保顺利圆满完成2014年村级组织换届选举工作。县委常委、组织部部长陈紫光，县委常委、县委办主任廖汉生，副县长余振光等县领导陪同调研。

12月10日 中共海丰县委、海丰县人民政府制定《关于贯彻落实〈中共广东省委、广东省人民政府关于全面推进新一轮绿化广东大行动的决定〉的实施意见》（海委〔2013〕27号）。

12月11日 记者在县水务部门了解到，东关联安围百里海堤达标加固工程，已投入资金1055亿元，完成总工程量的75%，整个工程建设进展顺利。

12月12日 县委、县政府在县迎宾楼2楼会议厅召开海丰县新一轮绿化大行动工作会议。

12月12日 全县新一轮绿化大行动工作会议在迎宾楼召开，传达贯彻落实省、市新一轮绿化大行动工作会议精神，动员部署全县新一轮绿化大行动工作。县委书记沈木荣主持会议并作讲话，县长陈德忠对全县新一轮绿化大行动工作作动员部署。县政协主席冯月琴，县委副书记林建隆，县人大常委会常务副主任姚英谋以及市林业局副局长罗木基等出席会议。

12月16日上午 县长陈德忠到龙津河整治工程建设现场办公，专题协调推进工程建设工作，要求各相关部门加强协调，倒排时间节点，采取有力措施，全力加快工程建设进度。副县长余振光、施流德等陪同调研。

12月16日 海丰县委、县政府成立海丰县村、社区"两委"换届选举工作领导小组。县委书记、县人大常委会主任沈木荣任组长，县委副书记、县长陈德忠，县委副书记林建隆，县委常委、组织部部长陈紫光，县人大常委会副主任陈木，县政府副县长余振光等为副组长。县纪委、县委办、县政府办、县委组织部、县人大选联工委、县民政局等18个有关单位为成员单位。陈紫光兼任领导小组办公室主任。

12月17日 中共海丰县委办公室、海丰县人民政府办公室印发《2014年全县村、社区"两委"换届选举工作实施意见》。

12月17日 县委、县政府成立海丰县信访事项复查复核委员会。县政府副县长施流德任主任，县政府办公室副主任、县信访局局长李廉清，县政府办公室副主任、县法制局局长吴智良任副主任。县各有关单位领导和各镇镇委书记为委员。

12月22日上午9时45分 海丰县城南湖东苑18栋1号民宅发生火灾。接报后，海丰县有关单位全力救援，11时20分火灾被扑灭，事故造成2人死亡。

12月26日 县委召开县委理论学习中心组（扩大）学习会，特邀省人大常委会委员，省依法治省办公室常务副主任张宇航作《法治建设与依法行政》专题辅导报告。县委、县人大、县政府、县政协领导班子成员，县法院院长、检察院检察长，县纪委副书记，各镇（场、开发区）党政领导班子成员，县委办、人大办、政府办、政协办正副主任，县纪委常委、各纪检组组长，县委组织部副部长、宣传部副部长、政法委副书记，县人大办各工委主任，县政协办、纪委办各室主任，县公安局政委、副局长、各大队队长、各派出所所长，县检察院副检察长及各科室负责人，县法院副院长、各法庭庭长，县司法局正副局长、各司法所所长，县直（含驻海）副科级以上单位一把手参加学习会。学习会由县委常委、县委宣传部部长卢雁慧主持。

县情概况

Xianqing gaikuang

南湖

基本概况

建置区划

【建置沿革】 早在新石器时代，海丰已有先民在其沿海聚居生息。东晋咸和六年（公元331年）置县(一说汉置县)。以“临海物丰”取名海丰。1949年10月11日，海丰解放，属东江专员公署。1955年后，先后属惠阳、汕头、惠阳专署。1988年设立汕尾市，海丰县隶属汕尾市。至2013年年底没变化。海丰物华天宝，人杰地灵。海丰县是广东省历史文化名城，是全国第一个县级苏维埃政权诞生地，全国13块红色革命根据地之一，海丰古八景脍炙人口。

【行政区划】 2013年，海丰县设有海城、城东、附城、联安、可塘、陶河、赤坑、大湖、梅陇、鲘门、小漠、赤石、鹅埠、公平、平东、黄羌等16个镇，以及梅陇农场、黄羌林场和1个经济开发区。全县共设有240个村、42个居民社区、1630个村民小组、383个居民小组。

自然地理

【位置面积】 海丰县位于广东省东南部沿海，汕尾市北部；东邻陆丰市，东北与陆河县接壤，西南与汕尾市城区相连，西、北与惠东县交界；南临南海，北倚莲花山脉。地理坐标在北纬22° 37′ ~23° 14′ 、东经114° 55′ ~115° 37′ 之间。毗邻港澳，西距广州290千米，东距汕头177千米，西南距深圳197千米，水路至香港81千米，广汕公路、深汕高速公路和在建的厦深铁路贯穿其中。海丰县东西距72.2千米，南北距59.8千米，海岸线长124.95千米，总面积1783.01平方千米。

【地形地貌】 海丰县背山面海，海域辽阔。西北山地、丘陵广布，东南沿海海岸线长，海湾、滩涂众多。县境西北部山脉高亢，中部平原宽阔，东南部丘岗异突，濒临大海，地势自西北向东南倾斜。北部和西北部属山地高丘地带，山多且坡陡，海拔500米以上的高峰多集于此。东南部，地势较中部稍高，属台地、丘陵地带，坡度在15° ~25° 之间。东南濒临南海，海岸线蜿蜒曲折，环抱县境之半，沿岸滩涂广阔，自西北至东南整个地貌状似马鞍形。

2013年，全县山地面积11700公顷，占全县总面积的5.46%，集中分布在北部、西北部的黄羌、西坑、莲花山乡、赤石、鹅埠、圆墩等地区，多为砂页岩、火山岩、花岗岩构成。东北—西南走向。土壤以山地草甸土、黄壤、红壤为主。山腰、山脚都有缓坡地，有茅草、灌木等自然植被。县境内海拔500米~1000米的山峰有20座，海拔1000米以上的有9座，即莲花山、禾镰石、卡子崇、水底山、禾镰牙、石人嶂、陈摇肚顶、犁仔耳。

丘陵与山地紧密相连，走向与山脉相同，多集于县境北部、西部、西南部及南部、东南部的黄羌、西坑、公平、莲花山、赤石、鹅埠、平东、赤坑、大湖等地。丘体由砂页岩、火山岩、花岗岩等构成。丘面风化层厚，面积70570公顷，占全县总面积的32.84%，按其高程不同分为高丘和低丘。海拔50米~250米之间的低丘，切割深度在50米以下的山体，面积53000公顷，占全县总面积24.63%，面积较广但较分散，多为砂页岩构成，丘体低平，堆积物厚，坡度10° ~15° ，各类丘陵表土深度厚30厘米~60厘米，其风化层厚达数米，植物易生长。

台地面积56000公顷，占全县土地总面积的26%，其中耕地面积14831.6公顷。地貌开阔，土地连片。主要分布在东北部的平东、公平、城东、黄羌和东南部的赤坑等地区。土层深厚疏松，属沙质壤土，适宜机耕垦殖，作物适种性广。土壤有自然

土、水稻土、旱地土三类。

全县平原属冲积平原和海积平原。成土母质为滨海沉积物、河流冲积物和人工堆积物。面积66030公顷，占全县土地总面积的30.7%，以东北向西南方向展布于县境中部的海城、联安、梅陇、梅陇农场等地，黄江、大液河、丽江等大河小溪成网状分布，形似“猪肚”的长沙湾位于平原南部，汇集黄江河流域河水，注入红海湾，南缘界于后澳港与马宫港之间。

【气候特征】 海丰属南亚热带海洋气候，位于北回归线南缘，有海洋季风调节和北部高山的天然屏障，夏无酷暑，冬无严寒，夏季长，天气湿热且雨天多，多盛行西南风，常有雨涝、台风等气象灾害出现；冬季短，稍冷，雨少且较干燥，无雪少霜；夏前秋末气温适中，利于作物生长。一年四季，绿叶常青。

海丰地处低纬度区，属华南日照偏少区。全年可照时数4420.4小时，实照时数累年平均1872.5小时，仅为可照时数的42.4%。县境西部和西北部地区因受山体遮蔽，日照时数少些，中部、东南部平原、低丘地区，日照时数较多；沿海比内陆要多些，山区比平原再少些。2013年，年日照时数1917.8小时，比常年偏多34.7小时。

常年平均温度22.6℃，常年日平均温度在5℃以上，最热为7月、8月两月，平均温度28.4℃；最冷月为1月，平均温度15.4℃。气温年际变化从1月开始，逐月递增，至9月逐月降低。极端最高温度38.1℃，出现在1990年8月23日，其变化在34.9℃～38.1℃之间。极端最低气温1.7℃，出现在1999年12月23日。最低气温北部山区要比平原低些，南部沿海比内陆高1℃～2℃，常在12月或1月出现。2013年海丰气温偏高，年平均气温为22.9℃，比常年偏高0.3℃。最高气温35.5℃，最低气温5.5℃。

常年平均降雨量2498.3毫米，年最大降雨量3727.8毫米（1997年）；年最小降雨量为1424.3毫米（1989年）。年降雨量分布，山区多于平原，平原则多于沿海。2013年海丰降水偏多，全年降水量3303.9毫米，比常年偏多805.6毫米，偏多近32.2%。降水分布不均匀，降水主要集中在4～9月。

海丰县属东南亚季风气候带，风的季节性变换明显。主导趋势是冬半年盛行东北风，夏半年多吹西南风。冬季因受西伯利亚和蒙古高原气团南下影响，陆地和海面多北风；夏季受海洋暖流及副热带高压控制，多偏南风。春末夏初和初秋季节由于冷暖气团常交锋沿海一带，造成风向多变。又因县内地形关系及海洋气候影响，日夜风向变化明显，日间吹海风，夜间吹“陆风”，两者于日出和日落前后交替。累年平均风速1.7米/秒。各月分布以11月、12月为最大，平均1.8米/秒；4月最小，平均1.5米/秒。历年中最大平均风速为20米/秒，风向东北。

资源物产

【土地资源】 海丰县地势背山面海，北高南低，由西北向东南倾斜，呈马鞍形。自然、地理条件优越，山地、丘陵、平原、河流、滩涂和海洋等各种地形地类兼备。2013年，全县土地总面积178301.51公顷。其中：农用地152380.95公顷，占全县土地总面积的85%（包括：耕地34514.05公顷，占全县土地总面积的19%；园地8155.22公顷，占全县土地总面积的5%，以果园为主，面积7981.2公顷，占园地的98%；林地98523.37公顷，占全县土地总面积的55%；牧草地0公顷，占全县土地总面积的0%；水面10737.57公顷，占全县土地总面积的6%）；建设用地17186.07公顷，占全县土地总面积的10%（包括居民点及独产工矿用地10347.22公顷，占全县土地总面积的6%。其中：农村居民点用地5742.37公顷，占居民点及独立工矿用地的55%；独立工矿用地441.33公顷，占居民点及独立工矿用地的4%；特殊用地398.07公顷，占建设用地总面积的2%；水利设施用地4902.02公顷，占全县土地总面积的2.7%）；未利用地8734.49公顷，占全县土地总面积的5%（其中荒草地2830.53公顷，占未能利用地的32%）。

【矿产资源】 境内矿产资源有金属矿产和非金属矿产两类。

金属矿产 已知矿藏有6类17种。其中金属矿产主要有锡矿，已探明的精锡储藏量为42.6万吨，主要分布在县境内的长埔、赤水门、银瓶山、杨柳埔、陈厝陂、大塘角、青塘窿等地；钨矿为0.82万吨，主要分布在莲花山、银瓶山一带；还有铁储量16万吨，以及少量的铋、铜、铝、锌、金等。

非金属矿产 县内非金属矿产主要有硫铁矿，

已探明储量为90万吨，主要分布在长埔、平东等地；玻璃沙储量为200万吨，主要分布在县内沿海一带。还有花岗岩、高岭土、黏土等散见各地。其中花岗岩、玻璃沙、高岭土等量多质优。还有温泉热水、优质矿泉水等。

【水资源】 海丰县背山面海，莲花山脉贯串其中，是全省三大暴雨中心之一。全县境内水资源主要有地表水、土壤水和地下水，主体补给来源于大气降雨，全县多年平均降雨量约2400毫米左右。全县河流主要分为黄江、赤石河两大河系，流域面积在20平方千米以上的河流有31条，多年平均河川径流量25.4亿立方米，地下水约4.02亿立方米。由于受历来天气变幻和特殊地理位置等客观因素的长期困扰，形成海丰县水资源特征：一是降雨量年际不均，枯水年与丰水年差距过大；二是降雨量年内分配不均，每年降雨量集中在6～9月，占全年降雨量的80%左右；三是降雨量区域分布不均，西北山区降雨较多，中部平原次之，南部沿海较少。全县已建成的蓄水工程有大型水库1宗，中型水库10宗，小型水库64宗，塘坝539宗，总设计容量为7.47亿立方米，可利用库容4.33亿立方米；引水工程97宗，引水流量35.7立方米/秒，设计年引水量8282万立方米。

【海洋资源】 海丰县地处粤东沿海，海岸线长124.95千米，历史上以“南海物丰”而得名，渔业资源丰富。全县200米等深线内海域面积达6000平方千米，是粤东地区重要的海洋捕捞作业渔场，自然海区盛产鱼、虾、蟹、贝、藻等海鲜产品，海产品资源共有14类104科189种。内陆有黄江、丽江等河流，江河渠道纵横，山塘水库星罗棋布，淡水水产品种类众多，主要有：青鱼、草鱼、鲢鱼、鳙鱼、鲤鱼、鲮鱼、鲫鱼、罗非鱼、梭鱼、鳗鱼、日本鳗鲡、黄鳝、鲶鱼、胡子鲶、罗氏沼虾等品种。主要海水养殖种类有：鲷科鱼类、鲻鱼、石斑鱼、鲈鱼、对虾、青蟹、生蚝、贻贝、泥蚶、蛤仔、鲍鱼、海胆、东风螺和龙虾等；淡水养殖品种主要以罗非鱼、草鱼、鲢鱼和鳙鱼等为主。

【森林资源】 县境内森林植物约有150多种350多属1000多种及其变种。常见的林下草本植物主要有：孢子植物门的石松科石松（抗猫仔），海金沙科海金沙（牛斗絲），里白科芒箕，凤尾蕨科井兰草（凤尾草），乌毛蕨科乌毛蕨（龙船蕨）等。种子植物门的禾本科大芒、蔓生莠竹（竹草）、鹧鸪草、鸭嘴草、白茅（仙茅）、野古草（硬骨草）等。林下草质藤本植物有：蝶形花科野葛腾（青葛），三裂叶野葛藤（黄葛），萝科白叶藤等。林下木质藤植物有：蝶形花科鸡血藤，白花鱼藤（山鱼藤），蜡梅科天香藤，锡叶藤科锡叶藤等。林下灌木植物有：桃金娘科岗稔、岗松、岗茶，茜草科龙船花（山大颜），野牡丹科野牡丹（猪牯稔），梧桐科山芝麻（岗油麻），大戟科算盘子（过合子）、黑面神，冬青科毛冬青，紫金牛科硃砂根（浪伞子）等。林下竹类植物有：竹亚科茶杆竹（赤竹子），红舌唐竹（扫帚竹）等。林下半乔、灌木植物有：大戟科土蜜树，乌桕，香港算盘子（湖洋树），榆科山黄麻（麻布树），交让木科牛耳枫等。同时，县境内还盛产优质乔木用材树种，原始的有：红缘（赤黎）、青刚栎、竹叶桐、白缘（酸缘）、黎蒴（牛包衣）、樟树、楠木（果树）、榕树、枫香、重阳木、马尾松、杉树、鹅掌柴、海南大头茶、荷木、围延豆、白木香、海红豆（鸭公青）、泡桐、竹柏、罗汉松等。引种栽培的有：桉树（约有十多个品种）、湿地松、加勒比松、木麻黄、南洋楹、母生、柚木、香梨、苦楝、川楝、麻楝、桃花心木、银桦、台湾相思、大叶相思、马占相思等。用材竹类有：毛竹、石竹、泥竹、金竹、广宁竹、青皮竹、粉丹竹、撑篙竹、吊絲球、大头典等。油料树种有：千年桐、三年桐、白花油茶、红花油茶、乌桕等。特用经济林树种有：茶、橡胶、岭南黄檀、山苍子、土沉香、棕榈、蒲葵、拐杖藤（黄藤）、香王（香缘）等。经济果树有：荔枝、龙眼、柚、柑、橙、柠檬、桃、李、梅、黄皮、番石榴、杨桃、葡萄、沙梨、芒果、柿、橄榄、油甘、蒲桃、香蕉、菠萝、菠萝蜜、人心果、木瓜等。

【野生动物】 海丰县境内野生动物主要有三类：兽类、爬行类和鸟类。

兽类有穿山甲（国家II级保护动物）、水獭（国家II级保护动物）、果子狸、芒花狸、苏门羚（国家II级保护动物）、山羊、野猪、野兔、豪猪、鼹鼠、松鼠、大足鼠、银星竹鼠、花鼠、白腹巨鼠、社鼠等。

爬行类有金钱龟、蛇龟、草龟、伯劳龟、黑颈水龟、鳖、大壁虎、巨蜥（国家I级保护动物）、

蟒蛇（国家I级保护动物）、眼镜蛇、银环蛇、金环蛇、泥蛇、三索线蛇、竹叶青、灰鼠蛇、过山乌、渔游蛇、刺胸蛙、沼蛙、虎纹蛙（国家II级保护动物）、泽蛙等。

鸟类物种大约有16目46科196种。其中：国家I级保护物种有东方白鹳、黑鹳；国家II级保护物种有海鸬鹚、卷羽鹈鹕、白琵鹭、黑脸琵鹭、岩鹭、鸳鸯、鹗、黑翅鸢黑耳鸢、栗鸢、白头鹞、白尾鹞、白腹鹞、鹊鹞、苍鹰、普通鵟、毛脚鵟、乌鵰、白腹隼鵰、蛇鵰、赤腹鹰、游隼、红隼、灰背隼、白鹇、小青脚鹬、褐翅鸦鹃、小鸦鹃、草鸮、短耳鸮、领鸺鹠、鹰鸮。省级保护物种：凤头䴙䴘、白鹭、苍鹭、草鹭、大白鹭、中白鹭、牛背鹭、池鹭、绿鹭、夜鹭、黄苇鳽、栗苇鳽、黑鳽、大麻鳽、豆雁、灰雁、董鸡、紫水鸡、黑水鸡、中杓鹬、黑翅长脚鹬、反嘴鹬、黑尾鸥、银鸥、红嘴鸥、黑嘴鸥、鸥嘴噪鸥、红嘴巨鸥、小凤头燕鸥、大凤头燕鸥、黑枕燕鸥、白额燕鸥、须浮鸥、白翅浮鸥、粉红燕鸥、普通燕鸥、黄胸鹀。其他鸟类：小䴙䴘、[普通]鸬鹚、白斑军舰鸟、赤膀鸭、罗纹鸭、赤颈鸭、绿头鸭、斑嘴鸭、琵嘴鸭、针尾鸭、白眉鸭、花脸鸭、绿翅鸭、凤头潜鸭、斑背潜鸭、石鸡、中华鹧鸪、鹌鹑、灰胸竹鸡、雉鸡、白喉斑秧鸡、蓝胸秧鸡、普通秧鸡、红脚苦恶鸟、白胸苦恶鸟、骨顶鸡、金斑鸻、灰斑鸻、金眶鸻、环颈鸻、蒙古沙鸻、铁嘴沙鸻、凤头麦鸡、灰头麦鸡、水雉、丘鹬、黑尾塍鹬、扇尾沙锥、白腰杓鹬、大杓鹬、鹤鹬、红脚鹬、泽鹬、青脚鹬、林鹬、矶鹬、白腰草鹬、灰尾[漂]鹬、翻石鹬、小滨鹬、红颈滨鹬、青脚滨鹬、黑腹滨鹬、弯嘴滨鹬、三趾鹬、阔嘴鹬、彩鹬、褐翅燕鸥、斑海雀、山斑鸠、珠颈斑鸠、火斑鸠、鹰鹃、噪鹃、白腰雨燕、小白腰雨燕、普通翠鸟、白胸翡翠、蓝翡翠、斑鱼狗、戴胜、蚁䴕、家燕、金腰燕、[白腹]毛脚燕、白鹡鸰、灰鹡鸰、理氏鹨、树鹨、灰喉山椒鸟、红耳鹎、白头鹎、白喉红臀鹎、棕背伯劳、红尾伯劳、楔尾伯劳、黑枕黄鹂、黑卷尾、丝光椋鸟、灰背椋鸟、灰椋鸟、斑椋鸟、黑领椋鸟、八哥、红嘴蓝鹊、喜鹊、大嘴乌鸦、鹪鹩、乌鸫、红喉歌鸲、红胁蓝尾鸲、鹊鸲、北红尾鸲、黑喉石䳭、棕扇尾莺、黄腹鹪莺、褐头鹪莺、远东树莺、长尾缝叶莺、褐柳莺、黑脸噪鹛、画眉、暗绿绣眼鸟、[树]麻雀、白腰文鸟、斑文鸟、金翅[雀]、小鹀、黑头鹀、灰头鹀、苇鹀、山雀、叉尾太阳鸟等。

【水产资源】 海丰水产资源丰富，品种繁多。20世纪进行两次较为系统、全面的鱼类资源调查。第一次是1972年汕头专署水产处成立“汕头地区海洋鱼类资源调查组”，深入粤东沿海渔区进行为期一年的调查，编制《汕头地区海洋鱼类资源调查》；第二次是1983～1984年，海丰县水产局成立“海丰县渔业资源区划组”，编制《海丰县渔业资源调查和区划报告》。根据上述两次调查及其他有关资料综合，境内各种鱼类主要有：海水鱼类14类107科189种；淡水鱼类7类23科41种，珍稀淡水鱼类35种。海水鱼类品种中，年产200吨以上的有：银牙、带鱼、乌贼、马面鲀、鲅鱼、海鳗、蓝圆鲹、金色小沙丁、鲐鱼、鲳鱼、金线鱼、二长棘鲷、龙头鱼、条尾鲱鲤、蛇鲻、牡蛎和对虾等。淡水鱼类品种中，年产超过100吨的有：鲢鱼、草鱼、丽鲷、鲤鱼、鲫鱼等。

【物产】 海丰县主要农作物土特产有：九龙姜、坑口芋，赤坑荔枝，莲花梅李，平东西瓜、木薯，梅陇莲藕、茨菇，附城、梅陇蔬菜，鹅埠龙眼，赤石西番莲、沙葛，梅陇、联安、附城、赤石、城东、陶河等优质稻，黄羌虎瞰金针菜。主要水产品有：小漠、梅农、联安、大湖、附城等地咸淡水鱼虾养殖，梅农、附城、公平、城东、鹅埠、赤石等地禽畜养殖等。

人文风俗

【人口】 改革开放后，海丰县人口总量增长快，同时外出务工人员增多。人口的分布呈两大趋势：一是从乡村向城镇流动，二是向经济活跃地区外流。据公安部门统计，2013年，海丰县年末户籍人口82.55万人。其中，非农业人口为40.61万人，男性43.18万人，女性39.37万人。全县常住人口为80.82万人，增长6.2‰，城镇化率为62.49%。据计生部门统计年报显示，全年出生率为12.63‰、死亡率5.2‰，人口自然增长率为7.43‰。

【民族】 根据2010年第六次全国人口普查汇总资料：海丰县常住人口分属于30个民族。其中：汉族人口79.09万人，占总数99.68%；其他29个少数民族人口2519人，占总数0.32%。全县少数民族除鹅埠镇上北红罗村有畲族192人属聚居外，其余的属散居人口，都是由婚嫁和务工、经商迁入的。在各少数民族中，人口超过100人的依次有壮族、土家族、苗族、畲族和瑶族。2013年，全县畲族、壮族、苗族、回族、蒙古族等27个散居民族，全县少数民族人口3355人、其中海丰县鹅埠镇上北畲族是民族聚居村，全村52户、人口372人。畲族村原是一个老少边穷的民族村，改革开放后，为改变畲族群众的居住条件，发展经济改变民族村的落后面貌，县政府建设了畲族新村，户户有电视、自来水，民族村并建了门楼、公共厕所、铺设水泥路。美化绿化村容村貌，民族村的村民逐步改善。

【宗教】 2013年，海丰县有佛教、道教、天主教、基督教、依法登记的宗教活动场所63处，全县教徒人数38810人。其中：佛教场所25处、比丘98名、比丘尼18名、教徒19080人；道教场所3处、教徒1800人；天主教25处、神甫1名、修女2名、教徒10430人；基督教场所10处、长老1名、牧师1名、传道士8名、教徒6500人。县域内设立有海丰县佛教协会、海丰县佛教慈善会、海丰县基督教“三自”爱国会、海丰县基督教协会、海丰县天主教爱国会筹备组、海丰县道教协会筹备组4个宗教团体、2个筹备组，海丰县公平道教玉虚宫被依法登记宗教活动场所。

【语言】 海丰是粤东地区方言比较复杂的一个县，处于闽南话（俗称“福佬话”）、客家话、粤语（俗称“白话”）等方言交汇地。全县有18个镇场的75.94万居民使用着福佬话、客家话和尖米话3种汉语方言。此外，还有分属于以上4种方言但来源不同各具特色的几种小方言，即疍家福佬话、白话、潮汕话、龙吟塘军话。汉语方言之外，在海丰西部的鹅埠镇红罗村，还有约300人的畲族保留了原有的民族语言——畲语，是世界濒危语言之一。

福佬话是海丰的第一大方言，主要分布在中部广汕公路两侧及南部沿海地区。包括海城、附城、城东、陶河、可塘、联安、赤坑、大湖、梅陇、梅陇农场、鲘门、莲花山、圆墩、公平、小漠、鹅埠、赤石的大部分村落。福佬话使用人口约66万人，约占总人口的86.9%。

客家话主要分布在县境北部的山区和半山区，包括黄羌镇、公平镇东北部山区、黄羌林场、平东大部分，莲花山、梅陇、鹅埠、赤石、小漠部分。海丰的客家话与陆丰相同，都是7个声调（去声分阴阳）；都有两套塞擦音和擦音声母，与梅县的客话有较大差异。使用人口约9万人，占总人口的12%。

尖米话是一种既像“白话”，又像“客家话”的混合型方言，“白话”的成分多于“客家话”，主要分布在赤石、鹅埠部分村落和梅陇南山等村。使用人口约1万人，占总人口的1%左右。

白话只分布在赤石镇大享里、排沙墩、三角坑等自然村，1949年前后从省内信宜县移来，使用人口约500人。

潮汕话分布在赤石四季村、新兴、企岭和可塘铁道营等自然村，1949年前后从省内潮州移来，使用人口约300人。

海丰现代的军话是数百年来官话与当地闽客方言混合的结果。所以军话既有官话特点又有当地方言特色。海丰讲军话的主要分布在平东镇的龙吟塘村，约300人。

全县90%以上居民讲福佬话，成为共同交际语言和中小学校的校园用语。平常人们提到“海丰话”时，即指海丰的福佬话。海丰是著名侨乡，约40万人在香港，出于交流需要，特别是20世纪80年代后，与珠三角城市交流频繁，年轻人基本都能讲白话。海丰渐渐成为福佬话和白话双方言地区，而客家话、尖米话等弱势方言使用人日渐减少。

此外，境内还保留着一种属于中州音韵系统的官话，即“正字”。海陆丰的“正字戏”和“西秦戏”流传几百年，其唱念至今仍使用“正字”音（有越来越多的字已改为方言中的“读册音”）。在民间道坛做法事和祭祀唱礼时，也常常用到“正字”音。

20世纪80年代后，随着改革开放和人口流动，普通话渐渐兴起。全县通行普通话。

【民风民俗】 海丰县南临大海，北倚莲花山脉，构成一个相对独立的地域格局，是粤闽传统商路必经之地。福佬文化和客家文化在这里交流、融合，并长期受到广府文化的影响，以及继承和掺和先民土著畲、疍、瑶的百越文化遗风。复杂的地理环境，丰富的方言语汇，多元的文化积淀，形成既保守又开放、既神秘又独特的人文风貌。同时，经过长期的融化整合后，又形成大同小异、难分彼此的民俗风情。

糕粿是海丰饮食一大特色。粿料用米粉（糯

米、黏米）和面粉，有咸甜两味，可分为岁时节日粿和平时小点粿。公平有一种独特的客家艾茸粿，即是用田艾做成的印粿。正月三十做九舌仔（又名双头尖）；清明节做薄饼，蒸发包仔；四月初八做粉条；端午节蒸糯棕、角棕、凉粉棕；七月半蒸重糕粿（有咸、甜两种）；冬节蒸菜包粿、冬节蛤，做冬节汤圆；除夕日做冬节蛤、汤圆。平时粿点有：猪肠粉、饺子、小米（薯粉饺）等。常见的小吃还有：油麻糊、豆花、狗毛糕、草粿等，还有猪脚粉、牛腩粉、牛肉丸等小吃。

传统小吃另一特色是咸茶，也叫擂茶。吃咸茶之风，由来已久，简易吃法是把茶叶放于内壁有粗纹的牙钵内，用番石榴枝制成的茶槌稍擂几下，放适量盐，将开水冲下即可。作为日常饮料，消暑解渴。日常待客，即在此基础上加入炒油麻、炒米花、炒花生等，称为“炒米茶”“油麻茶”。吃“菜茶”旧时一般在正月才有，尤以元宵节前后为盛，至今犹然。20世纪80年代后，人们闲时也吃“菜茶”，也有的在乔迁、娶亲之时炒菜茶代酒宴以为时尚。

海丰县村落布局以梳式、围寨式为主，一般是村中心位置为祠堂，前为晒町、明塘，后靠山或种植风水林，左侧为社头神庙，宅基力求坐北朝南。传统民居以土木结构居多，为适应海丰多台风的特点，多数马背式硬山顶，山墙称为“陂头”，并以形状不同分为“金、木、水、火、土”五行，称“五星陂”。改革开放后，民居大多为西方建筑形式，兴建钢筋混凝土框架结构平房或楼房。现代民居建有厕所、厨房，告别了传统的烧柴草的炉灶，用上煤气炉和抽油烟机、热水器等设备。

民间传统节日主要有：春节、元宵节、清明节、端午节、中元节、中秋节、重阳节、冬至。清明节是海丰民间最为隆重的拜祭祖先的节日，有“清明无回（家）无祖”之说。因此，清明拜祖扫墓，男女老少必须到齐，即使远在外地或在港澳，都不远千里回来拜祖，以示孝敬祖宗。

海丰民间极其重视祭祖，祭祀时间多在正月初十开灯节、春分或冬至。族祭由族中长老主持，合族在祠堂前置八仙桌摆放祭品，向着祖宗龛举行祭礼，点燃香烛纸钱行三跪九叩首，祈祷祖灵庇佑。祭后在祠堂前请戏班演戏，燃放炮仗焰火。

海丰民间对传承香火、养儿防老的观念极其深厚。每当年节或神诞日，人们要到神庙极其虔诚地拈香求签祈祷观音娘、金花娘等赐送丁嗣。每年元宵节是民间求嗣“出丁”的开灯节。

海丰民间广泛信奉祖灵和神佛，建置很多寺庙庵观和祠堂等民俗活动场所，拜神祭祖驱鬼成为日常生活中一项重要的内容。妈祖、观音、玄天上帝是海丰民间三大崇拜风俗。海丰民间存在着浓厚的自然物神的崇拜，举凡天地日月风云雷电动植物山川河海等自然物，多数被人格化为神。海丰较常奉祀的自然物神有三山国王、城隍等。

位于海丰县鹅埠镇北部7千米处的红罗村，是海丰县唯一的畲族村庄，也是全县唯一的少数民族村落。2004年有27户179人，以蓝姓为主，还有雷、黎两姓，20世纪50年代末从惠阳山区迁来的。随着现代生产和生活方式的发展，畲族的生活习俗发生了很大变化，居住和服饰等同汉人无异，但仍保留其图腾祭祖、婚娶、狩猎、丧葬、年节等文化习俗。

【历史名人】 海丰历史悠久，人杰地灵，英才辈出。无产阶级革命家、中国共产党初期领导人、杰出的农民领袖、海陆丰苏维埃政权创建者彭湃，辛亥革命元勋、粤军首领、中国致公党创始人陈炯明，陆丰县苏维埃政府县长、印度尼西亚棉兰惠州会馆会长刘廷波，中国致公党原中央主席陈其尤及其继任者、政治活动家黄鼎臣，辛亥革命先驱马育航，中央音乐学院首任院长、世界乐坛大师、小提琴演奏家马思聪，中国战地文学的开拓者、著名革命作家丘东平，一代医学名贤、地下党员柯麟，中国民间文艺家协会主席、著名民俗学家钟敬文，中国现代民族学、人类学、民俗学的早期开拓者杨成志，中国著名美学家、哲学家、翻译家马采，著名音乐教育家陈洪，中国第一位女飞行员李霞卿，当代著名核动力专家、中国工程院院士、中国核潜艇第一任总设计师彭士禄，中国科学院院士、数学家彭实戈，中国科学院院士、著名船舶专家、核潜艇研究设计专家黄旭华，中国工程院院士、造纸专家陈克复，著名导演徐克……均出生于海丰。

环境保护

【环境质量】 2013年，海丰县域地表水、集中式饮用水源地水源、县城环境空气和环境噪声的监测，与2012年同期监测数据进行比较，总体环境质量保持稳定。集中式饮用水源地水质达标率100%；县城空气质量保持稳定，影响县城环境空气质量的首要污染物为可吸入颗粒物；区域声环境、交通干线噪声为轻度污染。县域大气环境质量保持优良水平。空气质量达到环境空气质量标准（GB3095-1996）的二级标准（其中：二氧化硫、二氧化氮达到一级标准，可吸入颗粒物达到二级标准）；二氧化硫年均值为0.018毫克/立方米、二氧化氮年均值为0.018毫克/立方米、可吸入颗粒物年均值为0.057毫克/立方米，三项指标年均值达到国家《环境空气质量标准》（GB3095-1996）二级标准，全年监测157天，空气质量优天数71天，良天数86天（主要污染物为可吸入颗粒物）。县城饮用水源地青年水库和红花地水库水质达标率100%；全年共监测12次（每月监测一次），水质均达到或优于地表水环境质量标准（GB3838-2002）Ⅲ类标准；监测项目为水温、PH值、溶解氧、高锰酸盐指数、五日生化需氧量、氨氮、总磷、总氮、铜、锌、氟化物、硒、砷、汞、镉、六价铬、铅、氰化物、挥发酚、石油类、阴离子表面活性剂、硫化物、粪大肠菌群、硫酸盐、氯化物、硝酸盐、铁、锰共28个项目；龙津河4个监测断面超地表水环境质量标准（GB3838-2002）V类标准。超标原因为截污工程没有完成，生活污水直排。全年共监测6次（单月监测一次），监测项目为水温、PH值、溶解氧、高锰酸盐指数、五日生化需氧量、氨氮共6个项目。县城交通干线噪声和区域环境噪声年均值分别为67.2分贝和55.3分贝，同上年相比：区域环境噪声和交通干线噪声基本持平。

【生态保护】 2013年，海丰强化饮用水源保护，开展饮用水源地的环境整治。针对莲花山水系、红花地水库、公平水库等饮用水源地现状，县委、县政府高度重视，决定采取措施对县城饮用水源地环境污染问题进行专项整治，出台《海丰县县城饮用水源地环境污染整治工作方案》《关于整治县城饮用水源地环境污染的通告》，对饮用水源保护区内养殖场、餐饮店和桉树林等污染问题进行专项整治，重点开展对畜禽养殖场污染问题的整治。4月9日开始，按政府工作部署，环保局环境监察分局组成两个行动小组，对严重影响和可能污染饮用水源水质的莲花山饮用水源地周边环境的畜禽养殖场所进行全面清理清查，逐户逐家进行调查摸底、登记造册，掌握实情，确定整治目标。依照法定程序对51家养殖户发出责令停止养殖，恢复原貌的停养通知书，限定在15天内停止养殖，恢复原貌。在6月5日前，向养殖户全面发出“责令改正违法行为决定书”，对仍拒不执行改正违法行为决定的，于9月30日依照《中华人民共和国行政强制法》相关规定向其发出“履行行政决定催告书”。接着，由畜牧部门对养殖户的生猪实施停检措施，并与县畜牧局、海城镇莲花办事处密切配合，深入养殖户做细致的思想工作，进行停养、拆除设施的动员，经过深入的宣传发动，有11户养猪户和2户养鸭户落实了停养。对未按要求停止养殖的，在县委县政府的统一指挥下，环保局联合县畜牧、水务、国土资源、住建、供电、食品集团、海城镇等部门和单位对莲花山地区周边直接影响青年水库和红花地水库水质的45家生猪养殖场、6个养鸭场，全面实施限期拆除地面建（构）筑物和所有设施、设备，以及停电、停水、停检、停购的“四停”措施，取得了阶段性成果，为确保群众的饮用水安全付出了不懈的努力。年内，组织开展农村饮用水水源地水质及周边污染源等基础环境状况调查和评估。根据省政府《“南粤水更清”行动计划（2013～2020）》关于“2013年完成乡镇集中式饮用水水源保护区划定工作，对没有按期完成保护区划定工作的城市，严格实行‘区域限批’”的要求。5月起，由生态保护与监测科技股着手开展划分工作，对符合划分条件的乡镇饮用水水源地保护区进行实地考察勘测，8月完成了全县乡镇饮用水源保护区调查编写大纲表格及附表的填写，9月完成了陶河石牛山水库、鹅埠下径水库、赤石窑陂水库、梅陇黄山洞水库、平东南门水库、后门泗马岭水库、小漠水库、大湖南城水库、公平水库灌渠可塘段等9个乡镇集中式饮用水源保护区方案的编写及上报，10月份确定了9个保护区的水域及陆域一级保护区、二级保护区、准保护区的划定，上报省厅批复。根据环保部办公厅《关于开展地级以下城市集中式饮用水水源环境状况评估工作的通知》要求，认真开展城市集中式饮用水水源环境状况调查与评估的工作，做好县城市集中式饮用水水源环境状况评估，对海丰县青年水库和红花地水库进行了调查和评估。如实填报水源数据信息，客观评价饮用水源环境状况，编写了《广东省海丰县城市集中式饮用水水源环境状况报告》。会同有关职能部门对青年水库、红花地水库进行了实地了解、真实掌握记录海丰县城市集中式饮用水水源环境状况资料。形成报告报请县人民政府同意，上报

省环保厅审核汇总。积极争取环保专项资金用于本地环境综合整治。2013年全县网上申报省级环保专项资金项目7个；根据省厅《关于建设省级环保专项资金项目储备库的通知》，预先把全县10个需申请环保专项资金项目按时向省上报进入储备库。推进重点企业清洁生产工作，指导重点企业开展清洁生产，敏兴、纬兴、联岭三家重点企业通过了市局的验收，并且得到省厅的批准。2013年，经省环保厅审核，海丰县获得省环保厅、省财政厅下拨海丰县龙津河综合整治、海丰县城污水处理厂以奖促减、梅陇镇区环境综合整治、海丰县环境监测站能力建设等环保专项资金共2465万元。严把环保准入关，全年共完成项目的环评审批97个，其中环境影响报告书初审2个、报告书项目1个、环境影响报告表37个、登记表57个；整治梅陇镇电镀行业，规范环境管理，加强重金属污染防治，配合县政府做好《海丰县电镀行业统一规划统一定点实施方案》，由县政府请示市政府批准实施。推进生态示范区创建工作。全年共创建市级生态示范村4个，省级示范村1个；对3所省级绿色学校进行了复查；大湖镇被评为省级生态示范镇，海丰县博物馆被省环保厅定为“广东省环境教育基地”。

【污染控制】　为确保县政府提出的二氧化硫和化学需氧量排放总量减排目标的实现，扎实做好年度减排计划，将减排任务落实到具体减排单位，多次到重点减排单位督促落实减排措施。强化对县城污水处理厂正常运转的在线监控监督，积极推进县城污水处理厂龙津河截污管网敷设进度和提水泵站的建设。2013年，县城污水处理厂日平均处理水量47203.37吨。COD进水平均浓度141毫克/升，COD出水平均浓度19.2毫克/升、氨氮进水平均浓度15.73毫克/升，氨氮出水平均浓度0.67毫克/升。全年共处理水量17229232吨，削减COD2098.52吨、氨氮259.47吨。做好农业源减排工作，将减排任务落实到具体减排单位，力促减排工程落实。广东双全农牧有限公司、汕尾市新兴现代农业种养有限公司、海丰县祥丰养殖场、海丰县城东林茂科技种养场、海丰县金瑞丰生态农业有限公司、海丰县龙泽养殖场、海丰县格绫种养场等7家农业源减排单位按照要求，分别采取深度治理等措施，落实干清粪、废水进氧化塘、粪便农田利用、雨污分流、粪便产生沼气并发电、固液分离、废弃物回收综合利用等减排措施，全年7个减排项目共削减COD172.86吨，NH3-N30.73吨。认真落实污染防治措施，提高污染防治能力。加强对县城垃圾处理管理站、海丰县殡仪馆2家企业的二恶英排放情况经常性检查；重视县城污水处理厂污泥安全处理处置；加强放射性污染防治，强化对放射性和电磁辐射装置的申报登记和许可证管理，从源头控制和防范安全事故。完成危险化学品和危险废物的全面核查工作，加强和加大对危险废物产生单位的监管力度，对市级危险废物监管重点源的海丰县圣辉工艺制品厂、汕尾市新大兴实业发展有限公司、海丰县永怡电子厂、广东石头王珠宝有限公司、海丰县梅陇镇合泰电镀厂有限公司等5家企业实施规范化管理。汕尾市新大兴实业发展有限公司通过市环保局的危险废物规范化管理工作考核验收。严格规范危险废物转移，顺天(海丰)皮业有限公司、海丰县富德利皮革制品厂、海丰县梅陇镇合泰电镀厂有限公司、汕尾市新大兴实业发展有限公司、川汇(海丰)电路板有限公司、超群(海丰)首饰厂有限公司等6家危险废物产生单位均按照危险废物转移的规定办理转移手续，得到有关部门的批准。2013年，共转移危险废物78.57吨，其中:制革污泥43.89吨、含铜污泥6.59吨、含铜废液15.29吨、电镀污泥12.8吨。全县31家加油站完成了油气排放污染治理改造。加强对进口固体废物加工利用企业的环境监督管理，按《汕尾市环保局转发关于开展进口固体废物专项整治的通知》(汕环〔2013〕65号)精神，对全县20家进口固体废物原料加工利用企业开展专项整治，并对11家危险废物产生企业和20家进口可用原料的固体废物加工利用企业加强跟踪监督，按“广东省固体废物管理信息平台”管理要求，落实相关内容的填报工作。加强放射源管理，对符合发放辐射安全许可证条件的海丰县中医医院和客运站等19家射线装置单位发放了辐射安全许可证。开展对医疗废物专项监督检查，加强医疗废物管理。对彭湃纪念医院等27家较大规模的医疗单位全面开展专项检查和医疗废物管理，对检查中发现的存在问题及时向政府汇报。在海丰县尚没医疗废物集中处理场所的情况下向县政府提出规范管理的临时解决办法和建议。对12家涉及重金属产生和排放企业，指导督促其建立台账资料和数据的更新，进行定期跟踪。配合市环保局对海丰县域内被省环保厅列入生产化学品企业名单中的11家企业进行现场核查，切实维护好人民群众的环保权益，确保环境安全。着力推进机动车环保标志发放工作，4月开始承办机动车环保标志发放工作，启动机动车环保标志发放工作以来，共核发128辆机动车环保标志，其中：绿标Ⅰ2辆、绿标Ⅱ16辆、绿标Ⅲ48辆、绿标Ⅳ59辆、黄标3辆。

【环境监测】 2013年，加强环境监测能力建设，推进监测工作上水平。加强重点行业监督监测，每季坚持对全县3家电镀企业、2家线路板厂、1家漂染厂、3家皮革行业，和珠江啤酒海丰分装厂、莲花山度假村等重点污染源行业进行排污监督监测，共监督监测废水32个、废气12个，监测数据约2000个；开展对30个加油站的监测，监测数据150个；对15个食品企业监测数据90个；对群众投诉企业、排污收费征收和环境监察执法等20个项目内容进行监测，监测数据约200个；完成东旺泡沫塑料厂、海丰县梅陇新金星首饰模胶厂、广东宝塑科技有限公司、百胜餐饮必胜客、百胜餐饮地王广场餐厅、海丰县荣彬油墨厂、海丰县联益纺织有限公司、海丰县食品集团公平食品公司、海丰丽堡路手套帽业有限公司、海丰县新洲塑料制品有限公司、海丰县广华涂料加工混合有限公司、海丰县金瑞丰生态有限公司、海丰县龙泽养殖场等项目竣工环境保护监测报告11个和项目竣工环境保护调查报告2个。开展对县城城市空气质量3个点位、县城青年水库和红花地水库饮用水源各2个点位、县城龙津河4个监测断面、赤石河1个监测断面的监测工作。完成地表水数据312个、饮用水源数据1344个、环境空气质量监测数据1404个的监测。2013年开始，对公平水库及入库的黄羌河断面、平东河断面采样分析；开展对陶河石牛山水库、梅陇黄山洞水库、黄羌朝面山水库、平东南门水库、鹅埠下径水库、赤石窑陂水库、后门泗马岭水库、小漠水库、大湖南城水库等乡镇饮用水源地采样分析。通过采购，购进价值90万元的进口空气监测仪器，建设空气自动监测站，3月开始调试工作，出具二氧化硫、二氧化氮和PM10数据，11月完成海丰县空气自动监测站建设验收工作，建成县环境监测站空气自动监测站，填补了海丰县空气自动监测站的空白。为确保海丰县环境监测站2014年年底前通过标准化建设验收任务，对照标准化建设要求，制定《海丰县环境监测站标准化建设项目方案》《海丰县环境监测站计量认证（复审）工作方案》。调整落实环境监测工作业务用房，增加两个分析化验室、天平室、药品室、样品室及纯水间，落实《海丰县环境监测办事制度》、标准化建设达标验收的“程序文件”“质量手册”“作业指导书”的审核工作。9月份圆满接受省级“环境监测持证上岗人员考核”工作，受考核的9位同志全部获得通过。加强计量认证工作，落实建立质量管理体系，确立组织机构，确保质量体系的有效运行，定期内审和管理评审，做好计量认证（复审）的基础工作，档案管理、计量认证（复审）现场评审工作。争取县财政资金35万元，省环保厅和省财政厅安排“环境监测能力建设项目”补助金额100万元用于监测站计量认证及配套购置仪器设备。通过自查尚未能达到标准化建设要求，故向省环保厅请示延期验收，预计在2014年上半年实现资质认证和标准化建设达标验收。

【环境监察】 2013年，县环保局先后出动执法人员1700多人次，检查各类企业820家次，作出行政处罚16宗、处罚决定14宗，责令改正环境违法行为50宗，责令停止生产或使用12宗。单独作出停止生产（或停止养殖）的行政命令66宗，罚款入库金额7.5万元。突出对重金属污染行业的深入整治。对海城、梅陇、附城、城东、可塘等镇的22家电镀企业开展全面整治，强化后督查工作，对死灰复燃、贸然复产的17家电镀企业发出立即停止生产通知书，同时向县政府请示实施关闭措施。10月，由县政府牵头，局组织，联合各镇政府及相关职能部门开展现场执法，切断其生产用电用水，清理取缔了违法电镀企业，有力打击了违法电镀企业的违法行为。6月、10月，县政府相继牵头，局组织联合黄羌、平东、可塘及相关职能部门对黄羌山蕉林场内废旧电容焚烧提炼及平龙水库乌面岭山山坳、公平镇坑仔尾村等地电子废料焚烧提炼加工场进行现场执法，发出停止生产通知书，对这些违法加工场进行取缔，强行拆除其生产设备、设施，消除了环境安全隐患，保护环境安全和群众健康。强化排污费征收管理，全年共征收上缴国库排污费2994997元。加强信访工作，解决群众反映的突出环境问题，化解社会矛盾，维护群众合法权益，保障社会稳定。2013年，共受理各类信访案件155宗，其中来电85宗，来信17宗，来访7宗，上级交办46宗，处理142宗，完成处理率93.63%。对反复投诉的梅陇镇深坑岭工业区内的小山塑料厂污染环境问题，先后投入6万多元，于8月20日、9月5日请深圳市环境监测中心和广东省环保厅环境监察分局到现场进行环境执法监测，9月11～13日又连续三天聘请深

圳市索奥检测技术有限公司对梅陇小山塑料厂周边环境进行仲裁监测。对小山塑料厂没有按照环评规定私设排污管道的问题进行了行政处罚，较好解决了群众信访问题。做好排污申报登记、许可证发放和管理工作，全年共发放排污许可证144家，建立了排污企业污染档案，逐步实现环境的正规化、常规化管理。

【环保宣教】 县环保局紧紧抓住“6·5”世界环境日和省环境宣传月活动的契机，围绕世界环境日“思前，食后，厉行节约，减少你的耗粮足迹”以及省环保宣传月活动“倡导环保生活，建设美丽广东”的主题，开展有针对性的环境保护宣传活动，在“6·5”世界环境日期间，制订宣传月活动方案，整个宣传活动，突出“十个一”，即：出版一期《海丰报》专刊；各单位挂出一条宣传横幅；局制作一个LED电子屏；局长在县政府常务会议上为参会领导上一场环保法制课；业务局长为局全体工作人员上一次行政执法业务知识辅导；订阅一批环保宣传资料，举办一台以“倡导环保生活，建设美丽海丰”为主题的灯谜晚会；每晚在县电视台新闻播放前播放一次保护环境公益广告；各地开展一次乡村美，大清洁的环境大整治行动；开展一次整治水环境，打击环境违法行为的专项行动。11月，在《汕尾日报》《海丰报》刊登“强力整治无序畜禽养殖场所，下大决心净化饮用水源环境”的环保局局长领导访谈录。2013年6月17日，《最高人民法院、最高人民检察院关于办理环境污染刑事案件适用法律若干问题的解释》（法释〔2013〕15号）出台，为让企业更好地理解和遵守新出台的《解释》，订阅环境保护部环境监察局编制《预防环境污染犯罪》宣传手册发放到全县重点排污单位；组织环境监察分局、法制机构人员及重点排污单位负责人参加市环境保护局举办预防危害生态环境职务犯罪及“两高”司法《解释》专题讲座。为推进环境污染责任保险试点工作，增强各有关部门和企业对环境污染责任保险的认知度，提高企业投保积极性，组织全县列入环境污染责任保险试点范围的企业，参加广东保监局举办环境污染责任保险宣讲讲座。

（陈土财　黄腾辉）

附：2013年海丰县环境保护局领导名录

局　长：徐小星

副局长：王尔勇　陈继明

经济社会发展概况

【简述】 海丰县是中国第一个县级苏维埃政权诞生地，是全国十三块红色革命根据之一，彭湃烈士的故乡，为广东省历史文化名城。海丰有独特的海景奇观，风景名胜，是中国“水鸟之乡”，还有众多的文化遗址，文物古迹遍布全县。主要的风景名胜和文化遗址有：大湖省级鸟类自然保护区，公平、联安湿地，纪念文天祥的方饭亭，闻名中外的红场、红宫旧址和彭湃故居、马思聪故居等。民间艺术文化遗产十分丰富，具有浓厚的地方色彩，有西秦戏、白字戏、麒麟舞、正字戏、曲班、奏八音等，其中西秦戏、白字戏被评为首批国家级非物质文化遗产，麒麟舞被评为第二批国家级非物质文化遗产。2013年，面对复杂形势和严峻挑战，全县上下坚持以党的十八大精神为统领，牢牢把握“主题主线”和加快转型升级、建设幸福海丰的核心任务，坚定实施工业强县战略，大力促进结构调整和经济发展方式转变，克服各种困难和挑战，社会保持和谐稳定，国民经济保持平稳较快发展，各项社会事业取得新的进步。

【国民经济发展】 2013年，海丰县生产总值达221.7亿元，比2012年增长13.1%。其中：第一产业增加值33.3亿元，增长4.0%，对GDP增长的贡献率为13.3%；第二产业增加值100.0亿元，增长20.5%，对GDP增长的贡献率为51.7%；第三产业增加值88.3亿元，增长6.6%，对GDP增长的贡献率为35.0%。产业结构进一步调整优化，三次产业结构由2012年的15.4∶44.4∶40.2，调整为15.0∶45.1∶39.9。全县人均GDP为27513元，增长12.4%。全年全社会固定资产投资223.9亿元，比2012年增长28.1%。分城乡看：城镇投资204.4亿元，增长24.1%；农村投资19.6亿元，增长94.3%。分投资主体看：国有和集体经济投资37.3亿元，增长42.9%；民间投资178.9亿元，增长94.5%；港澳台、外商经济投资43.1亿元，增长30.2%。

【工业经济】 全年完成工业总产值394.6亿元，增长23.1%，其中，规模以上工业总产值285.3亿元，增长32.9%，占全社会工业总产值的比重由上年66.1%上升为72.3%。全年全部工业完成增加值90.5亿元，增长22.8%。其中，规模以上工业增加值64.4亿元，增长32.5%。年内，完善了经济开发区、金园工业区、科技工业园、金岸工业区等县城工业园区的配套设施，并进行整合、联结，县城地区20平方千米的工业基地逐步推进，进一步提升工业园区的载体功能；大力引进电子信息、家用电器、太阳能产业等低能耗、高科技、高附加值的新兴产业企业落户园区、聚集发展，其中金庄电器、中阳光研、三阳饰品等10多家企业已按计划投建；公平服装、城东毛织、可塘珠宝、梅陇金银首饰等传统特色产业加快引进新技术、新设备，着力打造自主品牌，促进了传统产业的转型升级。百斯盾服饰、金桔莱首饰、展鹏珠宝首饰和敏兴毛织等11家企业成为海丰县传统产业转型升级示范企业。全县新型工业化水平进一步提升。

【农业生产】 2013年，农业基础设施进一步完善。全县新增省级农业龙头企业1家、市级农业龙头企业2家、农民专业合作社179家，农业产业化水平进一步提高。莲苑茗茶登上央视经济频道，并与皇斋虎噉金针菜同获国际农产品交易会金奖，“益之康”木瓜、绿田花生、公平花生等通过省级无公害农产品和产地认证。全年累计完成农业总产值53.74亿元，比2012年增长3.9%。其中：种植业产值27.2亿元，比增1.8%；林业产值1.37亿元，比增8.2%；牧业产值6.35亿元，比增1.0%；渔业产值14.92亿元，比增7.3%；农林牧渔服务业产值3.9亿元，增长9.1%。

【社会购买力】 全年社会消费品零售总额198.3亿元，比2012年增长12.4%。分城乡看：城镇消费品零售额141.9亿元，增长12.3%；农村消费品零售额56.4亿元，增长12.7%。分行业看：批发和零售业零售额172.8亿元，增长12.5%；住宿和餐饮业零售额25.5亿元，增长12.1%。在限额以上法人批发零售业销售额中：粮油食品、饮料、烟酒类销售额7.6亿元，增长10.4%；服装、鞋帽针织品类销售额0.3亿元，下降1.6%。

【对外经济贸易】 2013年，全年新签外商直接投资项目15个，合同吸收外资金额9563万美元，下降75.19%；实际使用外商直接投资金额7065万美元，下降44.28%。全年进出口总额98799万美元，比2012年增长39.8%。其中：贸易出口总值68400万美元，增长38.93%；进口总值30399万美元，增长41.9%，实现顺差38001万美元，增长36.6%。

【宜居城乡建设】 “三旧”改造有效推进，环境卫生管理不断强化，饮用水源和生态林保护工作扎实开展。社会主义新农村建设步伐加快。深入开展“大清洁、乡村美”活动，全县新涌现60个社会主义新农村建设合格村、示范村。积极组织开展名镇名村示范村创建工作，公平镇、可塘镇和黄羌镇坑联、平东镇新东等一批名镇名村示范村通过市级验收。碧桂园、第一城、雍悦豪苑、凯旋花园等大型高层房地产项目基本建成；红城大道一期改造工程和龙津河景观改造工程全面竣工；北三环LED路灯建设春节前完成；三阳路及南二环30米大道改造工程全面开工；县影剧院、龙津河整治等市政项目加紧建设。厦深铁路（海丰段）基本完成路基工程；国道324线海丰收费站至省道242线路段及其县城联络线、小漠至惠东黄埠公路、遮浪至大湖公路海丰段等一批公路建设工程相继建成或抓紧建设之中。

【深汕特别合作区建设】 深汕特别合作区（以下简称合作区）位于广东省东部，2011年5月21日省委、省政府授牌。下辖4个镇、1个林场，有赤石镇、鹅埠镇、小漠镇、后门镇、圆墩林场。行政区域面积468.3平方千米，人口约7.1万人。至2013年年末，合作区实际利用外资2000万美元，合同利用外资3032万美元，入园企业24家，总投资额215.22亿元，已入库待入园项目7家，总投资额23.05亿元。项目涉及云计算中心、移动终端、智能电网、新型材料、食品加工等行业。

【教科文卫体事业】 教育创强工作全面启动，教育基础设施逐步完善。全年：中等职业技术教育在校学生数4313人，比2012年增加90.0%；普通中学在校学生数55998人，减少19.7%；小学在校学生数62299人，减少4.5%；幼儿园在园人数12005人，增长33.0%。年末全县共有各类专业艺术表演团体2个，文化馆1个，公共图书馆1个，博物馆、纪念馆各1个。全县有线电视用户13.9万户，比上年增长5.3%。医疗卫生体制改革有序推进，基层卫生院100%实施基本药物制度；彭湃纪念医院深入创建“三甲”工作，中医医院引入市场机制，赤坑、后

门、联安3家卫生院扩建项目完成。年末全县拥有医院、镇卫生院27个，医院、卫生院床位2623张，增长7.3%。

【民生工作】 2013年，海丰县坚持把改善民生民计作为一切工作的出发点和着力点，全力兑现民生承诺，不断提高人民群众的幸福水平。城乡居民生活水平逐步提高。年末，据城乡居民住户抽样调查：农民人均纯收入为10245.5元，比2012年增长12.1%；农村居民家庭恩格尔系数为46.7%。城镇居民人均可支配收入18200元，比2012年增长13.0%。城镇居民家庭恩格尔系数为47.2%。全县单位从业人员年平均工资为33485元，增长2.4%。全县新增城镇就业15381人，城镇登记失业率控制在2.49%；转移劳动力12163人，农村劳动力转移就业率达到77.73%。扶贫开发“双到”工作提前半年完成，帮扶经验在全省推广；科技、计生、殡改、卫生、社保、医保，以及依法治县等社会各项事业均走在全市前列，并荣获28个国家和省级荣誉称号，其中，县荣获“第六次全国人口普查先进集体”“全省集体林权制度改革工作先进集体”“广东省军区先进人武部”“广东省首批法治文化建设示范点”称号等。进一步完善维稳防控体系，重视做好基层信访维稳工作，各类刑事案件立案率均比去年下降，群体性事件得到妥善处置，社会大局日趋稳定。不断加强公共安全建设，安全生产四项控制指标都有不同程度下降，消防安全、食品安全及公共卫生等综合管理水平不断提升，全年没有出现重大的安全事故。

【社会保障】 社会保障制度进一步完善，社会保险覆盖面逐步扩大。2013年年末，全县121685人参加城镇职工基本养老保险，46003人参加失业保险，765916人参加城乡基本医疗保险。社会保险基金全年征缴收入35787万元，年末社会保险基金累计结余61309万元。扶贫开发投入资金1.9亿元，实施帮扶项目286个，改建农村低收入群众住房1800户，全县83个贫困村和4659户贫困户提前脱贫。

政　治

Zheng zhi

国际重要湿地——东关联安围

中共海丰县委员会

县委领导成员

【2013年中共海丰县委正、副书记及常委名录】

县委书记：沈木荣

县委副书记：陈德忠　林建隆

常　　委：沈木荣　陈德忠　林建隆　刘　帆　陈紫光　卢雁慧（女）　许信咏　刘剑平　郑秋汉　廖汉生　陈连郑　吕海茵（10月起挂任）

县委工作机构

【2013年中共海丰县委工作机构设置】 2013年，中共海丰县委工作机构有：中共海丰县纪律检查委员会、中共海丰县委办公室、中共海丰县委组织部、中共海丰县委宣传部、中共海丰县委政法委员会、中共海丰县委统一战线工作部、海丰县机构编制委员会办公室。各工作部门内设机构、正副职名录、办公地址详见表1。

2013中共海丰县委工作部门机构设置一览表

表 1

机构名称	内设机构	正副职名录	办公地址
中共海丰县纪律检查委员会	办公室、党风廉政建设室、执法监察室、纪检监察室、案件审理室、信访室（举报中心）、宣传教育调研室、监察综合室（挂县人民政府纠正行业不正之风办公室牌子）	书　记：刘　帆 副书记：叶　森　林锡清	海丰县城红城大道西988号县委办公楼3楼
中共海丰县委办公室	内设机构：秘书股、会务股、综合股、信息股、调研股、督办股 直属机构：机要局、保密局	主　任：廖汉生 副主任：魏汉锡（3月任至8月） 李建生　陈建东　杨翔鹏 吴恒卫　陈若龙	县委办公楼4楼
中共海丰县委组织部	秘书股、调查研究室、组织股、干部一股、干部二股、干部监督股	部　长：陈紫光 副部长：黄小平（兼）吕娜（女，兼） 姚火坤　罗木群　张文亮	县委办公楼2楼
中共海丰县委宣传部	秘书股、干部股、理论股、宣传股	部　长：卢雁慧（女） 副部长：谢立群　罗晓华（女）　刘永贺	县委办公楼1楼
中共海丰县委政法委员会	政治工作办公室、执法督查室、社会工作股、综合治理股、维稳工作股、综合调研股	书　记：陈连郑 副书记：郭庆寿　卓少辞　吴奇双	县委办公楼2楼
中共海丰县委统一战线工作部	人秘股（挂港澳社团工作股牌子）、党派党外知识分子股、经济联络股、民族宗教工作股	部　长：杨师访（任至4月） 副部长：冯玉平(女，4月负责全面工作) 张锦程　黄荣鑫（6月起任）	县委大院西栋3楼
海丰县机构编制委员会办公室	办公室、综合股、行政机构编制股、事业机构编制股	主　任：邓务刚 副主任：钟汉坚（3月起任）	县委院内

重要会议

【县委常委会议】　2013年，中共海丰县委召开县委常委会议2次，分别是：

1月29日，县委书记沈木荣在县委5楼会议室主持召开县委常委会议，讨论研究了2013年海丰县国民经济和社会发展计划预期目标及重点项目建设安排的建议、县委十届二次全会工作报告，以及2012年度先进单位评选及奖励方案。

3月27日，县委书记沈木荣主持召开县委常委会议，主要讨论了县十四届人大三次会议和政协海丰县八届三次会议有关工作，以及县政府常务会议有关决定事项的报告。

【县党政联席会议】　2013年，召开县党政联席会议8次，分别是：

1月9日上午，沈木荣主持召开县党政联席会议，研究部署香港、广州、深圳各界人士乡情通报会，春节前拥军优属和特困职工及困难群众慰问活动，钟敬文诞辰110周年纪念活动，春节期间文化活动等重点工作。陈德忠、冯月琴、林建隆、姚英谋等县四套班子领导出席会议。

2月18日，县委书记沈木荣主持召开党政联席会议，总结春节期间各项工作，部署2013年经济指标、项目建设、“五个工作年”等重点工作，代县长陈德忠、县政协主席冯月琴、县委副书记林建隆、县人大常委会代主任姚英谋等县领导参加会议。

5月23日下午，县委书记沈木荣主持召开党政联席会议，讨论研究实行计划生育“一证先行”办事制度，通报2013年招商引资工作情况，县长陈德忠、县政协主席冯月琴、县委副书记林建隆、县人大常委会常务副主任姚英谋等县四套班子成员出席会议。

6月5日下午，县委书记沈木荣在县委五楼会议室主持召开党政联席会议，听取2013年夏季计生集中服务活动进展情况汇报和加强计生工作综合治理实效“一证先行”办事制度情况汇报，并研究部署信访积案、扶贫开发等工作方案。县长陈德忠、县政协主席冯月琴、县委副书记林建隆、县人大常委会常务副主任姚英谋等县四套班子成员出席会议。

6月7日上午，县委书记沈木荣主持召开党政联席会议，贯彻学习6月6日市委书记郑雁雄到海丰县调研时的重要讲话，部署下一阶段工作，县长陈德忠、县政协主席冯月琴、县委副书记林建隆、县人大常委会代主任姚英谋等县四套班子成员出席会议。

7月23日，县委书记沈木荣主持召开县党政联席会议，传达全市上半年经济工作分析会精神，总结全县上半年经济工作情况，研究部署下半年各项工作。县长陈德忠、县政协主席冯月琴、县委副书记林建隆、县人大常委会常务副主任姚英谋等县四套班子成员出席会议。

10月9日下午，县委书记沈木荣主持召开县党政联席会议，研究部署当前救灾复产、计划生育和信访维稳等工作，县长陈德忠、县政协主席冯月琴、县委副书记林建隆、县人大常委会常务副主任姚英谋等县四套班子成员出席会议。

12月5日下午，县委书记沈木荣在县委五楼会议室主持召开党政联席会议。会议传达全市加快振兴发展工作会议和全市新一轮绿化大行动工作会议精神，讨论研究全县新一轮绿化大行动工作方案。县长陈德忠、县政协主席冯月琴、县委副书记林建隆、县人大常委会常务副主任姚英谋等县四套班子成员出席会议。

【县委全委会议】　2013年，召开县委全委会议1次。

2月5日上午，中共海丰县第十届委员会第二次全体会议在县迎宾楼召开，会议主要任务是全面贯彻党的十八大，习近平总书记视察广东重要讲话精神，以及省委十一届二次全会，市委六届二次全会精神，总结海丰2012年经济社会发展情况，部署新一年各项工作，动员全县广大党员干部群众坚定信心，加快发展、率先发展，推动海丰科学跨越发展上新台阶。

【县委理论学习中心组学习会】　2013年，召开县委理论学习中心组学习会5次，分别是：

3月8日下午，县委书记沈木荣主持召开县委理论学习中心组学习会，深入学习贯彻十八届中央纪委二次全会，习近平总书记重要讲话和中央八项规定以及十一届省纪委二次全会、省委书记胡春华视察汕尾时的重要讲话和六届市纪委三次全会精神，认真贯彻落实中央和省、市关于更加科学有效地防治腐败的要求和部署，推动海丰经济社会加快发展。

4月8日下午，县委理论学习中心组（扩大）学习会召开，传达贯彻落实市委书记郑雁雄在海丰县调研时的主要讲话精神和省赴江苏，省考察促进区域协调发展的考察报告，县委书记沈木荣、县长陈德忠、县政协主席冯月琴、县委副书记林建隆、县人大常委会代主任姚英谋等县四套班子成员出席会议。

8月2日上午，中共海丰县委理论学习中心组（扩大）学习会在县委5楼会议室召开，学习传达贯彻全省进一步促进粤东西北地区振兴发展工作会议，省组织工作会议和全市纪律教育学习月活动动员会精神，县委书记沈木荣主持并作讲话，县长陈德忠、县政协主席冯月琴、县委副书记林建隆、县人大常委会常务副主任姚英谋等县四套班子成员出席会议。

8月30日下午，县委理论学习中心组（扩大）学习会在县委5楼会议室召开。会议传达全省第十二届领导干部党纪政纪法纪教育培训班和全市组织工作会议精神，学习《中国共产党党员领导干部廉洁从政若干准则》、研究部署当前救灾复产工作和秋季计生集中服务工作，县委书记沈木荣主持会议，县长陈德忠、县政协主席冯月琴、县委副书记林建隆、县人大常委会常务副主任姚英谋等县四套班子成员出席会议。

12月26日下午，县委理论学习中心组（扩大）学习会在县迎宾楼会议厅召开。会议邀请到省人大常委会委员、省依法治省办常务副主任张宇航作题为《法治建设与依法行政》的讲座，县委书记沈木荣、县长陈德忠、县政协主席冯月琴、县委副书记林建隆、县人大常委会常务副主任姚英谋等县四套班子成员出席会议，县委常委、宣传部部长卢雁慧主持会议。

【全县领导干部会议】 2013年，召开全县领导干部会议1次。

3月29日下午，全县领导干部大会在县迎宾楼召开，学习贯彻全国“两会”、省委书记胡春华考察汕尾及在汕头座谈会上的重要讲话精神，以及全市领导干部大会精神，部署海丰县加快发展，更好融入珠三角等工作，沈木荣、陈德忠、冯月琴、林建隆、姚英谋等县四套班子领导成员出席会议。

【县委常委扩大会议】 2013年，召开县委常委扩大会议3次，分别是：

3月27日下午，县委书记沈木荣主持召开县委常委（扩大）会议，传达学习贯彻落实全国“两会”精神，全面贯彻落实中共中央政治局委员、省委书记胡春华考察汕尾及汕头座谈会上的重要讲话精神，以及市委书记郑雁雄、市长吴紫骊在全市领导干部大会上的讲话精神，研究部署全县下一阶段工作。

10月23日下午，县委书记沈木荣主持召开县委常委扩大会议，学习传达习近平总书记在全国宣传思想工作会议上的讲话精神和全省、全市宣传思想工作会议精神，研究部署全县当前和今后一个时期宣传思想工作，冯月琴、林建隆、姚英谋等县领导以及县文化单位机关负责人出席会议。

11月20日上午，县委书记沈木荣主持召开常委（扩大）会议，传达学习中共十八届三中全会精神，省传达中共十八届三中全会精神，市委理论学习中心组学习会和市委常委（扩大）会议精神，研究全县贯彻落实意见，凝聚全县的精神和力量，推动海丰新一轮大改革、大开发、大发展，县长陈德忠、县政协主席冯月琴、县委副书记林建隆、县人大常委会常务副主任姚英谋等县四套班子成员出席会议。

重大决策

【创建广东省教育强县】 为确保广东省教育强县目标顺利实现，2013年5月，中共海丰县委、海丰县人民政府决定创建广东省教育强县。

指导思想　坚持以邓小平理论、“三个代表”重要思想、科学发展观为指导，围绕加快转变海丰县经济发展方式、打造环珠三角教育高地的战略目标，深入贯彻落实国家和省、市教育工作会议精神，以创建教育强镇、教育强县为基础，大力深化教育改革，加快促进教育均衡发展，全面提升海丰县教育水平和综合实力，努力把海丰建设成为广东省教育强县，为“科学跨越发展，建设幸福海丰”提供强有力的人才保障和智力支持，助推海丰跻身全省县域经济发展前茅。

工作目标　根据《广东省教育强县督导验收方案》，通过开展创强工作，使海丰县教育在政府责任、办学水平等2个一级指标，以及规划与体制机制、经费投入与管理、队伍建设、均衡协调发展、综合实力与教育装备和信息化、办学成效等6个二

级指标，均达到或超过省教育强县评估标准。建立起结构优化、协调发展、特色鲜明、充满生机与活力的现代国民教育体系和终身教育体系。到2014年7月，75%以上的镇建成教育强镇，到2014年年底如期通过广东省教育强县督导验收，到2015年年底全县的所有镇建成广东省教育强镇。

工作要求与措施　一是加强领导，明确职责；二是落实责任，加大投入；三是强化措施，突出重点；四是及时建档，规范管理；五是加强宣传，营造氛围；六是加强督查，严格奖惩。

【扶持重点工业企业发展】　2013年6月，中共海丰县委、县人民政府决定：从2013年起，开展扶持重点工业企业发展的工作。为提高各级党政和领导干部服务重点企业发展的能力和水平，努力营造重点企业稳定发展、创新发展、加快发展的良好环境，着力扶持一批投资大、纳税多、综合实力强、成长性好的重点工业企业，进一步推进全县产业转型升级，促进海丰经济又好又快发展。

确定重点企业　全县辖区内符合下列条件之一的工业企业，可以推荐、确定为全县重点企业。①年销售收入5000万元以上且年上缴税金100万元以上，或年上缴税金500万元以上的规模以上工业企业。②创新成长型、高新技术型，或发展前景好、市场竞争潜力大，对海丰县工业结构调整具有带动、促进作用的工业企业。③获得省级以上著名商标或名牌产品的企业。对重点企业的确定，原则上每年调整一次，在次年2月底前由各镇（经济开发区）推荐，送县经济促进局汇总审核和筛选，报县政府审定，并授予“海丰县重点企业”的荣誉称号和牌子。2013年确定20个重点企业。

建立领导挂钩制度　以“强化服务、注重实效、促进转型升级”为目标，建立领导干部挂钩联系重点企业制度，由县党政班子领导成员挂钩扶持重点企业，帮扶企业做强做大。

实施政策扶持　一是扶持项目申报。二是扶持自主创新。三是扶持融资扩产。四是扶持上市升级。五扶持规费减负。六扶持招工用工。

强化跟踪服务　一是建立跟踪督办制度。县投资服务中心、经促局负责整理、汇总重点企业的情况和信息，对重点企业在生产经营中急需解决的重难点问题和各项申办、报批手续，及时汇报县挂驻的领导，并建立台账。县挂驻领导要全程督促、跟踪进度情况。二是形成联办特办制度。县投资服务中心要组织相关职能部门形成重点企业联办制度，对重点企业申办的事项，坚持“特事特办、急事急办”，在不违反有关法律法规的前提下，及时受理办结；或积极与上级相关部门对接，协调、帮助企业在最短时间内完成办理。三是实行监控规范制度。县投资服务中心、经促局对全县重点企业经营发展环境进行监控，逐步建立规范化的重点企业检查制度、涉及重点企业收费罚款监督制度、制约损害重点企业发展行为问责制度和黄牌警告制度。

【开展“村级组织建设年”活动】　根据《中共广东省委办公厅关于印发〈广东省加强村级基层组织建设五年行动计划〉的通知》和《中共海丰县委关于进一步加强基层组织建设的实施意见》精神，为进一步加强村级组织建设，充分发挥村级党组织的战斗堡垒作用，县委、县政府决定2013年为全县村级组织建设年。

指导思想　坚持以邓小平理论、“三个代表”重要思想和科学发展观为指导，深入学习贯彻党的十八大精神，围绕县委提出的立足“三个坚持”、勇于“四个争当”、推进“五个发展”的工作思路，继续创先争优，扎实推进全县村级组织先进性建设，进一步完善健全村级组织建设的体制机制，增强村级组织的凝聚力、创造力、战斗力，充分发挥村级组织推动新农村建设、服务群众、凝聚人心、促进和谐的作用，为全县经济社会又好又快发展提供坚强有力的组织保证。

目标要求　通过开展村级组织建设年活动，不断探索新形势下加强村级组织建设的新思路新方法，着力解决目前全县村级组织建设中存在的突出问题，力争在强化班子核心、提高队伍素质、发挥示范带动、创建阳光农村、健全运行机制等方面取得突破，力促全县村级组织达到“五好五有”（即：领导班子好、党员队伍好、工作机制好、工作业绩好、群众反映好，有责任、有创新、有核心、有机制、有实绩），进一步提升村级党组织的凝聚力、战斗力和公信力，为2014年村级换届选举做好准备。

活动内容　一是开展“强班子、促发展”活动，打造坚强战斗堡垒。要求：抓两头促中间，加强分类指导；抓队伍促活力，提高队伍素质；抓阵地促美化，完善活动场所建设；抓经济促发展，提升村级集体经济实力。二是开展“履承诺、办实事”活动，推进民心工程建设。要求：强化责任意识，履行“我承诺、我践行”活动事项；深入群众接地气，密切党群干群关系。三是开展“阳光农村”创建活动，创新村级组织管理机制。要求：加大党务、村务、财务公开执行力度；加大“三资”清查、管理工作力度；加大镇对村、村民小组监管力度；加大基层运行机制建设力度。

【开展“大办工业年”工作】 中共海丰县委、县人民政府决定在2013年开展“大办工业年”，切实加快工业发展步伐，增强工业经济发展后劲。

指导思想　以“三个坚持”“四个争当”“五个发展”为指导，围绕县委、县政府大力发展工业的工作部署，以推进产业转型升级、促进工业发展为主攻方向，以改善投资环境、加快园区建设为主要目标，进一步更新观念，创新招商引资方式，力争一批产业链长、关联度大、附加值高、技术先进的大项目落户海丰，不断壮大工业规模、增强工业发展后劲，推动海丰经济社会科学发展再上新台阶。

工作目标　2013年，实现工业总产值比2012年同期增长15%以上，工业增加值占全县GDP比重达到39%以上；规模以上工业总产值比2012年同期增长25%以上；引进工业项目一批；万元GDP能耗等指标完成市下达的任务。

工作措施　一是完善园区规划管理，加快重点园区建设。各地要在切实加强原有工业园区或工业集中区管理的基础上，重点推进县直属工业园区建设。二是创新招商工作模式，不断增强引资实效。要开展形式多样的招商引资活动。组织以珠宝、服装、金银首饰、毛织等特色产业的商品参加国内外的各种展览、展销活动；要组建专业招商队伍。三是优化投资服务环境，提升综合服务水平。要认真贯彻落实国家、省、市有关扶持外资民营经济、中小企业发展的政策，切实帮助企业积极开展技术改造和技术创新，提高市场竞争力；要加强和改善政府服务，着力推进适应中小企业特点的金融服务体系建设，积极推动政银企合作，引导金融机构和社会资金支持成长性好、有自主品牌、竞争力、自主创新能力强的企业发展；要完善县投资服务中心工作机构，尽快出台县投资指南和招商引资优惠政策；要实施引进项目的“一条龙”贴身服务，确保企业引得进、稳得住、发展好。四是推进产业转型升级，优化提升传统产业。要按照“布局集中、产业集群、资金集聚、用地集约、环境友好”的要求，紧密结合中心镇、专业镇建设，进一步明确各镇的产业定位，因地制宜、因势利导发展特色经济，引导镇级工业集中区对外开展战略合作，打造专业特色园区，强化关联产业集成，放大产业集聚效应和先发优势，鼓励、引导产业逐步向专业特色园区聚集，进一步做强做大公平服装、可塘珠宝、梅陇金银首饰、城东毛织等特色支柱产业，推动规模以上企业发展和产业集群；要抓好节能减排工作，强化节能减排目标责任制，严格考核标准，逐步引导工业企业进入园区生产，从根本上解决生产零星分散和污染严重的问题，确保节能减排目标的实施。五是推进重点项目建设，培育工商龙头企业。

【开展“政务环境建设年”活动】 根据中共海丰县委工作部署，2013年，全县开展“政务环境建设年”活动。

指导思想　坚持以科学发展观为指导，全面落实党的十八大精神，认真执行中共中央政治局关于改进工作作风，密切联系群众的八项规定，牢固树立“发展环境就是吸引力、就是竞争力、就是生产力”的观念，紧紧围绕“政务环境建设年”活动要求，找准优化政务环境的切入点，创新机制，着力解决海丰县政务环境中存在的突出问题，推进依法行政、规范行政行为，改进服务意识，提高行政效能，营造良好的政务环境。

主要工作目标　通过深入开展“政务环境建设年”活动，进一步深化行政审批改革，打造高效型海丰；进一步推行依法行政规范政务行为，打造法制型海丰；进一步推进和完善电子政务建设，打造透明型海丰；进一步深化机关作风建设，打造服务型海丰。不断改善海丰投资软环境，促进海丰又好又快发展，从而实现经济社会建设新跨越。

工作措施　一是分解任务，明确分工。从优化政务环境角度出发，政务环境建设工作分设行政审批制度改革、法制政府建设、电子政务建设、机关作风建设四个小组，各小组由各牵头单位制订工作方案，明确各自的工作任务及分工，细化工作措施，分头抓好落实。（行政审批制度改革由县编办牵头，法制政府建设由法制局牵头，电子政务建设由县政府办牵头，机关作风建设由县纪委监察局牵头）。二是突出重点，破解难点。紧紧抓住政务环境建设各个关键领域和重点环节，集中精力抓重点，破难点，以点带面，全力推进海丰政务环境建

设各项工作。①进一步深化行政审批改革，打造高效型海丰。②进一步推进依法行政规范政务行为，打造法制型海丰。③进一步推进和完善电子政务建设，打造透明型海丰。④进一步深化机关作风建设，打造服务型海丰。

【开展“环境卫生整治年”活动】　根据中共海丰县委、县人民政府工作部署，为推动海丰县城镇市容市貌和环境卫生管理工作上新水平，2013年，开展“环境卫生整治年”活动。

指导思想　以党的十八大精神为指导，围绕县委提出的“三个坚持、四个争当、五个发展”工作思路，以打造市容市貌整洁、交通秩序良好、人民安居乐业的宜居宜业城市为目标，坚持“统筹兼顾、标本兼治、综合治理、整体推进”的原则，全面开展整治城镇市容和卫生环境的活动，促进城镇面貌的大改观。

工作要求　一是加强领导，密切配合。二是依法整治、文明执法。三是宣传引导、营造氛围。

活动内容　一是县城市容和环境卫生的整治：①违法建（构）筑物整治；②违法用地整治；③龙津河整治；④公共交通秩序整治；⑤市容环境卫生整治；⑥公共设施整治；⑦违章占道经营整治；⑧户外广告设置整治；⑨市场秩序整治；⑩环境污染整治；⑪公路环卫整治；⑫美化绿化亮化整治；⑬货运站场整治。二是镇（场）环境卫生整治：①按照“一镇一站、一村一点”的要求，每个镇（场）要建成一个垃圾转运站，各个行政村要建成一个垃圾收集点，每个自然村要有垃圾收集池；②多渠道筹措资金，配套镇、村的垃圾收集清运的设施，配齐垃圾清运的人员，并落实责任，确保工作正常运转，确保镇、村垃圾每日能及时收集清运到垃圾处理场；③加强对镇容镇貌的综合整治，确保镇、村特别是过境路段卫生整洁、环境优美。三是组织开展城镇环境整治全民参与活动：组织镇（场）、机关干部职工、学校师生、环卫工人，对城镇各相关的责任路段和各主要街道进行全面的卫生大扫除，清理卫生死角，洗刷乱张贴街招广告，制作大型城市管理宣传画、宣传标语等，加大宣传声势，提高全民参与城市管理活动的积极性。

【开展“旅游发展年”工作】　为促进海丰县旅游业又好又快发展，2013年全县开展“旅游发展年”工作。

指导思想　以党的十八大建设“美丽中国”精神为指导，以科学发展观为统领，按照大旅游、大产业、大市场的发展理念，实行政府主导、市场运作、社会参与，坚持旅游与文化有机融合、与三次产业协调发展，资源保护与开发统筹兼顾，打造特色产品，培育市场主体，强化市场营销，提升城市功能，优化发展环境，全面推动滨海旅游、生态休闲度假目的地建设，并力争三年内达到广东省旅游强县的标准。

工作目标　以创建“广东省旅游强县”为契机，大力推进旅游业快速可持续发展，全方位促进海丰县旅游业资源开发更加科学有序，产业支柱地位更加突出，社会和环境效益更加明显，旅游休闲目的地产品、功能、营销、管理和服务体系更加完备，逐步把海丰县打造成为主题形象鲜明、产品特色突出、基础设施完善、服务质量优良的粤东滨海旅游、生态休闲度假胜地。2013年，全县接待游客总人数要达到236.5万人次，比2012年增长13%；全县旅游总收入达到13.26亿元，比增15%。

工作重点　一是积极推进旅游创强工作，促进旅游业整体提升。二是抓好旅游规划工作，合理保护和开发旅游资源。三是加大旅游功能配套力度，提升景区品位。四是加大宣传推介和招商引资工作力度，提升影响力和知名度。五是强化行业管理，提高服务质量。

县委办公室工作

【综合工作】　2013年，围绕县委提出的“三个坚持、四个争当、五个发展”总体发展思路，综合股始终把提高服务水平，发挥助手作用作为工作的重点和中心。坚持服务县委大型会议，参与起草领导讲话。认真搜集整理全县经济社会发展情况，积极思考，努力创新，撰写了在县委十届二次全会上的讲话、在全县创建平安海丰工作会议上的讲话、在创建教育强县推进会上的讲话、在全县纪律教育学习月活动动员会上的讲话、在全县村、社区“两委”换届选举工作会议上的讲话等70多个县级重要会议上的领导讲话，以及17份汇报材料、9期通报等。坚持服务县委日常活动，收集各方面的材料。始终坚持为上级党委服务、为县委服务的宗旨。认真搜集各方面的资料，加强与县直各职能部门的联系，掌握全县经济建设、社会发展和重大事件等方面的情况，为写材料积累素材。同时为领导决策提供科学的依据。年内，深入基层，参与了相关的工作现场会，摸清全县工业、农业、旅游业、服务业等发展现状、外部环境及与发达地区的差距，为县委出台加快工业发展、招商引资政策、农产品种植政策和旅游业发展政策提供了参考。同时，围绕全县经济工作大局，及时掌握和发现经济和社会发展中的新情况、新事物、新经验，总结推广对经济建设做出重要贡献的先进典型和先进经验。

【督办工作】 2013年，督办股按照上级党委和县委的中心工作部署，在办公室的统一领导下，切实加强自身建设，创新督办督查方法方式，按照“围绕中心，突出重点，抓住关键”的工作思路，围绕上级和本级党委工作大事、群众关心难事、领导关注要事，强化督查工作力度，积极开展主动督查，全力提升服务水平，为领导科学决策，正确指导工作发挥了较好的督查参谋作用。督查前，积极准备，变被动督查为主动督查；督查中，坚持查实情，讲实话，出实招，谋实策，实事求是；督查后，精心整理，认真总结，查找问题，提出建议，及时反馈。年内，共开展各类督查150场次，发出“督办通知”“督办通知书”及相关工作督查通知10期，并向上级和本级党委及主要领导专报相关督查情况80多期。主要对全县各地、各单位贯彻落实中央“八项规定”、传达贯彻全市领导干部大会精神、贯彻落实市委六届二次全会精神、市委主要领导调研工作备忘落实情况和县重点项目、民生工程建设等工作，以及领导批示的信访案件办理情况进行督查，其中县委主要领导信件办理、批示转办事项达200多件。同时，协调部门，积极催办，及时向市委办督办科报告督办事项进展情况，在专项督办上收到较好效果。全年共接到市委督查批转县委办的督办通知、领导信件批示18件。坚持办理、跟踪、督查各环节走程序、确保质量、及时办结、按时上报，做到件件有回音、事事有落实。实事求是，及时准确抓情况报信息。在为上级党委服务上，把侧重点放在及时、准确、快速向市委办反馈县委、县政府在落实中央、省、市有关方针、政策和重大工作部署的贯彻实施上，做到认真对待，积极收集，及时整理，迅速上报，为市委领导了解海丰工作情况，科学指导海丰工作，统揽全市工作发挥了一定作用。年内，共向市委办督办科专报《海丰县传达贯彻全市领导干部大会情况汇报》《海丰县贯彻落实市委六届二次全会精神情况汇报》《海丰县贯彻落实市委温国辉书记在海丰调研时重要讲话精神的情况汇报》《关于贯彻落实市委六届43次常委会议相关事项的情况汇报》《关于贯彻落实中央“八项规定”情况汇报（四）》《海丰县委办2013年督办工作情况》《关于贯彻落实市委六届48次常委会议相关事项的情况汇报》和全县经济社会发展、重点项目、重点工作情况等共计18期。同时，协调部门，积极催办，及时向市委办督办科报告督办事项进展情况，在专项督办上收到较好效果。在尽力做好督查工作的同时，积极协助做好全县大型活动和各项中心工作。根据省、市的新要求，联合调研股重新制定《2013年度海丰县科级党政领导班子和领导干部落实科学发展观评价指标体系考评实施细则》，征求县直成员单位、相关职能部门、各镇（场）和县四套班子领导意见，并继续修改完善，历时近3个月，形成较为完善的初稿。同时，切实加强和完善全县督查网络、机制建设，不断提升督查工作效率和水平。

【信息工作】 2013年，县委办公室向省委办公厅和市委办公室报送了119期信息，分别是《海丰信息》84期、《一周网民议论热点》20期、《海丰信息简报》15期，被省委办公厅采用4期，积20分，被市委办公室采用38期，在全市各单位信息工作综合排名上名列前茅。

【保密工作】 2013年，按照县委保密委工作部署，扎实开展工作，充分发挥了保安全、保发展、保和谐的作用。进一步加强对保密工作的领导，各地、各单位相继调整了保密组织，由一名主要领导或副职专门负责保密工作，并落实专人管理负责日常工作。目前全县已建立健全保密组织94个，保密组织成员960多人，专兼职保密员140人，已形成一个多层次、全方位的保密组织网络。各级党政领导严格执行“积极防范、突出重点”的保密工作方针，把保密工作摆上重要位置，列入重要议事日程，认真抓好各项保密工作措施的落实。各部门根据县委保密委要求，专题学习《中华会民共和国保密法》、分析保密形势、查找存在问题、落实保密措施。不断加大投入，购置了保密技术防护专用系统、密码文件柜、按照铁门、铁窗、视频监控器、报警器等硬件设备，进一步加大防范设施建设，使

全县保密工作不断得到加强。同时，全力做好重点部位和区域保密工作。年内，组织开展了两次全县保密技术检查，对30多个党政机关单位开展网络检查，及时排查泄密隐患，加大保密防范力度。在依法行政上。加强保密制度建设，规范涉密采购项目认定核准程序。重新梳理行政执法职权依据和行政执法职权，确定出：行政处罚4项、行政许可2项、行政强制措施6项、行政给付1项、其他具体行政行为48项。在技术保障上。抓好“三合一”保密技术防护专用系统第二期配备工作。抓好党政机关门户网站和涉密计算机违规上网监控检查，完成违规外联集中监控平台测试和升级改造验收工作。抓好保密检查设备配备工作，进一步规范县电子公文交换系统保密监督工作。在宣传教育上。组织了保密干部专题学习《中华会民共和国保密法》《党政机关公文处理工作条例》，开展保密形势和做好保密工作辅导报告。对各类涉密考试，通过学习培训、签订“保密责任书”，对运送、交接、保管、颁发等环节的工作人员进行保密责任教育，讲明做好保密工作重要性和泄密的危害性，明确保密责任要求，做到管理到位、责任到人。在保密审查上。专门下发通知，要求在信息公开前，必须严格对拟公开的信息进行保密审查，填写登记表，严格履行签批手续。任何未经保密审查的信息不得公开，认真抓好涉密考试保密监管。年内，保密部门先后与组织、教育、人事、公安等部门密切配合，参与了高考、中考、公务员、村官考试、自学考、职业资格、职称等20多次考试保密管理工作，做到领导重视、组织严密、措施得力，确保了各类涉密考试顺利进行。同时，重点抓好全县保密普查工作。经普查，全县共有94各单位填报普查情况，会同上级部门进行数据分析整理，为今后保密工作提供科学依据。

【调研工作】　2013年，调研股按照县委工作部署，坚持深入基层调研。年内，共参与县委主要领导开展“走基层、抓落实”调研活动20多次，配合整理县委主要领导调研讲话材料20多篇。按照市委政研室的要求，多次组织开展了以“海丰县域民营经济发展情况”“海丰县中心镇建设情况”等为主题的调研活动，进行实地调查研究，形成调研报告，供市委领导决策参考。坚持强化服务，充分发挥参谋助手作用。积极围绕县委领导关注的重大问题和当前热点问题深入开展调查研究，提高决策参谋水平，多篇调研报告在市级以上刊物发表，其中有《推进“五个发展”打造海丰崛起新引擎》和《海丰主动融入珠三角打造后深汕特区模式》2篇在《汕尾调研》刊发，有《凝聚发展正能量实现海丰新跨越》《海丰县以“五个工作年”为抓手推动经济社会加快发展》《落实“四个当好”定位打造“后深汕特区”》3篇在《广东调研》刊发。同时，在充分调查研究的基础上，积极主动承担决策性文稿和重大会议上县委主要领导讲话材料的起草、整理工作。年内，调研股参与起草了《“四镇一场”移交工作方案》征求意见稿、《海丰县科级党政领导班子和领导干部落实科学发展观评价指标体系考评实施细则（试行）》，《在依法治县工作领导小组扩大会议上的讲话》《推动“五个发展”打造海丰崛起新引擎》《在全市维稳信访会议上的发言》《在全县重点项目建设工作会议上的讲话》《在海丰县第十四届人民代表大会第三次会议闭幕时的讲话》《倾心兴武装　真情暖军心——中共海丰县委书记沈木荣先进事迹》《海丰印象》，以及向市委领导汇报的文字材料等，累计撰写各项材料稿近40篇，文字量近30万字。

（林　望）

附：2013年中共海丰县委办公室领导名录

主　任：廖汉生

副主任：魏汉锡（3月任至8月）　李建生　陈建东　杨翔鹏　吴恒卫　陈若龙

组织工作

【概况】　2013年，中共海丰县委组织部深入学习贯彻落实党的十八大、十八届二中三中全会精神，坚持围绕中心，服务大局、突出重点、整体推进，切实加强基层组织建设，扎实开展“村级组织建设年”，全面推进干部人事制度改革，加大干部日常监督管理力度和干部培训工作力度，加强推进人才队伍建设和实施引进人才“百人计划”工程，积极开展“心、行、醒、信”为主题实践活动的作风建设，强化组织部门自身建设，不断开创组织工作新局面，为海丰县社会和经济各项事业发展提供坚强的组织保证和人才支撑。

【党组织和党员情况】　2013年，海丰县共有基层党组织921个，其中党（工）委22个、总支34个、支部865个。全县党员28123名。其中：女党员5197名，占18.5%；35岁以下6738名，占24%；大专以上学历8930名，占31.8%；农民党员10104名，占35.9%。2013年全县共发展新党员403名。新党员的基本结构。年龄结构：35岁以下的266名，占发展总数的66%；36～59岁的136名，占发展总数的33.7%。学历结构：大专以上的148名，占发展总数的36.7%；中专文化的31名，占发展总数的7.7%；高中文化的78名，占发展总数的19.4%；初中及以下文化的146名，占发展总数的36.2%。性别结构：男性300名，占发展总数的74.4%；女性103名，占发展总数的25.6%。新党员的分布情况：生产、工作一线的282名，占发展总数的70%。其中：教育科研一线的27名，占发展总数的6.7%；机关一线的25名，占发展总数的6.2%。经过共青团组织“推优”入党的93名，占发展总数的23.1%。

【“村级组织建设年”活动】 2013年，海丰县开展了“村级组织建设年”活动。在活动中，中共海丰县委组织部认真抓好八项重点工作：一是排查整治后进村（社区）。全县共排查出1个问题突出村，22个后进村（社区），排查101个问题，完成解决71个问题，做好事实事113宗，投入资金约624.6万元。二是加强村级班子建设。通过村干部述职述廉、民主评议、民主测评、实地调查和个别谈话等方式，全面了解掌握村级班子，掌握现任村级班子和成员在群众中的满意度，广泛听取党员群众对新一届班子配备情况的意见、建议，同时对村干部作出考察评价。三是开展村级干部培训工作。年内，组织全县村（社区）书记、主任430多人集中进行培训，切实提升基层干部的能力素质。同时，以镇场为单位，分18期对村（社区）其他“两委”干部进行培训。四是壮大村级集体经济。下发《关于做好新一轮县直单位挂村帮扶工作有关事项的通知》，结合新一轮扶贫开发工作，落实挂扶措施，帮助挂扶村理清发展思路，扶持发展经济和公益事业。五是加大“三资”清查管理。各镇（场）根据“一清二建三查”的总要求，防治“三资”腐败问题，维护农民合法权益，确保农村“三资”清理监管工作高效开展。六是完善村账镇管工作。在全县实施村账镇管，16个镇275个村、社区（不包括黄羌林场）全部都设立农村会计中心，完成人员配备、设置账户、签订代理委托、更换印鉴等工作，促进了村级组织财务管理规范化。七是强化党务、村务、财务公开。下发《海丰县关于进一步规范农村基层村务公开制度的实施方案》，规范“三务”公开的范围、内容及程序，并明确“三务”公开时限，建立“三务”公开责任追究制度，并严格按照《海丰县村务公开责任追究制（试行）办法》规范履职。八是建立民主议事决策机制。下发《海丰县关于进一步规范村级事务民主决策的实施意见》，明确村（社区）民主决策的内容范围，按照党支部提议、村（社区）“两委”会商议、村党群联席会决议、决议实施的运作程序，进一步规范村级事务民主决策程序。

【“村级组织运作示范镇”创建活动】 根据省委的统一部署，海丰县陶河镇被定为创建“村级组织运作示范镇”之一。7月15日，陶河镇把雅卿村确定为创建“村级组织及运作示范镇”建设的先行点，组织召开活动动员大会，率先部署了创建活动的各项工作，并组织工作组驻村，明确相关责任，落实切实可行的措施，为创建活动的全面铺开作出有效的探索。活动紧紧把握创建“三新六好”村庄和“五好五有”村级组织的活动目标要求。从理顺“两委”关系、健全制度、严格办事程序和探索经济发展路子入手，实现村级组织运作协调统一，村级组织运作有章可循、规范有序。

【“心、行、醒、信”主题实践活动】 在全县组织系统开展“讲党性、重品行、作表率”“创新、创优、创品牌”“一为双争”和以“八个一”为主要内容的“心、行、醒、信”作风建设等主题实践活动，扎实开展党的十八大精神“四学两比”“学党史、强信念”“五查四访”和“三个一”专题调研等活动，强化组工干部队伍建设，着力打造模范部门和过硬队伍，不断提高组织工作科学化水平和组工干部整体素质，努力创建“学习型”“服务型”“创新型”“廉洁型”“和谐型”组织部门。

【干部管理与监督】 2013年，县委组织部以新时期“信念坚定、为民服务、勤政务实、敢于担当、清正廉洁”的好干部标准，认真做好县管干部及股级干部的推荐考察和调整配备工作。围绕“五好”领导班子创建活动，加强干部德的考核评价，完善镇级党委领导班子内部制度建设，加强科级领导班子建设。推进干部竞争性选拔工作，经民主

推荐、民主测评、竞职演说、常委会票决等程序，公开选拔4名副校长和公推遴选6名法检两院中层领导干部。加大挂职锻炼干部培养力度，跟踪考核挂职干部，有3名表现优秀的挂职干部得到重用。出台《关于开展县直单位股级干部交流轮岗工作的通知》，稳步推进中层干部的交流轮岗。同时，以贯彻落实干部选拔任用“四项监督制度”为基础，贯彻落实《海丰县委常委会报告干部选拔任用工作并接受民主评议制度》等相关规定，加大对各级领导干部的日常监督管理力度。加强对《干部任用条例》贯彻执行情况的检查，防止和克服选人用人上的不正之风，进一步规范县委书记用人行为和改进干部选拔任用工作，切实提高组织工作满意度。以联动监督、重点监督、多渠道监督作为干部监督的主要措施，整合纪检、审计、检察、公安、人事、计生、信访等部门的监督职能，大大提高了干监工作实效性。年内，实行干部任前公示共118人（其中科级干部60人、股级干部58人）；对11名离任和5名任期较长的“一把手”实行经济责任审计；加强对领导干部在重要事件过程中的监督，切实加强对因公因私出国（境）人员的监控，全年审理111位领导干部出国（境），有效地杜绝各类出国（境）违规问题的发生。

【干部培训和人才队伍建设】 2013年，县委组织部继续推行以县委党校为主、农村党员干部现代远程教育网络为辅的两种培训教育平台，采取专题辅导、选送学习、电化教育、典型示范四种方式相结合的“2+4”干部培训模式。年初制定实施《海丰县2013年干部培训计划》，全年联合党校等相关部门举办8期主体培训班次。同时，落实中央、省、市委培训计划，安排领导干部参加上级组织的培训班。据统计，全年共选送到中央、省参加培训学习9人次，选送到市参加培训学习120人次。年内，实施引进人才“百人计划”工程，通过以招聘的方式引进全日制硕士研究生30名、高级专业技术职称人才10名；采取合作或聘请的方式，引进科研团队3个，教授级专家2名、具有博士研究生学历人才2名、高级专业技术职称人才28名。同时，通过发挥引进人才的“传、帮、带”作用，较好地带动一批本地人才的成长，使人才队伍结构优化、质量提高。如县彭湃医院2012年以来共投入25万元用于在职医生的进修学习，促使该院6名医生通过主任医师（正高级职称）考试，19名医生通过副主任医师（副高级职称）考试。配套完善一系列人才制度，在实施《海丰县引进人才“百人计划”工程》的基础上，制定印发《关于开展海丰县拔尖人才选拔工作有关事项的通知》《海丰县引进人才“百人计划”工程专项资金管理办法》《海丰县引进人才“百人计划”考核办法》《海丰县党政领导联系重点人才工作实施办法》等相关的配套措施，进一步明确引进对象、引进人才管理、引进人才待遇和规范扶持资金的使用。确立并实施8个人才项目，引进了科研团队5个，建立了市级研究中心2个。

（叶 琪）

附：2013年中共海丰县委组织部领导名录

部　长：陈紫光

副部长：黄小平（兼）　吕　娜（女，兼）

姚火坤　罗木群　张文亮

宣传工作

【概况】 2013年，县委宣传部认真学习宣传贯彻党的十八大、十八届三中全会、习近平总书记一系列重要讲话精神和全国、省、市宣传思想工作会议精神，按照省、市的工作要求，结合工作实际，“系于心、发于力、敏于行”，创新和丰富理论武装载体，强力打响宣传主动仗，挖掘和彰显文化名城魅力，强化文化公共服务体系建设，坚持正确引导舆情导向，为实现市委对海丰发展的新定位和加快“向西融珠”，推动海丰县融入发展、加快发展、率先发展，建设成为宜居、宜业、宜游的滨海城市提供了强大的精神动力、思想保证和舆论支持。

【理论武装工作】 2013年，围绕中央、省委、市委和县委的重要工作部署开展理论学习：一是以党委（党组）理论学习中心组为龙头，以学习型党组织创建为载体，提升党员领导干部的理论学习水平，全年共组织16场集中学习会及5场大型宣讲报告会。二是印发《中共海丰县委宣传部关于全县科级以上党委（党组）中心组2013年理论学习的意见》《关于做好中心组理论学习信息报送工作的通知》《各季度全县副科以上单位中心组学习情况通报》，组织推荐《十八大报告学习辅导百问》《中国梦我们的梦》《理性看·齐心办——理论热点面

2013年1月4日，国家级非物质文化遗产——海丰白字戏：《龙宫奇缘》彩排（根据马思聪创作的芭蕾舞剧《晚霞》改编的精品剧目）

对面·2013》《中共中央关于全面深化改革若干重大问题的决定》《中共中央关于全面深化改革若干重大问题的决定（辅导读本）》《党的十八届三中全会〈决定〉学习辅导百问》《习近平总书记系列讲话精神学习读本》等一批阅读书目，进一步拓宽了视野，增强了创新性，提高了理论素养。三是建立健全了党委（党组）中心组理论学习制度，加强指导、督促、检查工作，加强专题调研和中心发言制度建设，推行学习登记、通报、考评制度，通过制度建设促进理论学习工作不断推进，切实提高全县党员干部队伍的学习能力和综合素质。

【舆论宣传工作】 2013年，县委宣传部主要舆论宣传工作：一是做好各项中心工作的宣传报道。围绕党的十八届三中全会、“平安建设”、进一步促进粤东西北地区振兴发展、殡葬工作、“一证先行”“教育强县”、钟敬文诞辰110周年纪念活动、“广东精神”宣传实践活动、县委常委（扩大）会议等重点工作会议精神，反应及时，行动迅速，始终占据正面舆论宣传高地。二是做好重大事件的宣传舆论。特别是在海丰县遭受超强台风“天兔”袭击前后，通过挖掘救灾过程的感人事例和广大干群不分你我、合力抗灾的先进典型，进行广泛宣传报道，为全县抗灾复产工作营造了上下一心、团结一致的良好工作氛围，树立海丰正面形象。三是加强网络舆论引导。做好网络舆情宣传，以海丰党政信息网、海丰宣传网、“海丰发布”微博等媒体为抓手，强化网上舆情管理，净化了网络环境，维护了海丰县平安稳定的和谐大局。四做好对外宣传工作。精心策划10集《海丰文化记忆》和《多彩海丰》等系列大型宣传片，联系对接中央电视台、广东卫视、潮商卫视等媒体先后走进海丰县采风拍摄，《水鸟之乡》等专题片在中央台和省台播出，《南方日报》和香港《大公报》大篇幅刊发了海丰县宣传文化建设和经济民生平安建设等内容专版，有力地向外推介宣传海丰，进一步提高海丰知名度和美誉度。

【文化艺术工作】 围绕“建设幸福海丰”主题，县委宣传部精心谋划组织一系列群众性文化活动。①成功举办“钟敬文诞辰110周年纪念活动暨海丰首届民俗文化节”，包括纪念大会、钟敬文学术座谈会、发行钟敬文纪念封、出版《钟敬文笔下的海丰》文集、制作电视宣传系列片。②组织省书法家“下乡送春联”活动，年内，还组织县党政主要领导与本土书法家和现场群众交流互动，撰写春联，为民众送上新年祝福，与群众打成一片，接地气增人气，文化惠民取得良好效果。③全县各地举办一系列具有地方特色的群众文化活动，如书画摄影展、歌唱比赛、少年儿童文艺展演、舞虎狮、戏曲表演、灯谜、曲班八音民乐班演奏、乒乓球比赛、羽毛球比赛和花车巡游。④组织协调各相关部门、网站，积极参与汕尾市网络文化协会的创建工作；积极做好申报省（市）文化产业发展专项资金、省文艺精品的专项资金、省扶持“文化走出去”专项资金等的受理和审核工作。⑤启动白字剧《龙宫奇缘》，邀请专家，精心排演已于8月15日完成首演，有望继《留取丹心照汗青》荣获省最高“五个一”工程奖后，再获佳绩，再添殊荣。

【文化体制改革】 通过上下联动、协调各方，转换机制、增强市场活力，海丰县文化体制改革取得重大进展。一是县新华书店成功转制为广东新华发行集团海丰新华书店有限公司，在全市率先完成改制重组任务。二是县广电台按照省市要求挂牌成立省广播电视网络股份有限公司汕尾海丰分公司，完成了广电网络改革重组工作，至年末正按照全省“一张网”的目标要求，争取尽快实现数字整转。三是西秦、白字剧团的转企改制工作基本完成。四是红城电影院、电影公司的改制工作逐步推进，有关改制费用、资产处理等问题已形成专题报告报县委县政府作决定。五是各乡镇文化站、广电站人员的归属、工资福利等问题也基本理顺。

【思想道德建设】　一是特邀“省社科英才老区行”赴海丰县宣讲中共十八大精神；组织开展“道德讲堂”观摩会、《道德照耀人生》专题宣讲。二是举办“中国梦劳动美”演讲比赛，有效传播“中国梦”的深刻含义，让广大人民群众与实现中华民族伟大复兴的“中国梦”零距离接触。三是举办“圆梦十年·2013海丰县圆贫困学生大学梦”助学活动，激励海丰的莘莘学子奋发图强、努力争先、学有所成。四是开展“讲文明树新风”公益广告宣传、“我们的节日”“创新、创业、创造”等主题学习教育活动。五是扎实推进“好人好事”“道德模范”“最美乡村”“文明单位”“文明窗口”和“文明村镇”等一系列评选工作，逐步构建起思想道德格局，开创了海丰精神文明建设的新局面。

【公共文化服务】　2013年，海丰公共文化服务体系建设进一步完善，文化基层设施建设力度不断加大；图书馆、文化馆、博物馆相继投入使用。红宫红场公共服务设施建设逐步完善，县体育馆续建加快推进，特别是县文化民生建设项目——影剧院工程，近两年来取得突破性进展，已完成主体结构封顶，根据县委县政府的最新决定，为解决资金缺口，减轻财政负担，创新思路和建设模式，盘活整合周边资源，通过混合所有制经济途径，推向市场走社会化投资经营管理渠道，相关职能部门正在依法依规进行统筹规划加快推进。

【全县宣传文化工作会议】　2013年2月25日及10月31日，共两次召开全县宣传文化工作会议。尤其是10月31日的宣传思想会议，是在全国宣传思想文化工作会议召开后，贯彻落实习总书记关于宣传思想工作最新指示精神的一次重要会议。县委书记沈木荣，县委常委、宣传部部长卢雁慧出席会议并作讲话。沈木荣在会上强调要全县动员，掀起学习贯彻全国、全省、全市宣传思想工作会议精神的热潮，打牢基础，凝聚起推动海丰振兴发展的正能量，还要通过创新方式，提升宣传思想工作效果，同时，各地各部门要齐抓共管，构建起海丰县“大宣传”格局。卢雁慧在会上指出：全县宣传思想文化战线要认真学习领会和贯彻落实习近平总书记的重要讲话精神，根据省委和市委的指示，按照县委的部署要求，以奋发有为的精神状态，以科学有效的工作方法，努力开创全县宣传思想工作新局面，为海丰加快“向西融珠”，建设成为宜居、宜业、宜游的滨海城市做出新的更大贡献。要着重做到“六个加强”：一是加强理论武装，以党委（党组）理论学习中心组为龙头，以学习型党组织创建为载体，以党校为阵地，强化党员领导干部的理论学习。二是加强社会主义核心价值体系建设，立足坚持和发展中国特色社会主义的新实践、新要求，结合意识形态领域的新动态、新特点，把深入开展社会主义核心价值体系学习教育活动和广东精神、道德讲堂等有机结合起来。三是加强舆论引导和对外宣传，全县宣传思想

2013年8月15日，圆梦·十年助学金颁发仪式

2013年10月31日，县委常委、宣传部部长卢雁慧在全县宣传思想工作会议上作工作报告

战线努力当好海丰县“大宣传”的主力军，高度负责，强力打好宣传主动仗。四是加强文化强县建设，推进文化强县建设，增强文化软实力，不断满足人民群众日益增长的精神文化需求。五是加强互联网建设和管理，充分掌握互联网舆情管理工作的主动权，加强网络问政平台建设和网络舆情导向指引，做好突发事件对应工作，加强网评员队伍建设与对涉及海丰舆情的研判。六是加强宣传思想文化干部队伍建设，全面提升宣传思想战线干部队伍素质，切实做到守土有责、守土负责、守土尽责。

（黄武海）

附：2013年中共海丰县委宣传部领导名录

部　长：卢雁慧（女）

副部长：谢立群　罗晓华（女）　刘永贺

县直工委工作

【基层组织建设】　2013年，中共海丰县直属机关工作委员会发展预备党员79人，转正党员71人，发展积极分子78人，发展党员对象84人，到期换届(含正副书记、支委)144人，对工作变动、改非，缺少职数的党（总）支部进行改选和增补，进一步加强了对基层党组织建设；参加党的知识培训150人。

【机关作风建设】　2013年10月，根据县纪委的工作安排，对县直机关24个单位进行政风行风评议。行评团分成两个团，其中第一团县直工委副书记施坚如任团长，成员来自妇联、教育、新园居委等部门，共7人，分别对县直部门：县国税局、县地税局、县工商局、县质监局、汕头海关海丰办事处，县直机关：县公安局、县安监局、县环保局、县林业局、县卫生局、县经促局进行助评。经过评议，呈现了五个特点：一是第一把手亲自抓汇报。二是夯实了万众评股(室)基础。三是规定动作齐全，步调一致性。四是自选动作亮点多，成效显著：垂直部门上下联动制度完善；制度建设上了一个档次；作风建设，虚功实做。五是注意解决薄弱环节纠正不正之风。谁主管谁负责；抽样调查的研究；指导被评单位落实作风建设长效机制。

【新党员宣誓仪式】　2013年7月1日，县直机关50位新党员冒雨在党旗下，庄严地宣誓自愿加入中国共产党，光荣地成为一名共产党员。这些新党员都是来自各机关、企业单位、学校、厂矿，都是工作在生产一线的业务骨干、优秀人物、先进工作者，对于其人生将是一座新的里程碑。新党员们纷纷表示：在党生日的当天加入党组织，感到很荣幸，一定要牢记党的宗旨，全心全意为人民服务，不辜负党和人民的重托，在不同的工作岗位上，努力工作，不断进取，为中华民族的复兴，为实现中国梦，为建设幸福美丽海丰而努力奋斗。

【“两新”组织建设】　2013年7月12日，县直工委召集县农副产品流通协会党支部、县青年志愿者协会党支部、海发食品公司党支部、县个体医生行业商会党支部、县服装行业商会党支部、县个协私协党支部6家“两新”组织的支部书记、组织委员座谈，通报了两新组织的发展情况，至年末，“两新”组织有党员28人。民营企业是个重要的群体，为海丰县社会稳定、经济发展做出很大贡献。因此，县直工委充分发挥“两新”组织的能动作用，使之为全县三个文明建设发出更多的光和热。

【党代表视察调研】　为进一步扩大和发扬党内民主，健全党内监督，充分发挥党代表的作用，切实提高党代表提案提议质量，根据县委组织部的工作部署，县直工委拟组织海丰县第十次党代会县直机关代表，开展集中视察调研活动。第一步，视察调研阶段（2013年6月中旬至7月底）。县直机关代表团拟设两个小组，围绕经济和党建两个专题分别进行视察调研，充分尊重党代表意

愿，具体项目由各小组研究确定。工委将会同相关部门，按照项目内容分别指定相关单位，组织相关党代表带着专题，深入生产工作一线开展有针对性的视察调研，充分征求党员干部群众的意见和建议，找准影响发展的问题和原因，讨论分析解决问题的办法和途径。视察调研活动由工委负责，根据相关内容安排行程和路线，明确目标任务和责任，采取听取被选定单位的工作汇报、召开座谈会、查阅资料、实地察看等方式开展。第二步，提出调查报告阶段（2013年8月）。调研视察结束后，代表团两个小组要分别撰写一份不超过5000字的视察调研报告。视察调研报告要找准问题，分析其中问题，提出切实可行的对策。按照《中国共产党广东省代表大会提议暂行办法》的规定，代表团要根据视察调研情况，以代表个人或联名的形式提出2个以上代表提议。

（柯明文）

附：2013年中共海丰县直属机关工作委员会领导名录

书　记：陈耀平

副书记：施坚如

统战工作

【概况】 2013年，海丰县委统战部以十八大精神为指引，以省统战部部长会议精神为指导，以服务发展为中心，用新的目标引领发展，用新的境界谋划工作，用新的举措推动落实，服务发展大局，充分发挥统战系统的优势和作用，汇集各方智慧，凝聚各方力量，坚持从当前面临的新形势、新任务出发，拓展领域，服务大局，加强自身建设，努力提高工作水平，进一步解放思想、改革创新，为全县科学发展、构建和谐幸福海丰做出贡献。

【党外代表人士工作】 海丰县委统战部积极为党外代表人士创造参政议政条件。主要做法：一是牵头民主党派加强调查研究。筛选政府重视、社会各界关切、人民群众关心的热点事件，进行调查研究，形成议案，提高党外代表人士参政议政、协商民主的水平。主要有：县政协常委张锦程、县政协常委致公党党员郭芳荣、民盟县委委员黄丽珍联合撰写《关于筹建海丰名人公园的建议》，致公党吴城金等提交《如何处理县城垃圾点乱堆乱放的建议案》、周洪流等提交《关于充分发挥民主党派“四员”作用的建议》，农工党陈忠荣等提交《建立我县医疗救助基金的建议》，民盟戴南兴等提交《整治饮水污染源，确保饮水安全的建议》和林时伟等提交的《关于推进义务教育均衡发展的建议》等。据统计，2013年全县各民主党派共提交提案17条。二是召开党外代表人士座谈会，先后于4月、7月和10月召开统一战线成员座谈会3场次。向广大统一战线成员征求工作意见，并将讨论结果及时在党外代表人士中进行通报。三是落实“三员”制度，发挥党外代表的监督作用。经县统战部推荐，年内有5名党外人大代表、政协委员，分别被聘为县纪委监察员3人、政协民主监督员1人，县人民法院人民陪审员1人。同时，新推荐党外代表人士任县政协委员6名，新增致公党副主委2名，推荐第一届汕尾市党外知识分子联谊会理事15名。四是协助县委出台《关于加强新形势下党外代表人士队伍建设的实施意见》。4月，由统战部起草，并经县委同意，由县委出台《关于加强新形势下党外代表人士队伍建设的实施意见》实施意见的出台，是海丰在加强党外代表人士队伍建设的领导机制、工作体制方面迈出的坚实一步。五是开展非公有制经济人士理想信念教育活动。6～8月，召开市、县人大代表政协委员中工商界人士理想信念教育活动座谈会，组织40名民营企业家参加市工商联举办的“我与中国梦”论坛，在民营企业中开设“创建思想文化建设示范基地”和“示范窗口”，被市工商联评为先进单位。六是举办党外代表人士培训班。10月，统战部与县委组织部联合举办为期三天的全县党外代表人士培训班，培训的对象主要是各民主党派的成员以及非公有制经济代表人士，集中学习《统一战线是实行“中国梦”的重要法宝》《十八大后经济形势分析和经济政策展望》《领导力与人格魅力》《加快确立人才优先发展战略布局，为海丰发展积蓄正能量》四个课题，县委组织部部长陈紫光、县委统战部负责人冯玉平分别作开班和结业讲话。

【港澳台事务】 2013年，县统战部做好香港专项工作。一是发挥港澳统战工作网络和协调机制作用，协助加强港澳社团建设，注重社团领袖及骨干培养，重点做好专业人士、青少年的教育引导培养工作，不断壮大爱国爱港爱澳新生力量。二是认真开展海外联谊和对外交往，接待县内外考察团、访问团到海丰参观访问考察，特别是开展专项工作，共接待香港民建联、香港潮人联会、香港汕尾市海陆丰陆河文康总会、香港保健海流协进会等组团近500多人次到海丰参观考察。其中10月28日，香港汕尾市海陆丰陆河文康总会还组织武术队到可塘罗山等乡村与当地群众进行武术交流。三是协助党委、政府赴港召开迎春团拜会、元宵灯会、港澳政协委员座谈会等活动。年内，加大对台交流交往。清明节期间接待台胞黎规、周炳强和桃园姜氏一行等20多人；中秋节、春节期间开展对台胞、台属代表进行上门走访慰问。

【民族事务管理】 2013年12月，申报鹅埠红罗畲族村“特色村寨保护和建设”，已经广东省民委批准。3月3日，举办“三月三”文化节，同全省的畲族和其他兄弟民族同胞代表，社会各界友人代表，文化界代表欢聚一堂，共赏畲族文化，同享节日之乐。同时邀请广州、深圳、河源、惠州、汕尾等市的省级书法家、摄影家们在红罗畲族村联合举办书画展，摄影比赛，摄影展等活动。出席活动的还有市政府刘小静副市长、市民宗局吴城鑫局长、海丰县委林建隆副书记、海丰县委卢雁慧常委、海丰县委统战部杨师访部长等。年内，开展城市民族工作。8月，开展“少数民族人口居住情况调查”和“外来少数民族人员从业情况”的调查研究工作，据初步调查统计，全县有畲族、壮族、苗族、回族、蒙古族等29个少数民族居住，散居少数民族28个；常住人口2588人，户籍人口2519人，流动人口69人。此外，推荐少数民族同胞当选市、县人大代表和政协委员各2名。

【宗教事务】 2013年，以全县宗教界开展宗教政策法规学习月为契机，大力宣传党和政府的民族宗教政策。6月，召开宗教政策法规辅导会，250人参加。组织各宗教活动场所负责人参加市民族宗教部门开办的宗教界政策法规学习报告会，学习省民族宗教委温卫平副主任关于《党的十八大会议精神和管理宗教事务》的专题辅导，深化了宗教界对中共十八大精神关于宗教政策的认识。印发《宗教政策法规读本》《宗教团体教规制度汇编》《宗教政策法规读本》刊物2000多份。年内，海丰县综合治理宗教活动场所。一是开展“规范化管理”行动。对2012年宗教活动场所“规范化管理”活动中评定的不达标场所下发“整改通知书”，并组织人员深入到各个宗教活动场所督查，指导场所健全管理组织和规章制度，做到限期整改，定期督查，实地指导。二是开展对宗教团体和重点宗教活动活动场所财务检查工作。以宗教活动场所“财务规范管理年”活动为契机，开展了对宗教团体和重点宗教活动场所的财务检查工作，并向全县各宗教团体和宗教活动场所通报了检查结果，总结推广经验，规范了宗教活动场所财务管理。三是加大对违法、违规宗教活动的处置力度。建立了值班制度、每日零报告制度，确保了海丰县宗教领域的稳定。同时在基层宗教界代表人士中选聘了多名维稳信息员，并实行动态管理，为及时发现、处置宗教不稳定因素起到积极作用。县民宗局全年行政执法2宗，11月初接群众举报3位来历不明的僧人，在鲘门壮帝居（宋存庵）没有开放登记场所居住并开展佛事活动，县民宗局接报后组织有关人员在鲘门镇政府、派出所的配合下到宋存庵执法，责令释普提、释照法、释普礼3位比丘5天内离开宋存庵，工程停建。12月中旬，县民宗局、县佛教协会在县国保大队、赤坑镇政府配合下到赤坑清河洞执法，对释超壮、释悟炫等4名僧人非法居住责令5天内离开清河洞。年内，根据省民宗委转发（国宗发〔2011〕63号）国家五部委文件《关于进一步解决宗教教职人员社会保障问题的通知》，协助全县宗教教职人员参加医保，已办理人数130人。4月、10月召开全县宗教工作会议。参加人员有各宗教活动场所负责人及宗教界代表人士。2013年，各宗教活动场所建设情况：鸡鸣寺的莲花大佛附属工程、地藏王殿，云莲寺送子观音殿、三圣宫、老母宫、大山门。白云寺大雄宝殿，云台寺附殿3楼、准提阁附属工程，金竹寺天王殿、长庆寺大雄宝殿附属工程、万福寺观音殿、地藏王寺老母宫、妙莲寺大雄宝殿、灵碧寺千佛殿、升云寺千佛殿等一批建设设施，共投资3360万元。

【非公有制经济领域工作】 一是促进非公有制经济转型升级。协助县四套班子成员分别挂钩重点企业，并组织了各有关部门开展了“领导干部进民企促发展活动”系列活动。5月10日，组织150名企业代表参加县政府举办的“企业转型升级论坛”。6月中旬，县委分管领导卢雁慧常委带领工商联领导和部分企业家代表到县内重点企业泰利塑胶厂、泰林饰品厂，中顺实业有限公司，中荣农资，金吉莱

金银首饰公司等企业调研，围绕“转型升级“的主题，与企业家进行交流座谈，共同探讨企业的发展思路和存在问题。二是加强工商联（商会）服务体系建设。工商联与农村信用社开展了银企合作活动，为企业发展提供了资金保障。协助海丰县鸿发集团成立小微型货款服务中心；与总工会、人社局联合成立劳动关系三方协商机制，进一步规范企业劳资关系，保障企业和职工合法权益，年初组织会员企业参加县人社局开展的招聘活动。三是指导非公有制企业党组织工作持续发展。开展“两新”组织党建工作“百日攻坚行动”，对已经成立的497家企业89个非公有制经济党支部开展调查摸底，对已成立党支部的企业，制定了党员学习，民主生活制度，建立党员示范岗。

【对台工作】　2013年，为台商、台胞、台属解决实际问题。2月，协助台商张宪治先生在金园工业区投资1000万元新建的汕尾七星食品有限公司在其他供电线段安装了变压器，帮助该公司顺利投产。台胞林镇先生(年近90岁，自1992年回家乡定居以来，一直没户口，没办法买医保)，台办及时与社保局领导联系、协商，社保局领导十分重视，特批为林老先生买医保。针对台商、台胞反映的台胞证有效期签注期限短，台胞在汕尾市如何换大陆汽车驾驶证，台湾同胞配偶取得台湾居留权回大陆注销户口、如何办理手续等问题，及时向市台办汇报，经上级台办与市公安局、市交警部门沟通协商后，以上问题都得到妥善解决。春节期间及清明节前后，接待台胞周炳强先生、黎规先生、叶俊臣先生等带领亲友团回家乡观光、探亲、祭祖。组织赴台交流考察。按照上级台办的要求和部署，经请示县委、县政府领导同意，5～12月，配合市台办组织十几个单位人员分两批次赴台进行文化交流及经贸考察。

【社会公益事业】　2013年，海丰县支持党外代表人士开展社会公益事业。一是开展“同心·助学”行动。9月民族宗教部门继续组织23个宗教活动场所开展助学高中生活动，对彭湃中学等学校75位贫困高中学生，每学年资助2000元。县工商联大力倡导会员企业为教育强镇教育设施配套捐款95万元，与共青团联合举办金秋助学活动，会员企业捐款达57万元。二是开展“同心·暖心”行动。宗教局在中秋期间，大力发动宗教界人士筹集大米200包、现金1.5万元到挂驻的梅陇竹符村委进行扶贫慰问活动，牵头香港道教团体在海城、附城、城东三镇向500户贫困家庭派送大米5000千克。农工党海丰县总支部委员会积极开展社会服务活动，发挥在医卫界方面的人才优势，在中共海丰县委统战部、政协海丰县医卫委、县卫生局及县直医疗卫生机构等有关部门的支持配合下，积极进行医疗咨询和义诊活动。其中：7月28日组织医务人员20多名前往太湖镇开展义诊服务活动，服务群众200多人次，赠送药品3000多元。彭湃医院的农工党员积极参加医院组织的下乡义诊活动；中医院的农工党员6月到联安坡平、10月到黄羌义诊；11月在中医院内举行“腰腿痛关节痛”等多场义诊。三是开展“同心·济困”行动。年内，海丰遭受超强台风“天免”袭击，损失严重。县统战部组织台办、民宗局以及工商联深入第一线奋力抗灾救灾。民族宗教部门组织僧人到公平、赤坑、梅陇等镇扶贫济困，发放给贫困户大米、食用油、现金共8万元。工商联大力发动工商界捐款850万元，除此之外各地造桥修路都有企业的捐款。

（陈仁耀）

附：2013年中共海丰县委统战部领导名录

部　长：杨师访（任至4月）
副部长：冯玉平（女，4月起负责全面工作）
　　　　张锦程　黄荣鑫（6月起任）

2013年海丰县民族宗教事务局

局　长：刘炳新（任至4月）　黄荣鑫（6月起任）

2013年中共海丰县委台湾工作办公室（海丰县人民政府台湾事务办公室）

副主任：马小兰（女）

老干部工作

【概况】　海丰县委老干部局位于海丰县城红城大道西县政府大院2楼。局机关有干部职工7人，其中：局领导班子2人，局机关内设人秘股、业务股。局下设海丰县老干部活动中心、海丰县县直企业离休干部管理服务中心。县委老干部局按其职能，负责服务管理全县副科以上离退休干部近800

人。其中离休干部204人、异地安置离休干部8人、省属企业单位委托代管离休干部7人。县委老干部局根据中央、省、市出台的有关老干部一系列方针、政策，结合海丰县实际，逐步健全和完善老干部服务管理工作机制，做好新形势下的老干部工作，认真落实老干部政治待遇，全面落实老干部生活待遇，注重发挥老干部作用，维护了全县老干部队伍的稳定。

【落实老干部政治待遇】 落实好老干部政治待遇，做好新时期老干部思想政治工作，是老干部工作的一项重要内容。2013年，一是抓好离退休干部党支部建设和离退休干部思想政治建设，全县成立离退休干部党支部10个。二是注重政治学习。组织离退休干部学习党的十八大会议精神，把老干部思想统一到十八大精神上来，以召开通报会，座谈会等形式，使老干部及时了解全县经济和社会发展状况。三是为老干部订阅报纸杂志。2013年为老干部订阅《秋光》《中国老年报》《医疗保健》《食疗养生》等报纸杂志3000多份，提供丰富的精神食粮。四是注重组织活动，在老年节组织县政府大院内100多名离休干部和副科以上退休干部参观海丰县第一城、湿地公园、海崇食品企业等县重点项目建设。让老干部开阔眼界，领略全县社会经济发展成果。

【落实老干部生活待遇】 全面落实老干部生活待遇，使老干部充分共享海丰县改革开放经济社会发展成果，让老干部安享幸福晚年。2013年，一是落实重大节日走访慰问制度。元旦、春节走访慰问离退休干部554人次，共发放慰问金20多万元，"五一"节、中秋节、国庆节重点走访慰问县直企业离休干部共280人次，发放慰问金16.8万元，发放老人保健礼品250份。二是落实探望制度。先后到县彭湃纪念医院、县中医院探望慰问离休干部近300人次，折合慰问金12万余元。三是坚持离休干部"三个机制"保障到位制度。据海人社〔2013〕28号文件规定，享受与按现职同等级别的90%（离休干部）和80%（退休干部）比例调整提高离退休干部生活补贴标准；据海组通〔2013〕46号文件规定，从2011年8月起调整离休干部死亡一次性抚恤金提高40个月。全年提高20名因瘫痪等原因生活长期不能自理的离休干部护理费标准。四是坚持健康检查制度。每年一次做好全县离休干部和县老五套班子退休干部身体健康检查工作。五是坚持帮扶济困制度。对于遇到特殊问题及变故有困难的老干部采取特事特办的原则，以帮扶形式帮助解决实际困难，为他们排忧解难。

【老干部关心下一代工作】 本着自愿参与、量力而行的原则，引导和鼓励离退休干部发挥政治智慧和经验优势，发挥老干部余热。一是切实加强基层关工委组织网络建设。2013年11月6日，成立海丰县农村创业青年联谊会，为农村青年创立一个互相学习、互通信息的平台。二是以扶贫为契机，热情为青少年办好事实事。全年共捐资助学220多万元。资助全县1847名贫困学生圆了上学梦。三是以"十个一"为载体，充分发挥基层关工组织的作用。

【老干部活动中心】 2013年，县老干部活动中心为广大离退休干部开展形式多样、有益身心健康的文体活动，丰富了老干部的精神文化生活。10月，县老年体协组织开展各种比赛和活动，庆祝全国第一届老年节。

（陈北洋）

附：2013年中共海丰县委老干部局领导名录

局　长：吕　娜（女）
副局长：周礼光

党史工作

【概况】 2013年，海丰县委党史研究室以党史研究为重点，积极主动做好党史编撰工作，认真履行"存史、资政、育人"职能，强化党史宣传教育，发挥党史资政育人的职能作用，创新工作思路和研究方法，转化党史研究成果，强化党史宣教工作，提升党史工作影响力，圆满完成上级交办的各项任务。

【编撰和发行海陆丰革命史书】 县委党史研究室积极组织编撰《海陆怒潮——海陆丰革命斗争回忆录》《中国共产党海丰地方史》两书。《海陆怒潮》主要收录了海陆丰苏维埃政权建立前后，老同志的亲身经历和革命斗争回忆录。该书记述了那段峥嵘岁月的一个个令人难忘的史实，重现革命年代，英勇不屈、不畏牺牲的海丰人民为了革命胜利，进行了长期艰苦斗争的革命精神，是很好的革命传统教育学习史料。《海陆怒潮》已经出版发行。至年末，《中国共产党海丰地方史（1921～1949）》正在编撰中，拟申请由中央党史出版社出版。

【举办党史座谈会】　2013年，县委党史研究室邀请老革命同志参加中共党史和海丰革命斗争史座谈会，研究探讨海丰是中国革命的策源地之一、中国第一个苏维埃政权的诞生地、全国十三块革命根据地的相关内容，深入挖掘和研究海丰"红色历史文化"。

【配合外地党史研究部门的采访、拍摄工作】　海丰是彭湃的故乡，全国第一个县级农会和第一个苏维埃政权的诞生地，且建团、建党、建军时间较早，重大革命活动多，革命斗争时间长，有深厚的革命传统文化。许多外地单位、机构慕名前来采访报道。2013年9月，江西省井冈山教育学院教授专家到海丰采访，研究探讨海丰的革命历史。10月初，中组部党员教育中心、省委组织部、广东省电视台联合专程来海丰拍摄十集系列片《红色故事汇（广东篇）》，县党史研究室都为他们提供了重要历史资料。

【党史交流工作】　2013年，县党史研究室先后到五华、紫金、陆丰、城区等县市，交流党史工作，交换党史资料。8月初，根据粤东四市党史工作协作会议精神，为汕头市党史室编写《中共汕头地区历史（1949～1983）》提供文革时期海丰县反彭湃烈士事件的有关档案资料，回忆文章等。2013年是东江纵队成立70周年，广州老战士联谊会出版《东江纵队英烈传》，县党史研究室积极为该书搜集、编撰本地区的革命英烈传集，提供重要历史素材。年内，为贯彻落实第十二届全国党史期刊工作会议精神，县党史研究室认真做好2014年度的《红广角》（广东党史）杂志的发行工作，超额完成了省委党史室下达的任务。

（陈卓如）

附：2013年中共海丰县委党史研究室领导名录

主　任：陈建东

副主任：颜维如

党　校

【概况】　中共海丰县委党校是培养党员领导干部和理论骨干的学校，是县委的重要工作部门，是培训轮训党员领导干部的主渠道，是党的哲学社会科学研究机构。党校校长由县委1位常委兼任。单位核定事业编制23名，设常务副校长1名、副校长2名；内设机构3个：办公室、教务室、教研室，在岗主任2名、副主任4名，副股级科员1名，办事员及教员11名。2013年，依据自身的工作职责，致力搞好干部培训工作。

中共海丰县委党校举办2013年海丰县科级干部培训班

中共海丰县委党校举办2013年海丰县年轻干部培训班

【干部培训】　2013年，县委党校联合县委组织部、县人社局等部门，认真办好各类干部培训主体班，全年共举办党员干部培训主体班8个班次16

期，培训党员干部3240人次，其中：科级干部培训2期100人；纪检监察干部1期130人；股级干部1期80人；年轻干部1期70人；党外干部1期60人；女干部1期80人；公务员培训8期2500人；公务员初任培训1期220人。

中共海丰县委党校举办2013年海丰县女干部培训班

【理论研究】 2013年，围绕新形势下干部教育的特点，开展专题研究。组织教员编写《坚定三个自信，走中国特色社会主义道路》《党员干部要讲党性重品行作表率》《努力提高党员干部执行力》《当前反腐败斗争形势和对策》《加快确立人才优先发展战略布局，为海丰发展积蓄正能量》《十八大后经济形势分析和经济政策展望》《创新思维培养与应用》《预防和应对群体性事件的法治思考》《统一战线是实现"中国梦"的重要法宝》《领导力与人格魅力》《女干部的人格魅力与领导力》《公共危机管理》《有效沟通艺术》《机关公文写作与处理》《依法行政与我国的行政法律制度》15个专题辅导课，为海丰县党员干部教育提供学习教材，充分发挥理论阵地作用。

【党校教学创新】 推广专题研究、推行研究式、案例式、体验式教学方法，努力提高培训质量。同时，创新干部培训模式，采用理论学习与红色熏陶相结合、讨论与反思相结合。做到理论联系实际，听看结合，提高干部培训实效。2013年10月24～26日，组织女干部培训班全体学员到龙岩市委党校开展异地培训，邀请龙岩市委党校副校长江维力为学员们讲述闽西革命史，介绍龙岩老苏区绿色崛起的发展历程，并组织学员到"古田会议旧址"、长汀将军县的"瞿秋白纪念馆"和"杨成武将军纪念馆"参观学习，实地考察了龙岩市政建设和经济社会人文环境。同时，组织教员深入县直单位、镇宣讲10场，听课人数达3000多人次。

（庄焕新）

附：2013年中共海丰县委党校领导名录

校　　长：陈紫光（兼）
常务副校长：吕海如
副 校 长：李孝稔

信访工作

【概况】 2013年，海丰县信访工作认真贯彻落实中央信访工作的决策和部署，紧紧围绕党的群众路线教育活动的主题和宗旨，全面开展社会矛盾纠纷和信访突出问题排查，全力做好信访事项的调处、化解和稳控工作，深入开展领导干部大接访活动，严格按照省"九个一"要求化解信访积案，妥善解决了一大批突出问题，特别是在全国"两会"和十八届三中全会期间，没有出现群众越级进京非正常访、没有越级到省到市集体访，辖区内也没有发生大规模上访和群体性事件，为海丰县创造了和谐稳定的社会环境，为全县经济社会的发展做出了应有的贡献。至年末，海丰县群众到市上访181批737人次，其中集体访37批468人次，比2012年同期集体访31批470人次，批次上升19.4%，人数持平；到省上访43批274人次，其中集体访20批218人次，比2012年同期集体访28批491人次，批次和人次分别下降28.6%和55.6%；群众越级进京上访3批7人次，没有发生非正常上访，比2012年同期群众进京上访6批14人次各下降50%；到县上访822批3199人次，其中集体访164批2034人次，比上年同期104批1383人次，批次和人数分别上升57.7%和47.1%。

【县党政领导轮值接访日制度】 海丰县实施县党政领导每日轮值接访制度。明确县党政领导每日到信访接访大厅轮值接访，切实处理好轮值当日群众来访事项，处置各种突发事项及社会稳定问题。

【带案下访、主动约访】 2013年，县、镇领导干部开展下访恳谈活动，县党政班子领导成员每月15日到所挂驻镇综治信访维稳中心开展下访恳谈活动；各镇（场）党政成员每月30日到所挂驻的村

（社区）综治信访维稳工作站开展下访恳谈活动。全年县党政领导共接访群众375批451人次，在全国“两会”前后和中共十八届三中全会期间，1月25日，2月28日开展了全县领导干部大接访活动，共受理群众信访事项52宗147人次，现场办结8宗，参与活动的县镇领导832人次。

【综治信访维稳】　根据省、市要求和会议精神，海丰县高度重视，认真贯彻落实，并结合实际进行细化，相应制订《海丰县全省“两会”期间信访维稳工作方案》，同时，还根据信访、维稳工作的需要，有针对性建立、完善处置各种群体性、突发性和集体上访事件的预案，做到每类纠纷都有调处预案，新的问题有新的预案，从思想上、组织上、方法上做好准备，防患于未然。县党政领导成员到各级党政、各有关部门领导实行维稳信访工作责任制，重新调整、落实责任追究制度。一是落实领导责任。制订、落实了县领导、单位主要责任人和具体责任人“三位一体”的维稳负责制，严格实行层级责任管理。进一步明确各地各单位一把手为维稳和信访工作第一责任人，认真处置好每一宗信访案件和影响稳定的事件，把问题和矛盾解决在本辖区内。对每一宗上访案件实行县党政领导包案责任制，由包案领导负责到底，保证问题不扩大、矛盾不上交。二是落实属地管理责任制。按照“分级负责、归口办理”“谁主管、谁负责”和“属地管理”的原则，落实各地各部门认真做好属地信访工作，提前做好矛盾纠纷的排查摸底工作，确保对不稳定因素和问题发现得早、化解得了、控制得住、处置得好，把矛盾纠纷解决在当地、解决在基层、解决在萌芽状态。三是落实责任追究制度。按照各地、各单位的维稳信访职责，严格落实维稳信访工作责任追究制度。对出现严重问题的单位和领导，将采取行政、经济、纪律、法律的手段进行全面追究。凡领导不重视，工作不主动，措施不得力，处访不到位，造成本地区、本部门上访事项多，甚至影响稳定的，对党政一把手和直接责任人进行严厉惩处和责任追究。

【积案化解，督查督办】　2013年，全省开展信访积案化解年活动，海丰县高度重视，认真组织实施。一是成立了县信访积案化解年活动领导小组，由县委副书记林建隆任组长。二是制定海丰县信访积案化解年活动工作方案，分阶段进行化解。三是落实县领导包案，把案件分解到具体的领导。四是严格按照“九个一”（即是：一件信访积案、一名包案领导、一个化解工作小组、一次协调会交办、一套化解方案、一套稳控措施、一个解决期限、一份协调会议纪要、与信访人见面一次）的要求化解。六是实施“突击月”活动，将6月、9月定为信访积案化解突击月，同时制定《突击月工作方案》，成立督查小组，督办推进积案的化解。海丰在积案的化解中，以“事要解决、息诉罢访”为目标，省交办的积案4批26宗（并案1宗、撤案4宗、结案20宗），提前一个月全部化解，办结率100%。26宗积案分别是：联安镇下许村许丁古；附城镇黄厝村黄建成（民）；可塘镇新丰村蔡忠海；城东镇后林村蔡海生；海城镇城西社区陈正标；附城镇沙岗村洪娘汀；附城镇联河村吴君柑；梅陇镇梅星村袁汉杰；赤石镇新寨村蔡友升；公平水库周边渔民陈秋明；海城镇陈书明；公平镇后山村李远如、李荣明；梅陇镇东三村曾纪流；赤坑镇沙大村曾向端；梅陇镇仓刀村扬楚瑜；鲘门镇梁锦平；鲘门镇民安村郑潮；城东镇龙山村李海平；湖北省黄石市严峰；福建省莆田县林惠红；城东镇新江村莫道响；附城镇新二村吕妈荣；赤石镇明热村叶紫琛信；附城镇粉围村吴成章；城东镇名园村陈汉流。

（陈智辉）

附：2013年海丰县信访局领导名录

局　长：李廉清

副局长：罗榕兴（3月起任）

编制工作

【概况】　2013年是贯彻落实党的十八大精神的开局之年，是海丰县机构编制工作实现新跨越的关键之年。年内，县编办贯彻落实上级有关加强机构编制管理的文件精神，紧密围绕全县工作大局，继续努力做好各项工作，加强部门自身建设，依法依规办事，充分发挥机构编制部门的职能作用，进一步巩固和深化政府机构改革成果，加快转变政府职能深化行政审批制度改革，积极稳妥推进事业单位分类改革，切实加强机构编制规范化管理，机构编制工作整体水平和服务质量不断提高，各项工作稳步推进，为海丰经济社会发展提供坚实的机构编制体制机制保障。相关工作得到省、市编办的肯定，特别是县编办主任邓务刚被评为“全省机构编制‘创先争优’先进个人”。

【深化行政审批制度改革】 为进一步压减审批事项，提高审批效率，增创体制机制新优势，根据省、市关于继续深化行政审批制度改革的工作要求，以及县委、县政府的工作部署，县编办牵头负责海丰县行政审批制度改革工作，于2013年1月10日组织召开全县转变政府职能深化行政审批制度改革工作会议，3月5日县委办、县政府办联合印发《关于加快转变政府职能深化行政审批制度改革工作方案》（海委办〔2013〕19号）。要求各相关单位要进一步压减审批事项，提高审批效率，增创体制机制新优势，并将按省、市的时间要求出台行政审批制度改革事项目录。全县共有42个单位列入。经过部门梳理上报—委员会办公室集中审核（初审、二审、三审）—与相关部门反复沟通协商—征求各相关部门、镇人民政府及决策咨询委员会成员意见等程序后，最终与部门达成一致意见，形成《海丰县人民政府2013年行政审批制度改革事项目录（第一批）》，于2013年9月17日由县政府成文公布（42个单位共清理出行政审批事项761项，其中取消288项、转移8项、委托管理2项，精简比例达到34.69%）。年内，大力推进网上办事大厅建设。根据《广东省网上办事大厅海丰县分厅建设工作方案》的要求，县编办负责制定进驻网上办事大厅的事项目录，经过认真梳理，完成《海丰县网上办事大厅全流程办理服务事项目录（第一批）》的制定（首批进驻单位37个，事项556项），并于2013年9月26日对外公布。

【推进党政机构改革】 ①继续完善机构设置。一是在县委办增设总值班室，负责承担县委的日常值班工作，协调紧急重大事件、突发事件的应急处理和信息报送；受理人民群众的电话咨询和情况反映；负责安排县委机关节假日值班。二是在县委组织部增设人才工作股，负责全县人才工作的宏观管理、综合、协调、检查、指导。三是在县信访局设立海丰县信访信息中心，负责全县信访信息、网上接访和网络管理工作。四是在县法院增设海丰县人民法院审判管理办公室，开展审判质量管理、绩效管理、流程管理、审委会事务管理、案例及其他审判综合管理工作。五是在县检察院设立联合办案服务中心，负责市、县（区）两级纪委监察和检察机关在联合办案区办案过程中的安全保卫、检查诊断、技术保障、后勤服务等工作。六是在县教育局增设安全保卫股，指导全县学校（幼儿园）的保卫、消防、交通、校园周边环境治理及在教育教学活动中的安全管理等工作。七是同意林业局增设调处股。将林政股其中“办理同级人民政府调处林权争议的具体工作，指导、监督、检查林权争议调处工作；负责跨县、跨镇以及重大林权争议案件调查调解并提出处理意见”的职责划入调处股。八是同意设立海丰县突发气象灾害预警信息发布中心（挂海丰县防雷减灾管理中心、海丰县人工影响天气管理中心牌子），实行“上级气象主管机构与地方人民政府双重领导”的管理体制。同时，根据省、市编办的安排，按照“充实基层、突出重点”的原则，分别为公安、检察、法院、司法、环保等系统核增了行政执法专项编制，用于加强和充实基层一线力量。②明确机构名称及隶属关系。一是同意海丰县自来水公司更名为海丰县供水总公司。二是同意海丰县人民政府打击走私综合治理办公室、海丰县海防委员会办公室整合更名为海丰县海防与打击走私办公室。三是明确县乡镇文化站、广电站机构隶属关系以2010年12月《海丰县简政强镇事权改革实施方案的通知》（海委办〔2010〕59号）发文时间为分界点，之前分别为县文体旅游局、县广播电视台属下事业单位，之后整合为文化服务中心，为各镇属下事业单位。③稳步推进政府机构改革。根据《广东省人民政府关于市县卫生和计生、新闻出版和广电部门职能转变及机构改革的指导意见》（粤府〔2013〕93号）、《广东省人民政府关于改革完善市县食品药品监督管理体制的指导意见》（粤府〔2013〕85号）及《汕尾市人民政府关于改革完善市县食品药品监督管理体制的实施意见》（汕府〔2013〕85号）文件精神，海丰县参照省、市做法：一是新组建县食品药品监督管理局（其职能从原县卫生局划出）作为县政府工作部门，正科级。二是将卫生局的职责、人口和计划生育局管理和服务职责整合，组建县卫生和计划生育局，作为县政府工作部门，不再保留原县卫生局、县人口和计划生育局。三是参照市做法设立海丰县文体旅游局，正科级，列县政府工作部门。为扎实做好食药监、卫生和计生、文化广电和新闻出版部门职能转变及机构改革工作，县编办广泛开展调研，先后听取、征求了县相关部门的意见建议，深入了解改革

所涉及领域的现实情况，切实化解推进改革中存在的矛盾问题，不断磨合改革办法，优化改革方案，已出台《关于改革完善海丰县食品药品监督管理体制的工作意见（代拟稿）》报县政府发文。《意见》提出改革的指导思想、基本原则、主要任务和具体组织实施办法，明确改革重点。已印发相关单位“三定”规定，如期完成了县食品药品监督管理局、县卫生和计划生育局、县文体旅游局的组建工作。④积极推进公共资源交易体制改革。根据省编委《印发关于推进公共资源交易体制改革指导意见的通知》（粤机编〔2012〕27号）及市编委《印发〈汕尾市关于推进市级公共资源交易体制改革的实施方案〉的通知》的文件精神，编办积极推进县公共资源交易体制改革，认真做好各项职能的交接、衔接工作。对应省、市的做法，拟组建县公共资源交易工作委员会，作为公共资源交易工作的议事协调机构，下设办公室。已出台改革实施方案及县级公共资源交易中心机构编制方案，拟撤销县政府采购中心、建设工程交易中心、土地与矿业权交易中心，将有关职能整合划入新组建的县公共资源交易中心。将涉及的各领域公共资源交易项目逐步全部纳入进场范围，实行统一集中规范交易。

【事业单位管理和分类改革】　2013年，海丰县积极做好取消事业单位法人年检后监管工作。2012年7月17日，省政府公布第169号令《2012年行政审批制度改革事项目录（第一批）》，取消了“事业单位法人年检”事项。为配合推进事业单位信用体系建设，确保事业单位法人年检取消后事业单位的监督管理工作有序衔接，县编办积极做好事业单位法人年检取消后续工作。一是加强宣传，确保工作顺利铺开。省编办出台《广东省取消事业单位法人年检后续监督管理暂行办法》后，县编办高度重视，迅速召集全体干部认真学习，并及时将该办法转发至各个事业单位，督促各单位认真做好事业单位法人年检取消后的监管和换证工作。随后，通过印发文件的方式，介绍年检取消后新系统的操作方法、换证程序、年度报告书的提交等管理事项，以确保在3月31日前全面完成换证工作，避免发生因换证不及时而造成原证书自动废止影响单位正常运行的现象。二是加强沟通，确保工作顺利衔接。为确保“证书”顺利衔接和正常使用，县编办通过电话联络、上门做好政策解释、个别辅导等方式，督促事业单位按要求及时提交事业单位年度报告并及时到事业单位登记管理机关换发新“证书”，确保工作顺利衔接。三是加强学习，确保工作按时高质完成。县编办积极组织全体干部深入研究，并结合《事业单位登记管理暂行条例》进行系统学习，理清工作思路。组织相关工作人员认真学习《新系统简易操作指南》，熟练掌握新系统换发新证书、提交年度报告、变更、注销等事项的操作方法，确保工作按时高质完成。年内，海丰深入推进事业单位分类改革。根据《中共中央、国务院印发<关于深化行政管理体制改革的意见>的通知》（中发〔2008〕5号）和《广东省事业单位分类改革的意见》（粤发〔2010〕6号）以及《汕尾市事业单位分类改革实施方案》汕委〔2011〕2号，结合海丰实际，制订《海丰县事业单位分类改革实施方案》。县编办根据改革实施方案制订《海丰县事业单位机构编制方案报批注意事项及样式》。在改革过程中，县编办严格按照上级有关要求执行，采用成熟一个改革一个的方法，在这次事业单位分类改革中，对所有事业单位都重新制定了机构编制方案，通过机构编制方案确定了单位的机构体制、职责功能、组织形式、等级规格、编制数量及其结构比例、领导职数配备等。以事业单位分类改革为契机，加快推动政事分开、管办分离，在制定各部门所属事业单位分类改革方案过程中，衔接落实各部门“三定”规定中明确交由事业单位承担的事项，进一步理顺政府与事业单位、事业单位与市场、社会之间的关系，推动建立和完善事业单位法人治理结构试点，为政府职能转变创造良好的条件，进一步巩固政府机构改革的成果。通过改革，全县改革前事业单位593个，改革后撤并了41个事业单位（7所学校、文化站广播站合16个、资产经营公司、农机学校、16个乡镇财务结算中心），转企有1个（县新华书店），收回编制53名（其中财政核拨2名、财政核补51名）。该项改革已于2013年上半年全面完成。

【机构编制核查工作】　为将省、市关于机构编制核查工作精神贯彻到实处，县编办先后组织印发《关于转发省编办〈印发广东省机构编制核查工作方案的通知〉的通知》（海机编办〔2012〕5号），并在市机构编制核查工作动员暨陆河现场会后，根据省、市要求，结合海丰实际情况，在广泛听取各方意见后，制订海丰县的核查工作实施方案，在征得县编委领导同意后，由县委办、县政府办联合印发《关于印发〈海丰县机关事业单位机构编制核查工作实施方案〉的通知》（海委办〔2012〕45号）等文件。并继动员会之后，于2012年9月5日及时举办各乡镇、各部门（单位）主管人事工作的同志参加的机构编制核查工作培训会议。在核查工作过程中，按照上级统一部署，采取各单位自查和县编委办核查的方式，一一核对人员编制信息，真正达到核查目的，稳步推进机构编制核查工作。始终坚持“两手抓”，即一手抓机构编制核查工作，一手抓基础资料建设。在省、市编办领导的精心指导下，在县委县政府的大力支持下，通过全县各级部门工作人员的共同努力，在省规定的时限内，高标准地完成全县机关事业单位机构编制核查工作，认真做好了迎接省编办的评估考核。于3月下旬，通过省机构编制核查小组的检查，得到省编办领导的好评与肯定，核查工作取得一定成效。

【机构编制实名制动态管理】 2013年，进一步完善机构编制实名制系统，规范操作流程，配合实现省市县实名制系统联网。出台《海丰县机关事业单位机构编制实名制管理实施意见》和《海丰县机构编制实名制系统运行管理暂行办法》，实时对机构、人员、编制的变更跟踪记载，动态管理。一是始终坚持“满编单位先出后进、超编单位不准进入、空编单位严格控制”和“凡进必考”的原则，有效控制了人员增长，避免了超编进人和超职数配备领导干部的现象发生。二是严格落实部门联动长效机制。与组织、纪检、人社、财政等部门密切配合，建立实名制管理联动工作机制。三是机关事业单位使用空缺编制（职数），需经编制部门核准后，组织、人社部门才能办理招考、调（转）任、任免、录（聘）用、调动等手续。四是机关事业单位经组织、人社部门批准进人（任免）事项后，需到县编办办理实名制入编手续。凭“实名制通知书”到人社、财政部门办理工资关系、社会保险、人员经费核拨等手续。至年末，全县机关事业单位进人都要事先履行编制审核办理程序。

【调整县机构编制委员会成员】 鉴于县机构编制委员会成员工作变动，经县委、县政府同意，调整县机构编制委员会成员，加强对机构编制部门工作的领导。

2013年调整后的海丰县编委领导成员

主　任：陈德忠（县委副书记、县长）
副主任：林建隆（县委副书记）
　　　　陈紫光（县委常委、组织部部长）
　　　　许信咏（常务副县长，分管机构编制工作）
　　　　廖汉生（县委常委）
成　员：叶胜勇（县政府办主任，5月起任）
　　　　黄坚如（县交通局长，任至5月）
　　　　谢小平（县发改局局长）
　　　　黄小平（县人社局局长）
　　　　林国义（县财政局局长）
　　　　邓务刚（县编办主任）

【加强编办自身建设】 一是以深入学习贯彻中共十八大精神为主线，结合工作实际强化学习培训，全力打造学习型机关。组织参加全省行政体制改革与机构编制管理业务培训班及机构编制系统新进人员培训班等专题培训。强化实践锻炼和调查研究，充分利用重大改革任务压担子，全面锻炼队伍，不断提高改革创新水平。严格落实中央“八项规定”的要求，自觉把“以人为本、执政为民”作为开展机构编制工作的根本理念和根本准则，做到为民务实清廉。二是根据工作需要配齐了县编办的领导班子，配备了一名副主任，并向社会公开招录一名公务员，保证编办履行职责的必要条件，提高编办的整体素质，树立机构编制部门的良好形象。努力把海丰县机构编制部门打造成为和谐友善、奋发有为、勤政廉政、能打硬仗的集体。

（杜俊刚）

附：2013年海丰县机构编制委员会办公室领导名录

主　任：邓务刚
副主任：钟汉坚（3月起任）

海丰县人大常委会

县人大常委会领导成员

【2013年海丰县人大常委会正、副主任和委员名录】

主　任：沈木荣（4月13日当选）

副主任：姚英谋（常务，1～4月代主任）
谢荣如　陈　木　陈智景　陆德源
马伟飚

委　员：马　宇　马俊鸿　叶　森　叶小红
冯玉平　刘　跃　许彦夫　吴城金
陈耀平　林惠迎　罗木群　罗展峰
郑海田　钟静洁　黄水群　黄岱芬
黄继茂　黎蔓晴（女）　戴庚林　魏保裕

县人大常委会工作机构

【县人大常委会办公室和各工作委员会机构设置】　2013年海丰县人大常委会办公室和各工作委员会组成人员如表2。

2013年海丰县人大常委会办公室和各工作委员会一览表

表 2

届次	机构名称	组成人员
第十四届人大常委会	人大常委会办公室	主　任:罗展峰 副主任：戴庚林
	选举联络人事任免工作委员会	主　任：黎蔓晴（女） 委　员：罗木群　陈耀平　戴庚林
	财政经济工作委员会	主　任：马　宇 委　员：叶　森　吴城金　郑海田
	农村农业工作委员会	主　任：刘　跃 委　员：魏保裕　马俊鸿　林惠迎
	法制工作委员会	主　任：黄水群 委　员：冯玉平（女）　黄岱芬（女）
	教育科学文化卫生侨务工作委员会	主　任：叶小红（女） 委　员：许彦夫　黄继茂　钟静洁（女）

人大重要会议

【县十四届人大第三次会议】　海丰县第十四届人民代表大会第三次会议于2013年4月11日至13日在县迎宾楼召开，会期2天半，参加代表257人，不是代表的县领导、各单位负责人和特邀人员等共382人列席了会议。会议设10个代表团。大会由主席团主持，主席团成员55名，常务主席是：沈木荣、姚英谋、陈紫光、谢荣如、陈木、陈智景、马伟飚。

会议议程：一、听取和审议海丰县人民政府工作报告；二、审议海丰县2012年国民经济和社会发展计划执行情况与2013年计划草案的报告；批准

海丰县2013年国民经济和社会发展计划；三、审议海丰县2012年财政结算和2013年财政预算草案的报告；批准海丰县2013年财政预算；四、听取和审议海丰县人大常委会工作报告；五、听取和审议海丰县人民法院工作报告；六、听取和审议海丰县人民检察院工作报告；七、选举海丰县第十四届人民代表大会常务委员会主任、委员，选举海丰县人民政府县长。八、其他。

工作报告：姚英谋代表人大常委会作《海丰县人民代表大会第三次会议筹备工作报告》；陈德忠代表县人民政府作《海丰县人民政府工作报告》；姚英谋代表海丰县第十四届人民代表大会常务委员会作《海丰县人大常委会工作报告》；林建新代表海丰县人民法院作《海丰县人民法院工作报告》；黄友瑜代表海丰县人民检察院作《海丰县人民检察院工作报告》。谢小平受县政府委托作（书面）《海丰县2012年国民经济和社会发展计划执行情况与2013年计划草案报告》。林国义受县政府委托作（书面）《海丰县2012年财政决算和2013年财政预算草案报告》通过报告、决定、决议。

大会主席团通过《关于第三次会议表决议案办法》《关于代表联合提名候选人截止时间的决定》《关于提名县人大常委会主任、委员，县人民政府县长候选人名单》《关于代表提出议案截止时间的决定》《关于代表提出质询案或询问的有关事项》《关于代表议案处理意见的报告》《关于海丰县2012年财政决算和2013年预算草案的审查结果报告》《关于海丰县2012年国民经济和社会发展计划执行情况与2013年计划草案的审查结果报告》。全体会议通过了《关于第三次会议选举办法》《关于代表联名提出议案的处理决定》《关于海丰县人民代表大会常务委员会工作报告的决议》《关于海丰县人民政府工作报告的决议》《关于海丰县人民法院工作报告的决议》《关于海丰县人民检察院工作报告的决议》《关于海丰县2012年国民经济和社会发展计划执行情况与2013年计划的决议》《关于海丰县2012年财政决算和2013年财政预算的决议》。

议案、建议：会议收到代表提出议案9件、建议批评和意见1件（其中财政经济方面4件、城建环保方面3件、农业农村方面3件）。这次会议总结了2012年的工作成绩和存在问题，提出了2013年的工作安排，发展思路和奋斗目标。

【县人大常委会会议】 2013年，县十四届人大常委会共举行7次会议。会议主要听取和审议“一府两院”工作报告、人事任免事项、决定重大事项、研究常委会重要工作等。

1月22日，县十四届人大常委会举行第九次会议，参加会议委员22人。会议议程：补选市六届人大代表。

3月19日，县十四届人大常委会举行第十次会议，参加会议委员23人。会议议程：听取和审议县政府关于违法用地、违法建设的情况报告；听取和审议县政府关于县十三届人大六次会议代表议案、县十四届人大二次会议代表建议办理情况报告；审议通过接受陈宏辞去县十四届人大常委会委员职务；通报暂停个别代表执行代表职务的有关情况；通过依法补选增选县十四届人大代表的有关情况；听取关开召开县十四届人大三次会议有关筹备工作情况。

4月1日，县十四届人大常委会举行第十一次会议，参加会议委员23人。会议议程：人事任免；听取和审议海丰县2012年国民经济和社会发展计划执行情况与2013年计划草案报告；听取和审议海丰县2012年财政决算和2013年财政预算草案报告；审议通过海丰县人大常委会工作报告；审议通过海丰县人大常委2013年工作要点；审议通过海丰县十四届人大三次会议的决定；听取和审议代表资格审查委员会关于增补县十四届人大代表的报告；审议通过县十四届人大三次会议的有关事项及文件草案。

5月7日，县十四届人大常委会举行第十二次会议，参加会议委员24人。会议议程：人事任免；听取和审议县政府《关于县城市民广场、城东北部新区二宗土地储备项目向县农发行融资及贷款本息偿还列入财政预算等有关问题的议案》。

6月19日，县十四届人大常委会举行第十三次会议，参加会议委员24人。会议议程：人事任免；审议通过县人民检察院报请许可对犯罪嫌疑人县十四届人大代表黄学灵采取强制措施的议案。

11月26日，县十四届人大常委会举行第十四次会议，参加会议委员24人。会议议程：人事任免；关于海丰生态科技城发展规划有关问题的议案；关于海丰县城投债发行工作的议案；听取和审议县政府关于整治城乡卫生环境工作报告；听取和审议县政府关于海丰县大办工业情况报告。

12月26日，县十四届人大常委会举行第十五次会议，参加会议委员24人。会议议程：补选4名市六届人大代表；听取和审议县政府关于海丰县国

家级非物质文化遗产保护工作情况报告；听取和审议县政府关于2012年财政预算执行情况及其他收支的审计工作和2013年上半年财政预算执行情况报告；听取和审议县政府关于海丰县旅游业发展情况报告；听取县政府组成部门经促局、住建局、国土局局长的履职情况报告；听取县政府关于2012年调研、审议意见的整改情况报告。

12月31日，常委会主任会议研究同意，常委会第十六次会议决定，批准2013年县本级财政预算调整方案。

主要工作

【议案建议办理】 2013年，继续办理县十三届人大六次会议代表议案1件，办理县十四届人大三次会议代表建议10件。

县十三届人大六次会议代表议案办理情况：县十三届人大六次会议审议通过的《关于继续办理〈整顿县城交通秩序取缔三轮车的议案〉》交办后，县政府将其作为一项民生问题进行处理，多次召开常务会议专题研究，科学有序地推进县城营运三轮车的整治和取缔工作。一方面针对县城三轮车无序驾驶，造成县城交通拥堵、秩序混乱状况，县公用事业局三轮车管理中心联合县公安交警成立了专门整治管理队伍，打破上班常规，利用中午、晚上时段进行整治，对违法经营者进行严肃处理，对原核定客运三轮车加强遵守交通规则和合理收费的管理监督。其间，严格处理24人，其中无证驾驶被责令参加培训15人、行政拘留5人、违约收费处理4人，有效遏止了无视管理的行为，促使县城三轮车客运量大幅减少。另一方面对核定客运三轮车进行分批培训，重新办理上牌并购置保险，换发统一标志，建立监督管理平台，设立票价投诉电话，按期进行交通守则教育，对违规者进行警告、吊销证件、直至取消客运资格。严管客运三轮车买卖、过户，对不能正常营业者，一律取消车户。至2013年年底，已取消客运三轮车28部，扣留销毁无牌证客运三轮车2000多部，整治工作正向全面取缔加快推进。

县十四届人大三次会议代表建议办理情况：①关于要求解决陶河至海城专线车的建议。县交通运输局于2013年6月批准润达汽车运输公司将8部新购置的客车投入陶河至海城运营的申请，该公司于7月初正式投入运营，每15分钟一班，大大方便了陶河至海城周边群众的出行。②关于创新管理模式，加强县城环境卫生整治的建议。2013年，县公用事业局根据人大代表提出的建议，制定工作计划，采取有效措施，撤除了彭中东侧、彭湃小学周边临时垃圾转运点，并在主干道配套3部垃圾吊桶车和160个垃圾桶，逐步解决垃圾乱堆放的现象。为更好管理卫生，经广泛听取意见和到外地学习经验，县政府准备将县城环境卫生的服务管理工作推向社会化，并列为2014年度重点民生实事来抓。③关于要求治理金园工业区、县经济开发区的污染源，减少对城东龙山赤山片的农田污染的建议。县环保局已将金园工业区工业废水及生活污水给周边环境带来污染的问题列入重点监督管理的内容，加强与城东镇政府联系沟通，将园区污水治理问题纳入城东镇“龙赤灌渠”改造排放整治计划。同时进一步加大对金园工业区和经济开发区及其周边区域的环境监督管理力度，查处了一批违法排污案件，遏制了园区违法排污蔓延的势头，取得一定成效。④关于要求从速处理梅陇镇南山村委与后门镇民新村委山林权争议的建议。县林业局10月制订实施方案，方案分三个阶段进行处理解决。第一阶段从2013年6～12月，根据《广东省森林林木林地权属争议调解处理办法》等规定，林地林权争议按照分级负责、就地调处的办法，已确定先由鲘门镇和梅陇镇分别牵头两村委组织双方代表，认定权属经营事实和权属依据，提供相关资料，提出初步处理意见。第二阶段从2014年1～6月由县政府成立山林权属调处工作组，对双方提供的权属依据和经营事实进行调查，并由调处工作组进行调解。第三阶段从2014年7～12月，主要是针对调解不成功的情况而采取的应对措施，届时将由县林业局会同两镇提出处理意见报县政府作出处理决定。⑤关于加快市民广场项目上马的建议。县政府已牵头附城镇、城东镇及有关部门采取积极措施开展征地工作，但受客观原因的影响和制约，征地进度推进不快，2013年下半年通过加强领导、加大力度，相关工作已加快推进。至年末，市民广场30万平方米的征地已完成18.5万平方米，同时着手开展规划设计等前期工作，2014年下半年可以基本完成征地工作并将进入实质性的建设阶段。建议中提出西秦、白字戏等非物质文化遗产纳入市民广场规划方案的思路，县规划部门将统筹考虑。⑥关于赤坑镇南土分渠除险清淤加固工程的建议。县水务局5月向县发改局报送《关于海丰县赤坑镇南涂灌区加固改造工程初步设计报告的审查意见的函》，翌月县发改局批准水务部门意见。该项目初步设计将上报市水务局、省水利厅，争取列入2014年度全省水利建设投资计划，尽早上马建设。⑦关于赤石河小漠出海口变迁治理的建议。县政府于5月份召开协调会，决定由小漠镇对险段除险加固，小漠镇政府及时组织专家论证会，并自筹资金组织施工队伍先后两次对险段进行治理。小漠海堤的治理连同鲘门海堤、深汕合作区联围一起，已列入省水利厅2013～2015年建设计划的汕尾市海堤达标加固工程，县有关部门正抓紧上报初步申报材料。⑧关于要求在红城大道东与城东段二环路交界处配套电子监控红绿灯，分流绿化岛等市政整治的建议。9月，县公用事业局将县城所有路口交通信号灯的建设移交县公安局交通警察大队。交警大队已对该路口作出设计规划，年底已完成蓝天、县政府、富之城、南湖、海紫二环、永安达6个路口的整改任务，2014年上半年将结合红城大道三期整治工程，着手对该路口交通信号灯进行整改升级，并安装电子警察系统。针对金伯爵路口交通拥堵状况，交警大队已增设交通设施，把路口各方向的中心护栏拉近路口，并重新划制停止线及人行道横道线。对老车头路口的规范管理，县交通大队也设置了交通信号灯，并设置了东西走向的中心护栏，同时联合交通部门设置上落客点，强化管理，严厉打击蓝牌车违法停车、非法载客等行为。⑨关于科学利用潮汐冲洗河道治理污染的建议。大液河、龙津河自在出海口建控制闸（双向挡潮蓄淡）后，感潮河段已形成现状固定模式的生态环境、农业结构，如果开闸引入潮水，难免造成咸水倒灌，纳咸后会改变现有的生态及周边群众的生产生活习惯。如果利用大液河水闸、丽江水闸引潮入内河，单向进出桥闸，感潮段的潮流只作往复进出循环运动，往往会使受污染底泥发生再悬浮、沉降运动，容易在河道中形成污水云团，对水体产生二次污染影响。综合调水，利用潮汐冲洗河道治理污染，是一个复杂的全新课题，县水务部门向代表提出了建议暂缓实施的答复。⑩关于要求将省道241线可塘北路移交交通部门管理的建议。对省道241线可塘北路长期没有移交公路部门管理并多次成为人大代表提出建议的焦点问题，县公路局已多次答复代表。就这个问题，在县政府的督促下，县公路局和可塘镇都比较重视，一直在积极协调理顺移交接养的问题。但是，由于县公路局隶属市公路局垂直管理，管养经费需由市公路局拨付，按市局要求，接管该公路需要先由可塘镇政府组织验收。因此，县公路局已多次与可塘镇政府联系，要求可塘镇政府提交竣工资料，尽快移交公路局接养。可塘镇政府也主动协调各方关系，积极理顺该路的接养主体，但由于各种客观原因，尚未完成验收和移交接养。对于这一历史遗留问题，县公路局和可塘镇正在继续加强协调，争取尽快移交接养。

【依法人事任免】 2013年，县十四届人大常委会依法任免“一府两院”人员共13名。其中：第十四届人大常委会第十次会议决定接受陈宏辞去海丰县第十四届人民代表大会常务委员会委员的职务；第十一次会议任命李梓江为海丰县人民法院执行一庭庭长；第十二次会议决定任命黄坚如为海丰县交通运输局局长，决定免去许妈银海丰县交通运输局局长职务；第十三次会议任命郭利通为海丰县人民法院审判员；第十四次会议任命罗好平为海丰县人民法院梅陇人民法庭庭长，刘火标、谢广燕、刘诗章为海丰县人民法院审判委员会委员，免去罗好平海丰县人民法院执行一庭副庭长职务，任命邱德汉、曾君伟、陈伟文为海丰县人民检察院委员会委员。

【对外交流】 5月15～17日，县人大常委会副主任陈木、陆德源等4人参加了在河北省石家庄市裕华区召开的全国十省（市、区）十二县（市、区）人大工作研讨会第27次会议。会议主办单位是裕华区人大常委会。参加单位有：重庆市涪陵区、北京市顺义区、安徽省六安市霍山县、山西省太原市万柏林区、浙江省杭州市余杭区、江苏省太仓市、重庆市渝北区、江西省宜春市袁州区、广西壮族自治区玉林市玉林区、广东省汕尾市城区人大常委会等11个单位，参加人员70多人。会议研讨主题是：加强自身建设，提升人大工作水平。参会单位都作了书面发言。海丰县人大常委会副主任陈木在会议作了题为《强化自身建设，提高履职水平》的发言。发言要点：①加强思想政治建设，提高政治素质。②加强作风建设，提高服务水平：抓作风建设，提高工作效率；抓调研工作，推进工作开展；抓服务工作，提高服务水平。③加强组织建设，提高履职保障。注重提高整体素质；注重科学设置工作机构；注重加强干部交流。④加强制度建设，确保规范运作。注重制度的规范化；注重制度的实效性；

注重制度的落实。⑤加强交流协作，总结工作经验。

9月22～24日，县人大常委会副主任陈智景等4位同志参加了在重庆市涪陵区召开的全国十省（市、区）十二县（市、区）人大工作研讨会第28次会议。会议主办单位是涪陵区人大常委会。参加单位有：北京市顺义区、安徽省六安市霍山县、山西省太原市万柏林区、浙江省杭州市余杭区、江苏省太仓市、重庆市渝北区、江西省宜春市袁州区、广西壮族自治区玉林市玉林区、广东省汕尾市城区、河北省石家庄裕华区人大常委会等11个单位，参加人员80多人。会议研讨主题是：如何行使好重大事项决定权；加强全口径财政预（决）算监督的探索与思与。参会单位都作了书面发言。海丰县人大常委会副主任陈智景在会议作了题为《关于县级人大常委会依法行使重大事项决定权的实践与思考》的发言。发言要点：①积极发挥职能，依法行使重大事项决定权的实践。制定规章制度，确保重大事项决定权的规范行使；严格执行程序，确保作出决议的合法性；深入基层调研，确保作出决议的准确性；坚持跟踪监督，确保决议的实效性。②依法行使重大事项决定权的经验和思考。行使好重大事项决定权必须坚持依法决定、及时、正确、有效四个原则。行使重大事项决定权存在的几个问题：一是被动行使的多，主动决定的少；二是注重程序的多，实质性审议少；三是作出决定的多，跟踪督查的少。

【人大监督工作】　2013年，第十四届人大常委会对以下重点、热点问题开展监督：

对规范海丰县土地市场和建设秩序进行监督　3月19日，县十四届人大常委会召开第十次会议，听取和审议了县政府副县长余振光受县政府委托所作的《关于海丰县整治违法用地和违法建设情况报告》。会议认为，近年来，县政府深入贯彻《中华人民共和国土地法》《中华人民共和国城乡规划法》，高度重视整治违法用地和违法建设工作，为规范海丰县土地市场和建设秩序、做到合理开发利用土地资源、提高城市建设品位做了大量工作，取得一定成效。一是县成立整治工作领导小组，相关部门和各镇（场）成立领导机构，强化对违法用地和违法建设工作的领导和责任落实；二是按照“管住当前、清理过去、着眼长远”的原则，制订了整治方案，有组织、有部署地分类分阶段开展整治工作；三是通过开展全面清理清查、执法巡查和结合卫星遥感影像等进行查处，加强了全县各地土地动态的监控，采取有效措施，降低违法用地和违法建设发案率，先后制止了部分违法用地和拆除部分违法建设，为遏制土地违法行为的发生和蔓延起到了积极的作用。会议指出，海丰县违法用地和违法建设整治工作虽然初显成效，但也反映出一些问题。主要是：①县城规划尚未审批和及时编制控制性常规，不能适应城镇化发展的要求。部分规划区的功能与社会发展不相适应，有时出现擅自改变土地使用功能的现象。部分镇、村规划仍未编制完成，对城乡发展不利，给管理带来难度。②非法买卖、侵占土地的情况普遍存在，执法查处有待加强。镇、村基层组织和村民小组非法买卖土地行为，不同程度影响城镇有序建设，造成职能部门制止违法用地和违法建设的工作难度增大。③执法管理力度不到位，个别执法人员素质差，未能把违法行为控制在萌芽初期，管控效果不佳。住建、国土、公安、法院等职能部门各有执法程序，在具体案件处理中，难以及时配合，互相推诿，影响查处效果。④有的建设职能部门没有依法依规审批，不注意消防、防火、日照等距离，对违法建设随意补办手续。会议要求县政府及其职能部门：一要坚持规划先行，依法行政，依法管理，建立长效管理机制。要完善城乡规划和土地利用总体规划，合理布局，使规划既有连续性，又有长远性，使其在实施中不断细化，为严格管控，杜绝随意改变规划提供依法管理的程序和依据。二要明确职责，职能部门要通力合作，依法查处，敢于碰硬，充分发挥政府及其职能部门的作用，加大对违法用地和违法建设的处置力度，务必做到早发现、早报告、早制止、早处置，严厉打击非法买卖土地的行为，把违法行为消灭在萌芽状态。三要针对违法用地和违法建设中存在的突出问题，进行分类妥善解决，不能留下管理“死角”。土地建设具有历史延续性，既要承认历史，又要管控好现在，规划好未来。对于历史遗留问题，政府要根据各个时段的政策界限，合理理顺关系，将其纳入正常管理轨道。对于新的城乡规划、公路建设拆迁、征用赔补用地，要根据规划建设方案履行承诺，落实安置，及时完善办证手续，减少矛盾的发生。四要对建设项目要严格依照法规规定进行审批手续，进一步提高执法人员素质；对违法用地、违法建设的项目严格管理，不得随意补办手续；对非法开发、擅自改变土地使用功能和超越报

建规模的给予坚决制止，防止蔓延。

对海丰县“大办工业年”工作进行监督 11月26日，县十四届人大常委会举行第十四次会议，听取和审议县政府《关于我县大办工业情况报告》。会议认为，2013年，县政府及其职能部门紧紧围绕“工业兴县”目标，按照县委提出的“以新型工业化带动城镇化”的发展思路，根据《海丰县“大办工业年”工作方案》的通知精神，成立领导小组，制定了实施办法，落实各项工作计划和工作目标，认真筹划“大办工业年”活动的各项工作，开拓创新、务实推进，在创新招商工作模式，优化投资服务环境，培育企业发展等方面做了大量工作，取得了一定的成效。会议指出，当前海丰大办工业还存在一些问题和困难：一是产业结构不够优化，工业经济总量偏小；二是投资不足，企业自身经营及用工困难；三是民营企业规模偏小，创新能力不强；四是建设用地指标紧张，土地供需矛盾突出，新引项目未能及时投入建设，有的因资金等问题建设缓慢；五是土地闲置，圈地无项目，有项目无土地的情况依然存在；六是投资综合环境吸引力不足，政府服务水平有待提高。会议要求县政府及其职能部门：一要抓好大办工业的总体规划。要解放思想、开拓创新，认真学习，借鉴外地成功经验，根据海丰实际，制定符合市场经济规律的总体规划，特别在处理工业项目建设与环境保护的关系时，要将环境保护与可持续发展列在优先的地位，既要促进大办工业的提速发展，更要确保生态环境不能受到破坏，树立决策的正确性和长远性。二要选准选好工业项目。要坚持科学发展，注重有利于经济发展方式转变，正确处理长期效应与短期效应，长期目标与短期目标的关系，科学遴选工业项目，选准惠民生及有利于本地发展后劲和有经济增长点的工业，引进科技含量高、发展前景好、带动作用大、无污染、财税贡献大的项目。三要优化发展工业的服务。各职能部门要进行业务培训，熟练地运用法律有关规定，密切配合，优化服务意识，简化行政审批程序，实行并联审批机制，减少企业审批环节，为企业投资报批项目提供政策服务。重新制定出台切实可行的优惠政策，培育扶持骨干企业，加大对落后产能企业的扶持力度，解决用工困难问题，以适应市场竞争和健康持续发展。四要加强对项目的跟踪督办。要建立新的督查机制，注重研究出台具体规定，落实工作责任，不定期进行跟踪督查。五要确保海丰工业早见实效。要通过大办工业，加快投资，整合资源，全力推进建设县城生态科技城。不断提高工业经济在县域经济中所占比重，要走新型工业化的道路，用工业化带动信息化，用信息化促进工业化，用先进适用技术不断改造传统产业，以项目的持续投入支撑工业经济持续增长，不断发展壮大工业经济，扩大经济总量，提高经济运行质量。提供就业机会，创新发展模式，增加财政收入，提高人民群众生活水平，推动经济社会可持续发展，通过大办工业年取得更大实效。

对整治城乡卫生环境工作进行监督 11月26日，县十四届人大常委会举行第十四次会议，听取和审议县政府《关于整治城乡卫生环境工作报告》。会议认为，近年来，县镇两级政府及其职能部门高度重视农村环境卫生整治工作，落实工作责任，明确主体责任单位，把环境卫生整治作为2013年十大民生实事之一，成立了海丰县社会主义新农村建设工作领导小组、海丰县农村生活垃圾管理工作领导小组，先后出台《海丰县环境卫生整治年工作方案》、《海丰县全面推进农村生活垃圾管理工作方案》等，认真履行职责，做了大量工作，取得一定成效。会议指出，城乡卫生环境整治工作虽取得一定的成效，但仍存在一些问题，主要是：①一些地区的领导及单位对整治城乡卫生环境重视和宣传力度不够，责任未能落实到位；②经费投入不足，环卫配套设施严重缺乏，环卫工人待遇偏低；③一些群众卫生意识偏差，乱倒乱放垃圾行为时有出现，有的单位及个人卫生服务费、垃圾处理费欠交；④缺少长效管理机制，整治效果时好时差；⑤城乡结合部的卫生死角、农村垃圾堆放点均存在问题。会议要求县镇两级政府及其职能部门：一要加强领导，常抓不懈。对城乡环境卫生工作要高度重视，加强领导，落实责任，采取有力措施，强化整治工作，特别是加强乡镇环境卫生整治工作，明确工作重点，确保环境卫生整治工作有人抓、有人管，做到分工细化、责任量化、措施硬化，形成强大的工作合力，常抓不懈。二要加强宣传，夯实基础。要加强环境卫生宣传教育，从学生抓起，要在幼儿园、小学、中学开展教育活动，培养保护环境，讲究卫生的意识。充分利用新闻媒体、电视、报刊、宣传标语、宣传车和“致广大市民一封信”等形式大力开展宣传活动；动员广大干部职工带头参与管理，共同管理自己的家园，形成政府重视、部门履责、全民参与讲究卫生环境的良好氛围。三要强化监管，多措并举。环境卫生管理工作

是社会系统工程，涉及面广，管理困难，任务重，投入大，要求高，做好监管工作必须突出三个抓好：一是抓好转运站（点）场地规划。选址建设转运场所要从经济、适用、合理、美观角度出发，综合考虑，选址一个，建设一个，把垃圾对环境的不利影响降低到最小化。二是抓好资金投入。要发挥多渠道筹资优势，适当增加资金投入和向上级争取项目资金，缓解城乡环卫配套设施落后及环卫工人工资偏低的局面。要进一步规范卫生服务费、垃圾处理费的收取。加大收费力度，采取有效措施，坚持“谁生产、谁负责”的原则，解决个别单位不交费、拖欠费的问题。三是抓好队伍建设。通过提高待遇，完善配套设施，稳定环卫队伍，保障环卫工作正常开展；加强日常性对环卫保洁情况进行检查，发现问题督促立即纠正，并定期对保洁质量进行考评，实施奖励罚款。四要学习借鉴，建立长效管理机制。加强和改进环境卫生管理工作，要研究新思路，学习先进城市管理模式，结合海丰环卫工作实际情况，积极探索委托由企业经营的管理模式，将环卫工作逐步推向社会，实行市场化、产业化管理，建立日常卫生保洁长效机制，推进海丰县城乡卫生环境上新台阶。

对海丰县国家级非物质文化遗产保护工作进行监督　12月25日，县十四届人大常委会召开第十五次会议，听取和审议县政府《关于我县国家级非物质文化遗产保护工作情况报告》。会议认为，近年来，县政府对海丰县国家级非物质文化遗产保护工作比较重视，为全面推进三大国家级非物质文化遗产项目的抢救、保护、传承和发展，做了大量工作。一是加强领导，成立机构，制订了保护规划；二是白字戏、西秦戏、麒麟舞3个项目的音像资料得到有效保存；三是带动传承人积极履行传承义务，一代新人得到培养；四是抓好宣传展示，参与文化交流和比赛，西秦戏和白字戏多次获得奖励，为海丰赢得了荣誉，扩大了社会影响，有利于促进形成社会各界关心非物质文化遗产项目的良好氛围。会议指出，海丰县国家级非物质文化遗产保护工作虽然取得一些成效，但是也存在一些问题：①管理保护工作还不到位，保障机制尚未完善。②经费投入不足，演员待遇低。③人才青黄不接，专业人才缺乏。④一批古剧本等音像资料缺乏应有的保护，损坏较严重，保护工作刻不容缓。会议要求，县政府及其职能部门：一要进一步重视海丰国家级非物质文化遗产保护工作，要采取各种有效措施，加大非遗保护力度，完善保护机制，整合各种资源。二要加大投入，规范管理。争取将非遗保护经费列入县财政预算，设定国家级非遗保护专项资金，鼓励通过社会捐赠等方式设立非遗保护社会基金，规范资金使用，确保专款专用。要适应传承中心发展的需要，逐步增加一类编制数。三要加强人才培养，打造非遗保护传承队伍。逐步培养编剧、作曲、导演、舞美等各方面人才，要想方设法加强专业人才的培养，打造好传承队伍。四要继续打造精品剧目，推动两剧的繁荣发展。要把保护重点放在抢救传统剧目、曲牌及表演艺术上，特别是关注健在的老艺人，在积极搜集挖掘传统剧目、曲牌等基础上，通过走访约请老艺人以文字、录音、录像、师承等方式，建立白字、西秦剧种行当代表艺人的个人表演资料，保存其传统资料，建设好西秦戏、白字戏的资料档案。同时，要继续打造好精品剧目，创作、推出新品精品，进一步推动两剧的繁荣发展，为海丰赢得更多荣誉。五要整合资源，发挥效益。要通过对海丰“非遗”资源进行科学整合，使其更有利于开展保护工作，做到古为今用，充分发挥效益。

对发展海丰县旅游业进行监督　12月25日，县十四届人大常委会召开第十五次会议，听取和审议县政府《关于海丰县旅游业发展情况报告》。会议认为，近年来，县政府及其职能部门重视旅游业，并以2013年县委提出的“旅游发展年”为契机，为进一步整合海丰县的旅游资源优势，编制旅游规划、推进旅游项目建设、加强旅游宣传等一系列有效措施，以县城区、县北部、县西部等旅游区为重点，大力开发“红、蓝、绿、古”四色旅游，初步形成具有海丰特色的旅游系列，为打造海丰旅游名牌奠定了初步基础。会议指出，海丰县旅游业虽有一定的发展，但还存在一些问题：①旅游基础设施薄弱，相关配套不够完善，投入不足；②旅游项目功能不全，缺少品牌和缺乏包装；③旅游资源优势未能充分开发，没有形成整体效应和系列效益；④旅游专业人才短缺，宣传推介还不到位；⑤具体旅游规划尚未完善，招商力度不够。会议要求县政府及其职能部门：一要进一步重视旅游经济的发展。二要抓好旅游政策扶持，加大资金投入。要制订有利于旅游业发展的目标，推进旅游基础设施建设，加强旅游相关服务配套设施的落实，从硬件上推进海丰旅游业上新台阶。三要抓好旅游招商工作，开发好旅游项目。要成立专业机构，完善旅游招商引资机制和管理机制，加强协调配合，优化投资环境，做好旅游招商引资项目开发工作，抓好旅游品牌项目龙头产品的开发。四要充分整合和利用旅游资源优势，切实打响“红、蓝、绿、古”四大旅游品牌。要在保护好生态环境的基础上，善于挖掘、整合和利用好海丰丰富独特的旅游资源，抓好旅游具体规划，逐条线路、逐个项目有序推进，强化旅游市场、卫生、交通、治安环境的综合整治，使“红、蓝、绿、古”四大旅游景点，既突出自身的特色，又能全面得到发展，加快形成规模效应和整体效益的步伐。五要加大宣传力度，争取上级扶持和社会投资，开发旅游产品。要研究宣传策略，做好包装，抓好推介，加大对外宣传海丰旅游业发展的力度，做到每个景点有简介，有的甚至可以插入民间传说，让游客了解海丰的旅游特色景点，吸引旅游回头客。同时要结合海丰实际，立足特色资源优势，开发具有地方特色的土特产旅游产品和旅游纪念品，提高海丰旅游商品竞争力和吸引力。六要建立旅游专项发展资金，加强旅游专业人才的培训。要通过专项资金投入，培训好旅游专业人才，特别是专业导游人才，形成导游、酒店服务业等一系列人才支撑，尽快扭转旅游专业人才短缺的问题。七要科学规划，逐步推进。要聘请专家、学者结合海丰实际，出谋献策，因地制宜，整合全县旅游资源，着眼长远，立足可持续发展。

对2012年度本级预算执行和其他财政收支情况审计工作进行监督 12月25日，县十四届人大常委会召开第十五次会议，听取和审议县审计局局长余德钦受县政府委托所作的《关于海丰县2012年度本级预算执行和其他财政收支情况审计工作报告》。会议认为，县政府及其审计部门按照《审计法》的规定，深入贯彻落实科学发展观，围绕“主题主线”和加快转型升级，建设幸福海丰的核心任务，认真履行审计监督职责，牢牢把握重点，贯彻落实重大政策措施，对海丰县2012年本级预算执行和其他财政收支情况进行审计，及时揭示财政运行中的不安全因素和潜在风险，促进深化预算管理和财政改革，积极发挥审计在保障经济社会健康运行，为转变经济发展方式，维护民生和经济安全，推动财政预算执行等方面，做了大量工作。取得一定实效，进一步减少财政风险，有利推进经济发展及财政管理，报告反映情况客观真实，提出的意见和建议是可行的，会议原则同意这个报告。会议指出，审计工作报告全面客观反映了2012年度预算执行和其他财政收支情况，同时揭示了一些存在问题。建议县政府及其财税部门结合各自的工作实际，认真研究部署报告所提出的意见、存在问题的整改落实，进一步提高依法理财水平。会议要求县政府及其有关部门：今后的财税工作一要优化财政收支结构，加强行政经费管理，严格控制“三公经费”支出，加大民生资金投入，推进基本公共服务体系建设，切实保障和改善民生。二要加强预算编制管理，不断完善政府公共预算、政府性基金预算、国有资本经营预算、社保基金预算“四大预算”编制，推进部门综合预算改革，增强预算编制的完整性，细化支出预算编制。逐步提高财政预算决策和管理水平。三要强化预算执行监督，深入推进综合治税，完善税源管理联动机制和税收协作控管制度，加强财税部门与国土、规划、建设、房管等相关部门的信息共享，做到应收尽收。建立健全预算执行动态监控系统，加强对国库集中支付环节的监管，实现对预算执行全过程的有效控制。加大对部门和单位政府采购、对外投资、银行账户等方面的管理和监督，加强对单位财务人员的指导和培训，促进部门和单位规范预算收支行为。四要督促审计整改落实，深化审计成果利用，注重反映和分析体制机制性问题，通过审计和审计整改工作，促进完善制度设计，健全体制机制，发挥好审计监督的作用。

对2013年上半年财政预算执行情况进行监督 12月25日，县十四届人大常委会召开第十五次会议，听取和审议县政府《关于海丰县2013年上半年财政预算执行情况报告》。会议认为，县政府及其财税部门，认真贯彻落实中央和省、市财政工作会议精神，围绕县委“五大发展”的决策部署，按照县十四届人大三次会议决定的预算目标，以“重业务、严监督、强管理、促发展”为主线，加大征收力度，坚持依法理财，严格执行预算，优化支出结构，克服客观不利因素的影响，保证运转、保工资、保重点，提高了对基本公共服务的保障能力，较好地执行了既定的财政预算收支方案，全县财政收入顺利实现“双过半”的目标。会议原则上同意县政府《关于海丰县2013年上半年财政预算执行情况报告的审议意见》。会议指出，上半年海丰县财政收入虽然实现“双过半”，但是存在一些不容忽视的问题。①税收总量少，征管难度大、收入质量差；②县级税收征收进度慢，一次性比重增大，税收占收入比例只有58%，财政收入结构性矛盾依然

存在，财政增长后劲不足；③财政支出需求不断增大，收支矛盾突出，实际可支配的财力增长有限，资金调度困难，存在占用专项资金、“有数无钱用”的状况。会议要求县政府及财税部门：一要强化税收征管，确保完成收入任务。要正视目前财政税收面临的严峻形势，不断强化措施，抓好以下工作：①严格执行新制定的税收考核奖惩办法，健全税收收入增长保障机制，强化考核，落实责任；②税务部门要认真贯彻执行《税收征收管理办法》，严格依法治税，重申核实税务，切实做到应收尽收；③加大税收稽查力度，严厉打击偷、抗、漏税行为，堵塞税收流失漏洞；④强化“收支两条线”征管，及时收缴非税资金；⑤加强政府性公共资源的使用经营收益管理，强化国有资产监管，不断增加财政实力。二要积极挖掘财源，着力增强财政后劲。要增强忧患意识，强化工作措施，大力发展重点项目，培植新税源，以此带动各项税收稳步增长，实现税收多元化，从根本上化解财政风险。三要盘活财政资源，优化支出结构。加强预算部门、单位历年结余资金清理，财政、国土部门要加大对土地出让金清欠清收，清理专户管理专项资金结余，减少行政开支尤其“三公”经费支出，努力盘活财政存量资金；有效保重点、保民生的支出需求。四要完善预算管理制度，提高财政资金效益。严格执行县人大会议审查批准的财政预算，强化预算执行的监督检查，规范财经秩序，保证预算资金拨付及时到位，确保财政资金安全高效运行。五要深化财政改革，推进阳光财政。要深化部门综合预算、政府采购、国库集中支付、收支两条线管理等财政改革，进一步健全和完善县财政体制。推进全县和本级部门预算决算“三公”经费预决算公开，增强廉政风险防控，加大对镇级财政工作的指导力度，建设阳光财政。

【人大工作调研】 2013年10月，县人大选联工委由常委会副主任陈木带队，分别到县经促局、住建局、国土局等单位及相关部门，通过走访、座谈、实地察看等形式，对三局局长的履职情况进行了解，并向常委会报告。报告认为：何秀山自任职以来，坚持以科学发展观为指导，紧紧围绕“推动创新发展、建设幸福海丰”的发展目标，依法行政，能够以强烈的事业心和责任感，团结和带领局领导班子成员及全局广大干部职工，解放思想，与时俱进，各项工作都取得明显成效，开创了海丰县经促工作新局面。一是以身作则，全心全意服务于经济建设；二是认真履职，推进经促工作稳步发展；三是作为县人大代表，非常关注事关海丰县全局的重大国民经济和社会发展事项，经常深入基层，深入企业调研，代表意识和宗旨观念较强，能够正确地认识和处理权力和职责的关系，自觉接受人民群众和人大的监督，积极配合人大的视察、调研、执法检查等工作，并把接受人大监督作为推进工作的动力，认真地落实检查中提出的建议、意见。刘城芳自任职以来，能够坚持以邓小平理论、“三个代表”重要思想、科学发展观统揽工作，坚持以人为本，紧紧围绕县委、县政府的统一安排部署，认真履行岗位职责，自觉接受人大监督，能依法行政，敬业爱岗，务实创新，有较强的组织能力，团结和带领建设系统一班人，开拓进取、积极完成各项工作任务。一是认真履行岗位职责，积极推进建设事业发展。二是主动接受人大监督。三是狠抓班子队伍建设和机关制度建设。林建军自任职以来，一是注重政治理论、法律法规及业务知识的学习，结合国土资源工作的实际，强化对全系统干部职工的党性、廉政、依法行政、纪律、业务等方面的教育。二是紧抓依法行政工作不放，深化政务公开，完善和落实规章制度，严格办事程序，全面推进依法行政工作，全县国土资源工作朝着规范、有序管理的方向发展。三是履行职务、力争完成年度工作目标，2012年以来，在加快用地报批、科学做好规划微调和基本农田保护建设、加快推进农村集体土地确权登记发证、加大违法违规用地查处、抓好数字海丰地理空间框架建设、土地储备、“三旧”改造、加强非煤矿山管理和地质灾害防治等方面做了大量工作，较好地完成各项工作任务。2012年至2013年11月为县财政增创收入9.84亿元，上报新增建设用地42批次，总面积1097.386公顷，经省政府批准26个批次，面积1204.23公顷，非煤矿山连续12年零事故。四是认真执行党风廉政建设的各项规章制度和班子集体会审制度，签订局机关各股、属下各所、各事业单位负责人党风廉政建设责任书，能较好地履行了岗位职责。

【组织人大代表视察】 根据汕尾市人大常委会《关于组织我市全国、省、市人大代表集中专题视察的通知》（汕常办〔2013〕27号）文件精神，县人大常委会于12月组织工作、居住在海丰县的市六届人大代表、县直机关部分县十四届人大代表进行视察，主要了解2013年全县经济社会发展情况、重点建设项目进展情况、社会管理工作以及人民群众关心的热点难点问题。代表视察采取召开座谈会听汇报、实地察看的方式进行。12月27日上午，代表们先在县政府迎宾楼二楼会议厅听取县政府《关于海丰县2013年国民经济和社会发展情况》汇报，然后组织实地视察海城、城东、赤石、小漠等镇和彭湃中学校区塑料跑道、莲花高中教育园区、生态科技城、深汕特别合作区、大百汇生物科研基地、华润海丰电厂等重点项目建设情况。人大代表所到之处，受到当地党政和有关负责人的热情接待及情况介绍。代表们通过听取县政府汇报和实地视察后，在讨论中认为，2013年，海丰县在市委、市政府的正确领导下，发挥各级的作用，领导全县人民深入贯彻落实党的十八大精神，围绕县委提出的“立足三个坚持、勇于四个争当、推进五个发展”的工作思路，深入实施市委“四大行动”，积极开展“五个工作年”活动，通过兴办工业园区，构筑“向西融珠”平台；着力破解“瓶颈”，加快推进重点项目建设，增创投资优势，促使招商引资成效明显；抓好民生实事，推动社会各项事业蓬勃发展等措施，使全县经济社会呈现新的发展局面。代表们指出，2013年，全县各项经济指标除实质利用外资完成压力较大外，基本实现或有所增长，重点项目建设进展顺利，社会治安管理不断加强，平安建设进一步推进，城乡环境整治初见成效，扶贫开发工作有新举措，各项事业协调发展，社会局面稳定和谐。对此，代表们对县政府的工作表示满意，并提出一些意见和建议。一要继续抓好2013年经济工作，确保既定的各项经济指标依期实现。二要继续抓好重点项目建设，妥善处理项目征地问题，扭转项目推进不平衡的现状，促进项目建设的落实，推动海丰经济发展。三要抓好惠民工程建设，积极落实代表议案、建议，为民办实事好事。四要认真研究2014年的形势，要进一步贯彻落实中共十八届三中全会精神，深化改革，狠抓政府职能转变，坚持质量效益、生态环境和民生保障的导向，加大招商引资力度，推进重点项目建设、产业结构调整和城市化进程，促进全县经济持续发展，社会和谐稳定。

【依法治县】 人大常委会始终坚持在依法治县工作的主导作用，围绕建设法治海丰的目标，切实加强对依法治县办公室的日常管理，使其积极发挥议事、协调职能，努力当好参谋助手。首先是组织召开依法治县工作领导小组扩大会议，配合县委全面部署2013年依法治县工作，强调要深入推进依法治县，必须切实提高各级领导干部依法执政的能力和水平；必须突出抓好依法行政，加快建设法治政府；必须坚持司法公正，切实维护社会公平正义；必须积极开展法治文化建设，提高全民法制观念和法律素质。其次是参照市法治建设中期评估的考核内容和考核标准，对部分依法治县工作领导小组成员单位落实《法治海丰建设实施方案》的情况进行检查，并在此基础上，抓好县法院、县人社局两个单位的法治文化建设。再次是积极推动可塘镇委参加全省依法治省工作先进单位的评选，并在省依法治省办公到的领导指导下，总结出“引导镇干部和管理人员依法行政、依法管理；引导村（居）委自治与法治相结合开展工作；引导村民依法维权、表达诉求、解决纠纷；引导企业和客商依法诚信经营；引导学生从小懂法、守法”“五个引导”的法治建设经验在全省推广。第四是配合县委组织召开县委理论学习中心组（扩大）学习会，邀请省人大常委会委员、省依法治省办公室常务副主任张宇航作题为“法治建设与依法行政”专题辅导报告，进一步促进海丰县各级领导干部学法用法工作向纵深发展。

海丰县人民政府

县政府领导成员

【2013年海丰县人民政府县长、副县长名录】
县　长：陈德忠（1～4月代职，4月13日当选）
副县长：许信咏（常务）　余振光　王楚雄
施流德　卓凛波　陈凯婵（女）
符　坚（挂职）

县政府工作机构

【2013年海丰县人民政府工作机构设置】　2013年，海丰县人民政府设有21个工作部门：海丰县人民政府办公室、海丰县发展和改革局、海丰县教育局、海丰县公安局、海丰县民政局、海丰县司法局、海丰县财政局、海丰县国土资源局、海丰县环境保护局、海丰县农业局、海丰县人口和计划生育局、海丰县审计局、海丰县统计局、海丰县林业局、海丰县安全生产监督管理局、海丰县经济促进局、海丰县人力资源和社会保障局、海丰县住房和城乡规划建设局、海丰县交通运输局、海丰县水务局、海丰县卫生局，其内设机构、正副职名录及办公地址详见表3。

2013海丰县人民政府工作部门机构设置一览表

表 3

机构名称	内设机构	正副职名录	办公地址
县政府办公室	秘书股、督办股、经研股、政务信息股、财税股、文教股、经促股、农业股、交通运输股、住建股、应急管理办	主　任：黄坚如（任至4月） 叶胜勇（4月起任） 副主任：刘安基（兼）、谢　光、古友新、吴智传、王荣贞（兼）、黄汉标（兼）、李廉清（兼）、魏汉锡（任至3月）、吴清瑜、吴智良（兼）、林友捷（3月起任）、黄剑雄（4月起任）	海丰县城红城大道西988号县政府大院东栋2楼
县发展和改革局	办公室、农村经济与综合规划股、投资股、交通科技股、社会发展与财贸股、重点项目、产业协调与区域经济股	局　长：谢小平 副局长：陈丁睦　陈文佳	县城中山南路24号
县教育局	办公室、人事股、计财股、教育股、体育卫生股、监察保卫股、成人教育股、招生办公室、督导室、教育研究室、勤工俭学办公室、电化教育仪器站	局　长：张翰文 副局长：吴焕新　蔡旭彪 邓务力	县城红城大道西
县公安局	指挥中心、国内安全保卫大队、刑事侦查大队、交通警察大队、治安管理大队、经济犯罪侦查大队、出入境管理大队、巡逻警察大队、政治工作办公室、监督室、法制室、警备保障室、看守所、拘留所、强制隔离戒毒所、派出所	局　长：王楚雄 政　委：吴堂泽 副局长：罗　震　钟伟雄 陈克平（3月起任） 施胜军（3月起任） 刘勋浦（挂职）	县城红城大道西

续表

机构名称	内设机构	正副职名录	办公地址
县民政局	办公室、计划财务股、优抚股、救灾救济和社会福利事务股、基层政权和社区建设股、区划地名股、海丰县民间组织管理办公室、县老龄工作委员办公室为县民政局直属正股级行政单位、海丰县复退军人安置办公室挂靠县民政局；海丰县殡葬管理办公室、海丰县拥军优属拥政爱民工作领导小组办公室为依参照公务员法管理的单位	局　长：黄小流 副局长：彭小辉　郑木宣 黄海湧（6月起任）	县城324国道县城西段648号
县司法局	政工办、秘书股、法制宣传教育股、基层股、公证律师管理股、县法律援助处、县公证处、县公职律师事务所	局　长：陈耀海 副局长：刘火木　黄辉谋 彭军梅（女）	县城人民南路商业城3楼
县财政局	人秘股、法规股、国库股、预算股、综合股、文教行政股是、工贸发展股、农业股、经济建设股、社会保障股、外经金融股、会计股、绩效评价股、监督检查办	局　长：林国义 副局长：林建秀　刘　宁 林瑞清	县城海银路县财政楼
县国土资源局	人秘股、土地规划与耕地保护股、土地利用管理股、地籍管理股、测绘管理股、矿产资源地质勘查与环境股、计财股、政策法规股、纪检监察室	局　长：林建军 副局长：郭　槎　戴国钦 黄　明	县城红城大道西
县环境保护局	人秘股、环境影响评价管理股、生态保护与监测科技股、污染物排放总量控制股（加挂核应急与辐射环境管理股牌子）、县环保局环境监察分局。下属事业单位：县环境监测站	局　长：徐小星 副局长：王尔勇　陈继明	县城二环北路牛黄山行政小区
县农业局	人秘股、政策法规信息股、计划财务股、农村经济体制与经营管理股、科技教育股、种植业管理股、植保股、农村经济组织管理办公室	局　长：陈容生 副局长：许宝城（挂任公平镇委副书记）、赵丽娟（女）、吴忠生（8月起任）	县城农林路48号
县人口和计划生育局	人秘股、发展规划与信息股、政策法规股、宣传教育股、科学技术服务股	局　长：郑永城 副局长：吴志胜　黎义坤 黄少文	县城牛黄山行政小区计生楼
县审计局	人秘股、财税金融审计股、商贸农林审计股、工交基建审计股、行政事业审计股、局直属行政单位——经济责任审计办公室	局　长：余德钦 副局长：骆科俊　叶宽存 总审计师：林伟雄	海城红城大道西988号
县统计局	办公室、综合核算股、工交基建股、农业贸易股、统计普查中心、社会经济调查队	局　长：李小平 副局长：陈银友　黄洪霞（女）	县政府大院东栋四楼
县林业局	人秘股、营林股、林政股、财会股、县营林造纸工程领导小组办公室（副科级事业单位）；县森林防火办公室（正股级事业单位）、县森林病虫害防治检疫站、县生态公益林经营建设管理站、县林业种苗站、县园林管理所、莲花山林业站、赤石林业站、鹅埠林业站、梅陇林业站、平东林业站、黄羌林业站、公平林业站、可塘林业站、陶河林业站、赤坑林业站、鲘门林业站、小漠林业站、大云岭林业站、公平木材检查站；县公安局森林分局（副科级行政单位）	局　长：黎方极 副局长：刘世革　庄伟斌　邱诗光	县城云岭路1号
县安全生产监督管理局	综合协调股、监督管理股、职业安全健康监督管理股	局　长：曾诗贤 副局长：刘启泰　吴玉武	县城农林路39号

续表

机构名称	内设机构	正副职名录	办公地址
县经济促进局	秘书股、人事与法规股、财会股、工业发展股、市场商贸管理股、能源发展股、行业管理股（加挂海丰县酒类专卖局牌子）、信息产业股（加挂海丰县信息产业局牌子）、外商投资审批股、加工贸易管理股、商贸发展股（加挂海丰县机电产品进出口办公室牌子）、口岸工作股	局　长：何秀山 副局长：郭龙水　高宗森 刘克钳（兼） 李小武　叶　隆	县城广富路1118号
县人力资源和社会保障局	人秘股、公务员管理股、专业技术人员管理股、事业单位人事管理股、工资福利股、就业促进股、劳动关系股、县劳动人事争议仲裁委员会办公室、财务与基金监督股、医疗工伤生育保险股、养老失业保险股	局　长：黄小平 副局长：陈长征（兼）　吴敬耀 黎光辉　刘小武	县政府大院东栋1楼
县住房和城乡规划建设局	秘书股、人事股、财会股、建工股、房管股、管理股、城监股	局　长：刘城芳 副局长：陈俊如　李德新 姚宇忠	县城红城大道西
县交通运输局	人事秘书股、政策法规股、规划基建股、财务审计股、综合运输股、安全监督股；加设：海丰县交通运输局综合行政执法局、海丰县交通战备办公室；局直属事业编制运输管理机构11个	局　长：黄坚如（4月起任） 副局长：卓学锡　林建城 周宇航	县城红城大道西交通综合大楼
县水务局	人秘股、计划财务股、建设管理股、农村水利与水土保持股、水政水资源股、质量安全监督股、农电股设有县三防办、移民办2个直属行政机构	局　长：刘英剑 副局长：简健全　魏　锑 郑吉祥	县城红城大道西
县卫生局	办公室、人事股、监察股、医政股、规划财务股、防保股、药品管理及器械业务股、爱卫股、干部保健办公室、农村合作医疗办公室、稽查分局	局　长：颜荣林 副局长：洪献就　吴仁声 林秀兰（女）	县城海云路1号

政府重要会议

【县政府常务会议】 2013年，县政府共召开12次常务会议，讨论研究158个议题。其中，涉及重大行政决策和民生实事的主要有：审议《政府工作报告》《政府工作规则》《“三旧”改造方案》《海丰县县城市容市貌日常管理工作方案》《海丰县全面推进农村生活垃圾管理工作方案》《海丰县退役士兵自主就业补助试行办法》《2013年海丰县鼓励实际吸收外资奖励实行办法》《海丰县企业增产创税奖励试行办法》《海丰县县级公立医院综合改革试点工作方案》《海丰县启动三防应急机制工作意见》《海丰县人民政府2013年行政审批制度改革事项目录（第一批）》《海丰县非农建设用地改变土地用途管理规定（修订稿）》《海丰县“三旧”改造项目地价款收取规定（修订稿）》《海丰县2013年对镇税收收入考核奖励办法》和《海丰县2013年征收单位财政收入任务及其考核奖励办法》《海丰县山区和农村学校教师岗位津贴实施办法》《海丰县高标准基本农田建设2013年度实施方案》《海丰县突发事件总体应急预案》《海丰县贫困村、示范村（试点村）建设规划》等规范性文件。讨论研究县保障性住房建设、百里海堤海丰段绿道建设、县城龙津河汛前清淤工程建设、县城水源地环境污染整治工作、县城公交车候车亭建设、县城交通信号灯电子警察系统整改、“平安海丰”社会治安视频监控系统及治安卡口系统项目建设，提高海丰县城乡低保补贴五保供养标准等工作。

【县政府防范重特大安全事故会议】 2013年，县政府共召开3次防范重特大安全事故会议。

4月28日，县政府在政府三楼会议室召开全县安全生产暨防范重特大安全事故及应急管理工作会议。县突发公共事件应急委员会及县安全生产委员会成员单位主要负责人参加会议。会议传达贯彻落实省政府第二季度防范重特大生产安全事故工作电视电话会议和全市安全生产工作会议精神，总结海丰县安全生产情况，部署全县第二季度安全生产暨防范重特大安全事故工作。会上，县安监局主要负责人传达上级会议精神，通报全县安全生产工作情况，并就“五一”节期间开展安全生产大检查提出工作意见；县委常委、常务副县长许信咏出席会议并作讲话。

6月9日，县政府在政府三楼会议室召开全县安全生产暨第三季度防范重特大安全事故工作会议。各镇（场）长、安监站长，县安全生产委员会成员单位负责人，县安监局正股级以上干部参加会议。会议传达贯彻落实国家、省、市防范重特大安全事故工作电视电话会议精神，总结2013年上半年全县安全生产情况，部署全县第三季度防范重特大安全事故工作。会上，县安监局主要负责人传达国家、省、市有关会议精神，通报全县安全生产工作情况，并就当前安全生产工作特别是开展安全生产大检查提出工作意见；县委常委、常务副县长许信咏出席会议并作讲话。

10月11日，县政府在政府二楼会议二室召开全县安全生产暨第四季度防范重特大生产安全事故工作会议。各镇（场）长、安监站长，县安全生产委员会成员单位主要负责人参加会议。会议通报全县安全生产工作情况以及开展安全生产大检查工作情况，分析当前安全生产形势，研究部署第四季度防范重特大生产安全事故工作。会上，县海洋与渔业局、教育局，附城镇、公平镇等单位主要负责人作表态式发言；县安监局主要负责人通报年内全县安全生产工作情况，并就下来工作提工作建议；县委常委、常务副县长许信咏出席会议并作讲话。

重要决策

【做大做强县域经济】 海丰县按照市委、市政府的工作部署，认真贯彻落实上级重要会议精神，围绕“建设产业转型升级先行区，当好县域经济发展排头兵”的新要求，树立危机意识，增强发展意识和总量意识，积极探索科学发展方式方法，突出抓好推动经济发展的“三驾马车”，有效保障了全县县域经济持续、快速、健康发展。2013年，全县GDP完成221.7亿元，比增13.1%；工业总产值394.6亿元，比增23.1%，其中规模以上工业产值285.3亿元，比增32.9%；农业总产值53.7亿元，比增3.9%；社会商品零售总额198.3亿元，比增12.4%；全社会固定资产投资总额223.9亿元，比增28.1%；外贸出口总值6.84亿美元，比增38.9%；城镇居民人均可支配收入1.82万元，比增13%；农村居民人均纯收入10246元，比增12.1%；财政一般预算收入13.21亿元，比增16.44%，税收和非税收入的比例达63：37，财税质量得到优化。各项经济指标按照年初计划，较好地完成市下达的增长任务。主要做到四个“着力推进”：

着力推进转型升级，调整优化经济结构 ①以增资扩产和技术改造为核心，大力提升存量产业，全力扶持企业上市，积极鼓励企业争创广东省著名商标、国家驰名商标，进一步打响传统产业品牌；②突出抓好先进制造业和现代服务业，进一步建设电力能源基地、电子信息产业基地、精细化工基地、生物制药产业基地、旅游产业基地和现代农业产业基地，全面构建现代新兴产业体系；③重点加快县城东北部工业园和天星湖工业园的建设，优化提升经济开发区功能，全力申报省产业转移工业园区；④落实产业招商、专业招商、乡贤招商的思路和对策，全力招引高质量项目，多渠道吸纳资金、技术和人才，不断培植新的经济增长点。

着力推进项目建设，增强县域发展后劲 把重点项目作为促进经济快速发展的强大引擎，进一步完善落实重点项目建设责任制，集中优势力量，简化办事手续，破解用地难题。同时积极抢抓政策机遇，主动做好项目策划、包装、申报和跟踪工作，争取引进更多的上级投资项目，为海丰县经济发展提质提速增添动力。

着力推进财税增收，提高财政保障能力 坚持培育税源和挖潜增收并重，积极研究创新财税征管办法，全面量化分解落实财税征管任务和责任，突出抓好建筑安装、房地产、车船使用、娱乐和餐饮等重点行业和税种的管理，加大对年纳税额10万元以上纳税户的控管力度，加强税务稽查，跟踪监控新上项目和新办企业，深入挖掘财税征收潜力，确保各项税种应收尽收。完善出台新的财税征收分成奖惩办法，充分激发基层协税护税和企业依法纳税的积极性。进一步挖掘非税收入，重点抓好土地储备和政府资产处置，逐步壮大财力规模。

着力推进宜居建设，科学统筹城乡发展 进

一步完善县城南部商住物流区、东北部工业集聚区、西北部文化教育旅游区等三大经济功能区和县城中心区的控制性详细规划，修编完善镇、村两级规划。坚持城市化、城镇化和社会主义新农村建设三驾并驱，加大“三旧”改造、市政配套、公共交通、能源设施等资金投入，统筹城乡协调发展，不断优化城乡宜居环境。

【加快产业转型升级】 2013年，海丰县认真贯彻落实省委、省政府和市委、市政府关于进一步促进粤东西北地区振兴发展的文件精神，切实推进产业转移工业园区建设，不断完善和优化投资环境，增强招商引资竞争力，促进产业优化升级，进一步加快经济社会发展，实现“建设全市加快转型升级先行区，当好县域经济排头兵”的目标。

规划产业转移工业园　以海丰经济开发区现有区域为基础，整合城东工业区、金园工业区等，并在已规划的生态科技城范围内建设海丰县产业转移工业园，园区规划面积600公顷。按照“高起点、高规划、高标准”进行建设，全面完善基础设施配套和园区管理。将重点工业园区划分为科技智造产业区、传统优势产业区、现代物流产业区和综合服务产业区四个功能区，重点发展精密机械和技术装备、电子信息、家用电器等高新技术产业，优化提升毛织服装、珠宝首饰、轻工艺术、食品加工等特色产业。

扶持重点企业发展　县已出台《海丰县扶持重点工业企业发展试行办法》，从资金扶持、领导挂驻等给予大力支持，特别是建立重点企业领导联系制度，及时帮助企业解决生产经营中碰到的实际困难，扶持企业发展。同时，加大工作力度，创造条件，积极探索整合公平服装和城东毛织向国家申报加工贸易转型升级示范基地。

鼓励企业开展技术创新和争创名牌工作　认真贯彻落实国家、省、市有关扶持外资民营经济、中小企业发展的政策，培育高新技术产业；切实帮助企业积极开展技术改造和技术创新工作，努力提高市场竞争力和产业发展水平；鼓励企业积极向上申报项目，大力争取扶持资金。积极推进名牌带动战略和技术标准战略的实施，引导和支持企业争创名标、名牌，力争实施名牌战略和技术标准战略工作有新的突破。重点扶持百斯盾等企业改制上市，鼓励威文、文时特、古士旗等企业争创名牌产品和著名商标。

推动政银企融资合作机制　积极筹办政银企融资洽谈会，充分发挥县中小企业融资在线平台，推动企业在线融资服务，引导金融机构和社会资金支持成长性好、竞争力强，有自主品牌、自主创新能力强的企业发展。

【全力抗击强台风“天兔”恢复灾后生产】 2013年第19号强台风“天兔”在9月22日下午4时起正面袭击海丰，19时40分在海丰县沿海地区正面登陆，最大风力达到15级，阵风17级。狂风挟着暴雨对海丰肆虐长达10多小时，致使县境内各地到处断电断水，树木倾倒，交通阻塞，通讯瘫痪，大量房屋倒塌受损，大批基础设施、农业作物等严重损毁，受灾人口近60万人，全倒民房达231间，严重受损的民房达10215间，灾情极为惨重，全县直接经济损失达29.4159亿元。

在防御抗击强台风“天兔”中，海丰县坚决贯彻落实上级指示精神，及早部署，全面落实各项防御措施，迅速动员全县干群做好迎战台风和暴雨的袭击。发扬连续作战的精神，抢抓抗灾抢险和灾后复产的黄金时机，团结一致、勇于担当、不怕劳累，及时采取应急抢修措施和应对方案，制订抢修计划，尽快消除灾痕，恢复灾后生产。同时，积极开展因灾“全倒户”重建和损毁基础设施修复工作，至12月31日，省市县三级下拨恢复重建补助资金共1137.5万元，确保全县511户全倒户全面动工建设，动工率达100%，竣工439户，占倒房总数的86%，全县严重受损的民房已修缮10121间，修缮率达98%。

【保障和改善民生工作】 2013年，海丰县委、县政府认真贯彻落实省《2013年保障和改善民生工作要点》和市《2013年十件民生实事分工方案》有关文件精神，通过加强组织领导，成立工作机构，明确职责分工，建立联动协调机制、督查督办机制，完善考评考核工作机制，有组织、有计划、有步骤推进各项工作，取得初步成效。

城乡生活保障均等化水平进一步提升　一是实现城乡居民养老保险全覆盖。全县参加城乡居民养老保险共28.12万人，完成市任务99.03%，基本实现海丰县城乡居民社会养老保险的全覆盖。按省市要求，海丰县城乡居民社会养老保险基础养老金标准由每人每月55元提高至65元，大幅提高了城乡居民养老保险退休人员的养老待遇。二是加快推进城乡医疗保障系统。2013年，全县参加城乡基本医疗保险76.59万人，其中职工医保7.45万人，城乡居民医疗参保69.14万人，总体完成市下达任务的98.32%。三是着力提高弱势群体生活保障。海丰县实施低收入人群基本殡葬服务免费制度。城乡居民养老待遇、最低生活保障金、城镇“三无人员”和农村“五保”供养标准进一步提高。在全市各县区中，海丰县低保、五保、“三无”人员数量和资金投入都是最多的。四是优抚工作力度全面提高。全面落实拥军优属政策，切实解决优抚对象和部分军队退役人员的实际困难。

各类公共教育均衡发展　一是积极实施学前教育三年行动计划，推动学前教育快速发展。全面完成了黄羌、陶河、大湖三镇中心幼儿园，梅陇、联安、小漠、平东、可塘等镇中心幼儿园建设有序推进。同时切实加强对民办幼儿园的扶持和管理，依法规范办园行为，严厉打击非法办园行为，促进学前教育快速发展，切实解决海丰县幼儿入园难问题。2013年，全县学前三年入园率达85%以上。二是义务教育规范化学校覆盖率得到大幅度提高。到2013年年底，全县义务教育规范化学校覆盖率达50%以上。三是高中阶段教育发展水平和普及程度稳步提高。仁荣中学通过省普通高中教学水平评估，陆安中学、林伟华中学通过市一级学校的督导评估。全县高中阶段教育毛入学率达87.1%。

基本公共卫生服务均等化有序推进　全面实施九大类十一项公共卫生服务项目，建立和完善分工明确、信息互通、资源共享、协调互动的公共卫生服务体系，提高公共卫生服务和突发公共卫生事件应急处置能力，减少影响城乡居民健康的危险因素，促进基本公共卫生服务逐步均等化。按照《国家基本公共卫生服务规范》的要求，全面推进基本公共卫生服务向基层延伸，向农村覆盖。居民健康档案、健康教育、儿童保健、孕产妇保健、老年人保健、预防接种、传染病报告和防治、高血压、糖尿病管理、重性精神疾病管理和卫生监督协管等各项服务普遍得到开展。

公共文体设施一体化不断完善　海丰县严格按照省、市提出建设十大民生和惠民工程的工作要求，认真抓好基层公共文化设施工程项目的建设，制订《海丰县文体广电事业“十二五”发展规划和年度建设工作方案》，多次召开专题会议，研究并大力组织实施，以各乡镇综合文化站作为建设主体，县文体旅游局等相关部门负责监督、指导。经过多方努力，海丰县公共文化设施建设工作开展有序，并取得较好成效，在全县16个乡镇中，梅陇、赤坑、公平3个乡镇文化站经省文化厅考核已达标；海城、陶河、可塘、小漠4个乡镇文化站于2012年按省、市要求完成改、扩建任务；城东、平东、黄羌、大湖4个乡镇文化站于2013年开始进行新建或改、扩建。

公共住房保障成绩显著　海丰县2013年开工建设保障性住房共为300套。按照“政府组织，社会参与；因地制宜，分别决策；统筹规划，分步实施”的原则，采取以政府投资建设为主，在新建公共租赁住房、教师公租房等多渠道的办法筹集房源。其中：海丰县2013年公共租赁住房建设项目，共200套（户），建筑面积约9800平方米，该项目已完成招投标，基础施工建设有序推进；海丰县彭湃中学教师公共租赁住房建设工程项目：共100套（户），建筑面积约4800平方米，已完成规划及设计方案。

【力促社会全面发展】　一是重点项目建设扎实推进。2013年全县新上续建重点项目32个，全年累计实现项目建设投资33.5亿元，完成年度投资计划的82%。二是新型工业化蓄势待发。全面开展“大办工业年”活动，总规划面积15平方千米的海丰生态科技城已编制发展规划，完成征地67万平方米，并全力开展申报省产业转移工业园的工作；华润海丰电厂、大百汇生物制药厂等重大能源、产能工业项目将在新一年投入生产，三阳饰品、金庄电器、新洲塑料制品厂等相继投产或投建，全县进一步形成新型工业化发展良好态势。三是现代农业发展步伐加快。2012年度4800公顷高标准基本农田建设任务基本完成；新创建省级“菜篮子”工程基地5个，新注册农民专业合作社99家，新增有机认证农产品2个、无公害认证农产品和无公害产地认证各9个；海纳（联安）有机米农业生产基地扩大规模，全国500强的海亮集团已正式签约落户海丰，并在平东等镇流转土地300公顷，启动建设海亮现代农业综合示范基地，全县农业发展水平不断提升。四是旅游商贸发展态势强劲。制定实施旅游发展规划，田园沐歌温泉度假村、莲花山度假村莲峰索道等旅游项目加快建设。市场消费持续增长，商贸活动频繁，珠宝首饰国际广场、义乌小商品批发城、海丰装饰材料交易中心等高端专业市场即将建成，大商贸、大流通的发展格局初显端倪。五是县城市政建

设水平不断提升。县城地区正升华府、第一城、雍悦豪苑等一批大型高层地产项目陆续竣工、销售，文明示范路创建成效明显，红城大道改造一、二期工程全面完成并启动建设三期工程，建成全长9.7千米的北三环LED路灯工程，县城市政面貌焕然一新。六是环境保护和新农村建设成效明显。全县造林绿化、治污减排工作有效推进；各镇（场）垃圾转运站建设基本完成，1372个自然村垃圾收集点建设全面完成；亮剑出击，铁腕整治莲花山地区水源污染，莲花山水源范围内的51家畜禽养殖场已全部拆除或停养；名镇名村示范村建设深入开展，黄羌镇坑联村成功申报省级名村。七是十项民生实事基本完成。教育多媒体建设通过社会筹资、财政投入达4500多万元，建成多媒体教室2300间，实现全县中小学多媒体教育全覆盖；投入6500万元，启动“平安海丰”视频监控系统建设；300套保障性住房全面施工建设；全县参加城乡居民养老保险人数达28.4万人，参加城乡基本医疗保险达76.59万人；全年共下拨优抚、低保、五保等补助资金及医疗救助资金等1.5亿多元。八是教育、卫生、文化等事业持续发展。陶河、黄羌、大湖三镇完成教育强镇创建任务，彭湃中学建校100周年庆祝活动成功举办；县级公立医院综合改革扎实推进，顺利通过省对海丰县医药卫生体制改革的考核验收，全县镇级卫生院全面实施基本药物制度和“零差率”销售；钟敬文诞辰110周年纪念活动暨首届民俗文化节成功举办，大型白字戏精品剧目《龙宫奇缘》首演成功，县博物馆被国家文物局授予“国家三级博物馆”；社会治安综合治理尤其是吸贩毒打击力度不断加大，坚决拒“制毒”于县门之外；强化信访维稳工作，全面化解信访积案；计生“一证先行”办事制度稳步推行。殡改、统计、审计、人事、武装、人防、打私、科技、气象、防震、台务、物价、港澳、老龄、残联、民族宗教、外事侨务、档案修志、妇女儿童、工会青年等各项事业都取得了新的发展。九是新一轮扶贫开发开局良好。全面完成扶贫对接和各项基础工作，先后投入资金8300多万元，建设了一大批村两委办公设施、农田水利、农业生产、村容村貌等项目，完成1600户农村住房困难户的住房改造。积极创新扶贫工作思路，在产业、就业和物业“三业”上制定新一轮扶贫规划，特别是在深圳龙岗区帮扶的25个贫困村，实施“一园四基地”产业扶贫，启动建设“首饰加工扶贫创业园”。

综合政务

【办文办会】 2013年，县政府办公室做好办文、会务工作。一是从严要求，认真做好收发文及文件管理工作。通过大力改革公文审批制度，完善收文、拟文、签文、发文及登记跟踪程序，严把政策关、程序关、文字关，确保办理的政府机关各类公文的时效性、规范性和权威性。全年共制发县政府文件67个、函复31个，办公室文件53个、函复132个，各类会议纪要115期，及时高效地指导基层工作。二是圆满完成会务和接待工作。全年完成274次会议通知及会议筹备组织工作，接待来访30多人次，承办全县性大型会议会务工作10多次，会议圆满无误，受到领导的肯定。三是认真做好值班安排，落实岗位责任。制定值班值勤工作规范，实行领导带班与值班表轮流值班相结合，工作人员24小时值班制度。

【信息调研】 2013年，县政府办公室出版《海丰县政府政务信息》28期，上报市《政务信息》28篇，被市纳为《汕尾市政府政务信息》18篇；完成调研工作情况汇报32篇；2013年共撰拟起草各类情况汇报材料80篇；调研报告21篇。

【民心工程】 海丰县坚持把经济发展成果转化为民生实惠，着力解决群众关注的难点热点问题，不断提高人民群众的幸福感。2013年重点抓好教育多媒体建设，龙津河改造，保障性住房建设，中心幼儿园、特殊学校建设，海丰影剧院建设，妇幼保健院、疾控中心建设，社会保障惠民工程，平安海丰信息建设，城乡环境卫生整治，平价商店建设等10项惠民工程。积极实施廉租房、经适房、公租房及农村危房改造等百姓安居工程建设，全面推进社会主义新农村建设，着力推动教育均衡发展，全力完成扶贫“双到”、社保扩面征缴、劳动力转移、医药卫生体制改革等工作任务。

【政务督办】 2013年，县政府办公室紧跟县政府的工作部署，全面落实领导的指示，进一步加强对海丰县中心工作和重点政务的跟踪督查。特别是抽调办公室得力人员，联合县发改部门，对重点项目和民生实事等工作开展专项督办。全年共开展专项督查任务50多次，组织编发督办通报或政务通报30多期，有效地推动了全县重大决策部署的落实。同时，着力抓好人大代表建议和政协委员提案的办理工作，共办理人大代表议案、建议11件，政协提案26件，并都全面形成答复方案。

【政府自身建设】 2013年，海丰县政府机关认真执行县委的决策部署，主动接受人大、政协和社会监督，广泛听取民主党派、人民团体和无党派人士意见，确保政府决策的科学化。积极办理人大代表建议、议案和政协委员提案，办复率、满意率均为100%。落实廉政责任，实行个人重大事项报告制度，党风廉政建设深入推进。强化公共服务，规范行政职能，开展行政执法案卷 评查，法治政府工作深入推进。全面落实政务公开制度，重点工程招投标、征地拆迁补偿、惠农资金发放等重要事项，及时向社会公布，接受群众监督。法制建设扎实推进，“六五”普法全面展开。改革力度不断加大，财政体制、农村综合体制、集体林权制度、水利体制、医药卫生体制等各项改革深入推进。2013年，海丰县荣获“2012年度汕尾市节能先进地区”称号等。

（余晓亮）

附：2013年海丰县政府办公室领导名录

主　任：黄坚如（任至4月）　叶胜勇（4月起任）
副主任：刘安基（兼）　谢　光　古友新　吴智传
王荣贞（兼）　黄汉标（兼）
李廉清（兼）　魏汉锡（任至3月）
吴清瑜　吴智良（兼）
林友捷（3月起任）　黄剑雄（4月起任）

法治政府建设

【发挥政府法律参谋职能】 2013年，县法制局以“参谋咨询、审核把关”为宗旨，严格按照法律法规规定，把好政府重大行政决策法律关，做到各项行政决策都符合依法行政要求。充分发挥法制部门在政府决策中的智囊和顾问作用，法制局局长列席县政府常务会议，为政府决策过程提供法律意见和依据。严格规范政府及其部门颁发各类文件，政府规范性文件须先经法制局进行合法性审核后，再提交县政府常务会议讨论研究，部门规范性文件须报法制局审查后才正式发布。使出台规范性文件及公告、通知等政府文件，有件必审，有审核必出意见。全年县法制部门为政府决策提出法律审核意见共70多次，为《海丰县转变政府职能目录》草案提出修改意见60多处。

【依法化解行政纠纷】 2013年，秉承“以人为本，复议为民”宗旨，做好行政复议办理工作，对凡符合受案范围并在法定期限内提出的复议申请，严格按照依法、及时、便民原则，积极予以受理，努力提高办案效率和质量。全年受理1件行政复议，依法办理结案。自觉接受司法监督，做好行政诉讼工作。本着“案结事了”及构建和谐干群关系的原则，对案件反映的问题能够解决的及时予以协调解决并督促案件的执行落实。全年办理行政诉讼案件5件，其中胜诉2件、在审3件，督促落实裁决案件2件，切实做到既促进行政机关依法行政，又有效地维护政府的合法权益。做好接访活动化解行政纠纷，将一些行政争议引入调解机制，对上访群众提出诉求所涉及的法律问题进行客观分析，深入调查取证，提出合法合理建议，成功化解行政纠纷6宗。

【法律法规宣传】 县法制局积极传达全省依法行政工作会议精神，提高依法行政责任意识，8月下旬由县政府常务副县长主持召开全县依法行政暨政府信息公开工作会议，贯彻落实《广东省法治政府建设指标体系（试行）》和《广东省依法行政考评办法》各项规定，要求提高行政执法人员整体素质、强化行政执法监督机制等八大要求。印制《广东省法治政府建设指标体系（试行）》和《广东省依法行政考评办法》1200份分发到各镇（场、经济开发区）、县直各部门及行政执法人员，要求各单位认真依照文件精神，明确下一步各自开展依法行政工作方向和目标。坚持抓好行政执法人员的法律知识培训，提高行政执法能力。根据各单位的职能情况有针对性地开展行政执法人员公共法律知识培训，全面提升行政执法人员的行政执法能力和职业道德水平。2013年全年举行培训班2期，培训人员300多名。开展群众法制宣传活动，大造依法行政声势。积极响应省市开展“行政复议月”的部署，结合实际，邀请部分执法机关法制股室人员，8月28日在县城红宫红场门口进行《行政复议法》宣传活动。宣传期间以现场咨询、发放传单等方式解答群众对行政复议的疑问，纠正群众对行政复议的认识错误，深化群众了解行政复议化解行政纠纷的重要作用和意义。活动展出宣传海报20余张，在县政府大院等地悬挂宣传横幅10余条，发放《中华人民共和国行政复议法》《中华人民共和国行政许可法》及《行政复议知识问答》等宣传小册子500多份，向群众解答法律咨询及行政复议咨询600多人次，并在《汕尾报》《海丰报》发表简讯。

【行政执法监督】 2013年，县法制局主动开展行政执法案卷评查工作。6～8月，组织人员力量对县国土资源局、住建局、农业局、林业局等15个县直单位自选86份行政执法案卷进行评查。采取集中评查、现场反馈等方式，评查出优秀案卷8份，占9.3%；良好案卷28份，占32.5%；合格案卷48份，占55.9%；不合格案卷2份，占2.3%。评查后向各单位分别出具案卷评查意见回复书，将行政执法案卷评查总体情况形成书面材料向县政府领导报告，并以县政府办公室名义向各镇（场、经济开发区）和县直各单位进行通报。严格行政执法证管理工作，依照县编办三定方案，严把办证资格审查关。年内，全县共新办行政执法证275人，实现全县行政执法人员持证上岗的良好执法环境。同时大力宣传持证上岗、依法行政、严格执法的重要性，强调执法责任追究制度，明确行政执法人员“执法为民，违法必究”工作原则。

【加强规范性文件管理】 2013年，认真做好规范性文件的备案工作。遵从相关法律规定，规范性文件制定出台后，及时将规范性文件正式文本连同制定该文件的起草说明、起草征询意见形成备案报告，报市政府和县人大备案，并在媒体上进行公告。严格做好规范性文件清理工作。按照《海丰县行政机关规范性文件管理办法》的规定，在3月份组织全县各单位对现行使用规范性文件进行清理，要求各单位要强化责任，指派专人负责，做到每一份保留文件都有理由、每一份修改或废止文件都有依据，按时按质完成规范性文件清理工作。

【法制队伍建设】 为增加法制机构的骨干力量，通过公开招考形式，新录1名法律人才，充实到法制队伍中，同时提升2名副股级干部为复议应诉股股长和正股级干部，加强法制队伍力量，进一步促进法制工作开展。为提升法制人员自身法治修养，经常组织重大疑难案件讨论，通过集体学习、研究，提高法制队伍整体业务能力和法律水平。

【落实提案、议案交办工作】 落实主要领导负总责、分管领导直接抓、承办人员具体办的提案议案三级责任制，在人大、政协会议之后及时召开各办理单位提案议案交办会，强化督办，建立办理情况通报和督办制度，落实各承办单位的督办责任人，采取电话催办、上门督办等形式，定期通报办理情况，督促各承办单位按期答复。2013年办理人大建议15件，政协提案26件。

（林坤国）

附：2013年海丰县法制局领导名录

局　长：吴智良（兼）

外事·侨务

【概况】 2013年，县外事侨务局深入开展学习习近平主席总书记的系列讲话精神，领略复兴中国梦的精神实质，实践科学发展观活动，紧紧围绕中心任务，发挥优势、锐意进取，努力促进各方面工作开展，较好完成县委、县政府布置的各项任务以及年初制定的工作计划。

【对外联谊活动】 2013年，按照“请进来，走出去”的原则，县外事侨务局积极开展对外联谊活动，重点联络一批有实力、有影响、讲团结、做实事的对海丰县友好华侨华人社团，加强与新华侨、华人、华裔新生代和社团新力量的联谊工作，加强沟通、密切关系，扩大影响；搞好组团接待工作，充分调动侨胞们的积极性，鼓动他们为家乡建设添砖加瓦，动员广大海外成功人士积极投资到海丰县的经济社会建设上来。9月13日，联系全球500强企业之一的史丹利百得精密制造业（深圳公司）一行到海丰县，资助县红城中学贫困生共2万元，扶持陶河杨埔小学灾后重建等2万多元，慰问赤坑敬老院孤寡老人2万元。

【加强侨捐项目监管】 海丰县初步建立和健全侨捐项目监管工作制度，推进当前海丰“万侨助万村”活动开展，侨力资源持续发展。在原有工作基础上，继续深入开展对全县侨捐项目的查漏补登确认工作，同时做好对新捐项目建设使用过程的监督。至2013年年底，全县已普查上报的侨捐项目分布在12个乡镇，总数97宗，接受捐赠总金额11498.6万元。使用方向：教育事业65宗，捐赠金额5071.4万元；福利事业17宗，捐赠金额5041.6万元；建桥修路11宗，捐赠金额1097.6万元；其他288万元。对这些项目为捐赠人颁发了“捐赠证书”，受捐单位签订“管理责任书”，捐赠建筑物悬挂由省侨办统一制作的“侨捐单位”牌子，制订实施《关于在全县建立华侨港澳同胞捐赠公益事业项目监督管理制度的实施意见》，切实维护捐赠人、受捐单位和受益人的合法权益，促进公益事业的发展。为褒扬热心侨胞的善绩，促进侨力资源的持续发展，县外事侨务局将全县捐赠项目编印成一本图文并茂，既有项目建设概貌，又有文字说明的《拳拳赤子心，浓浓故乡情》画册，彰显华侨港澳同胞的赤子乡情，成为首次系统介绍、记载海丰县侨捐项目的文本。

【建立完善归侨普查数据库】 2013年，县外事侨务局已基本完成归侨侨眷的动态调查登记建档工作任务。全县归侨及侨眷总人数4059人，其中归侨总人数538人（亚洲归侨人数537人：印尼归侨人数33人、泰国归侨人数4人、老挝归侨人数1人、新加坡归侨人数27人、印度归侨人数2人、马来西亚归侨人数451人、柬埔寨归侨人数7人、越南归侨人数12人。欧洲归侨人数1人：英国归侨人数1人），全县归侨子女3521人。归侨情况是动态变化的，归侨普查只是归侨工作的一个开始。除认真做好普查资料的登记、收集、录入、汇总、分析等工作，并在此基础上建立全县归侨档案库，还保持对相关情况的跟踪，及时更新资料，完善档案。年初，又进行一次针对贫困归侨的调查登记，并与当地政府联系，作为这次开展“规划到户、责任到人”扶贫工作的重点对象。同时县外事侨务局对归侨普查的成果进行认真分析，从中掌握各地归侨基本情况，梳理归侨中存在的主要问题，积极向各级党委、政府和有关部门汇报反映，为制定有关政策法规提供参考，争取联合各方力量，建立起救助和维护归侨权益的机制。

【开展为侨送温暖活动】 县外事侨务局广泛开展慰问归侨侨眷活动，同时举行归侨侨眷茶话会等节庆活动，认真听取他们的意见建议。年初，根据广东省人民政府侨务办公室《关于做好扶持贫困归侨专项资金发放工作的通知》（粤侨政〔2011〕123号）及汕尾市财政局《关于下达扶持贫困归侨专项资金的通知》（汕财农〔2013〕9号）的文件精神，县外事侨务局根据各有关镇（场）上报名单，进行认真全面审核，配合县财政局、民政局，确定2013年纳入城乡最低生活保障的归侨52人、困难归侨子女助学金3人、困难归侨临时救助63人。2013年度全县扶持贫困归侨专项资金发放款项共5.2万元，具体发放方案：纳入城乡最低生活保障的归侨52人，按全年每人600元计，发放资金共31360元；资助困难归侨子女助学金3人，全年每人按1000元计，发放资金共3000元；资助困难归侨临时救助金人数63人，全年每人按280元计，发放资金共17640元。

【落实侨务政策】 海丰县重视涉及落实侨房政策遗留尾巴的信访，做好维稳工作。在新时期继续做好落实侨房政策工作，妥善处理好历史问题，对营造侨心、维护稳定不失其重要性。对此类问题的信访，县外事侨务局积极排查，全面掌握侨务信访最新动态，努力化解矛盾，防止越级上访和非正常上访，做到底子清、处理快、无隐患、保稳定，及时上报信息，建立维稳工作上下联动机制。

【加强因公出国（境）签证管理】 随着对外开放的不断深入和外向型经济的迅速发展，2013年，海丰县在规范外事签证管理上下功夫，在完善制度、科学管理、加强服务等方面取得新的进展。一是完善制度，做好因公出国（境）管理审核报批工作。在办理因公出国（境）审核手续的工作中，始终坚持管理与服务并举，不断完善各项制度，切实提高审核报批的工作效率。年内，结合机关效能建设，先后制定出国（境）审核手续报批告知制、文书备案制。这些制度的实施确保海丰县因公出国（境）管理工作的顺利开展。县外事侨务局审核呈报因公临时出国（境）的人员中，没有发生一例滞留不归和违反外事纪律的个案。出台文件，加强对领导干部因公出国（境）证件的管理。

【侨务干部自身建设】 为全面提高外事侨务干部的业务素质和工作能力，县外事侨务局加强理论、业务

知识学习，提高工作水平，结合县外事侨务工作实际，深刻领会和全面落实省市外事工作会议精神，增强全局工作人员做好外事、侨务工作的主动性和积极性。加强了侨务工作的统筹协调，充分发挥侨务部门的职能作用，建立了全县外事侨务工作信息平台。同时把反腐倡廉教育同坚持抓好机关的制度建设作为自身建设的基础来抓，加强侨务部门领导班子的建设，做到知侨、亲侨、为侨，熟悉侨务政策，有较强的执政意识和依法行政的能力，以新的观念，新的举措，提升外事侨务部门的服务水平。

（曾向祥）

附：2013年海丰县外事侨务局领导名录

局　长：吴华生

副局长：杨德枝（3月起任）

机关服务与管理

【接待工作】　海丰县机关事务接待办公室严格按照中央“八项规定”，按照“从严从紧、完善制度、深化改革、标本兼治”的思路，加强对公务接待的管理，全面收紧约束力，提高公务接待的严谨性、操作性，大力提倡节约，反对浪费，把不违规、不超标、禁奢侈、倡节俭作为公务接待底线要求。坚持“有利公务、简化礼仪、务实节俭、杜绝浪费”的原则。不断创新，对大型活动以及重要会议用餐，全部采用自助餐。2013年，经费支出比上年度大幅度下降。

【机关大院安保】　县机关事务接待办始终把安全保卫工作作为一项重要工作来抓。不断加强对保卫人员的思想教育工作，提高保卫人员的防范意识，不断加强防控力度，措施到位，责任到人，层层抓落实，进一步规范执勤纪律。加强夜间巡查，确保大院安全，认真做好门卫值班和查验登记制度。积极做好群众上访工作处理，配合县信访局和公安部门处理群众上访缠访事件。完善来访人员登记及车辆出入管理验证制度，落实专人负责对大院内车辆的有序停放，使大院车辆停放井然有序，保证机关大院良好井然的工作秩序和稳定的社会治安秩序。

【公务经费管理】　2013年，严格执行会计制度，对各项收支业务严格把关，正确进行会计核算和账务处理，做好年度决算和预算报表工作，及时组织资金来源，配合财政做好经费核拨工作，促使经费资金到位，为县委、县政府及本办各项工作的开展提供保障。年内，着力对县大院国有资产的配置、资产的配剂、资产的处理及信息化管理四个方面进行细化分工，切实建立健全的资产管理机制，形成国有资产运转规范、监控有力的机制，确保国有资产安全和完整。全面推行资产信息系统，建立动态、完整、真实的资产数据库，实现资产管理科学化、精细化。

【机关事务管理】　2013年，按照围绕服务中心创新建设服务型后勤机关的要求，充分发挥职能职责作用，为大院提供优质高效的服务。加强大院内园林绿化，美化景观，加强绿化养护管理，措施到位。水电管理方面，加强对水电线路和值班人员的管理，做到不发生人身事故，不发生无电无水，不发生失误操作，不发生触电火灾、爆炸事故。按轻重缓急完成各办公室供电线路、设备隐患，从设备上消除安全隐患。加大县委大院公共机构节能力度；认真做好公务用车管理。

【迎宾楼管理】　迎宾楼是县委、县政府的重要公务接待基地。2013年，县机关事务接待办不断加大对迎宾楼的管理力度，推行服务零推脱。从服务、菜式、卫生加以改进和提高，树立服务特色化。做好安全、卫生工作。提高服务质量，加强服务培训，规范员工的行为准则。

【政府采购工作】　2013年，严格按照政府采购规定，凡达到采购规定金额的公务消费资金主动纳入政府采购，委托县采购办和政府采购中心实施，县机关事务接待办予以积极配合。大力压缩基建修缮工程，对于确需进行维修改造的办公室、会议室、迎宾楼，坚持以消除安全隐患，恢复使用功能为标准。严格履行审批手续，严格执行维修改造标准，在施工过程中严把质量关和造价关，从预算、施工、验收、审核层层把关，始终坚持低价、高质原则，工程完工后送县财政局工程预结算审核所进行全面审核，杜绝不合理预算混入结算之中。提高了公务经费的使用效率，降低政府采购成本。

（吕锦佳）

附：2013年海丰县机关事务接待办公室领导名录

主　任：李振城
副主任：陈志明　黄小玲（女，6月起任）

地方志工作

【概况】 海丰县人民政府地方志办公室是主管全县地方志工作的正科级公益一类事业单位，隶属县政府办公室。2013年，全办干部职工认真学习贯彻中共十八大和十八届三中全会精神，认真贯彻落全省地方志工作会议精神，紧紧围绕县委、县政府的工作部署，敢于担当，勇于作为，务实求真，乘势而上，迎难而进，有力有序有效地推进全县地方志工作，确保《海丰年鉴·2013》顺利出版，《海丰县志（1988～2004）》公开发行；全县地方志资料年报工作全面启动，取得明显成效，成为汕尾市地方志事业科学发展的排头兵。

【《海丰县志（1988～2004）》和《海丰年鉴·2012》公开发行】 7月24日，县委、县政府在政协海丰县三楼会议室举行《海丰县志（1988～2004）》和《海丰年鉴·2012》首发式。县委常委、常务副县长许信咏，汕尾市人民政府地方志办公室主任周滨，县政协副主席施培养，县地方志编纂委员会副主任、县人民政府地方志办公室主任蔡忠以及海丰县志编纂委员会全体成员，海丰县志编辑部全体编辑、陆丰市志办等兄弟单位代表共75人出席首发式。县人民政府地方志办公室主任蔡忠介绍《海丰县志》与《海丰年鉴》编纂情况；汕尾市人民政府地方志办公室主任周滨讲话；县委常委、常务副县长许信咏致辞。会议向与会人员赠送志书与年鉴。县委常委、常务副县长许信咏向市志办领导赠送《海丰县志》与《海丰年鉴》；县政协副主席施培养向汕尾日报社等新闻媒体赠送《海丰县志》和《海丰年鉴》；县地方志编纂委员会副主任，县政府地方志办公室主任蔡忠向陆丰、陆河、市城区等兄弟市县区赠送《海丰县志》与《海丰年鉴》。县政府办公室副主任吴清瑜主持首发式。首发式庄重俭朴、文明简洁、务实高效，得到广大读者和社会各界的好评。《广东史志》2013年第1期发表了中国地方志协会学术委员、安徽省地方志协会副会长、安徽大学历史系教授林衍经的《评〈海丰县志（1988～2004）〉的成就与特色》的志评论文，对《海丰县志（1988～2004）》给予高度评价。10月10日，中山大学历史系教授李吉奎撰写《别开生面的〈海丰县志（1988～2004）〉》的志评文章，充分肯定《海丰县志（1988～2004）》的成就。10月5日，《汕尾日报·文化周刊》头版以《六年寒暑终付梓》为题，对《海丰县志（1988～2004）》的编纂进行报道。

2013年7月24日，县委常委、常务副县长许信咏（右二），代表县委、县政府向汕尾市人民政府地方志办公室主任周滨（右一）赠送《海丰县志（1988～2004）》和《海丰年鉴·2012》。县政协副主席施培养（左一）等与会领导表示祝贺

2013年7月24日，海丰县人民政府地方志办公室主任蔡忠（左）在《海丰县志（1988～2004）》和《海丰年鉴·2012》首发式上向陆丰市人民政府地方志办公室代表郑琼国（右）赠送《海丰县志（1988～2004）》和《海丰年鉴·2012》

【海丰县地方志资料年报工作全面启动】 全省地方志资料年报工作会议后，县志办积极主动，及早跟进，于2013年4月23日上报《海丰县地方志资

2013年7月24日，县委常委、常务副县长许信咏（左二），汕尾市人民政府地方志办公室主任周滨（右二），县人民政府办公室副主任吴清瑜（右一），县人民政府地方志办公室主任蔡忠（左一）在《海丰县志（1988～2004）》和《海丰年鉴·2012》首发式上

2013年7月24日，汕尾市人民政府地方志办公室主任周滨（右四）、海丰县人民政府地方志办公室主任蔡忠（右三）与海丰县人民政府地方志办公室干部职工在《海丰县志（1988～2004）》、《海丰年鉴·2012》首发式上

料年报制度实施方案》草案；5月10日，县政府印发《海丰县地方志资料年报制度实施方案》；5月22日，县志办印发《海丰县地方志资料年报编写要求》；5月31日上午，海丰县地方志资料年报工作会议暨业务培训班在县迎宾楼举行。会议对地方志资料年报工作进行具体布置，并进行资料年报业务培训。县委常委、常务副县长许信咏、县志办主任蔡忠以及全县各镇场、县直各单位分管地方志工作的领导和撰稿人共168人参加会议，县政府办公室副主任吴清瑜主持会议。邀请省修志专家、广州市地方志办公室编纂处处长曾新作业务培训。会上，蔡忠传达省、市地方志资料年报工作会议精神，通报海丰县二轮修志工作情况，部署全县资料年报工作。许信咏总结全县二轮修志取得的主要成就，强调要认真做好资料年报工作：一要提高认识，二要加强领导，三要保证质量，四要把握时间，五要经费保障，六要督查督办。全县各地各职能部门要充分认识地方志资料年报工作的重要性，要明确资料年报的任务内容、资料收集、编写要求等，全面开展海丰地方志资料年报工作，圆满完成省、市下达的工作任务。曾新从年报资料的特点、年报提纲的制定、资料收集与整理、年报稿的编写等方面对全县地方志资料年报撰稿人员进行培训。会议印发了《海丰县地方志资料年报制度实施方案》《海丰县地方志资料年报编写要求》和地方志资料年报工作培训教材。海丰县电视台、《海丰》报先后于当晚和6月1日进行报道。至年底，全县135个承报单位，有96个单位上报地方志年报资料，验收合格的有55个单位。全县地方志资料年报工作正在加紧进行之中。

【《海丰年鉴·2013》出版】 由中共海丰县委、海丰县人民政府主办，海丰县人民政府地方志办公室主编的《海丰年鉴·2013》，于2013年2月启动，至4月底基本完成资料收集与组稿，6月中旬编出初稿，交回各组稿单位征求意见和校对，8月初定稿送方志出版社编审，10月方志出版社审定批准公开出版。由于抗击“天兔”强台风和灾后恢复生产等原因，《海丰年鉴·2013》印刷项目于11月26日至12月2日才网上报名，12月24日公开评标。《海丰年鉴·2013》主编许信咏，执行主编蔡忠，总纂赵辉，编审黄俊仁。该书设特载、大事记、概况、政治、经济、教科文卫体、社会生活、区镇概况、人物与先进集体等10个部分，设1055个条目和附录，为大16开本，共96.8万字，系统记述海丰县2012年自然、政治、经济、文化、社会等各方面的发展变化。全书观点正确、特点鲜明、体例完备、结构严谨、内容全面、资料翔实，是一部集思想性、科学性、知识性和权威性于一体的年度资料性文献，是认识和研究海丰县情、制定政策、指导国民经济发展的重要工具书。全书由深圳市精典印务有限公司铜版纸彩色精印精装，定价226元。

【《海丰史志》总第19、20期出版发行】 《海丰史志》自2006年11月复刊以来，始终以“信史、资政、实学”为宗旨，秉承“真诚、严谨、创新”的办刊理念，为海丰新方志的学术研究和信息交流提供一方平台，为展示海丰历史文化名域而发挥窗

《海丰史志》总第19期封面与封三

《海丰史志》总第20期封面与封底

口作用。《海丰史志》对《海丰县志》续其所有、补其所无、正其所误、存其所异的“资政、存史、教化”功能是其他刊物所无法替代的。2013出版总第19期与总第20期。得到全省方志系统和全县广大读者的高度赞赏和各级党政领导的充分肯定。《海丰史志》已出版至总第20期，新出版15期。本刊突出海丰地方特色和志鉴业务两大主题，以“信史、资政、实学”为宗旨，秉承“真诚、严谨、创新”的办刊理念，《海丰史志》设置的特载特辑、政务视窗、人物春秋、地方史话、志鉴园地、名城博览、书林撷英、他山之石、上下求索、史志动态、大事记略等栏目，成为海丰地方志学术研究与交流的一方平台，也是展示海丰历史文化名城风采的窗口。《海丰史志》2011年第2期《客观评论陈炯明》《试谈东江地区的中央苏区县》《也谈所谓“东江革命根据地”》《海籍“红色医生”柯麟的潜伏人生》等图文先后被《汕尾社会科学》2013年第一、二、三期先后转载。《海丰史志》对《海丰县志》续其所有、补其所无、正其所误、存其所异的“资政、存史、教化”功能是其他刊物无法替代的！得到省内外史志界同仁的充分肯定和当地党政领导的充分肯定，成为广东省县级地方志机构主流期刊的佼佼者。

【《海丰年鉴》编纂委员会成员调整】 2013年2月26日，为切实加强对《海丰年鉴》编纂工作的领导，县委、县政府决定调整充实县地方志编纂委员会成员，由县委书记沈木荣任名誉主任，代县长陈德忠任主任，县委常委、常务副县长许信咏，县委常委、县委办公室主任廖汉生，县政府办公室主任黄坚如，县政府地方志办公室主任蔡忠任副主任，编委会下设海丰年鉴编辑部，由许信咏任主编，蔡忠任执行主编，负责海丰年鉴编纂工作。

【地情信息化建设】 在省人民政府地方志办公室信息处的大力支持下，新编《海丰县志》已于上半年上网发布，《海丰史志》已发布15期，方便公众的地情信息需求。至2013年年底，海丰地情网站上传综合志书1部，《海丰史志》期刊累计至总第20期。简讯70篇，上传数据加快，方便全社会查阅。

【蔡忠接受国家级大型期刊《神州》专访】　2013年2月，海丰县人民政府地方志办公室主任、《海丰县志（1988～2004）》与《海丰史志》主编、《海丰年鉴》执行主编蔡忠，接受了中国文学艺术界联合会主管的《神州》大型期刊编辑部主任邵妙苗记者的专访。访谈中，蔡忠以海丰县二轮修志的亲身经历、各级领导的重视支持、全县修志人尤其是县志编辑部依法用心编纂、完成二轮修志任务荣获“全省地方志工作先进集体”优异成绩以及地方志“存史教化、资政育人”等方方面面回答了记者提问。重点就海丰县党政加强海丰文化强县建设、重视修志编鉴、宣传与研究历史文化名人等进行全面深入的推介。特别是《海丰县志（1988～2004）》收录了权威专家、资深学者的《陈炯明研究资料》和《陈炯明碑文》，使世人能客观、公正认识县籍历有争议的历史文化人物——陈炯明。《陈炯明碑文》通过县志办主任蔡忠接受访谈形式首次在国家级刊物《神州》公开发表！另外，用较短的时间，圆满完成海丰县二轮修志任务，比首轮修志提前16年，比省要求的时间提前3年，为政府节省了巨额经费！得到《神州》记者和各级领导以及社会各界人士的充分肯定和高度赞赏。访谈文章以《用信史诠释信念——访海丰县人民政府地方志办公室主任蔡忠》为题，全文刊发于《神州》（2013/02下旬总第193期）《公朴楷模》栏目。蔡忠主任接受《神州》采访，在全国史志界尚属首例，为省、市、县地方志工作机构赢得荣誉。

【县志办向各级党政领导和地方志系统赠送县志和年鉴】　经县委、县政府同意，按照县志和年鉴赠阅方案安排，县志办先后向中国地方志指导小组办公室、广东省人民政府地方志办公室、方志出版社，广州市地方志办公室、深圳市地方志办公室、珠海市地方志办公室、惠州市地方志办公室、汕头市地方史志办公室等省内外地方志工作机构，井冈山干部学院、深圳市老干部参观团、国家图书馆、北京图书馆、南京图书馆、上海图书馆、广东省立中山图书馆等单位和省内外地方志工作机构以及史志专家学者、港澳台同胞、海丰乡贤、史志爱好者赠送《海丰县志（1988～2004）》800多套和《海丰年鉴·2012》500多套。

【加强与兄弟单位工作交流及地情资料交换】　2013年，有汕头市志办、澄海区志办、普宁市志办、揭西县志办、河源市志办、龙川县志办、电白县志办、陆丰市志办、陆河县志办、汕尾市城区志办等兄弟单位前来海丰县交流地方志工作。还与省内外地方志机构交换志书及地情书。应中华伏羲文化研究会华夏姓氏源流研究中心的热诚邀请，报请县委同意，县志办主任蔡忠于2013年4月26～28日出席在深圳市南澳凯旋湾邱家儒先生别墅会所召开的《中华姓氏简史》丛书编委会主编会议。与中国文化促进会副主席、华夏姓氏源流研究中心副主任，汕尾市姓氏文化研究会会长邱家儒先生，中华伏羲文化研究会副会长、华夏姓氏源流研究中心主任、研究员袁义达教授；华夏姓氏源流研究中心副主任、河南省姓氏研究会执行会长刘翔南教授和来自北京、上海、天津、河南、陕西、福建、江苏、浙江、山东、广东、海南等全国各地的姓氏专家学者共商《中华姓氏简史》丛书编纂工作，力促中华民族传统文化的传承与发展。蔡忠主任就修志编鉴与编纂《中华姓氏简史》丛书的体例、规范、要求等与专家学者进行交流。蔡忠建言：编史修志要存真求实，求同存异，观点正确，体例严谨，科学规范，文风端正，确保质量，编出精品。使之成为“存史教化，资政育人”的史籍。蔡忠的言论，得到与会专家学者的赞同。

【加强地方志干部队伍建设】　2013年，县志办党员干部职工在主任蔡忠带领下，认真贯彻党的十八大和十八届三中全会精神，认真贯彻落实县委、县政府的工作部署，讲党性、重品行、做表率，为民务实清廉，着力提高科学决策水平和落实任务的执行力，形成“聚精会神搞建设，一心一意谋发展”的浓厚干事创业氛围。县志办认真履行主管全县地方志工作的职责，认真编年鉴、集资料、编史志、建网站。全年组织全县地方志干部业务培训两场368人次；联系史志爱好者96人次；请教地方志专家学者33人次；进一步提高全县地方志干部的综合素质和业务水平。积极指导县人大办公室编纂《海丰县人大志》；指导县妇联启动《海丰县妇女志》的编修。认真指导有关单位编辑出版地情书，对征集与丰富海丰地情史料付出辛勤的劳动。按照县委的安排，县志办2013年上半年驻附城镇新北村委；下半年驻城东镇关东村委。积极协助这两个村委开展工作，深入实际，调查研究，紧密联系群众，广泛听取群众意见，与群众打成一片，努力完成各项中心任务，取得新成绩，驻村工作得到附城镇、城东镇党委政府的好评。3月28日，县志办主任蔡忠当选为汕尾市监察学会会员，出席第三次全体会员大会，进一步彰显县志办的整体形象。

（蔡　忠）

附：2013年海丰县人民政府地方志办公室领导名录

主　任：蔡　忠

副主任：叶玉坤

档案工作

【概况】　2013年，海丰县档案局（馆）学习贯彻党的十八大、十八届三中全会精神，执行《档案法》《广东档案条例》，扎实做好档案工作，提高档案管理水平，更好地为经济建设和社会各项事业发展服务。围绕县委、县政府的工作部署，做好各项中心工作。年内，海丰县档案馆在年度评估中，被省档案局确定为合格等次；做好扶贫开发“双到”后续工作，协助原挂驻村申请扶贫开发“双到”工作后续资金。

【档案工作目标管理与指导】　2013年，指导县纪委、县人大办、县政协办、县委宣传部、县委台湾工作办、县人民防空办、县工商联、县人社局、县科技局、海城镇、附城镇等21个单位整理档案。继续发放档案目录管理软件和《档案目录管理软件使用说明》。共整理各种档案2447卷，又14873件。其中，5月，县档案局印发《关于加强档案工作的通知》《关于向县档案馆移交档案的通知》；6月，县档案局与县民政局联合转发上级《农村五保供养档案管理办法》；7月，县档案局与县监察局、县人社局联合转发上级《档案管理违法违纪行为处分规定》；9月开始，协助县人社局聘请人员2名，在县档案局整理原县劳动局历年档案材料，并将整理好的档案11589件，及时移交县档案馆保存。

【档案接收与利用】　2013年，县档案馆接收县委历年受上级表彰的各项奖牌及实物档案23件；接收县民政局农村五保供养档案1666卷；接收原县劳动局职工介绍信存根档案7093件，每件5人以上，3.5万多人。做好档案利用工作，接待查档单位、个人105人次，提供各种档案235卷又95件。

【健全档案目录数据库】　2013年，继续开展文件级档案目录电脑输入，新增文件级档案目录4万多条。至年末，数据库文件级目录总数44万多条，完成全部馆藏文书档案及大部分专门档案目录输入电脑工作。做好档案目录数据备份，帮助各立档单位建立历年档案目录数据库。

【档案业务培训】　7月2日，召开全县档案工作会议暨档案业务培训班。上半场为档案工作会议。县档案局局长黄大毅作工作报告，传达市档案工作会议精神，总结近年来档案工作，布置2013年和今后一段时期档案工作任务。县委常委、常务副县长许

2013年7月2日，海丰县委常委、常务副县长许信咏（中）出席会议全县档案工作会议暨业务培训班，并作讲话。县档案局局长黄大毅（左）作档案工作报告。县政府办公室副主任吴清瑜（右）主持会议

信咏出席全县档案工作会议并作讲话。下半场为档案业务培训班。发放《文书档案保管期限表》《归档要点和归档流程》等。参加人员有各镇各机关单位分管档案工作的领导和档案管理人员，共160人。

2013年7月2日，全县档案工作会议暨业务培训班会场

【档案信息化建设】　加强海丰档案信息网站建设，确保网站运行正常和信息安全。2013年继续将档案目录管理软件及使用说明，档案保管期限表（蓝本）等放在网站《公告栏》《业务指导栏》提供参照、复制或下载。网站内容不断更新，对“网上留言”及时回复，社会各方面反映良好。

【民生档案工作】　收集、整理原县知青办知青档案材料。有知青上山下乡花名册、知青下乡审批表、知青书信等。收集、整理原县劳动局职工介绍信存根等档案材料。部分下乡知青、在职职工、下岗职工通过查阅、利用知青档案、职工介绍信存根档案，顺利解决社保、工龄、福利待遇等问题。

2013年12月20日，广东省档案局办公室主任郑泽隆（中）、省档案局原副局长张光灿一行到海丰县档案局检查指导工作。县档案局局长黄大毅（右）、副局长叶建钦（左）向郑泽隆一行汇报职工介绍信存根档案整理情况

【声像档案工作】　继续做好本地重要新闻视频采集工作。采集《海丰新闻》视频及整理《海丰新闻》视频内容摘要。2013年，共采集《海丰新闻》视频1958条。

【政府信息公开工作】　2013年，贯彻落实《中华人民共和国信息公开条例》《广东省政务公开条例》，做好政府信息公开工作。

（洪海洋）

附：2013年海丰县档案局（馆）领导名录

局　（馆）　长：黄大毅

副局（馆）长：叶建钦

政协海丰县委员会

县政协领导成员

【2013年政协海丰县委员会正、副主席名录】

主　席：冯月琴（女，中共党员，主持政协全面工作，兼管经济委员会）

副主席：余立敬（中国农工民主党，分管人口资源环境委员会）

张健雄（女，无党派，分管科教文医卫体委员会）

施培养（中共党员，分管政协机关工作、提案委员会、学习和文史资料委员会）

马小玲（女，中共党员，分管社会和法制委员会）

杨师访（中共党员，分管港澳台侨、外事工作委员会，任至4月）

许妈银（2013年4月当选，中共党员，分管港澳台侨外事委员会）

县政协工作机构

【2013年县政协工作机构及各专委会设置】 2013年，八届县政协设提案委员会、经济委员会、人口资源环境委员会、科教文医卫体委员会、社会和法制委员会、学习和文史资料委员会、港澳台侨外事委员会7个专门委员会。

县政协机关设办公室、组织联络室、综合室3个正科级内设机构，办公室下设秘书股、提案股、行政股3个职能股。

2013年政协海丰县委员会工作机构及专委会设置一览表

表 4

届次	工作机构	主要负责人
县政协机关	办公室	主　任：吴远峰
	组织联络室	主　任：黄海平 副主任：罗晓文（女）　周洪流
	综合室	主　任：陈淑亮 副主任：黄雄飞
第八届县政协专委会	提案委员会	主　任：罗小雄 副主任：叶胜勇　张文亮　周洪流
	经济委员会	主　任：陈孝求 副主任：方小游　吕　锋　许妈银　陈伟建 陈淑亮　黄鸿成　黄雄飞
	人口资源环境委员会	主　任：林梓业 副主任：陈　维　罗晓文（女）郑永城
	科教文医卫体委员会	主　任：李继群 副主任：卢小娟（女）　吴焕新　洪献就
	社会和法制委员会	主　任：黄海平 副主任：吴克城　余海明　黄小流　黄汉标
	学习和文史资料委员会	主　任：吴远峰 副主任：吴荣坤　谢立群　蔡　忠
	港澳台侨外事委员会	主　任：谢　明 副主任：李振城　吴华生　张锦程　陈勋光

政协重要会议

【县政协八届三次会议】 2013年4月10～12日，政协海丰县第八届委员会第三次会议在县城举行。会议审议通过冯月琴代表八届县政协常务委员会所作的工作报告和施培养代表八届县政协常务委员会所作的提案工作报告。列席县十四届人大三次会议，听取并协商讨论了县政府工作报告及其他报告。会议补选政协副主席和常务委员各1名。与会委员对海丰县经济社会发展中的重大问题和人民群众普遍关心的热点、难点问题高度关注，就多党合作、学前教育、社会信用体系建设、依法治税、发展旅游产业、食品安全监管等方面提出了意见和建议。会议还审议通过了政协海丰县第八届委员会第三次会议提案情况审查报告和政协海丰县第八届委员会第三次会议决议。

【县政协主席会议】 全年召开4次主席会议。主要内容有：学习贯彻中共中央八项规定、省市重要会议精神；听取各专委员会年度工作计划，研究部署2013年主要工作、常委会专题调研、市县政协委员联合视察、机关扶贫双到工作、视察指导委员企业灾后复产工作、“委员之家”网络互动平台建设工作；确定县政协八届三次会议重点提案及督办领导；审议有关人事事项等。

【县政协常委会议】 全年召开5次常委会议。主要内容有：学习贯彻中共十八大精神、十八届二中、三中全会精神，全国及省市“两会”精神，习近平同志系列重要讲话精神，胡春华同志在汕尾调研时的重要讲话精神，省政协宣传工作会议精神，审议通过2013年工作要点、常委会关于基层卫生院建设的专题调研报告；协商通过有关人事事项等。

政协主要工作

【政协调研视察】 2013年，县政协组织开展多次调研、视察活动，涉及经济转型升级、农村卫生体制改革、食品安全、环境保护、旅游开发等多个领域，都形成报告呈送县委、县政府，为党政科学、民主决策提供参考。如常委会针对基层卫生院中普遍存在的问题，通过深入各地卫生院，采取专题座谈、个别走访等形式，就海丰县基层卫生院的现状、存在问题及其解决方法，深入调查、研究，形成建议案报县党政，并提出完善乡镇卫生院财政补偿机制、加强乡镇卫生院人才队伍建设、加强乡镇基层医疗机构的建设和管理、加强卫生法制建设等方面的建议。经济委形成《关于加快我县民营经济发展的调研报告》，提出了以落实优惠政策为导向、以建立公共服务平台为依托、以提升传统产业为重点、以创建专业市场为载体，进一步推动民营经济大发展等建议。人资环委形成了《关于海丰县生态公益林保护和管理工作的调研报告》，提出加大生态公益林建设力度、加大县城饮用水源集雨区林地的保护、深化集体林权制度改革、完善森林资源管理和生态保护工作制度等建议。科教文医卫体委形成《关于发展我县旅游业的调研报告》，提出加大政策倾斜力度、做好旅游招商引资工作、整治旅游发展环境、加大旅游文化建设等方面的建议。提案委和文史委形成《关于进一步做好县城地区饮用水源保护的调研报告》，提出提高全民饮

2013年8月25日，市县政协在海丰县联合开展大学新生奖学助学活动

2013年9月12日，海丰县政协主席冯月琴（中）率县政协常委会成员到公平镇开展基层卫生工作专题调研

水安全意识、完善饮用水保护法规、加强饮用水源监督管理和执法等建议。社会法制委形成《关于我县宗教工作情况的调研报告》，提出开展宗教政策法规宣传教育、推动宗教事务健康有序开展、加强宗教团体和宗教管理工作队伍建设等建议。港澳台侨外事委形成《关于促进我县外经贸发展的调研报告》，提出强化利用外资进度督查、强化招商引资后续管理、加大扶持企业发展力度等建议。

【提案办理】 政协海丰县八届三次会议以来，全体政协委员、各民主党派、工商联、有关人民团体和政协各专门委员会，共提交提案29件，经提案委员会审查立案26件，其中委员个人或联名提案22件、民主党派集体提案2件、政协界别提案2件。未立案的提案3件，转为社情民意或委员来信送有关部门处理。在立案的提案中：经济发展方面的2件，占7.7%；城市建设和管理方面的5件，占19.2%；科教文卫体方面的10件，占38.5%；环境保护方面的3件，占11.5%；政法、劳动人事及其他方面的6件，占23.1%。这些提案分别由县委、县政府相关承办部门按有关规定进行了办理，至2013年年底，已全部办复。提案中许多合理的建议被采纳和落实，对县域经济社会和谐发展起到积极的促进作用。《关于加快北部山区镇公路建设的建议》等4件提案被评为优秀提案，县环境保护局等2个单位被评为承办提案先进单位，将在县政协八届四次会议上进行表彰。

【协商议政】 2013年，县政协常委会高度重视协商议政职能的履行，在八届三次全会期间，带领全体委员与县党政领导一起，重点围绕政协常委会工作报告、提案工作报告和“一府两院”工作报告深入开展讨论，精心组织大会发言，向县委、县政府提出意见和建议。常委会还在不同会议中，就事关海丰经济社会发展的重大事项，提出有关建议，如在《2013～2020年全县经济社会发展规划》和县生态科技园的规划中，县政协提出的很多意见，得到县委、县政府领导的高度重视，有力地推动了相关工作的顺利开展。

【政协民主监督】 县政协坚持把民主监督作为政协履行职能的重要内容，多层次、多形式开展民主监督，注重发挥提案的监督作用。2013年，常委会努力在提高提案质量、办理质量和服务质量上下功夫，加大提案监督的力度。在提案交办中，选择涉

2013年强台风“天兔”灾后，海丰县政协冯月琴主席（右一）、施培养副主席（右二）于9月30日到挂驻点联安镇联英村委指导灾后复产工作

2013年12月11日，市县政协委员在海丰县开展集中视察活动，委员们视察前在县政府迎宾楼二楼会议厅听取海丰县经济社会发展情况通报

及经济社会发展和群众关注的重大问题的提案提请党政主要领导、主席会议成员督办；在提案办理过程中，继续健全政协提案委与县政府办联合督查的工作机制，采取上门督办、视察督办等方式，加强政协委员与承办单位的联系和沟通，充分发挥政协委员在提案办理过程中的监督作用。注重发挥专项视察的监督作用。先后组织委员对潮惠高速城东段、县生态科技园、彭湃中学、青年水厂、梅陇西二环路、华润电厂、三阳饰品厂、正升华府等项目进行深入视察。此外，县政协部分委员还认真参与县质监局、县法院、县安监局、供水总公司组织的评议、监督活动，并提出意见建议。注重发挥委员大会发言的监督作用。注重完善大会发言选题、内容审核和成果转化机制，精心组织委员在全体会议上进行大会发言，内容涉及经济、政治、文化、社会建设等方方面面，发言中既充分肯定成绩，又中肯提出批评建议，让党政领导直接听到委员的心声，在与会人员中引起热烈反响，效果十分明显。

【文史工作】 2013年，县政协以钟敬文先生诞辰110周年为契机，切实做好文史资料的编辑出版工作，征集文史资料10万余字，编辑出版《海丰文史》第30辑，为巩固和发展爱国统一战线、团结各界人士发挥了积极作用。

【政协联谊活动】 2013年，县政协常委会注重加强与各民主党派、工商联、人民团体、无党派人士和各界人士的合作，积极为他们知情参政、建言献策创造良好的条件和宽松的环境。主动接受省、市政协的指导，并积极配合参与有关活动。各专委会认真做好与对口部门的联系和沟通，加强与有关部门的工作交流。加强与省内外兄弟政协的联络交流，学习和借鉴外地的先进经验，进一步拓宽政协工作的视野。主席会议成员经常深入基层，走访委员、单位，了解委员企业生产经营状况，尤其是在全县遭受“天兔”强台风袭击后，主席会议成员带队分四组前往各地看望、走访委员，了解部分委员的企业受影响的情况，鼓励他们积极恢复灾后生产。主席会议成员还接受部分委员的邀请前往深圳走访联谊，交流经验、增进感情。联合市政协继续开展奖学助学活动，奖励、资助学生47人，资助金额19万元；慰问、资助261户孤儿和单亲贫困家庭，资助金额15.7万元；在企业遭受强台风“天兔”袭击，损失惨重的情况下，海丰县政协委员仍然踊跃捐资达480多万元，帮助县内受灾群众恢复生产。此外，还协助县做好彭湃中学建校100周年、钟敬文先生诞辰110周年纪念活动的组织接待工作，联合农工民主党组织医技力量在大湖镇开展送医送药活动，这些活动彰显了政协委员强烈的社会责任感，受到社会的广泛称赞。

（赖小雷）

中共海丰县纪律检查委员会

县纪委（监察局）领导成员

【2013年中共海丰县纪律检查委员会领导名录】
书　记：刘　帆
副书记：叶　森　林锡清
常　委：刘　帆　叶　森　林锡清　陈伟平
　　　　叶宜泽　傅容金　黎素贞（女）

【2013年海丰县监察局局长、副局长名录】
局　长：林锡清
副局长：黄胜国（挂任海城镇委副书记）
　　　　陈雪静（女）

县纪委（监察局）工作机构

【2013年县纪委（监察局）工作机构】
办公室主任：林国强
党风廉政建设室主任：余志兴
执法监察室主任：张汉梅（任至3月）
　　　　　　　　张宇清（3月起任）
纪检监察室主任：蔡生绵
案件审理室主任：刘小镇
信访室（举报中心）主任：刘嘉能
宣传教育调研室主任：陈立宏
监察综合室（纠风办）主任：陈振宁

【2013年县纪委（监察局）派驻纪检监察组】
第一纪检监察组组长：陈春晖（女）
副组长：李孝义
第二纪检监察组组长：钟清水
副组长：戴冬生
第三纪检监察组组长：郑世锦
副组长：陈辉明
第四纪检监察组组长：张彭豪
副组长：王燕如（女）
第五纪检监察组组长：唐本高
副组长：黄东荣
第六纪检监察组组长：吴家宾
副组长：张宇清（任至3月）　郭毅刚（6月起任）

重要会议

【中共海丰县第十届纪律检查委员会第三次全体会议】　2月25日下午，中共海丰县第十届纪律检查委员会第三次全体会议在县迎宾楼会议厅召开。会议传达贯彻中纪委十八届二次全会、省纪委十一届二次全会和市纪委六届三次全会精神，总结2012年全县纪检监察工作，部署2013年全县党风廉政建设和反腐败工作任务。县委书记、县人大常委会主任沈木荣出席会议并作重要讲话；县委常委、纪委书记刘帆代表县纪委常委会作《努力拓展反腐倡廉建设领域，为实现“三个坚持、四个争当、五个发展”提供坚强保障》工作报告；县委、县人大、县政府、县政协四套班子领导成员出席了会议。参加会议的有：县纪委委员、各镇（场、开发区）党委书记、纪委书记，县直（含驻海）正科级以上单位主要负责人和分管纪检监察工作的领导，副科级单位主要负责人，县直工委书记、纪工委书记，县公安局纪委书记，县监察局特邀监察员，县纪委监察局副主任以上干部及派驻纪检监察组正副组长共300多人。

【海丰县纪律教育学习月活动动员大会】　8月5日下午，2013年全县纪律教育学习月活动动员大会在县迎宾楼二楼会议厅召开。会议传达全市纪律教育学习月活动动员会精神，部署2013年全县纪律教育学习月活动，主题是“严纪律、正作风、促廉洁”。县委副书记林建隆主持会议，县委书记、县人大常委会主任沈木荣出席会议并作重要讲话，县委常委、县纪委书记刘帆作纪律教育学习月活动动员报告。县委、县人大、县政府、县政协领导班子成员，县法院院长、县检察院检察长，县纪委监察局班子成员、机关各室副主任以上干部及六个派驻纪检监察组正副组长，各镇（场、经济开发区）党委书记、镇（场）长、纪委书记，县直（含驻海）副科级以上单位主要负责同志，县直纪工委书记，县公安局纪委书记参加了会议。会前，与会同志观看了汕尾市纪委政务整治专题暗访片。

主要工作

【落实中央八项规定】　2013年，海丰县认真贯彻落实中央八项规定、省委实施办法、市委、县委实施意见，以“五个工作年”为载体，强化执纪监督，狠抓作风建设。按照“政务环境建设年”的要求，牵头对全县53个单位中168个具有执法、审批和窗口服务职能的股室开展了“万众评股室”活动，并根据市纪委的工作部署，在全县各地各单位组织开展政务整治行动，加强作风自查、明察暗访和执纪问责，大力整治“四风”、庸懒散奢、吃拿卡要等突出问题。在全县纪检监察机关和党员领导干部中组织开展清退会员卡行动，做到会员卡“零持有”和“零报告”。强化对楼堂馆所、购车用车、公务接待、考核评比的监督、检查和清理。严禁公款购赠月饼、年货和贺年卡，禁止公车私用、公款送礼和公款吃喝，机关作风不断改善，节日风气明显好转。严明党的纪律特别是政治纪律，加强对中央、省委、市委和县委重大决策部署落实情况的监督检查，确保政令畅通。加强对重点工作、重点项目、重大事项和民生实事的监督检查。加强对特大洪水、抗击台风“天兔”、森林防火等自然灾害和救灾复产、全倒户重建工作等专项督查。

【党风廉政建设】　县纪委切实抓好党风廉政建设责任制的落实，坚持把责任制工作继续向基层站所和村（社区）延伸，加强对农村基层工作的责任监督。坚持责任追究制度，对因工作失职造成不良后果的党员干部作出党政纪处理。继续组织实施领导干部廉洁自律日常监督流程图，重点对存在收送红包、参与赌博、买官卖官、利用婚丧嫁娶收钱敛财、利用职权为配偶子女谋取不正当利益等五股歪风进行惩治。加强对节日期间禁止奢侈浪费、不廉洁行为的监督检查。继续深化对公务用车专项治理工作，对40个单位主要领导工作变动公务用车使用情况进行监督检查，进一步规范公务用车管理。认真开展廉政风险防控工作。在全县党员干部中开展落实“八项规定”和反对“四风”活动。认真抓好领导干部任前廉政谈话、诫勉谈话、述责述廉述德等制度的落实。继续深入开展党务公开工作。认真抓好农村基层党风廉政建设，加强对农村集体“三资”清理监管。2013年，全县279个村（社区）全面开展清产核资，建立台账，成立村务监督委员会。全县各镇基本完成村账镇管工作，进一步规范了农村财务管理工作。

【宣传教育工作】　2013年，围绕“严纪律、正作风、促廉洁”这一主题，认真抓好纪律教育学习月活动，组织开展“五个一”活动：召开一次由全县副科级以上单位主要领导参加的纪律教育学习月活动动员会。完善一个廉政信息平台，定期将廉政信息发送到全县副科级以上干部。开展一系列明察暗访活动，整肃涉及庸懒散奢等不良风气的行为，严肃查处相关涉案人员，制作暗访专题片，开展警示教育。创建一个廉政教育基地，深入挖掘红宫红场旧址、彭湃故居反腐倡廉元素，以“三馆两廊两广场一故居”，打造海丰红色廉政教育基地。搞好一次征稿活动，认真组织党员干部职工以“弘扬廉洁价值理念，打造廉洁文化品牌”为主题，积极创作微戏剧、微动漫、微小说和报告文学。不断加大对反腐倡廉工作的宣传力度，撰写纪检监察信息86期，在各级党报刊出报道34条。强化干部培训，组织举办了全县纪检监察干部业务知识培训班。通过加强培训，不断提高纪检监察干部的理论水平和业务能力。

【查办违纪违法案件】　严格按照“二十四字”方针的办案基本要求，加强对各类案件的查处。严格办案安全，加强案件管理，认真把好案件审理关，强化“镇案县审”，积极协助做好市纪委办案点的工作。2013年，共受理群众信访举报412件，其中来信245件、来访67件、来电35次、其他方式65件。检举控告类341件，业务范围外71件。初核案件线索85件，立案60件，其中科级干部2人，结案54件，给予党政纪处分51人，移送司法机关8人，追缴违规资金73.8万元。2013年，镇纪委立案18件，结案15件，连续15年消灭办案“空白点”。

【纠风和专项治理工作】 2013年，在全县各相关单位深入开展整治庸懒散奢等不良风气活动，召开整治工作会议5场次，查摆问题352个，征求建议364条，暗访单位69个，制作纠风专题暗访片1期，发现问题5个，查处违纪案件3宗，诫勉谈话6人，通报批评6人，开展警示教育1场500多人次。大力整治教育乱收费问题。对全县18个镇（场）32所小学、20所中学的收费情况进行抽查，共清退违规金额14.4万元，对2位责任人进行立案查处。进一步加强对公路“三乱”的监督检查，开展明察暗访6次；对问题突出、易发多发公路“三乱”行为和群众反映比较多的路段进行重点监控，定期对各责任单位落实治理“三乱”工作的情况进行检查。督促公安交警部门对全县辖区内的所有电子监控设备进行全面自查自纠，在县境内公路边显眼处设置公路“三乱”举报电话牌。大力推进政风行风建设，对24个县直单位开展了政风行风民主评议活动。同时，对上年参加评议的单位开展“回头查”工作。继续办好“行风热线”电视节目，畅通群众诉求，听民声解民忧。组织19个县直单位的“一把手”到县广播电视台上线。通过热线节目，各单位认真介绍职能职责，倾听群众心声，全年共接听群众拨打的热线电话228个，解决群众投诉问题15个，解答群众咨询问题210个。加强三级纠风工作机制的建设，全县18个镇（场）成立了纠风工作组，279个村（社区）聘请了740名纠风监督员，制订了纠风工作组和纠风监督员工作职责。

【预防腐败工作】 重点加强对三大要素市场的监督检查。2013年进入县建设工程交易中心招标投标的工程有48宗，工程总造价4.1亿元，通过实施监督，节约投资1120.65万元。强化政府采购行为，在87宗交易中，采购预算为6532.63万元，采购金额6326.75万元，实际节约资金205.88万元，实际节约率3.15%。加强全县行政效能监察工作，2013年全县24个列入电子监察的行政审批单位共有业务总量9175件，正常办理8944件，预警231件，办结总数8967件，业务总量占全市52%以上。继续完善农村党风廉政信息公开平台和“双信”公开平台建设。监督省网上办事大厅海丰县分厅建设，2013年12月底，网上办事分厅正式开通，率先成为全市第一个县级网上办事分厅。加强治理商业贿赂工作。认真履行县市场竞争秩序建设专责小组成员单位职责，全面推进治理商业贿赂、建立健全市场竞争秩序监管体系建设。加强对本地重点领域打击商业贿赂工作的统筹协调。查处了两宗私自转让土地的案件。推进潮惠高速公路建设廉政监督与效能监察工作，有力保障全县高速公路建设的顺利推进。加强消费维权和社会信用体系建设，加强对市场监管体系建设的监管，督促、协调相关部门依法履行职责，提高行政效能。

【纪检干部队伍建设】 2013年，县纪委（监察局）加强机关规范化建设，完善内部管理制度，严格要求、严格教育、严格管理、严格监督，落实工作责任制。县纪委监察局机关带头开展作风自查，开好专题民主生活会，深入查找“四风”问题。注重干部的培养选拔和交流，为纪检监察干部的成长成才广拓路径。加大教育培训力度，组织委局机关干部积极参加中纪委、省纪委、市纪委的培训。强化内部管理监督，各室、组职责制度上墙，完善机关业务流程；贯彻执行广东省纪检监察机关干部行为规范，组织开展会员卡清退工作，实现“零持有”和“零报告”。积极组织全县纪检监察系统干部职工参与抗灾救灾和环境卫生清理工作，树立纪检监察干部良好形象。

（陈尔松）

民主党派与工商联

中国民主同盟海丰县委员会

【组织发展】 盟县委根据海丰县盟的实际，贯彻“以巩固为主，巩固和发展相结合”的方针。2013年发展新盟员6人；共有盟员125人，其中：女盟员44人，占盟员总数的35%；大专以上学历的盟员有119人，占盟员总数95%；中上层知识分子盟员有118人，占盟员总数的94%，其中高级职称的有40人，占盟员总数的32%。盟员的平均年龄为53.37岁。海丰县盟员担任：省人大代表1名，市人大代表1名，市政协委员2名；县人大常委会副主任1名、代表1名，县政协常委1名、委员3名。

【思想建设】 2013年，民盟海丰县委认真组织全体盟员认真学习贯彻中共十八届三中全会精神，把学习贯彻十八届三中全会精神与民盟自身建设相结合，与进一步履行参政党职能相结合，充分发挥自身优势，密切联系实际，针对经济建设、政治建设、文化建设、社会建设、生态文明建设和社会反映的重大问题，结合本单位的实际情况，开展调查研究，反映社情民意，积极建言献策；继承和发扬民盟长期与中共团结合作的政治信念和优良传统，扎实工作，开拓进取，履行参政党的职责，做和谐社会建设的推动者，做多党合作制度建设的积极参与者和维护者，与执政党同心同德。

【参政议政】 2013年，民盟县委认真组织县委成员及各支部负责人加强学习中共十八届三中全会精神，进一步明确参政党地位和职能，提高了县委成员及基层支部领导人的理论水平和参政议政能力。10月，林时伟、戴南兴、郭义群、谷希云、吴乙鹏、黄丽珍、刘美珠、林美容、戴炎强、梁华灶、刘世锐、陈俊毅参加中共海丰县委组织部、统战部、党校举办的全县党外干部培训班。盟县委组织盟员中的人大代表和政协委员，做好人大、政协“两会”的发言和提案的调研工作，就本县经济建设、市政建设、教育、卫生等方面提出比较中肯的意见和建议，盟县委办公室积极参与省、市、县人大、政协的各项调研活动，为海丰县的三个文明建设建言献策。省人大代表鲁春琴的提案《关于改善省欠发达地区教师工资待遇的建议》；在政协汕尾市六届二次会议上林时伟《关于推进义务教育均衡发展的建议》的提案；在政协海丰县第八届二次会议上提案共三件，戴南兴《关于加快建设海丰县城汽车客运站东站的建议》；谷希云《关于控制我县高中优质生源外流的建议》；黄丽珍的《 关于尽早筹建海丰名人公园的建议》等提案，对社会的热点问题提出中肯的意见和建议，得到有关部门的重视。为提高盟员的参政议政能力，增进盟员间的团结和凝聚力，盟县委于2月8日举行历届老领导座谈会，3月6日举办“三八妇女节”座谈会，10月举办“老年节”座谈会，座谈会气氛热烈，大家畅所欲言，为盟务工作和组织建设提出宝贵意见。

【社会服务】 2013年，发挥盟县委集体力量，在教育形势对光明职业技术学校极为不利的情况下，盟县委多次到学校听取汇报，召集多种形式的教育会议，针对学校存在的问题，集思广益，为学校的发展出谋献策，广大盟员为学校的发展提出相当宝贵的建议。该校有教学班18班，学生726人，其中毕业班150人，高考班30人；教师36人，学历达标33人，达标率91.7%，双师型教师8人，专业教师16人。开设计算机应用、会计电算化、学前教育、成年在职幼师脱产班，民航服务、商务英语（与广东国防科技技师学院联合）等专业及“3+证书”普通高考班。有多媒体、计算机、音乐、电子琴、幼师练功、电子实训、图书室等专业功能室及相应的教学设施设备；有一定的实训场地。学校是省级计算机证书考场；是全县中小学教师计算机培训基地；是海丰县重点职校；是“广东省成人与职业教育先进单位”“广东省先进中职学校”。历年“3+证书”高考升学率95%，2012年和2013年高考录取率均为100%，居全汕尾市“3+证书”高考升学率第一。专业知识扎实，技能考证率高，学生任凭兴趣与特长报考技能证书。年内，各专业考证合格率已达98%；学生有一专多证多能的优势，就业门路广。择业机会多，毕业生就业率98%，其中幼师、财会专业就业率100%，电脑专业就业率95%。

（林时伟）

附：2013年中国民主同盟海丰县委员会领导名录

主　委：马伟飚

副主委：林时伟　戴南兴

中国农工民主党海丰县总支部委员会

【组织建设】　2013年，农工党海丰县总支部委员会下设4个支部、党员52人。党员中有：市、县人大代表2人；市、县政协委员5人；担任政府机关处级以上职务1人。总支部委员会组织各支部进行形式多样的组织生活，全年有10名骨干党员参加了由中共海丰县委组织部，中共海丰县统战部及县党校联合组织的培训。

【思想建设】　2013年，把深入学习中共十八大会议精神作为思想建设的重要内容。带领全体党员深入学习中共十八大精神，邓小平理论，“三个代表”重要思想和科学发展观，学习《中共中央关于进一步加强中国共产党领导的多党合作和政治协商制度建设的意见》精神，学习农工党中央党刊《前进论坛》《农工党章程》。开展“讲政治、顾大局”的学习教育活动。

【参政议政】　围绕群众普遍关心的热点难点问题，深入开展调查研究，认真履行参政议政职能。在八届政协三次会议上提出《把建设旅游购物商场列入重点项目》及《把建设专业集中经营的建材饰品市场列入2013年重点项目》的建议。

【社会服务】　充分发挥该党医疗卫生界方面的优势，积极开展医疗咨询和义诊活动，做好社会服务工作。2013年，引导彭湃医院和中医院的党员积极参加其单位组织的下乡义诊活动。其中：7月28日，组织医务人员20多名前往大湖镇开展义诊服务活动，服务群众200多人次，赠送药品3000多元。

（黄群英）

附：2013年中国农工民主党海丰县总支部委员会领导名录

主　委：余立敬

副主委：黄继茂　陈忠荣

中国致公党海丰县委员会

【组织建设】　2013年，致公党海丰县委员会下设5个支部，有党员99人，其中高级职称25人、中级职称36人。致公党海丰县委在组织发展注重政治素质，有计划稳妥地发展新党员。县委会严格按照致公党党章要求，建立新党员联系制度、谈话制度、考核制度和后期培训制度，对拟发展的新党员规范办理程序，并到发展对象所在单位了解情况，征求意见，认真做好组织发展工作。10月15日，中共海丰县委组织部、统战部联合举办党外代表人士学习培训班，致公党县委会选派了黄荣光、黄永泰、吕小辉、李红莲、张佳波、陈细代、郭芳荣等15名骨干党员参加培训。致公党县委会认真做好人才发现、培养、推荐工作。把素质好、能力强、热心党派工作的党员提拔上来，为他们提供更大的参政议政平台。2013年增补郭芳荣为县委副主委、王时朝为县委委员，进一步加强领导班子的力量。年内，致公党海丰县委荣获致公党广东省委宣传思想工作先进集体称号。年内，致公党海丰县委出版《海丰乡音》第22期，印发3000册，发行国内外和港澳台地区，深受各地侨属、侨眷的好评。

【参政议政】　2013年，致公党海丰县党员担任：市人大代表1名，市政协委员1名，县人大常委1名，县政协常委3名，县政协委员4名；纪委监察员2名，政协民主监督员1名。他们认真负责参议地方大事，积极参加人大、政协的视察和各项活动，为地方各项文明建设出谋献策，充分发挥民主监督和参政党的职能作用。在市、县两会期间，组织人大代表、政协委员及部分党员进行调研，积极提出

提案、议案。其中，吴城金在市政协例会上，提交《关于保护传承历史文化，发展汕尾旅游业的建议》《关于保护我市非物质文化遗产资源的建议》等提案；在县政协例会上，郭芳荣提出《关于筹建海丰名人公园的建议》，黄荣光、郭芳荣、黄永泰、李红莲等四位同志联名提交了《关于整治城市环境卫生的建议》等。此外，致公党负责同志还有参加中共党委、政府召开的民主生活会、座谈会、及海丰县重点项目建设通报会等10多次，他们在会上作重点发言，受到与会同志的一致好评，充分发挥民主党派职能作用。

【联谊活动】　致公党海丰县委结合自身的特点和优势，积极做好思想宣传和海外联谊工作。2013年，共接待致公党中央、省、市和其他地方组织等10多个团体，人数约130人次。其中，较为重要的有：5月24日，接待致公党广州市委会一行10多人。他们参观了陈炯明都督府、黄鼎臣先生故居、陈其尤先生故居、红宫、红场、文天祥名人公园等景点。他们对海丰的发展表示欣喜，寄望海丰在科学发展观的指导下发展得更加美丽和谐。7月11日，全国人大常委、华侨委副主任、中国致公党中央副主席杨邦杰一行8人就调研课题《加快实施走出去战略，提升国际化经营水平》到海丰开展“重走致公路”的考察活动。9月12日，张家界副市长、致公党张家界主委向佐谊一行22人到海丰考察。向佐谊认为此次考察意义深远，他建议海丰要挖掘历史文化资源，发挥人文历史优势，以文化建设带动经济发展。11月2日，接待了致公党郑州总支部主委胡文杰一行47人。参观中，胡文杰指出，素有“小莫斯科”美誉的海丰，孕育出彭湃、陈炯明等一批仁人志士和革命家，为中国解放事业和经济发展做出突出贡献。他们表示，将继承和发扬海丰敢为人先的革命精神，为实现中国梦而共同努力。6月14日，致公党海丰县委会一行10人前往惠州市陈炯明墓园考察调研，受到致公党惠州市委会领导的热情接待。这次活动在中共海丰县委宣传部、统战部的大力支持下，取得圆满成功，这更好地推动了致公党（汕尾）历史陈列馆暨统一战线教育基地的建设。

【自身建设】　致公党海丰县委要求全体党员树立终身学习理念，努力建设学习型参政党。学习采取集中和分散相结合的形式，有计划地安排时间，通过报纸杂志、信息网络、座谈会和培训等渠道学习多党合作理论、国家方针政策、致公党党史等，不断提高党员理论水平和参政议政能力。2013年6月，选派黄荣光、黄永泰等到深圳学习致公党新党章，并把学习心得与党员分享交流。8月4日，在县政协会议室，吴城金组织召开第二十二期《海丰乡音》编委和作者座谈会，与会同志20多名。会上《海丰乡音》的主编黄佛寿对编辑工作作重要发言和布置。与会同志畅所欲言，大家就《海丰乡音》题材的选择、特色彰显、栏目设计、插图安排、期刊次数等方面，提出许多宝贵意见。11月6日，致公党县委会在县统战部会议室召开县委扩大会议，深入学习贯彻习近平总书记一系列重要讲话精神。会议由吴城金同志主持，与会同志有致公党县委委员、政协委员、人大代表、机关工作人员和各支部负责人等20多人。吴城金强调，大家要认真学习领会习近平一系列重要讲话精神，并学以致用地指导民主党派的实际工作，真正做到求真务实、与时俱进，真正做到与中国共产党在思想上同心同德、行动上同心同向、目标上同心同行。11月9～12日，中共十八届三中全会在北京召开。致公党海丰县委主委吴城金及各支部主委采取多种形式组织党员学习贯彻十八届三中全会的会议精神。要求全体致公党员联系实际，认真学习，扎实开展工作。

【社会服务】　2013年，致公党县委积极参与社会建设、医疗下乡、科技咨询等活动，响应该党省委、市委和中共海丰县委、县政府的各项号召，充分发挥党员们的优势，配合政府有关部门为扶贫支边做出大量实际工作。致公党人大代表、政协委员通过组织开展助教、义诊、咨询、技术创新等多种服务活动，为社会献爱心，做贡献，注入正能量。年内，郭芳荣通过公平镇联合海丰县农业局发放价值人民币5万多元的农资产品到梅陇镇、联安镇，受到当地人民群众的赞誉；7月，他又捐款3万元建设大湖镇实验小学多功能教室，受当地党政的好评。12月1日，郭芳荣组织第三支部全体党员前往莲花山风景区观光考察，为家乡建设发展建言谋策。第三支部被省致公评为2013年度基层组织先进集体。年内，黄荣光的农副产品平价商店被海丰县人民政府列为十大民生工程，为促进社会和谐做出贡献。叶良方先后撰写《陈炯明学术论文》、潮汕历史文化丛书、汕尾旅游丛书等，为汕尾历史文化的传承做出贡献。黄永泰工作任劳任怨，成绩突出，荣获2013年度省基层组织先进个人的光荣称号。陈岱退而不休，继续发挥余热，积极指导致公党县委的日常事务和社会服务工作。林友浩积极参与县志办的编辑工作，经3年的努力，2013年6月《海丰县志（1988～2004）》终于顺利出版。3～5月林友浩按时完成与海丰县民政局签约的《中华人民共和国行政区大典·海丰篇》的撰写任务并通过县、市、省三级审稿验收。又积极参加市首届文化节、纪念民俗学家钟敬文110周年诞辰、彭中百年校庆等社会活动的撰联。刘世倩老师被汕尾市莲花山画院聘请为画院艺术委员会主任，还被中国国际工艺美术家协会聘为理事。他的国画《吉祥高原》等五件作品入选省美协主办的《南粤金秋水墨画邀请展》并收入大型画册；他的国画作品被刊登于10月5日的《海丰报》、香港出版的《汕尾诗词》《海丰文学》等刊物。黄佛寿从不计报酬，工作任劳任怨，担任《海丰乡音》主编，为《海丰乡音》编辑和出版做出积极贡献。蔡佩瑜受聘为县老年人体育协会主席，继续发挥余热，为海丰县老年人体育事业做出重要贡献。李红莲组织带队参加县庆“五一”文艺表演和“中国梦·劳动美”征文比赛，并取得好成绩。彭湃中学百年校庆时，张佳波、温锦云、李红莲、刘贵发、余德超、陈克洪等帮助学校做了大量工作；王时朝是彭湃中学校庆纪念画册《百年华章》的主要编写者，身为彭湃中学工会干事，他主动维护教职工各项权益，多次到医院看望、慰问住院教师。叶向群工作认真，年初组织一支部党员到陆河县学习调研，并要求党员撰写活动体会。洪綏棠在县实验中学连年被县评为先进教师。马良苗、黄奕用等同志在强台风“天兔”袭击海陆丰期间，协助组织抢险救灾，踊跃捐款。

（黄永泰）

附：2013年中国致公党海丰县委员会负责人名录

主　委：吴城金

副主委：黄荣光　周洪流

县工商联

【概况】　2013年，海丰县工商联深入贯彻落实《中共中央、国务院关于加强和改进新形势下工商联工作的意见》和《中共广东省委、广东省政府关于加强和改进新形势下工商联工作的意见》精神，紧紧围绕县委、县政府的工作中心，把握科学发展主题和加快经济发展方式转变主线，紧扣“推动创新发展，建设幸福海丰”这一核心，围绕经济建设中心，服务科学发展大局以促进非公经济健康发展和非公经济人士健康成长为重点，不断加强自身建设和队伍建设，充分发挥职能作用，加强和改进新形势下工商联工作，为建设幸福海丰做出积极贡献。

【参政议政】　海丰县工商联拓宽政治协商渠道，积极参政议政。2013年，市、县两会期间，认真组织工商联届别的人大代表、政协委员紧紧围绕经济建设、科教文卫、城建旅游、交通安全等社会热点难点问题，共写出提案、议案10件，为优化非公有制经济发展环境和党委、政府的科学决策提供了依据。

【商会建设】　一是加强组织建设。切实加强领导班子建设、机关建设和工商联队伍建设，不断强化服务意识，拓宽服务渠道，提高服务本领，注重领导班子成员的文化层次和年龄结构。2013年第三次执委会中增补2名副主席、4名副会长、5名常委、4名执委，新增15名领导班子中有硕士研究生、本科生，且年龄都在45岁以下，使领导班子自身建设更加有活力和实力，会员队伍发展质量也得到提升。坚持做到“四个一”：即每个月一次领导班子座谈交流，每季度一次走访会员企业，半年一次常委、执委见面交流，春节一次座谈联谊。年底作为干部工作绩效考核的重要内容，努力把工商联机关建设成为务实、高效的人民团体和商会组织。二是大力发展行业商会和会员企业。加强发展行业协会商会、异地商会的组建工作，1月份县粮食协会成立，6月份广州海丰商会成立，10月份农村青年种养联谊会成立。对推动行业协会、异地商会的建设发展取得重大进展。至2013年底，全县共有私营企业2130家，注册资金177994.34万元，规模以上企业122家（其中工业86家、商贸32家、建筑4家），个体工商户22646户。全县共有行业协会商会组织7个，个体会员31个，企业会员400个，会员总数438人，新组建异地商会1个。三是不断创新工作方法。首先在增强工商联的凝聚力上创新。围绕充分发挥工商联主席会长会、常委会、执委会工作效率和作用这一目标，把新理念、新知识、新方法融入工商联工作之中，增强工作实效。换届以来，县工商联决定开展每月一次领导班子座谈交流，每次活动都有明确的主题。领导班子座谈交流不但互通商机，还增强了对工商联的认识。其次在加强会员管理上创新。县工商联对会员加强了管理，已全部建立会员数据库。通过收取会员费（草案），明确工商联进入正常发展轨道。第三是在提高非公有经济人士的社会影响力上创新。县工商联对新当选的工商联副主席、常委、执委进行了授牌。通过这些活动的开展，树立海丰县非公有经济人士在社会上的良好形象，提高了非公经济人士的社会影响力。第四是在全县非公经济发展上开展调研。按照中央统战部、全国工商联的部署，县工商联开展了非公经济发展上的调研，调研内容丰富，涉及面广，社会反响良好，达到了预期效果。四是结合工商联自身工作特点，为会员企业及会员提供优质、快捷、高效的服务。

【教育培训】　2013年，通过召开学习会、座谈会等形式，多场次组织工商联执委和工商联机关干部职工认真学习贯彻党的十八大精神，《中共中央、国务院关于加强和改进新形势下工商联工作的意见》、省第十一次党代会精神和县委常委（扩大）会议精神，不断加强非公有制经济人士思想政治工作，紧紧围绕县委的核心任务，切实发挥工商联的职能作用。4月组织部分年轻企业家参加省后备人才培训班，7月组织45名民营企业家参加市高峰论坛，8月组织150名民营企业家参加县举办“企业转型升级”培训班，10月组织20名民营企业家参加县组织部、统战部、县委党校举办的为期三天党外人士培训，9月中荣农资总经理、工商联副会长郭芳荣参加台湾农业种养高峰论坛。据统计，全年参加各级培训人数315人次。通过培训学习，助推海丰转型升级，促进了全县非公有制经济的持续稳定发展。

【机制建设】　结合海丰实际，县委出台《中共海丰县委、海丰县人民政府关于加强和改进新形势下工商联工作的意见》（海委〔2012〕24号）和中共海丰县委办公室、海丰县人民政府办公室《〈贯彻落实中共海丰县委、海丰县人民政府关于加强和改进新形势下工商联工作的意见分工方案〉的通知》（海委办通〔2012〕2号）两个文件，到全县各镇（场）、县直有关单位进行贯彻落实，使海丰县在加强工商联工作机制建设方面迈上新的台阶。

【党建工作】　为深入贯彻落实上级“两新”组织党建工作的指示精神和工作部署，实施海丰县抓“两新”组织覆盖“百日攻坚行动”，以及今后一个时期海丰县“两新”组织党建工作任务，县工商联按照县委的工作部署，认真开展“两新”组织党建工作。一是成立县工商联开展非公有制经济组织党建工作领导小组，制定工作规则和工作要点，进一步整合成员单位的工作力量，为推动工作健康开展提供了坚强的组织保证。二是对已经成立的497家企业89个非公经济党支部，通过电话咨询。走访、交流等方式，初步掌握该领域党建工作现状，做到单位数量、经营情况、职工状况、组织设置、隶属关系、党员底数、业主情况等“七个清楚”。三是抓党建工作持续健康发展，对已成立党支部的企业，制定了党员学习，民主生活制度，建立党员示范岗，组织党员自愿参与社会公共服务，在团结凝聚职工、维护各方合法权益，促进社会和谐、推进“两新”组织健康发展等方面做出有益的贡献，如县服装商会党支部处处发挥共产党员的先锋模范作用，2013年有3名先进积极分子申请加入中国共产党。

【公益事业】　2013年，县工商联开展“送温暖、献爱心”活动。春节前，组织全体执委集资80多万元，深入到全县18个乡、镇（场）。开展“送温暖、献爱心”的“同心活动”，慰问特困户、贫困户、孤儿、单亲家庭880户，买有洗衣机、电饭煲和送上慰问金等对县麻风院全体人员进行慰问。年内，举行“金秋助学”，积极回报社会。8月22日，县工商联协助县团委组织“圆贫困学生大学梦”活动，组织部分企业捐款30多万元。为支持教育强镇教育设施多媒体配套捐款95万元，台风“天兔”袭击海丰期间，非公企业捐款救灾850万元。除此之外工商联积极引导会员企业参与各地造桥修路等公益事业活动。充分体现了非公有制企业家们积极响应党与政府的号召，积极回报社会，乐善好施的美德。据不完全统计，全县工商联会员捐资社会公益事业达900多万元，充分展现了广大会员履行社会责任的精神风貌。

（施胜逛）

附：2013年海丰县工商业联合会（商会）负责人名录

主　席：郑海田

副主席：冯玉平（女，党组书记）
　　　　施胜逛（秘书长）

群众团体

县总工会

【概况】 2013年，海丰县总工会和全县各级工会认真贯彻落实中共十八大和十届三中全会、中国工会十六大精神和习近平重要讲话，按照“组织起来、切实维权”的工作方针，树立和落实“以职工为本，主动依法科学维权”的工会维权观，继续实施建功立业、固本强基、依法维权、帮扶困难、素质提升五项工程，有力地推动全县工会事业的全面发展。

【工会组建】 2013年，按照“哪里有企业，哪里有职工，哪里就要建立工会组织”的建会原则，创新思路，强化措施，着力构建“横向到边，纵向到底”的工会组织网络，把壮大组织队伍和加快标准化建设步伐作为工作的重要内容，以非公有制企业工会组建为重点，广泛深入开展宣传发动工作，采取多种方式方法，建立劳资协商平台，正确引导劳资双方达成共识，使业主能够同意成立工会组织，职工自愿加入工会组织。在规模较大的行业中，采用工会联合会的形式，先后组建4个工会联合会，涵盖749家企业、会员人数达37268人。至年末，全县已组建基层工会组织925家，职工会员总数71984人。

【法制建设】 2013年，海丰县总工会积极组织全县各级工会干部认真学习《中华人民共和国工会法》《中华人民共和国劳动法》等法律法规，提高各级工会干部的法律知识水平，推动工会组织法制健全完善。努力做到用科学的理论武装工会干部的头脑，使干部职工在行为实践上有明显的改观，工作作风有明显的转变，宗旨意识、服务意识明显增强，将加强工会干部队伍建设纳入全县“六五”普法规划，列入工会干部职工和务工人员考试内容，以此推进依法治会进程。

【劳动竞赛】 海丰县各级工会组织在“推动创新发展，建设幸福海丰”中积极发挥作用，广泛深入开展劳动竞赛。县总工会根据各行各业的实际，找准劳动竞赛的切入点，以创建工人先锋号为载体，在供电、电信、移动、邮政、教育、卫生等系统，广泛深入开展重点工程劳动竞赛、群众性科技创新劳动竞赛、职工技能竞赛，有力地推动了海丰经济建设。2013年，海丰县电信分公司精心组织、周密部署、全员参与，开展“鼓士气、树信心、验成效”首单突击行动劳动竞赛。该分公司政企行业客户团队获得市“首单突击行动达标团队”称号，城东商客团队获得市“首单突击行动优秀团队”称号，校园客户团队获得市“首单突击行动优秀团队”称号。

【劳模工作】 “五一”前夕，召开全国、省级部分劳模座谈会，劳模代表和先进集体代表共30多人参加了座谈会。县总工会与县电视台联合拍摄制作了“劳动者风采”系列报道，颂扬他们在各行各业的感人事迹，弘扬劳模精神。根据上级工会要求，积极开展推荐评选全国五一劳动奖章和广东省个人先锋号活动，坚持公开、公平、公正的原则，经推荐评选，2013年，海丰县供电局黄鸿成获“全国五一劳动奖章”，并出席省市表彰会议，海丰中学9年级组获得广东省“工人先锋号”荣誉称号。县总工会召开省、市级以上劳模工作会议，做好困难劳模帮扶对象的调查、核实及帮扶工作。

【维权宣传】 2013年，切实维护职工合法权益，积极构建和谐劳动关系，促进职工权益实现、企业发展和社会稳定。为有效地调整劳动关系，加大源头参与监督的检查力度，建立健全以县人事劳动和社会保障局、县总工会和县经贸委为成员单位的劳动关系三方协调会议制度。充分利用三方协商机制这一平台，将涉及职工劳动权益的一些切身问题递交三方协商联席会议讨论，使问题能够得到及时处理和解决。扎实开展“面对面、心贴心、实打实服务职工在基层”活动，解决职工群众实际问题，改进工作作风，密切联系职工群众。通过印发节能减排宣传文件，形成一支节能减排工作队伍，为下一步工作打下坚实基础。年内，继续深入推进工资集体协商工作。召开工作会议，向全县各级工会传达上级文件精神，部署年度工资集体协商工作，在全县各镇和有关单位聘用44名工资集体协商指导员。至年末，全县已签订区域性、行业性等集体合同13份，覆盖职工47782人。

【送温暖工程】 2013年，县总工会进一步做大做强工会帮扶工作品牌，“送温暖”工程和“金秋助学”向常规化、社会化发展。2013年，帮助350名符合低保条件的困难职工纳入政府低保救济。在春节前夕，由县总工会主办、陪同县四套班子领导，分别对特困职工开展送温暖慰问活动，先后走访慰问、救助困难职工和困难劳动模范400多户，发放生活、医疗帮扶救助金、慰问金16多万元，把党和政府的温暖、工会组织的关怀送到他们的心坎上。慰问在海丰经济社会跨越发展中发挥着不可替代作用的100名农民工等大型活动，并送上慰问金4万元。年内，县总工会举办“南粤幸福活动周”，先后慰问强台风“天兔”受灾困难职工、受灾企业，慰问为抗灾复产作出突出贡献的环卫工人，送上慰问救助金20多万元。平时，职工群众发生特殊困难，县总工会和各级基层工会都是尽力尽责，为职工群众做了大量的帮扶工作，积极开展“金秋助学”“心系教育情，温暖送教师”等活动，帮助解决困难职工、农民工子女上学难的问题，并送上慰问救助金23万多元，让他们感受到工会组织的温暖。

【职工教育】 工会组织注重职工教育，狠抓职工素质工程，促进职工队伍全面发展。2013年主要工作：一是以基层、一线为重点，以学习贯彻落实中共十八大精神为主题，加强职工的宣传教育和思想引导。二是不断深化“创建学习型组织，争当知识型职工”活动。举办职工职业技能大赛，广泛开展技术比武。认真组织参加全市范围内的职工演讲比赛等活动。三是深入开展“抓典型、树正气”活动，加大对劳模的宣传、关心、支持和帮助力度，充分发挥劳模典型的榜样标兵作用，营造全社会学习劳模、爱护劳模的良好氛围。四是加强职工文化生活建设，精心筹备，广泛开展“三八”“五一”“十一”等职工文化体育健身系列活动。

（罗展华）

附：2013年海丰县总工会领导名录

主　席：谢荣如

副主席：程剑章　罗银英

共青团县委

【概况】 共青团海丰县委员会是中共海丰县委领导下负责青少年工作的群众团体，团县委机关设办公室、组织部、宣传部（青年志愿者协会）、学校部（少先队海丰县工作委员会）；机关编制6名，其中书记1名、副书记2名、正部长（主任）3名。2013年，团县委以中共十八大精神和共青团十七大精神为指导，围绕“抓基层、打基础、强服务、促和谐”工作方针，以创业、创新、创优为抓手，以建好组织、强化基层为重点，以服务党政工作中心为切入点，以丰富多彩的活动为载体，以公益志愿服务为主打品牌，扎实有效地开展团的各项工作，取得新成效，充分发挥了生力军和突击队作用，为全面推动海丰经济发展及社会建设再上新台阶输出新生力量。

【“我的青春·我的梦”系列专题活动】 习近平总书记在参观“复兴之路”展览时，提出实现中华民族伟大复兴的中国梦。现在，不但中国，而且全世界都在关注中国梦这个词。“梦”于青少年而言，也是其人生历程中一个极为重要的课题。2013年，以此为载体，团县委组织开展“我的青春·我的梦”系列专题活动。在“我的青春·我的梦”之谈梦活动中，为进一步增强广大团员青年的爱国使命感和人生价值观，县委、县政府及团县委相关部门负责人深入校园，围绕“谈梦”开展主题讲座。讲座上，广大团干、团员青年结合习近平总书记阐述的中国梦及如何实现人生梦想进行深入探讨。激发广大青年团员树立正确的世界观、人生观、价值观和实现梦想的斗志，为国家富强、民族复兴、人民幸福的伟大“中国梦”而努力学习、不懈奋斗。

为增强讲座效果，团县委紧接着组织开展“写梦”征文比赛活动以及“青春励志·勇攀高峰”登山活动。“梦”不应该只是存在于言谈之中，征文比赛与登山活动的举办正是为了鼓励广大青年主动地去实践自己的人生规划，积极地为自己的梦想而努力奋斗，不断提升人文素养，并努力为全县经济社会又好又快发展贡献正能量。

【“远离合成毒品、共建平安海丰”宣传活动】 2013年，组织开展海丰县青少年法制教育志愿者进校园活动，在“6·26”国际禁毒日，联合海丰县禁毒委员会、海丰县青年志愿者协会举开展“远离合成毒品、共建平安海丰”宣传活动。围绕“打击毒品犯罪、防范毒品危害”的禁毒宣传主题，组织一支由150名禁毒宣传志愿服务者组成的自行车队，通过自行车环城宣传以及设点宣传、志愿者发放宣传资料等形式，全方位、多角度、深层次地宣传毒品的危害性，不断提高全县人民群众的禁毒意识，形成全民抑制毒品、全民参与禁毒的社会氛围，为实现“创建平安海丰，构建和谐社会”创造一个良好的社会环境。

【“志愿服务集中行动月”公益环保活动】 2013年，团县委在全县普遍开展“志愿服务集中行动月”活动，通过号召广大志愿者进行城市清洁活动，从而在全社会提倡爱护环境，保护家园的环保意识，同时也营造处处可有服务、处处可感微笑，人人争做、人人乐做志愿者的浓厚氛围，使志愿服务成为“幸福海丰”的一道亮丽风景线。

【协助开展“深圳潮青心连心”公益活动】 为救助潮汕地区贫困家庭先心病儿童，帮助他们摆脱病痛困扰，造福患儿家庭及社会，由深圳市潮青联谊会、深圳市慈善会·首彩爱心慈善基金联合主办，启动“深圳潮青心莲心”贫困家庭先心病儿童专项救助行动。此次专项救助陆续在汕头、汕尾、揭阳、潮州、深圳五地开展，为100名贫困家庭的先天性心脏病儿童提供免费筛查及医疗手术救助。汕尾市作为项目实施地区之一，团县委精心组织广大青年志愿者协助执行小组进行项目全程执行。

【开展“南粤幸福周—幸福手拉手”志愿服务活动】 “2013南粤幸福活动周——幸福手拉手——龙岗、海丰两地结对帮扶活动”在海丰县黄羌镇坑联小学顺利启动。启动仪式后，团海丰县委组织坑联村17名学生和海城镇中心小学的17名学生举行会亲活动。此次活动不仅给学生带来快乐，也增进了学生跟家长的交流。

【开展灾后重建、救援志愿活动】 2013年，团县委联合海丰县青年志愿者协会组织了“‘4·20’雅安芦山地震募捐志愿服务活动”“‘8·16’水灾发放物资”“‘9·22’天兔特大台风抗风救灾”等灾后救援、重建活动，吸引了大批热心志愿者投身于志愿服务事业，为受灾群众送去最贴心的温暖、最实际的援助。

【成立海丰县社会组织孵化基地及志愿者（义工）联合会】 2013年，海丰县青年志愿者协会通过组织全县各热心青年，举办了各类社会公益服务活动，在建设和谐海丰的进程中做出新贡献，取得优异成绩。随着海丰县社会服务体制的逐步完善，社会对公益服务活动也提出新要求，为更好地管理各社会公益服务组织，整合社会公益服务资源，进一步推动海丰县志愿服务事业发展，协助做好海丰县全国文明城市创建工作，团县委于12月10日发起成立海丰县社会组织孵化基地，海丰县青年志愿者协会也于当天正式转型为海丰县志愿者（义工）联合会，为组建更优秀的海丰志愿者队伍提供了新的条件。

【开展“雷锋在身边、同做志愿者”校园树新风活动】 为进一步弘扬雷锋精神和“奉献、友爱、互助、进步”的志愿精神，倡导时代新风正气，2013年3月，团县委在全县学校开展以“雷锋在身边、同做志愿者”为主题的校园树新风主题活动。通过开展主题班会、手抄报、校园之声、橱窗等形式多样的团（队）日活动，使雷锋精神深入民心，激励和引导全体师生积极向上、乐于助人的精神境界和价值追求，培养学生热爱祖国、热爱家乡、热爱校园、关心集体，无私奉献的崇高品质。

【开展“生态家园绿色使者”志愿活动】 在“3·12”植树节之际，组织学校团干开展“打扫校道”“修理校园绿化带、为树木浇水”等一系列生态环境的实践活动，使广大学生牢固树立环境保护、节约资源、抵制污染的意识，真正把热爱自然、保护生态、改善环境的理念转化为自觉行动。

【开展“参与禁毒斗争，共建幸福海丰”禁毒宣传活动】 2013年，为增强青少年朋友的防毒拒毒意识，动员发动青少年朋友积极参与禁毒斗争，打造一个平安、和谐、稳定的青少年成长环境，扎实推动海丰县禁毒人民战争的深入开展。团县委组织司法、公安、禁毒委等部门同志组成一支禁毒法制教育志愿者分别进入各中小学校，以开讲座、图片展的形式进行禁毒宣传教育活动。

【“圆梦十年·2013海丰县圆贫困学生大学梦”爱心助学活动】 “圆贫困学生大学梦”助学活动自2004年开始，已连续成功举办9年。9年来，通过精心组织、真诚发动社会各界的支持，共募集资金397.2万元，资助了808名大学新生，奖励了45名考上全国重点大学的优秀学生。2013年，助学活动已是第十个年头，借此机会，团县委结合时下较为新颖的网络宣传方式，组织拍摄由真实故事改编的微电影《梦圆》。从6月份筹备到8月份完成，全程都得到广大青年的支持与参与，并得到无数好评。同时，团县委分片进村入户调查申请对象，将整理好的资料与有资助意向的企业、热心人士沟通协商，从而确定152名受助学生，共募集助学金52万元，帮助了152名家庭贫困的大学新生，还有2名考上全国重点大学的优秀学生获得1万元奖励。

【“两进三同四争先”活动】 2013年，根据团省委关于开展春季“两进三同四争先”活动的部署和要求，在团市委书记带领下，团市委、团海丰县委全体工作人员共17人到海丰县金鸟来服装有限公司开展“两进三同四争先”活动。在经过公司服装师傅简短的上岗培训后，团干们即刻上岗，在流水线岗位与青年工人们共同劳动，团干们分别在剪线头、腰围较对、缝裤子等岗位上进行实地操作，通过劳动，团干们充分体验了青年员工的劳动艰辛，拉近了与广大青年工人们的距离，增加了对青年工人工作与生活情况的了解，有利于团组织改进工作。

【“青春之约·月亮之伴”交友活动】 2013年11月，团县委组织举办“青春之约·月亮之伴”交友活动，旨在进一步丰富、活跃全县机关、企事业单位、中小学教师、医务工作青年的业余生活，促进青年人之间的沟通，增进青年人之间的友谊，活动得到广大青年工作者热烈响应，报名人数达150人。形式创新、内容年轻化的团组织活动进一步提升团组织在青年中的影响力。

【健全完善基层团组织建设】 2013年，海丰县共青团组织建设紧紧围绕改革开放和现代化建设，把积极探索市场经济条件下加强共青团组织建设的新路子、新方法，摆在突出位置，抓紧抓好。把加强基层团组织建设作为重要环节，着力配齐配强基层团干部，充分发挥基层团组织在海丰团工作中的作用；在农村基层组织建设中，进一步强化乡镇团委和农村团支部的建设，努力把农村各类团支部建设好。

（陈启航）

附：2013年共青团海丰县委领导名录

书　记：胡家驹（3月起任）

副书记：王富海　叶俊延（6月起任）

县妇联

【概况】 2013年，海丰县妇联坚持以科学发展观为指导，紧紧围绕党、政工作中心，服务大局，求真务实，积极履行组织妇女、引导妇女、服务妇女和维护妇女儿童合法权益的职责，努力把妇联建设成为妇女的“坚强阵地”和“温暖之家”，为海丰经济社会又好又快发展发挥了桥梁纽带作用，实现妇女工作的新发展。

【推进实施妇女儿童发展规划】 2013年，切实履行县妇儿工委办公室职责，加强协调配合和宣传教育，推进海丰县新十年妇女儿童发展规划的实施。4月19日，组织县妇儿工委成员、联络员和县镇妇联干部在县委党校同步收看“男女平等基本国策讲座”（讲座由省委党校邀请中央党校李慧英教授主讲，通过各地党校远程网络同步直播）。5月底，按时开展2012年度海丰县妇女儿童发展规划监测评估工作，顺利完成监测统计数据和书面分析报告。7月18日，省妇儿工委办、省妇女研究中心主任曾小瑛在市妇联主席、市委组织部人员的陪同下，到陶河镇杨东村开展基层妇女参与民主自治管理情况的专题调研。县妇联、陶河镇党委领导及村“两委”干部、女村民代表、女大学生村官等10多

2013年3月6日晚，海丰县妇女联合会在县政府迎宾楼举行以“绽放女性风采，共建美丽海丰”为主题的纪念“三八”国际劳动妇女节103周年文艺晚会

人参加了座谈会。8月13日，省妇儿工委、省委宣传部、省文化厅儿童发展新规划百场宣传活动——“童心共筑中国梦”到海丰巡演。市妇儿工委秘书长、市妇联副主席庄红琴，县委常委、宣传部部长卢雁慧，县妇儿工委主任、副县长陈凯婵、县妇儿工委成员单位的领导，以及来自中小学的学生代表和家长共300多人观看了演出，营造尊重儿童、爱护儿童的良好社会氛围，促进全县儿童事业的发展。

【维护妇女儿童合法权益】　在“三八”维权周期间，以“坚持男女平等基本国策，保障妇女儿童合法权益”为主题，开展了基层维权服务和普法宣传活动。在“三八”国际妇女节文艺晚会上编导了题为《守法维权平安家》的快板表演；在电视台播放“男女平等是我国的一项基本国策”“反对家庭暴力，促进两性和谐发展”“维护妇女合法权益，实现社会男女平等”等公益广告14次；在电视台《龙津两岸》栏目开展妇女维权专题报道。3月8日，开展“12338”主席接听日活动，当天接听热线来电3宗，接待群众来访1宗。在“6·26”国际禁毒日期间，围绕“打击毒品犯罪、防范毒品危害”的主题，先后在海城、附城、联安、黄羌、梅陇等镇举办“不让毒品进我家”签名活动，并以“妇女之家”为平台组织妇女志愿者向群众发放禁毒宣传资料。全县各镇妇联共发放禁毒宣传资料1.6万份。在“12·1”世界艾滋病日期间，围绕“共抗艾滋，共担责任，共享未来”的主题，邀请市疾控中心专业医师魏勇刚老师，在外来女工流动学校奥舒凯服装有限公司举办妇女面对面防艾知识讲座，并现场发放安全套1800个。11月29日上午，与县卫生局、县疾控中心、县红十字会联合在县城铜钱山路开展户外艾滋病防治宣传活动，现场发放安全套、宣传小册子等5000多份。年内，县妇联共接待来信来访44宗，其中来信2宗，来电14宗，来访28宗。妇联热情、耐心接待每一位来访者，认真倾听她们的倾诉，尽力帮助她们寻求解决问题的办法，为她们提供法律咨询服务，并积极向有关部门呼吁并协助有关部门处理，为受害妇女儿童撑腰说话。

【妇女儿童节日庆祝活动】　“三八”节期间，以“绽放女性风采，共建美丽海丰”为主题组织举办纪念“三八”国际劳动妇女节103周年文艺晚会。县四套班子主要领导与广大妇女同胞一起观看了晚

2013年4月19日，海丰县妇女联合会组织收看省妇儿工委《男女平等基本国策讲座》

2013年6月1日，市县关工委、妇联、团委在海丰县仁荣中学联合举行“心手相牵，快乐成长”关爱留守流动儿童活动

会，县委常委、宣传部部长卢雁慧代表县委、县政府对全县广大妇女致以节日的问候。晚会展现了海丰县妇女昂扬向上的精神风貌。全县各地妇联也组织形式多样的纪念活动。“六一”节期间，组织开展系列节日活动。5月30日上午，县委、县政府等四套班子的领导成员走访慰问了县城地区部分小学和幼儿园的小朋友。5月30日下午，县妇联与县残联、县烟草公司联合到海丰县残疾儿童康复中心看望和慰问儿童患者及患儿家属，呼吁社会各界关心关注患脑瘫、孤独症儿童，帮助患病儿童早日健康成长。“六一”儿童节当天，市、县两级关工委、妇联、团委在海丰县仁荣中学联合举办亲子家教讲座及“心手相牵，快乐成长”游园活动，吸引了100对留守流动儿童及家长参与。讲座特别邀请了汕尾广播电台知名栏目专家以“家校协力，为下一代健康成长护航”为主题开讲亲子家教知识，为孩子和家长们答疑解惑。6月2日晚，海丰县妇联与县广播电视台、红红绿绿艺术中心等联合举办“梦想从这里启航”庆“六一”文艺演出，很多家长都陪着他们的孩子们前去观看，晚会现场气氛热烈、融洽、欢快。全县各地都在“六一”节期间组织开展了节日庆祝、慰问和表彰活动，特别是黄羌镇坑联村“妇女之家”和坑联小学联合举办了文艺表演、拔河、乒乓球等文体活动和游戏，丰富了孩子们的节日生活，受到广大家长的一致好评。

【推进城乡妇女创业就业】 县妇联主动协调县财政、人社、人行、邮政银行等相关部门，全面开展海丰县妇女小额担保贷款工作。至2013年年底，经县镇妇联宣传发动、调查申报审核，已向邮政银行提交小额担保贷款申请资料9户。同时进一步拓宽贷款渠道，新增县农信社为小额贷款部门，更好带动和促进妇女创业就业、增收致富。继续深入开展“巾帼文明岗”创建活动。年内，有县计生服务站、县广播电视台女工委等三个单位获汕尾市“巾帼文明岗”称号，海关女工小组、海丰供电局女工委等3个单位荣获广东省“巾帼文明岗”称号，进一步树立了行业文明新风，激励妇女创先争优，促进和谐社会建设。

2013年“6·26”国际禁毒日期间，海丰县妇联组织开展“不让毒品进我家”系列宣传活动

【帮扶困境妇女儿童】 持续开展“爱心父母”牵手困境儿童大联盟活动。2013年，有43位“爱心父母”结对资助150多位困境学生达6.5万元。10月中旬，在海丰电视台《民生视点》栏目进行“爱心父母”结对助学专题报导，广泛宣传妇联爱心帮扶工作，向社会传递正能量。开展了“儿童爱心营养包”活动，援助县儿童福利救助中心和部分社会孤

贫儿童，其中，4月16日，市、县妇联及市公安系统巾帼志愿者带着“儿童爱心营养包”探访了海丰县儿童福利救助中心。做好2013年“粉红春天关怀基金”申请援助工作，5名患病妇女得到援助金共15000万元。做好贫困妇女白内障、风湿性心脏病及孤贫儿童先天性心脏病的摸查和手术救助申请工作，全县有5名先天性心脏病孤贫儿童得到手术救助。做好省妇联“母亲安居房”援建工作，8户特困单亲母亲家庭得到配套资金扶持建成安居房。向县争取单亲特困母亲危房改造名额，40户单亲母亲家庭获危房改造资金扶持修缮房屋。落实“母亲邮包”项目，与县邮政局共同做好全县200名贫困母亲“爱心邮包”发放工作使贫困妇女得实惠。

2013年7月18日，省妇儿工委办、省妇女研究中心主任曾小瑛由市妇联主席、市委组织部领导陪同，到海丰县陶河镇杨东村开展基层妇女参与民主自治管理情况的专题调研

2013年8月13日，省妇儿工委、省委宣传部、省文化厅儿童发展新规划百场宣传活动—“童心共筑中国梦”来到海丰巡演

【妇联基层组织建设】 加强社会创新管理工作，促进妇联基层组织建设。2013年，在继续开展第一批省级示范点“新园社区妇女之家”建设项目的基础上，重点推进第二批省级示范点“坑联村委妇女之家”、第三批省级示范点“名园村委妇女之家”建设项目。各示范点结合实际制订实施方案，严格规范项目建设和管理，开展普法培训班、组织“不让毒品进我家”签名活动、组织育龄妇女妇科体检等，更好地为基层妇女儿童提供切实有效的服务。推进“儿童友好社区”建设。2013年10月，新增城东镇名园村委为培育点，力促社区关爱帮扶儿童工作的开展。同时，全县女干部培训不再以县委组织部、县妇联等有关部门联合办班的形式开展，直接将女干部培训纳入县委党校干部培训主体班次，更好推进女干部培养选拔工作，提升女干部领导能力和综合素质。

【及时组织参与救灾复产工作】 2013年第19号强台风“天兔”正面袭击海丰县，给人民群众生产生活带来较大困难和严重的财产损失。灾情发生后，县妇联按照县委、县政府的统一部署，迅速组织广大妇女群众救灾复产，并多方筹集救助款或物资帮扶受灾妇女儿童，其中获取捐赠奶粉560罐约17万元。9月27日上午，市县妇联领导赶往重灾区大湖镇开展慰问活动，送去一批奶粉及慰问金，鼓励受灾户积极投入灾后复产工作，重建美好家园。28日上午，县妇联联合县民政部门前往县儿童福利院及陶河镇敬老院开展慰问，为孤寡老人和孤残儿童送去一批大米、食用油及奶粉。

（郭丽生）

附：2013年海丰县妇女联合会领导名录

主　席：黄岱芬（女）

副主席：黎赛琼（女）　陈惠燕（女）

科学技术协会

【“全国科普日”宣传活动】 10月15日上午，由海丰县科协、县教育局、县环保局联合举办的“2013年海丰县全国科普日”宣传活动在海丰县城红场门口举行。副县长符坚参加了这次宣传活动。活动重点围绕“保护生态环境，建设美丽海丰”主题开展。各单位科普志愿者通过现场讲解、发放科普书籍、发放宣传资料、展示科普图板等形式向广大市民宣传倡导保护生态环境理念、节约能源资源基本知识、普及安全健康知识等，提高全民的科学素质。是日，发放科普资料3000多份，接受咨询400多人次，参与市民2000多人。

2013年10月15日上午，由海丰县科协、县教育局、县环保局联合举办的“2013年海丰县全国科普日”宣传活动在海丰县城红场门口举行

2013年6月28日，海丰县科协、县委宣传部、县科技局联合组织县农业局、计生局、卫生局、气象局等10多个相关部门，在平东镇举办"2013年海丰县科技举办活动月集市活动"。副县长符坚参加活动

【科技举办活动月集市活动”】 为进一步贯彻落实《全民科学素质行动计划纲要》，弘扬科学精神和提高广大市民的科学文化素质，6月28日，海丰县科协、县委宣传部、县科技局联合组织县农业局、计生局、卫生局、气象局等10多个相关部门，在平东镇举办“2013年海丰县科技举办活动月集市活动”。副县长符坚参加了活动。活动围绕“实施创新驱动发展战略，携手共建创新型海丰”的主题，开设农作物种植、家禽养殖、肥料、农药安全使用，惠农政策和食品安全法规咨询、优生优育、防震减灾知识、医疗义诊、信息技术等10多个咨询点。县科协还展出《食品安全与公众健康》《关注环境建设关爱健康生活》《节能减排从我做起》等科普展板。现场发放《食品安全与公众健康》《广东农村实用技术》《防震减灾》等科普资料1万多份，赠送节育避孕药品、化肥一大批。是日，该镇2000多名群众参加了这次活动。

2013年11月28日，海丰县科协、县海洋与渔业局联合举办为期三天渔业科技示范户培训班

2013年6月21日，海丰县科协、县科技局在海城镇城北小学联合举办“科学、健康、安全——科普挂图进校园巡展活动”启动仪式。副县长符坚参加启动仪式并作讲话

【举办渔业科技示范户培训班】 为提高海丰县渔业科技示范户的养殖水平，充分发挥其发展高效渔业示范带头作用，11月28日，海丰县科协、县海洋与渔业局联合举办了为期3天渔业科技示范户培训班在小漠镇政府四楼会议室开课，该镇渔业科技示范户、技术指导员等50余人参加了培训。培训会上，县科协、海洋与渔业局领导作了动员讲话。县技术指导专家就池塘底部增氧技术、虾鱼、虾蟹生态混养技术操作规程、日本对虾养殖技术规范、水产品质量安全及渔业安全生产等内容进行了详

细讲授。培训期间，共发放水产养殖安全用药一大批，《池塘底部增氧技术》《虾鱼、虾蟹生态混养技术》《海丰县水产品质安全》《广东农村实用技术》等技术资料300多份。

科普挂图进校园巡展活动现场

符坚副县长（右二）向学生发放科普宣传资料

【开展科普挂图进校园巡展活动】 为认真开展全省食品安全宣传周活动，推动《全民科学素质行动计划纲要》实施，普及科学知识，提高青少年科学素质，从小培养他们的科技和健康意识，6月21日，海丰县科协、县科技局在海城镇城北小学联合举办了“科学、健康、安全——科普挂图进校园巡展活动”启动仪式。副县长符坚参加了启动仪式，并在启动仪式上做讲话。这次活动的主题是《社会共治同心携手维护食品安全》。现场展出80多幅科普展板，包括食品安全、生态环保、低碳节能、应急避险、科学健康、文明生活方式等方面的内容。同时利用科普大篷车车载功能播放《食品安全教育短片——安安带你看食品安全》《防震减灾教育》等科普宣传片供学生们观看。据统计，共有600多学生参加科普巡展活动。现场还向学生发放《食品安全与共众健康》《全民科学素质行动计划纲要（2011～2015）》《防震减灾》《节能减排365计》《海丰科普》等科普宣传资料2000多份。

（陈广真）

附：2013年海丰县科学技术协会领导名录

主　席：施志坚（任至3月）
　　　　罗建奇（3月起任）
副主席：吕爱伦

个体劳动者协会

【概况】 2013年，县个协、私协认真履行自我教育、自我管理、自我服务的基本职能，按照“团结、教育、引导、帮助”的工作方针，紧紧围绕县委、县政府和上级协会的中心工作，本着鼓实劲、办实事、求实效的原则，以服务大局、服务发展、服务会员为重点，进一步加强组织建设、业务建设、规范化建设，努力发挥桥梁纽带、监管助手作用，促进海丰民营经济发展。全县新登记私营企业289户、注册资本17838万元，个体工商户4354户、注册资金13946万元。至2013年12月底，全县实有私营企业2217户、增长2.07%，个体工商户28125户、增长13.74%，合计占全县市场主体总量的97.02%。

【会员思想教育】 2013年，以学习贯彻十八大精神、增强会员发展信心为主线，大力加强会员思想教育，按照党和政府的决策部署，紧密结合个体私营经济发展、协会工作、会员的思想和经营状况，多次召开学习会和座谈会，组织个协、私协党支部党员和协会理事、会员代表认真学习十八大报告中的一系列新思想、新观念、新论断，特别是引导大家深刻领会报告中关于对包括个体工商户、私营企业主在内的社会阶层的新的社会定位的重要论述，促使会员充分认识到十八大的重大决策部署，进一步排除了个体私营经济发展的障碍，突破了以往的重重“禁区”，打开了个体工商户、私营企业平等参与政治生活的大门，从而极大地鼓舞个体工商户和私营企业斗志、增强发展信心。

【倡导行业自律】 2013年，县个私协会充分利用自身职能特点，通过倡导行业自律，建立会员信用评价机制，健全规范动作、奖励惩戒、自律保障制度等，积极引导广大会员诚信自律，督促和指导会员守法经营，不生产假冒伪劣商品、不从事欺行霸市、商业贿赂等违法经营行为，积极发挥职能部门监督管理个私队伍的助手作用。全年全县共有106家个体私营企业被授予“守合同重信用”称号，在全县范围内掀起“诚信兴商”的良好氛围，营造了公平公正经济发展环境。

【优化服务质量】 2013年，按照县委九届十次全会提出的把握发展形势，突出“推动创新发展、建设幸福海丰”这一核心要求，县个私协会以求真务实的工作作风，全面履行协会职能，优化服务质量，着力推进个体工商户转型升级，对拟升级为企业的个体工商户及申请设立企业的办事人员，给予提供法律、政策咨询服务，“一口清”告知相关事宜，并实行专人精心办理，以最快的工作时效完成打印登记材料，特别是对路途较远的乡镇办事人员尽量给予当日提供登记资料，为他们节省时间节省费用。在工作中及时为企业、商户做好服务，对碰到困难和涉讼问题的会员及时给予法律维权指导，提供零距离贴心服务。全年共为企业、商户、群众查询打印各种工商登记资料3000余份，指导帮助会员解决子女入学入托、经营纠纷等实际困难和问题38件，有效维护了会员的合法权益，体现了“娘家人”的热情与真诚。

【开展爱心行动】 大力倡导会员致富思源，组织发动广大个体私营企业以实际行动积极参与慈善工作，通过扶贫济困、敬老爱幼、捐资助学等途径回馈社会。2013年春节、中秋和“光彩服务日”期间，县个私协会联合县工商局组织企业理事、商户代表开展节日“送温暖、献爱心”慰问活动，向贫困户、孤寡老人、残疾儿童送去大米、食油、棉被、衣服、糖果、奶粉等慰问品及慰问金，送上党和政府的温暖，10月18日“光彩服务日”当天，协会还专门聘请几位理发人员和医务人员到福利院为孤寡老人理发、测血压等。以上几次活动累计捐赠财物6万多元，帮扶贫困会员、贫困户、敬老爱幼等200多人次，获福利院、救助站赠送“弘扬美德，关爱老人”“奉献爱心、深情永驻”两面锦旗。在服务和回报社会的过程中，涌现出一大批乐于奉献、热心公益的私营企业家和个体工商户。如“4·20”四川芦山发生地震后，通过协会的发动，短短几天里有20多位理事慷慨解囊捐款2万多元，通过市协会转省协会及时送到灾区。“9·22”“天兔”超强台风正面袭击海丰后，协会及时协同县工商局深入商户慰问、了解灾情，并动员鼓励会员自救互救。各地会员积极响应县委、政府的号召，踊跃加入援助行动，通过不同途径捐款20多万元，以实际行动弘扬了“一方有难、八方支援”的传统美德和“团结互助”的友爱精神，彰显了新型个体私营企业者的高尚情怀。

（蔡春辉　陈伟然）

附：2013年海丰县个体劳动者协会主要负责人名录

会　长：彭成悦

副会长：邱洪武　许玉莲（女）　陈镇伟

2013年海丰县私营企业协会主要负责人名录

会　长：彭成悦

副会长：屈金城　林权丰　庄展汶　曾昭潘
郭芳荣　陈金长

县侨联

【概况】 2013年，海丰县侨联强化“群众工作、参政议政、维护侨益、海外联谊”的职能，发挥群众性、涉外性、民间性的优势，在内外联谊、群众工作、参政议政、维护侨益、为经济建设服务等方面做了大量工作，激发了广大归侨侨眷和海外侨胞为家乡建设的积极性，为推进海丰全面建设小康社会做出积极贡献。2013年，海丰县侨联被国家侨联授予“全国侨联系统先进组织”荣誉称号。

【联谊活动】 县侨联会在密切联系海外传统侨团的基础上，不断加强与华侨新生代、新华侨及港澳台胞的联系联谊。2013年8月，接待马来西亚华侨一行回乡寻根。

附：2013年海丰县侨联主要负责人名录

主　席：马俊鸿

副主席：莫建中（8月起任）

县残联

【残疾人就业培训】　为帮助残疾人脱贫致富，发展种植业生产，2013年11月18日，在黄羌镇虎噉村举办汕尾市残疾人扶贫培训海丰基地挂牌仪式暨首届残疾人种养培训班。海丰县农业局的农科专家对当地37名残疾人进行培训，讲解种植金针菜的技术和病虫害防治、育苗、田间管理、采收等相关知识，增强了残疾人农户对种植金针菜的信心。同时免费发放学习资料和家用货化肥，通过“公司+基地+农户”平台，扶持残疾人发展种养业，帮助贫困残疾人发展生产，带动农村贫困残疾人脱贫致富。

【残疾人扶贫解困工作】　2013年7月，海丰县首次发放残疾人两项补贴：即重度残疾人人护理补贴和贫困残疾人生活津贴。全县符合发放重度残疾人护理补贴对象1593人，按300元/人·年，共发放资金47.79万元。符合发放贫困残疾人生活津贴对象1334人，共发放资金7.26万元，其中农村贫困残疾人963人，按60元/人·年发放；城镇贫困残疾人371人，按40元/人·年发放。全县尚有4625名一、二级重度残疾人享受由政府代缴最低标准的养老保险费和医疗保险费，使残疾人能够享受社会改革发展的成果。

【残疾人康复服务】　2013年1月，县残联为112名有需要的残疾人免费发放坐姿椅、轮椅、站立架、助行器、拐杖、盲杖、防腐鞋、残疾人专用餐具等一批145件，价值30万元。县残疾人康复中心开办聋儿培训班、智力残疾儿童康复训练班和设立脑瘫儿童康复训练活动室，为74名残疾儿童提供免费康复服务。同时，县残联开展盲人定向行走培训60人次；有30名残疾人得到了居家康复服务。全县还有76名残疾人免费装配假肢和矫开器。其中大腿4例、小腿29例、手7例、脑瘫儿童矫正鞋36例，使他们逐步减轻残疾带来的痛苦，逐渐得到康复。

【残疾人文体工作】　2013年，县残联通过大力挖掘残疾人文体特长人才，有6名优秀的残疾人被省吸收为专职运动员，其中郑远森、黎义全还被选拔为国家级残疾人运动员。2月，郑远森、黎义全、黄惠丽被评为县体育先进工作者。6月3～5日，在广东省残疾人艺术汇演比赛中，海丰县残疾人曾献锦、王镇名、李龙标代表汕尾市参加比赛。其中曾献锦的吉他弹唱《姑娘》获三等奖，并获奖金1000元；盲人王镇铭的葫芦丝独奏，李龙标的独唱分别获得优秀奖。

（林仁涛）

附：2013年海丰县残联主要负责人名录

理 事 长：林永溪

副理事长：余仲稳

县红十字会

【概况】　2013年，海丰县红十字会以科学发展观为统领，紧紧围绕中心，服务大局，坚持“抓重点、干实事、见效果”的原则，认真履行红十字会各项职责，加大宣传力度，深入开展应急救援、应急救护、社会救助工作，积极推进无偿献血工作，充分发挥在政府人道事务工作中的助手作用，发挥团体会员单位和基层红十字组织参与爱心行动的积极性，各项工作取得一定成绩，为改善民生、构建和谐社会做出贡献。

【红十字宣传活动】　红十字事业是一项造福人类的崇高事业，它所倡导的人道主义精神及为社会奉献的精神，符合社会主义精神文明的总体要求。红十字会作为政府在人道救助领域的助手，是党和政府联系人民群众的桥梁和纽带，其宗旨、性质与构建和谐社会的总体要求完全一致。2013年，为切实加强红十字会工作，发展红十字事业，提高红十字会的社会知晓率和认知度，凝聚更多的人道力量参与红十字事业。海丰县红十字会努力开辟各种宣传渠道，不断改进宣传手段和方法，通过多种形式大力宣传“人道、博爱、奉献”的红十字精神，形成全社会积极参与红十字事业的浓烈氛围。一是扎实开展各种宣传日活动。利用“12·1”世界艾滋病宣传日、“5·8”世界红十字纪念日、无偿献血日、国际志愿者日等，先后开展以发放宣传资料，展示红十字知识图片，培训等形式的宣传活动，发放《中华人民共和国红十字会法》《中国红十字会章程》《省红十字会条例》《红十字会运动基本知识》《红十字急救常识》等3000多条册。红十字医疗志愿者进入社区开展义诊、健康咨询、传染病防治、造血干细胞捐献、无偿献血等知识宣传。二是以媒体为平台，大力营造舆论氛围。县红十字会充分发挥团体会员单位的作用，与县广播电视台等建立合作关系，加大宣传力度。全年县电视台共播放6次红十字会工作新闻，海丰报报道1次，呼和浩特日报和农村医药报各1次，通过多方面宣传，取得良好社会效果，提高了广大公众对红十字工作认知度。

【关爱弱势群体】 海丰县红十字会坚持以人为本的科学发展观，把开展社会救助工作与关爱弱势群体，构建和谐社会的大局结合起来，协助政府做好暖人心、稳人心的工作。为继续深入开展“红十字博爱送万家”活动，2013年海丰县红十字会与海深、仁荣等公司携手筹集资金和物资，先后到黄羌、赤坑等10个乡镇农村慰问特困家庭、残疾人、孤寡老人、烈军属150多户，送上慰问品计3万多元。所到之处，县红十字会领导嘘寒问暖，与每个受访家庭进行亲切交谈、交流，为他们捎去一股和谐社会的暖流，鼓励他们自力更生，艰苦奋斗，早日脱贫致富过上好日子。

【开展救助活动】 为帮助贫困家庭先天性心脏病儿童免费进行手术治疗，从2013年3月起，通过各乡镇民政、卫生部门对全县范围内贫困先心病儿童进行摸底调查、登记造册，确保名单不漏报患儿不漏查。5月，通过广州医科大学第一附属医院专家对患儿的详细体检，对符合条件的15名儿童由县红十字会协助其分批前往广州医院进行心脏手术，共为患者减免费用近40万元。这是继广州中医药大学第一附属医院、广东省第二人民医院之后的广州第三家三级甲等医院前来做相关筛查。这项活动进一步扩大了红十字会的社会影响，逐渐树立了红十字会的良好形象。9月22日，强台风“天兔”正面袭击海丰。灾情发生后，县红十字会迅速与县应急办联系，了解评估灾情，并形成书面灾情报告于23日直报省红十字会，同时向社会发出救灾呼吁。省红十字会接报后从广州备灾救灾中心迅速拨来棉被、大米、食用油、家庭包等一批救灾物资，并申请国家彩票公益金的资助，拨来20000千克大米，县红十字会通过志愿者和受灾地民政部门及时将物资发送到灾民手中，受灾群众感受到社会主义大家庭的温暖，也使“人道、博爱、奉献”的红十字精神不断得到弘扬，社会影响不断扩大。海丰籍旅港同胞李小军高度关心灾民生活，委托亲属和县红十字会联系，为联安镇受灾村民和两所受损学校捐款20万元，帮助灾民渡过难关，重建家园。县红十字会及时与联安镇党政联系，了解灾情，合理安排发放救灾资金，并及时将信息反馈给李小军，受到捐赠方的充分肯定和称赞。年内，各团体会员单位在服务弱势群体方面也做了大量的工作。县妇幼保健院组织医疗骨干赴公平镇后山村、赤坑镇仁家村下乡义诊，开展妇女儿童健康体检和卫生知识宣传，全年累计下乡义诊3次，送医送药价值3.5万元。县中医院全年来组织技术骨干深入农村义诊9次，赠送药品价值达5.6万多元。海城镇卫生院的医务人员到福利院、新望村委、社区开展卫生防病知识宣传，发放宣传资料6000多份，深入行动不便的患者家中义诊，全年为贫困患者免费送药9300多元。

【红十字青少年活动】 2013年，海丰县充分利用团支部、少先队团队活动，有机地渗透了红十字的内容，使学校红十字会工作与素质教育整合，与德育工作沟通，与教育教学互动，从小培养学生具有人道主义精神，提高他们的社会责任感，学会尊重人、理解人、关心人、乐于助人、特别是帮助有困难的人，自觉地参与各种公益活动，为人民、为社会去做自己力所能及的好事。县实验中学建立完善宣传阵地，设有红十字宣传橱窗、黑板报、经常性普及红十字知识和健康教育，定期开展红十字会知识和健康教育知识的问卷调查和知识竞赛。城东镇中心小学红十字会发扬人道主义精神，积极帮助困难群体，会员为患病的桥东小学学生蔡欣彤和红城中学女教师关雪贞伸出援助之手，慷慨解囊，共捐款3万多元，帮助他们缓解燃眉之急。附城中学历来重视扶贫济困工作，全校师生为遭遇重大车祸的该校学生刘炳辉捐款12085元，学校为12位家庭贫困的学生减免了校鞋校服费、资料费1200元。彭湃中学发扬救死扶伤的人道主义精神，经常组织会员参与无偿献血活动，奉献爱心。无偿献血这一善举已蔚然成风，成为校园内一道亮丽的风景线。年底，彭湃中学获得省卫计委和省红十字会联合颁发的广东省无偿献血促进奖。开展红十字青少年活动，是推进青少年素质教育，特别是道德教育的一条有效的途径。通过参与体现人道主义精神的志愿服务活动，学生们在社会实践中陶冶了道德情操，增长了知识才干，开阔了眼界。

（李立文）

附：2013年海丰县红十字会领导名录

会　长：甘赛梅（女）

法 治

综 述

中共海丰县委政法委员会与县社工委、县委维稳办、县综治办、县禁毒办等5个正科级部门合署办公。政法委内设政工办（副科级）、执法督查室、维稳及综治股、综合调研股、社工工作股5个办、股（室）。干部职工编制19人。

2013年，海丰县政法工作在县委、县政府的正确领导下，以中共十八大及三中全会精神，以及中央、省、市政法工作会议精神为指导，以维稳为龙头，以禁毒为抓手，以平安创建为载体，以社会管理创新为动力，全面推进政法工作，取得了显著成绩，为海丰社会经济的快速发展做出了重要贡献。

社会治安综合治理

【维护社会和谐稳定】 2013年，县政法委坚持稳定压倒一切，深入开展大排查、大接访、大包案、大化解活动，建立健全县党政领导每日轮值接访制度、县镇领导干部定期下访制度、特殊时段和敏感时期大接访制度、常态化排查制度、领导包案制度等，确保全县社会大局持续稳定。一是抓排查、抓防控、严防越级上访。二是抓督办、抓问责，限期解决疑难案件。三是抓包案、抓协调，全力调处大案要案。四是抓苗头、抓预警，及时化解突发事件。五是抓调解、抓矫正，把矛盾纠纷化解在萌芽状态。全年省市立案交办信访事项22宗，其中已上报办结的17宗、未超期正在办理5宗；省市交办群众网上信访事项24宗，办结24宗，办结率100%；县领导交办信访事项77宗，有函复37宗，调处率48.2%。县政法委牵头协调大案要案11宗，解决了涉稳、涉法、涉诉的案件，维护了社会稳定。

【开展严打整治斗争】 2013年，紧紧抓住群众反映强烈的突出治安问题，围绕为全国“两会”及三中全会等敏感时期创造良好社会治安环境这一中心任务，先后组织了“粤安行动”“南粤亮剑”“破案会战”等专项行动。全年县公安机关立各类刑事案件893宗破520宗，破案率58.23%，其中立“双抢一盗”案件390宗，破109宗，破案率27.95%，抓获各类犯罪嫌疑人529名、逃犯127名，打掉各类犯罪团伙25个100名。县检察机关：受理呈送批捕案件519件673名，同比上升26%，受理起诉案件574件780名，同比上升6.69%；提起公诉430件530名。县审判机关：受理各类刑事案件432件，审结417件，同比上升1.41%和上升1.21%；判处罪犯529名，受理执行案件285宗，执行结案272宗，执行率95.4%。

【综治信访维稳三级平台建设】 海丰县继续贯彻落实《关于完善综治信访维稳中心（站）长效机制的指导意见》，进一步加强县、镇、村三级综治平台长效机制建设，强化组织保障、内部管理、工作运行、教育培训、考核激励和督导检查机制，不断深化“六联”工作，推进“四项排查”制度化、常态化和规范化，继续加强对三级平台建设的督导，加快三级平台信息化建设。2013年，全县三级平台共受理案件1826宗，调处1785宗，调处率97.8%。其中，县中心28宗，调处28宗，调处率100%；镇中心366宗，调处352宗，调处率96.2%；村（社区）工作站1432宗，调处1405宗，调处率98.1%。有效化解了社会各种不稳定因素，维护了全县社会治安大局的稳定。

【创建平安海丰工作】 按照《关于全面创建平安海丰实施方案》的目标和要求，落实人员、设施、经费“三到位”，在平安创建十大工程53个创建项目中，选择确定县监察、公安、民政、工商等15个单位作为第一批创建项目予以推进，特别是建立和

完善社会治安防控体系建设，重点完善街面巡逻防控网、社区村庄防控网、单位行业场所防控网、区域警务协作网、技术视频防控网、虚拟社会防控网等“六张网”。年内，认真落实治安视频监控系统建设三年规划，加快构建全覆盖、全天候的治安视频监控系统。深入开展平安镇（场）、平安村（社区）、平安市场、平安企业、平安学校、平安医院、平安家庭等创建活动，大力推进以基层平安创建活动为载体的“平安细胞工程”建设。大力加强城乡社区警务工作，落实“一区一警”制度，提高社区见警率。

【政法队伍建设】 2013年，县政法机关紧紧围绕加强执政能力建设、先进性和纯洁性建设这条主线，加强班子建设，加强队伍的思想、组织、作风、反腐倡廉和制度建设。一抓学习教育。加强对政法干警的社会主义法治理念教育，加强岗位轮训，教育引导政法干警进一步坚定理想信念，提高执法水平。二抓党风廉政建设。以全县开展“万众评股室”活动为契机，完善相关制度，加强警风行风民主评议和党风廉政监督。三抓整顿警车违规问题。根据上级的部署，开展了为期6个月的集中整顿警车、粤O牌车、武警牌车违规问题工作，先后查获违规用车记录15宗次，全县基本制止了违规用车问题，取得较好效果。四抓队伍作风建设。以“照镜子、正衣冠、洗洗澡、治治病”为主题，整治慵懒散奢等不良风气，切实改进工作作风。

（李碧良）

附：2013年中共海丰县委政法委员会领导名录

书　记：陈连郑

副书记：郭庆寿　卓少辞　吴奇双

社会管理工作

【创新社会管理试点项目基本完成】 按照年初下发的《海丰县创新社会管理工作方案》全县19个镇、场（开发区）、24个成员单位结合各自实际，出台了具体的工作方案并着重进行部署和落实。3月11日，召开全县各镇、场（开发区）党政一把手、各成员单位主要领导、县社工委全体人员参加的全县开展创新社会管理工作动员会。为切实做好镇创新社会管理和解决基层民生热点问题、强化组织领导，确保活动顺利开展，海丰县成立以林建隆为组长，社工委副主任为副组长的海丰县创新社会管理工作领导小组。在各地各单位上报的30个创新社会管理项目中，经过筛选，确定了20个项目开展，同时根据实际进行调整，重点把县团委的社会组织孵化基地项目、陶河镇加强村级组织建设项目、附城镇加强小区综合管理项目、海城镇加强社区管理项目和梅陇镇创新环境卫生管理项目（购买社会服务）作为试点先行铺开建设，其他15个项目相应紧跟。12月，5个试点项目已经基本完成，并于12月10日召开全县创新社会管理现场会，组织县社工委正副主任、成员单位一把手以及各镇（场、经济开发区）副书记参加，市及各兄弟县（市、区）社工委也派人来交流，县委书记到会讲话。

【第二届“南粤幸福活动周”系列活动】 根据省、市社会工作委员会2013年“南粤幸福活动周”的部署，结合海丰实际，海丰县以节俭、简约的原则并突出乡土性地举办了“南粤幸福活动周”系列活动。一是与深圳市龙岗区社工委联合举办“幸福手拉手”活动。9月28日在黄羌镇坑联村坑联小学，海丰县社工委与深圳市龙岗区社工委举行结对帮扶启动仪式及深圳务工人员留守子女会亲活动。现场签订两地结对帮扶构架协议书及两地结对帮扶项目方案，决定两地建立友好合作关系并由龙岗向海丰提供项目经费10万元，用于资助结对帮扶项目。举行坑联小学17对学生及家长与海城镇中心小学17对学生及家长会亲活动，进行游戏、会餐（交换食物、分享蛋糕等）。二是举行海丰县“南粤幸福活动周”启动仪式。9月29日，在红场门前小广场举行启动仪式，汕尾市政协主席莫英群、县长陈德忠等领导和各单位代表共约500人参加。现场举行了广场舞、合唱等“南粤幸福活动周”文娱节目表演并融入“天兔”救灾复产元素，活动简单而隆重。三是开展一系列活动。通过开展“幸福我来秀”文体表演、“美丽海城齐动手”志愿活动、“您健康、我幸福”义诊活动、“幸福我健身”活动和以中秋慰问、19号强台风“天兔”灾后对重灾群众慰问、救济为重点的“幸福大礼包”活动开展系列活动。特别是开展“幸福睦邻情——咸茶会”活动更是成为活动的一个亮点。29日上午，县城三镇各自举办“咸茶会”，活动内容为咸茶飨客，海城镇在五居委医灵宫前、附城镇在联河村委门前、城东镇名园举办“咸茶会”，以最具海丰本土特色的“咸茶”招待来往群众，挂驻各镇县领导到现场品尝咸茶与群众拉家常，活动吸引了一波又一波群众参加，场面火爆。

【组织出外学习和培训】 为提高海丰县创新社会管理工作水平，在县委、县政府的重视下，于10月底组织县社工委部分委员、18个镇（场）以及经济开发区党委副书记一行30多人，在县委副书记、县社工委主任林建隆的带领下赴肇庆市端州区、清远市学习创新社会管理工作经验，取得预期效果。期间，在肇庆端州区实地考察了端六社区居家养老中心、星荷豪苑小区（居民小区党组织、业委会、物业管理“三元共治”小区自治模式）和塔脚社区网格化管理，并在区会议中心常委会议室召开座谈会，由该区社工委介绍创新社会管理工作情况，双方进行了互动交流。在清远市考察了清远市青年社会组织培育发展中心、清城区洲心朝阳坊服务站，听取该市社工委有关社会组织孵化工作经验介绍。通过短短两天的学习考察，学习调研组对创新社会管理特别是社区管理和社会组织工作有了更新的认识。作为年内社会工作学习培训的延续，12月19日邀请省民政厅副巡视员王先胜在县委理论中心学习组（扩大）学习会作《关于发挥专职社工、社会组织、自治组织在社会建设中的作用》专题讲座。

【开展社会建设综合考核】 针对省、市社会建设综合考核工作成立了县社会考评与督办专项工作小组，落实了21个相关单位37项考核指标数据责任人，统计了3年来的相关数据，并参照市的做法开展两项工作：一是实行领导包干制度。县社工委将社会建设综合考核指标任务进行分解，由县社工委主任、副主任实行包干负责，落实领导责任。林建隆主任负责5个指标，陈连郑副主任负责5个指标，廖汉生、余振光和王楚雄3位副主任各负责9个指标。县社会建设考评与督办专项工作小组成员作为跟班领导，每月向县社工委汇报一次跟班情况。二是拟于2014年1月开始，县社工委落实社会建设考核指标包干领导活动情况和跟班情况月报告制度。每个月底由县社会建设考评与督办小组成员报送领导包干活动情况和跟班情况报表，县社工委收集后存入工作档案。

（许宇航）

附：2013年海丰县社会工作委员会领导名录

主　　任：林建隆
副 主 任：廖汉生　陈连郑　余振光　王楚雄
专职副主任：许宇帆（6月起任）

公　安

【概况】 海丰县公安局属政府序列行政单位，办公地址在海丰县城红城大道。政法专项编制653名，内设综合管理机构4个：政工室、监督室、法制室、警务保障室。执法勤务机构8个：指挥中心、国内安全保卫大队、刑事侦查大队、交通警察大队、治安管理大队、经济犯罪侦查大队、出入境管理大队、巡逻警察大队。公安派出机构21个：云岭、龙津、新园、莲花山、附城、城东、公平、平东、黄羌、西坑、红岭、赤岸、梅陇、东关、赤石、圆墩、鹅埠、联安、可塘、陶河、赤坑派出所。监管机构3个：看守所、拘留所、强制隔离戒毒所。

2013年，海丰县公安机关以“平安海丰”建设为中心，以维稳工作为重点，紧紧围绕“三个定位、两个率先”目标，以完善立体化治安防控体系为抓手，全面推进“禁毒”“粤安13”“缉枪治爆”“扫黄扫赌”“打盗抢保民安”、打击“传销犯罪”等一系列专项行动，全力抗击19号“天兔”强台风，实现了“六个坚决防止发生”和“发案少、秩序好、社会稳定、群众满意”的工作目标，进一步推动了社会管理创新，提升了“平安海丰”水平，确保了全县社会治安大局持续稳定；先后受到《南方日报》《羊城晚报》《南方都市报》《南方法治报》《汕尾日报》“汕尾市民网”等省、市、县多家新闻媒体和网站的宣传报道，赢得全县广大干部群众的肯定。

【打击刑事犯罪】 2013年，全县共立刑事案件748宗破388宗，破案率51.9%。其中：立命案6宗破6宗，立“两抢一盗”案件338宗破81宗，破案率分别为100%和20.9%；抓获犯罪嫌疑人425名，追捕逃犯103名。6月9日侦破“5·31”故意杀人案，抓获犯罪嫌疑人陈某某。7月5日侦破“6·14”特大入室盗窃案，抓获犯罪嫌疑人徐某某。10月22日侦破强奸幼女案件2宗，分别抓获犯罪嫌疑人曾某某、彭某某2人。10月23日打掉一“双抢”犯罪团伙，带破“双抢”案件8宗，抓获犯罪嫌疑人刘某某、陈某某、刘某某、黎某某、王某某、吴某某6人。

【打击经济犯罪】　2013年，县公安局共受理各类经济案件35宗，通过初查立案24宗，破21宗（其中破年前案件3宗）；抓获犯罪嫌疑人52人，其中抓获逃犯8人，提请逮捕14人，移送起诉24人；涉案总值约79890万元，直接挽回经济损失200多万元，为稳定全县市场经济秩序做出了贡献。年内，在公安部开展的打假专项行动中，海丰县局经侦大队广泛开辟案源，收集涉假线索，2013年08月22日，根据举报线索，与汕尾市药监局联合迅速赶赴海丰县陶河镇，对陶塘社区魏某某卫生室进行突击检查，现场查获泌淋清胶囊、金刚丸、虫草生精固木丸等假药，以及“复方磷酸可待因口服溶液”等违禁药品一批。经侦查扩线，县经侦大队先后在海城、公平、城东等地抓获犯罪嫌疑人陈某某、曾某某、林某某等人。5月8日，县局经侦大队在工作中发现城东镇一名叫林某某的男子，将假洋酒商标标识和制假原料以及从汕尾地区各大酒楼服务员手中购买到的空洋酒瓶、酒瓶封口等卖给谢某某、郑某某。谢某某、郑某某购买假洋酒商标标识和制假原料后在家里生产假洋酒，并将生产的洋酒卖给烟酒商行对外销售从中牟利。9月14日，犯罪嫌疑人林某某、谢某某、郑某某等人被抓获，现场缴获大量洋酒以及生产假洋酒的工具和瓶、盖、注册商标等制假工具原料一批，涉案金额40多万元。

2013年9月25日上午，海丰县县长陈德忠（左三）率领副县长、县公安局局长王楚雄（左一），副县长卓凛波（左二）等县领导看望慰问抗风救灾民警

【禁毒工作】　2013年，海丰公安机关充分发挥禁毒主力军的作用，以“扫毒害，保平安”为目标，多警种捆绑作战，用铁的决心、行铁的纪律、下铁的任务，竭尽全力推进禁毒工作，取得了显著成效。截至12月25日，全县共查处吸毒人员2446人，其中强制戒毒890人，超额完成全年指标任务（881人）的101%；破获毒品案件332宗335人，完成全年指标任务（355人）的93.52%；缴获毒品海洛因161.93克，冰毒14362.76克、麻古230.88克、麻黄草34.68吨及其他可疑毒品共37小包。4月8日，在梅陇、鹅埠等地缴获近30吨的麻黄草，4月6日和4月13日先后摧毁曾招胜贩毒团伙和张裕佳贩毒团伙，抓获成员22名，缴获冰毒2149克。

【警卫与安全保卫】　2013年3月16日晚8～10时，海丰民俗文化展演活动在县体育场举行，县公安局制定《纪念钟敬文诞辰110周年暨海丰民俗文化展演活动安保方案》，成立由副县长、局长王楚雄为总指挥，政委吴堂泽、副局长罗震、纪委书记曾小彪为副指挥，副局长钟伟雄、陈克平、施胜军、刘勋浦，党委委员吴慰廷、朱炯宁、彭树木为成员，指挥部设在局指挥中心的领导机构。县公安机关抽调警力229人参与安保，确保本次展演活动的圆满成功。11月17日上午10时，彭湃中学举行百年校庆，县公安局制定《海丰县彭湃中学百年校庆安保工作方案》，成立由局党委委员、副局长陈克平任组长，局党委委员吴慰廷、彭树木、刘伟龙、彭中副校长缪爱国任副组长，相关安保单位一把手和校安全办主任谷希云为成员的安保领导小组，局指挥中心负责警令上传下达和协调指挥工作。在这次安保任务中，县公安局出动警力130人，确保了彭湃中学百年校庆的圆满成功。

【公安监管】　2013年，县看守监管部门以依法、严格、科学、文明、规范化管理为核心，发扬艰苦奋斗和爱岗敬业的拼搏精神，积极开展"全省看守所开展规范执法教育整顿专项活动"、继续开展全省公安机关社会管理创新工作活动和规范执法教育整顿专项活动，强化内部监督管理措施，加大督查和执法行为力度，保障被监管人员合法权益。加强卫生疾病防治医疗保障工作，建立病历档案，发现疾病及时治疗，特别注重对重病号的管理工作，及时跟踪掌握病情，看守所及时治疗一位患严重疾病的罪犯，保障讼诉程序的进行并顺利投送监狱、同时坚持人性化管理，不断深化各项监管措施，确保监所的绝对安全。全年收押、接收各类在押人员共1073人（其中刑事拘留737人，提请逮捕44人、省内其他看守所转送余刑3个月以下留所服刑人员的292人），处理出所共1012人（其中投牢308人、刑满释放434人、其他270人），在押人数626人。年内，县拘留、戒毒所进一步加强规范化管理，对入所被拘留、戒毒人员的生理、心理康复以及行为矫治、劳动技能等方面进行了综合训练提高；管理上实行分区和一人一床位制管理模式，严格依照《广东省强制戒毒人员诊断评估办法》，做好戒毒人员评估出所工作；推行管理教育新模式，对收治被戒毒人员实行分区、过渡、专人负责的管理模式；对戒毒人员建立一人一档，医务工作实行病历制，与县彭湃医院建立治疗绿色通道，规范了管理教育、医疗服务工作；积极开展日常管理教育工作，加强对被拘留、戒毒人员的警示和引导。全年共收押被拘留、戒毒人员1527名，处理出所人员1518名，在押人员381名。2013年，县拘留所、戒毒所接受省公安厅的考核评估，继续分别被评为三级所。

【治安管理】 2013年，海丰县治安管理主要从两方面入手。一是特种行业管理。县公安局治安管理大队根据《广东省旅馆业治安管理规定》（2006年7月10日广东省人民政府令108号），以管理促规范，做到不漏管、不失控，完善对全县旅馆业的规范管理，全力做好旅馆业的管理工作。全县现有83间旅馆业。3月初起，治安管理大队根据《中华人民共和国娱乐场所管理条例》（2006年3月1日国务院令第458号）和《娱乐场所管理办法》（2008年10月11日公安部令103号），规范了全县歌舞服务行业。至年末，全县有15间歌舞娱乐场所。二是枪支、爆炸危险物品管理。年内，县公安局根据中共十八大关于"深化平安建设"的总体要求，按照省厅缉枪治爆工作统一部署，在市局有关部门指导下，在全县范围内深入开展缉枪治爆专项行动，取得明显成效。全年共侦破涉枪涉爆案件4宗，抓获涉枪涉爆犯罪人员7人，收缴非法枪支17支，其中具有枪支性能的12支、不具备枪支性能的5支，确保海丰重大活动、重要节日"不打响、不炸响"，确保海丰社会治安大局的持续稳定。2月初，治安管理大队根据《民用爆炸物品安全管理条例》（2006年5月10日国务院令466号）的有关规定，规范了民爆管理。至年末，全县有2家民爆企业、4家临时爆破工程企业。

【边防管理】 2013年，边防大队共立刑事案件17起，破14起。其中：受理治安案件69起，查处69起，查处率100%；抓获各类违法犯罪嫌疑人113人；强制戒毒29人，行政拘留51人；妥善化解矛盾纠纷70起，办理违规船舶案件50宗，确保了全年没有发生一起群体性事件和重大安全事故。主要工作：一是缉私工作卓有成效。全年共查获涉嫌非法运输走私成品油案件7起，缉获非法走私成品油约42.6吨，捣毁可疑走私窝点1处，拆卸扣押油表、油管、发电机等设备一批。二是禁毒工作战果显著。大队党委高度重视禁毒工作，加大辖区的巡逻管控力度，积极物建情报人员，禁毒工作走在支队的前列，小漠所、大湖所、鲘门所、梅陇所均已提前超额完成上级下达的禁毒指标，5月17日凌晨，小漠所通过设卡盘查时查获一起特大毒品案，现场查获疑似"冰毒"3大包，重约2940克，有力地打击了辖区的毒品犯罪活动，获得了上级党委和当地政府的高度肯定。

【户政管理】 海丰县公安机关切实加强户政管理，积极创建人民满意窗口，搞好优质服务，充分落实惠民措施，做到爱民便民利民，全面完善户政管理、身份证管理、流动人口和出租屋管理、重点人口和监外罪犯管理工作。积极落实做好公安部居民身份证登记信息工作，进一步健全户政业务管理，为经济社会发展和谐提供更为准确翔实的户籍资料，为保障公民权益和维护社会稳定发挥更大的作用。2013年，为群众办理第二代居民身份证47301张，临时身份证11076张；办理各类户口迁移手续1900人次（其中外省市婚迁1499人次）；儿童报生入户及其他补办入户16228人，办理入伍、入学、出境、劳教、判刑、死亡注销2599人，办理变更户口项目7033起，为其他单位提供查询资料1855人次。

【消防管理】 2013年，消防大队按照年度工作部署，创建了海丰消防二星级铁军中队，同时，梅陇镇火灾隐患重点地区整治工作也顺利通过市政府验收并摘牌，成功抗击了台风“天兔”自然灾害。全年共接出警230起，出动车辆392辆次，出动警力2271人次，抢救被困人员128人，疏散被困人员764人，抢救财产价2557万元，灭火救援成功率100%；联合公安、安监、工商、文广新等部门开展联合执法10次，出动执法人员1618人次，检查单位751家，下发责令改正通知书553份，整改火灾隐患2336处，临时查封10家，“三停”单位10家，行政处罚6家，罚款23.7万元，全力确保了海丰县全年未发生重特大火灾事故。

【道路交通安全管理】 海丰交警部门以“安全、畅通、文明、和谐”的目标，不断深化社会管理创新工作，积极推进交通秩序集中整治专项行动，认真履行各项道路交通管理职能，突出工作重点，狠抓措施落实，完成了各项既定工作目标，为构建“和谐海丰”创造了一个良好的交通环境。2013年，共排查道路交通安全隐患13处，完成整治8处；制作播出“交警视窗”96期；查处各类交通违法行为近5.6万起，查扣无牌无证汽车82辆、无牌无证摩托车1929辆，销毁无牌证汽车111辆、无牌证摩托车1625辆；办理摩托车入户1224辆，摩托车年检审407辆，驾驶人年检审3506人，补换证件3512本，排查客运车辆568辆，驾驶人从业资格审查641人，发出校车整改通知书3份，取缔无牌证校车2辆，查处严重超载校车8辆次。年内，全县发生道路交通事故399宗，死亡48人，受伤577人，直接经济损失61.45万元。与2012年同比，事故宗数上升3.64%，死亡人数上升6.67%，受伤人数下降12.04%，直接经济损失下降5.02%；发生一次死亡3人以上特大道路交通事故1宗，死亡3人；全年共发生逃逸案件47宗，已侦破23宗；查处贩毒案件9宗，抓获吸毒人员6人。

【公共信息网络安全监察】 2013年，海丰县公安局网警中队针对网安工作特点，采取强化基础，深化管理的方法，以网安工作为主线，以维护公共网络信息安全为目标，充分发挥基础工作和日常管理工作的作用，始终保持高压态势，切实做好敏感时期安保工作。始终坚持开展网上信息巡查工作机制，加强掌控网上舆情及热点话题，做好网上情报信息搜集工作，及时发现、搜集、掌控、引导、处置网上舆情，适当引导疏通，避免引发恶意炒作及负面舆情。网警中队全年编写《互联网信息》126期，《综合网情》17期，查获网上涉警负面信息13条，处理有害信息6条，落地查人6名，依法处理、教育发布有害信息人员6名，促使网民主动删除有害信息28条。年内，严格落实互联网信息行业管理，扎实推进实名信息登记制度，充实基础数据采集，丰富信息资源，为公安业务工作提供殷实的数据基础，经上级公安机关综合暗访检查组全面考查，海丰取得全市第一名的好成绩。

【“110”接处警】 2013年，县公安局指挥中心“110”报警指挥室在“110，守护您的平安”“守平安海丰”的接处警工作中，受理有效报警案件19874宗，其中，刑事报警（立案）479宗，治安报警1856宗，交通报警3494宗，火灾报警216宗，警务投诉0宗，求助报警168宗，走失寻人报警153宗，其他案由报警13508宗。2013年有效报警同比2012年的19330宗多544宗，其中，刑事报警比2012年的523宗少44宗，治安报警比2012年的2193宗少337宗，交通报警比上年的3602宗少108宗。年内，完成情报信息收集文件报送工作。“110”报警指挥室2013年上报市局指挥中心重大情况报告、案情材料121份，挂局网转发粤闽赣三省十市公安局“110”联动协作函203份，出刊《每周警情》52份，协查失踪人口3宗。

【巡警工作】 2013年，县巡警大队紧紧围绕建设“提升平安海丰水平，服务幸福海丰建设”的工作目标，攻坚克难，全力以赴，大力开展“粤安13”专项行动，完成“两会”期间治安维稳以及强化社会面治安防控等各项专项行动。特别在县局下达全年禁毒指标任务后，巡警以坚决的态度和过硬的措施，提前超额完成全年禁毒两项指标任务，以实际行动提升了人民群众的安全感和满意度，有效地维护了海丰县政治安定和治安稳定，为建设海丰和谐社会做出了应有的贡献。全年共破获违法犯罪案件195宗，抓获违法犯罪嫌疑人225人。其中抢劫3宗3人，抢夺8宗14人，盗窃8宗14人，贩毒41宗44人，吸毒123宗125人，赌博3宗16人，非法携带管制器具2宗2人，阻碍执行职务1宗1人，另抓获拐卖儿童、贩毒逃犯等6宗6人。缴获冰毒4675.63克、麻古2368粒、毒资4961元以及摩托车、手机、钢制手枪、管制刀具、电子厘称等涉案物品一大批。由于成绩突出，大队荣获集体三等功，2名民警荣获个人三等功，1个中队被县局评为集体嘉奖单位，海丰电视台、汕尾电视台、汕尾日报社、市局、县局的公安信息网站先后多次对巡警的先进事迹进行跟踪报道。

【警务督察】 2013年，警务督察大队依据《公安机关督察条例》和《公安机关督察工作规定》，紧紧围绕警务中心工作开展现场督察，认真组织对投诉信访案件的查处和加大维护民警权益的工作，充分发挥了督察职能作用。一是开展了“取保候审突出问题专项督察”和“警车粤0牌车违规问题”专项督察工作。二是组织对“五条禁令”、省厅“8个令”“粤安13”“夏秋社会治安整治”“公务用枪大检查”“雷霆扫毒”“打假行动”以及“全国两会”和重大节假日安保专项工作等开展现场巡查、抽查、暗访滚动式的督察；三是认真受理群众和上级转来的投诉信访案件，办理结果及时回复当事人及上报有关部门，做到件件有回复；四是加大组织维护民警权益的工作，全年共办理维权案件7宗，有力地支持了民警的正当执法行为，促进了民警的工作积极性；五是认真开展网上督察的工作，全年对71个单位102宗案件431人次办理案件的情况进行扣分，发出整改通知书102份，每季度实行通报制度，为全县公安工作的落实和创新发展提供了坚强的纪律保障。经过上述的专项工作取得了明显成效：一是提高全局民警遵守公安部“五条禁令”和省厅“8个令”的自觉性，焕发为工作积极性；二是建立健全了各类台账；三是规范了取保候审突出问题专项工作，经省厅、市局“两轮”专项检查，达到90分以上；四是完成了对全局所有警车粤0牌车进行组织登记、审查核实工作，完善经费管理和公开制度，制订了本系统执法执勤用车配备使用管理规定，明确配备范围、车辆编制、配备标准和使用管理要求；五是促使“取保候审突出问题专项整治”“警车粤0牌车违规问题”“粤安13”“夏秋社会治安整治”“雷霆扫毒”“打假行动”“公务用枪安全大检查”“全国两会”以及重大节假日安保等工作的落实，使各项工作在全市各县区中排名靠前。

【出租屋管理服务】 海丰公安机关全面加强出租屋管理，规范完善出租屋租赁市场，深化“以房管人”“以点控人”工作机制，通过签订“责任书”，落实“谁主管，谁负责”的工作措施；通过对出租屋展开“网格化，地毯式”清查，有效遏制利用出租屋作案的违法犯罪，为海丰县的经济发展和幸福和谐提供强有力的保障。2013年，清理登记流动寄住人员2534人，录入出租屋信息418条，为流动人口办理居住证182张，及时发现利用出租屋作案8起。

【提高公安执法质量】 2013年，为进一步加强公安机关人民警察执法能力建设，促使广大民警自觉学法、真正懂法、严格用法，提高海丰公安队伍法律素质和执法水平，保障公安机关严格、公正、规范和理性、平和、文明执法，县公安局于9月8日组织全县民警280人（其中高级2人、中级257人、基本级21人）在海丰中学参加全省2013年人民警察执法资格考试。5月，通过各办案单位推荐，法制室审核把关，局批准的方式，任命94名民警为海丰县公安局执法勤务机构和派出所的法制员，落实法制员审核制度，各负责对本单位办理的案件进行审核把关，使执法监督考评机制科学有效，执法质量持续提高。至年末，法制室审核刑事案件776人，行政案件2317人，在所有审核、审批的案件中，均没出现冤假错案，没有一起复议被撤销或诉讼败诉，审核准确率达100%。同时，为提高执法质量，采取每月考核、季度小结、全年总评的方式对全局47个执法单位和268名执法民警全年所办理的58宗刑事案件和1427宗行政案件逐宗进行阅案考评，并将考评结果与年度评优评先挂钩。

【公安队伍建设】 ①政治思想教育。县公安局党委把学习贯彻中共十八大精神作为头等大事来抓，及时向各单位发出《关于学习贯彻十八大精神的通知》和转发县委的学习通知，组织局机关全体民警和基层分局、派出所领导参加全省学习贯彻中共十八大精神的电视电话会议，在全局中迅速掀起学习十八大精神热潮。年内，根据中共海丰县委海委办〔2013〕13号精神，为贯彻落实中共十八大精神，认真执行中共中央政治局关于改进工作作风、密切联系群众的八项规定，进一步严肃吏治、改进机关作风、提高工作效率、创建“廉洁高效、秉公执法”服务型公安机关，根据县委的工作部署，开展“万众评股室”活动，通过活动，大大提高了公安机关勤政廉政的作

风。②队伍建设。做好干部提拔使用和民警交流轮岗工作。根据局党委工作部署，2013年的主要任务是制订副股职位竞争性选拔工作方案，并及早报县委组织部批准。年底启动了副股职位竞争性选拔工作。因种种原因，影响了民警交流轮岗工作，年内只交流轮岗民警6名。与此同时，根据汕尾市公安局关于户籍民警交流轮岗的暂行规定，对20个派出所在户籍岗位上工作满4年以上的户籍民警进行了轮岗。③奖励工作。年内，按照《人民警察奖励条令》规定和奖励标准，抓好奖励工作，把在公安工作专项行动中成绩突出的集体和个人，及时上报记功、嘉奖，进行表彰。1月份，召开2012年度总结表彰大会，有12个单位受到集体嘉奖，97名民警受到年度嘉奖，57名民警单项嘉奖。海丰县公安局被评为广东省扶贫开发“规划到户、责任到人”先进单位，2名民警荣立个人二等功，11名民警荣立个人三等功，2名民警被评为汕尾市十佳卫士。④从优待警。从多个层面和渠道关心爱护民警，从政治上、物质上惠警。对因执行警务负伤或积劳成疾致病的民警，及时慰问。年内，政工部门先后慰问伤病民警40人次3.5万元。同时，对患重病而家庭困难的民警，政工部门及时为其向省厅基金会、汕尾市公安局警察协会申请医疗救助。全年有15名患重病民警获省厅和市局的医疗救助，救助金共36万元；慰问特困民警家庭160个，慰问金14.4万元。⑤警营文化。年内，政工部门精心组织，经常性地开展各项警营文化活动。深入实施《全民健身计划》，迎接8月8日“全民健身日”，按照公安部政治部的部署安排，8月3日上午，县公安局成功举办2013年民警健步走活动，参加活动民警始终保持警容严整，队列整齐，步伐矫健，精神振奋，在行经路程中旁观人民群众纷纷叫好，并不时报以鼓励的掌声，树立了海丰警队的良好形象。通过活动，提升了警营文化水平，起到凝聚警心、提高队伍战斗力的作用。

（叶克好）

附：2013年海丰县公安局领导名录

局　　长：王楚雄
政　　委：吴堂泽
副 局 长：罗　震　钟伟雄　陈克平（3月起任）
　　　　　施胜军（3月起任）　刘勋浦（挂职）
纪委书记：曾小彪

检　察

【刑事检察】　2013年，海丰县人民检察院以创建“平安海丰”为目标，充分发挥批捕、起诉职能，依法严厉打击各类刑事犯罪，维护了全县社会治安稳定。全年共受理提请逮捕案件519件673人，经审查批准逮捕475件600人，共受理审查起诉案件574件780人，审结498件665人，起诉430件530人。坚决贯彻落实省、市、县禁毒工作部署，积极参与“雷霆”扫毒专项行动。共批捕毒品犯罪案件227件260人。坚持依法办案，注重办案质量，提高办案水平，在办理呈捕和审查起诉的1093件1453人的各类刑事案件中，没有冤假错案发生，特别是已受理审查起诉的毒品犯罪案件，起诉率为百分之百，法院有罪判决率亦为百分之百，为禁毒斗争做出积极贡献，取得较好社会效果。年内，深入贯彻落实省人大常委会《关于加强人民检察院对诉讼活动的法律监督工作的决定》，切实把修改后的刑诉法关于维护司法公正、依法保障人权的规定和要求落到实处。一是加强对立案监督和侦查活动监督。将立案监督工作延伸到受理提请批捕之前，及时了解发案、立案、破案情况，依法进行监督，避免放纵犯罪，防止冤及无辜。共向侦查机关、办案部门提出书面纠正违法行为4次，口头纠正违法行为16次，发出“逮捕案件继续取证意见书”24份、“应当逮捕犯罪嫌疑人建议书”2份、“要求说明不立案理由通知书”1份，改变案件定性10件12人，依法不批准逮捕38件67人。决定不起诉35件62人，追诉漏罪5件5人；报送市院审查起诉33件73人；发出量刑建议书386份，量刑建议采纳率达95.8%；依法提出抗诉2件2人，较好地维护了诉讼当事人的合法权益。二是加强刑罚执行和监管活动监督。完善刑罚执行同步监督机制，审查减刑、假释、暂予监外执行案件286件286人，执行死刑临场监督1件1人。开展监所安全防范检查52次，处理、防范、化解监管安全事故22起。开展清理久押不决案件专项活动，健全纠防超期羁押工作机制。开展对罪犯交付执行、留所服刑、收监执行以及检察监督工作的专项检查活动，开展对监管活动的专项检查，纠正监管场所及办案干警违纪违规行为，有效规范了监管秩序。

2013年5月29日，市人大常委会副主任吴友深在市检察院张占忠检察长陪同下，深入海丰县人民检察院检查指导工作

【职务犯罪侦查与预防】 海丰县人民检察院贯彻中共十八届三中全会精神，围绕县委关于反腐倡廉的工作部署，坚持以执法办案为中心，努力提高办案质量，增强预防实效。办案工作保持平稳发展，全年共受理和初查职务犯罪案件线索22件，决定立案6件8人，侦查终结8件10人，追缴赃款、挽回经济损失100多万元。同时，大力开展职务犯罪预防工作，参与重点工程项目监督40宗，参加项目协调会13次，开展行贿犯罪档案查询84次，警示教育5场近1000人次，开展预防调查1次，发出检察建议6份，结合“查办和预防发生在群众身边，损害群众利益职务犯罪”专项工作，开展举报宣传周活动，院领导带队“进机关、进企业、进乡村、进学校、进社区”开展预防教育工作。新增共同预防单位2家，组织27个行政执法机关召开联席会议，共同商议预防失职渎职等职务犯罪行为，建立移送涉嫌刑事犯罪案件线索联络员工作机制，推动行政执法与刑事司法相衔接的工作，促进依法行政。

2013年5月14日，县检察院开展举报宣传周活动。县委常委、政法委书记陈连郑、县人大副主任陈智景、县检察长黄友瑜等领导在现场接待来访群众

2013年7月4日，市委副书记、政法委书记陈央（后排右三）在县委书记沈木荣（后排右二）、县长陈德忠（后排右一）等领导陪同下深入县检察院检查指导工作

【民事行政检察】 2013年，县检察院加强民事行政诉讼监督。以贯彻落实新修改的民诉法为契机，综合运用抗诉、再审检察建议、违法行为调查等监督手段，加强对审判机关错误判决、裁定以及民事执行、调解活动和其他违法情形的监督。全年共受理申诉案件3件，立案3件，审查终结3件。努力构建以抗诉为中心的多元化监督格局，着力提高民行申诉案件办理的质量和效率，重视引导群众依照法定程序解决司法诉求。

2013年12月20日，县检察院和县公安局召开县检察机关与公安机关逮捕案件质量分析座谈会

【控告申诉检察】 县检察院坚持把化解矛盾贯穿于执法办案始终，深化社会矛盾源头治理，最大力度地增加和谐因素。一是认真落实宽严相济刑事政策。对主观恶性不大、犯罪情节轻微的初犯、偶犯、过失犯、未成年犯等，依法适度从宽处理，对已达成和解的轻微刑事案件依法决定不起诉27人。二是全面推进执法办案信访风险评估预警机制。扎实开展信访接待工作，全年共受理群众来信54件，接待群众来访14场次，其中检察长接访12批63人次、配合海丰县领导干部大接访活动6次。及时办结了省、市和县有关部门交办的案件，全年未发生重大涉检信访事件。三是认真开展社区矫正法律监督。建立监外执行罪犯的档案信息，开展上门走访社区矫正对象活动，考察监外执行罪犯，防止脱管、漏管和重新犯罪。四是充分发挥检察建议的警示、预防、督促、规范等作用。针对行政执法、安全生产、环境保护、医疗卫生等领域存在的问题，及时发出检察建议。五是努力推进镇街检察工作联络室建设。班子成员坚持对全县16个镇检察工作联络室进行定期走访调研，积极开展对基层执法司法活动监督、法制宣传教育、排查化解矛盾纠纷等工作，架设联系群众、服务群众桥梁，促进基层社会管理法治化水平的提高，深化检察环节的社会治安综合治理。

2013年12月31日，海丰县人民检察院与海丰县民政局召开预防职务犯罪联席会议

【检察队伍建设】 2013年，海丰县人民检察院坚持以党建带队建、抓班子带队伍。通过认真贯彻民主集中制、严格执行检察委员会工作规则和全面落实党风廉政建设责任制等措施，领导班子的思想政治和纪律作风建设得到加强，决策能力和组织管理

水平有了新的提高。积极开展业务培训和专项教育活动，注重培养实战技能，提高业务素质和能力。重视对青年干警的培养教育，全年共输送青年干警参加省、市的专项培训19人次。为检察事业的长远发展注入新鲜血液。加强纪律作风建设，严格队伍管理。贯彻落实中央“八项规定”，深入排查和纠正“四风”方面存在的突出问题，严格执行廉洁从检“十项要求”和“六条禁令”。成立检务督办组，专门督查党组会决议、院务会布置和检察长交办的各项任务，确保政令畅通，促进作风转变，年内没有发现队伍中存在严重违法违纪的问题。

2013年1月17日，汕尾市检察机关反渎职侵权部门贯彻新刑诉法座谈会在海丰县人民检察院举行。市副检察长裴书荣，县委常委、县委政法委书记陈连郑、县检察长黄友瑜等领导参加会议

2013年6月18日，海丰县人民检察院与海丰县住建局召开预防职务犯罪联席会议

【基层基础建设】 高度重视装备现代化和信息化建设，科技强检步伐明显加快，综合保障能力进一步提高。扎实推进案件管理制度改革，成立案管科，启用全国统一业务应用系统，统一受案分案、结案审查和赃证款物管理，强化对执法办案的流程监管。在市、县两级领导的关心和重视下，海丰县人民检察院的联合办案区服务中心机构与编制得已批复，在全省属首例，它将可以较好地继续服务汕尾市纪委、检察系统的执法办案工作。“联合办案区”自启用6年多来，全市纪委、检察系统的十几家办案单位在开展“双规”、职务犯罪等办案过程中，进行询问、讯问、同步录音录像共565场次，均没有发生人员伤亡、逃脱等办案事故，在保障和服务办案中发挥了显著的作用。中央纪委、最高检、省、市纪委和检察院等领导先后前来检查视察、调研，对设置在海丰县人民检察院办案区的工作和模式都给予了高度的肯定和好评。

（马泽民）

附：2013年海丰县人民检察院领导名录

检 察 长：黄友瑜

副检察长：李庆文　罗小雄　蔡亿民　孙伟忠

法　院

【概况】 2013年，县法院紧紧围绕“努力实现让人民群众在每一个司法案件中都感受到公平正义”的目标，按照省市法院“司法公正水平提高年”和“司法作风明显改善年”活动的工作要求，大力加强审判、执行工作和自身建设，较好地完成了各项工作任务。全年共受理各类案件2522件，比2012年增长38.34%；结案2423件，比增44.23%；结案率为96.07%，比2012年提高约4个百分点，整体工作有了新的发展，涌现了一批先进集体和先进个人。其中：刑事审判庭和高炯峰、张文姣、陈小娟、郭利通、高杰群、李捷辉6名个人受到省市级的表彰。

【刑事审判】 2013年，县法院共受理各类刑事案件432件，比2012年增长1.41%；结案417件，比增1.21%；结案率为96.53%。刑事审判坚持贯彻宽严相济的刑事政策，依法打击刑事犯罪，共判处罪犯529名。对故意伤害、“两抢一盗”、贩毒等严重犯罪分子，坚决依法从严从快打击。全年审结故意伤害案件42件55人、抢劫案件33件62人、抢夺案件7件9人、盗窃案件33件50人、贩毒案件174件189

人，对以上罪犯判处五年以上重刑率为18.9%。同时，配合市中级法院开展公开宣判活动，震慑了犯罪分子的嚣张气焰。对于初犯、偶犯、从犯以及未成年犯，依法予以从轻、减轻处罚，提高非监禁刑的适用比率。加大刑事附带民事案件调解力度，全年共受理刑事附带民事诉讼案件40件，审结40件，其中调解结案16件，调解赔偿金额139.84万元，已全部履行完毕。

2013年7月9日，市委陈央副书记莅临海丰县人民法院调研

2013年8月14日，市人大常委会副主任吴友琛（左三）率队到海丰县人民法院检查法制建设工作，县人大常委会副主任陈智景（左二）陪同

【民事审判】 2013年，县法院共受理各类民商事案件1783件，比2012年增长87.68%；结案1720件，比增101.64%；结案率96.47%，比2012年提升约7个百分点；诉讼标的金额4250.7万元，比增1747.12万元。其中：审结婚姻家庭纠纷案件545件，比增89件；审结权属及其他纠纷案件187件；审结合同纠纷988件，比增776件。2013年继续把调解工作作为民商事审判的首要工作来抓，不断探索、创新调解方法和调解工作机制，强调把调解工作贯穿于诉前、立案、庭前、庭审、庭后全过程。共调撤案件1251件，调解撤诉率达72.23%，比2012年提高近30%，远超省法院关于排头兵监控指标体系的目标要求。

2013年8月27日，县人大常委会副主任陈智景（左排中）率领县人大法工委有关领导到县法院调研新《刑事诉讼法》的贯彻落实情况

【行政审判】 行政审判坚持维护、监督并举，妥善解决官民争议。2013年，县法院共受理行政诉讼案件22件，已审结14件。对合法的具体行政行为依法维持，支持行政机关依法行政；对违法的具体行政行为依法撤销，维护公民、法人和其他组织的合法权益。为妥善化解行政争议，不断探索行政案件协调处理新机制，积极做好案外协调工作，力争达到当事人自行和解。

【审理执行】 2013年，县法院共受理执行案件285件，执结272件，执结率95.44%，执结标的金额3258.44万元。为攻克执行难题，主要采取以下措施：一是加强领导，强化责任意识，层次落实责任；二是继续推行执行救助制度，及时给予人文关怀，实施司法救助，全年共救助11名特困申请人约13万元；三是针对系列案，落实专人负责执行查询工作，节约司法资源，提高执行效率；四是用好用足法律，对有履行能力经多次教育仍拒不履行法定义务的被执行人，果断采取强制执行措施，维护司法权威；五是及时处理非诉执行企业欠薪案件，切实保护民工合法权益。通过一系列措施，及时化解社会矛盾，确保法律效果、政治效果和社会效果的有机统一。

【司法为民】 2013年，继续强化司法便民措施。在窗口服务过程中融合诉前联调机制和法制教育，在诉讼引导、咨询查询、信访接待过程中融入和运用诉前调解；在立案、信访窗口安排专人进行诉讼指导、设计填充式诉状等措施以便快速立案；落实司法救助措施，让困难群众打得起官司，立案阶段司法援助12件，给予困难群众缓、减、免交诉讼费用133958元。全年共受理立案调解案件44件，全部调解成功；受理诉前调解案件27件，同样全部调解成功并自动履行完毕。

2013年12月11日，县委常委、纪委书记刘帆（右三）参加县法院"为民务实清廉"主题民主生活会

【法院队伍建设】 一是深入贯彻落实党的十八大和十八届三中全会精神，积极参与"司法公正水平提高年""司法作风明显改进年"活动；二是通过组织参加一系列培训和法官讲坛学习，提高全院干警的理论和司法水平；三是通过警务管理、公务节约管理和审务监督等内部管理机制和向当事人发放办案人员廉政回访卡等外部监督机制，强化作风建设，规范司法行为；四是落实"一岗双责"党风廉政建设责任制，开展司法廉洁教育，加强对干警遵守中央"八项规定""五个严禁"等情况的监督，及时查处干警违法违纪行为。

（蔡春婷）

附：2014年海丰县人民法院领导名录

院　长：林建新

副院长：林　民　余海明　林城彬　高炯峰

司法行政

【概况】 2013年，县司法局紧紧围绕县委、县政府中心工作，突出人民群众最关心的社会和谐、权益保障、社会公平正义等问题，着力推进社会矛盾化解、社会管理创新、公正廉洁执法、治安环境整治等重点工作，充分发挥司法行政法制宣传、法律服务和法治保障三大职能作用，为推动经济发展、维护公平正义、保障改善民生、促进社会和谐稳定发挥了重要作用，取得显著成绩。

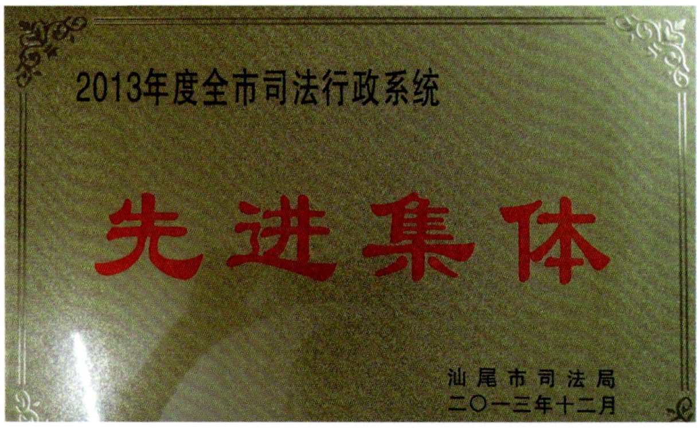

2013年12月海丰县司法局被汕尾市司法局评为"2013年度全市司法行政系统先进集体"

【"六五"普法工作】 县司法局严格按照"六五"普法规划要求，《2013年全县法制宣传教育工作计划》和法治海丰建设五年规划要求，围绕海丰县"十二五"时期经济社会发展的目标任务，落实"三三四"（三管齐下：强化领导，强化规划，强化机制；三方并进：突出两大"龙头"，突出四大重点，突出专题"普法"；四措并举：营造氛围、示范带动、创新形式、普治并举。）措施，深入广泛开展法制宣传教育，全力推进"六五"普法进程。全年开展"3·15""6·26"等系列法制宣传活动共45场（次），共印发资料5万份，设立法律咨询点30个，制作法律宣传栏45个，出动宣传车300辆次，张贴大小标语3500幅，全县受教育人数达22万余人。法治县创建活动开展后，全县有法治文化建设示范点5个，共3家公司被评为汕尾市诚信守法企业，其中县食品企业集团公司和县润达实业发展有限公司被评为省诚信守法企业，10个村（居）委被省授予"民主法治示范村（社区）"，梅陇镇梅陇村被授为汕尾市唯一的"全国民主法治

2013年12月4日，海丰县司法局在红宫红场门口开展“12·4”法制宣传活动

示范村”，有力地促进了“法治海丰”建设进程，“六五”普法成效显著，受到省、市“六五”普法中期考核组的表扬。

【律师工作】 2013年，海丰县律师工作在加强行业监督管理的同时，努力提高法律服务水平。一是认真做好律师年检、注册登记工作。及时收集汇总各律师所业务统计数据，并按时报市局公律科。二是贯彻落实《海丰县司法局开展律师与司法所结对法律服务帮扶活动实施方案》，充分发挥律师职能作用，开展法律服务工作，通过律师担任镇政府法律顾问，兼职人民调解员，开展法律援助等创新举措，更好地满足了农村和困难群众的法律服务需求。三是公职律师事务所接受汕尾市总工会聘请，担任市总工会维权律师团律师，认真参与维权工作和有关法律问题的讨论，挂钩企业，为更好地维护工人合法权益，舒缓劳资关系出谋献策。全县共有律师事务所3家（包括公职律师事务所1家、合伙律师事务所2家）、执业律师12人。律师事务所担任常年法律顾问18家，律师挂钩企业单位10家，提供法律咨询1428人次，代理诉讼52件，代写法律文书435件。

【法律援助与咨询】 2013年，县法援处充分发挥了法律援助在党和政府指导的、维护群众权益机制中的独特作用，积极开拓，应援尽援。一是认真学习，不断提高政治素质和业务水平。除组织好日常集体学习和个人学习外，9月，法援处主任律师参加“中东部省份法律援助轮训计划”广东培训班的学习，通过学习，提高了业务水平和执法能力。二是与16个镇法律援助工作站积极开展援助工作，并逐步扩大法律援助的覆盖面，简化援助申请手续，提高援助质量，真正实现法律扶贫，不但为弱势群体撑起保护伞，依法维护其合法权益，还让受援对象把有限的资金投入到发展经济中去，加快实现小康生活步伐。三是认真贯彻执行《法律援助条例》，落实便民利民措施，加大业务规范化建设，加大法律援助力度，为弱势群体提供无偿法律援助，想方设法为群众排忧解难。四是以“万众评股室”活动为契机，按窗口建设的要求，进一步规范了各项工作机制。县法律援助处全年共提供法律援助81宗，其中刑事案件46件、民事案件35件，提供法律咨询462人次，代写法律文书35份，有力地维护了弱势群体的正当权益。

【公证工作】 2013年，县司法局加强管理措施，规范流程，认真指导公证工作。一是紧紧围绕政府中心工作，在退伍兵抽签、企业信贷等事项中继续担当重要角色，积极为经济建设保驾护航，发挥了不可替代的监督保障职能作用。二是在办理好日常公证的基础上，提供咨询预约办理服务，上门公证服务，不厌其烦地上门为老弱病人士办理公证，解决其扰心难题；为自然人办理大量财产继承、房屋买卖、赠与、析产、承包合同等公证，服务群众，促进县经济建设的有序健康发展。三是通过“万众评股室”活动的开展，严格规范公证服务项目秩序、规范办证程序、规范公证处的运行机制。加强案件质量检查工作，全面落实监督措施，更好地服务群众，提高办事效力，为前来办证咨询的群众提供了便利。县公证处全年共办理各类公证2260件，其中国内民事公证1120件，涉外民事公证1140件，取得较好的社会效益和经济效益。全年共办办理各类公证2260件，其中国内民事公证1120件、涉外民事公证1140件，取得了较好的社会效益和经济效益。

【人民调解工作】 2013年，海丰县司法局狠抓人民调解工作，化解社会矛盾。一是加强人民调解队伍建设，以职业培训为平台，扎实开展创建“学习型”司法行政机关活动，实行传帮带教育，新老结合，将部分责任心强、业务能力强的人员充实到人民调解队伍中去，筑牢第一道防线。二是扩大网络，延伸人民调解触手，在乡镇、村（社区）和重点企业建立健全了人民调解委员会和人民调解组织。随着海丰县人民法院、海丰县交警大队、鲘门边防派出所、珠江啤酒厂等人民调解工作室先后成立，扩大了人民调解覆盖面，为有效化解行业、专业领域的矛盾纠纷起到了积极作用，为全县人民调解工作的开展创造了良好条件。三是完善人民调解工作机制，规范运行。通过完善矛盾纠纷定期排查制度和重点时期的动态排查制度，建立三大调解协作机制，配合县“创建平安海丰”“百日防护期”等维稳重心工作，做到“三个及时”，即及时发现、及时处理、及时化解，把问题解决在基层，消除在萌芽状态。全年全县基层人民调解总数584件，成功573件，调解成功率98%。

【社区矫正与安置帮教】 县司法局创新社会管理方式，全面开展特殊人员管理工作。2013年，结合辖区内的实际情况，切实做好社区矫正的落实工作，成立了社区矫正领导小组及工作机构，制订实施方案和规章制度。一是组织认真学习省厅《社区矫正实施办法》的文件精神，严格按照《广东省社区矫正试点工作流程》和《汕尾市社区矫正管理制度（试行）》接收社区服刑人员，实施矫正工作，区矫正实施办法》的文件精神，进一步严格工作程序，规范开展社区矫正人员接收衔接、日常管理、考核评议、社会调查评估等工作，确保刑罚的规范执行。二是加强业务学习交流，通过组织各司法所到社区矫正工作开展较好的镇进行业务交流和学习，相互借鉴先进经验，共同提高，有力地促进了全县社区矫正工作的开展。三是全面落实矫正教育工作。建立了矫正对象正副档案和台账，对每名社区矫正对象落实监管责任人，开展了教育培训、公益劳动等日常矫正工作，并把县敬老院定为社区矫正对象公益劳动基地，定期开展公益劳动。至年末，全县累计接收社区矫正人员325人，其中在管259人（被判处管制1人，宣告缓刑235人，裁定假释13人，暂于监外执行10人）、已解矫66人。年内，安置帮教工作首先是通过建立接茬帮教、例会、定期家访定期联系、联合帮教等工作制度，建立健全管理制度，实现刑释解教人员网络化登记和管理，使各项安置帮教工作措施得到较好落实；其次是配合县维稳重心工作，与公安派出所、各村（社区）密切联系、紧密配合，通过专项排查工作准确掌握外出务工刑释解教人员的真实情况，为中共十八大及“两会”的顺利圆满召开消除隐患。全年接收刑释解教人员163人，已全部建立相关台账，落实了帮教措施。

（马家川）

附：2013年海丰县司法局领导名录

局　长：陈耀海

副局长：刘火木　黄辉谋　彭军梅（女）

人民武装

地方军事

【概况】 2013年，海丰县人民武装工作按照“突出首位，扭住中心，确保稳定，谋求发展”的工作思路，围绕主题主线，紧贴使命任务，坚持务实创新，狠抓工作落实，圆满完成了上级赋予的各项工作任务，有力推动了海丰县武装工作的新突破、新发展。海丰县人武部被省军区党委评为“标兵人武部”“新闻宣传工作先进单位”，沈木荣书记被广州军区评为“国防之星”。

【民兵预备役】 2013年，县人武部认真落实党管武装各项制度，不断强化军地双重领导意识，确保党对国防后备力量的绝对领导，保证民兵预备役队伍政治合格，确保民兵预备役建设健康发展。落实党委议军和建立人民武装委员会制度，专门研究民兵组织调整、民兵训练演习、兵役征兵等重要工作。落实战备训练和演习中的政治工作。按照实战化要求，调整布局、精选编组、配强班子、提高素质的原则，抓好党委班子建设，提高党委抓民兵预备役工作建设水平。通过县委、县政府和海丰县国防动员委员会成员单位领导过军事日活动，增强党政领导干部的国防意识和军事素质。年内，民兵政治教育工作贯彻上级党委政治工作指示要求和部署，以做好应急防卫作战准备的要求，加强民兵预备役人员的政治教育工作。开展了革命传统和国防历史专题教育，进一步提升民兵预备役官兵思想素质和全民国防观念。积极探索和改进教育方法，搞好属地教育、动态教育和民营企业民兵教育，借助地方丰富教育资源，开辟民兵政治教育新途径。年内，县人武部着眼拓展深化军事斗争准备需要，抓好基础建设，抓好基层建设。根据市议军会会议精神，着眼武装工作要求，优化年龄结构，强化能力素质，选准配强基层武装干部，按照“三落实”的要求，以“召之即来，来之能战”为目的搞好年度民兵组织整顿，健全各级组织，配齐各种队伍，进一步完善了民兵营连基本设施建设。

【国防动员】 2013年3～5月，根据“编为用、建为战”的原则，按照筹划准备、组织实施、总结验收三个阶段和调查摸底、宣传教育、出入转队、编组配干、健全制度、清点装备、集结点验、整理资料八个步骤落实了国防后备力量组织整顿工作，根据全国、省、市基干民兵调整改革精神，进一步对基干民兵分队和人员进行调整，减少人员增加分队，重点抓好了应急分队和对口专业分队的建设工作，特别是市应急营属应急连、县属应急连和铁（公）护路分队的建设工作。年内，会同国防动员相关单位全面开展国防动员潜力调查和作战数据采集工作，更新了辖区内数据资料库，基本掌握全县国防动员潜力数量、质量以及分布情况。夏秋季，根据国防部有关征兵政策调整，征兵工作时间由冬季调整为夏秋季，批准入伍时间由每年的12月1日调整为每年的9月1日，征兵工作按照组织准备、宣传发动、组织体检政审、审批定兵、交接运输、工作总结六个阶段进行。7月26日，市征兵办在海丰县红宫红场组织报名“第一天”活动。海丰县围绕确保兵员质量，抓好平时征兵准备，坚持标准条件，严格质量把关，全县完成新兵征集任务。

【军事管理】 2013年，按照关于做好军事斗争准备的要求，严格方案内容和完成时限，在原有方案的基础上，逐条逐项进行研究细化，完善了各种预案。在军分区的统一组织下主要进行了形势战备与任务教育，建立严格的战备秩序，军事、政工、后勤科进一步完善各种应急防卫作战方案、计划、指示共35个，做好应急维稳的准备。进一步抓好民兵武器装备仓库的管理。为了加强民兵武器装备仓库的安全管理，县人武部对脉冲电网设施进行全面升级改造，并增补购置各类消防器材，加强对仓库保管人员的教育管理，科领导坚持每天检查一次、部领导坚持每周检查两次，随时掌握仓库动态，确保安全稳定。3月下旬，县委召开议军会，专题研究国防教育训练基地和民兵武器装备仓库迁建工作相关事宜，会议决定由县财政分三期拨款1500万元用于县民兵武器装备仓库的迁建工作。并成立由县政府、人武部、县各有关行局和海城镇有关领导组成的迁建工作领导小组，专门负责协调迁建的相关工作，年末已完成村民代表签订协议工作。年内，扎实落实基干民兵分队军事训练。3月、4月调整落实基干民兵采取分散自训的方式，由各镇对新入队的民兵进行训练，共训练45小时；5月下旬，结合汛期将至的时机，承办了军分区赋予的各县（市）、区冲锋舟骨干集训任务，为期7天共培训25人，在此基础上又组织一期县冲锋舟骨干集训，为期4天，参训62人，训练效果明显；5～6月，组织部分民兵应急分队点验拉动，对重要目标守护进行训练；7月，对民兵专业对口分队卫生防疫分队和防化救援分队进行了重点训练，共训142人。8月底至9月初，组织学生军训工作，共训学生3108名；5～9月，完成海训部队、广东省军区防空兵训练基地训练、实弹射击相关保障工作。10月，在军分区和县委县政府的统一组织指挥下，参加“粤联——13·汕尾”军地联合实兵演习，全县共出动民兵640人次，车辆124台次，在跨区演习部队机动路线大休息点建立了支前指挥所，开设生活物资供应、医疗救护、装备维修点7个，有力保障了跨区机动演习部队26个梯队顺利过境海丰。年内，部机关采取自训、集中训练和参加上级集训的方式进行军事训练，组织现役军官落实每月至少5天的训练，全年落实350小时的训练。6月和12月，结合半年和年终军事考核筹划准备，分别利用一周的时间组织军事强化训练。年内，县人武部以防范重大安全问题为抓手，以确保重大活动顺利实施为重点，牢固树立安全发展理念，狠抓安全管理工作落实，确保部队高度集中统一和安全稳定。突出抓主管人员、抓制度落实、抓责任追究，通过经常性教育、经常性检查讲评，切实增强各级安全工作责任感。依法从严治军，分阶段、有重点地开展落实条令法规活动，狠抓机关作风纪律整顿，特别是开展以人、车、枪、弹、密为主要内容的安全整治活动，全年无安全责任事故，无违规违纪事件发生。

【后勤装备建设】 2013年，县人武部始终坚持党委集体理财制度，严格审批程序，做到大项开支先预算，并实行双主官签审制度，确保各项开支透明。部党委坚持以预算管理为龙头，积极协调县委、县政府落实好各项民兵训练费、征兵工作经费和基础设施建设经费，列入县政府年度财政预算统筹解决，确保了基础设施建设的圆满完成。年内，县人武部按照”科学化、制度化、经常化”标准和要求抓好武器装备的使用和管理，定期组织仓库保管人员进行擦拭保养，真正做到无丢失、无损坏、无锈蚀、无霉烂变质，使武器装备始终处于良好的技术状态。为改善工作生活环境，进一步完善各类生活配套设施，并购置完善各类民兵训练器材用具。12月，完成年度民兵装备普查任务，共普查民兵装备器材2675件，弹药1069617发。

【双拥共建】 2013年，县、镇两级武装部积极组织和发动民兵预备役人员投入抢险救灾和应急维稳，带头参加三个文明建设。县人武部还协调驻军单位召开驻军联席会和座谈会，就战备、军事设施保护、抢险救灾、双拥共建、防止军警民纠纷等方面进行协调，统一思想，开展拥政爱民活动，倡议驻军积极参加驻地经济社会建设工作，深入驻军单位了解情况，协调军地双方解决实际问题。县民兵应急分队先后完成海丰县纪念钟敬文诞辰110周年暨海丰县首届民俗文化节活动的安保任务，6次组织扑灭山火。年内，在海丰县“8·16”抗洪抢险中，县人武部接到县委、县政府指示后，立即协调橡皮艇和民兵应急分队，先后出动民兵应急分队864人次，转移解救被困群众521人，修筑堤坝40多米。在抗击超强台风“天兔”过程中，人武部机关率民兵应急分队80人赶赴大湖镇组织动员转移群众，清理道路障碍，转移抢救受伤群众，得到当地群众高度赞誉。县、镇两级人武部积极发挥民兵骨干和生力军作用，把指导维护社会治安，抓好综合治理为己任，组织民兵应急分队和民兵分队开展经常性活动，在维护社会稳定中当先锋、打头阵，发挥应有作用。

（陈耀华）

附：2013年中国人民解放军广东省汕尾市海丰县人民武装部领导名录

部　　长：郑秋汉
政治委员：陈文俊（任至4月）　倪少勇（4月起任）
副 部 长：刘建新（任至4月）　尹克相（4月起任）

政工科长：王海波
后勤科长：马海云

武　警

【概况】　武警海丰县中队（正连级建制）主要担负着武装看守、城市武装巡逻、处置突发事件和抢险救灾等各项任务。2013年，在县委、县政府和支队党委的正确领导下，在县公安局的大力支持下，认真学习贯彻中共十八大和十八届三中全会精神，以《纲要》为依据，坚持“凝神聚力促发展，提升质量创先进”的工作思路，突出加强“精气神”建设、精细化管理和经常性基础性工作落实，圆满完成上级赋予的各项任务，确保了看守目标的绝对安全。2013年12月，中队被武警广东省总队评为“基层建设先进单位”，被县公安局评为“先进单位”，2人荣立个人三等功。

【武警思想政治教育】　武警海丰县中队始终把思想政治工作摆在首位，不断增强工作的针对性、实效性和主动性。2013年，扎实开展“坚定信念、铸牢军魂，永远做党和人民的忠诚卫士”主题教育活动，采用板报宣传、小演讲、大讨论等方式提高主题教育授课质量。坚持用红色资源铸魂励志，组织官兵到红宫红场、烈士陵园、海丰县革命文物展馆等爱国主义教育基地参观见学，开展“牢记使命、追魂溯源”主题活动，帮助官兵校正思想行为偏差，打牢官兵“爱人民、爱驻地、爱岗位”的思想基础。做好隐蔽战线斗争工作，针对“3·14”“钓鱼岛事件”、网络安全、反邪教等敏感时期和热点事件，及时开展形势任务、“四反”（反渗透、反心战、反策反、反窃密）教育，确保部队纯洁巩固和内部的安全稳定。以开展警营文化作为激发官兵以队为家的主要手段，大力开展群众性文化活动。2013年，中队新闻《海丰武警深入社区开展“五四”主题团日活动》分别被南方网和《人民武警报》刊载。

【军事训练】　2013年，中队坚持支部议中心、抓中心，严格落实“三员一兵一组”“三个一遍”（即每年对所有执勤目标检查鉴定一边、到执勤目标单位及其上级走访一遍、对执勤情况分析研究一遍）、“三共”（即：思想共建、队伍共管、安全共保）等制度，狠抓执勤隐患排查治理，完成“四防一体化”（即：人防、物防、技防、联防一体化建设）建设，达到减员增效的效果。针对驻地外来人员多、社会矛盾凸显、目标单位超容羁押等实际情况，中队有针对性地加强一招制敌、战术、防暴器材使用等训练，不断提高官兵应急处置能力。按照“四防一体化”建设标准，坚持主动介入、软硬并举，不断提高执勤安全系数。全年，中队担负临时押解勤务10起，出动兵力32人次，押解犯人307人，行程3600千米，均圆满完成任务。

【武警队伍建设】　2013年，中队党支部以“三个能力”建设（解决自身问题的能力、领导单位全面建设的能力和带领官兵遂行任何作战的能力）和先进性建设为根本，以建强“一个班子”、建好“三支队伍”、发挥“两个群众组织”功能为出发点，不断提高组织建设效能。重点抓好党的十八大、十八届三中全会精神和习主席系列讲话精神等理论学习，提高支部一班人的政治觉悟、品行规范、实践指导能力。在党员中开展“三比三看”（比思想，看谁政治觉悟高；比工作，看谁能力素质强；比作风，看谁表率形象好）活动，激发党员队伍工作热情，坚定党员队伍政治信念。

【部队管理与后勤保障】　2013年，结合开展“条令条例学习月”“法律服务月”和“风气教育整顿”等活动，搞好法纪条规及《安全知识手册》的学习，开展安全常识和警示教育，促进官兵养成事事依据制度，时时落实制度、人人遵守制度的良好习惯。狠抓部队经常性教育管理，紧盯人车枪弹酒、水火电毒密等重点部位和薄弱环节，开展安全隐患排查整治。突出“两会”、国庆安保、长假期间、退伍补兵等重点时节管理，对营区、人员、枪弹等进行超强管理、明确中队干部包班、班长包战士、当班领班员包哨兵、哨兵包执勤期间的责任制，实现以责除患、以责创安。全年没有发生失泄密、违纪违规和事故案件。以面向服务官兵为导向，竭力为官兵办实事，不断提高官兵生活质量。加强后勤队伍训练，提高实战化应急保障能力。

【双拥工作】　2013年，中队充分利用驻地的红色资源积极开展形式多样、内容丰富的双拥共建活动、密切警政警民关系，赢得地方党委、政府和人民群众的信赖。每逢重大节日，县委、县政府和公安局主要领导都能主动到中队慰问和看望官兵，进一步增进警政警民关系。中队官兵把驻地为故乡，视人民为亲人，积极开展一系列扎实有效的“回报工程”，以实际行动践行人民子弟兵的承诺。全年捐资扶贫3400余元，出动兵力200人次，参加了县委、县政府组织的活动警戒、治理卫生、义务劳动等活动，受到各级领导和当地群众一致好评。

（招秉伟）

附：2013年武警海丰县中队领导名录

中　队　长：刘桂才

政治指导员：招秉纬

人民防空

【概况】 2013年，海丰县人防工作坚持以科学发展观为统揽，认真贯彻《中华人民共和国人民防空法》以及《中共中央、国务院、中央军委关于加强人民防空工作的决定》，紧紧围绕建设“三个人防”，提高九种能力的工作要求，以转变作风，提高行政效能为突破口，积极主动开展人民防空的各项工作，取得明显成效。

【人防“结建”工作】 2013年，县人防办克服重重阻力，严格依法办事、依法管理，做到应建尽建、应缴尽缴、以缴促建。经常与有关职能部门加强沟通，促使其履行各自职责。通过加强配合协调，特别是县人防办和县建设局对人防工程严格把关，开展联合执法检查，严肃查处漏报、少报等违规现象。全年共落实办理人防报建226宗，其中清理少报多建52宗，收取易地建设费约637万元，已经受理3宗结建防空地下室的项目。同时，根据省、市人防办《关于开展人防工程挂牌管理工作的通知》精神，积极做好相关工作，对已竣工验收的人防地下室落实挂牌，对在建的工程做出落实挂牌的计划和采取相应措施，进一步加强人防工程的管理工作。

【防空警报试鸣】 防空警报设施是战时发放防空警报信号，组织指挥城市人民防空的基本手段。根据中共中央、国务院、中央军委《关于加强人民防空工作的决定》（中发〔2001〕9号）、广州军区、省、市人防办关于组织防空警报试鸣的指示精神，县城于2013年11月22号举行警报试鸣。海丰县城规划区内规划防空警报设置点30个，装备完善中心统控系统，具有广播、电视插播防空警报信号的自动统控网络，使县城中心区警报音响覆盖率和报知率均达100%。通过试鸣，使广大市民了解、熟悉防空警报信号规定，增强国防观念和忧患意识，促进人防战备工作的落实。

【人防专业队伍训练】 根据县人防工作会议的部署，本着专业对口、平战结合、保障重点、便于执行任务的要求，县人防办着手组建县级平时人防专业队伍，战时按有关规定扩充。根据国家关于组建人防专业队伍有关文件要求，海丰县组建7种人防专业队伍，一是由县住建局、供电局组建抢险抢修专业大队共60人；二是由县卫生局组建医疗救护专业大队共56人；三是由县消防大队组建消防专业大队共20人；四是由县公安局组建治安专业大队共18人；五是由卫生局、环保局组建防化防疫专业大队共39人；六是由电信局组建通信专业大队共35人；七是由交通局、汽运总公司组建交通运输专业大队，落实客车100辆。

（张增祥）

附：2013年海丰县人民防空办公室领导名录

主　任：刘安基

副主任：施美华（女）

经　济

Jing ji

红宫

农 业

综 述

【概况】 2013年，海丰县农业局认真贯彻落实中央1号文件和国家、省、市农业农村工作会议精神，按照县委“立足三个坚持、勇于四个争当、推进五个发展”的部署和年初县政府工作报告的工作要求。按局年初提出的“两达标、三增长、四突破”的年度工作目标，求真务实，团结拼搏，努力克服自然灾害带来的影响，不断加大农业基础设施建设力度，积极推广农业科技，大力发展农业产业化经营，加快农业现代化发展，全县农业农村经济在灾年继续保持良好的发展势头。2013年完成农业总产值52.5亿元，比增5.9%，其中农业（种植业）总产值26.4亿元，比增5.1%；农民人均纯收入10056元，比增10%。

2013年3月2日，全县春耕现场会

【完善农村管理机制体制】 根据山区县农村综合改革的工作要求，积极履行自身职能，深入推动农村改革发展。加强农村“三资”管理，完成全县279个行政村（社区）清产核资工作，建立台账和村务监委会以及省、市、县、乡四级联网信息化监管平台，农村“三资”管理情况上网接受社会监督；加强农村土地流转管理，至11月底，全县农村家庭承包耕地流转2666.7公顷，占家庭承包总面积的14.2%，同比增加333.33公顷，增长0.3%。2013年完成全县6万户种粮农民补贴面积申报，申报面积达29523.91公顷，财政补贴资金4000多万元。推行政策性水稻种植保险，投保面积2168.32公顷，报损面积2142.24公顷，赔付保额2591729.2元，在一定程度上减轻了农民的损失。

2013年3月25日，海丰县农业局举办南方农村报科技培训

【农业产业化经营】 2013年，全县拥有县级以上农业龙头企业45家，同比增加7家，其中，省级重点农业龙头企业2家；市级农业龙头企业10家，同比增加3家；全县已在工商注册农民专业合作社360家，比上年同期增加99家。2013年农业产业化的重要项目有2个：一是海亮集团海丰有机农业基地项目顺利落户。该项目于3月13日签订正式合同，总投资超过10亿元，至11月底，已完成海亮公司在海丰的注册登记、银行开户等组建工作，并在联安、平东、城东三镇签订土地流转租赁合同面积300公顷，其中已交付使用的土地面积133.33公顷。至年末，该公司正在全面开展园区规划和土地平整工作。二是海纳联安有机米生产

基地项目不断扩大。在2012年完成1066.66公顷土地整理、治污、排灌渠道等农田水利基础设施建设的基础上，2013年早造新增核心区26.66公顷土地流转，晚造再新增土地流转面积33.33公顷，另外，农企合作种植面积73.33公顷，全年种植有机水稻面积达136公顷。

国家地理标志产品皇斋虎瞰金针菜

海丰县有记茶业营销大厅

海丰县有记茶业与广西医科大学建立产学研战略合作现场会

【新农村建设】 一是突出抓好农村环境卫生整治工作。按照省“一镇一站、一村一点”的工作目标，全面组织开展农村生活垃圾设施建设，至11月，全县18个镇（场）已有14个完成转运站建设，全县1372个自然村已有1200个完成垃圾收集点建设，农村环境卫生整治取得初步成效。二是全面开展农村公益事业建设“一事一议”财政奖补项目。2013年全县实施“一事一议”村级公益事业建设项目116个，总投资1653万元，其中省级投资400万元，受益人口32万人；与此同时，还积极组织申报2014年村级公益事业“一事一议”财政奖补项目，全县共计申报计划项目1026个，总投资36036万元，涉及214个村，受益人口36.6万元。三是深入推进名村示范村建设。年初，县财政拨出资金240万元，对2012年度新农村建设项目和部分先进集体进行了补助和奖励。其中，黄羌镇坑联村申报省级名村，并成功通过市级验收。第二批2个名村、5个示范村创建工作不断推进，全年投入资金600多万元，建设各类项目11个。

（黄保欣）

种植业

【概况】 2013年，海丰县先后遭受“8·16”特大暴雨和强台风“天兔”的两次袭击，农业生产直接经济损失达72985万元。面对灾情，全县人民团结一心，海丰县农业局在县委、县政府的领导下组织和带领全体干部职工，始终奋战在救灾第一线，积极应对，全力组织和指导各地农村开展救灾复产工作，两次灾情农业部门共向省农业厅争取救灾资金370万元，种子2500千克，复种复产面积达到6226.66公顷。复产工作取得了较好的成效，实现大灾之年农业生产没有出现大的减产。实现农业总产值26.4亿元，比增5.1%；2013年全县农作物播种面积57640公顷，同比增长0.42%。

【粮食生产】 由于遭受“8·16”特大暴雨和强台风“天兔”的两次袭击，2013年粮食产量遭严重的影响，粮食作物的播种面积虽然比2012年有所扩大，播种面积达35333.33公顷，同比面积增长0.9%，但总产量有所减少，产量为15.29万吨，比2012年度产量减少16.5%；其中水稻种植面积30386.1公顷，下降1.7%。

【蔬菜生产】 2013年，由于遭受自然灾害的原因，蔬菜的生产受到影响。全年蔬菜播种面积17033.33公顷，同比面积虽然增长1.4%，但总产量减少0.6%，总产量为41.26万吨。

【水果生产】 2013年，全县水果累计种植面积7600公顷，面积比增1.3%，总产6.2万吨，总产量减少14%。

【油料生产】 2013年，全县油料种植面积3241.9公顷，增长1.3%；油料产量5809吨，下降2.5%。

【高标准基本农田建设】 2013年，海丰县高标准基本农田建设项目有5宗项目陆续开标，已完成省下达的建设任务，县农业局承担1646.66公顷，总投资3700万元，年末正在开展项目调研、测量和设计等前期工作。计划在2014年1月上旬全面开工建设。

【农业科技推广】 2013年，县农业局以基层农技推广服务体系改革与建设项目为重点，组织技术人员，围绕主导产业，实行进村入户结对指导农户，组织举办农机促春耕、蔬菜病虫害防治、水稻统防统治、农药施用安全、农民专业合作社等各类培训班10期次，参与培训人员1800多人次；全年推广优良水稻品种10多个，应用面积8000公顷；同时推广以测土配方施肥为主的农业适用技术，全年推广面积6.7万公顷次；推广温室大棚机械化育秧技术，既提高秧苗质量，又节省人力、节省成本；推广机械化统防统治先进技术，全年指导病虫害综合防治面积31.34万公顷次。

【农业品牌建设】 2013年，全县拥有绿色食品认证农产品3个，分别是黄羌金针菜（海丰县黄羌镇虎嗽金针菜专业合作社）、九龙峒生姜（海丰县公平供销社九龙峒生姜专业合作社）、莲苑茗茶（汕尾市莲苑种植有限公司）。有机认证农产品6个，其中2013年新增2个，分别是庐山有机茶（海丰县莲苑种植有限公司），联安有机大米（海丰县海纳有机农业有限公司），有机沙姜、红薯、巴西果、米、帝王茶、蔬菜水果系列（海丰润生有机农业科技有限公司），有机茶叶（海丰县凤翔观养生茶专业合作社）；2013年新增的为丰隆大米（汕尾市丰隆米业有限公司）、仁荣茶叶（汕尾市仁荣茶叶有限公司）。无公害认证农产品23个，其中2013年新增9个，分别是海丰县金瑞丰生态农业有限公司的无公害茶叶，海丰县新和金针菜种植专业合作社的无公害金针菜，海丰县绿沃种养有限公司的无公害蔬菜，海丰县新学士种养专业合作社的无公害百香果，海丰县绿田花生专业合作社的无公害花生，海丰县惠民种养专业合作社的无公害金针菜，海丰县勤之富种养专业合作社的无公害木瓜，海丰县公平青湖种养专业合作社的无公害花生，海丰县丰盈种养专业合作社的无公害水稻，海丰县鸿胜水稻专业合作社的无公害水稻，海丰县合丰百香果种养专业合作社的无公害西番莲、鸡蛋果，海丰县南埔种养专业合作社的无公害茶叶，海丰县平岗种养专业合作社的无公害杨桃，海丰县庭寮背蔬果种养专业合作社的无公害金针菜；其中2013年新增的有海丰县有记茶叶有限公司的无公害茶叶，海丰县中荣水稻病虫害防治专业合作社的无公害蔬菜，海丰县平盛种养专业合作社的无公害蔬菜，海丰县和平农业生态农业有限公司的无公害水稻，海丰县中荣农业专业合作社的无公害蔬菜，海丰县公平青湖种养专业合作社的无公害蔬菜，海丰县丰茂农业种养专业合作社的无公害沙姜，海丰县绿漾种养专业合作社的无公害茄子、白菜，汕尾市莲花山茶业有限公司的无公害茶叶。国家地理标志产品1个，为海丰县黄羌镇虎嗽金针菜专业合作社生产的虎嗽金针菜。荣获国家第十届农产品交易会金奖产品2个，分别是汕尾市莲苑种植有限公司的莲苑茗茶玉壶香和皇斋虎嗽金针菜。荣获省名牌农产品（农业类）5个，分别是海丰县莲苑种植有限公司的莲苑茗茶，海丰县黄羌镇虎嗽金针菜专业合作社的皇斋虎嗽金针菜，海丰县海纳有机农业有限公司的水中鲤鱼有机米，海丰县新学士种养专业合作社的飞鹅牌百香果和海丰县勤之富种养专业社的勤之富木瓜。荣获市名优农产品的有海丰县绿洲蔬菜专业合作社的梅陇莲藕，海丰县新学士种养专业合作社的新学士鸡蛋果，海丰县公平供销社九龙峒生姜专业合作社的九龙峒生姜，海丰县城雄记茶叶加工厂的雄记常养茶，海丰县有记养生茶业有限公司的有记益生茶，海丰县黄羌惠民种养专业合作社的虎嗽三宝。荣获市金牌农产品的有皇海丰县黄羌镇虎嗽金针菜专业合作社的斋虎嗽金针菜，海丰县海纳有机农业有限公司的海纳有机米，海丰润生有机农业科技有限公司的润生源有机米系列，海丰县莲苑种植有限公司的莲苑茗茶，海丰县金瑞丰生态农业有限公司的吕氏蜂园纯蜂蜜。

【农资和农产品质量安全监管】 2013年，县农业局出动农业执法人员220人次，依法检查农药销售门店80多家，农产品市场8家，初级农产品蔬菜生产基地5个，立案查处各类农资违法违规案件8宗，处以罚款2.8万元，有效打击了制售假冒假劣的违法经营行为，维护了农民利益。同时，加大农产品质量监测力度，全年抽样检测农产品样品数3558个，合格3536个，合格率为99.3%，较好地保障了群众农产品食用安全。

（黄保欣）

附：2013年海丰县农业局领导名录

局　长：陈容生

副局长：许宝城（挂任公平镇委副书记）
赵丽娟（女）　吴忠生（8月起任）

林　业

【概况】 2013年，县林业部门在县委、县政府的正确领导下，贯彻落实中共十八大和十八届三中全会精神，紧紧围绕县委“三个坚持、四个争当、五个发展”的总体发展思路，团结一致，开拓进取，真抓实干，着力推进现代林业和生态文明建设，推动全县林业事业发展取得新成效。至年底，全县林业用地面积98641.40公顷，占国土面积的57.40%，森林覆盖率56%，蓄积量达224.41万立方米，林地绿化率91.78%，顺利实现了森林资源双增目标。

【绿化工程】 一是开展生态文明“万村绿”大行动。该项目总投资48万元，建设“生态文明万村绿”县级示范点20个，分别是陶河镇上边村、赤坑镇上埔村、大湖镇新置村、海城镇塘面村、附城镇山头社村、可塘镇兰头村、公平镇西山村、公平镇毛多陂村、公平镇平富寮村、公平镇赤坭村、赤石镇霞陂村、梅陇镇梅星村、小漠镇旺渔村、小漠镇东旺村、平东镇陈塘村、平东镇谷塘村、黄羌镇上寨村、黄羌镇禾寮排村、黄羌镇里坑村、黄羌林场田心村。通过实施“万村绿”示范点建设，带动了全县村庄绿化工作的深入开展，促进了社会主义新农村建设。二是支持非公有制造林绿化建设。全县投入2450万元，完成荒山绿化和迹地更新造林2333.33公顷，主要分布在赤石镇、海城镇、公平镇、平东镇、黄羌镇、梅陇镇和鹅埠镇。三是实施大云岭森林公园绿化工程。该项目总投资243.80万元（其中县财政资金140万元、建设单位自筹资金103.80万元），在北三环公路北侧种植景观林带4千米，在公园内间种珍贵景观树种2.5万株，进一步提升大云岭森林公园生态品位和档次。四是实施县城地区绿化复原工程。投入48.17万元，补种县城地区因台风“天兔”受损的树木880株，使县城绿化在较短时间内得到恢复。五是全面部署新一轮绿化海丰大行动。县委、县政府于12月12日召开新一轮绿化海丰大行动工作会议，并印发出台《中共海丰县委、海丰县人民政府关于贯彻落实〈中共广东省委、广东省人民政府关于全面推进新一轮绿化广东大行动的决定〉的实施意见》、《海丰县推进新一轮绿化大行动建设规划（2014～2017年）》、《海丰县党政领导及县直（含驻海）单位挂钩帮扶镇（场）造林绿化和森林防火工作方案》和《海丰县县城园林绿化管护工作方案》等文件，新一轮绿化海丰大行动全面拉开序幕。

2013年3月12日全民义务植树节，县委书记沈木荣，代县长陈德忠等县四套领导班子带领县直各机关单位干部职工及公安干警、武装部、消防、边防大队官兵和中学生代表共3000多人到县城牛黄山开展义务植树活动

【生态工程】 2013年主要生态工程：一是实施生态景观林带建设。该项目总投资528万元（其中省级资金321万元、县级配套119万元、建设单位自筹88万元），建设任务29.15千米，建设范围位于深汕高速公路海丰县鹅埠镇、鲘门镇、梅陇镇、梅陇农场等辖区路段。二是实施海丰县防护林工程2012年中央预算内投资项目。该项目总投资2172万元（其中中央投资1086万元、地方配套1086万元），建设任务4866.66公顷（其中人工造林1666.66公

2013年11月14日，汕尾人民政府市长吴紫骊（左二）在县长陈德忠（左三）及市县林业部门负责人陪同下亲临造林绿化和森林防火工作挂钩联系点陶河镇调研新一轮绿化大行动工作

顷、封山育林3200公顷），建设地点分布在大湖镇、赤坑镇、陶河镇、附城镇、城东镇、平东镇、联安镇、梅陇镇、鲘门镇、赤石镇、可塘镇、小漠镇、圆墩林场和青年水库。三是实施海丰县2012年森林抚育补贴试点项目。该项目总投资214万元（其中中央财政补助资金194万元、县植被恢复费返拨款中配套20万元），建设任务1333.33公顷，地点分布在海城镇、附城镇、大湖镇、梅陇镇、鲘门镇、赤坑镇、小漠镇、陶河镇和赤石镇。四是实施海丰县2012年中央财政造林补贴试点项目。该项目总投资1540.64万元（其中造林主体自筹1239.93万元、中央财政补贴300.71万元），建设任务1238.06公顷（其中人工造林666.66公顷、迹地更新571.4公顷），建设地点分布在赤石镇、鹅埠镇、黄羌镇和平东镇。五是实施广东省森林碳汇重点生态工程海丰县2012年造林项目。该项目总投资684.60万元，建设任务1095公顷（其中人工造林745公顷、森林补植350公顷），建设地点分布在赤坑镇、梅陇镇、海城镇、赤石镇、鲘门镇、附城镇，小漠镇、联安镇、可塘镇、陶河镇、黄羌镇、公平镇和青年水库。六是实施广东省森林碳汇重点生态工程海丰县2013年造林项目。该项目总投资800.34万元，建设任务1095公顷（其中人工造林745公顷、套种补植350公顷），建设地点分布在海城镇、鲘门镇、梅陇镇、平东镇、赤石镇、公平镇、小漠镇、附城镇、赤坑镇、大湖镇和黄羌镇。

【义务植树】 2013年，海丰县认真贯彻实施《广东省全民义务植树条例》，全年共计52.30万人通过各种形式参与义务植树活动，完成义务植树任务110万株。

【自然保护区】 加强自然保护区建设管理和湿地保护工作。加快海丰县莲花山和海丰县黄羌学堂坑两个县级自然保护区建设步伐，依法保护野生动植物和湿地资源。完成海丰莲花山自然保护区续建工程项目建设，投资72.70万元的海丰县森林检疫及莲花山保护区综合办公楼（建设内容包括瞭望塔、监测台、宣传牌等）已于2013年4月通过有关部门的竣工验收，并投入使用。

【林业改革】 一是继续深化集体林权制度改革。全县集体林地面积95333.33公顷，分布在17个镇（场）、195个村委会、956个村民小组。2013年，在原有基础上，重点抓了林地承包经营合同的规范完善和林地所有权证、使用权证、股权证的规范发放等工作，基本达到林农得实惠、生态得保护、林业得发展的改革目标。二是推进县林业局属下事业单位分类改革工作。7月，海丰县机构编制委员会印发《海丰县林业局所属事业单位分类改革方案》，核定海丰县森林防火办公室、海丰县森林病虫害防治检疫站、海丰县生态公益林经营建设管理站、海丰县公平木材检查站、大云岭绿化管护站、梅陇林业站、可塘林业站、赤坑林业站、陶河林业站、公平林业站、黄羌林业站、平东林业站、后门林业站、小漠林业站、鹅埠林业站、赤石林业站、莲花山林业站等17个单位为县林业局属下正股级公益一类事业单位，经费按财政补助一类拨付；核定海丰县园林管理所为县林业局属下正股级公益二类事业单位，经费按财政补助二类拨付；核定海丰县林业种苗站为正股级公益三类事业单位，经费自

理；通过实施所属事业单位分类改革，更好地发挥了属下事业单位的职能作用。

【森林防火】　2013年，海丰县认真贯彻执行《森林防火条例》，坚持“预防为主，积极消灭”的方针，着重从组织领导、责任落实、宣传教育、队伍建设和资金投入等五方面抓落实，促进全县森林防火工作形势实现稳步好转。全年全县发生森林火灾（火警）4宗，过火面积78.67公顷，受害森林面积16公顷，没有超过上级规定的指标，实现了全年“无重大森林火灾、无人员伤亡”的工作目标。

【林政管理】　一是强化林地保护管理。主动服务全县经济社会发展大局，积极配合做好重点项目建设用地上报工作，2013年共办理征占用林地9宗，面积391.87公顷，上缴省财政森林植被恢复费2304.29万元，分别为广东省潮州至惠州高速公路（海丰段）、海丰天星湖科技园、海丰县2012年度第十七批次用地项目、海丰县2012年度第十四批次项目、海丰县教育园区配套项目、海丰县2013年度第一、二批次用地、海丰县2013年度第三批次用地、可塘镇公益性公墓山和海丰县生态科技城首期项目，审核率100%，没有出现非法征用林地现象；积极参与县政府占地毁林建坟专项整治行动，拆除违建坟墓100多穴，保护林地资源安全；完成《海丰县林地保护利用规划（2010～2020年）》编制工作，并经县政府批准组织实施。二是加强森林采伐管理。严格执行森林限额采伐管理制度，全年共审批森林采伐申请57宗，采伐面积1041.30公顷，蓄积量57640.30立方米，出材545461.50立方米，征收育林基金82.57万元，没有发生违规审批和超标审批的现象。三是加强林权争议调处工作。认真执行《海丰县森林林木林地权属争议调解处理实施意见》，加大林权争议调处工作力度，积极配合各地调处各类林权争议，全年共受理群众来信来访案件30宗，完成办理回复23宗，避免了群众越级上访和集体械斗事件发生，促进林区社会和谐稳定。四是加强木材行业管理。认真执行《海丰县木材经营加工运输管理实施方案》，组织专项清理整顿活动，促进木材行业健康有序发展。五是加强野生动植物保护管理。根据上级统一部署，出动执法人员200人次，车辆40台次组织开展“风雷行动”，积极配合广东省鸟类自然保护区开展执法检查活动，拆除捕鸟网具300多张，打掉梅陇镇观澜沟村非法收购运输野生动物团伙1个，抓获犯罪嫌疑人2名，解救放生野生鸟类200多只，其中国家二级重点保护鸟类6只，保护野生动物资源的安全，促进了生态平衡。

【行政执法】　海丰县坚持依法行政，依法治林，加强林业行政执法和林业案件查处工作。2013年开展了多场次的专项行动，严厉打击各类破坏森林资源的违法犯罪活动，全年共依法查处各类林业案件65宗，其中林业行政案件57宗、刑事立案8宗、破案3宗，处理违法人员66人次，其中刑事拘留5人、行政拘留1人，罚款61.25万元，为国家和集体挽回一定的经济损失。

【重点林场】　海丰县重点林场有圆墩林场、西坑林场2个。

圆墩林场　总面积13平方千米，下辖3个工区和水电站、自来水站2个集体企业，至2013年年底，共有干部职工133人，其中在职人员77人、离退休人员56人，人员经费由县财政差额拨款，经济实行独立核算，自负盈亏。2013年投入资金130万元，实施三角山水库除险加固工程，提高水库安全性能和经济效益；会同县公安局森林分局和圆墩派出所查处盗伐林木案件2宗，维护了林区稳定；多方筹集灾后复产资金12万元，组织干部群众开展灾后重建复产工作，迅速恢复正常的生产生活秩序；完成38户棚户区危旧房改造任务的验收扫尾工作，该项目共计投入151.8万元，其中林场干部职工自筹75.8万元，上级配套资金76万元，工程项目自2011年启动，至2013年年底全面完成检查验收，并投入使用，进一步改善了干部群众的居住环境；协助大百汇制药厂、瑞和公司及海崇食品厂西地块征地工作，促进工程项目顺利开工建设。

西坑林场　总面积30.5平方千米，下辖1个居委会和5个村委会，至2013年年底，总人口约5680人，共有干部职工142人，其中在职人员48人、退休人员94人。生态林总面积454.13公顷，其中，国有生态公益林面积352公顷，集体所有和个体所有生态公益林面积102.13公顷；林木总蓄积约35万立方米，林场固定资产约79万元。2013年完成67户棚户区危旧房改造任务的验收扫尾工作，该项目共计投入622万元，其中林场干部职工自筹488万元、上级配套资金134万元，工程项目自2011年启动，至2013年年底全面完成检查验收，并投入使用，进一步改善了干部群众的居住环境；投入资金4.5万元，对西坑路段进行绿化；积极协助县公路局开展因灾受损道路重修工作，并组织发动群众筹资30万元新修建高联村和联和村两条林区道路，迅速恢复林场干部群众的生产生活秩序。

（李海明）

附：2013年海丰县林业局领导名录

局　长：黎方极

副局长：刘世革　庄伟斌　邱诗光

畜牧业

【概况】 2013年，全县畜牧兽医系统紧紧围绕按照“保增长、调结构、惠民生”的总体要求，将深入贯彻落实中共十八大、十八届三中全会，中央、省、市、县农业农村工作会议精神，不断强化养殖业生产安全、动物源性食品质量安全、公共卫生安全保障能力，改革创新推动兽医事业发展，努力为促进农业农村经济又好又快发展做出新贡献。由于由于受到“8·16”洪灾、“9·22”“天兔”强台风及H7N9禽流感疫情的影响，畜牧业生产受到一定影响。据统计，全县生猪存栏量23.2万头，同比增长1.75%，出栏量44.9万头，同比增加2.7%；牛存栏1.33万头，同比减少5%，牛出栏0.9万头，同比减少1.1%；家禽存栏150万羽，同比减小8%，家禽出栏448.4万羽，同比减少4%；肉类总产量4.6万吨，与2012年同期持平。

【生猪饲养】 为引导生猪养殖行业的农户改变传统思维模式，推进生产方式由分散型向规范型和效益型转变，开发和创建生猪养殖合作社，走产业化、标准化、合作化的新路子，最大限度地提高生产水平，抵御市场风险，提高养殖效益，并取得不断进展。2013年，海丰县申报生猪规模养殖场标准化养殖场建设项目3个，落实养殖场大型沼气建设项目1个。3个生猪标准化规模养殖场建设项目计划总投资190万元，包括赤石镇合兴养殖场（中央资金50万元、企业自筹40万元）；可塘镇润德种养专业合作社（中央资金30万元、企业自筹30万元）；赤坑镇益腾养猪场（中央资金15万元、企业自筹25万元）。主要建设内容：赤石镇合兴养殖场主要是新建500立方米沼气池，新建标准化猪舍3000平方米，改扩建猪舍2000平方米，配套怀孕栏、分娩栏、防疫设施等相关设备，整改排污管道等设施；可塘镇润德种养专业合作社主要是新建猪舍1000平方米，改扩建粪污水处理系统，新建沼气池200立方米，配套水、电、道路及防疫等设备设施；赤坑镇益腾养猪场新建和改建猪舍500平方米，新装150千伏安变压器，配套防疫设施，整改排污管道等设施。平东镇格绫种养场大型沼气池建设项目是2013年落实的建设项目，该项目总投资133.5万元，其中省级财政补助50万元。建成了地上式沼气池600立方米，日可处理养殖污水150立方米，有效解决了该场养殖污水的处理问题。城东镇荣丰畜产有限公司是2013年刚投产的、继赤石双全农牧有限公司后的又一家大型现代化出口生猪生产企业，该场总投资2000多万元，总面积23.33公顷，新建猪舍2万多平方米，存栏肉猪2万多头，年出栏肉猪3万多头。荣丰养猪场的投产将增加海丰县的税收收入及外贸额度，对海丰的经济增长起到促进作用。

【家禽养殖】 年初，在华东地区爆发的H7N9禽流感疫情对海丰家禽生产造成严重影响，特别是4～6月及11～12月两个疫情较严重的两个阶段，市场家禽销售不足平常一二成，甚至停滞，或有价无市，肉鸡出场价最低跌至1.8元，低于白菜价格，家禽养殖企业损失惨重。赤石的潮记樱桃谷鸭场原是一家大型种鸭场，年产鸭苗1000多万羽，从5月开始，因鸭苗滞销，损失严重，于9月份进行了清场停产。年内，为了应对H7N9禽流感疫情对养殖企业的影响，政府鼓励冷冻企业对养殖场（户）家禽进行收储，解决养殖企业销售难的问题，减少养殖户损失。为此，向省申报了海丰县南湖冷冻实业有限公司家禽产品收储补贴，该冷冻公司4～5月份共收储家禽1286.68吨，收储损失约130万元，获得上级50万元的收储损失补助资金。

【重大动物疫病防控】 2013年，海丰县动物防疫工作坚持“科学防治、依法防疫，强化监测、科学预报”的原则，认真落实动物防疫的各项措施。特别是春秋两季大防疫，严格按照防疫方案要求，加强组织领导，按照“五不漏”的原则，狠抓免疫注射、确保春、秋防工作按质按量完成。据统计，全年共注射猪牛口蹄疫70多万头次，猪高致病性蓝耳病68.5万头份，高致病性禽流感600多万只次，猪瘟70多万头份，狂犬病1万多只次，做到应免尽免，免疫密度均达到100%以上。年初，我国多省发生人感染H7N9禽流感疫情，危害人民群众的身体健康，重创畜牧业经济。为做好H7N9禽流感防控工作，海丰县按照上级的防控部署，在进一步做好流行病学调查和疫情监测的基础上，认真加强消毒灭源、监管巡查、检验检疫等工作，密切注意全县畜禽类疫情动态，对畜禽类交易场所、养殖场户进行疫情排查及采样监测，向各镇畜牧兽医站调拨10多吨消毒药，落实对活禽市场、养殖场等进行消毒灭源工作，确保动物疫病防控工作取得成效。因有效的防控措施，海丰县全年未发生H7N9禽流感疫情。

【畜产品质量安全】 县畜牧局长期实行派驻检疫员日夜值班制度，对肉联厂外来的生猪严格查证检疫，检疫率达到100%。保证动物及产品的卫生和质量，让广大群众吃上“放心肉”。此外，县动监所定期对县肉联厂、养猪场生猪等产品进行抽样检测，尤其不定期进行飞行检测，均未发现检测出含瘦肉精、莱克多巴胺等违禁药物，从源头上保障了畜产品质量安全。在加强畜产品质量安全整治的同时，对县内重点单位规模畜禽场和肉联厂重点监管。一是重点畜产品生猪检验检疫工作，生猪屠宰销售实行一猪一证，做好标识管理，建立检疫档案，定点屠宰场检疫率达到100%，定点场出证率100%。二是重点规模养殖场，建立长期的养殖档案（免疫、使用兽药、各种投入品）；做好养殖场内外的清洁卫生和消毒工作，一律要求有动物防疫合格证书和特种畜禽经营许可证（两证）。没有达到要求的养殖场要立刻整改。三是屠宰场（肉联厂）进仓生猪100%检疫合格；做到产地检疫证消毒证、耳标标识齐全；屠宰检疫岗位设置合理，持证上岗；检疫印章票据由检疫人员专人保管；定期做好生产场地清洁消毒；定期进行瘦肉精等违禁药物检测。2013年，全县共屠宰检疫猪225285头，其中产地检疫174381万头、检出病畜846头、无害化处理8头，局部废弃77053千克，检疫菜牛3442头、菜狗1732头、菜羊814头。

【推进生态牧业】 2013年3月27日，《汕尾日报》刊登《且留青山在 存与邑人饮》的专题报道，报道指出承担着县城三镇30多万人口饮用供给的青少水库近年因受到畜禽养殖污染，速生桉树种植污染和生活和饮食店污水的影响，水质污染日益严重，对县城居民饮水安全造成严重威胁。为做好县城地区饮用水源地保护工作，确保广大居民喝上干净放心水，海丰县人民政府于5月下发《关于印发海丰县县城水源地环境污染整治工作方案的通知》。县畜牧局作为治理养殖污染工作组的成员单位，按照县政府要求，成立两库区水污染专项整治行动领导小组，大力配合相关部门进行莲花地区养殖场养殖污染的整治工作。整治工作从4月开始，分调查摸底阶段，落实整改阶段，整改执行阶段和规范管理阶段四个阶段进行，县畜牧兽医局及海城镇畜牧兽医共出动200多人次，配合环保部门进行整治。经过近一年的努力，对莲花山地区库区内51家养殖场（户）实施了停养、搬迁、拆除措施，其中强制拆除7家，自行拆除、搬迁44家，停养生猪19023头，家禽34800羽。通过对莲花山饮用水源地的整治工作，保障了海丰县城人民的饮水安全。

【畜牧兽医队伍建设】 为进一步增强基层动物防疫人员防疫技术，更好地服务广大养殖户，海丰县积极动员一线防疫技术人员提高业务素质和技术水平，夯实动物防疫工作基础。以“广东省粤东四市基层动物防疫人员防疫技术大比武活动”为契机，于2013年4～5月，在海丰组织培训和进行动物防疫理论知识及防疫技能比武初赛。6月上旬，派员参加汕尾市举行的各县区选拔人员集中培训和比赛，并取得集体第二、个人第一的成绩。6月下旬，选派代表参加粤东四市大比武活动，并取得集体第二、个人第三的可喜成绩。此次活动，增强了海丰县防疫技术人员的理论水平和实操能力，对基层重大动物疫病防控工作将起到重要作用。

（吴书滨）

附：2013年海丰县畜牧兽医局领导名录

局　长：邱义情（任至4月）　罗火贵（4月起任）

副局长：戴群芳　余东林

农机管理

【概况】 2013年，海丰县农业机械化工作紧紧围绕“推动创新发展，建设幸福海丰”的核心总体发展思路，认真贯彻落实中央精神，积极实施农机购置补贴等强农惠农政策，推进基层农机推广体系改革与建设，以水稻生产全程机械化示范项目为基础，努力创建农业机械化示范县，加大农机安全监督管理和技术培训，全县农机化事业稳定步快速发展。至年末，全县农机总动力36.83万千瓦，农机装备数量稳步增长，拥有拖拉机5019台、联合收割机689台、水稻插秧机99台。全县农作物机耕面积54.123万公顷，占农作物种植面积93.9%。其中：水稻机耕面积2.9818万公顷，机耕率达到95.59%；水稻机插面积0.1465万公顷，机插率达7.9%；水稻机收面积2.9945万公顷，机收率达96%。全县水稻耕种收机械化综合水平达69.41%，农机社会化服务能力逐步提高，农业机械化技术得到广泛应用。

【落实强农惠农政策】 2013年，海丰县经多方协调，争取中央财政农机购置补贴资金634万元。按照购机补贴公平、公正、公开、透明的实施原则，一是明确补贴对象，把握优先条件，保证农机手和农民得到实惠；二是明确机具品种，突出补贴重点，保证先进适用机具得到应用；三是明确补贴标准，保证补贴资金的最大效用；四是明确工作程序，提高工作效率，保证补贴工作顺利进行。全县申请补贴的农民172户，累计补贴机具4131台（套）和育秧盘10万多个，其中补贴：拖拉机65台，联合收割机47台，各种配套机具、植保、排灌和养殖机械2348余台（套），耕整地机械155台，水稻插秧机14台，稻谷烘干机械38台（套），水产养殖机械583台（套）。申请使用中央财政补贴资金634万元，直接带动农民投入资金1803万元。

【推广先进农机技术】 县农机总站以水稻生产机械化示范项目为建设平台，重点突破水稻生产全程机械化薄弱生产环节，2013年进一步加大机械化育插秧技术的宣传示范推广力度，对农民申请购置水稻插秧机和育秧盘实行优先补贴，同时加强农机与农艺的结合，强化技术培训，积极探索适合海丰县推广育插秧机械化的经营模式，不断提高全县水稻生产全程机械化水平。积极推进基层农机推广体系改革与建设工作，使基层农机推广工作步入正轨，实行规范化管理，更好地发挥农机化新技术的示范推广。至年末，全县拥有插秧机99台，全年完成插秧面积2465公顷。

【加强农机安全监管】 2013年，县农机总站认真贯彻落实《中华人民共和国道路交通安全法》、国务院《农业机械安全监督管理条例》和《广东省农业机械管理条例》等法律法规，进一步加大农机安全监管力度，加强源头管理、监督执法和安全宣传工作，层层落实责任制，与农机手签订农机安全生产责任书，强化安全生产宣传教育，加强农机安全检查，消除安全隐患。为确保农机安全生产，坚持实行定期检查和不定期检查相结合，组织监理人员深入到乡村场院、田间地头，有针对性地开展安全检查，及时纠正无证驾驶等违章作业行为，积极配合全县安全生产大检查行动，通过

2013年3月20日，海丰县农机管理总站在梅陇农场举办全县农机促春耕现场演示会

检查有效地消除安全隐患。全年累计完成入户办证109户，检查各类农业机械105台次，农机操作手105人，出动执法检查人员100人次，与农机驾驶员签订农机安全生产责任书103份，参加县安全生产检查3次，出动人员3人次，100%通过县安全生产检查。

【农机培训和农机服务】 2013年，县农机总站切实加强农机培训，组织开展技术培训服务，以水稻育插秧技术和农机维修、操作人员培训为重点，采取理论讲座、现场演示等多种示范培训形式，积极引导农民应用农机化新技术，突出培训内容的针对性、适用性、时效性，突出农机农艺技术融合，分层次、分阶段、多渠道开展教育培训，选调10名责任心强、业务过硬的同志为指导员，组成“推广使用农机具技术服务工作组”，开展科技进万家活动，每位指导员负责10户购机的农民、大耕户、专业合作社（共1000户），正确使用各类农机具。全年共举办水稻育插秧技术培训班和农机维修、操作人员培训班共5期，参加人员350余人次。发放拖拉机驾驶证82份，收割机驾驶证42份。年内，积极扶持农机专业合作社创建和成长，大力培育农机大户、农机专业服务组织等新型服务组织，农机化服务农业生产的能力和服务农民增收的水平进一步提高，发挥龙头带动作用，规范和引导农村社会化服务组织健康发展，加快了农机服务市场化、产业化、专业化进程。

（吴小川）

附：2013年海丰县农机管理总站领导名录

总 站 长：洪照荣

副总站长：吴小川 陈小龙

海洋与渔业

【概况】 2013年，海丰县海洋与渔业工作紧紧围绕省、市海洋与渔业工作部署，以“发展海岸经济”为主线，以建设“海洋强县”为主题，结合“万众评股室”活动，加强队伍建设，强化管理，促进了海洋与渔业经济又好又快发展。被汕尾市海洋与渔业局评为“汕尾市2013年度渔业安全生产先进单位”。据统计，全县水产品总产量14.7万吨，比2012年增长2.9%，总产值15.2亿元，比2012年增长8.1%。其中：海洋捕捞产量2.5万吨，与2012年持平；海水养殖产量9.2万吨，比2012年增长3.8%；淡水捕捞产量0.23万吨；淡水养殖产量2.7万吨，比2012年增长3.8%。全县海淡水养殖面积10542.73公顷，其中海水养殖面积6686公顷，淡水养殖面积3856.73公顷。

【海洋捕捞】 根据省、市海洋与渔业局的有关文件，2013年6月，县海洋与渔业局和小漠镇财政所组成验收组对海丰县小漠镇渔民安居工程项目已完成部分进行验收，该项目建设安居房共71户，总投资316.806万元，其中省补助资金81.65万元、自筹资金235.156万元。另外，海丰县逐步规范海洋捕捞渔船基础管理，稳定海洋捕捞生产。全县共有海洋捕捞渔船1104艘，17404吨，38672千瓦；海洋捕捞产量2.5万吨，与2012年基本持平，产值2.17亿元，比2012年增长6%。

【海水、淡水养殖】 受第11号台风“尤特”和第19号强台风“天兔”袭击，海丰县海洋渔业受到严重损失。灾害发生后，海洋与渔业局组织技术人员深入受灾地区，指导受灾养殖户修复、加固塘坝，对死鱼病鱼进行无害化处理，做好灾后养殖消毒等工作。为防止灾后暴发重大水生动物疫情，及时做好水产养殖的疫病防控工作，9月30日，海洋与渔业局特邀请南海水产研究所虾、蟹养殖病害防治专家郭志勋博士到海丰指导养殖户做好灾后虾、蟹的病害防治工作。

【加强水产品质量安全管理】 2013年，为贯彻落实广东省水产品质量安全监管工作，加强海丰县水产品质量安全监管，保障水产品质量安全，县海洋与渔业局制定《海丰县水产品质量安全监管应急预案》，同时，成立了海丰县水产品质量安全事故监管应急队伍，由局长任组长，副局长任副组长。重点监管对象主要包括规模化养殖场、无公害生产基地、水产养殖专业合作社等生产单位。多次深入大湖、赤坑、后门等重点整治区域开展专项整治执法行动。全年共出动执法车辆85辆次，出动检查人员240多人次，检查生产单位78场次，抽检样品41个。

【实施科技兴渔战略】 为实施科技兴渔战略，海丰县近年大力开展基层农技推广体系改革与建设补助项目、鱼虾混养养殖环境研究项目、池塘底部综合增氧技术项目等科研推广项目。这些科研项目的开展以及应用推广，进一步创新全县水产养殖新模式，提高养殖技术水平，增强水产品的市场竞争力，推进渔业经济增长方式转变，促进水产养殖业又好又快的发展。

【推进依法治渔（海）】 2013年，为切实推进依法治渔（海），严厉打击非法捕捞和违法违规用海行为，共出动执勤艇50艇（次），执法车90辆（次），执法人员401人次，其中检查渔船307（艘）查处违规渔船108（宗），处罚9宗，发出责令整改通知书104份，对违法违规行为起到震慑作用，较好地维护了正常的渔业生产秩序。同时县海洋与渔业局还积极开展渔业安全生产领域“打非治违”专项行动和渔业安全生产百日大整治行动，全年共出动执法人员356人次、执勤艇29艘（次）、执勤车44辆（次）、检查渔船768艘。检查出问题渔船有294艘，主要是普通船员持证不齐、救生设备不齐、船员标示不规范等问题，处理情况是给予处罚29宗，其他违规渔船给予口头警告，责令立即整改。通过制作政务公开栏和有关行政审批事项办事指南工作流程等，同时在服务窗口公开效能投诉电话，自觉接受群众监督，切实做到行政管理不缺位，行政审批不越位，便民利民应到位。

【伏季休渔管理】 2013年，南海伏季休渔从5月16日中午12时开始至8月1日中午12时结束，全县休渔船舶147艘、总功率43545.2千瓦、休渔劳力1030人、受休渔影响人数11486人，其中特困户数1522户、特困人数7498人。所有休渔船舶都在规定时间内有序分别停泊在鲘门、小漠、西闸、三江妈、马宫、汕尾等港口和停泊区，100%进入休渔状态。为切实有效做好伏季休渔管理，县海洋与渔业局组织渔政大队加强巡查监管，打击违规行为，确保休渔船舶安全。同时开展“关爱渔民，构建和谐渔区”为主题的扶贫济困活动，发动民营企业和爱心人士筹集20多吨大米派发给贫困渔民。

（徐晓文）

附：2013年海丰县海洋与渔业局领导名录

局　长：陈　维

副局长：谢远来　朱伟洲

广东海丰鸟类省级自然保护区

【概况】 广东海丰鸟类省级自然保护区于1998年经广东省人民政府批准建立，主要保护对象为鸟类及其栖息地。保护区位于广东省海丰县境内，由同属黄江河流域的公平区、大湖区和东关联安围区组成，总面积11590.5公顷，其中公平区位于黄江河上游，而大湖和东关联安围位于中国南海的北部滨海地带，是黄江河仅有的两个入海口所在地，三块湿地在湿地类型上和水鸟资源的分布上具有互补性，共同构成了同一流域内复杂多样的滨海湿地，是亚太地区南中国海鸟类和湿地类型自然保护区网络的重要组成部分。

国家Ⅱ级保护动物——褐翅鸦鹃

国家Ⅱ级保护动物——小天鹅

保护区丰富的自然资源和卓有成效的工作受到海内外的广泛关注和认可。2000年被省人大、省政府列入2000～2009年拟建国家级自然保护区发展规划；2005年被国家林业局列入《全国湿地保护工程实施规划（2005～2010）》优先建设项目；2005年8月被省林业厅授予“自然保护区建设管理工作先进集体”称号；2006年被列入全国林业系统自然保护区优先晋升国家级自然保护区名录；2006年汇丰/世界自然基金会与保护区合作启动湿地保护和恢复工程；2006年华南濒危动物研究所与保护区合作成立“野外台站”；2007年广东省人民政府批准更名为“广东海丰鸟类省级自然保护区”并申报国家级自然保护区；2007年通过全国林业系统国家级自然保护区评审会专家评审，同意申报晋升为国家级自然保护区；2008年2月经国家林业局确认，被湿地公约秘书处列入国际重要湿地名录；2008年10月被省林业厅授予“全省林业宣传先进单位”称号；2012年6月被省林业厅授予“全省林业系统自然保护建设管理工作先进集体”称号。

保护区广阔的沿海湿地和丰富的淡水湿地，成为亚太地区南中国海迁徙水鸟的重要通道和国际濒危水禽重要的庇护栖息场所。每年冬季至少有4万只以上的候鸟在此越冬，2013年记录种类达到246种。其中，国家Ⅰ级重点保护鸟类1种，国家Ⅱ级重点保护鸟类36种，CITES附录I保护鸟类4种，CITES附录II保护鸟类29种；IUCN的8种，列入《中日候鸟保护协定》107种、《中澳候鸟保护协定》47种、《中美候鸟保护协定》49种。有水鸟110种，黑脸琵鹭数量达128只，约占全球数量的3%；卷羽鹈鹕24只，约占全球数量的3%；凤头鸊鷉300多只，约占全球数量的1.5%。由于海丰鸟类保护区水鸟种类多、数量大，当地群众保护鸟类蔚然成风。2005年海丰县被中国野生动物保护协会授予“中国水鸟之乡”称号。

海岸湿地，群鸟竞飞

【重点项目建设】 一是积极有序实施2011年中央湿地保护补助资金项目。根据广东省林业局《关于转下达2011年中央湿地保护补助资金的通知》（粤林财〔2011〕48号）和《广东海丰国际重要湿地补助项目实施方案》的文件要求，安排广东海丰鸟类省级自然保护区管理处2011年中央湿地保护补助资金550万元，主要用于湿地监控、监测设备购置和湿地生态恢复以及聘用管护人员劳务费。目前该项目已完成354万元，其余工作正在有序有效开展当中。二是积极实施广东省湿地保护补助资金海丰项目。该项目总投资130万元，其中省级资金补助100万元、地方配套30万元，主要用于湿地恢复建设；监测、监控设施修建和设备购置工程；湿地管护及其他项目。保护区管理处领导高度，多次召开专门会议，研究具体事宜，至年底，有关工作正在有序有效开展当中。

机动鹭舞，和谐共处

【第二次国际重要湿地生态评价工作】 7月18日，国家林业局中南林业调查规划设计院、广东省林业厅湿地处领导和专家对广东省海丰国际重要湿地进行了生态状况评价，通过召开座谈会、野外考察等形式给予评分。领导和专家对海丰湿地保护工作给予了充分肯定，也针对保护区实际存在的问题提出了宝贵意见，对保护区的未来发展提出了建设性意见。

【自然保护区有效管理评价工作】 根据《广东省林业厅关于开展自然保护区有效管理评价工作的通知》（粤林函〔2013〕213号）要求，保护区管理处由班子成员组成管理评估组，对保护区的管理情况进行自我评估，认真准备好自评报告、PPT演示文稿及相对应的佐证材料，自我评估结果是93分。11月2日，广东省林业厅领导和专家到保护区进行实地核查和评估，评估结果为良。他们充分肯定管理处近年来的管理工作，同时要求加强对保护区的鸟类种类、数量、栖息、生活习性等情况作进一步调查了解，优化功能布局，拓展保护渠道，更好地保护鸟类生态系统。

省级重点保护动物——紫水鸡

【保护区宣传活动】 一是结合“世界湿地日”“爱鸟周”和“野生动物宣传月”等活动，加大宣传力度，出动宣传车，深入保护区周边乡镇进行广播宣传，并采取悬挂宣传横幅、张贴标语、发放《中华人民共和国野生动物保护法》《广东省野生动物保护管理条例》等宣传资料进行广泛宣传，进一步加强野生动物资源保护的宣教工作和普法教育活动，提高社会公众法制意识，为顺利推进野生动物保护工作打下良好的基础。二是充分发挥新兴网络媒体的传播作用。建立网站（网址：http://www.forestry.gov.cn/zrbhq/GDZHF.html），介绍保护区概况、工作动态、自然环境、自然保护、公众教育、生态旅游、保护区风光等方面的情况，让公众全面了解保护区，提高保护生态环境的认识；开通微博（http://e.weibo.com/HFNL），安排专人负责定期发布信息，积极主动应对网络舆论，加强网络宣传舆论引导。三是协助拍摄《美丽中国·湿地行——水鸟之乡》电视专题片。2013年6月，中央电视台国际频道摄制组来到海丰鸟类保护区，拍摄人和水鸟共享一片蓝天绿水的故事，探寻海丰人与水鸟的渊源。专题片的播放取得很好的回响，让海内外华人更全面地认识海丰湿地的优美，提高了保护区的知名度。

【自然保护区专项整治行动】 2013年，为了营造野生鸟类在保护区栖息、繁衍的良好生存环境，保护区管理处在大力宣传野生鸟类保护的基础上，多次与汕尾市林业局、海丰县林业局联合开展非法猎捕鸟类专项整治行动，对自然保护区周边地区的捕鸟网等捕鸟工具进行清剿，并进行集中焚烧处理。年内，保护区将继续与市、县林业部门、森林公安联合执法，严厉打击非法猎捕鸟类违法犯罪行为，形成常态化的执法模式。

【强化保护区监测】 国家级野生动物疫源疫病监测：制定野外巡护监测制度，制定预防候鸟感染传播高致病性禽流感工作方案，同时落实专人负责，加强日常巡护，实行网络监测系统日报制度，建立档案，确保有序地开展监测防控工作。2013年，对黑脸琵鹭监测：落实专职人员对其栖息地进行严格保护，随着保护措施的不断加强，黑脸琵鹭来保护区越冬的数量明显增加。据黑脸琵鹭全球同步调查统计，黑脸琵鹭128只，占世界现存总数的3%。国际重要湿地监测：制定了监测方案，落实了监测技术人员，明确各个环节的工作重点，开展系统的监测和调查，在调查中及时填写野外调查记录表，并将相关数据输入计算机，建立数据库，进行数据统计和分析，依据监测所得数据分析，更新国际重要湿地信息表。根据2013年监测情况，湿地生态系统保持自然性与完整性，珍稀物种种群数量趋于稳定，鸟类物种数量为246种。

（李　艺）

附：2013年广东海丰鸟类省级自然保护区领导名录

主　任：卓辅烈（3月起任）
副主任：林文鑫（负责全面工作，任至4月）
　　　　庄伟民

水利与水务

【概况】 2013年是海丰县水务事业继续保持加大投入、深化发展改革发展的关键时期。县水务局深入贯彻落实省委关于促进粤东西北地区振兴发展的战略部署，紧紧围绕县委“三个坚持、四个争当、五个发展”的总体发展思路，全县水利人团结协作、负重图强，敢于担当、努力奋进，着力推进海丰县水利改革发展工作，较好完成了县委、县政

2013年1月20日，南方出版有限公司副总经理何祖敏（左一）、省移民局局长曾向生（右一）、县水务局局长刘英剑（左二）、公平五联村委书记陈文（右二）在海丰县公平镇五联村委举行授书仪式

府和上级水利部门下达的目标任务。全县共投入水利建设资金约1.6亿元，其中中央补助845万元、省补助11648万元、市财政配套66万元、县财政配套199.4万元、群众自筹3200万元左右。

【水行政执法】 2013年，县水务局完成全县各取用水单位（户）取水初审工作，核定有效证的47家，年取水量14366.11万立方米（其中水力发电17家9457.9万立方米），使取水许可办证、装表计量收费工作逐步走上正规化、规范化的管理范畴。年内，通过日常巡查及收集群众举报等渠道，并经核实，发现全县共有非法采砂点14处，主要分布海丰县黄江河及赤石河两大河系中，涉及黄羌、平东、公平、赤石、鹅埠、城东6个镇。针对以上6个镇区域内存在的非法采法点，县水务局执法人员加大力度，重拳出击，依法查处取缔非法采砂案件5起，下发《责令停止违法行为通知书》20份，没收非法所得及罚款共20余万元，有效维护了河道规范管理及水法律法规的严肃性，有效遏制海丰河道非法采砂行为。

【“三防”工作】 2013年，海丰县气候异常，入汛早，风雨多，特大暴雨、强台风频现，且局地暴雨突发严重。全年降雨量达3232毫米，比多年平均值2498.3毫米增加733.7毫米，有“贝碧嘉”“苏力”“飞燕”“尤特”“潭美”5个热带风暴及台风对海丰县产生外围影响，强台风“天兔”正面袭击海丰县。年内，海丰防汛抢险救灾任务相当繁重，县三防指挥部坚守24小时值班，随时掌握汛情动态，合理科学调度水库、水闸防汛抗洪救灾，采取有效度汛措施，确保安全度汛；应对灾情险情，反应迅速果断，抢险救灾工作也取得良好成绩。特别是“8・16”特大暴雨和“9・22”强台风“天兔”给海丰带来严重的灾害损失，县水务局全体干部职工不畏艰难困苦，奋战在防洪抗台救灾第一线，与有关部门积极配合，通力协作，与全县各地党政和群众团结一致、奋起抗灾，将灾害损失降到最低程度，为海丰防御、抗击台风、暴雨的袭击及灾后复产工作做了大量努力，

2013年6月9日，省政府邓海光副省长（右一）在汕尾市吴紫骊市长（右三）、洛金堤副市长（左四）、海丰县委书记沈木荣（右五）、县长陈德忠（右四）等领导的陪同下，到汕尾海堤海丰东关联安围加固达标工程调研指导

公平水库大坝及泄洪闸新貌

2013年海丰县防洪防风抗灾救灾工作受到上级部门和领导的肯定与表扬。

【防洪救灾】 2013年，海丰县先后经历了“8·16”特大暴雨和“9·22”强台风“天兔”的袭击。

抗击“8·16”特大暴雨 8月16日至18日6时，海丰县遭受特大暴雨的袭击，过程降雨达745.5毫米。特别是公平镇西坑片，16日18时30分至20时30分的2个小时内突降特大暴雨199.5毫米，致使公平水库集雨量暴增，水位迅速上涨，达到建库以来的最高水位16.80米，17日下午开始以700个流量泄洪，为历史以来最大的排洪量。受连续降雨和公平水库上游水库泄洪的影响，黄江流域径流增大，造成黄江下游各镇大面积农田受浸，村庄上水，灾情十分严重。针对连续特大暴雨的袭击，县委、县政府高度重视，及时启动防汛Ⅱ级响应，特别是8月16日晚，当公平西坑、黄羌罗河流域出现灾情后，县三防指挥部反应迅速，立即组织公安、武装、边防、水务、公路、交通、供电、农业、国土、民政、林业等部门约500人的抢险队伍，连夜奔赴灾区，转移群众1.1万人，同时安置灾民生活，群策群力，有效抗击了暴雨、特大暴雨的袭击。8月18日，黄江大堤陶河霞西地段出现一处堤坝漫顶、堤脚塌陷险情。责任地段巡护人员及时发现并报告该险情后，县三防指挥部迅速反应，县委书记沈木荣、县长陈德忠等领导立即赶赴险情最前线，现场指挥，组织抢险，组织人员修复加固堤坝；同时，指定一名副县长、公安局局长坐镇三防指挥部，调度抢险队伍和物资。县武装部和消防大队官兵、公安局干警及县水务局、国土资源局和陶河镇干部职工500人在第一时间赶赴险情发生现场，填沙包、打木桩，全力抢险；县财政、发改、经促、渔业及梅陇、联安等镇都派出支援队协助抢险，分头做好下游陶河镇的霞西、陶北、陶联、下边四个村委的群众转移、安置工作。四个村委共转移老少病残群众300多人，分别安置在陶东小学和霞西小学，小部分自行转移到亲戚中去。在陶河抢险中，全县共出动抢险队伍1000多人，组织尼龙袋2万个、救生衣1000件、防渗布2000平方米、木桩2大车、砂铲钉提等一大批。经过日夜奋战，险情得到有效控制，最大限度减少了人民群众的财产损失。在抗击这次强降雨过程中，虽然县各级党政高度重视，反应及时，措施得力，但仍造成较大损失。据统计，全县各类经济损失达4.8亿元，直接经济损失达2.355亿元。

抗御“9·22”强台风“天兔” 2013年第19号强台风“天兔”在9月22日下午4时起正面袭击海丰县，19时40分在海丰沿海地区正面登陆，狂风挟着暴雨肆虐长达10多小时，致使全县各地到处断电断水，树木倾倒，交通阻塞，通讯瘫痪，大量房屋倒塌受损，大批基础设施、农业作物等严重损毁，受灾人口近60万人，并出现3名群众因灾死亡的情况，截至24日下午3时，全县直接经济损失达29.4159亿元。面对这次近40年来登陆海丰的最强台风，县三防指挥部及早部署，全面动员，万众一心，积极防御，奋力抗灾。21日上午，县政府由陈

德忠县长坐镇指挥，召开防御强台风的会商会，全面部署防御工作。同日上午11时、22日上午10时海丰县相继启动防风2级、1级应急响应，发动全县干群立即行动起来，全面进入防风作战状态。22日晚9时，在最强风暴刚刚过去，台风尚未回南之际，县长、县三防总指挥陈德忠立即组织指挥部各成员单位，根据市委书记温国辉的指示精神，结合海丰严重受灾的实际情况，再度召开抗灾抢险紧急会议，全面部署全县抗大灾抢大险的工作，明确要求各地各单位要充分发扬连续作战的精神，从防强台风迅速转向防强降雨，全面夺取抗灾救灾的最后胜利。23日下午，根据市三防指挥部的指示精神，在继续开展抗灾救灾的基础上，迅速动员全县各地开展恢复灾后生产工作，并以县委、县政府的名义发出《关于迅速开展恢复灾后生产的紧急通知》，同时通过新闻媒体滚动宣传，着力增强广大群众复产重建信念，迅速投入恢复灾后生产。强台风正面袭击海丰后，国家防总、水利部、民政部、省委、省政府、省防总、市委、市政府等各级党政高度重视，上级有关单位和兄弟县区大力支持救援。24日，省委胡书记、省政府邓副省长、水利部巡视员、民政部司长胡晓春、省水利厅厅长林旭钿、汕尾市委书记温国辉、市长吴紫骊、副书记陈央等各级党政领导分赴海丰县台风重灾区第一线，亲临大湖、赤坑、小漠等沿海受灾乡镇和青年水库等水利工程出险现场视察灾情，指导抢险救灾和灾后恢复生产工作。国家防总广东防风工作组、省防总、省水利厅、省民政厅等单位以及市三防各相关职能部门的领导相继深入海丰各地指导抢险救灾工作。珠海、阳江等地供电部门迅速派出多支应急救援队伍共3000多人，奔赴海丰全力支援电力设施抢修工作。通过全县各级党政、军民通力协作，共同努力，众志成城，有力抗击了强台风的正面袭击，减少了台风带来的经济损失，取得防风抢险救灾的阶段性胜利。

【实施水库移民后期扶持政策】 海丰县于2006年下半年实施中央水库移民后期扶持政策后，先后实施了64个移民村危房改造安居工程和公共基础设施建设，先后完成建房面积47.63万平方米，解决4358户21204人的房屋居住问题，共投入资金64717万元，其中争取中央后扶资金18846万元，自筹45871万元。正在实施建房的移民村20个2168户11840人。海丰县水库移民后期扶持政策实施工作成效显著，一直走在全省前列，多次受到省、市水库移民部门的肯定和表扬。2013年1月20日，由南方出版传媒股份有限公司和省水库移民工作局联合主办、广东电视台快乐益智（教育）频道承办的“广东益智图书室”图书捐赠活动授牌仪式在公平镇胜高楼移民村成功举行，推进海丰县水库移民后期扶持信息化工作有效开展。

海丰县东关联安围达标加固工程附城堤段

公平水库除险加固后的泄洪闸启闭室新貌

海丰县城市防洪工程小液河堤绿道网段

海丰县东溪水闸

海丰县城龙津河整治工程栏杆

海丰县城龙津河整工程龙津河畔

【小型农田水利建设】 2013年，海丰县积极探索新时期群众性与项目业主开发相结合的农田水利基本建设新模式，充分利用冬秋季节有利时机，广泛调动广大群众积极性，协调相关部门，切实抓好灌区、水闸、水库、堤围、渠道等基础农田水利工程的加固和配套，加大农田整治力度，全面构建“田成方、路成网、渠相连、水相通、旱能灌、涝能排”的农田水利运行格局。重点抓紧可北、船坞灌区工程、赤坑农田示范镇建设工程、平东高效节水灌溉项目。据统计，全年累计投入面上农田水利建设资金达5850万元左右，其中省级以上资金2150万元、市县配套650万元、群众自筹3050元。修复水毁工程90处，新增防渗渠道135千米，新建塘坝、水陂等蓄水工程105处。完成土方126万立方米、石方4.6万立方米、砼1.9万立方米。

【小型水库除险加固工程】 2013年，海丰县抓紧经省水利厅审核同意建设的21宗小（二）型水库除险加固工程前期工作，分别是赤石4宗、黄羌4宗、梅陇2宗、陶河3宗、海城2宗、赤坑4宗、公平1宗、小漠1宗，总投资概算2991.31万元。21宗工程已全部进入招投标平台，将于2014年4月起动工建设。

【千里海堤东关联安围达标加固工程】 海丰县东关联安围达标加固工程自2011年10月28日动工建设以来，工程整体进展顺利，至2013年年底已完成投资10940万元。先后完成的工程项目有：土方加固21千米，护坡铺筑13千米，堤脚砌筑格宾石笼铺设18千米，防浪墙浇筑13千米，防汛路砼路面铺设0.65千米等项目。完成工程量：完成工程量土方43.5万立方米，石方7.8万立方米，砼3.3万立方米，金属结构制安1300吨。继续按照省委、省政府和省水利厅的部署和要求，遵循水利工程基建程序要求和规范，注重质量和安全，加大建设力度，扎实推进工程建设进度，确保尽早全面完成建设任务。

【大中型水库概况】 海丰县境内有大中型水库共11座。

加固后的公平水库大坝及大型泄洪闸，公平水库大坝总长6147米，泄洪闸最大泄洪流量为1825立方米/秒

公平水库远眺

2013年“8·17”洪灾公平水库泄洪闸泄洪700流量

2013年“8·17”洪灾公平水库泄洪闸泄洪水流

公平水库　地处广东省海丰县北部主要河流黄江河上游，是在黄江河中部台地构筑而成，南距海丰县城13千米，始建于1959年10月，素有“人工平湖”之美称，属省级鸟类自然保护区，汕尾市区主要饮用水源水库。公平水库是一座国家大型水库枢纽工程，集防洪、灌溉、发电、供水、产业开发等综合利用水资源于一体。水库集雨面积317平方千米，设计总库容3.48亿立方米，正常库容1.63亿立方米，蓄水面积36.1平方千米，年产水量4亿立方米～7亿立方米；捍卫下游近50万人口、30多万亩耕地防洪安全；担负汕尾市区、公平、城东、可塘、赤坑等城镇工业和30多万城镇居民生活供水、汕尾发电厂供水，以及1.12万公顷农田灌溉重任。水库工程主、副大坝总长6147米，大型泄洪闸1座3孔最大泄洪量1825立方米／秒，灌溉、发电输水涵闸4座；坝后式水电站2座，装机容量2900千瓦；总干渠道60千米，跨1县2区11乡镇，至红海湾的遮浪长沟，设计灌溉面积1.45万公顷；城市供水近期日供水量15万立方米，中远期日供水量25万立方米以上。水库经过多次加固建设，达100年一遇洪水频率设计，2000年一遇洪水校核的新标准。特别是2012年2月总投资15473万元的公平水库除险加固建设完成后，在抗击2013“5·26”“8·17”特大暴雨洪灾及“9·22”超强台风“天兔”的袭击中，发挥了十分重要的防洪防风抗灾作用。公平水库管理局以建设生态文明水库为立足点，致力于加强“一大一中三小”5座大中小型水库的安全建设管理，2013年水库经济创值1507多万元，实现水利经济可持续稳步发展；加强水资源生态环境保护建设，为汕尾市区等城镇发展和居民生活提供优质水源保障。

（李智荣）

朝面山水库　位于海丰县东北部的黄羌林场境内，离县城约35千米，属黄江河上游的一级支流的朝面山水，也是公平水库库区上游的一座中型水库。集雨面积13.05K平方千米。朝面山水库于1976年9月动工兴建，1978年12月基本完工蓄水。库区枢纽工程由朝面山水库、南方背引水工程两大部分组成，包括主坝1座，潜孔式溢洪道1座，混凝土输水隧洞1条；另外，南方背引水工程设有截洪坝1座、引水涵1座以及坝后电站和引水电站（上楼电站）各1座。朝面山水库设计正常水位为218米，相应库容1732.3万立方米，是一座以防洪、发电为主，结合灌溉等综合利用的中型水库，对公平水库滞洪有一定作用（控制公平水库集雨面积的4.12%）。建库以来对稳定和发展边、远、老、贫困山区的经济与社会发展起了巨大作用，同时捍卫着黄羌镇、黄羌林场、公平镇等1万多人的生命财产安全。该水库于2009～2011年进行了除险加固。

朝阳水库　位于海丰县北部山区，属黄江河松林支流上游，控制集雨面积12.85平方千米，坝址地处黄羌林场麻竹管区麻竹村属公平水库范围内，工程原由黄羌镇人民政府管理，1999年划归县属工管单位。库区地势属高丘，植被良好。朝阳水库于1970年12月动工，73年冬完成主坝1条206米，副坝2条共198米，3孔泄洪闸1座和输水压力管2条，泄洪闸设在主坝与副坝中间的小山地，基础较好。1988年兴建1座坝后电站、2台机组320千瓦，设计年发电量70万千瓦小时。朝阳水库原设计标准低，1000年一遇的洪水位已漫坝达2.12米，100年一遇的洪水位距主坝顶仅存0.61米，是一宗较危险的工程，为了确保工程的安全，长期以来均采取防限措施。该水库于2009～2011年进行了除险加固。

赤沙水库　位于广东省海丰县南部赤坑镇内，距海丰县城25千米，距汕尾市区15千米。工程于1958年12月23日动工兴建，1960年春竣工蓄水。水库集雨面积23平方千米，水库建成后，是一宗以农田灌溉为主，结合防洪、治涝的中型水利骨干项目。1975年纳入公平水库灌区系统，是公平水库灌区总干渠“瓜串”水库。1989年，以向汕尾市供水为主，结合防洪治涝、农田灌溉。捍卫着下游赤坑、大湖两镇人口6万人口（不含流动人口）生命财产安全，保护耕地1.4万公顷，肩负着下游赤坑镇0.99万公顷农田灌溉重任，保护汕尾至可塘的公路交通安全。赤沙水库于2013年4月开始进行第4次除险加固建设。

红花地水库　位于海丰县北部莲花山境内，距县城约12千米，系拦截吊贡支流莲花山镇与公平镇交界处狭谷筑坝而成。该库于1965年8月兴建，1967年4月竣工；集雨面积36.5平方千米，总库容6464万立方米，河流长度9.45千米，河床比降0.0088，多年平均降雨量2200～2400毫米，库区属高丘山地，植被良好；该工程枢纽除主坝外，有高沙、莲湖和主坝右侧坝仔3条付坝，溢洪道1座设在莲湖付坝左坝肩，2条输水涵管分别建在主坝左侧、高沙付坝右侧。其中高沙原输水涵管因基础不均匀沉塌，中段裂缝多处漏水严重，虽经多次灌浆和处理，还不能确保安全，故在1986年冬在坝右侧山地采用顶管方法重新建涵管，对老涵管进行堵塞封死。为确保水库工程安全，对整个枢纽工程进行全面鉴定，于1997年上报立项加固项目，1998年12月至2002年进行除险加固及环境整治，整个除险加固工程质量基本达到要求。坝后有电站1座，总装机容量3台×400千瓦，年均发电量350万千瓦小时。在电站下游约2千米处设1座拦河闸（陶陂水闸）引水灌溉附城、城东、公平3个镇800公顷农田和县城工业居民供水以及龙津河冲污任务；同时捍卫着海紫公路、国道324线，324线赤岸河交通桥及中、西闸，黄江流域中下游两岸公平、城东、附城、陶河、县城5个镇7333.3公顷农田和220个村庄23万人民的生命财产安全，并对黄江河的滞洪削峰，减轻洪涝灾害发挥了一定作用。

红阳水库　位于梅陇镇西部7千米的红阳村委会的孔子门村后。踞梅联河上游，集雨面积9.2平方千米库区植被差，有水土流失现象，主坝址为板状砂岩。红阳水库于1974年8月动工，至1976年8月竣工，完成1条主坝和2条副坝，以及1条引水拦坑坝；泄洪闸1座（2～2×2.5米），砼压力输水管1条，设双铸铁孔Φ＝0.6米，设计灌溉面积1333多公顷；灌区1975～1976年建成并与黄山洞、平安洞、鱼仔潭和水口陂等四库一陂联成梅陇灌区，工程建成后对梅陇镇及梅陇农场的灌溉和防洪治涝起到一定的作用。1992年建成坝后电站1座，装机1台200千瓦。该水库于2003～2006年进行了除险加固。

黄山洞水库　位于海丰县西部，距县城约20千米左右，坝址处在大液河支流的黄山洞水库的上游，集雨面积17.0平方千米，植被良好，土壤透水性强，库内北面有黎仔耳大山，高程1033米。该工程于1955年5月动工兴建，由省水利厅设计和施工至1956年4月基本完成了土坝，输水管和溢洪道。但土坝未按设计高度完成，故在1962年进行被坡和加高，使坝顶标高达51.7米，为了进一步使工程发挥更大效益，故于1967～1968年对工程又进行扩建，该工程是以灌溉为主，故在建库的同时，在

下游约8千米处建成水口陂（拦河）引水入梅陇灌区，该水陂既拦水库放入原河的水库水，又是截拦埔仔洞水的一宗作用较大的拦河水陂。1971～1973年建坝后电站1座，装机2台400千瓦，1986～1987年在径仔门建二级电站1座，装机2台410千瓦。2013年末，正在开展除险加固工程建设。

南门水库　位于海丰县东北部，距平东镇约3千米，距公平镇26千米，海丰县城35千米，属黄江支流南门水系，库区内山清水秀，风景怡人，主坝下游内2千米，有跌差60多米的瀑布一处，自古有“吊景”之称，为海丰八大景点之一。南门水库分上下2库，上库为中型水库，始建于1959年冬，1970年完成水库主体工程。水库原设计集雨面积12.0平方千米，正常水位125.6米（珠基，下同）相应库容1246.0万立方米，设计（p=2%）洪水位126.64米，相应库容1355.0万立方米，校核（p=0.2%）洪水位127.6米，相应库容1466.0万立方米，死水位107.4米，相应库容79.0万立方米。上库工程枢纽主要由主、付坝（土坝）各1条输水发电涵管，泄洪闸和电站组成。南门水库是具有灌溉、防洪、发电等综合效益的中型水库，同时对公平水库起调洪作用（控制公平水库集雨面积的3.8%），设计灌溉面积933.3公顷，防洪捍卫人口0.5万人、耕地266.7公顷。该工程于2004～2006年进行了除险加固。

平安洞水库　位于梅陇镇西南面11千米的浅沙河（属沿海小河流）上游，集雨面积16.4平方千米，正常蓄水位25米，死水位10米，总库容0.1755亿立方米。库区属高丘地带，植被良好，主坝两侧山地均属风化土，原河东河床属冲积层，土壤结构差，工程于1958年11月动工，至1960年2月竣工，计完成主坝1条，副坝2条（其中一条是杨柳埔副坝，未建泄洪闸时临时溢洪道设在该副坝），1条砼压力管涵洞或输水管。1984年新建1座坝后电站，装机2台250千瓦，在建电站的同时，对原砼输水管加套100米钢管，出口明渠段改为砼管长80米，并加设蝴蝶阀控制发电、灌溉的用水。由于平安洞水库工程标准低，且泄洪能力小，再由于土坝土质差，又无防浪墙，因此1995～1999年对该库进行了除险加固。

平龙水库　位于海丰县东北部黄江河九龙支河上游的九龙径仔背村（已移民）。控制集雨面积10.6平方千米。库区属高丘地带，植被良好，坝址原河床坚实岩层，表层透水性不大，附近土地多为轻沙壤土，适应于土坝土建工程。平龙水库于1974年冬动工兴建至1977年春基本完成。1983年增建坝后电站1座，装机2台250千瓦。平龙水库灌区与南门、公平水库灌区接壤，原受益平东镇、公平镇设计灌溉面积800公顷，其中水田面积533.3公顷。该工程2009～2011年进行了除险加固。

青年水库　位于海丰县城西面，距离县城5千米，坝址处于小液河中游，集雨面积共58.84平方千米，（其中小液河20平方千米、引龙津河水38.84平方千米），库区内有海丰县最高山峰两座，即银瓶山和莲花山，高程均在千米以上，又是海丰县瀑雨地带，植被良好。青年水库于1958年8月开始动工，1960年冬基本完成主体工程，主要是以灌溉为主，结合防洪，发电综合利用的工程，受益面积计划40066.7公顷，（现达2840公顷），防洪面积6266.7公顷，保护人口12.1万多人。1959年开始先后建成坝后电站2座，总装机5台925千瓦，1986年起供应城镇居民食用水。青年水库工程于1970年进行扩建，全面扩大库容量，土坝加高4米，坝坡按比加厚和接长，导流工程，施工时采用水中倒土，土方工程完成后再进行全面灌浆，泄洪闸、输水管工作台亦相应加高，工程总投资1759多万元。1990年加固，对工程进行全面加固、增设弧形闸2孔，每孔10米×5.5米，主坝堵口副坝按坡比再加厚，续建防浪墙，改造电站由原5台改为3台装机960千瓦，总投资1200多万元。

（陈寿浩　彭成托）

附：2013年海丰县水务局领导名录

局　长：刘英剑

副局长：简健全　魏　锑　郑吉祥

气　象

【概况】　海丰县气象局承担全县的气象行政管理、气象观测、天气预报、气象服务、防雷减灾等工作。2013年，认真贯彻落实中共十八大会议精神和全省气象局长会议精神，继续解放思想，求真务实，抓住“省部合作推动率先实现气象现代化建设”契机，围绕服务海丰发展“现代新生态农业、现代新兴产业、现代生态旅游业和宜居宜业现代中等城市”目标任务，为“加快转型升级、建设幸福海丰”提供优质气象服务。全年的气象服务工作做到“预报准、预警早、广覆盖、传递快、效益好”的目标，为海丰的防灾减灾做出贡献，受到人民群众、政府和上级部门的表彰。

【天气预报服务】 2013年，海丰气温偏高，日照偏少，降水偏多。年平均气温为22.9℃，比常年偏高0.3℃；年降水量3303.9毫米，比常年偏多805.6毫米，偏多近32.2%。入汛以来强对流天气频繁发生，比常年偏多45%，海丰地区先后出现13次大范围的强降水过程和对全县造成直接影响的3次热带风暴。较为突出有的“4·30”和“8·16”特大暴雨降水过程以及超强台风“天兔”等的重大天气过程，超强台风“天兔”阵风风力达17级以上，为有记录40年来登陆海丰的最大台风。2013年，海丰县气象局向县委、县政府和有关部门发出各类天气报告共42份，其中《重大气象信息快报》34期、《重大气象信息专报》8期。全年共发布各类预警信号155次，其中，森林火险预警信号13次，寒冷预警信号5次，暴雨预警信号75次，雷雨大风预警信号39次，高温预警信号5次，台风预警信号14次，大雾预警信号4次。全年全县发布预警服务短信186条，全县接收预警服务短信达173278人次，政府及各部门决策人员接受服务预警短信达34782人次。

【气象现代化建设】 2013年，海丰气象现代化建设得到进一步的发展。一是2013年累计争取到上级专项资金640万元投入海丰县气象综合探测基地建设。二是进一步完善气象探测设施，新建了7个中尺度区域自动气象站和回南天观测项目，至年末，全县共有22个中尺度区域气象自动站和1个海岛气象自动站。三是进一步加强气象防灾减灾能力建设，完成联安镇创建气象防灾减灾标准化试点镇建设工作；联合县应急办，组织对海丰华城能源有限公司等10个单位的气象灾害应急准备工作的能力认证审查工作。四是认真落实省部合作备忘录精神，设立海丰县突发气象灾害预警发布信息中心，核定事业编制5名。五是精神文明建设取结硕果，县气象局领导班子营造了团结奋进、积极向上、干事创业的良好氛围，出现了人人争先进、个个讲奉献的可喜局面，展现了默契的配合的团队精神，海丰县气象局被省气象局评为2013年度先进集体，4人次被评为气象服务先进个人。

【防雷减灾管理】 海丰县是全省三大暴雨中心之一，属雷暴多发区，2013年雷暴日数多达88天，雷电灾害事故时有发生，为了加强海丰县雷电灾害防御工作，保护海丰人民的生命财产安全，县气象局始终遵循《防雷减灾管理办法》相关规定，做好防雷减灾宣传工作，加大力度投入雷电和雷电灾害的研究、监测、预警、防护以及雷电灾害的调查、鉴定和评估等防雷减灾工作，做到科学预防雷电灾害。8月，根据《广东省气象局等五部门关于印发2013年度广东省雷电灾害防御重点区域防雷安全生产专项执法检查工作方案的通知》，由海丰县气象局牵头，联合县安监局、公安局、住建局、经促局等五部门，对辖区内重点雷电灾害防御对象包括房地产、学校、易燃易爆场所等多个领域进行了联合专项执法检查，强化防雷安全生产源头管理，取得了良好的社会效益。

（蔡素芬）

附：2013年广东省海丰县气象局领导名录

局　长：陈　敏

副局长：李世光

工　业

综　述

【概况】　2013年，海丰县完成工业总产值394.6亿元，同比增长23.1%。其中，95家规模以上工业企业完成规模以上工业总产值285.3亿元，同比增长32.9%，完成年度计划任务99.3%；占全县工业总产值的比重由上年的66.1%上升为72.3%，提高6.2个百分点。规上工业增加值64.4亿元，同比增长32.5%，完成年度计划98.3%。凸显了全县工业经济迅速增长，经济运行质量得到了进一步提高。

【企业转型升级】　2013年，全县以服装、毛织、珠宝首饰加工、制鞋等作为产业转型升级重点行业，通过加强业务指导，并提出建立领导挂钩制度、实施政策扶持、强化跟踪服务等扶持措施，并全力帮扶企业成功实现转型升级，打造成示范企业。年内，广东百斯盾服饰有限公司、敏兴毛织（海丰）有限公司、海丰县金桔莱首饰有限公司、汕尾市展鹏珠宝首饰有限公司、海丰县永达珠宝有限公司、海丰县金盛珠宝有限公司、海丰县力鑫鞋材有限公司、海丰县金瑞丰生态农业有限公司、海丰县精勤皮具有限公司、汕尾可喜可乐有限公司和海丰县运达时皮业有限公司等11家企业被县定为转型升级示范企业，全县中小企业投入技改和创新的资金达8000多万元；广东百斯盾服饰有限公司（2个）、广东文时特制衣实业有限公司、广东威文服装有限公司（2个）、广东贝克顿服饰有限公司、广东海华拉链有限公司、广东古士旗服饰有限公司、海丰县桌球王服装有限公司和汕尾市来吉奇服装有限公司等8家名下10个商标获得“广东省著名商标”称号，汕尾可喜可乐有限公司、广东威文服装有限公司（2个）、广东百斯盾服饰有限公司和广东文时特制衣实业有限公司 4家企业5个产品获得“广东省名牌产品”称号。

【节能减排】　2013年，全县组织编制2012年节能目标责任考核自查报告，并通过采取加强重点耗能企业节能监测和加大淘汰落后产能等一系列有效措施，顺利实现节能预期目标。2012年全县单位GDP能耗为0.475吨标准煤，比2011年下降3.42%，“十二五”期间单位GDP能耗下降累计进度为40.08%，在全市年度节能考核综合评价中以87分的成绩获得第一名。同时，海丰县在节能工作中表现优秀的3个先进镇、4个先进集体和20名先进个人受到市委、市政府的奖励和表彰。

【参加经贸合作交流会】　2013年，海丰县组团参加了省政府7月份在香港举办的“2013年粤港经济技术贸易合作交流会”，意向签约项目3个，合同利用外资5000万美元；11月份参加“第五届粤东侨博会”意向签约项目4个，计划总投资2亿美元。此外，经常组织海丰企业参加各类展销会、招商会等，帮助企业寻找商机，努力开拓国内外市场。

（朱华斌）

工业行业

【珠宝首饰加工业】　2013年，海丰县珠宝首饰产业企业规模进一步增大。主要珠宝首饰生产企业集中在可塘、梅陇、县城和陶河。海丰珠宝首饰业规模较大的企业都设立有技术和工艺自主研发专职部门，拥有专门人才，拥有具备世界先进水平的自动织链机、融金机、倒模机、电子激光测试机等生产线和技术设备，产品从初始阶段单一的K金首饰，通过自主开发研制，发展到镶钻石、蓝宝石、红宝石、晶石、纹银、铜镶杂石等系列首饰146个品种，并以其工艺精湛、款式新颖深受国内外客户青睐，在东南亚、欧美等国际市场及中国香港地区享有盛誉。海丰的珠宝首饰产品不仅销往广州、深圳、东莞、北京、上海等地，还销往欧美、中东等国家和中国香港地区。至年末，海丰县珠宝首饰产业工业总产值54.8亿元。

【服装业】 海丰县服装业经过多年发展，逐步培育了一批发展较快质量较高的重点骨干企业、优质企业和特色产业明星企业。服装生产企业主要集中在公平、城东、附城3个镇，主要服装生产企业有广东文时特制衣实业有限公司、广东百斯盾服饰有限公司、广东威文服装有限公司等，主要知名品牌有“文时特”“百斯盾”“玛莲露”“威粤”等。至年末，服装业工业总产值51.2亿元。

【毛织业】 2013年，海丰县有规模以上毛织企业11家，主要集中在城东和县二园，其中敏兴毛织（海丰）有限公司是香港敏兴（集团）公司在内地投资的一家企业，该公司厂区位于城东镇金岸工业区内，是海丰县的重点外资企业之一。至年末，全行业工业总产值43.1亿元。

【制鞋业】 2013年，海丰县制鞋业向企业化、集团式方向发展，有的已拥有自己的品牌，依靠科技壮大企业已成为广大企业主的共识。如广信鞋业有限公司，已拥有珊德兰、信德兰、法德菲等3个知名品牌，产品远销俄罗斯和欧美各国。通过引导和帮助企业在发展壮大，引进新设备、新技术和技术人才，加强人才的教育培训，全面地提高了企业核心竞争力。鹅埠镇以深汕特别合作区的稳步发展为契机，使制鞋工业企业从数量竞争转到质量、品牌提升。在发展方式上，更加重视环保和资源节约、对产品本身、生产过程有管理将更加严格与世界行进国家接轨，产业集群向更高层次发展，广信鞋业、美盛鞋业等一批规模较大的制鞋公司成为行业发展的龙头企业。至年末，工业总产值12.4亿元。

工业园区与专业城镇建设

【广东可塘珠宝产业园】 可塘珠宝产业园位于广汕公路圆山岭路段北侧长桥工业区内，规划总面积21万平方米，第一期工程投资6000多万元，于2003年建成开业，占地面积3万平方米，建有成品商铺400间，主要经营珍珠宝石首饰、仿真及宝石工艺品、地球仪等。第二期工程投资1亿元，占地面积3万平方米，于2012年动工建设，主要规划建成原材料供应、珠宝会展中心、标准化厂房、环保处理及其他配套设施等；第三期工程总投资1.6亿元，主要规划建设成品市场铺位1450间，建设原材料市场2万平方米，建设厂房4万平方米。可塘珠宝产业园的建成，将进一步完善了可塘镇珠宝业的研发、设计、营销等发展环境，为珠宝产业的发展提供良好载体，形成珠宝行业“产、供、销”一条龙的发展格局。至2013年年末，产业园已建成集珠宝加工作坊和销售铺面为一体的厂房32栋，建筑面积2.6万平方米；占地3万多平方米的原材料市场、珠宝加工作坊60多套、成品展销铺位2300间；入驻经营的国内外原材料供应商有100多家。珠宝行业的兴起，带动了全镇经济的快速发展，同时也带动和辐射了周边地区的发展。

【梅陇珠宝首饰城】 梅陇珠宝首饰城是为加快梅陇金银珠宝首饰加工业的发展、打造金银珠宝首饰行业知名品牌、形成行业规模而建成以三凯首饰世贸园为主体的集珠宝首饰加工服务、展示、交易的综合工业园区占地面积约4万平方米，分设3个功能区：第一个功能区为首饰交易展览大厅，设立146个展位；第二个功能区是首饰加工企业群，共建设48幢厂房；第三个功能区是员工生活区，建设6层楼房1幢。该项目2006年由东莞市东怡数码科技有限公司开始投资兴建，2007年9月正式营运。据统计，至2013年年底，首饰城内共有珠宝首饰加工企业202家，当年实现营业额约13亿元。

【梅北工业园区】 梅北工业园位于梅陇镇梅北大道，占地面积约5万平方米。地理位置优越，交通十分便利，建设有厂房和工人宿舍楼40多栋，有近80家企业在此落户，主要产品有黄金、白银和不锈钢等珠宝首饰加工，其中汕尾市展鹏珠宝首饰有限公司、金桔莱首饰有限公司等已成为梅陇镇黄金珠宝首饰加工龙头企业，是梅陇首饰行业的标杆。2013年，梅北工业园各企业共实现营业额约14亿元，提供就业岗位8000多个。

【可塘珠宝专业镇】 可塘镇积极开展招商引资，大力引进一大批珠宝首饰企业，形成宝石行业为主体的发展格局。至2013年年底，可塘镇有珠宝类的工业企业875家、商铺664家，从业人员3万多人，涌现了超群、金盛、高艺、联兴、铭源等一批宝石骨干企业，其中规模以上工业企业7家，产业化水平初具规模，已发展成为驰名中外的珠宝加工基地和交易中心，形成“产、供、销”为一体的专业市场，珠宝首饰行业的集群化进一步加强，专业化和产业化水平进一步提高。

【梅陇金银首饰专业镇】 首饰产业是梅陇镇传统的特色产业，始于20世纪80年代。随着改革开放的不断深入，首饰产业从原来单独的来料加工发展到上规模、上档次生产，由原来的家庭式生产，发展至个体、私营、集体经营，在全镇社会经济中占有举足轻重的地位。2013年，梅陇镇共有各类金银首饰加工企业（车间）865家，占全镇工企业的76%，其中规模以上（产值2000万元）企业5家，产值500万元以上的24家，年黄金加工量达170吨，实现产值约35亿元，纳税超3000万元，从业人员约2.4万人。

【公平服装生产专业镇】 2013年，按照县“工业年”的工作要求和部署，公平镇党委、政府认真制订“工业年”活动工作方案，及时研究和部署“工业年”活动工作。年内，继续坚持“育小、扶中、抓大”的发展方向，指导和帮助有条件的民营企业做大做强，在推进规模化发展上实现新突破，推动上规模工业2家，全镇规模工业达24家，产值达43.07亿元，与2012年同比增长33.56%。规模以上工业产值占工业总产值的比重66.7%，与2012年同期相比，提高33.6%，有效拉动了全镇经济持续发展。年内，积极引导服装企业强化质量兴企意识，继续实施名牌带动战略，切实打造自主品牌。2013年金鸟来服饰有限公司获得汕尾市质量奖。同时，认真做好百斯盾申报上市，以及创世纪、华盛、步徕登等几家企业申报广东省著名商标的跟踪服务工作，努力推进从产品经营向品牌经营的战略性转变。积极引导服装企业加大研发投入，提高产品技术含量，增加附加值，并根据消费市场高附加值产品设计的竞争策略，设计生产有创意的特色产品、新概念产品，以多样化的设计应对多样化的需求，吸引与满足消费者，提高了市场的占有率。由于订单量逐渐增加，一些企业不断增资扩产，来吉奇服饰有限公司、创世纪服饰有限公司分别投入资金760万元和600万元新建厂房，扩大生产规模。

【鹅埠制鞋专业镇】 鹅埠镇地处粤东地区与珠三角相连的边缘地带，毗邻中国著名女装鞋生产基地惠东县吉隆镇，是粤东地区通往珠三角的桥头堡，也是深汕特别合作区首期开发建设所在地。全镇区域面积约100平方千米，辖10个村、1个社区，交通便利，区位优越。20世纪80年代，鹅埠鞋业开始以家庭作坊的方式发展制鞋业。90年代末，鹅埠镇确立了“工业兴镇、鞋业富镇”的发展战略，并提出“穿鹅埠鞋，行万里路”的发展理念，围绕“整体推进、重点突破”的思路，积极嫁接外资，引进国内外先进生产装备，走增资扩营、规模扩张之路，全力构筑制鞋专业镇，开展鞋业链招商，规划建成紫云工业园、天麒工业园、西湖工业园和金湖工业园区，发展制鞋、鞋料产业，引进了广信鞋业有限公司、美盛鞋厂公司、天山鞋材厂等大型骨干企业，形成新的产业集群，促进鞋类产业做强做大。同时，大批家庭式的鞋厂出现，使鞋类产业不断得到发展壮大。到2006年，鹅埠镇制鞋专业镇初显雏形，形成品种繁多、规格齐全的生产格局，专业生产各种PU、TPR、PVC大、中底和各式女装皮鞋、成品鞋。制鞋业的发展也催生了相关配套产业，涌现了顺天（海丰）皮业有限公司、海丰县金鸿鞋材制品有限公司、康得丽化工有限公司、海丰县标士皮业有限公司、海丰县宝骏包装制品有限公司、海丰县天恒纸品有限公司等一批鞋料关联企业，形成了社会化分工、自主配套、链条完整的一条龙生产协作群体。到2013年年末，鹅埠镇制鞋类企业共102家，从业人员约5000人，实现工业产值24.45亿元，其中制鞋业产值约7.9亿元，产值超5000万元的规模以上规模企业1家。

附：2013年海丰县经济促进局领导名录

局　长：何秀山

副局长：郭龙水　高宗森　刘克钳（兼）

　　　　李小武　叶　隆

商贸流通业

综　述

【商业经济发展概况】 2013年，海丰县落实措施加快物流基地的建设步伐，完善市场流通网络建设，搞活商品流通，促进城乡经济发展，活跃农村市场，商贸繁荣，实现购销两旺。全县消费品市场继续呈现购销活跃的增长态势，全年完成社会商品零售总额198.3亿元，比上年增长12.4%，完成全年计划任务97.4%。

【农村市场与城市市场】 海丰县各个镇场（县城三镇外）最少都有1家农村集市，公平、梅陇镇有2个以上的农贸市场，梅陇、可塘镇分别形成首饰交易市场、广东可塘珠宝交易市场等专业市场。农村市场的淡旺季比较明显，节庆性消费比较突出。受制于消费水平和渠道便利性，农村消费者大量的消费都集中在某一个特定的时间段，比如节假日。与城市相比，海丰县农村的基础设施相对落后，限制了零售渠道向下延伸，消费网点不多。随着城镇化发展水平越来越快，部分农村居民迁入县城地区，部分农村购买力顺其自然转到城市市场，县城地区的消费量水涨船高，日渐增加。

【居民消费结构】 2013年，全县城乡居民生活水平稳步提高，人均收入有较大增长，居民各项生活支出主要有食品、居住、文教娱乐用品及服务、家用设备、交通通信、医疗保健、衣着等，消费支出占比重前三位的分别是食品、居住、文教娱乐用品及服务。

【批发业和零售业】 海丰农产品批发市场、海丰威豪服装城、木材市场、城东水产品批发市场、龙津水果批发市场、可塘珠宝交易市场、梅陇首饰交易市场经营规模逐步增大，渐具特色，市场建设逐步规模化，流通活跃，交易额稳步上升。2013年，限额上批发业实现总额3.9亿元，比增7.4%。年内，零售业异军突起，商业繁荣，购销两旺。一批大中型连锁企业纷纷进驻海丰设立连锁店，抢占市场先机，平分零售市场一杯羹，主要有汕尾岁宝百货、苏宁电器、中域电讯、美宜佳等在县城设立或增设经营网点，这些连锁企业为海丰县带来现代零售业的经营方式和经营理念，提升了海丰县零售业的经营档次和整体水平，为传统零售业向现代化水平发展创造了条件。2013年，限额上零售业实现总额零售业168.9亿元，比增12.6%。

（朱华斌）

粮食储备供应

【粮食工作政府负责制】 2013年，海丰县粮食局按照“广积粮，积好粮，好积粮”的总要求，继续认真贯彻落实省、市政府有关深化完善粮食流通体制改革的部署和“粮食安全责任书”的要求，认真落实米袋子各级政府负责制，发挥粮食工作职能部门作用，根据全县粮食生产和市场消费者需求状况，以及2013年度粮食收支盘子下达的相关指标，切实做好2013年度全县粮食总量平衡计划，为政府领导部署粮食工作提供决策依据。县、镇二级政府按照粮食工作政府负责制的考核内容，切实落实粮食播种面积、粮食总产量、粮油储备规模、粮食风险基金管理等方面的责任，在各级党政的共同努力下，实现了市下达的粮食工作四项考评指标。同时，县粮食局还认真贯彻《粮食流通管理条例》和《广东省粮食安全保障条例》，按照粮食总量平衡计划，广泛开展粮食市场调查，要求所属粮食收购企业及时收购本地农民的余粮，并发展和完善与江西等县内外粮食主产区建立长期的粮食购销关系，确保全县粮食供求平衡和粮食市场的稳定。

【粮食宏观调控】 2013年，县粮食部门切实抓好粮食宏观调控，确保了广大消费者需求，保证军需民食。一是加强对粮食市场监测和分析，认真做好市场粮油价格日报、旬报和月报工作，定期向省、市、县报送有关数据，及时反馈粮食流通领域的信息和价格行情。二是加强对粮食批发商等市场主体的实地调查，掌握粮食来源以及品种、数量、价格等资料，及时掌握分析粮油市场动态和价格变化情况，加大价格监测工作力度，适当调整信息监测频率，防止市场粮油价格出现较大波动，保持市场稳定。三是针对粮食购销工作中出现的新情况、新问题，开展稻谷收获质量调查和品种分布测报工作，建立粮食加工企业与农户粮情调查点，开展粮食供需平衡调查和2013年原粮卫生达标情况专项调查以及社会粮食储存情况等调研工作，建立和掌握全县粮食购销工作的基础性材料。据调查统计全县早造原粮市场收购均价每千克2.66元、晚造2.80元、普通大米零售价每千克4.50元，优质大米4.88元。四是落实国家粮食收购政策，规范购销行为，坚持常年敞开收购农民余粮，认真执行省有关部门制定的2013年早籼稻、晚籼稻最低收购价政策，根据市场粮食价格变化，合理定价，按质论价，创新收购方式，继续推进省际粮食产销合作，积极抓好粮源，调剂县内余缺。五是严格遵守国家军粮供应政策，搞好军粮供应站分类改革方案、切实加强军粮质量管理，从2013年4月开始，全市军粮供应实行统一配送，为进一步做好军粮供应工作，县粮食局坚持高质量、高要求，确保军粮质量、等级和食品卫生安全标准，样品合格率达100%。由于海丰县军粮供应具有良好信誉，2013年下半年新驻陆丰市的空军部队与县粮食局联系军粮供应事宜，给予高度重视，并承诺做好优质服务，取得部队信任，成为海丰县新的军粮供应伙食单位。六是按照《海丰县粮食风险基金管理办法》，部门协作，建立县粮食风险基金专户报告制度，保证粮食风险基金按时足额到位，使粮食风险基金在保护粮食生产、平抑粮食市场价格，维护粮食流通秩序等方面发挥宏观调控作用。

【储备粮油管理】 海丰县国有粮食企业根据《海丰县储备粮管理（暂行）办法》和《海丰县县级储备食用植物油管理实施细则（试用）》，合理调整储备粮油结构和布局，按照《国家粮油储藏技术规范》的要求，不断创新储备粮油管理机制，提高储备粮油轮换水平和效率。2013年，县粮食局按照《海丰县地方储备粮管理办法》的规定，为确保储备粮安全，经县政府批准，依法依规，以公平、公开、公正的原则，轮换县级储备粮2807吨，并按计划足额完成储备粮收购入库任务和食用储备油收储任务。在科学保粮中，一是按照“一符三专四落实”的要求，实施有效管理，认真开展创建“四无粮仓”活动，贯彻“以防为主，综合防治”的保粮方针，努力提升仓储管理水平。二是建立和完善储备粮油质量保证体系和粮情检查制度，抓好安全生产，依规操作，杜绝安全隐患，抓好常规检查，季节性检查和突击抽查，使储备粮油管理真正走上正规化、制度化、规范化轨道。三认真做好粮温、害虫等粮情检查记录及异常情况处理实施方案，加强粮情跟踪与监管，采用科学储粮方法，推广“双低”储藏和机械通风等科学保粮技术，努力使在库粮食达到保鲜，延缓陈化的效果。

【粮食市场监管】 2013年，县粮食局按照《粮食流通管理条例》和国家有关部门规定，认真开展粮食流通有关法律法规的学习、宣传、贯彻工作，积极开展《粮食流通管理条例》和《广东省粮食安全保障条例》宣传活动，依法实施粮食流通行政许可制度。一是部门配合，加强联合监督检查工作力度，推进依法行政工作，紧密配合县工商、物价部

海丰县食品集团公司属下的海丰服装城

门，在全县范围内开展4次粮食收购市场监督检查工作，依法依规监督检查在粮食流通经营环节中的粮油食品安全和卫生标准，县粮食局还根据粮食季节组织力量对粮食市场进行跟踪检查和随机抽查，有力地维护了正常的粮食流通秩序，确保了全县粮油食品卫生安全。二是根据省政府颁发的《广东省粮食收购资格审核及监督管理暂行办法》，执行粮食收购市场准入制度，规范粮食收购主体，依法开展粮食收购许可证的办理工作，把好市场准入关，严格办证程序，简化办证手续，特别制作了《工作规范》《申办指南》等大型广告宣传栏，将办理粮食收购许可证、行政许可证和审批程序对外公示，让广大群众明确办事程序和必要条件。三是加强对轮换陈粮销售处理的全过程监管和县外粮源监管，特别是2月27日《南方日报》等新闻媒体报道了湖南镉大米流入广东的情况，县粮食局立即组织力量对全县从事粮食加工、储存、销售的企业进行了调查了解，并加强与质监、工商等部门的联系，开展检查。防止和杜绝劣质粮源流入本县粮食市场危及广大人民群众的身心健康。四是完成全县粮食库存检查、地方储备粮质量抽查，原粮收购质量和卫生安全标准调查，粮食质量安全专项整治行动等专项监督检查。

【粮食企业改革】 海丰县各级政府始终把国有粮食企业改革列入政府议事日程，作为重点工作来抓，县粮食局在完成人员分流工作任务的基础上，加强改革后的职工思想工作，化解矛盾、稳定职工队伍，继续做好企业资产的确权和处置工作，根据县机构编制委员会文件规定，县粮食局办理的粮食企业收购资格认定工作被列入海丰县网上办事大厅服务事项，按照县政府办有关要求，县粮食局认真抓好业务培训，做好本单位网上服务事项在线录入工作，按时完成网上办事大厅建设。此外，海丰县粮食企业紧密联系自身实际与特点，以改革为契机，建立新的企业经营运行机制，大胆创新、破解制约企业发展的难题，强化企业内部管理，加强企业经济核算，开展增收节支活动，努力降低经营管理费用，不断推进企业管理信息化，全面推进企业可持续发展。2013年全县粮食系统继续扭转了改革前亏损的局面，实现利润16.63万元。

【粮食应急体系】 粮食应急工作是新时期赋予粮食部门的重要工作。2013年，根据上级的要求和形势发展的需要，切实抓好粮食应急体系建设，加大力度抓紧修订和完善海丰县粮食应急预案，新的《海丰县粮食应急预案》已获县政府批准施行，全县的粮食应急机制重点抓好应急加工、运输、供应网点的落实工作，提升应急保障和救助能力。一是按照统筹在、合理布局的原则根据各地粮食应急的需求量，针对本县粮食经营企业分布情况，开展调查研究，综合分析，在县行政区域内有针对性地选择具有良好经营信誉、设施较好的粮食企业承担粮食应急保障任务，二是加强行业管理，规范行为准则，积极做好筹建全县粮食行业协会的前期资料准备工作，2013年2月1日经县民政局批准成立海丰县粮食行业协会并于3月16日选举产生协会法人代表和相关机构，粮食行业协会的成立进一步夯实粮食应急体系的基础性工作。全县计有承担粮食应急任务的粮食加工企业9家，日加工稻谷能力530吨，粮食应急运输企业4家，粮食应急供应网点16个，日供应能力479吨，并着手加强对这些企业的扶持管理和业务指导，做到协议、牌匾、设施“三落实”，确保全县粮食应急工作需要。

（陈秋荣）

附：2013年海丰县粮食局领导名录

局　长：李修波

副局长：王伟民　鄞文年（3月起任）

商品供销

【概况】 海丰县供销合作联社下属有16个基层供销社、7个直属公司、3个留守小组、1个农副产品流通协会和1家果蔬加工厂。2013年，县供销社紧紧围绕县委提出的立足“三个坚持”、勇于“四个争当”、推进“五个发展”的总体思路，着力抓好供销社工作的总体要求：“建设一网二社，抓好三个基础，推动海丰县供销合作经济科学健康快速发展”；大力推进供销体制改革创新，强化社有资产保质增量，努力增强供销发展后劲，妥善处理改革改制遗留问题，逐步完善供销为“三农”服务的新型流通网络体系，加快推进“农超对接”平价商店建设，以发展社有企业强化供销服务能力建设。各项工作创新有序推进，取得较大发展。2013年年末，全系统实现商品总购进19453万元，商品总销售25584万元，分别比2012年同期增长5和5%。

2013年8月7日省供销社牛宝俊副主任（左一）到海丰县供销社金针菜基地调研，汕尾市供销社主任黄宝俊（右二）、县供销社主任林其波（左二）、副主任吴永平（右一）陪同调研

【农资供应和监管】 2013年，利用以县农资公司为龙头的农资现代经营服务网络体系，全方位做好化肥、农药的供应储备和监管工作，以确保农业生产需要，维护广大农民利益。春耕、夏耕开始后，组织各农资经营部门积极做好农资商品调运和预约销售、送货上门等为农服务活动。全年全系统销售化肥28454吨，农药1686吨，农膜82吨。

海丰县供销社鹅埠粮油平价商店开业

【推进企业改革】 2013年，稳妥扎实推进企业改革步伐，县工贸公司为解决职工欠交社保费和为职工申领失业保险等做了大量前期工作，为改制打下坚实基础。为了尽快进行改制，县社于3月7日下午召开县社主任扩大会议，研究了工贸公司推进改制的工作思路，确定了改制进程中特别是资产处置应遵循的基本原则，加大力度推动与海城镇政府合作，多渠道做工作，与有关部门理顺关系，争取最快速度完成改制全面工作。另外，日杂公司现在原海丰锡矿炸药仓库旧址新建烟花爆竹仓库，总投资约150万元，占地面积6755平方米，建筑面积约1000平方米。该工程于2013年5月投入使用。

【构建紧密型“一县一社”管理模式】 根据省供销社下发的《2013年加快我省供销社基层组织建设实施方案》（粤供合函〔2013〕44号）要求和市社下达构建紧密型“一县一社”管理模式的任务，根据基层社的现状和特点，县供销社在构建紧密型“一县一社”管理模式的工作中，选择以城东供销社为试点单位，树立典型、以点带面、分步实施的思路开展工作。首先，聘任主任。在不增加基层社负担，减少人员和费用支出的原则上，从县供销社选派一名年轻的同志兼任城东供销社主任，加强了有效管理。其次，规范制度。制定规范的财务管理制度，完善资金使用的分级审批制度，明确县供销社审批权限。再次，盘活资产。根据城东供销社实际，从盘活闲置资产增加收入方面考虑，把办公楼腾出向外招租，填补人员经费缺口问题。第四，更加紧密。办公楼出租后，县供销社在本部六楼安排一间办公室给城东供销社办公，使县供销社与城东供销社的关系更加紧密，监管更加直接。

海丰县供销社公平粮油平价商店开业

【推进农超对接建设平价商店】 加强供销社与农民合作，加强和促进专业合作社建设，拓宽农民增收致富门路。2013年新组建6家专业合作社。同时，积极推进专业合作社农副产品直接进入超市，实现“农超对接”专业合作社新增6家。在2012年建设8家平价商店的基础上，2013年又新建县综合贸易公司陶河、黄羌、联安、莲花、鹅埠、公平、龙津、附城粮油，可塘豪霆农副产品平价商店和九龙峒生姜专业合作社平东粮油共10家平价商店，为维护海丰农副产品价格基本稳定，平抑物价、保障群众基本生活发挥了重要作用。

海丰县供销社豪霆农副产品平价商店一角

海丰县供销社莲花粮油平价商店开业

【申报项目扶持企业发展】 2013年，为切实发挥供销社服务“三农”的抓手作用，扶持基层社领办的专业合作社和平价商店又好又快的发展，县供销社向省申报10家平价商店建设项目；6家农民专业合作社“农超对接”项目。以上项目根据省供销社、省财政厅《关于下达2013年广东省供销社系统平价商店建设和现代流通服务“农超对接”专项资金项目计划的通知》下达，专业合作社项目共获30万元专项资金补助，其中：中荣农业专业合作社获10万元，兴华种植、鸿民种养、青围种养、康益合兴种植、新绿漾种养等专业合作社各获4万元的专项资金扶持。10家平价商店建设项目共获78万元专项资金补助。

海丰县供销社联安粮油平价商店开业

海丰县供销社平东粮油平价商店开业

海丰县供销社陶河粮油平价商店开业

【维护品牌助金针菜生产】 为发挥供销社的流通

优势，促进农民专业合作社提升品牌化经营水平和供销社绿色品牌的持续发展壮大，2013年，县供销社主动派员上省为金针菜和生姜绿色品牌申办年审手续，并顺利通过国家绿色办审核，重新取得金针菜和生姜绿色食品证书。年内，为了不使虎噉村农民丧失种植信心，县供销社积极帮助其解决加工难题和销售渠道，收回果蔬加工厂经营权，并提高收购鲜金针菜价格，为农民解决了加工难的切实问题。并且为了金针菜的良性发展，还邀请了工商部门对县城内假冒皇斋虎噉金针菜品牌的销售点进行了查处，同时向有资质的经销商授予特许经营权，拓宽了金针菜的销售渠道。

【抗灾复产】 第19号强台风“天兔”于9月22日正面袭击海丰，造成了县供销社系统巨大的损失。为落实县委、县政府有关灾后重建的会议精神，县供销社迅速全面动员、开展灾后复产等各项工作，首先根据供销社系统受灾情况，编制了“海丰县供销社灾后重建清单”，并不折不扣地按重建清单一件件抓落实。通过向省供销社争取扶助供销社灾后重建项目资金7万元，按照灾后重建项目计划，按每户、每月300元标准，补助给无房居住的困难职工到外租房居住；派出了基层社、县直企业两个灾后安全检查指导组，连日深入一线做好灾后损失核查、指导恢复生产、排除安全隐患、督促加紧对受损经营设施进行维修，掀起了灾后恢复生产的热潮；属下19家平价商店分布在县城及周边各镇，在这次强台风中也遭受不同程度损坏，为在灾后尽快恢复经营，保障市民对农副产品的需求和承担政府稳价惠民的职责，县供销社对各经营单位加强了指导和加大了监督力度。为确保合作社生产自救对化肥农药的需要，县供销社切实履行农业生产资料市场供应职责，尽力支持海丰生产自救对化肥、农药的需要，属下中荣农资配送中心储备化肥100吨，由县供销社统一调用。

【供销安全生产】 2013年，为保障全系统生产经营安全，经常性开展安全生产工作大检查。每逢节假日或不定期到基层单位、门市店进行安全检查20人次，及时发现安全隐患并督促整改，做到隐患整改率100%，有效地遏制安全事故发生，为创建平安供销提供保障。

（陈晓彬）

附：2013年汕尾市海丰县供销合作联社领导名录

主　任：林其波

副主任：张家平　吴永平　王　火

烟草专卖

【概况】 2013年，海丰县烟草专卖局（分公司）认真贯彻上级工作部署，以加快转变经济发展方式为主线，以深入推进“卷烟上水平”为中心，重基础、严规范、强素质、增活力、促发展，集中精力抓好卷烟销售、专卖管理、队伍建设、安全生产和企业文化。一年来，上下一心不懈努力，业务发展保持稳健，员工队伍充满活力，各项任务完成良好。

2013年3·15国际消费者权益日，海丰县烟草专卖局开展宣传咨询服务活动

2013年3月15日，海丰县烟草专卖局专卖人员向消费者解说真假香烟识别知识

2013年3月21日，海丰县烟草专卖局检查烟草市场

海丰县烟草专卖局（分公司）办公楼

【卷烟经营】 卷烟经营工作坚持市场导向，紧紧围绕市场需求做文章，切实抓好市场调研、品牌培育、客户服务和规范经营等基础性工作。突出品牌培育，着眼于优化品牌结构，工商协同制定品牌发展规划，促进卷烟销售结构持续优化。加强零售终端建设，大力推进精准营销。优化网点布局，网点布局进一步向农村延伸，扩大销售网络的辐射范围。优化客户服务，深入推进“和风”服务品牌建设，积极推广网上订货，为客户提供便利、快捷的服务。把握货源投放节奏，满足市场需求，稳定市场价格，切实维护零售客户利益。2013年卷烟销售160723.62万支，同比下降0.89%；卷烟销售金额68881.28万元，同比增长1.58%；实现税利15082.66万元，同比增长7.30%；实现利润7885.24万元，同比增长6.88%。以上数据反映业务发展稳健，卷烟销售保持顺畅，销量稳定，结构优化，效益稳中有升。

【专卖管理和依法打假】 2013年，专卖管理持续强化，加大市场专项整治力度，落实辖区监管责任制，加强日常市场巡查特别是突击检查，全面提高市场监管水平。发挥联合监管优势，与县打假办、工商、公安机关联合开展行动，精心组织实施综合治理，保持卷烟打假高压态势和市场严管态势，有力打击涉烟违法行为。突出重点防控，保持卷烟打假高压态势，加大排查力度，坚持常态化地开展宣传排查，延伸排查触角，扩大排查范围。点面结合、有声有势的宣传排查活动，广泛、深入宣传专卖法律法规，坚持定期宣传排查，全年组织排查300多场次，建立可疑制假窝点档案41个，较为有效地威慑了制假活动。规范专卖管理执法行为，明确行政执法责任，严格错案追究，提升行政执法水平，做到严格执法、公正执法、文明执法。全年共查处各类违法案件194宗，其中一般程序案件28宗、简易程序案件166宗。查获涉案卷烟340.42万支，其中假烟330.76万支、私烟0.844万支，非烟8.82万支，上缴财政罚没款0.4415万元。11月25日，在市局统一指挥下，捣毁一个非法生产、包装卷烟窝点，现场查获卷烟机、接嘴机（YJ14-22）一套（2台），小盒软包包装机一套（2台），成品烟支、烟丝、盘纸、水松纸、滤嘴棒等原、辅材料一批，以及货车一辆，涉案案值约278万元。

【烟草行业内部建设】 一是严格要求，加强领导班子和党员队伍建设，认真贯彻落实“一岗双责”党风廉政建设责任制，以开展“改进作风年”为载体，正本清源，严格执行“八项规定”、反对“四风”的要求和行业相关规定，对办公用房、用车、业务接待等进行清理及时整改，做到令行禁止，党风行风建设效果明显。二是依托“内强素质、外树形象”等系列主题实践活动，切实抓好员工队伍建设。加强教育引导，培养良好的责任意识、敬业精神和职业操守；抓好业务学习和实务培训，加快人才培养特别是创新体系建设，积极开展

技能鉴定和岗位练兵，加快向学习型、创新型企业转化，着力增强企业软实力。三是强化内部管理，认真梳理、修订系列制度性文件，建立职责明晰、流程明确、操作明细的工作机制，业务运行进一步规范；着力推进精益管理体系建设，建立健全职责明晰、分工合理、流程明确、操作规范的工作机制，促进基础管理水平进一步提升。四是抓好安全、信访维稳、计划生育等工作。立足预防，认真排查危险源与风险点，从源头上控制风险，实现“四个零”的安全管理目标；关心群众利益，统筹兼顾，想方设法为员工办实事，企业民主管理、信访维稳等各项工作有效推进。五根据积极参与扶贫开发，与挂驻村干部分析工作，交换意见，商议对策，在人力、财力方面给予支持，帮助贫困农户解决生产问题与生活困难。全年支持挂驻村计生经费与贫困农户慰问金、资助城东康复中心、莲花村委会贫困学生等共计3.2万元。组织员工参与无偿献血，这一善举已连续坚持多年。

（蔡华杰）

附：2013年海丰县烟草专卖局（分公司）领导名录

局长（经理）：陈俊锐
副　经　理：林展伦
副　局　长：杨健永、戴本民

食盐专卖

【概况】　2013年，广东汕尾市海丰县盐务分局坚持以科学发展观为统领，以食盐专营为主线，紧紧围绕年初制定的工作目标和工作思路，积极采取措施，着力解决各种困难和问题，全面完成了依法治盐、盐政执法、食盐加碘防治碘缺乏病等各项盐业管理工作，取得一定成效。全年销售小包装碘盐（含大包装）1401.715吨，完成年计划1400吨的100.12%；省内盐880.625吨，完成年计划800吨的110.07%；销售小工业盐954.995吨，完成年计划1000吨的95.4%。

【依法治盐】　一是积极抓好打击制售假盐专项行动。2013年共计出动执法人员2030人次，检查市场店档7000多个次，查办各类案件58宗，其中移送公安部门1宗，查处各类违法盐产品50多吨，罚没款3仟多元。二是以打促建，2月下旬印发《海丰县盐务局食盐市场监管体系建设工作方案》，初步建立比较规范化的日晒盐市场监管体系。另外，全县所有批发零售网点及主要的厂矿、机关饭堂等均签订了“食盐安全责任书”及“购销合同”，食盐零售网点落实“一书两证”，全面落实依法治盐、盐政执法、各项盐业管理工作。

【营造食盐专营社会氛围】　2013年，海丰县盐务分局把赤坑、梅陇两镇作为宣传工作重点，在该乡镇广泛开展宣传教育活动，悬挂以落实“三打两建严惩涉盐犯罪，保护公民健康”为主题的宣传横幅标语10条，制作食用合格碘盐知识和设立以“关注健康预防碘缺乏病”为主题的宣传栏100多个，张贴于各乡村集市市场，通过宣传提高群众对普及食用碘盐的意识，预防涉盐犯罪。年内，做好“3·15”“5·15”宣传活动工作。3月15～16日，县盐务分局联合县卫生、疾控、工商、质监、食品安全办等部门在海丰县县城红宫红场设立现场咨询点，开展现场咨询活动，通过发放宣传资料、现场解说等方式，向群众宣传食用碘盐的必要性和重要性，让群众正确认识碘缺乏病的危害，进一步提高群众食用碘盐的意识。“5·15”活动中，县盐务分局联合疾控中心、技术监督局、电视台对食品生产企业进行食盐安全大检查以及到县城多家中心小学和幼儿园宣传普及碘盐活动，发放各种宣传资料4000多份，县电视台对本次宣传做全程跟踪报道，并在海丰县电视台晚间新闻联播做2天的连续播放，取得明显的宣传效果。

【继续盐业企业改革】　县食盐专卖公司积极响应省公司及总公司号召，承接2012年10月以来试行分区销售改革试点工作的经验，继续调整合理设置配送线路，按实际情况调整片区工作人员，使得各分区人员配置，交通工具等资源得到合理分配。

【强化盐业内部管理】　一是严格执行省局“十大禁令”相关规定，着实加强领导班子和党员干部的思想作风、工作作风和生活作风的建设，加强理论学习和业务学习，强加强沟通，大力发扬民主集中制，营造了一个团结、融洽、和谐的领导班子。二是通过学习培训，使干部职工在知识、技术、技能、道德等方面有所提高或改进，三是县盐务分局领导班子紧紧围绕总公司制度的2013年度绩效考核制度宗旨，深化企业改革，加强客户经理制建设，初步建立了盐政执法任务、分配与业务知识考核三方面实现量化考核方案，明显体现了多劳多得原则。

（彭军科）

附：2013年广东省汕尾市盐务局海丰分局领导名录

局　长：蔡　浩
副局长：彭军科（任至9月）　林汉艺（9月起任）

商业企业选介

【海丰县商业企业（集团）公司】 海丰县商业企业（集团）公司属下有酒类专卖局、信托公司、五交化公司、百货公司、糖专公司、华侨公司、纺织品公司等单位，有商业食品厂一家关停企业，有商业总公司、商业联合公司2家破产企业，有商业综合公司1家代管企业。2013年，职工总人数1647人，其中女性920人。总人数中有干部（包括聘用）34人，合同制工人657人，退休人员943人，在总人数中，在岗人员120人，停薪保职378人，病休4人。当年，全系统总购进商品1257万元，比上年增长18%，总销售商品13343万元，比上年增长18.1%。年内，继续以建设幸福商业为中心任务，主动谋划工作，及早制定措施；维护商业队伍稳定，促进干部职工有所作为；落实安全生产职责，开展安全检查；履行职能作用，监督酒类市场；关心职工生活。具体做法：一是领导班子想方设法，争取政府及有关部门支持，解决集团收支缺口，提高了干部职工生活待遇，确保了集团工作正常运转。二是争取有关部门支持，对全系统欠缴社保费暂缓收取滞纳金，为40多位到龄职工办理退休，为商业系统稳定起到举足轻重的作用。三是争取政府财政资金为商业系统用于春节期间对商业部门老干部、困难户进行慰问，让他们过个祥和快乐的春节。四是争取人社局同意集团公司干部职工参照行政调整津贴补贴和财政局对津贴补贴给予拨补，提高了干部职工生活待遇。五是争取县政府及有关部门为所属企业主要领导核发了工资，让他们安心工作。六是提拔了7位年轻干部，充实集团和企业领导班子，加强了班子建设。

（林小明）

附：2013年海丰县商业企业（集团）公司负责人名录

总 经 理：黄小坚
副总经理：郑汉杰

【海丰县食品企业集团公司】 2013年，海丰县食品企业集团公司紧紧联系企业实际，结合纪律教育学习月和“万众评股室”活动的开展，切实做好各项工作。特别是在国有企业深化改革、完善体制机制、加强作风建设、坚持服务宗旨等方面进行了积极探索，收到较好工作成效。主要作法：一是立足主业，巩固经营阵地。始终做好主业经营这篇文章，完善预约收购本地生猪制度，正确处理好生产者、经营者、消费者和企业四者利益关系，瞄准市场，扩购拓销，努力巩固经营阵地，以稳定生猪屠宰经营主业，促进带动资产盘活、物业租赁经营等辅营业务的发展。二是建章立制，强化内部管理。以强化内控制度建设为抓手，向管理要效益，通过进一步强化内控制度，推进目标管理，用制度管人管事，规范企业经营和职工个人行为，完善内审制度，实行关口前移，堵塞漏洞，进一步提高企业经营管理水平。三是配合外管，打击私屠滥宰。积极发挥部门作用，从人力、物力、财力全方位支持和配合生猪屠宰管理行政执法管理工作，为管理执法工作创造良好氛围，提供专业业务支持。四是落实责任，确保生产安全。进一步增强安全生产工作意识、担当意识和忧患意识，注重肉品质量安全和确保服装城、商贸城的消防安全，加强管理人员的业务技能培训，提高消防安全防范能力，促进企业可持续发展。五是树立形象，承担社会责任。坚持企业发展方向，牢记服务宗旨，以服务“三农”为己任，加强行业自律，树立国有食品企业新形象。在海丰县许多养猪场遭受第十九号强台风“天兔”袭击后，公司采取有力措施及时收购175户受灾养猪户8875头生猪，使养猪农户的经济损失降至最低。同时，积极配合政府和相关部门清理整治莲花山水源地养殖场的存栏生猪，切实组织收购和外调。由于工作认真，措施到位，受到县委、县政府和有关部门的好评。全年收购本地生猪16.9万头、21975

吨，屠宰销售生猪17.17万头、22430吨，实现销售收入42660万元，上缴税费1150万元（其中纯税金686万元），实现赢利120万元。由于成绩突出，集团公司被国家工商行政管理总局授予全国“守合同重信用”企业，被省委宣传部、省司法厅等9部门联合授予“广东省诚信守法示范企业”；被省和国家有关部门授予“AAAA级中国质量信用企业”、“广东省最佳诚信企业”；连续7年荣获“广东省肉类食品行业先进单位”；中国百强“食品行业”十大品牌；全国“‘3·15’质检合格满意品牌”、广东省肉类协会诚信企业称号。

（黄振锋）

附：2013年海丰县食品企业集团公司负责人名录

总 经 理：林惠迎

副总经理：黄政石（任至3月）

黎干洪（任至3月）

黄锦秋（任至3月）

彭俊瑜

陈仁耀（6月起任）

对外经贸与口岸监管

对外经济贸易

【概况】 2013年，海丰县对外经贸工作紧紧按照“向西融珠”的发展战略，围绕县委、县政府“大办工业年”的工作部署，加快转变经济发展方式，以推动产业转型升级为工作重点，狠抓招商引资，努力扩大出口，奋力拼搏，创新工作，努力完成市下达的外经贸考核指标，取得了较好成绩，受到了市委、市政府的肯定和表彰。

【贸易出口】 2013年，海丰县进出口总额9.8799亿美元，同比增长39.8%，完成年度计划的103.3%。其中：出口贸易6.84亿美元，同比增长38.93%，完成年度计划的103.4%；进口贸易3.0399亿美元，同比增长41.9%，实现贸易顺差3.8亿美元，创下了历年来的最高业绩。在出口贸易中，进料加工贸易出口19528万美元，同比增长5.6%；进口贸易16119万美元，同比增长216%；一般贸易出口1.1376亿美元，同比增长8.34%。

【利用外资】 2013年，全县新签外资合同15宗，外商直接投资则呈现下降状态，合同吸收外资9563万美元，同比下降75.19%，完成年度计划的22.15%；实际吸收外资7065万美元，同比下降44.28%，顺利完成市下达的保底任务。

【对外加工贸易】 2013年，全县来料加工装配贸易3.5495亿美元，同比增长76%，进口766万美元，同比增长7.6%。其中，梅陇丽恒首饰厂出口量最大，达3.47亿美元，占全县出口总额50.4%。

海关监管

【概况】 中华人民共和国汕头海关驻海城办事处（以下简称“海城办”）是1984年10月经国务院批准设立的正处级海关机构，隶属于汕头海关，于1986年3月20日正式开关，主要负责监管本辖区内进出口货物和运输工具、征收关税和其他税费、查缉走私、编制海关统计和办理其他海关业务，管辖范围为海丰县和深汕特别合作区。至2013年年末，辖区有效注册登记企业108家（其中AA类1家、A类21家、B类85家、C类1家）。年内，海城办坚决贯彻汕头海关党组的决策部署，认真践行“把好国门，做好服务，防好风险，带好队伍”的海关工作总体要求，全年共监管进出口货物5.9万吨（增长11.32%），总值11亿美元（增长39%）；办理加工贸易合同备案进口额4.3亿美元（增长59%）；审批减免税设备1458万美元，减免税款854万元人民币，审批额增长44倍；征收税款2609多万元；查发各类违法案件20宗。

【优化海关监管服务】 2013年，海城办紧贴地方党政发展思路，以改进海关监管和服务为着力点，积极促进地方经济社会发展。一是坚持建言献策。在依法行政的前提下，以“主人翁”“建设者”“参与者”的姿态融入地方经济社会发展大局，深入调研地方外向型经济发展状况，及时向地方政府建言献策；加强与检验检疫、口岸、银行等部门的沟通，积极参与“大通关”建设；关注和跟进深汕特别合作区建设，及时了解和掌握合作区建设进展情况及对海关工作的需求。二是推进法治型海关建设。坚持政务公开，增强执法透明度，保持“零复议”“零诉讼”和“零赔偿”记录；建立特邀监督员例会制度，定期开展关企“面对面”活动，通过走访地方党政、媒体宣传和推行“12360”海关热线等方式，开展海关法制宣传活动，营造辖区内企业守法经营的良好氛围。三是建设服务型海关。贯彻“守法便利”原则，落实海关总署促进外贸发展措施，积极促进辖区加贸企业转型升级，大力支持地方重点项目建设和支柱产业发展；推动进出口分类和通关作业无纸化改

革，落实通关便捷优惠政策规定，推行特事特办、24小时预约通关等“量体裁衣”式服务，保持较高通关速度。四是深化文明窗口创建活动，被评为2012～2013年度汕尾市共建文明口岸先进单位以及2013年度海丰县政风行风满意单位。

【海关队伍建设】　海城办按照“政治坚强，业务过硬，值得信赖”的队伍建设要求，努力建设准军事化海关纪律部队。一是加强领导班子自身建设。强化规则意识，严格遵循《隶属关（办）领导班子议事规则》；严格自律，处班子切实增强垂直领导意识，在改进作风、廉洁自律、工作责任心上，班子全体成员能够以党员领导干部的标准严于律己，遵守各项廉政规定，主动接受监督。二是突出作风建设。认真落实中央“八项规定”及总署、总关改进作风具体措施，在文风、会风及工作作风、厉行节约、办好民生实事等方面，切实对照改进作风；坚持用制度管人管事，要求员工严格遵守海关职业道德操守；夯实基层党建，以学习贯彻中共十八大和十八届三中全会精神为重点，通过“三会一课”、中心组学习、网络培训等形式，发动全办党员干部参与学习，推进领导干部法治思维和法治方式系列学习活动和普法练兵活动。三是增强防好风险的危机感，进一步推进反腐倡廉建设。落实海关党风廉政建设责任制，处班子成员按照分工，履行“一岗双责”；能够严格执行海关各项廉政制度，抓好清权确权、会员卡专项清退等工作；加强警示教育，引导广大关员明辨是非，守住底线；加大HL2008系统运用力度，及时有效纠正业务差错；开展政风行风民主评议活动，把外出执法活动置于社会监督之下，进一步畅通外部监督渠道。

（郑凯旋）

附：2013年汕头海关驻海城办事处领导名录

主　任：姚加明

副主任：吴健文　廖展洲

打击走私与海防监控

【概况】　2013年，县打私办认真贯彻落实省、市打私工作会议精神，履行工作职责，积极组织力量加大打击走私的力度，按照“打防结合、综合治理、突出重点、坚持不懈”的工作方针，切实落实反走私责任制，深入开展反走私综合治理工作，坚持高效的严打态势，有效遏制走私苗头，有力地确保了海丰县反走私平稳的局面。同时还在省、市打私办和海防办的高度重视下，较好完成了梅陇镇反走私电子监控站、大湖镇海防视频监控站和反走私巡防督查队建设的相关工作，完成上级赋予各项工作任务，取得了较好成绩，得到省、市打私办、海防办的高度评价和表彰。

【贯彻落实《广东省反走私综合治理工作规定》】　海丰县高度重视2010年5月出台的《广东省反走私综合治理工作规定》（以下简称《工作规定》）。2013年，要求深入贯彻落实《工作规定》，用《工作规定》指导全县反走私的工作。县打私办根据领导的指示精神和上级打私主管部门的要求，认真的组织好各项实施工作。一是通过召开各类型会议，深入传达贯彻《工作规定》。县召开全县打击走私工作会议，在传达贯彻全省、全市打击走私工作会议精神的同时，组织学习《工作规定》。《工作规定》是全国第一部省级反走私综合治理的法规，所以标志着广东省反走私工作走上法制化和正常化轨道。《工作规定》有许多条款直接指明县、镇、村和有关成员单位反走私工作任务和责任，要通过深入开展学习，加大宣传力度，将《工作规定》的内容和实质传达贯彻到广大干部群众，要将《工作规定》运用于指导、研究新形势下反走私工作的特点规律，切实提高定方向、做决策的能力，增强指导工作的针对性和有效性。二是各沿海镇（场）和有关打私职能部门加强组织学习、宣传教育工作。县打私办组织了正、副主任、调研督查股长参加全市专家主讲的培训课，并召开全体人员加强学习、理解。打私有关职能部门组织全系统人员和各沿海镇场分管反走私工作的领导、综治办的同志进行全面系统学习、培训。引导全体同志，认清形势，坚定立场，明确责任和义务，增强反走私的紧迫感和责任感。三是在全县沿海镇（场）都建上反走私宣传栏和大幅宣传画，同时通过电视、报刊、反走私公众网站等宣传媒体，对广大群众进行广泛深入的宣传教育工作，使他们明确《工作规定》可运用的权利，一致抵制和反对走私贩私违法犯罪活动，为反走私工作营造了良好的社会氛围。年内，由于海丰县能够认真抓好反走私责任制的落实，并坚决执行责任追究制度，使《工作规定》真真正正落到实处，全县没有出现被上级追究责任的单位和个人，也没有违纪违法的行为。

【打击成品油走私活动】 2013年，按照上级和省、市海防与打击走私办公室工作部署，组织配合海关开展打击成品油走私专项行动、打击治理流通领域走私货物交易行为联合行动、“元旦、春节”期间、“中秋、国庆”节期间等一系列打私联合行动和专项行动。在开展联合行动和专项行动中，县委、县政府高度重视，成立联合行动领导小组，拨出专门经费，制订联合行动方案，下发给各有关职能部门和各沿海镇（场）人民政府，并由县打私办组织、指导、协调、监督、检查工作，使有关职能部门和各沿海镇（场）做到齐抓共管，密切配合，形成“海上抓、陆上查、市场管”的工作局面，据统计：全县共出动执法人员3360人次，出动车辆650辆次，出动船艇32艘次，查获过境走私贩私案件2宗，白油1宗12吨，红油1宗，15吨，案值共19万元，有效震慑走私分子的气焰，确保海丰反走私平稳的工作局面。

【海防基础设施建设】 2013年，海防设施方面的建设主要是做好小漠镇、大湖镇海防视频监控站和反走私巡防督查队建设的相关工作。根据省、市海防与打击走私办公室的工作部署和指示精神，海丰县在小漠镇反走私电子监控站和后门镇海防视频监控站建成的基础上，为扩大范围，加强对沿海地区的反走私和海防的监控，将在小漠镇、大湖镇增建海防视频监控站。预计两个项目工程可向省、市争取投入资金200万元。年内，省、市海防与打击走私办公室的领导已组织专家对两个项目进行了考察审核工作，县打私办将继续跟踪项目的落实，力争2014年年底完成工程建设。两个项目的建成，海丰县将实现全县重点海域地区电子、雷达操作的全控局势，进一步提高海防监控能力和防范能力水平，确保海丰反走私和海防的平稳局面。

（吴家海）

附：2013年海丰县海防与打私办领导名录

主　任：王荣贞（兼）
副主任：徐松水

出入境检验检疫

【概况】 汕尾出入境检验检疫局海城办事处（副处级）是汕尾出入境检验检疫局的分支机构。2013年，认真学习贯彻党的十八大精神，秉承“家和万事兴”的治局理念，按照抓质量、保安全、促发展、强质检的要求，深入探索实践中国特色检验检疫之路，坚持改革创新，加强依法行政，提升履职能力，推动质量发展，各项工作稳步扎实推进，为促进海丰经济社会科学跨越发展作出积极贡献。全年共检验检疫进出口商品2429批，货值7262万美元，同比分别减少24%和增长8%；其中进口商品799批，货值3782万美元，同比分别增长5%和增长101%；出口商品1630批，货值3480万美元，同比分别减少33%和减少28%。

【抓好“双打”活动】 2013年，按照广东局、汕尾局“双打”工作意见，海城办事处认真开展打击假冒检验检疫证书、进口旧机电违法违规行为专项行动，结合日常检验监管工作，细化工作措施，形成执法合力，继续加大质量安全风险排查整治工作力度、继续加强进出口产品监管、严格市场准入、加强执法把关，并取得一定成效。共出动执法人员40人次，检查企业16家次，维护了市场正常经济秩序。

【检验检疫“质量月”活动】 2013年，围绕“建设质量强国，共创美好生活”这一主题，加强目录外商品监督抽查。抽取以纺织服装、玩具、仿真饰品为主的进出口商品共20批次做安全性能检测，检出不合格样品3批，不合格的原因均为重金属超标；组织了对出口仿真饰品质量情况的调查摸底并形成质量分析报告；参与汕尾局本部举办“‘12365’服务走进千万家”现场咨询活动和出口食品质量安全提升宣贯会，着力增强企业自控能力和诚信经营，积极营造关注质量、创造质量、享受质量的良好社会氛围。

【服务外贸发展】 2013年，认真做好风险管理工作。一是积极开展2013年技术性贸易措施影响调查工作。二是认真做好舆情信息搜集与报送工作。三是切实做好应急管理工作，完善口岸突发公共卫生事件应

急处置等相关预案，进一步增强了卫生处理工作人员的防护意识、安全意识，切实提高了应对突发卫生处理事故的能力。四是加强与地方党政部门和口岸部门的沟通联系，营造良好执法环境，同时加强与口岸部门的合作，进一步提升口岸监管水平，改善口岸通关环境，推动海丰外经贸健康发展。

【检验检疫监管模式改革】　海城办事处加强进出口商品宏观质量管理。按照“管办分离、管检分离”“由事前审批转为事中事后监管”的原则，建立健全检验监管工作机制，对保留在目录内出口商品继续实施企业分类管理；同时在出口企业提供产品符合性声明的基础上，充分采信有资质部门出具的检测报告，提高放行效率，保证出口产品质量安全的后续监管工作。年内，严格按照合格评定程序要求把日常监管、抽批检验、型式试验、符合性验证以及企业诚信管理等工作落实到位，建立完善辖区企业档案和产品档案，对企业监管实施差异性管理，全面启用“分类管理合格评定结果单”作为出口放行的技术依据，稳步推进分类管理合格评定体系电子化，规范运用分类管理合格评定电子系统，建立电子化文档，按规定及时采集和录入检验监管数据。

【保障进出口食品安全】　2013年，海城办事处全力保障进出口食品安全。主要作法：一是认真开展出口食品专项检查活动。认真排查安全风险，消除出口食品的安全风险隐患。二是积极开展肉及肉制品专项治理活动，进一步提高企业的安全责任意识。三是积极开展动植物疫情及安全风险检测业务检查工作，查找各项工作存在的薄弱环节。

【检验检疫队伍建设】　2013年，海城办事处继续深入学习中共十八大精神，做好学习安排，办事处班子成员作了3场中心组的主题发言，使干部职工深刻领会党的十八大报告中的新思想、新观点、新论断、新表述、新概念、新举措。同时，海城办事处领导班子确定2013年开展“作风建设年”，全力抓好作风建设。认真贯彻落实上级部门关于改进工作作风、密切联系群众的各项规定，坚持以加强行风建设为核心，以“零投诉、无举报、企业满意”为标准，精心筹划，细化方案，健全组织机构，明确步骤方法，严格工作要求，认真查找问题，及时落实整改，各项工作扎实推进，取得预期效果。

（吕以实）

附：2013年汕尾出入境检验检疫局海城办事处领导名录

主　任：张泽平

副主任：黎明义　陈道堂

旅游服务业

旅游业

【概况】 2013年，海丰县旅游工作按照县委、县政府开展旅游发展年的工作部署和《海丰县旅游发展年工作方案》的工作要求，主管部门做好旅游发展年各项工作的实施，推进旅游业的发展。全县接待游客236.53万人次，同比增长13%，全县旅游总收入13.26亿元，同比增长15%，占全县GDP6%。

【旅游市场监管】 2013年，旅游市场的监管着重抓好两个方面：一是规范旅游市场秩序，保障游客和企业的合法权益，营造一个健康、规范、有序的旅游环境。二是各大节庆期间开展旅游安全大检查，对全县主要旅游景区、星级饭店、旅行社和旅游车队进行安全检查，发现问题及时整改，使旅游市场安全有序，杜绝旅游安全事故发生。

【旅游宣传促销】 2013年，旅游业在宣传和促销方面，一是借助第三个“5·19”中国旅游日开展活动，用多种形式对海丰县旅游资源进行宣传促销；并协助市旅游局主办的汕尾旅游风光摄影大赛到海丰进行的采风，向来采风的省内外各摄影家协会推介海丰县丰富的旅游资源。二是利用网络平台，创建“海丰县旅游网”，对外展现海丰旅游新面貌。三是开展海丰旅游征集旅游歌曲和旅游宣传口号的创作，至年末已完成歌词遴选，进入音乐创作阶段。四是加强与外地旅游界的交流合作，分别与香港中国旅游协会、闽粤赣三省十三市等同行进行交流，研讨区域合作。五是积极组织旅游企业参加8月30日在广州举行的2013中国旅博会，以提高海丰县知名度。六是已拟订《海丰县鼓励旅游业发展的优惠政策》草稿，将向相关职能单位征求意见报县政府审批。

【旅游设施建设】 切实抓好旅游项目的重整提升。至2013年年底，红宫红场旧址纪念馆创建国家AAA级旅游景区项目已制订配套设施方案和预算，上报县政府审批；整合莲花山度假村和鸡鸣寺两个景区，创建国家AAAA级旅游景区项目正在制订创A初步方案，待方案确定，实施创建工作之后申报国家AAAA级旅游景区。

【旅游景点建设】 2013年，旅游景点的各项建设如期进行。莲花山度假村莲峰索道项目经省林业厅批准建设，进行项目立项前期工作（安评、环评、地质报告）；海丰田园沐歌温泉度假村主体建设已完成90%，计划2014年试业。第一区苏维埃人民政府旧址复建项目前期工作准备工作基本完成，计划2014年动工复建。《县城中心区域旅游详细规划》《莲花山森林公园控制性规划》《国际重要湿地东关联安围分区生态旅游概念性规划》《大湖休闲滨海小镇旅游总体规划（含赤坑咸水温泉）》四个旅游专项规划正在编制中。

服务业

【住宿、餐饮业】 2013年，海丰县相关企业旅游饭店开展星级评定工作，仁荣大酒店、中华鹏大酒店、海丰海珍酒店已评为国家三星级旅游饭店。全县有各类旅游住宿设施98家，其中四星级旅游饭店1家（莲花山度假村），三星级旅游饭店4家（富之城大酒店、中华鹏大酒店、仁荣大酒店、海丰海珍酒店），高标准商务酒店8家，客房数4212间，床位6185张；旅行社3家，旅行社分社1家，景区（点）17个。全县旅游相关从业人员达2.5万人。2013年全县接待游客236.53万人次，同比增长13%；全县旅游总收入13.26亿元，同比增长15%。其中国内游客233.29万人次，收入12.85亿元；港澳台同胞3.24万人次，收入5184万元（港币）。

金 融

综 述

2013年，海丰县金融系统深入贯彻落实中共十八大精神，全面贯彻落实中央经济工作会议和全国金融工作会议精神，结合海丰县的经济金融工作实际，严格执行稳健的货币政策，正确处理好促进经济发展、调整经济结构、控制物价和保证金融稳定的关系，紧紧围绕“创新金融服务，支持经济发展”的工作思路，积极推动地方金融机构改革；强化内部管理和提高队伍素质，大力拓展金融业务，不断提升金融服务质量，全辖存贷款继续增长，“三农”和企业中小企业资金需求得到有效支持，现金需求平稳，银行业金融机构盈利能力不断增强，跨境人民币结算工作有所突破，外汇管理和服务进一步加强，外汇收支稳步增长；证券业明显好转，营业收入和净利润大幅增长，保险业收入减少，但收支比较合理；金融风险得到有效管控，金融稳定科学管理工作成效初显。

2013年，全县共有17家金融机构，其中银行类金融机构7家，银行业金融机构网点达79个；保险类金融机构9家；证券类金融机构1家。有小额贷款公司1家。全县金融从业人员达1020余人，其中银行业从业人员达750余人。

至年末，海丰县金融机构本外币各项存款余额为149.64亿元，比年初增加15.90亿元，增幅12%；各项贷款余额为50.66亿元，比年初贷款增加9.98亿元，增幅为25%。银行业金融机构盈利增强。国际收支申报总金额5.25亿美元，比2012年同期增加1.29亿美元，增幅32.39%。国际收支收入金额3.72亿美元，比2012年同期增加0.68亿美元，增幅22.72%；全县发生跨境人民币结算业务共168笔，金额8.27万元，比2012年增长17.5%。

银 行

【中国人民银行海丰县支行】 2013年，海丰支行在上级行和地方党政的大力支持下，全面贯彻落实中共十八大、中央经济、金融工作会议、人民银行和外汇管理工作会议精神，结合海丰县的经济金融工作实际，坚持稳中求进的工作总基调，继续实施稳健的货币政策，增强前瞻性、针对性和灵活性，深化金融改革和金融开放，加快发展金融市场，改进外汇管理，提升金融服务和管理水平，有效防范金融风险，进一步提升国库管理和外汇服务，强化内部管理和提高队伍素质，继续解放思想，坚持改革创新，努力构建和谐支行，促进经济持续健康发展。

2013年9月29日，中国人民银行海丰县支行马泽群行长率支行扶贫小组到扶贫挂钩点——黄羌镇下寨村进行救灾慰问

发挥窗口指导作用 支持实体经济发展 加强货币信贷政策引导，畅通与政府部门、企业的沟通渠道，创新货币政策的宣解反馈机制，指导、引导辖内银行围绕贯彻稳健的货币政策，改进信贷

管理和服务方式，优化信贷结构，按照区别对待、有保有压的原则，加大对民生工程、重点建设、节能减排、科技创新的信贷投入，保持信贷总量合理适度增长。鼓励金融机构增加对地方民营企业特别是中小企业的信贷投入，积极利用海丰县中小企业融资在线平台开展小额信贷业务，通过“小额便利贷”“中小企业联合贷款”等小企业贷款新业务，加大帮扶小微企业力度，帮助企业渡过难关。同时对贷款投放比较多的金融机构加强关注，督促把好贷款质量关，防范新增不良贷款，维护金融安全，促进经济和金融协调稳定发展。截至12月底全县金融机构本外币存款余额为149.64亿元，比年初增加15.90亿元，增幅12%，贷款余额为50.66亿元，比年初贷款增加9.98亿元，增幅为25%，有效支持了海丰县经济增长。

2013年8月29日，中国人民银行海丰县支行召开海丰县2013年上半年金融与经济发展座谈会

2013年7月29日，中国人民银行广州分行宣传群工部王敬力（右一）部长在中支郑锡茂（右三）主任陪同下到海丰支行检查指导工作

推进跨境人民币结算工作 为做好跨境人民币结算工作，支行采取多方面的措施和方法：一是继续做好跨境贸易人民币结算宣传工作，开展“跨境人民币业务知识进企业”走访宣传活动。深入企业，向进出口企业宣传了跨境人民币业务政策，指导企业采用人民币计价和结算，规避汇率风险、提高经营利润。同时，利用113届广交会进一步加强跨境人民币业务宣传工作，扩大业务宣传范围。二是将任务分解落实，确定2013年跨境人民币结算业务重点工作方案及任务，扩大结算范围及业务品种，让更多企业采用跨境人民币结算。三是加强与地方政府部门的联系和沟通，并得到县外经贸局等部门和外汇指定银行的支持和配合。

强化外汇管理与服务 一是做好资本项目便利化服务工作。认真做好资本项目简政工作，促进外商投资企业便利化。认真做好资本项目信息登记系统相关培训和上线准备工作，便于系统在辖区顺利开通，并正常运行。同时做好外商直接投资企业外汇年检，全面提升服务。2013年外资企业年检121家，年检率达98.37%，参检率比2012年同比增长6.14%。二是加强货物贸易有效监管。对被列入省级监测资金流入的3家重点企业及时发出“风险提示函”，并对其中一家企业资金流入比较多且不能做出合理说明的，处理降为B级。同时做好包括4家被市列为重点企业的监督，对这七家企业都进行约见和登门走访，督促引导他们要调整经营方式，做到资金流与货物相匹配。做好非现场核查工作，并对核查情况给予企业及时提示。

加快新型国库建设 一是做好中央银行会计集中核算工作，加强基层国库建设、改善和规范国库业务操作流程，加速财政资金到账速度；二是做好国库会计核算新系统（TCBS）上线有关准备工作，确保新系统在5月2日顺利上线运行；三是及时准确做好税收收入收纳、入库工作。做到业务零差错，资金零风险。

确保现金流通安全有序 一是认真执行现金管理的各项规定，全面实施非现场监管，及时上报现金收付分析及统计报表。二是深化反假货币管理，提升反假工作水平。多次组织全辖金融机构开展反假币知识大宣传活动，指导各反假货币工作站深入社区和农村开展反假货币知识宣传和培训，帮助群众提高反假货币意识和辨别假币技能。三是加强人民币结算账户管理与服务。对人民币银行结算账户的管理，按照行政许可公开、公正办理，按支行对外的服务承诺办理好每笔账户开户业务。至12月30

日办理开、销户及变更人民币银行结算账户数1359户。

2013年6月14日，中国人民银行海丰县支行组织辖区金融机构上街设摊举行“信用记录关爱日”征信宣传活动，海丰支行马泽群行长（右二）陪同汕尾中支蔡镇锐副行长（右一）一行到现场指导工作

2013年3月7日，中国人民银行海丰县支行召开2013年海丰县跨境人民币业务工作会议

加强社会信用体系建设　一是积极支持地方政府开展“两建”工作，加大农村信用体系建设。根据海丰县“两建”工作领导小组办公室工作部署，海丰支行结合子体系建设特点，细化工作方案。结合辖区实际初步形成《海丰县农村信用体系建设实施方案》《海丰县农户信用信息采集与评分管理暂行办法》《海丰县乡村金融服务站建设工作方案》等3个工作方案上报县政府金融办公室。二是开展“信用关爱日”户外宣传活动。组织辖区各家金融机构开展“信用关爱日”户外宣传活动，参与活动的工作人员达22人，现场咨询解答次数150人次，共发放宣传资料500多张。促进了社会信用体系建设，营造良好的社会信用环境气氛。三是做好贷款卡的发卡和年审工作。四是做好信用记录查询工作，确保企业及个人信用记录得到真实体现。

维护金融消费者权益　经海丰县政府同意批准，于5月中旬成立海丰县金融消费者权益保护委员会。按市中心支行的统一部署，认真开展消费者权益保护工作。以维护金融稳定和保护消费者权益为目标，构建全面的金融消费者保护体系和良好的金融生态环境，更好地防范和化解金融风险，促进海丰县金融业健康可持续发展。

开展“万众评股室”活动　根据县委的要求，海丰支行深入开展“万众评股室”活动工作。支行成立“万众评股室”活动工作领导小组，制订《人行海丰县支行关于开展“万众评股室”工作方案》。通过活动开展，支行“万众评股室”工作得到有效推进，行政执法职能的股室严格执法，依法依规履职，工作效率进一步提高。一是将“万众评股室”活动工作进行宣传报道，二是将相关的制度、承诺、操作规程、被评股室、岗位人员、举报电话等分开上墙，接受公众监督，三是向公众发出“中国人民银行海丰县‘万众评股室’征求意见表”。对被评股室的工作作风、依法行政、政务公开、办事效率、廉洁自律、服务态度等进行意见征求，收回率100%，满意度达100%。

开展“金融知识普及月”活动　指导和安排全县金融系统在辖区全面开展全方位、多元化的“金融知识普及月”活动，宣传普及金融知识，并重点围绕个人贷款、信用卡、借记卡、银行理财、电子银行、自助设备、代销业务、非法集资等知识进行宣传讲解，同时就群众较关心的如何防范电信诈骗、安全使用ATM机、银行投诉处理流程等问题，用通俗易懂、易识易记的方式普及宣传，引导群众科学合理的使用银行产品和服务，提升消费者保障自身资金财产安全的意识和能力，掀起金融知识宣传高潮。全县辖区金融机构共发出宣传资料近5000多份，短信1万多条，接受群众咨询300多人次，进工厂2个、社区1个，通过开展“金融知识普及月”活动，提升大众安全意识。

支持灾后复产工作　8月、9月，海丰地区受突发特大暴雨袭击和19号台风“天兔”袭击，县委、县政府迅速组织全民抗灾。海丰支行积极响应海丰县委、县政府号召，行长亲自带领应急抢险队及组织救灾物资3次投入地方的抢险救灾，同时开展、指导灾后复产工作，专题召开灾后救灾复产工作会议，并带队到辖区金融机构营业网点了解台风受灾情况，指导、要求各金融机构采取积极有效措施，确保业务系统运行稳定，为抗灾复产提供金融服务。

做好自办城信社退市工作 根据上级行有关要求，海丰县支行对原自办城信社开展退市工作。一是成立机构，制订工作方案。支行重新调整成立退市清算小组，并制订退市工作方案。二是对海丰县城信社清产核资，摸清债权债务情况。三是做好债务登记、甄别和确认。在当地报纸《汕尾日报》进行3次公告，同时主动打电话联系债权人到支行登记债权。四是与广州业勤资产评估土地主地产估价有限公司签订协议，对贷款进行清理和评估。五是对海丰县城信社职工开展分流处置工作。清算组制订了职工处置方案，召开2次职工大会和1次职工代表会议，耐心向职工解释处置工作，与职工进行沟通协商。

深入创建“文明单位”和“模范职工之家” 积极开展创建2012～2014年度总行级文明单位和模范职工之家的活动：一是制定创建工作规划，形成“人人关心创建，人人参与创建”的良好局面。二是关心干部职工生活。发动全体干部职工为2名因患重病入院职工募捐，并派人专门前往广州医院进行慰问和关心；开展女职工“爱心互助金”捐款活动，帮助困难女职工解决实际困难。三是加大了对社会的关心、关注和支持力度。发动全体干部职工为四川省雅安发生大地震后重建、县受19号台风“天兔”袭击受灾和扶贫点穷困家庭募捐等活动，帮助灾区恢复生产。

（柯从捷）

附：2013年中国人民银行海丰县支行领导名录

行　长：马泽群

副行长：李锦泉

【中国农业银行海丰县支行】 2013年，中国农业银行股份有限公司海丰县支行（以下简称“农行海丰支行”）紧跟建设一流商业银行目标，认真贯彻落实分行2013年工作会议精神，围绕提升市场份额这一中心，抓住“促发展、控风险”两条主线，以“整合队伍力量，拼抢市场份额，突出渠道建设，完善基础管理”为思路，全行上下同心协力，攻坚克难，努力提升市场份额，加强内控和党风廉政建设，各项业务得到了快速健康发展。至2013年年末，各项存款余额189187万元，各项贷款余额43869万元；全年实现中间业务收入968万元，实现拨备前利润2614万元。

农行海丰支行客户经理现场接受咨询和派发《百姓风险防范手册》、《金融知识进万家》等宣传资料，为广大群众介绍个人贷款、信用卡、借记卡、银行理财、电子银行、自助设备、代销业务、人民币的和兑换、个人征信等产品信息，为前来咨询的群众解答了关于金融知识方面的问题，通过“现场宣传，现场解答，现场受理”来满足广大群众对金融知识的需求

农行海丰县支行积极开展送金融服务到乡村活动，为群众提供贴心金融服务。图为农行海丰县支行组织人员到乡镇为群众现场办理社保卡金融功能激活和惠农卡、惠农通等业务咨询

存款业务 认真开展提高金融服务水平工作，以民主评议政风行风活动和“万众评股室”活动为契机，坚持以客户为中心，多策并举，大力夯实客户基础，充分发挥现有网点服务能力，开展“不规范经营”专项治理活动，提升规范化经营水平加强网点金融服务。推进网点软、硬件转型，不断提升服务质量。积极开展惠农“村村通”转账电话、个人网银等群众喜爱的农行特式产品的营销活动。通过各种措施

的落实，全行各项存款继续保持快速增长，增量和增幅均创历史新高。至年末，各项存款余额189187万元，比年初增加22121万元，增长13.2%。

贷款业务　支行以海丰县城为中心，东联可塘、公平、西接梅陇、后门、小漠、鹅埠等重点乡镇，明确产业定位、客户定位，充分发挥县域“三农”业务发展主流银行作用。一是加大对县域中小企业营销力度。有的放矢地支持县重点项目建设，支持地方经济发展。二是积极开拓县域房地产业务领域。重点营销县城地区新开发的优质大型的一手楼盘。大力发展一手楼按揭业务。三是以海城、可塘、梅陇三大专业镇为重点，全力打造三大专业镇资产业务。四是加大“三农”业务工作力度，“三农”业务得到稳步发展。积极探索以“公司+基地+农户”模式，带动惠农卡的批量发卡；推广“项目带动、批量发卡”的营销模式，提高惠农卡发行量和覆盖面；创新担保方式，在风险可控前提下，积极开展农户生产经营贷款和农户小额贷款业务。2013年成功拓展潮莞高速及下游承包商和征地款客户、佳能食品等外汇企业和一批县重点建设项目资金，与凯旋花园等10个县域房地产优质客户建立合作关系，到12月末，个人客户总量为261664户，比年初增加150085户。至年末，各项贷款余额43869万元，比年初增加7476万元，增长20.5%；全年累放贷款29244万元，累收贷款21766万元，不良贷款余额157万元，不良贷款率为0.36%，其中农户贷款不良率3.73%。

中间业务　大力发展国际业务、基金业务、电子银行等新兴中间业务，中间业务收入大幅度增加。全年实现中间业务收入968万元，比2012年同期增加140万元。

内控管理　一是明确案防责任，认真落实一把手责任制和逐级案防职责要求，加强风险点研究，各项业务工作的开展以风险防控先行，组织制订工作计划，确保案防工作落实到位。二是加强基础建设和检查，强化合规纪律教育与监管，开展员工异常行为排查和自律监管。

（许竟跃）

附：2013中国农业银行海丰县支行领导名录

行　长：叶远华

副行长：叶友粒　范少展　黄培良（兼纪委书记）

【中国工商银行海丰支行】　2013年度，中国工商银行海丰支行认真贯彻落实省、分行行长会议精神，坚持以科学发展观为指导，紧紧围绕“保持利润持续增长”主题，突出“加快转型发展”主线，强化“四大标杆”，深化“四大理念”，树立“三种意识”，筑牢“三道防线”，锐意进取，完善客户服务，强化内部管理，各项金融业务得到快速发展，资产结构不断优化，市场竞争能力不断提升，各项指标取得突破性进展，存、贷款市场份额一直位居同业榜首，经营利润更是傲视同业，在同业树立起第一银行地位。

机构网点　中国工商银行海丰支行坚持以“诚实、公正、稳健、创造”的核心价值观，不断创新，追求卓越，是一家服务功能齐全、服务手段先进、公众信任度高的国有股份制银行。海丰区域设海丰支行营业部、东门头支行、华夏支行、城北支行、城东支行、龙津支行、公平支行、梅陇支行八个营业网点。办理存款、贷款、结算、信用卡、理财、贵金属、外汇结算业务及各种代收代付、代发工资、保险代理、代销基金等金融服务。

存贷款业务　至2013年年末，人民币各项存款余额为312465万元，比2012年增加36657万元。其中:储蓄存款为261582万元，比2012年增加30089万元；对公存款余额为50884万元，比2012年增加6567万元。各项存款、对公存款和储蓄存款的增量排名均位居同业第一位。人民币各项贷款余额为164339万元，比2012年增加30568万元。其中：个人贷款余额91901万元，比年初增长11560万元；公司贷款余额72438万元，比年初增加19007万元。全年实现营业利润11416万元，比2012年增加3523万元；人均营业利润154万元，比2012年增加46.89万元，营业利润居同业首位。

国际业务　2013年，国际结算量为18241万美元，国际结售汇量为8094万美元，比上年分别增加6461万美元和169美元。国际结算量在同业的比例从2012年的33.4%提高到2013年的37%，连续2年居同业首位。

金融服务　2013年，为贯彻落实中共十八大精神，认真执行中共中央政治局关于改进工作作风，密切联系群众的“八项规定”，进一步严肃吏治，改进机关作风，提高工作效率，优化海丰县政务环境，创建廉洁高效服务型政府，根据海丰县委《海丰县“万众评股室”活动工作方案》的工作部署，支行制定《中国工商银行海丰支行“万众评股室”活动工作实施方案》。并结合县纠风办《2013年海丰县民主评议政风行风工作方案》，认真开展政风行风民主评议“回头查”工作，紧紧围绕“回头查”的活动内容和目标任务，加强组织领导，营造活动氛围，推进“回头查”活动全面落实整改，巩固行评成果。收到了明显的效果。通过评议，对提高依法行政、依法办事的能力和水平，进一步转变工作作风，改进银行服务态度、提升服务质量、提高办事效率，坚决杜绝“吃、拿、卡、要”等不良现象，彻底解决群众办事难的问题，建设廉洁、高效、热情、务实的服务型银行，提高窗口服务单位的服务水平，为海丰经济社会的发展提供有力保障。年内，继续完善网点布局，提高低效网点产能，优化渠道建设。新增物理网点1个，新增设24小时自助银行1间，新更新投放CDM和ATM机具共7部，实现所有的网点均有存取款循环机（CDM）。

创新营销模式 一是增值留存。海丰支行面对不同的客户群体，提出以“协定存款增效”和“理财增值”的增值服务。二是以贷引存。通过市场分析：一方面积极支持中小民营企业的资金需求，大力拓展纯按揭业务，树立第一信贷银行形象，扩大支行在海丰当地的良好影响；另一方面避免以往“裸贷”现象，要求借款方公司客户及其个人结算业务都来工行办理，保持一定的存款。三是服务吸存。存款的竞争就是客户的竞争，为提高服务内涵，一是改善物理网点的环境，在城东镇新设立了城东支行。二是加快机具投放，又如把所有的网点都安装上存取款循环机，方便客户办理小额存款业务。三是增强员工的服务观念，提高员工的服务技能，缩短客户办理业务时间。四是提升网点的综合服务功能，新开通了城东支行和华夏支行的对公服务功能，通过通存通兑业务。吸引客户就近办理对公结算业务。五是加强电子银行产品的渗透力度，提高客户对工行产品的依存度。

推进资产业务经营转型 2013年，坚持走资本节约型发展道路，积极拓展个人贷款、小企业贷款和贸易融资业务。根据总省行“两个转变”的发展要求，即从高资本消耗的资产扩张型发展模式向低资本消耗的效益增长型模式转变，从持有资产业务大行向经营资产业务大行转变。年内，严把资产质量关，提高风险掌控能力。一是加强对客户经理的信贷业务培训，加深对全面资产风险管理的认识，加强对市场风险的分析和管理，提高风险掌控能力。二是加强贷后管理和检查工作，一户一策，加强风险指标分析，主动实施有潜在风险迹象的贷款退出。按“包户到人”原则，抓好这些潜在风险迹象的重点客户以及因外部环境变化可能导致小企业经营困难、个人按揭断供等重点领域的风险监控和管理。三是加大不良贷款清收力度。对个人按揭断供及因经营不善已形成不良贷款的个人经营者上诉法院，将全行贷款不良率控制在全行的平均水平以下。至年底，海丰支行的法人客户贷款连续五年保持“零”不良贷款余额，个人贷款的不良余额为255万元，不良贷款率仅0.16%，比2012年下降0.04个百分点。2013年海丰支行也因此获省行4个奖项：小企业营销模式变革优秀单位、小企业金融业务工作先进单位、小企业金融业务工作先进个人和信贷管理先进支行。

增创中间业务收入 海丰支行摈弃将利息转作中收的做法，经结算和电子银行产品为核心，确立通过全产品、全过程、全方位营销，增创中间业务收入，走可持续发展思路。

提高国际结算市场份额 一是全辖所有的业务网点均开办个人外汇业务，树立起当地“第一国际结算银行”品牌地位，扩大了支行影响力。二是抓源头，抓新开户，确保“第一国际结算银行”品牌地位。近年来，支行加强与当地外经、工商和外管部门的联系，从源头信息上抓新开户，确保第一国际结算银行地位不动摇。三是加强海关外汇管理部门联系，加强对国际业务结算大客户的服务，及时将外汇管理政策传递至客户，巩固工商银行“第一国际结算银行”品牌地位。

提高网点综合竞争能力 海丰支行以“内涵发展、效益优先、经营转型、机制推动”为根本方针，以提升网点竞争力为目标，坚持走内涵式发展之路，通过系统优化网点布局、优化岗位整合、客户拓展和产品渗透等措施，实现全行网点的经营管理水平和市场竞争能力再上一个新台阶。

强化内控管理和案防工作 一是按创建“内控一流标杆行”的标准，开好每月内控案防会。及时传达上级行有关内控案防工作要求，结合当前的案防形发展状况以及各类典型案例或风险事件进行剖析；加强制度建设，结合专业检查和内控评价发现的漏洞和隐患等薄弱环节进行分析，着力加强管理措施，增强全员依法合规经营的自觉性。二是加强员工思想动态排查。认真开展内控案防主题教育活动，继续开展反赌禁赌活动，将赌博行为作为员工不触碰的红线，防止员工参与民间借贷、赌博和投资过度引发案件。三是加强投诉管理，强化声誉风险管理。以零责任投诉、零声誉风险事件为目标，

通过加强内部和外部沟通，降低被诉风险，成功化解了几宗风险事件，赢得客户认可。

加强廉政建设　进一步加强廉政建设，提高干部队伍素质。组织学习党中央和总省行党委重要文件，提高全行员工的政治意识、大局意识和法律意识。发挥党员先锋模范作用，以完善惩治和预防腐败体系为重点，明确各网点在廉政建设和案件防范工作中的责任，有效预防职务犯罪，确保全行党风廉政建设和反腐败工作任务的落实。

（廖建锋）

附：2013中国工商银行海丰支行领导名录

行　长：陈耿孝

副行长：王占光　陈剑波

【中国建设银行海丰支行】　2013年，中国建设银行海丰支行认真贯彻落实省市分行工作会议精神，围绕“巩固基础　开拓创新　谋求新突破　实现新发展”的工作主题，在全面贯彻落实省分行“三个确保三个新突破”的基础上，坚持“一个中心两个确保三个提升”的工作目标，坚持确保安全运行、确保业务稳健发展；坚持提升发展能力、提升业务规模、提升队伍素质。实现安全运行及业务稳健、持续地发展。中国建设银行在海丰县域内设海丰支行、城西支行、广富支行、附城支行、红城支行、龙津支行6个营业网点，并配置6个附行式自助银行区，在可塘镇、公平镇设立了离行式自助银行。主要业务办理本外币存款、贷款、结算、信用卡及各种代收代付、统发工资、保险代理、代销基金等金融服务。

存贷款业务　建行不断探讨客户服务和业务发展之路，确立“市场份额和发展增速实现“双确保，双提升”的工作思路，保持存款和贷款业务稳步快速发展。除了发展传统存款业务之外，根据不同客户需求、客户的风险承受能力和客户偏好为客户提供“利得盈”“汇得盈”“乐当家”等保本型和非保本型投资理财业务，在期限、收益、风险等给了客户宽广的选择空间，使客户在银行得到投资增值。建行一直竭力为地方政府、企业和个人提供信贷支持，2013年以“百行千户　主动授信”信贷政策为主导，为大中小企业客户提供“速贷通”“成长之路”“善融贷”（200万元信用贷款）、贸易融资等本外币信贷业务；为方便个人客户在“衣、食、住、行”方面的资金需求，建行从小额的信用卡个人消费、购物分期付款，到住房贷款、消费贷款以及个人助业贷款，都为个人客户提供了便捷高效的信贷支持。2013年全口径存款额同比新增20%，贷款额同比新增30%，为海丰地区的经济建设和民生发展做出贡献。

中间业务　除保持传统存款结算和贷款业务以外，努力创新产品，拓展新的业务增长，如代客理财，代收代付，代理保险，代售基金、黄金、股票，代理国债销售，以及投资银行业务，跨境人民币结算，国际外汇结算，贸易融资，信用卡分期，电子银行，百易安等业务，使中间业务得到稳步发展。

金融服务　建行一贯践行“以市场为导向，以客户为中心”的服务理念，注重细节管理，精心打造“优质服务、客户满意”的服务品牌。积极投入“三综合”网点建设，从人员的岗位定编到窗口的设置均进行重新定位，促进综合柜员、综合网点、综合营销团队建设的深入开展。在营业网点的择址和装修上加大资源投入，不断改善营业场所的环境建设，完善服务设施，为客户创造优美舒适的服务环境。2013年，在传统的柜台金融服务基础上推出24小时自助银行设备和网上银行、手机银行、电话银行，为客户提供优质方便的网络服务。积极开展“送金融服务下乡”活动，宣传反假、识假；为公平、可塘、海城等逾百个企业和商户提供代发工资、电子银行产品配送、结算E办理等金融服务，得到广大客户的好评。

外汇管理　海丰支行严格按照外汇业务监管部门的要求，稳步发展外汇业务。经过近几年的业务拓展，除了发展传统个人、企业外汇结售汇、跨境人民币结算业务外，不断加强贸易融资产品的创新与拓展，目前贸易融资有信用证、海外代付、托收、国外保函、即（远）期结售汇、外汇买卖等业务。外汇业务在海丰区域已占据较大市场，国际结算业务量逐年上升。

内部管理　海丰支行以“内强素质，外树形象”的要求实施内部管理，通过组织“一班一讲一主题一演练”（每天晨会、案防每日一讲、每月案件防控例会、每月应急预案演练）活动，提高了员工的安全防范意识，将合规经营理念渗透到每位员工，为支行持续稳健发展创造良好的内部环境。为了全面提升服务质量，提高工作效率，支行结合海丰县政府“行风评议回头看”和“万众评股室”活动，推行“服务态度明显优化、工作作风明显改进、工作效率明显提高、服务环境明显优化”的服务工作目标，同时为了更好地提高网点服务水平，实行“神秘人”暗访检查制度，定期对网点服务情况进行检查，对存在问题及时整改。通过严格的内控防范制度和切实的服务措施，支行各项工作取得良好效果，得到健康稳定发展。

（林储武）

附：2013中国建设银行海丰支行领导名录

行　长：余晓红（女）

副行长：朱建辉　叶凯东

【中国银行海丰支行】　2013年，中国银行海丰支行全面落实上级行的各项决策部署，始终坚持以转型发展和结构调整为主线，以内生动力机制为驱动，以提升发展质量和经营效益为目标，积极进取，开拓创新，扎实区域最好银行根基，取得了良好经营成果，年度绩效考核荣获汕尾分行“效益贡献先进单位”。海丰支行坚持以效益为中心，以市场为导向，不断提升净利息收入、非利息收入和营业净收入。2013年，在金融市场变化反复和利率市场化进程加速的环境下，支行全行上下紧扣经营效益核心开展工作，始终坚持业务发展四轮驱动，把资产业务、负债业务、中间业务、基础业务并轨发展，着力提高净利息差水平、非利息收入水平、营业净收入水平，实现净利息收入同比增幅7.84%、非利息收入同比增幅16.85%、营业净收入同比增幅7.66%。

存贷款业务　在地方经济发展滞后于上级行业务发展需求、市场竞争日益激烈的环境下，始终以高度的责任意识激发内生动力，不畏艰辛拼搏进取，上下协调一致抓住市场主旋律，纵横联动营销拓展，攻坚克难紧抓核心存款发展为主轴，以“快、准、狠、实”为抓手，有效地推动本外币核心存款业务稳健发展，实现本外币存款同比增幅8.10%，余额汇总折合人民币295280万元。年内，针对宏观经济整体放缓，上级行贷存比管理机制的实施，始终坚持以控风险为主轴，以合规经营为基础，以效益优先为资产业务投向的原则，不断拓宽资产业务发展思路，加快结构调整，继续提高非住房类贷款存量比例，尤其对小微企业、个人投资经营类贷款实现优先保障，做大做优票据承兑、分期类、联保贷规模，大力清收不良贷款，促进资产业务健康发展，全年累计实现有效投放32880万元，同比增幅19.98%，余额累计98580万元。

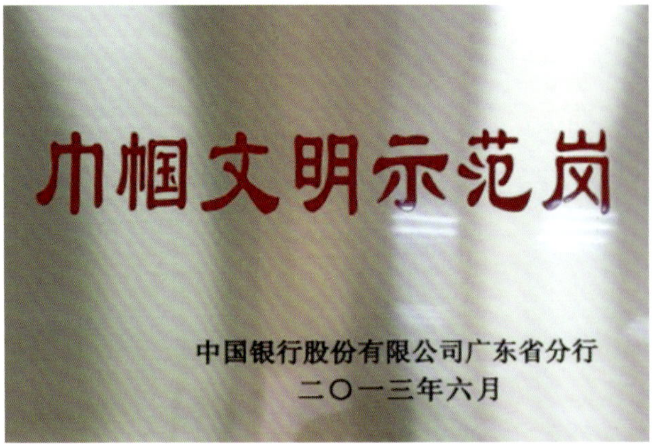

中国银行海丰县支行于2013年6月荣获中国银行广东省分行“巾帼文明示范岗”称号

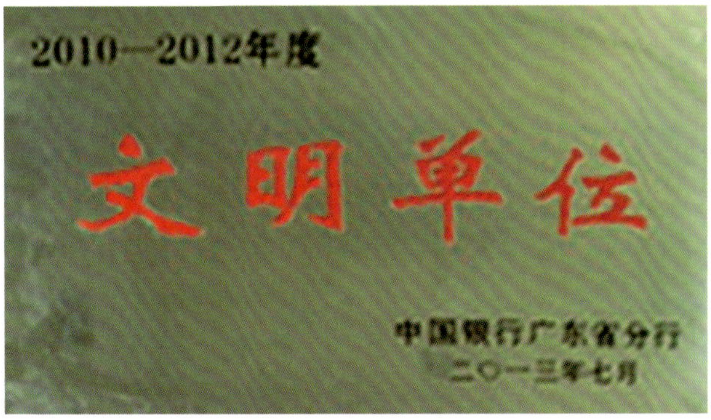

中国银行海丰县支行于2013年7月荣获中国银行广东省分行“文明单位”称号

国际结算与跨境人民币结算业务　增强紧迫感和危机感，在进出口企业数量和贸易结算业务总量有限，且市场分抢蛋糕氛围浓烈的环境中，始终坚持强化市场拼抢意识，以创新思维和创新能力去解决企业经营过程中不断遇到的突出问题，努力挖掘客户需求，不断提升客户感受，树立中国银行良好品牌，在整体上不断扩大国际结算及跨境人民币结算业务市场优势，全年累计实现贸易结算量同比增幅20.21%，同业市场占比29.20%，跨境人民币结算量38100万元，同比增幅26.81%。

拓宽非利息收入增长点　2013年，为实现各项非利息业务的健康持续发展和创新中间业务收益增长点，始终坚持以传统产品为基础、以创新产品为增长点，坚持分层管理与分层服务相结合，强化市场营销拓展，强化客户培育，强化银企、银保合作，着力破解非利息收入发展制约瓶颈，做大非利息收入规模，在实现客户资产增值保值的同时，为非利息收入稳健发展提供了坚实的保障，全年累计实现黄金白银交投量同比增幅318.20%；理财产

品交易量同比增幅54.54%，基金销售量同比增幅33.24%；保险销售同比增幅83.36%。

开展市场营销拓展　认清形势把握机遇，强化守土有责意识，推动客户基础建设以稳健的态势持续发展。2013年，坚持以产品为依托分析市场、分析客户，克服种种困难，大力开展市场营销拓展，注重客户培育与挖潜，并针对金融IC卡对市场进行重新圈地、客户群体进行再分配的特点，全行上下始终坚持走社区进商户，围绕企业主、商贸客户、城镇化建设及民生金融等客户群开展立体交叉营销，实现扩基础提效益，为业务再发展进一步坚实基础。

扎实内控外防工作　严格落实“双十禁”规定，扎实内控外防工作，确保业务发展良好运营。为不断增强全体员工严格执行规章制度自觉性和责任心，提升各级员工履职能力，始终强化各项内控防案建设制度传导，坚持加强对员工思想道德、合规操作、内控防案意识教育，不断提高依法合规意识，培育廉洁自律意识，举一反三抓整改，警戒和督促认真履职把好一、二道防线，全年确保零案件发生。

居安思危抓安防　为切实提高全员安全防范意识和案件防控能力，把做实安保工作有机地融入日常运营管理全过程，善始善终坚持“预防为主”工作方针，全员签订安全运营责任状、承诺书，明确职责，实施标准化、规范化安全管理，创建安全运营环境；开展安防知识和安防技能培训与演练，增强应对各类突发事件能力；以政治敏锐性和高度责任感，扎实敏感时期维稳与排查工作；严格落实“晨会案防一分钟机制”“安全值班轮值机制”，狠抓常态化营业场所秩序维持与巡查，安保工作长效机制建设得到有效落实。

强化队伍建设　为不断提升全员自律意识、廉洁从业意识、案防意识，培育良好的合规文化，坚持以零容忍防治案件的态度，认真深入持续开展创建“平安中行”“转作风促发展”“远离民间借贷和非法集资”、整治“四风”和廉政建设案例警示、“八不得”和“双十禁”等教育活动，从细微之处培育员工树立正确的理想信念和健康的人生观、价值观，为民务实、清廉自律、风清气正、聚力发展的氛围得到有效形成，为经营目标的实现奠定了思想基础。

金融服务　为不断提升各级员工服务实体经济、服务社会民生的质量和水平，培育一切以客户为中心，想客户之所想，急客户之所急的理念，在始终坚持把抓好文明优质服务贯穿于日常工作全过程同时，强化员工思想作风建设，制订在岗学习培训规划，扎实训练，严格考核，员工队伍业务理论知识水平与应对、处置问题能力和服务水平与质量提升明显，在参加省中行年度业务技术能手考核中合格率达90%、三级以上能手率81%。

提升企业新形象　根据上级行党委努力把中国银行建设成为当地竞争能力强、品牌形象好、服务水平佳的区域优秀银行战略目标，结合海丰县委、县政府关于开展2013年民主评议政风行风“回头查”活动、万众评股室活动要求，深入贯彻落实党的十八大、中纪委十八届二次全会精神，提升党员干部及员工队伍大局意识、责任意识和服务意识；继续下大力气整改业务发展过程中群众反映强烈的问题，纠正严重损害人民群众利益的不正之风；渠道建设实现百分百全天候24小时服务，对公业务实现营业网点百分百全覆盖；利民惠民便民政策与措施得到有效贯彻落实，客户满意度得到进一步认可，和谐发展氛围得到有效提升。强化管理、提高效率、改进服务，聚力发展的良好氛围达到预期成效，2013年度，根据《关于表彰2010～2012年中国银行广东省分行文明单位的通报》（粤中银发〔2013〕346号），海丰支行被评为“中国银行广东省分行文明单位”，根据《关于2013年中国银行广东省分行省行级“巾帼文明示范岗”认定和新评选结果的通报》（粤中银工〔2013〕22号），支行营业部被评为省行级“巾帼文明示范岗”。

（刘少宁）

附：2013中国银行海丰支行领导名录

行　长：缪昆仑

副行长：何秋生　蒋俊深

【中国农业发展银行海丰县支行】　中国农业发展银行海丰县支行（简称海丰县农发行）是海丰县唯一一家国家农业政策性金融机构，以服务“三农”为根本宗旨。农发行业务范围持续拓展、金融产品不断丰富，已向“三农”的各个领域延伸，除继续承担粮棉油收储信贷业务外，业务范围已拓展到农村路网水网建设、农田水利建设和改造、农业生产基地开发、农业生态环境和技术服务体系建设以及农村文化教育卫生设施的建设与升级、农村土地整治和农民集中住房建设等方面的资金需求，形成全方位、宽领域、深介入的支农格局。

中国农业发展银行海丰县支行金融知识普及月活动

积极发挥支农作用　海丰县农发行围绕保障国家粮食安全，全力支持粮油收储，稳妥推进新业务发展，大力支持新农村建设，全年保持信贷资产稳定。一是认真履行职责，及时足额供应收储资金。全年县级储备粮轮换销售收回贷款657.5万元，发放县级储备粮轮换贷款853.33万元，确保了海丰县储备计划和轮换任务的顺利完成。二是认真做好后续贷款资金供应工作，促进新农村建设。全年成功投放农村土地整治项目1010万元，有力地促进地方新农村建设。三是努力营销新项目贷款，继续加大支持新农村建设力度。至年末，新营销项目经过多番努力收集和整理资料，与政府有关部门的积极协商，已完成推荐报批工作。

努力提升服务质量　海丰县农发行认真贯彻落实党的“八项规定”，改进工作作风。一是结合纪律教育学习活动月和整治“慵懒散奢”专项活动，以及县委开展的“万众评股室”活动，以抓上下班情况为切入点，促进出勤情况进一步改善，通过会议形式进行点评干部职工的思想观念、工作作风、劳动纪律、生活作风等情况，促进全行精神面貌得到较高提升，工作作风得到明显改进。二是在有限的费用中抽出部分费用购买了相关设备，加强印章识别，提高了电子验印通过率，保护客户资金安全，大大缩短了客户办理业务时间，进一步提高服务质量。三是严格按照精简、务实、高效的原则，切实减少各类会议，减少参加人员。充分发挥综合办公平台、CM2006等系统功能，积极推进无纸化办公和信贷无纸化办贷。

继续加强队伍建设　海丰县农发行坚持“以人为本”，全面加强队伍建设。一是开展员工双向选择竞聘上岗和部门主管竞聘工作，使人力资源得到优化配置，岗位人员配置趋向合理，同时使符合条件的员工得到晋升的机会，从而提高员工的工作积极性。二是落实岗位责任制，进一步明确责任，细化了各岗位人员岗位职责及办理业务工作流程。特别是窗口服务部门，根据实际情况，完善和修订各岗位职责，确保人手一份，供各岗位人员学习，增加各岗位人员对工作流程的熟悉度，提高了办事效率，为客户提高更优质的服务。

（颜俊富）

附：2013年中国农业发展银行海丰县支行领导名录

行　长：宋竞良

副行长：陈海波（任至3月）　黄海鹏（3月起任）

【中国邮政储蓄银行海丰县支行】　2013年，中国邮政储蓄银行海丰县支行内设综合管理部、个人金融部/三农金融部，公司业务部。下辖营业部1个、网点21个（含代理），有干部职工76人，其中本科学历24人、大专学历33人，高等学历占总人数的70%以上。支行坚决贯彻县委、县政府和上级的指导思想和经营方针，努力完成上级行下达的各项任务；一手抓服务质量、一手抓业务发展，紧抓业务风险管理；积极推进企业转型，充实产品线条，强化金融服务能力，扶持农村小经济体发展壮大。至年末，支行个人储蓄存款余额22.09亿元（其中自营4.81亿元）、公司存款余额16990万元，全年累计发放各类贷款1689笔共2.33亿元。全年完成业务收入3390万元。在全县已设立ATM机42台、POS机50台、商易通76台；在县城中心地带设立5个标准24小时自助银行。

提高农村网点服务能力　2013年，海丰县支行坚持面向“三农”、服务大众、服务中小企业的战略定位，以服务民生事业为基础，以“支持百姓创富”为主线，形成独具特色的“普惠金融”“大众金融”发展道路。大力推进网点、电子渠道建设，改善金融服务配套。各网点在严格遵循金融机构安全防范规定和上级有关设施标准的前提下，大力改善服务环境，提高客户使用柜面服务的舒适性，促进农村金融服务水平的提升．拓展银行卡业务，普及自助服务。在前台业务办理环节着重宣传的影响

下，信用卡、借记卡的发行量大幅提升，配合支行POS机、ATM的大规模投放，农村地区的自助交易有较大发展，降低了窗口服务压力，间接改善了服务质量。

信贷服务地方经济　海丰县支行积极发挥网点优势，大力发展小企业贷款、商务贷款、小额贷款及城镇零售信贷服务，大力服务“三农”、支持中小企业。一是把小额贷款作为长期战略性核心产品，在全县创造了“连锁店+信贷作坊”的小微融资服务模式。二是深入开发行业线条，从行业源头入手，开发珠宝加工行业、首饰加工行业、文具行业、五金行业、养猪行业、鞋类加工等行业，并在资金需求旺盛时期抓住源头进行有效营销。三是与本地中小企业局和行业协会合作，主动引导各商户或企业深入了解支行的信贷服务，拓宽其融资渠道，提高邮政银行贷款对“三农”经济的扶持力度。通过政府担保资金建立和完善对中小企业、农户等信贷弱势群体的担保机制，解决农户、中小企业融资难的现状。在做好业务发展同时，支行积极做好资产风险管控，较好地控制了信贷风险.

开展规范化服务　2013年，中国邮政储蓄银行海丰县支行贯彻落实服务质量提升工作，每周、每季、半年等周期性突击检查制度，抓好优质文明服务。支行的窗口规范化服务工作取得较大进步，硬件设施得到完善，软件实现较大改善，服务水平得到客户认可，在上级行规范化检查中多次达到良好水平。此外，完善对公业务平台，专注资金归集服务，积累对公存款规模. 支行积极响应上级行开发的烟草、供电、电信资金归集项目，通过切实做好营业网点柜台基础服务、虚心学习公司业务，真诚对待客户，将金融服务工作落到实处。

中间业务发展　2013年，推广理财业务，扩充农村个人金融投资渠道. 支行充分发挥前台人员营销作用，在维持良好服务秩序的同时，满足客户多种金融服务需求，大大促进中间业务的销售，全年国债、基金、保险、理财等中间业务销售累计3750万元。

规范经营管理　2013年，充分调配人力、物力支撑信贷业务规范化良性发展。积极配合上级行开展每季定期信贷资产风险排查工作，及时堵塞管理上的漏洞。严格资金安全检查制度，切实履行监控、抽查、巡检职能，确保资金零风险。与相关业务单位定期召开资金风险控制管理会议，交流一线网点管理情况，制定防抢、消防演练方案，定期开展安全检查，发现问题及时整改；坚持安全教育，定期进行防抢及消防演练，切实提高员工的防范和应变能力。全年没有发生安全事故，保证了各项业务的顺利发展。

加强内部建设　加强党风廉政建设，从源头上抓好廉政工作。2013年，实行党风廉政建设责任制度，对领导班子党风廉政建设进行年度测评和考核，定期开展民主评议党员活动，促使党员不断提高自身素质。建立健全党员廉政档案，通过主动填报相关情况，提高党员廉政自觉性和腐败抵抗力，增强党员队伍和党组织的战斗力。开展晨会活动，通过定期思想交流，加强业务人员思想政治及职业道德教育，提高风险防范意识；进行制度学习、案例剖析、实务讲解、文化传达及职业道德教育，增强员工责任感和道德观念，保持队伍的纯洁。加强员工的业务培训和考核，提高整体的业务素质。组织员工参加大堂经理、营销管理等一系列业务培训，在员工中开展岗位大练兵和各项应急演练，提高员工业务技能和应急能力，提升了安全生产水平。

（郑晓峰）

附：2013年中国邮政储蓄银行海丰县支行领导名单

行　长：叶力行

副行长：黄雪明

【海丰县农村信用合作联社】　海丰县农村信用合作联社（以下简称“海丰联社”）创建于1952年，是一家集政策金融、合作金融为一体的社区性地方金融机构，主要经营存款、贷款、结算、同业拆借、网上银行、手机银行、电话银行、银行卡业务和各项代理业务等。至2013年年末，全县农村信用社各项存款余额17.43亿元，各项贷款余额9.12亿元，其中，涉农贷款余额8.10亿元，中小企业贷款余额1.53亿元。全辖现有基层金融服务网点27个，助农取款服务点97个，农村金融服务网点覆盖率100%，全辖在职员工352人，是海丰县金融服务网点分布最广、涉农信贷投放最多、农村普惠金融服务贡献最大的金融服务机构。多年来，海丰联社始终秉持“以农为本，为农服务”的宗旨，坚持“立足社区，面向“三农”，面向中小企业，面向县域经济”的市场定位，以服务“三农”、支持中小企业和民营经济发展为己任，在支持地方农村经济和中小企业发展中发挥着其他金融机构无法替代的作

2013年9月，海丰联社组织业务人员举行主题为“多一份金融了解　多一份财富保障”的“金融知识进万家”宣传服务月活动启动仪式并在联社营业部门前开展集中宣传活动

用，是名副其实的农村金融主力军。

加大“三农”及小微企业融资力度　2013年，海丰联社持续响应国家有关信贷政策导向指引，不断加大对“三农”和小微企业信贷支持力度，通过持续深入推进支农服务“三大工程”，进一步扩大“三农”、地方特色产业、龙头优势企业的金融服务覆盖面，重点加大本地建材批发、医药批发、宝石加工、服装加工、农用器具加工、农业种养等行业信贷融资力度，有力发挥了支农助农惠农金融服务纽带作用。至2013年年末，全县农村信用社各项贷款余额9.12亿元，比年初增加2亿元，其中，涉农贷款余额8.10亿元，占贷款总额的比例高达88.83%；小微企业贷款余额1.53亿元，占贷款总额的16.79%。

推进企业形象工程建设　2013年，为进一步完善金融服务功能，持续增强海丰农村信用社金融服务实力，海丰联社加快推进企业形象工程建设。一是大力开展企业形象媒体宣传。积极借助当地主流纸介媒体的宣传平台开展企业形象宣传，进一步扩大了社会影响面，有效提升了社会知名度及美誉度。二是开展服务礼仪全方位培训。为进一步强化学员的现代服务理念，提升服务层次，规范现代礼仪服务标准和路径，海丰联社举办了全员服务礼仪培训班，为加快推进标杆网点建设打下扎实的基础。三是制定出台一批规范服务礼仪、服务行为、完善客户投诉工作机制的规章制度及考核办法。为全面提升农村信用社服务水平和服务形象，持续提升客户满意度，进一步完善畅通客户投诉服务机制，海丰联社结合实际，陆续出台《海丰县农村信用合作联社优质文明服务检查考核办法》《海丰县农村信用合作联社“服务创优工程”文明礼仪规范服务考核细则》《海丰县农村信用社客户投诉处理管理办法》等一批规章制度。四是加快推进网点布局建设。年内，为加快推进辖区形象落后的营业网点的服务功能升级改造，提升网点服务形象和服务质量，联社整合优化现有资源，按照全省统一装修标准，先后对辖区多个网点进行装修改造，积极推动现代综合型、专业型、功能性金融企业网点建设，不断增强综合发展实力。

2013年9月，为深入贯彻执行党的群众路线，提高社会公众金融素质、促进金融生态建设，海丰联社开展为期一个月的“金融知识普及月”活动

开展贷款特色营销　为及时解决县域经济中特定群体创业发展的融资问题，积极践行地方金融机构扶持“三农”及小微企业发展的社会责任，2013年，海丰联社持续加大信贷产品创新力度，不断扩大贷款营销领域。一是创新推出妇女创业贷款。根据上级有关文件精神和政策号召，积极探索解决海

丰县辖妇女群体创业就业资金缺口有效路径，制定出台了妇女小额担保贷款实施细则，明确细化了贷款对象、条件、流程等相关事项，鼓励推动符合条件的妇女群体创业就业。二是开办台风灾后复产专项贷款。台风灾后，海丰联社迅速筹措救灾复产专项资金3000万元用于解决灾后复产融资问题，并随后出台《海丰县农村信用合作联社信贷支持灾后复产工作方案》，全力支持受灾群众、企业的灾后复产重建工作，至2013年年末，全辖累计发放救灾复产贷款金额3413万元。

2013年10月，海丰联社组织相关业务人员前往海丰县科技园开展“送卡知识进厂进乡”宣传活动

2013年11月，海丰联社积极组织工作人员在县联社营业部门前开展关于金融IC卡推广的集中宣传活动，通过摆摊宣传、LED滚动屏、宣传折页、宣传横幅、解答客户咨询等方式，引导广大人民群众申领和使用金融IC卡，努力使金融IC卡推广工作真正惠及民生、服务百姓

加快发展中间业务　为积极拓展中间业务市场，进一步增强同业竞争力，近年来，海丰联社坚持“加快中间业务发展，加大收入结构调整”的方针，积极迎合创新消费市场各层次消费群体的金融产品，大力推进开办各类代理业务及新型金融服务产品，2013年，已开办网上银行、手机银行、电话银行、财付通、银联无卡支付、第三方存管、卡付宝、卡贷宝、网易宝和资金费用代收代扣等各类代理业务，进一步提升了农信特色服务品牌形象。至2013年年末，全县农村信用社累计发行珠江平安卡9.12万张，网银签约存量2560户，支付宝存量1570户，电话银行签约存量568户。

推进产权制度改革　为加快推进产权制度改革升级步伐，完善法人治理结构，提升服务“三农”和地方经济发展的综合能力，努力实现二次腾飞，为客户和投资者创造更大的价值和回报，拟在各级政府、监管部门和省联社的指导支持下，坚持政府扶持主导的原则，按照市场运作规则，着手引进战略投资合作伙伴，合作双方建立以资本为纽带的金融合作关系，不断补充壮大发展实力，激发发展潜力，争取在条件成熟时将海丰联社改制为产权明晰、治理完善、资本充足、内控严密、财务良好、服务高效的现代农村商业银行。

（倪素瑜）

附：2013年海丰县农村信用合作社联合社领导名录

理事长：叶心怀

主　任：罗烈长

保　险

【中国人民财产保险股份有限公司海丰支公司】　中国人民财产保险股份有限公司海丰支公司（下称“人保财险海丰支公司”）是中国人民财产保险股份有限公司的分支机构，直属中国人民财产保险股份有限公司汕尾分公司管理，属于国有控股公司。2013年，支公司有职工24人（其中正式员工12人，劳务派遣员工5人，销售人员7人）。公司内设综合部、销售一部、销售二部、销售三部，海丰营销部，可塘营销服务部。人保财险海丰支公司主要开办的险种有：企业财产保险综合险、基本险，普通家庭财产综合保险，个人贷款抵押房屋综合保险，政策性农村住房保险，机动车辆保险，火灾公众责任保险，短期人身意外险、团体意外险、学生意外险，雇主责任险，基本社保医疗补充保险等。

业务发展　2013年，人保财险海丰支公司实收保费收入约2700万元（含海丰营销部，下同），同比增长18%，其中车险保费收入2300万元，非车险保费收入400万元，实现利润40万元。由于台风“天兔”等自然灾害破坏力巨大影响了利润和赔付等项指标。全年赔款支出约2060万元，简单赔付率76%。被汕尾市分公司评为先进工作单位。发挥了金融国企维护社会经济稳定的应有作用。人保财险海丰支公司坚持保险业服务农业的职责，认真落实上级文件精神，按照县政府关于《海丰县政策性农房保险实施方案》的内容，为广大农村地区承保了全县各乡镇农户的住房，发展政策性农村住房保险业务。2013年的政策性农房保险业务在县委县政府的重视和大力支持下、在各乡镇（场）配合下，覆盖了90%以上的农户。2013年全县受灾报案受理334宗，赔款逾135万元。保障了农户生活和农事的开展，减轻了政府负担，为创造和谐社会尽了自己的力量。

中国人民保险公司海丰县支公司办公楼

内部建设　2013年，人保财险海丰支公司深入贯彻落实党的十八大及上级公司会议精神，按照“激活点、强化线、提升面”的工作思路，紧紧围绕“促发展、保效益、防风险”的工作基调，公司上下团结一致、同心同德、全力以赴、奋力拼搏谋发展、促发展，使各项业务持续稳定增长。

（吴贤圳）

附：2013年人保财险海丰支公司主要负责人名单

党支部书记、经理：邱仕荣
副经理：曾向仲　李小荣
营销部经理：许力声

【中国人寿保险股份有限公司海丰县支公司】　中国人寿保险股份有限公司海丰县支公司根据全保会议和省保会议精神，紧紧围绕省公司“改革创新 转型升级 价值先导 专业经营”的工作主题，团结拼搏，开拓进取，坚持以效益为中心，以提高公司核心竞争力为目标，狠抓基础建设，着力提升服务水平，切实防范经营风险，进一步巩固和扩大结构调整的成果，加快推动发展方式转变，促进了公司业务的持续、健康、快速发展。至2013年年末，总保费累计收入达1.07亿元，市场份额占比65.23%。全年支付满期及生存金领取等1516.5万元，全年支付理赔款384.32万元。累计缴纳营业税等128.7万元，为促进改革、稳定社会、保障经济发挥了积极作用。

业务发展　至年末，公司总保费收入达1.07亿元，同比增长5.9%，其中新单保费收入3029万元。其中：个险渠道完成1206万元，同比增长3%；银保渠道完成总保费1823万元，同比增长-18.9%；团险渠道完成短期险43.11万元，同比增长86.9%。海丰县支公司与各国有商业银行、邮政储蓄等建立代理关系，成立保险代理销售网点；通过大力发展意外险业务，使团险渠道得到长足的进步，打开了业务发展的局面，并为海丰县多家大型企业承保意外保障服务。

依法依规经营　公司学习贯彻《员工行为守则》《员工违规违纪处理暂行规定》和《反舞弊程序》、治本抓源头责任制等一系列工作，纪检监察部门加大监控力度和对违法违规案件的查处力度。在狠抓业务发展的同时，进一步强化经营管理，规范运作流程，加强内控制度建设、风险管理。全方位、多角度分析公司的经营风险，全面梳理公司经营管理过程中的控制点，通过内部控制体系的建设，发现控制弱项，促进公司建立健全内部控制制度，加强内部控制建设，规范公司业务流程，提高经营管理的规范化水平。另外，按照上级公司和人民银行的要求，做好反洗钱工作，认真学习反洗钱法律法规、监管规定、公司规章制度和文件，切实加强自查自纠工作，确保人员、时间、内容的落实，高质量地完成工作。

优化服务质量　在激烈的市场竞争中，海丰县支公司积极响应上级公司号召，强化服务质量。把满足客户需求作为一切展开的目标和中心，体现公司“成己为人、成人达己”的宗旨，更好地秉承“客户至上”的服务理念，切实解决客户的疑难问题。公司大力加强宣传力度，真正做到服务到家。每位员工都从自身做起，提高服务形象，树立公司良好形象，扩大了公司品牌的知名度。

内部建设　做好党建、工建和团建工作，加强党组织建设，发挥共产党员的先锋模范作用，加强先进性教育，以党建促发展，以先进促发展。加强工会建设，做好职工书屋和职工活动室建设，为广大干部员工提供学习、活动的平台。举办各种活动，丰富员工业余文化生活，增强公司凝聚力和向心力。面对公司新人较多，员工队伍年轻化的局面，公司十分注重团委建设工作，对团委成员进行重新选举，增加团委人数，充实团干部队伍。

（方武会）

附：2013年中国人寿保险股份有限公司海丰县支公司领导名录

总 经 理：张汉民

副总经理：谢再跃

交通运输

综　述

2013年，海丰县交通运输工作紧紧围绕县经济发展战略目标和交通发展目标，切实加快交通建设步伐，不断提高行政执法水平，进一步加强行业管理，圆满完成全年各项工作任务。

全年交通基础设施建设完成总投资1.25亿元，完成公路建设里程65千米、中小桥梁9座。至年末，全县公路通车里程达1615千米，公路密度达91.2千米/百平方千米。

2013年，全县交通运输生产持续、稳定发展，全年完成旅客运输量2617万人次，比2012年增长6.4%；族客周转量304207万人千米里，比2012年增长4.1%；完成货物运输量1250万吨，比2012年增长6.3%；完成货物周转量183388万吨公千米，比2012年增长3.7%；完成货物装卸量125万吨，比2012年增长9.6%。

交通设施建设

【厦深铁路建设】　厦深铁路海丰段全长48.3千米，途经大湖、赤坑、梅农、梅陇、后门、小漠、赤石、鹅埠8个镇（场），海丰县境内设后门客运中间站1个。2008年9月25日开工建设，至2013年12月底进行试运营。

【高速公路建设】　2013年，潮州至惠州高速公路（海丰段）已列入省高速公路网规划，属省规划“十二五”期间县县通高速公路的项目之一。该路段起于海陆两县交界的平东镇小坑村附近，经公平镇、城东镇、海城镇，止于赤石镇与惠东县交界处，主线长约54千米。拟设平东互通（预留）、海丰互通、海丰（西）互通、赤石互通共4座互通立交，从海丰（西）互通至G324线建设一条约6.5千米的一级路连接线；从赤石互通至G324线建设一条约16千米的二级路连接线（按一级路规划预留用地）。目前项目已在征地、拆迁及施工中，争取2016年建成通车。兴宁至汕尾、龙川至汕尾2条高速公路前期工作加快推进。

【一级公路建设】　2013年，珠（三角）（粤）东沿海快速通道、梅陇镇西环路、海丰县城莲花大道3条一级公路前期工作及施工进度在抓紧推进中。珠（三角）（粤）东沿海快速通道建设工程，市政府已明确由市公路局负责办理前期工作，已完成项目选址意见书和预工可，线路走向已现场察看和开会论证后形成意见报市，前期工作有序推进中；梅陇镇西环路建设工程经县人民政府常务会议研究决定，工程采用BT模式进行建设，项目已于10月开工建设，至年底已基本完成路基、桥涵工程，争取2014年年底建成通车；海丰县城莲花大道已完成工可及初步设计，前期工作在抓紧推进中。

【县乡公路建设】　至2013年年末，梅农后港溪大桥、赤石镇明热桥2个新开工项目已完成全部桩基础，工程在施工中；遮浪至大湖公路海丰段、县城北环公路已完工；X130线赤岸至跃进桥公路、联田至柴隔陂公路等续建项目工程建设步伐加快推进；城东至平东公路6座中小桥已完成4座、赤石经鹅埠至惠东吉隆公路5座小桥已全部完成建设；大湖至陆丰上英公路海丰段（含大湖大桥）已完成工程施工招投标工作；S335线海丰段路面改造、S335线（双墩）至陆丰西南公路海丰段、X126线黄羌至平东公路（含支线）已完成工程施工清单预算审核，即将开展招投标工作；小漠东旺至鹅埠深汕产业园区公路已完成施工图设计评审；小漠镇南方澳桥、圆墩大桥等项目已完成立项，争取2014年开工建设。另外，还有一批项目已完成工可，作为储备项目。

【通村公路建设】 海丰县于2008年年底实现全县所有行政村公路硬底化。2013年，通村公路硬底化完成51千米。

【港口码头建设】 ①汕尾运通达石化发展有限公司鲘门油库码头，于1994年7月建成1座1000吨位码头，码头靠泊吨位1000吨，共投入资金1760万元；②海丰小漠华城石化基地码头配套工程，已完成3000吨级石化码头1座，单项投资3500万元，2011年8月批准试运行。2011年年底又着手拟建设5万吨级码头1座、3000吨级泊位码头3座，估算工程总投资为33396万元。③海丰华润电厂5万吨级码头，配3000吨级码头泊位，计划总投资5亿元，2011年年底已完成规划。至2013年年底，工程按计划正在进行中。

客货运输

【城镇旅客运输】 2013年，海丰县有旅客运输企业12家，其中班车旅客运输公司9家（二级企业1家、三级企业2家、四级以下企业5家，旅游运输企业1家）、小汽车出租运输企业3家、公共交通运输公司2家。拥有客运车辆563辆，其中年度更新客运车辆38辆、新增客运车辆11辆，总座位14298个。其中班线客车335辆、出租小客车150辆、公交车67辆，旅游车10辆。开通客运班线33条，其中市际10条、县际10条、县内13条。

【市际、县际班车客运】 海丰县有班车旅客运输企业9家。2013年，开通广州、深圳、珠海、佛山、惠州、梅州、河源、东莞、汕头、揭阳等市际客运班线10条，投放车辆188辆，8231座位，日平均312班次，年客运量522.35万人次。开通海城至陆丰、陆河、碣石、马宫、遮浪、红海湾、捷胜、汕尾，可塘至汕尾、陶河至汕尾、大湖至汕尾等市内跨县客运班线11条，投放车辆58辆，1531座位，日平均232班次，年客运量237.1万人次。旅游包车10辆，420座位，年游客运量26.82万人次。

【农村客运】 2013年，全县农村客运投入89辆，2517个座位，开通11条客运线路。投放各客运线路车辆：海城至公平14辆，海城至平东2辆，海城至黄羌（含黄羌林场）2辆，海城至赤坑17辆，海城至大湖2辆，海城至可塘6辆，海城至陶河8辆，海城至梅陇12辆，海城至鲘门6辆，海城至赤石3辆，海城至小漠2辆，海城至鹅埠14辆，海城至梅陇农场7辆。日平均总发班量668班次，年客运量678万人次。

【公交运输】 全县有公共汽车运输公司2家，原有公交车53辆。为适应县城区域扩大和群众出行方便的需要，2013年新投放公交车4辆，合计公交车数67辆，1269座位，运行里程140千米，年客运量684万人次。

【出租车运输】 海丰县润达、骏通、安达3家小汽车出租运输公司成立于2002年，汕尾市交通局批准出租车投放额度为：润达公司50辆，骏通公司50辆，安达公司50辆，共150辆。主要服务海丰县城城乡出租客运。2008年3月开始，各公司相继更新了车辆。2013年，年客运量367.5万人次。

【客运站】 2013年，全县有客运站19个，其中一级客运站1个、二级客运站1个、三级客运站1个、简易客运站8个、客运招呼站8个，客运候车亭347个。日平均发班次1308班，年旅客发送量2218万人次。

【货物运输】 2013年，全县各类普通货物运输车辆2262辆，总吨位8190吨。其中：大型货车601辆，6046吨位；中型货车156辆，496吨位；小型货车1505辆，1648吨位。年货运量1250万吨，货物周转量183388万吨千米。年内，海丰县物流业持续发展，全县有货物运输代理站点29个，自用货车61辆，356吨位，主要从事货物零担货运、货运代理等业务，年货物托运量31万吨。

【驾驶员培训】 2013年，全县有驾驶员培训学校12家、教练车310辆、教职人员360人。培训场地7.9万平方米。全年开办培训60期，培训驾驶员2800人。

【机动车维修】 全县有机动车维修企业286家，其中汽车修理厂：一类厂2家，二类厂24家，三类厂155家。摩托车维修业户105家。主要服务全县机动车辆修理、保养，年汽车维修、保养量3.01万辆次。

【渡口渡运】 全县原县政府批准设立联田、甲下、新东、埔陇、马宫5个渡口。2011年，联田渡口撤渡改桥，保留其他4个渡口。2013年有机动钢质10客位渡船4艘，总动力26.54千瓦，承载吨位5.6吨。主要服务渡口周边群众生产、生活运输，年渡运量9.8万人次。

交通管理

【交通体制改革】 2011年机构改革后，海丰县交通局组建为海丰县交通运输局，正科级行政建制，内设人秘股、政策法规股、规划基建股、财务审计股、综合运输股、安全监督股（加挂海丰县交通安全委员会办公室、应急办公室牌子）6个职能股室，另设海丰县交通运输局综合行政执法局为海丰县交通运输局直属正股级行政机构，海丰县交通战备办公室为挂靠海丰县交通运输局正股级行政机构。2011年年底，根据中共海丰县委《海丰县事业单位分类改革实施方案》（海委〔2011〕52号）精神，海丰县交通运输局上报了所属事业单位分类改革方案，要求保留县交通管理总站和海城、附城、公平、可塘、赤坑、梅陇、鹅埠交通管理所8个运管机构，组建驻县客运总站、南湖客运站、云岭客运站3个交通管理所，撤销局货运管理站。保留和组建的11个运输管理机构要求按行政类股级事业单位定位，人员编制179名；海丰县地方公路管理站要求按行政类副科级事业单位定位，人员编制106名，事业单位分类改革方案有待县机构编制部门批复。

【运输市场管理】 2013年，海丰县交通运输局针对运输市场发展形势，以促进运输行业稳定发展为目标，大力推进全县交通运输市场持续有序发展。一是全面落实行业管理责任制，把监管任务按行业、按辖区落实到职能股、站、所和责任人；二是落实常态管理工作措施，实施对运输市场的有效监管；三是深化运输行业整顿，持续开展以客运、出租车、公交车企业为重点的经营行为专项整治行动，特别是针对出租车行业出现经营矛盾，存在不安定因素的实际，组织开展专项整治，加强守法经营教育，落实维稳措施，进一步规范经营秩序；四是健全运输市场准入制度，规范行政许可电子审批程序，把好运输市场准入关，全年共审批交通运输项目行政许可509件，无出现行政复议、诉讼个案；五是实施质量信誉考核制度，全面提高企业经营资质和信誉度；六是加大技术改革力度，鼓励和支持发展节能型、高端型运输车辆，实现行业节能减排目标；七是大力拓展运输市场，开展企业优化组合、联营，壮大经营规模，进一步增强运输市场竞争能力；八是落实农村客运服务均等化的要求，完善公共服务设施配套，延伸客运线路，提高农村客运覆盖率，优化服务质量，为城乡经济建设提供强有力的交通运输保障。

【交通运输行政执法】 2013年，交通运输综合行政执法工作以“万众评股室”活动为契机，按照“预防为主、事前防范、事后查处相结合”的方针，结合全县重要领域综合执法工作目标和要求，严格依法行政，针对突出问题特别是蓝牌车及小四轮载客现象，采取固定蹲点执法与流动巡查相结合的方式，狠抓运输市场整治。全年共出动执法人员4080人次，执法车辆885辆次，查处交通运输违法违章车辆333宗，行政处罚62.9万元，调查办理公路部门移交案件19宗，查处货运站违章经营1家，有力地保护了运输经营者的合法权益，净化了海丰县运输市场秩序，有效保障了公路的完好、安全、畅通。

【交通工程质量管理】 为抓好交通工程质量管理，县交通运输局主要工作：一是应招投标的项目坚决按工程建设招投标规定执行，不需招投标的项目严格选择有资质的专业队伍，并要求其按所承包的工程量配备工程技术人员和一定数量的熟练工人，按《公路施工规范》施工；二是由交通、公路部门派出工程质监人员亲临各工地指导和跟班作业，定地段包任务，定人员包质量，发现工程质量问题立即责令返工纠正；三是县、镇、村三级层层建立质量责任制，采取定期与经常性监督检查相结合的办法，形成建设、施工、监理互相制约、互相监督、互相协调的质量监督机制，从而保证了公路建设工程质量。

【地方公路管养】 海丰县地方公路管理站是负责全县地方公路建设、养护、管理的单位，副科级事业建制，2013年年底，干部职工总人数139人，其中在职72人，离退休67人。全县地方公路养护里程

1523.097千米，其中：县道118.572千米，乡（镇）道1138.922千米，村道265.603千米。养护人员87人，其中专业人员52人、临时人员35人。2013年，海丰县地方公路管理站坚持做到落实责任到位、养护措施到位、整治改造到位、监督检查到位，改造地方公路危桥6座，改造危险路段34千米，整治水毁路段20千米，改造县道标志牌46座，更换、补充示警桩450支，划标线3580米，全年累计投入养护、改造资金320万元。全县地方公路养护质量良好，年末好路率达95%以上。

【交通行业安全生产管理】 2013年，全县交通行业发生1宗死亡1人的道路交通责任事故。在行业安全生产管理方面，县交通运输局主要开展：一是全面实施安全生产“一岗双责”（行政管理和安全管理同一岗位）制度，建立以企业为责任主体、职能部门认真履行监管职责的安全生产责任机制，逐级签订安全生产责任书240份。二是切实把好车辆安全技术关、驾驶员从业资格关和客运站场安全监管关。落实车辆安检和GPS监控措施，客车卫星监控率达100%。强化营运驾驶员安全教育和聘用报备制度，开展管理人员和司乘人员16小时脱产安全培训，培训人员912人，培训率98%以上。落实客运站（场）安全监管制度，切实把好源头管理关。三是持续开展行业安全隐患排查治理专项行动，全局共出动检查人员2685人次，受检企业817个，累计打击非法违法、治理纠正违规规章行为402起，排查客货运企业、维修企业、驾培机构共73家，站场6个，乡镇渡口4个，港口码头2个，公路危桥险段3处，排查出安全隐患14起，对发现的各类隐患，明确责任，落实专人，采取切实有效的措施，限期逐一进行整改。四是落实常态管理和安全生产预测、预警制度，加大安全资金投入，夯实行业安全基础。五是实施安全生产管理年度考核制度，健全运输市场“准入”和“退出”机制，促进全行业安全有序发展。

（陈　川）

附：2013年海丰县交通运输局领导名录

局　长：黄坚如（4月起任）

副局长：卓学锡　林建城　周宇航

2013年海丰县地方公路管理站领导名录

站　长：庄成家

国道、省道建设与管养

【概况】 海丰县公路局为汕尾市公路局属下正科级事业单位，负责对县境内G324线、S241线、S242线、S335线共140.377千米公路的规划、建设、养护和管理工作。2013年，在职干部职工共135名。年内，紧紧围绕市局的中心工作和县委、县政府的战略部署，切实采取有效措施，强化管理，狠抓落实，公路的建、养、管和精神文明建设均取得较好成效。

【国道、省道建设】 2013年，完成投资1608.94万元的县城北环公路排洪沟建设工程项目建设。投资1.06亿元的梅陇西环路首期5.281千米一级公路建设工程项目完成69%的征地和地上物登记，完成工作量1030万元。工程总估算约4.3亿元的莲花大道10.3千米一级公路建设工程项目已成立管理机构，工程可行性报告已经报市交通运输局批复，前期各项评估报告已基本完成，已组件上报县发改局立项。

【国道、省道养护】 2013年，投入资金192.8万元，完成G324线安保工程（第一、二期）钢护栏2642.5米、砼护栏1351.5米、砼桥涵护栏218.5米；投入资金886.08万元，完成G324线海丰段灾害防治工程（第二、三期）66.925千米；完成了S242线鹤田桥加固工程、S241线可塘镇内路段路面破碎板修复工程、S242线西坑路段K139+652盖板涵修复工程、S242线西坑路段小杨桥（K140+574）水毁重建工程、S242线西坑路段庵前桥重建工程，做好S241线K4+473涵洞改建工程、G324线南山立交桥安全围护工作和强台风“尤特”“天兔”灾后复产及灾害痕迹的消除工作；开展沥青灌缝21.6千米，沥青碎石修补路面坑槽1100平方米、修补路面破碎板150平方米，水泥稳定石屑修补路面坑槽及路肩450平方米，石砌水沟及挡土墙350立方米，清理桥涵81座；加强公路巡查和汛期公路、桥涵的监控，落实定人定桥涵观测制度，及时清理公路上的障碍物和排除安全隐患，详细做好巡查和排障记录；加强对公路绿化的管理工作，补种大红花1.55万株、路树850株；制订、修改和完善了一套考评养护工作完成情况的实施细则和核发工资的考评制度，各管养站按养护工作的相关规范和职责做好公路日常养护工作，相关股室加强对养护工作的日常检查和管理、监督、指导，严格落实考评制度，促进公路养护工作向常态化和规范化推进。2013年，国省道年平均好路率90.7%，国省道年末好路率94%，国省道优等路里程42千米。

【路政管理】 路政管理股坚持每月上路巡查24天以上，累计巡查天数264天，累计巡查人数1704人次，累计巡查里程达20260千米；在G324线海丰县城穿城路段设置20座“图文结合、形式新颖”的新型路政宣传牌，在县广播电视台反复播放公路宣传标语，出动路政宣传车上路巡回宣传80车次，累计宣传里程2800千米；依法制止和处理各种违法案件125宗、纠正违法行为108宗、告知交通综合行政执法局处理重大案件17宗、运载砂土石车辆污染公路45宗；协助养护部门清理各类障碍物40处，清理乱摆卖50处；依法办理路政许可事项6宗，收取占用利用公路路产补偿费86220元；依法收取损坏公路路产赔偿费26宗24万元，索赔率为100%；积极协助市局做好赤雁大桥左桥改建期间右桥的车辆疏导工作和管线设施迁移工作，协助县城北环公路建设工程和梅陇西环路建设工程做好公路路产协管工作、管线迁移协调工作和施工路段的交通维护工作。同时，为减少赤雁大桥左桥改建期间右桥的通行压力，在G324线陆丰交界和后门高速公路交叉口路段的公路龙门架上设置了赤雁大桥限重指示牌和路政宣传牌，提示过往司机提前做好绕行准备。

（陈小明）

附：2013年海丰县公路局领导名录

局　长：黄春到

副局长：黄汉常　成如武　陈楚敏

邮政·电信

邮政业

【概况】 2013年是海丰邮政转型发展的提升年。县邮政局以加快企业转型发展为目标，认真落实县委县政府和市局的工作部署及要求，强化经营管理，加大营销力度，深挖市场潜力，千方百计加快业务发展，提升网点经营成效，力促海丰邮政持续健康和谐快速发展。在国家对市场经济的宏观调控政策和互联网金额发展的冲击以及本地区部分行业经营不景气等因素的影响，代理金额余额的发展比往年更加艰难的情况下，采取有效措施，积极应对，各项工作仍取得了较好的成绩。最大经营亮点呈现在“一高、二快、三显著”：一高：业务收入创历史新高。全年全县实现业务收入3866万元，创下历史新高，超额完成44万元，较上年增加业务收入473万元，圆满完成市局下达业务收入任务3822万元的101.2%，同比增长13.9%，增幅居全市、省前茅。二快：代理金融业务稳步发展快、电子邮政收入增长快。2012年全县邮政代理网点余额连续突破16亿元、17亿元大关，至年底余额达到17.27亿元，比年初新增余额2.3亿元，占全市新增余额的41.9%，活期占比达53.5%。新增保费1268万元，占全市新增保费的33.8%；新增银信通28492户，同比增长3589户，完成市局下达计划任务的104.8%，完成进度和新增户数总量在全市均排名第一。全年电子邮政收入完成256.1万元，同比增长高达24.8%，成为海丰邮政的第二大业务收入。三显著：网点整治后新增余额与贡献率显著、高效亿元网点余额规模显著、四年余额增长显著。全局已整治并投入使用的11个网点，全年新增余额1.9亿元，贡献率达82%。1亿元网点不断增加。新添海城、梅陇、名园和可塘4个1亿元网点。自2012年新增公平2亿元网点，城东、城北、南湖3个1亿元网点，至2013年仅两年时间亿元网点总数达8个。8个1亿元网点的余额合计达13亿元，占全局19个网点余额的75%。这是海丰邮政近几年全力实施“网点整治和转型、加快余额发展、打造高效亿元网点”战略所取得的显著成效。2010～2013年是海丰邮政局余额快速增长的4年，共整治11个网点，取得显著成效，4年拉动全县邮储余额分别净增2.31亿元、2.3亿元、2.92亿元、2.3亿元，共计净增余额9.82亿元，4年时间在2007年邮银成立时全县代理网点余额规模5.7亿元的基础上增长172%。

【发展代理金融业务】 2013年，大力推进“银行化战略”，加快代理金融业务发展。在重点抓好储蓄余额发展、做强做大余额规模的同时，着力发展好代理保险、电子银行、银信通等业务，确保代理金融业务持续稳步健康发展。一是认真组织代理金融“跨年度开门红”“夏季更红”“差异化发展促产能”“跨越一三·制胜一四”等主题劳动竞赛活动。二是积极推进网点销售化转型。根据市局的相关要求配备了专职的转型督导员，加强对全县10个转型网点的督导。三是大力推进网点整治。至年底，已完成全面整治的金融网点有11个，正在进行整治有1个，整治网点占比为63%；全县邮政ATM及一体化机达30部（其中：一体化机7部），较好地提升了邮政企业的整体形象和服务水平。四是继续推进一点一策的实施。五是突出发展电子银行业务。从第二季度起加强了个人网银和手机银行的考核，出台《关于加强手机银行及个人网银业务发展与考核的方案》，以此来推动和促进电子银行业务的发展。二季度电子银行业务取得长足发展，两项业务首次完成市局下达的任务指标，第二季度个人网银新增3962户，完成市局下达目标的132%；手机银行新增3368户，完成任务的102%。六是上下联动、挂靠帮扶。县局部室职能人员做好与挂钩网点的上下联动和帮扶工作，5～6月份部室职能人员共发展余额1000多万元。七是加强对网点负责人的考核。八是切实推动代理保险业务和银信通业务发展。上述举措，使代理金融业务发展呈现“百花齐放争鲜艳”的局面。至年底，全局19个网点，邮储余额突破1000万元大关的网点有14个，次数达27次。公平、城东、梅陇和名园4个网点余额发展最为突出，均实现“三级跳”：公平连续突破2.2亿元、2.3亿元、2.4亿元大关；城东连续突破1.1亿元、1.2亿元、1.3亿元大关；梅陇连续突破1亿元、1.1亿元、1.2亿元大关；名园实现“三级跳”、连续突破9000万元、1亿元、1.1亿元大关。海城、可塘、联河等3个网点余额发展均实现“两级跳”：海城连续突破1亿元、1.1亿元大关；可塘连续突破9000万元、1亿元大关；联河连续突破6000万元、7000万元大关。净增余额较快的达3000万元以上的网点有1个：城东3229万元；达2000万元以上的网点有4个：公平2754万元、梅陇2648万元、名园2514万元和可塘2214万元；达1000万元以上的网点有4个：海城1702万元、联河1151万元、城北1093万元、后门1051万元。年末县邮政代理储蓄余额达17.27亿元，创历史新高。6月3日、10月9日代理储蓄余额分别首破16亿元、17亿元大关。全年完成代理邮储收入3001.8万元，占年计划的102.4%，同比增长17.4%。保险业务平稳发展，全年新增保费1268.4万元。银信通业务快速发展，全年净增2.85万户，总户数达10万户，同比增长14%，完成收入240万元，实现了新的突破。

【邮务类业务转型】 一是大力发展电商小包业务。自3月底开办电商小包业务后，共签订30户协议客户。2013年共揽收电商小包9825件，实现创收7.9万元。二是全力抓好2013年度新邮预订工作，成功预订年册1200多套，套票131套，大版11套，小版78套，实现创收30.1万元。三是开发2013年度邮政贺卡业务，实现创收30.8万元。开发定制客户29户，创收约15.2万元，营销零售贺卡2.2万枚约12.1万元，销售前台回音卡（普卡）1.7万枚3.1万元，小批量贺卡10单，共实现创收30.7万元。四是大力开发邮资封片卡业务及DM广告业务。开发钟敬文邮资封2000枚、交警邮资封2万枚、社保局邮资封2000枚，共实现创收3.8万元。成功开发DM广告5单，创收1万元。五是开展2013年“集邮文化荟”营销活动，实现创收56.8万元。开展集邮专项邮品盘活，创收72.78万元。2012年完成集邮收入127.1万元，完成函件收入55.6万元，较好稳住了邮务类业务市场。稳步发展报刊业务。全县2013年度报刊收订完成流转额369万元，同比增长2.2%，同时完成全省标杆县报刊收订的任务。全年完成报刊收入135.3万元，占年计划的117.2%，同比增长7.8%。机要通信实现通信质量全红。

【推进邮政管控】 一是加强经营管控。为进一步强化营业厅现场管理，提升网点服务质量和经营成效，修改和完善《海丰县邮政支局长“坐班制”管理办法》，并加强执行。将市局汇编成册的《汕尾市邮政局文件制度摘编》下发给每位员工，并组织学习考试，让每一位员工了解和掌握企业经营发展目标和制度，并自觉执行制度，充分调动员工发展业务的积极性。二是加强财务管控。根据市局有关财务管理规定，切实加强财务管控。以“有保有压、有促有控”为原则，全面落实财务报账和费用支出预算审批制度，加强各单位成本费用管控。加强对各支局所的损益分析和监控，提前预警并加强管控。特别是厉行节约，坚决贯彻落实中央“八项规定”，认真领会习近平总书记关于厉行勤俭节约、反对铺张浪费的重要批示，把思想和行动统一到“八项规定”上来。通过精简会议活动和文件，尽量减少会议，启用OA办公系统，实现无纸化发文，提高会议实效和办文效率；着重强化对接待费、会议费、差旅费等五项费用的监控和管理；尤其是严格控制接待费开支，严格执行公车使用的有关规定，较大地减少了各项费用开支。据统计，全年业务宣传费、办公费、会议费、运输费和业务接待费同比2012年，分别下降59.9%、39.2%、30.9%、18.8%和8.7%。三是强化人力资源管控。严格成本费用的定员管理，进一步严控用工数量，加强经营绩效考核。根据市局《2013年汕尾邮政工资总额及劳务性支出使用管理和工效挂钩办法》《2013年度汕尾邮政经营绩效考核办法》，不断强化人工成本的效益引导作用。按照《汕尾市邮政企业代理金融机构关键岗位人员岗位轮换和强制休假暂行办法》的管理规定，对达到轮岗年限的26名营业员进行岗位轮换，以防范资金案件的发生。四是加强安全管控。严格执行《汕尾邮政安全管理考核办法》，明确责任，使得安全管理工作有章可循。与各支局、各生产班组全体人员，层层签订了“安全生产、消防安全、治安保卫”等各项责任书。加强安防达标建设。做好网点的安全设施的维护工作。加强合规押钞。加强安全检查保卫工作。严把邮件收寄验视关，确保了“亚欧博览会”期间邮政各项安全管理工作万无一失。强化代理金融风险管控，防范金融案件发生。加强组织检查和下基层督办案件防控工作。抓好“6+2”案防机制的落实，推进案防激励考核，落实案防责任，强化发现问题的整改，确保了邮政金融资金安全管理制度的落实。全年海丰邮政未发生一起资金案件和人身安全事故，为构建和谐企业、打造平安企业做出积极贡献。9月22日强台风“天兔”正面袭击海丰，根据市局和县委、县政府及县三防办的统一部署，指挥全体员工迅速应对，积极做好防范超强台风的措施和灾后抗灾自救工作，确保员工人身安全、企业资金安全和邮件安全，减少和降低了台风对通信生产造成的灾害损失。五是加强服务质量管控。在按规定做好日常检查的同时，开展各专业专项检查，确保质量、安全，提高服务水平。做好用户投诉处理和分析，改进服务中存在的问题等，使用户满意，维护邮政企业信誉。积极响应市邮政管理局的部署和要求，分自查自纠、复查整改和总结提高三个阶段认真开展了邮政行业服务质量专项整治活动。开展了一系列针对网点存在服务质量问题的整治工作，多措并举抓好自查自纠、边查边纠、复查整改，进一步提高网点人员诚信和规范服务意识，防止违规作业行为，提升了邮政服务质量和水平。海丰邮政作为汕尾邮政系统唯一的一个邮政企业受到了汕尾邮政管理局表彰，被授予“汕尾市提升邮政行业服务质量专项整治活动先进单位”荣誉称号。六是加强网络建设。配合省公司、市局完成全县各网点系统软件的升级和做好邮政储蓄逻辑大集中系统切换上线工作。8～9月，局领导带领全体员工面对复杂、庞大的上线工程，顶住业务工作紧张、时间紧迫等方面的压力，凭借务实的工作作风，积极配合，团结协作，认真做好逻辑大集中系统上线工程，共进行10个晚上1357人次共5轮的业务测试演练。经过两个多月不懈努力，10月13日取得上线圆满成功。

【邮政队伍建设】　一是加强党员干部党性教育。开展庆祝建党92周年主题活动，温暖关爱离退休老党员。6月25日，局党总支组织慰问小组对30多位离退休老党员进行上门看望慰问，把党组织的温暖与关爱送到离退休老党员身边。接受红色教育、提升党性意识。6月28日，局党总支组织部分总支成员、各支部书记、支部委员、党小组长、党员代表及入党积极分子等36人到位于惠东县高潭镇中洞村、在东江革命历史上被称为“东江红都”的中共东江特委、东江革命委员会、红二师师部的旧址，接受红色教育，进一步增强了党员的党性意识，提高了其责任感和使命感。二是加强作风建设和党风廉政建设，严格落实中央“八项规定”、制定并落实整治“庸懒散奢”等不良风气切实改进作作风的实施方案、深化党风廉政学习教育活动等，促进党风廉政制度体系建设进一步深化。三是积极响应县委、县政府的要求开展“万众评股室”活动，制定下发《海丰县邮政局开展“万众评股室”活动工作方案》，认真执行中央关于改进工作作风，密切联系群众的八项规定，紧紧围绕县“政务环境建设年”活动要求，着力解决邮政局政务和服务环境中存在的突出问题，推进依法行政、规范行政行为，改进服务意识，提高行政效能，营造良好的政务和服务环境。四是关爱员工，努力为员工排忧解难。全年为84名台风受灾员工发放受灾补助金13.8万元；慰问困难职工58人次，发放困难补助金约2.16万元。发扬“一方有难、八方支援”的中华传统美德，为四川雅安地震灾区捐款1.57万元，为小漠邮政所投递员张隆之妻治疗重病捐款数达2.5万元，为陆河局患病职工彭梦玲捐款1万多元。五是认真做好扶贫开发“规划到户、责任到人”工作。自2009年底开始开展“双到”工作，按县委、县政府的要求，加强领导，落实责任，较好落实了扶贫开发“双到”的各项工作任务，并取得明显成效。2013年海丰邮政局被市委、市政府授予“汕尾市扶贫开发‘规划到户、责任到人’工作优秀单位”光荣称号。

（杜少明）

附：2013年海丰县邮政局领导名录

局　长：陈小刚

副局长：陈炳霖（任至10月）

余广海（11月起任）

电信与信息化

【概况】　2013年，中国电信海丰分公司坚持以科学发展观统领企业经营，奋力开拓市场，全力服务地方信息化，推进“一去二化”战略转型，经营班子和各级经理人员靠前指挥，全体员工积极参与会战；企业各项工作迈上新台阶，实现了国有资产的保值增值。年内，海丰分公司获得全市“春季战役”一等奖；省公司2013年天翼手机产交易会促销劳动竞赛“争先奖”；移动业务用户净增量全市排名第一。

【加速推进信息化建设】 2013年，中国电信海丰分公司投放大量资源，与地方党政精诚协作，为海丰信息化建设付出不懈努力。大力推广行业应用，ICT增值业务取得重大突破。通过集中资源攻关并取得县政府和相关部门的大力支持，党政OA系统项目和66个OA系统接入单位租用专线并建成投产；成功签约并完成县公安局四级网升级项目；成功签约网上办事大厅项目；定点引爆县邮政局、供电局、百仕盾、老区人民医院、县政府宿舍、富之城大酒店和后门高速公路服务区等客户整体转网。年内，大力发展天翼税通，移动OA办公系统；海丰中职、光明职校、仁荣中学等校园秋季营销活动拉动3G智能手机放号3400多户，翼机通、翼校通、天翼学生证等校园信息论应用近1万户。有效拉动增值信息业务收入。满足社会对新型通信服务的需求。

【移动3G业务规模发展】 2013年，海丰分公司紧紧围绕移动3G规模发展的中心工作任务和营销策略，强化营销组织和挂钩考核，集中力量打响业务发展攻坚战。一是劳动竞赛有效促进规模发展。通过市、县两级组织一系列劳动竞赛活动，各级经理人员靠前指挥，广大员工齐心协力、突击冲刺，掀起声势浩大的业务发展高潮，形成你追我赶、勇于争先的竞赛热潮，县分公司在“春季战役”劳动竞赛中，实现开门红，县分公司获得全市一等奖。二是扫场促销突击行动有效拉动业务上量。以大范围、多频次的扫场促销活动作为业务上量的主要手段，通过精心计划、组建多支流动促销队伍、灵活调整扫场目标、落实支撑督导，紧抓黄金时间窗口开展“5·17”世界电信日、“6·16”天翼3G交易会、“7·15”入门智能促销、“8·14”特惠行动和天翼3G手机节等一系列专项营销活动，大力实施终端引领的集约化营销模式，智能3G占比稳步提升。组建流动营销队、驻场网营销队、海城营销队、社会渠道班等多支扫场团队开展无边界促销活动，全年组织自有渠道开展自主融合套餐、固话包月套餐扫场促销活动近100场次，借力云卡促销竞赛，联合社会渠道代理商开展天翼礼包扫场促销活动近150场次。三是积极应对其他运营商宽带竞争，力推光网城市建设，适时启动“争市场保份额”宽带规模发展攻坚战，集全司之力引爆宽带资源需求，前后端协同开展FTTH限时平移活动，推进宽带特别是光纤宽带迅速上量。

【电信企业管理和改革】 中国电信海丰分公司持续强化网络运营，2013年投入大量资金用于通信网络升级改造，通信网络质量全面提升。严密部署，完善应急预案，狠抓网络和信息安全，全力以赴圆满完成大运会通信保障任务。加强制度、绩效和内控管理，落实节能减排措施，加强员工教育培训，使营销能力和技术业务水平不断提高。组织动员员工参加电大（或网络学院）在职本专科再继续教育，提高员工学历教育层次。加强护线工作，盗窃破坏通信设施发案数和经济损失均大幅下降，企业全年安全生产保持平稳态势。积极开展扶贫济困爱心捐款活动，组织干部到鹅埠下北村挂钩点慰问和帮助脱贫。认真落实员工“三关”措施，全面执行员工年休假制度，深入开展送温暖、员工生日慰问、关怀困难员工等活动。强化思想政治工作，高度重视企业维稳，采取多种措施将不稳定因素解决在萌芽状态，全年实现零上访。实施岗位等级晋升，鼓舞和激励员工士气，经过笔试、演讲答辩、民主测评等环节，以注重实绩、择优选拔为原则，符合条件员工通过公平公正的竞争获得岗位等级晋升，有效激励优秀员工再接再厉，为企业跨越发展做出更大的贡献。

【抗灾救灾复产】 2013年9月22日晚第19号强台风“天兔”给公司通信设施和房屋建筑造成严重破坏，全县通信电缆线路累计断杆、倒杆、斜杆5000多根，受损电缆18760线寻千米，直接经济损失750万元；通信设施和房屋建筑损失400多万元。面对前所未有的挑战和困难，海丰电信迅速成立救灾复产工作组织机构，组建抢修队伍，集全公司之力投入救灾复产工作；在省电信工程公司和多支外援抢险救灾队伍和大力支持和帮助下，三天内全面恢复党政军和重要政企客户通信，一周内恢复90用户服务通信，三个月内全面恢复受损通信工程设施。

【营销机制创新】 2013年，中国电信海丰分公司始终坚持以持续创新推动企业的运营管理工作，既立足当前，又着眼长远，不断将改革创新引向深入。持续优化营销渠道，深入推进“划小”工作，对15个农村营销中心实行经营承包责任制；实行政企渠道、社会渠道、公客直销渠道和装维线划小承包；海城三级营业厅民营化；初步建立责权利统一、员工个人收入增长与企业价值同步增长的市场化激励机制。按照全业务运营的新要求，坚持以聚焦客户为导向，结合实际，圆满完成了全业务运营组织机构调整，有效提升企业运营效率。深入推进学习型企业创建，以“读书·思考·进步”为支撑点，组织开展读书和心得交流活动，提升员工素质。

【电信内部建设】 2013年，海丰分公司以先进性为要求，学习贯彻党的十八大精神，扎实推进企业党建工作，深入开展党的群众路线教育活动，认真落实经理人员述职述廉、效能监察和惩防体系建设，强化源头监督，坚持依法运营，制定《中国电信海丰分公司实行党务公开实施方案》和《中国电信海丰分公司贯彻落实“三重一大”决策制度实施细则》，开展纪律教育学习月和“创先争优”活动，强化了党风廉政建设。坚决贯彻“三重一大”集体决策制度和采购廉洁承诺。针对关键环节和高风险事项实施专项审计，持续开展内控评估，加强风险管控。扎实开展“三创建三促进”以及“树立好作风、提升执行力、万众评公务”活动，成效显著。广泛开展群众性岗位练兵和技术创新活动，深入开展企业文化宣贯，得到省市公司评估组好评。

（陈楚文）

附：2013年中国电信海丰分公司领导名录

总 经 理：陈胜贤

副总经理：孙泽明　林小群　姚宇健

移动通信

【概况】 2013年，中国移动通信集团广东有限公司海丰分公司（以下简称“中国移动海丰分公司”）在海丰县委县政府的正确领导下，围绕省公司“价值突破”运营总纲，深入落实市公司“六个强化”工作思路，转型升级，再造优势，开创企业发展新局面。至年末，公司累计完成运营收入约3.3亿元，为地方创税约1131万元。移动用户数约52万户，市场占有率达74.57%。全县共建立基站510个，4G网络建成并投入使用，为取得网络优势打下坚实基础。分公司自建服营厅10个、自建他营厅3个、全县社会渠道网点共520个。员工总人数133人。

【市场运营稳健】 2013年，中国移动海丰分公司转变市场竞争观念，深化市场价值运营，关注净增发展，关注客户价值，努力实现企业发展创新突破。开展大市场与集团客户特色营销活动，加大优惠力度回馈新老客户，赢取客户规模。强化宣传，以终端销售为突破口，推广流量业务，不断深化流量经营。重视全业务发展，大力拓展家庭宽带、集团专线、校讯通等业务，努力为企业创收增收。落实渠道创新转型，推进新型服营厅购机中心建设，引导社会渠道转型发展，不断适应市场发展步伐。结合“心服务，新价值”服务承诺，开展“万众评股室”活动，广泛收集客户意见及建议，提高公司服务水平与质量。

2013年，强台风“天兔”过后，中国移动海丰分公司积极组织基站抢修工作

【网络协同发展】 深入落实网络发展协同机制，不断改善网络质量，提升网络覆盖。加强属地管理，开展网络维护大检查，夯实网络管理基础。开展网络十大弱势区域改善与网络黑点整治工作，协助排除私装放大器网络干扰等问题，积极处理网络投诉，落实网络保障工作，提升网络质量。大力推进基站建设，克服基站“辐射”不良舆论，多渠道解决基站维稳、协调、续租问题，配合相关部门重

新规划，确保基站建设顺利进行。

【企业管理提升】 2013年，不断强化企业综合管理，持续提升管理效能。重视安全生产，建立联合检查制度，开展安全生产检查工作，深入整改安全隐患，确保企业安全运营。深化低成本高效运营，开展“降本增效”活动，促进企业节约管理成本。深入推进班组建设，开展班组团队日活动，活跃员工，提升员工的工作热情，增强团队凝聚力与战斗力。落实员工关怀举措，开展“向着幸福出发……”员工关怀主题活动，提升员工满意度与幸福感。加强队伍作风建设，深入开展“四倡四忌”活动，查找并整治“庸、懒、奢、散”现象，倡导员工争当“勤、实、能、担”移动人。

中国移动海丰分公司举办“海丰有爱，移动祝福，抗震救灾，我们在行动”捐款活动

【开展社会志愿服务】 2013年，开展讲责任、讲贡献，积极开展“红马甲”志愿服务活动，关心大湖扶贫村单身老人，参与环境整治大清扫活动，组织全体员工为四川雅安震区捐款，深入开展“天兔”强台风救灾复产工作，开展灾后无偿献血活动、彭湃中学百年校庆服务活动等，认真落实扶贫“双到”精神，开办众多社会渠道网点，为社会提供大量就业创业机会，积极履行企业社会责任，彰显企业优秀公民形象。

（苏少楠）

附：2013年中国移动海丰分公司领导名录

总 经 理：陈东荣

副总经理：刘俊豪

联通通信

【概况】 中国联合网络通信有限公司海丰县分公司（以下简称“海丰联通”）是新联通设在海丰的分支机构，海丰分公司在汕尾市公司的统一领导下，正在加快建设完善现有移动通信网络及3G网络的步伐，进一步加大固网宽带建设力度，积极推进固定和移动网络的宽带化，为广大用户提供全方位宽带通信和综合信息服务。海丰联通坚持以用户为中心，积极推动技术、业务、应用和产品创新，以满足广大用户日趋多元化、个性化的通信需求。面向未来，海丰联通将坚持以发展为第一要务，紧紧依靠用户的支持和厚爱，以宽带移动互联网业务为重点，进一步拓宽发展领域，进一步加快发展步伐，进一步提升服务水平，全面提升公司的综合竞争力和可持续发展能力，力争建设成为国际领先的宽带通信和信息服务提供商。

【联通业务发展】 2013年，海丰联通以3G为引领，实现全业务的高整速发展，主营业务收入3910.9万元，同比增长10%，用户规模同比增长11%。

【通讯设施建设】 2013年，海丰联通以建设精品网络为目标，投资589.12万元（基站工程200.66万元，室分工程72.46万元，传输网工程316万元，），加大网络建设及优化力度，其中新建8个基站，9个室分；在传输网工程方面新建管道19.58千米、综合接入9个站及13个移动基站。提升了网络质量。充分利用3G技术优势，实施无线政务办公、无线公共管理、无线执法服务、无线信息农村，无线电子商务和无线平安校园等应用项目，提高了海丰城市信息化建设。

（黄俊敏）

附：2013年中国联通海丰县分公司领导名录

总 经 理：刘宗仁

副总经理：谢建雄 李文杰

财政·税务

财　政

【概况】　海丰县财政局是负责本县财政收支、财税政策、财政监督等工作的经济综合管理部门，具有贯彻执行财政制度，组织收入，保证支出，管好用活本县财政资金等职责。2013年，县财政局设人秘股、法规股、预算股、国库股、综合股、文教行政股、工贸发展股、农业股、经济建设股、社会保障股、外经金融股、会计股（挂农村财务管理办公室、会计委派办牌子）、绩效评价股和监督检查办公室等14个股室，局机关行政编制31名；属下设立国有资产管理办公室（副科级）、政府采购管理办公室、财政票据管理中心、国库支付中心、财政信息中心、工程预结算审核所、会计函授站、农业综合办公室和财务结算中心等9个事业单位。全局在职人员109人。另设有16个乡镇财政所，为县财政局的派出机构，与镇府双重领导，是各镇政府主管财政收支、财政政策和国有资产监督管理工作的综合经济管理部门。

【财政预算】　2013年，全县财政预算工作科学稳妥、实事求是。一是调整预算收入目标。由于遭受“天兔”台风的破坏，全县经济增幅放缓，根据社会经济发展的情况，及时提出调整分解方案，将一般预算收入增长20%的目标调整为16%，预算收入任务由136151万元调整为131612万元；二是合理编制年度预算。综合考虑全年财政收支的增减因素，把新增财力重点向规范提高全县在职和离退休人员津补贴、教育、社保、农业、乡镇、公安等方面倾斜，按计划、按制度安排各项支出，严格把关，不办理无预算的拨款，确保财政稳健运行；三是严格执行《海丰县财政预算接受人大监督操作办法》，坚持重大事项及时向县人大报告，自觉接受人大监督；四是坚决贯彻《海丰县财政资金拨付管理暂行办法》，严格把关，按计划、按制度安排各项支出，不办理无预算的拨款，确保财政稳健运行。

【财政收支】　2013年，海丰县遭受接踵而来的自然灾害，为了实现财政工作目标任务，全县财政干部职工以“干”字当先，主动作为，砥砺奋进，紧紧围绕“重业务、严监督、强管理、促发展”的财政工作主线，以“为‘增强财力’强化征管，为‘持续发展’提供保障，为‘改善民生’落实资金，为‘深化改革’提供支持”的工作目的，坚决贯彻落实全县“立足‘三个坚持’、致力‘四个争当’、实现‘五大发展’”的决策部署，统筹财力安排，努力增收节支，实现了全年全县财政各项目标任务。2013年，一般预算收入132107万元，增长16.44%，占调整后预算数131612万元的100.38%；一般预算支出22.78亿元，比2012年增支3亿元，增长15.6%，达到财政收支平衡的目标。

【财政征管】　县财政局主动转变观念，努力挖潜增收，精心组织收入：一是提升收入组织能力。积极从税收征管薄弱环节入手，完善协税激励机制，2013年实现税收收入83325万元，比增18%，其中强化耕地占用税的征管，全年实现代扣代缴耕地占用税25710万元。二是加强非税收入管理。以数据全面分析全县多年来非税收入比重过高的原因，探索适合县域发展的非税收入管理体制，非税收入完成78472万元，土地储备项目拍卖资金清缴入库35121万元。三是争取上级补助收入。积极向上争取农田水利资金5000万元、交通公路资金3000万元、医疗卫生资金300万元。

【国有资产管理】　海丰县国有资产坚持整合资源、盘活国资、监管统一，确保国有资产保值增值：一是加强国有资产处置收入，盘活国有资产，加大对国有优质资产的处置力度，全年实现资产处置收入20181万元。二是强化国有资产的监管力度。加快资产的变现步伐，注重行政、企事业单位资产的拍卖工作，重点处置单位可处置资产，积极探索公务车辆及其他一般性办公设备的报废办法，并探索国有公司监管体制，严把资产处置审批关，提高资产处置效率。三是抓好国有资本收益。严格执行企业国有资本收益收缴管理规定，定期对县金叶发展公司进行检查监督，全年收缴该公司税后利润分红1050万元。四是加强国有资产产权登记，通过合理配置、有效使用、规范处置防止国有资产的流失。

【政府采购】 2013年，加强政府采购的监管力度，推进诚信政府采购。年内建立海丰县政府采购采购员备案制度，在全县109个单位中设立195名政府采购采购员，明确岗位职责，加强业务培训，规范采购行为；全年采购项目98宗，采购预算资金9609万元，实际采购资金9123万元，节约资金486万元，节约率5.06%。

【镇级财政】 2013年，海丰县规范乡镇财政管理，积极、稳妥地推进各项财政改革，提高乡镇财政理财水平。规范化管理乡镇财政所是财政部、省财政厅在新时期加强乡财建设的要求，围绕上级规范化管理的要求，主要做了五项工作：开展财政所所长、各项会计、票管员及出纳的专题业务培训及每月一课学习活动；建设财政所为民服务大厅，设置窗口服务岗位，制作工作标牌及服务流程上墙明示；根据工作需要，制定服务承诺制度、首问责任制、限时办结制、岗位责任制度等一系列内部管理制度；开展财政所财务年度会审工作，重点检查财政所涉农补贴资金发放手续、会计账务处理和规范化建设等，取得良好的审核效果；切实加强乡镇财政队伍作风建设，多次对16个乡镇财政所进行考勤抽查，并公布考勤情况，严肃工作纪律。

【重点工程投资】 在县级财力有限的情况下，确保各项重点项目的顺利建设。一是做好融资工作，保障重点项目建设资金需要。积极联系融资银行，争取贷款额度，并把融资贷款工作落实到具体责任人，全年融资到位2.28亿元，其中包括县征地中心1.1亿元、职中建设贷款3800万元、彭湃中学新校区建设资金9800万元和肉联厂贷款资金2000万元。二是重点项目保障有力。全县新上续建重点项目32个，累计实现项目建设投资资金33.5亿元，完成年度投资计划的82%。三是重点民生工程效果显著。全年全县各项民生支出16.5亿元，比增15.6%，占一般预算支出22.78亿元的72.4%，有力促进了教育、科技、医疗、卫生、社保等民生项目的发展需要。

【财政监督】 2013年，海丰县注重财政监管，切实提高精细化理财水平。一是加大财政监督检查力度。联合县纪委、县审计局牵头开展“小金库”和专项资金整治行动，及时纠正违规行为；派出5个检查小组开展非税收入年度稽查工作，检查68个单位，查出违规单位19个，欠缴专户非税收入618万元；组织开展对全县2011年第三批渔业柴油补贴资金发放的专项检查行动，摸清了260艘机动渔船的真实情况，确保1564万元补贴资金发放到位；配合市财政局对县教育系统、县汽车运输总公司、县广播电视大学等10个单位2011年至2012年会计信息质量执行情况的检查工作，查处违规资金117.4万元。二是开展固定资产清查。严格按照固定资产的处置程序，对固定资产进行全面清查，加强固定资产管理；对全县行政、事业单位报废资产进行清理清查，全年有96个单位申请报废资产，共报废资产3,118万元，核销资产552万元；开展新华书店、县广电台、县汽车运输总公司、县保安服务公司等企业的改制工作。

（刘思婕）

附：2013年海丰县财政局领导名录

局　长：林国义

副局长：林建秀　刘　宁　林瑞清

国家税务

【概况】 2013年，海丰国税局坚持以党的十八大精神为指引，全面贯彻落实县委、县政府和市局工作部署，立足“补短板、强基础”，以组织收入为中心，围绕征管改革、综合考核、文化建设、金税工程等工作重点，改革创新，充分发挥税收职能，圆满完成各项工作任务，呈现了收入总量实现平稳增长，税收秩序更加规范，征管基础不断夯实，服务渠道有效拓宽，体系建设全面推进，廉政建设持续深化，效能管理日趋完善的良好局面，为建设幸福和谐、文明富裕的新海丰做出积极贡献，被县政府纠风办评为2013年度民主评议政风行风满意单位。

海丰县国家税务局举办“税收服务转型升级”优惠政策宣讲座谈会

【贯彻税收政策】　海丰国税局不折不扣执行企业所得税、免抵退税等各项税收政策，贯彻中央结构性减税精神，积极落实“营改增”扩围、增值税起征点调整、促进就业、小型微利企业、饲料免税、海关完税凭证抵扣等税收优惠政策，并着重针对台风灾害，依法落实税收优惠政策，释放税收优惠红利，助推企业可持续健康发展。据统计，2013年共实现免抵调库收入8829万元，同比增加223万元，增长2.59%；享受增值税起征点优惠政策个体工商户3611户，共免征增值税1870万元；实行“免、抵、退”税企业63户，实现出口退免税额8492.52万元，充分发挥税收调结构、促转型、惠民生的职能作用。

【规范两税管理】　增值税方面，重点抓政策落实、纳税评估、重点税源企业监控分析、一般纳税人审核审批和超标小规模纳税人监控管理等工作，全年共评估纳税人95户，实现评估收入351.80万元，办理一般纳税人审核审批80户次，全年实现一般增值税收入18614万元，同比增长10.02%。消费税方面，着力抓好烟草、首饰行业的管理，突出风险预警，提升征管效能，全年实现消费税收入3624万元，同比增长5.3%。

【坚持组织收入原则】　2013年，贯彻落实“依法征税，应收尽收，坚决不收过头税，坚决防止和制止越权减免税，坚决落实各项税收优惠政策”的组织收入原则，实施挂钩抓点、促收督导等联动机制，集中攻势狠抓重点税源监控、纳税评估、清理清查、稽查稽核等10项收入措施的落实，有力缓解宏观经济增速放缓、结构性减税等增收压力，实现税收收入数量和质量的同步提升。全年共组织工商税收收入39532万元，同比增加4756万，增长13.68%；完成县政府考核收入37167万元，同比增收2691万元，增长7.81%，为海丰经济社会发展提供了有力的财力保障。

海丰县国家税务局举办2013年税收宣传月“自助办税体验日”活动

【税源分析监控】　加强重点税源监管，全年纳税额10万元以上纳税人213户，实

海丰县国家税务局送税法上门服务企业

海丰县国家税务局领导慰问受强台风“天兔”袭击的受灾企业

现国内税收收入33720万元，占收入总量（不含海关代征）的90.57%。加强征管质量管理，开展纳税人户籍管理、非正常户、建账建制、发票管理专项清理，对发票开具连续三个月超额30%以上或税负明显偏低的业户实行税负动态管理，全年调整纳税人税负215户，年调增税额约104万元。有序推进征管改革，稳步推进宣传动员、信息采集、机制建设、机构职能调整等措施落实，完善专业化管理、纳税评估、风险管理、税源分类管理等工作机制，全力构建符合海丰实际的现代化税收征管体系。

【依法开展税收稽查】 海丰国税局加大税务稽查力度，突出大要案件查办和发票打假两个重点，积极开展医药行业、服装行业、房地产企业、重点税源企业等税收专项检查，严厉打击各类涉税违法行为，查处非法发票3495份，有效规范税收经济秩序。全年立案20宗，实现稽查收入809.73万元（含滞纳金、补税、罚款），入库率100%，查补收入同比增长224%，充分发挥以查促管、以查促收、以查促查的职能作用。

【优化纳税服务】 2013年，海丰国税局优化纳税服务。一是推动办税渠道电子化。率先启用自助办税服务终端，全年通过自助办税终端实现自助纳税申报2146户，成功认证增值税专用发票15267份，IC卡清卡534条，实现征纳双向减负。二是推动服务过程标准化。健全完善《应急处理机制》、领导接访日制度，实施办税厅监督服务岗轮值制，完善办税服务引导，深化窗口服务作风巡视检查和执法风险排查，规范文明公正执法秩序。三是推动纳税辅导常态化。结合税宣月活动深化税收宣传，联合地税部门走访企业辅导税法，提升纳税服务水平和质效。四是推动灾后服务人性化。深入400多户台风受损严重企业开展慰问活动，开通绿色通道，及时受理和审批受灾纳税人的纳税事项，做到特事特办，真情服务纳税人。

（梁泽文）

附：2013年海丰县国税局领导名录

党组书记：吕君琼

局　　长：方小游

副 局 长：黄陆汕（挂职）　黄智幼　王伟业　张运坤　施群章

地方税务

【概况】 2013年，全县地税系统深入贯彻市局“三个确保”“三个提升”“三个推进”的工作思路，紧紧围绕“科学兴税”“廉洁兴税”“服务兴税”的工作主线，全面推进各项工作迈上新的台阶。年内，在税源紧、基数高和政策性减收因素较多的严峻形势下，全县地税系统上下思想同心、目标同向、行动同步，牢牢把握组织收入主动权，全年组织税收收入突破10亿元大关，达114534万元，同比增长16.04%。圆满完成各项税收收入任务，为海丰县经济发展和社会稳定提供了坚实财力。

2013年3月28日，海丰县地方税务局举行“妇女维权周”法律知识竞赛

2013年5月8日，海丰县地方税务局为海丰中学赠送《青少年税收知识通俗读本》

【依法治税】 县地税局坚持依法治税。一是整顿秩序查纠并举。积极开展房地产及建筑安装业、资本市场、工业企业、证券、基金公司等行业的税收专项检查以及打击发票违法犯罪活动专项整治，严厉打击违法印制、贩卖假发票、偷逃税行为，以及加大力度打击“虚假”网络发票，扩大专项打击成果。2013年开展专项检查21户，立案3户，发票检查4户，累计查补税、费、滞纳金和罚款3965.58万元。二是纳税评估增效提质。测算纳税评估指标预警值，对评估分析中发现的问题采取税务约谈、调查核实、处理处罚、提出管理建议、移交稽查部门查处等方法进行处理。着重评估乡镇房地产开发公司、重点税源管理户、集体企业等行业，全年评估户数23户，纳税评估额5727.15万元，圆满完成市局制定的目标任务。

【税收征管】 2013年，县地税局加强税收征管工作。一是加强重点税源管控。把建筑安装业、房地产业、娱乐和饮食行业等作为管理重点，同时把全县年纳税额10万元以上的纳税户列为重点税源户，全县436户重点税源户共入库59970万元，同比增长5.43%，占总收入52.36%。二是规范重点税种管理。组织开展年所得12万元以上个人所得税自行纳税申报，2012年度在申报期内全县已申报371人，共申报年所得额8552万元，应纳税所得额7697万元，已缴税额1181万元。将企业和个人股权转让所得税核查工作列为日常税收征管工作，2013年重点核查33户涉及股权发生变动的信息，共查补个人所得税13人次，税额250.62万元。三是加强汇算清缴工作。严格执行土地增值税清算规程和预征率预征土地增值税制

2013年5月8日，海丰县地方税务局在海丰中学举行“大家手拉手，税法齐遵守”税法知识进校园活动

度，凡符合清算条件的房地产开发项目，按规定要求进行清算，全县清算的项目有11个，清算土地增值税942.55万元。切实抓好企业所得税汇算清缴工作，2012年度全县应参加企业所得税汇算清缴户数474户，实际参加汇算企业448户，汇缴补缴企业所得税税额3959.45万元，汇缴退抵企业所得税税额343.49万元。四是推进清理欠税欠费。积极开展“一清两打三加强”专项行动，严厉打击漏税欠税违法行为，对逾期未申报纳税人催报催缴，按照规定对欠税户进行公告，同时对照审计要求重点检查的业户加大力度进行催缴。至2013年12月底，发出催缴文书1534户，清缴欠税欠费672户，清缴金额186.79万元。

【纳税服务】　县地税局在税收服务方面开展了多项工作。一是助推民生发展。严格贯彻落实各项税收优惠政策，2013年共为168户小型微利企业减免企业所得税88.09万元，为111户营业额不超过2万元的企业减免营业税26.68万元，为21户纳税人困难性减免城镇土地使用税、房产税243.98万元，为16户肉类初加工企业减免企业所得税248.72万元。受超强台风“天兔”自然灾害影响，积极落实灾后复产重建税收优惠政策，共有32户纳税人申请减免城镇土地使用税、房产税527.61万元。二是密切征纳关系。完善基层分局办税大厅的建设，为纳税人提供良好的办税环境。同时优化“一窗式”“一站式”服务以及办税“绿色通道”，最大限度地方便纳税人办税。举行大走访服务活动，联合国税部门走访供电局、维多利亚、超群、海崇等4户重点税源企业，切实解决纳税人关注的热点难点问题，帮助企业转型升级。三是深化品牌建设。创建纳税人培训学校，根据纳税人需求和税收政策的变化情况，因地制宜制订教学计划，通过课堂或实地开展纳税培训辅导，举行了社保法知识讲座，使纳税人学习和掌握了相关业务知识，提高了税法遵从度。四是拓展税宣活动。更加注重税收宣传的效果和影响，举行“大家手拉手，税法齐遵守”税法知识进校园活动；完善税费宣传示范街建设，通过制作宣传栏、网络公告等媒介开展系列宣传，营造“税收知识进社区”的浓厚氛围。同时在深汕高速公路（鲘门段）竖立T型广告牌等。

【社保费征管】　2013年，全县社保费收入32956万元，同比增长9.77%。主要做法：一是推行精细化管理。完善缴费登记、核定、申报、征收、纳服等各环节管理制度，全面提升费款申报、数据传递和账务核对质量水平，建立社保费定期（或不定期）检查机制，做到以查促管、以管促收。二是开展欠费清理工作。进一步加强征收管理，加大清欠

2013年11月18～22日，海丰县地方税务局举办一期征管税政业务培训班

海丰县地方税务局办公大楼

2013年10月，海丰县国税局和县地税局联合开展“走访重点税源企业”活动

力度，做到应收尽收。切实维护参保人权益，做好社保扩面工作。三是提升科技应用水平。以新社保征管系统的上线应用为契机，充分使用数据资源，进一步规范管理、深化应用和提高效率，提升社保费的征管质量。

【税收调研】 2013年，县地税局紧扣税收工作中的“重点”“难点”和“热点”开展调研，充分发挥为税收改革服务、为税收实践服务、为领导决策服务、为海丰地方经济发展服务的作用。年内，坚持“源于实践，又指导实践”，不断拓宽调研成果的转化途径，把有价值的思路、建议和经验作为重要参考资料，不断提高调研工作质量和效率。

【地税队伍建设】 一是优化人才结构，注重保障有力。建立健全干部职工交流轮岗的激励约束机制，加强交流轮岗工作，增强干部职工队伍活力。扎实开展绩效管理试点工作，推行个人绩效考核，营造队伍良性竞争氛围。二是推进争先创优，注重先锋示范。积极开展“爱心父母牵手困境儿童大联盟”行动和无偿献血活动，为四川芦山地震、台风“天兔”受灾合计捐款5.2万元。用好管好救急济难基金，向困难干部职工发放救急济难基金6.7万元。扶贫开发“双到”工作得到充分肯定，2013年4月获评广东省扶贫开发双到工作“优秀单位”。三是加强教育培训，注重强基固本。举行全国税收调查业务培训会和税源管理平台业务培训，接受培训156人次；结合交流轮岗工作需要，举办1期征管税政业务培训班，邀请省局优秀兼职教师进行授课，进一步提高干部职工的业务素质和工作能力。四是充实活动内涵，注重文化引领。创办兴趣活动小组，建立全员参与的活动机制，正式成立了太极拳、足球、篮球、羽毛、瑜伽等9个文体兴趣小组，丰富了干部职工的业余文体活动。深入开展干群“连心桥”行动，通过举办形式多样的交流座谈、健康讲座及知识竞赛等活动，进一步畅通沟通渠道。

【税收信息化建设】 2013年，将开展金税三期工程试点工作列入重点督办项目，进一步规范税收征管数据管理工作，提高税收业务数据质量，确保“大集中”系统税收数据的完整性、准确性和规范性。同时，不断完善网上申报工作，期末已开户数736户，成功申报户数675户，网报申报率91.71%。

（孙云山）

附：2013年海丰县地方税务局领导名录

局　长：宋相当

副局长：洪锦发　陈业雄　蓝盼（女）

综合经济管理

发展与改革

【概况】 2013年，在县委、县政府的正确领导和县人大、县政协的监督支持下，全县上下认真贯彻落实党的十八大精神，按照“立足三个坚持、勇于四个争当、推进五个发展”的工作思路，紧紧围绕县人大十四届三次会议确定的目标任务，多措并举，推进全县经济保持平稳较快的发展。人均GTP比增12.4%，财政一般预算收入比增16.44%，城镇居民人均可支配收入比增13%，农民人均纯收入比增12.1%，万元GDP能耗下降3.62%。为实现“十二五”期间各项目标任务奠定了坚实基础。

【年度计划编制与经济运行监测】 2013年，海丰县国民经济和社会发展计划，在全面总结海丰县2012年经济和社会发展计划执行情况的基础上，着重分析宏观经济环境和全县经济社会发展存在问题，按照“积极进取、留有余地”的做法，已经修改和征询意见，科学提出2013年发展目标，报海丰县委、县政府审定通过，提交海丰县人大十四届三次全会审议。国民经济和社会发展计划，经人大会议审议通过后，下达各地各有关部门参照执行。为保障年度计划的有效实施，加强对政策措施落实和计划执行情况的跟踪监控，建立经济定期分析联系制度。经过深入细致的调查和综合分析，总结经济发展特点，分析发展新动向，查找问题，提出解决办法对策措施和建议，加强经济运行宏观调控力度，形成经济运行分析报告，提供海丰县委、县政府领导决策。

2013年海丰县经济社会发展计划执行情况表

表 5

类别	指标	单位	2012 年	2013 年	
				完成数	增长（%）
社会发展	1.地区生产总值（当年价，增速按可比价，下同）	亿元	201.6	221.7	13.1
	第一产业	亿元	30.6	33.3	4
	第二产业	亿元	89.4	100	20.5
	#工业增加值	亿元	75.6	90.5	22.3
	第三产业	亿元	81.1	88.4	6.6
	2.人均GDP（常住人口）	元	25109	27513	12.4
	3.农业总产值	亿元	49.5	53.7	3.9
	4.规模以上工业增加值	亿元	49.6	64.4	32.5
	5.公共财政预算收入	亿元	11.3459	13.2107	16.44
	6.固定资产投资	亿元	174.8	223.9	28.1
	7.社会消费品零售总额	亿元	176.4	198.3	12.4
	8.进出口总额	亿美元	7.065	9.87	39.8

续表

类别	指标	单位	2012年	2013年	
				完成数	增长（%）
社会发展	出口	亿美元	4.9233	6.84	38.9
	进口	亿美元	2.1422	3.03	41.9
	9.实际利用外商直接投资	万美元	12680	7065	-44.28
	10.城镇化率	%	62.13	62.49	
	11.年末总人口（常住人口）	人	786868	830067	
	12.人口自然增长率	‰	5.31	6.2	
	13.初中毕业生升学率	%	95	95.1	
	14.高中阶段教育毛入学率	%	86.6	87	
	15.城镇居民人均可支配收入	元	16106	18200	13
	16.农民人均纯收入	元	9142	10245.5	12.1
	17.城镇新增就业人数	人	15572	14500	
	18.新增转移农村劳动力就业人数	人	6843	12000	75.4
	19.城镇登记失业率	%	2.63	2.55	
	20.城镇职工参加基本养老保险人数	万人	11.3	12.2	7.96
	21.城乡居民社会养老保险参保人数	万人	24.37	28.4	16.54
	22.城乡参加基本医疗保险人数	万人	77.85	76.59	
	#城乡居民参加基本医疗保险人数	万人	70.61	69.14	
	城镇职工参加基本医疗保险人数	万人	7.24	7.45	2.9
	23.每千人口医院和卫生院病床数	张	3	3	0
	24.农村饮用水安全普及率	%	74.8		
	25.城镇保障性住房开工量	套	350	300	
	26.城乡居民最低生活保障人数	人	34139	30180	
	27.为残疾人服务设施数	个	3	1	
	28.万元GDP能耗	吨标煤	0.475	0.458	-3.62
生态环境	29.森林覆盖率	%	55.15	55.2	
	30.耕地保有量	万亩（666.7公顷）	58.4926	58.4126	
	31.主要污染物排放总量控制				
	SO_2排放量	万吨	0.1749	0.1924	10
	COD排放量	万吨	1.847	1.7547	-5
	氨氮排放量	万吨	0.2142	0.2056	-4
	氮氧化物排放量	万吨	0.0306	0.0337	10
	32.单位工业增加值用水量	立方米/万元	38	35	
	33.工业固体废物综合利用率	%	83	88	
	34.城市人均公共绿地面积	平方米	10.8	12.5	
	35.城镇生活污水集中处理率	%	58.22	60	
	36.城市生活垃圾无害化处理率	%	80	82	

【发展现代服务业】 2013年，海丰县服务业发展健康有序。全年实现第三产业增加值88.4亿元，增长6.6%；完成社会商品零售总额198.3亿元，增长12.4%；完成旅游总收入13.26亿元，增长15%，全年接待游客236.53万人次，增长13%。金融机构对地方经济发挥积极的支撑作用，存贷业务继续扩大，海丰县金融机构本外币各项存款余额149.6亿元，本外币贷款余额50.6亿元，分别比年初增长15.9%和9.9%。房地产市场健康有序发展，海丰第一城二期、正升华府二三期、海悦名城二期、云岭山庄第三期、东盛华庭等高档高层楼盘如期推进。高档消费增速下滑，商贸、交通运输、物流、仓储、旅游、邮政、金融、中介咨询服务等现代服务业加快发展。尤其是旅游业发展形势向好，田园沐歌温泉度假村、莲花山度假村莲峰索道等旅游项目建设加快推进。

【投融资管理】 2013年，依照投融资管理规定，严格把好投融资市场准入关，经发改局审批、核准、备案登记的项目共106个，总投资306690.33万元。其中：审批项目51个；核准、备案登记、上报项目55个；另外，向上争取资金补助项目有81宗、总投资6.69亿元；列入补助计划的项目有40个，补助资金2.29亿元，已下达资金1.93亿元。年内，及时公开项目审批（含核准、备案）信息，项目审批后在海丰监察局“双信平台网”公开审批内容，海丰县发展改革局每月将立项信息汇总报海丰县监察局备查。依法进行招标投标管理，严格把好政府投资项目招标核准关，加强对招标投标活动的协调管理。对必须依法进行招标投标的工程项目，海丰县发展改革局依照法律规定的权限和国务院关于招标投标管理的职责分工，对项目单位拟定的勘探、设计、建筑工程、安装工程、监理、主要设备、重要材料的招标范围、招标组织形式、招标方式等内容进行审核，提出核准或不予核准的意见。工程招投标核准意见在广东省发展改革委“招标投标监管网”公开项目审批部门有关项目建设招标投标核准信息。项目的审批（含核准备案）招标投标接受社会和相关部门的监督。

【重大项目建设】 2013年全县有重点项目32个。其中列入省重点项目2个，全年完成固定资产投资223.9亿元，增长28.1%。32个县重点建设项目，完成投资33.5亿元，占年度投资计划82%。其中列入省重点项目2个，全年完成投资23.3亿元，占年度投资计划112%。列入市重点项目3个，全年完成投资23.4亿元，占年度投资计划110%。厦深铁路建成通车，潮惠高速海丰段全线开工建设，华润海丰电厂1、2号机组进入设备安装和码头施工阶段，3、4号机组已开展前期申报工作。

（程招焕）

2013年海丰县重点建设项目计划执行情况表

表 6

项目名称	建设规模和内容	建设起止年限	计划总投资（万元）	至2012年年底预计完成投资（万元）	2013年计划投资（万元）	2013年1～12月完成投资（万元）	当月完成投资	完成年度计划%	备注
合计（32）			4371841	173590	411262	335022	62729		
工业、能源			3348000	124000	253200	249900	51500		
1.海丰生态科技城	12平方千米，（一）期3平方千米，2013年完成1平方千米征地、动工建设、社会融资、招商引资	2013～2014	100000		10000	1600		16	新建
2.海丰县金庄电器	建筑面积7.85万平方米	2010～2013	16000	5800	10200	4900	1200	48	新建
3.海丰县三阳饰品有限公司	建筑面积1.3万平方米	2010～2013	20000	4200	12000	10200	2800	85	续建

续表

项目名称	建设规模和内容	建设起止年限	计划总投资（万元）	至2012年年底预计完成投资（万元）	2013年计划投资（万元）	2013年1～12月完成投资（万元）	当月完成投资	完成年度计划%	备注
4.可塘珠宝产业园续建工程	征地20万平方米	2011～2013	50000	33000	8000	3200	1500	40	续建
5.海丰县天星湖科技园	征地50万平方米	2011～2015	120000		10000				新建
6.深圳高端直线电机及高端自动化制造装备项目	征地3万平方米	2013～2015	42000		3000				新建
7.华润海丰电厂	征地572889平方米（建成后年发电量110亿千瓦小时）	2011～2014	3000000	81000	200000	230000	46000	115	续建
交通			669994		39600	18500			
8.梅陇镇西环路	一级公路6.9千米	2013～2014	13000		4000	3500	500	75	新建
9.S335线海丰段路面大修	二级公路路面大修15千米	2013～2013	3600		3600				新建
10.潮莞高速海丰段	全长60.5千米	2013～2016	650000		30000	15000	2000	50	新建
11.大湖至陆丰上英公路海丰段（含大湖大桥）	二级公路3.3千米（含大桥466.5米）	2013～2014	3394		2000				新建
水利			20472.8	8000	10958	5329	129		
12.汕尾市海堤达标加固工程（海丰县东关联安围）	加固堤长22.6千米、小型水闸18座	2011～2013	15306	7500	7800	3420	100	44	续建
13.海丰县赤沙水库除险加固工程	大坝加固、溢洪道加固、输水涵管套钢管、各副坝涵管重建、管理办公楼重建等	2014～2015	3009		1500	600		40	新建
14.海丰县黄山洞水库除险加固工程	大坝加固、输水涵管套管、重建溢洪道等	2012～2014	2157.84	500	1657.8	1309	29	79	续建
社会事业			43840	17900	17900	3093	0		
15.海丰县中等职业技术学校建设工程	建筑面积86386平方米	2009～2013	12800	8200	4600	816	0	18	续建
16.教育园区双桂中学建设项目	校舍65730平方米信配套	2013～2014	11040		5000	977	0	20	新建
17.海丰县实验中学建设工程	建筑面积69180平方米	2009～2013	10000	7700	2300	850	0	37	续建
18.海丰县影剧院	总建筑面积7200平方米，1400座位	2012～2013	3000	2000	1000	450		45	续建

续表

项目名称	建设规模和内容	建设起止年限	计划总投资（万元）	至2012年年底预计完成投资（万元）	2013年计划投资（万元）	2013年1～12月完成投资（万元）	当月完成投资	完成年度计划%	备注
19.绿道网二期工程	长10千米	2013～2014	5000		3000				续建
20.海丰县体育馆	体育馆装修及配套	2013	2000		2000				续建
旅游服务业			25000		5000	0			
21.海丰华厦（东方）国际大酒店	建筑面积3.5万平方米，建设五星级酒店标准	2013～2014	25000		5000				新建
城建环保			124084	20500	56994	52500	11100		
22.海丰县市民广场	征地30万平方米	2013～2014	50000		10000	4300		43	新建
23.海丰县行政小区行政服务中心	建设行政服务中心	2013～2014	12000		8000	3000		38	新建
24.2013年度保障性住房	建筑面积1万平方米	2013	1600		1600	500	200	31	新建
25.海丰第一城住宅小区（一期）项目	建筑面积95000平方米	2011～2013	21177	13200	7977	5100	500	64	续建
26.龙津河综合整治（三期）	截污管网工程，清淤工程及生态处理工程	2013～2014	2890		2890	650	400	23	续建
27.海丰县正升华府商住小区（一期）	建筑面积72215平方米	2012～2013	15200	500	14700	29450	8000	200	新建
28.海丰县雍悦豪苑住宅楼（二期）项目	建筑面积96459平方米	2012～2013	16697	6800	9897	9500	2000	96	续建
29.海丰县红城大道二至四期改造工程	二环东至云岭路道路改造、收费亭至云岭路、二环东至赤岸桥人行道建设	2013	4520		1930				续建
农业			140450	3190	27610	5700	0		
30.海纳现代农业有限公司有机米生产基地	规划3万亩有机水稻种植，其中建设200公顷示范基地	2013～2015	10000	2840	5160	1650		32	新建
31.海亮有机农业海丰基地	1.有机蔬菜、水稻、种植； 2.有机水果种植； 3.畜禽有机养殖	2013～2018	120000		12000	3700		31	新建
32.高标准基本农田建设项目	整治面积4806.67公顷	2012～2013	10450	350	10450	350		4	新建

说明：1．2013年全县重点项目32个，总投资437.2亿元.2013年计划投资41.1亿元，年度完成投资33.5亿元，完成年度计划82%。2．此表项目进度由项目责任单位填报。

附：2013年度海丰县发展与改革局领导名录

局　长：谢小平

副局长：陈丁睦　陈文佳

国土资源管理

【概况】 2013年，县国土资源管理局坚持以科学发展观为统领，深入贯彻落实党的十八大、十八届三中全会精神，紧紧围绕县委、县政府和市国土资源局的奋斗目标及工作部署，做到保护与保障并举，管理和服务并行，扎实有力地推进国土资源管理各项工作，较好地完成了全年各项工作目标任务，为促进海丰县经济社会跨越发展作出积极贡献。2013年为县财政增创收入5.43亿元。其中：县国土资源局各项规费收入上缴县财政专户1.18亿元，出让储备土地收入4.07亿元，协征增值税1121万元，协征契税1727万元。上报新增建设用地13批次，总面积292.24公顷，经省政府批准13个批次（含历年上报），面积625.23公顷。非煤矿山连续零事故。

【土地利用】 根据海丰县的发展需要，县国土资源局提前介入，主动作为，通过争取市国土资源局、省国土资源厅的支持，解决用地指标。同时，加强与林业、社保、环保等部门的联系，有效推进了用地报批工作的进展，切实解决全县经济社会发展的用地压力。全年上报建设用地13批次，总面积292.24公顷。其中已上报市4个批次，合计面积163.3801公顷；正在组件9个批次，合计面积128.8658公顷。2013年，省、市已批新增建设用地13批次，合计面积625.23公顷（含历年上报件）。保证了潮惠高速、市第三人民医院、深汕特别合作区等重点项目能够如期建设，同时也保障了海丰县储备用地。

【土地储备】 为保障海丰县建设用地需求，服务经济发展，2013年，县国土资源局根据县委、县政府的部署和要求，主动做好土地储备工作。全年列入土地储备6宗，面积约73.4公顷。其中成功挂牌出让储备土地4宗，面积19.4公顷，出让收入4.07亿元。

【耕地保护】 2013年，县国土资源局根据国土资源部和省国土资源厅的要求，切实做好基本农田保护工作。一是推进高标准基本农田建设。根据《广东省土地整治规划（2011～2020年）》的要求，省下达给海丰县5年的高标准基本农田建设任务是15520公顷。根据省下达的任务，海丰县已完成规划的编制工作，并将任务分解逐年建设。二是认真做好土地开发整理项目扫尾工作。完成陶河、赤坑、公平、平东、联安、城东6个已通过省级验收的土地整理项目的档案分类综合管理工作。同时通过协调相关部门，争取有效的整改措施，完成2013年第一批6个土地开发补充耕地项目的省级抽查验收工作，新增耕地面积50.05公顷。三是加大基本农田保护力度。在完善基本农田保护设施的基础上，加强基本农田保护措施落实情况的监管。对上年度的耕地保护责任目标履行情况的检查结果进行了通报。把2013年度耕地保护责任目标分解下达到各镇，并与各镇签订耕地保护责任书，保证全县36753.33公顷耕地不减

2013年7月14日，海丰县高标准基本农田验收小组在现场开展验收工作

2013年8月27日，广东省国土资源厅党组成员、纪检组长叶伟龙（左三）在市国土资源局局长张文浩（左一）的陪同下，深入海丰县检查指导工作

少，顺利通过上级的耕地保护工作年度考核。2013年，根据海丰县在“8·16”特大暴雨和超强台风“天兔”的受灾情况，及时知道各镇场开展受毁农田的清理抗灾复产工作，并积极向省申请损毁基本农田垦复资金，争取到专项资金857万元。

【地籍管理】 2013年5月，顺利通过省厅对海丰县2012年开展的4298宗总面积13.4万公顷的农村集体土地确权登记工作的验收。2013年计划投入886万元，开展585公顷农村集体建设用地宅基地的确权登记工作。至年底，农村宅基地确权已完成前期准备工作，并拟定陶河、鮜门两镇开展试点。项目招标完成后，将全面开展并确保这件工作在2014年完成。进一步明晰农民土地财产权，保障农村集体和农民的合法权益，为落实党的十八届三中全会提出的建立城乡统一建设用地市场，赋予农民更多的财产权利打好基础。

【土地规划微调】 根据海丰县发展战略，充分利用省、市给予海丰县规划微调的政策，调整建设用地指标300公顷，重点服务于县直属工业园、生态科技园、梅陇天星湖工业园等项目，以保障全县发展战略的顺利实施。

【卫片执法检查】 2013年，海丰县卫星监测变化的图斑点为109个，监测面积77.9公顷，其中占用耕地面积37.1公顷，其他用地40.8公顷。经核查，涉及违法用地75宗，面积18.4公顷，占用耕地面积2.3公顷。县国土资源局按有关规定对其中33宗案件进行了立案查处，对违法用地进行整改。通过对违法用地进行立案、查处、整改等措施，顺利通过了市、省级的考核验收。

【土地执法监察】 2013年，县国土资源局按照县委、县政府的工作部署，积极开展动态巡查，狠抓违法用地案件的查处，有效遏制土地违法势头。全年开展动态巡查1650次，发现各类违法用地241宗，及时制止在萌芽状态132宗，立案81宗。

【信访维稳工作】 根据国土资源信访工作出现的新情况、新问题和群体性事件不断增多的趋势，主动积极做好信访维稳工作。2013年，开展了领导干部开门接访、带案下访活动。全年共收到群众来信411件（属重复信件76件），其中上级批办253件；个人来访17起，集体访92起，约489人次；政策咨询解答22人次。信访件共办结283件，办结率84.73%。对每一起信访、举报案件，县国土资源局认真负责对待，通过做艰苦细致的调查协调处理并及时回复，大部分信访问题得到妥善解决，有效维护了社会稳定。

【测绘管理】 2013年，海丰县土地测绘管理取得新进展：一是按时、按质、按量做好测量标志普查工作。根据省厅提供的图纸、资料以及海丰县测量标志的布设情况，核对测量标志148个。成果已经市国土资源局主管部门抽查通过，做法受到肯定推广。二是完成了潮惠高速公路经过海丰县赤石镇、梅陇镇等6个乡镇的征地及各村民小组面积测算工作。完成16个批次城镇建设用地勘址定界图地形图的测绘、建筑放线、道路放线，水准高程、土方测算等工作。至年末，累计完成土地登记、变更、确权宗地图件的制作180宗，测量面积达92公顷，环

保砖厂及矿产资源点规划测量工作30多宗，土地纠纷案件测量50多宗。

【矿产管理】　2013年，县国土资源局按照矿产资源管理的新要求，认真开展矿山安全生产整治、地质灾害防治和地质环境治理工作，取得明显成效，确保全年安全生产零事故，地质灾害零出险，有效地保护了人民群众生命财产的安全。一是认真开展非煤矿山安全生产专项整治。积极开展非煤矿山安全生产专项整治工作。对圆墩三角山石场、可塘金钱埔石场等矿山企业安全生产进行监督检查，落实责任制，发现存在安全隐患立即责令限期整改。加强对无证非法开采行为的打击力度，发现一宗，坚决取缔一宗，确保不留安全隐患。多次联合县公安、林业、安监、环保、水利、供电及当地镇政府对黄羌镇圆潭、杨桃坳，平东谷塘、联安镇长埔矿区等非法采矿点依法进行取缔，遏制非法开采行为，杜绝安全事故发生。二是推进矿山地质环境治理、矿山企业监管及矿业权设置工作。督促并协助工程承担单位做好联安长埔矿区矿山地质环境治理工作，现工程已全面竣工并上报市国土资源局验收。加强对持证矿山企业勘查、开采监督管理，落实安全生产责任制，认真开展了探矿、采矿企业年检工作。协调有关单位开展了黄羌石场择址、储量勘测及评审等工作，同时按照上级要求，做好矿业权设置工作。

【地质灾害防治】　根据《海丰县地质灾害防治规划》，结合海丰县实际，县国土资源局编制《2013年度地质灾害防治方案》和《海丰县地质灾害突发应急预案》，调整地质灾害应急机构，落实责任，签订防治工作责任书。落实了地质灾害隐患点监测责任人、监测人。县国土资源局在经费紧张的情况下挤出资金3万元，对全县50名地质灾害监测员每人发给600元的补贴，提高他们的工作责任心，保证监测工作的落实。同时，加大地质灾害防治宣传力度，提高广大人民群众对地质灾害防治工作的认识。在汛期期间，加强地质灾害巡查工作，落实领导带班24小时值班制度。特别是超强台风“天兔”袭击海丰县并带来大暴雨的天气灾害中，县国土资源局及时组织人员深入各镇进行地质灾害防治工作的指导，指导各镇做好受地质灾害威胁的群众的安全转移工作，同时组织抢险队伍投入抢险工作，并及时向省、市上报灾情，向上级申请地质灾害防治资金。通过一系列的防治措施，保证全县未出现因地质灾害造成的人员伤亡。

【国土资源管理基层建设】　为进一步发挥基层国土资源所前沿阵地作用，改善国土资源所办公条件，根据省国土资源厅《关于加强基层国土资源所规范化建设的意见》的要求，在县委、县政府高度重视和支持下，按照逐个建设、逐步解决的方针，切实加强基层国土资源所规范化建设工作。2012年县国土资源局分别向赤坑镇、梅陇镇、可塘镇购买了赤坑、梅陇、可塘3个国土资源管理所的办公用房。赤坑所、梅陇所办公用房通过改造装修，已全面完工，其中赤坑国土资源所的办公用房已于2013年8月交付使用。

（刘德新）

附：2013年度海丰县国土资源局领导名录

局　长：林建军

副局长：郭　槎　戴国钦　黄　明

工商行政管理

【概况】　2013年，海丰县工商系统围绕县委提出的“三个坚持”“四个争当”“五个发展”总体发展思路，将推动“科学跨越发展、建设幸福海丰”作为工商工作的出发点和落脚点，以转变工作作风为抓手，全面建设“法治工商、信用工商、服务工商、效能工商”；以提升监管执法效能为主线，积极开展“两建”工作，加快推进企业登记制度和监管方式改革，着力构建“宽入严管”市场监管新体系；以实现海丰经济振兴发展为目标，充分发挥公共服务管理职能，大力推进品牌战略深入实施，积极服务经济发展方式转型升级，助力企业提升竞争优势；以维护民生为重点，加强消费维权和社会监督体系建设，深入整顿和规范市场秩序，切实维护公平公正的交易环境，保障消费环境健康有序。

【工商企业登记管理】　2013年，企业登记管理工作遵循法治行政、效能服务、科学管理“三大理念”，按照“宽进严管”总体思路，着力深化登记制度改革，全力推进职能转变，全面落实便民惠民措施，以高效优质服务优化准入环境。通过推行“三零”“三减”（“三零”即：注册登记“零收费”，注册资本“零首期”，市场准入“零壁垒”；“三减”即：“压缩”时限，“减少”环节，“精减”范围），为民营经济发展创造了有利条件，调动了市场主体自觉办照、规范经营的主动性。通过实行多元便民服务，打造精品服务、预约服务、延时服务、快捷服务、创优服务、“流水线”服务等服务方式，大大提高了办事效率和服务质量。在海丰网“工商企业网上申报”栏开通网上申请、在线咨询、进度查询以及结果反馈等功能，完善了网上服务。2013年局、所两级服务窗口共受理行政许可业务近万笔，均做到“服务过程零障碍、服务方式零距离、服务质量零缺陷、服务效果零投诉”，塑造了“办事程序最简便、办事效率最快速”的工商窗口良好形象。至年末，全县新登记各类市场主体4764户，注册资本（金）8.2133亿元；注销各类主体1131户，其中：内资非私营企业9户、私营企业124户、个体户998户。全县实有各类市场主体31278户，同比增长11.66%。从登记注册情况看，作为海丰经济发展重要力量和就业主要渠道的民营企业发展形势良好，私营企业稳中有升，投资规模普遍增大，投资领域呈多元化。

2013年3月15日上午，海丰县工商局、质监局联合举行“3.15国际消费者权益日”销毁假冒伪劣商品现场会，公开销毁一大批总价值约为30.4万元的假冒伪劣商品和涉案物品。图为县委林建隆副书记亲临指导并发表讲话

【企业监督管理】 2013年，县工商局按照《广东省工商行政管理局关于深化市场监管方式改革的意见》，积极推进企业监管方式改革，紧密围绕加快转型升级、建设幸福海丰核心任务，充分履行企业监督管理职能，加大重点领域、重点环节、重点区域的突出问题整治力度，促进各类市场主体规范发展。一是依法依规做好企业年检和个体工商户验照工作。不断创新和深化年检验照方式，大力推行网上年检，为企业和群众办事提供多元化途径选择；依法简化年检验照材料，进一步提高年检验照办事效率和工作效能；严格执行有关规定，免征企业年检费、杜绝“搭车收费”；进一步加强对企业的信用指导，规范企业法人法定代表人任职限制工作，推动企业信用体系的建立完善。全年共办理内资企业年检1744户，年检率占应检数2202户的79.2%，其中在法定期限内办理年检的1689户全部通过网上申报；办理个体工商户验照12750户，验照率应验照24376户的52.3%，其中网检预审数为9003户，网检率为70.6%。二是依法查处违反工商登记法律、法规、规章的行为。年内，共查处违反企业年度检验办法案件12件（其中个人独资企业9户次、私营有限责任公司3户次），罚没款8.1万元；查处违反公司登记法规案件1件，罚没款0.5万元。三是加大查处取缔无照经营行为力度。以贯彻新修改的《广东省查处无照经营行为条例》为契机，以县政府名义制定出台《海丰县清理查处取缔无证无照经营专项整治工作总体方案》、召开全县“查无”工作会议，明确职责分工，形成职能部门与属地镇（场）政府和社区居民委员会、村委会合力的“查无”工作格局；加大无照监管力度，年内全系统共查处无照经营户647户，罚没款197.56万元；向县公安、水务等8个相关部门发出函告15份，涉及网吧、餐饮、旅馆、采砂、诊所、红砖厂、燃气销售点等涉及前置审批的行业的无照经营户67户。四是突出加强重点行业企业安全生产监督管理。年内，县工商系统采取“一堵二教三帮四管五督六查”的监管模式，重点对无证无照的烟花爆竹、危险化学品、成品油、公众娱乐场所、酒吧、网吧、酒店、宾馆、市场等公众聚集场所及高危行业企业的监督管理。年内，出动执法人员2874人次，检查高危行业企业、经营点3563个（次），发出责改通知108份，取缔高危行业无照经营19户。

【商标管理】 海丰县工商系统按照“服务为要、管理为责、和谐为重、发展为上”的原则，保护商标知识产权，深入推进商标战略实施。一是加大引导、帮扶、服务、指导力度。围绕“推进商标品牌战略，服务创新驱动发展”这一主题，利用“3·15”消费者权益保护日和“4·26”全国知识产权宣传周活动为契机，加强商标宣传，营造尊重知识产权、培育自主商标品牌的氛围，并主动深入企业提供咨询服务，引导和发动企业申办注册商标、申报著名商标、驰名商标。全年服务企业申请商标注册和咨询活动68人次，行政指导经营者正确使用商标42户（件），协助企业申请商标注册15件，办理商标续展12件、转让7件、补证2件、变更名称地址1件。在巡查中发现本地涉农商标“皇斋虎噉”原持有人出让该商标但未向商标局申请办理转让手续情况后，及时指导、帮助海丰县供销果蔬加工厂办理“皇斋虎噉”和“虎噉金针”两件商标转让手续，避免了使用不当而造成的严重后果。年底，国家质监总局核准使用“虎噉金针菜”国家地理标志保护产品专用标志。全县全年商标注册申请量1947件，核准注册商标978件，至年底全县累计有效注册商标总量达8248件，占全市有效注册商标总数的58.92%，拥有中国驰名商标1件、广东省著名商标9件，位居全市首位。二是开展打击侵犯知识产权专项行动。结合“双打”和“两建”工作（打击侵犯知识产权和制售假冒伪劣商品专项行动，建设社会信用体系和市场监管体系），强化商标行政执法，重点加强企业商标使用行为监管，加大商标专用权尤其是涉农商标专用权保护力度。全年全县工商系统共立案查处商标侵权35件、案值8.52万元、罚没金额15.43万元，冒充注册商标5件、案值7.26万元、罚没金额2.1万元，没收侵权物品服装、酒、汽车配件、摩托车配件、商标标识等物质4865件，其中查处了假冒本地涉农商标“黄羌陸寶”虎噉金针菜案件1宗、“有记益生茶”案件2宗，为本地企业商标专用权提升了有力保护。三是推进商标发展战略。根据筛选出的扶持重点目标，主动深入企业现场服务，指导企业为争创驰（著）名商标积极创造条件。同时，联合县服装行业商会举办“新《中华人民共和国商标法》释解及操作实务培训班”，指导商标专管人员准确把握新修改《中华人民共和国商标法》的六方面新变化，吃透法律精神，提高商标注册、运用、保护和管理能力；提醒企业主动适应法律的调整和修改，正确理解、运用驰名商标保护制度，规避侵权风险，带头守法经营，同推动海丰商标发展战略的深入实施。共培训企业负责人、工商所执法人员150多人。

【广告管理】 2013年，全县工商系统广告工作紧紧围绕“加快转型升级、建设幸福海丰”的中心任务，积极投身于“两建”和构建现代广告产业体系中，推动县内广告业迈上新台阶。至年底，全县共有广告经营单位168户（其中广告企业86户、事业单位1家、广告个体工商户81户）、广告从业人员1098人，广告经营额1613.66万元。一是做好“广告经营许可证”的年检工作。对实行广告经营许可证制度1家新闻媒体的“广告经营许可证”进行了年检。二是把好户外广告登记发布关。全年共核准登记发布户外广告153宗，制作广告金额1007.66万元，其中办理展示牌广告348块、金额983.94万元，灯杆挂旗270幅、金额21.75万元，车身广告27辆、金额1.97万元。三是深入开展虚假违法广告专项整治。认真贯彻落实省局《广告监管工作指引》和《查处广告违法行为指导意见》，增置、更新电视广告监测设备，实行24小时全天候监录，加大广告监测力度，实行统筹协调、互动监管，有针对性地联动其他行政职能部门对县城地区群众较为关注的乱贴乱挂违章广告进行重点整顿和清理，加大对虚假违法广告的整治力度。全年共监测电视广告685条（次），查处违法广告案件13宗，罚没金额2.31万元。四是加强广告业行政指导。以落实国家工商总局等12部门《大众传播媒介广告发布审查规定》为抓手，统一实施广告审查员培训制度，加强行政指导，倡导行业自律，督促媒介单位依法加强广告审查，规范广告发布行为。

2013年7月8日上午，陈凯婵副县长（右二）在海丰县工商局局长张辉民、副局长郑海玲的陪同下，深入生产型企业和高危行业经营户进行安全生产实地检查

【市场监管】 2013年，海丰市场监督管理工作以经济建设为中心、以规范市场主体行为、交易行为为重点，加大市场监督管理力度，着力规范市场秩序，维护消费者权益，有力地推动了市场繁荣与发

展。一是深入开展红盾护农行动。以执法整治护“三农”、规范管理促“三农”、扶持发展兴“三农”为重点，配合上级开展流通领域农资商品抽检工作，防止不合格商品入市流通；依托全省流通环节农资市场监管信息化平台，加强农资商品流通信息管理，严厉打击坑农害农行为；增设“红盾护农联系点”8个，总数达98个，网点遍及全县各乡镇和较大的行政村，大大方便了消费者和农民群众就地协商和解，维权自身权益。全年共检查市场85个次，检查各类农资经营户460多户次，查处农资案件5宗，罚款1.2万元。二是积极组织各类市场专项整治。以保障节日食品消费安全为重点，多次组织开展节日市场专项执法检查；以督促指导加强市场安全管理、卫生管理、环境管理，预防重大安全事故发生为重点，集中开展集贸市场及场内经营户专项整治；以整治违法生产、经营和使用瘦肉精等突出问题和严厉打击私屠乱宰违法行为为重点，加强猪肉等肉制品市场监管执法；以强化网络流通商品质量监管，严防网上销售假冒伪劣和侵犯商标专用权商品为重点，开展了“网络商品交易非法主体网站”的排查与专项整治；以防控H7N9禽流感为重点，采取高频巡查、驻场管理、加强经营者个人防护工作指导、落实市场开办者责任与义务等群防共治措施，加强了禽类市场监管和防控力度。全年组织各类专项行动12次，检查商场、超市、集贸市场2985个次，检查各类经营主体17800多户次，发出限期整改通知书10份、限期办理营业执照通知书14份、《责令改正通知书》6份、责令经营者改善宰杀环境（条件）3户次、指导经营者做好禽流感个人防护工作250户次；查处无证开办市场案件2宗、“市场登记证”无年检案件1宗，查处市场内无照经营14户、制售假冒伪劣食品案件5宗，取缔猪肉无照经营户33户，查处私屠乱宰等肉类违法经营案件43宗，没收病死猪肉1901.2公斤；排查并上报省局处理的“疑似非法主体网站”27家。三是结合“两建”工作大力推进市场诚信建设。按2012年7月26日公布实施的《广东省商品交易市场管理条例》“取消市场登记证，实施企业登记管理”的新规定，认真做好商品交易市场登记制度改革工作，引导、督促市场开办者积极创造条件按时进行市场服务管理机构企业登记，及时完善相关市场管理制度，落实市场管理责任，提高市场管理水平。同时，围绕构建社会信用体系，突出加强市场信用分类监管，通过制定文明服务公约、开展诚信市场创建活动等，引导和激励经营者诚信经营、重诺守信。可塘珠宝交易市场（企业登记名称为“海丰县中宝实业有限公司宝升市场服务管理分公司”）被评为“广东省2012～2013年度诚信市场”。至年底，全县共有市场46个，均为消费品市场。

【合同管理】 2013年，合同监管工作以贯彻执行《合同违法行为监督处理办法》为抓手，以整治“霸王条款”为主线，重点抓好合同监管、合同指导服务、企业合同信用建设等工作。一是突出重点开展银行业、电信业合同格式条款专项治理行动。围绕社会关注的热点和消费投诉焦点，有针对性地加强银行业、电信业合同格式条款引导规范和监管执法，主要是采取上门普法、媒体宣传、行政约谈等方式，加强合同格式条款备案工作的引导；落实属地监管责任，加强格式合同执法检查，促使企业强化守法守约。年内，全县工商系统组织召开银行业、电信业合同格式条款行政约谈会8场次，约谈企业负责人118人次；检查银行、电信企业99家（其中银行业63家、电信业36家），检查合同85份（其中银行业47份、电信业38份），查处“霸王条款”案件1宗。二是加强合同指导服务。大力推行合同示范文本，加强合同行政指导，进一步推进合同帮企工作，积极服务企业特别是中小微企业发展；以加大宣传力度、拓宽抵押范围、搭建动产抵押登记平台、开展融资推荐为抓手，进一步做好动产抵押融资助企工作；以制止不正当竞争行为为重点，认真做好拍卖活动登记备案和现场监拍工作，保护拍卖活动当事人的合法权益。2013年，共为6家企业办理了动产抵押物登记，抵押物价值52568.24万元，为企业解决融资46287万元；办理拍卖会监管备案19宗，备案合同19份，标的3938.08万元，拍卖会成交合同12份，成交金额1807.25万元。三是深化守合同重信用创建活动推进企业信用体系建设。将“守合同重信用”创建活动与品牌建设相结合，协调政府主管部门提供优惠扶持政策，推动优惠措施的落实，提高企业参与守合同重信用活动的积极性和主动性；围绕促进企业诚信经营，树立企业合同信用典范，采取上门指导服务方式，帮助符合申报条件的企业做好自查、自荐工作，指导企业正确填写申报资料等，加大对守重企业的指导、服务力度；进一步规范申报和考核工作，深入开展守合同重信用企业公示活动，服务企业信用体系建设。至年末，全县有“守合同重信用”企业116家，其中，海丰县食品企业集团公司获国家级“守合同重信用企业”荣誉称号；年内，根据《广东省守合同重信用企业公示活动规则》规定，撤销不符合守合同重信用条件的3家企业“广东省守合同重信用企业”称号。

【工商行政执法】 2013年，海丰强化市场监管执法力度，有力地规范和维护了市场经济秩序。全年全县工商系统查处违法经营案件745宗，罚没金额244.13万元。在行政执法工作中，全县工商部门坚持“维护公平，服务民生，促进发展”，突出重点，把住关键，重拳打击经济违法违章行为，充分发挥了工商经济检查职能。一是继续加强无照经营清理整顿工作。深入排查欺行霸市类案件线索，加大无照经营打击力度，全年全县工商系统共排查无照经营等欺行霸市类案件线索1000余条，立案查处案件647宗。二是突出加强流通环节食品安全监管。以层层签订责任书的形式切实加强食品安全监管工作的组织领导，在严格把好食品经营主体准入关、强化流通环节食品质量监测、认真抓好食品进销可追溯管理的前提下，着力加强食品安全整顿工作；针对与群众生活密切相关的热点问题，重点组织开展肉制品及食用油、月饼等应节食品的执法检查、奶制品专项执法检查、农村食品市场整顿、“地沟油”专项整治、打击违法添加非食用物质和滥用食品添加剂执法检查等专项行动，严厉打击销售过期霉变食品、“三无”食品等违法行为，至12月底，全局共检查食品经营者5841户次，检查批发市场96个次，捣毁售假窝点15个，查处涉及违反《中华人民共和国食品安全法》案件20宗，查扣不合格食品200多千克。三是全面深入推进打击制假售假工作。通过抓宣传，造氛围，形成全社会广泛参与的打假工作格局；抓重点，强打击，集中精力查办具有社会影响力的案件；抓线索，深查办，提高行动震慑性和影响力；深合作，促成效，形成强大的执法监管合力等措施，保持了对假冒伪劣违法行为的高压打击态势，提升了流通领域打假工作成效，全年全县工商系统出动执法人员1.24万人次，检查各类经营主体12640户，立案查处涉嫌制假售假案件42宗、违反产品质量法2宗，涉案产品商品货值约350万元。四是切实加大不正当竞争执法力度。按照上级“双打”工作部署，突出加强知识产权保护，全县工商系统依照反不正当竞争法律法规共查办案件4宗，依照商标法律法规查办商标侵权33宗、冒充注册商标2宗，没收红葡萄酒、茶叶、糖果饼干、服装、皮具箱包等侵权、仿冒商品一批。五是落实有效遏制传销和变相传销活动。加强了打击传销普法宣传教育工作，于8月在海丰仁荣中学建立全市首个“打击传销普法教育基地”，开展“打击传销进校园”活动，将防范传销工作的关口前移到中学校园，帮助、引导即将步入大学校门、走向社会的莘莘学子自觉远离传销、拒绝传销的做法为全省首

2013年8月2日，海丰县工商局在海丰县仁荣中学建立全市首个“打击传销普法教育基地”，并联合该校开展了“打击传销进校园”系列宣传教育活动。图为全市首个“打击传销普法教育基地”在海丰县仁荣中学举行挂牌仪式

创。认真落实各项防控措施，特别是发现3起涉嫌传销案件后，与公安部门联合对出租屋、公园、酒店加强巡查，对传销活动实施强有力的监控。全年共印发《禁止传销条例》《直销管理条例》2000份，张贴宣传海报2000张，举办《如何打击传销和规范直销》培训班1期，出动执法人员200多人次，检查出租屋、酒店、旅馆等120多间次，营造了打击高压态势，有效遏制了传销人员在海丰驻足。六是立足职能开展各项专项整治。组织开展了流通领域打击走私贩私、玩具商品、报废汽车、问题大米及“傍名牌”等专项整治行动；配合有关职能部门开展了禁毒、扫黄打非、打击走私、问题冻肉重点整治、清查收缴非法出版物、打击非法拼组装汽车摩托专项整治、烟草打假、查处非法销售卫星接收设施行为等一系列专项整治工作，规范市场经济秩序取得显著成效，推动建立了规范经营、公平竞争、优胜劣汰的市场环境。

【消费者权益保护】 2013年，消费者权益保护工作紧紧围绕建立多元共治的消费维权和社会监督体系，在抓好打假治劣、构建放心消费环境的基础上，根据“让消费者更有力量”的消费年主题，突出加强消费教育指导，以“纪念‘3·15’国际消费者权益日”为载体，采用举办宣传咨询服务活动、召开销毁假冒伪劣商品现场会、依借主流媒体开办“3·15”特别宣传报道栏目、举行以普及维权知识为主要内容的灯谜晚会等形式，进一步加大消费宣传教育和引导的力度，促进消费者的提高维权意识，增强参与社会监督的自觉性；以帮助企业员工养成科学、理性、文明的消费理念，增强自我保护意识和能力为切入点，在公平金鸟来服饰有限公司建立全市首个“消费维权普法教育基地”，图文并茂的展板直观地为农民工上了一堂消费维权课，简单明了的消费维权知识宣传单让每位工人朋友有“法”傍身，通过工作人员主动送“法”，亲身传“法”，将消费教育、消费警示、消费知识普及延伸到工厂，真真切切地解决了广大企业员工的维权知识需求，达到了增智扩能促共治的良好效果。按照健全基层维权和监督网络，提升消费维权效能的工作要求，继续加大“12315”“五进”工作力度，年内在县自来水公司、云岭客运站等企事业单位增设了5个消费维权工作站，至2013年底总数达56个，拓宽了消费维权工作领域。消费维权和社会监督体系的不断完善与加强，有力地推动了消费维权工作由事后查处向事前防范转变、由事后调解向事前和解转变、由事后处理投诉向事前引导教育转变，进一步畅通了维权诉求渠道，优化了维权机制，提高了维权效能。年内，县消委会办公室直接受理投诉52件，投诉解决率100%，为消费者挽回经济损失11.8万多元；“12315”申诉举报中心接受群众来人、来电咨询45人次，接受“12315”网络申诉案件111宗，为消费者挽回经济损失11.19万元，接受并转办举报案件73宗；消费维权服务站接受群众来人、来电咨询40232件，同比增长373.38%，基层工商所“12315”申诉举报站受理消费者申（投）诉31件，“12315”“五进”受理消费者申诉1129件，同比增长347.38%。受理并解决消费者申（投）诉案件的成倍增长，凸显了全社会维权监督意识的有效增强，职能部门维权能力与效能的不断提升。

2013年8月30日，全市首个“消费维权普法教育基地”在海丰县公平镇广东金鸟来服饰有限公司成立。县工商局副局长林文财（右）、该公司法定代表人连渭洪先生（左）共同为该普法教育基地揭牌

【工商队伍建设】 2013年，县工商系统深入开展各项教育实践活动，落实切实可行的措施加强队伍思想建设、作风建设、效能建设、廉政建设和业务建设，取得了明显的成效。行风政风建设进一步加强，队伍形象进一步优化，监管服务效能进一步提升。一是以深化政风行风建设为基本点，精心开展各项主题教育活动。2013年，先后组织开展“万众评股室”、民主评议政风行风和以“严纪律、正作风、促廉洁”为主题的纪律教育学习月活动。通过开展“三项”活动，全面贯彻“八项规定”，大力整治“庸懒散奢”不良风气，切实改进工作作风，促使系统人员提高了遵纪守法的自觉性，增强了为民服务理念，筑牢了拒腐防

变思想道德防线。年内，局长、局机关参评单位负责人和12个基层工商所的40名正、副所长分别向监管服务对象述廉述职，均得到较好评价。在民主评议政风行风活动中，全县工商系统被评为“满意单位”，参加县“万众评股室”活动的注册、企管、商广、经检大队4个参评股室也得到较好评价。二是以提升队伍精气神为着力点，抓实党廉建设和“两险”防控工作。坚持“围绕中心抓党建，抓好党建促发展”的工作理念，落实抓学习，育德心，强化党的思想建设；固根本，强基础，强化党的组织建设；定规范，立规章，强化党务制度管理；重教育，严监督，强化党风廉政建设等四个党建工作措施，以“四个强化”纯党风、转作风、正行风、优政风，努力促进党建工作与监管执法齐头并进，队伍素质与工作效能同步提升。同时，以打造廉洁高质队伍为目标，以规范行政执法行为为重点，围绕确保权力行使安全、项目建设安全、资金运用安全和干部成长安全，坚持把工作督察作为提升落实力、促进有效履职的有力抓手，通过实施“错时督察”“换位督察”及“靶向督察”，统筹督察内容，完善督察机制，健全情况反馈机制、实行结果通报制度、完善目标考核制度等，进一步抓实抓好“两险”防控工作，推动务实清廉作风有效形成，不断提升队伍的精气神，塑造良好的工商形象。三是以提高监管执法效能为着眼点，切实抓好业务培训和普法宣传工作。全年先后组织基层工商机关公务员参与国家总局行政学院专题网络培训5期次，参训人员16人次，参训学员完成所有课程学习和通过学业考试，顺利取得结业证书。针对不同业务领域的实际需要，建立分类分层的全员教育培训机制，依岗位、分专业、有重点地细化培训层级，注重培养专业化、创新型人才，自行举办了政务信息工作、市场合同监管、商标知识更新、打击传销知识及消费维权知识业务等培训班9期次，受训人员217人次。通过层层培训，使广大干部职工进一步明确岗位职责，强化了监管与发展、监管与服务、监管与维权、监管与执法“四个统一”的管理服务理念，提升了队伍的依法行政水平。四是以抓好职能转型为关键点，着力加强行政行为规范。按照《广东省工商行政管理局加强工商所规范化建设的意见》和市工商局的工作部署，以加强基层基础建设，提升基层服务效能，增强基层执法能力为重点，着力在硬件建设上下功夫、在软件建设上求规范、在制度建设上严要求，认真落实好省局基层规范化建设目标要求，以考评促落实再掀工商所规范化建设新高潮，切实加大规范化建设工作力度，加快基层规范化建设进程。在工商所规范化建设中，把行政规范作为规范化建设的核心，以制度化、精细化、信息化、效能化推动行政规范，不断提升基层规范化建设的层次，努力促进队伍自身的转型升级。制度化——即不断建立完善队伍管理各项规章制度，用制度管人、管事、管物、管财，规范工作运行；精细化——即通过优化所室配置、优化工作流程、明确岗位职责、量化工作目标、优化内部分工，实行定岗定责，加强绩效考核，建立一个能够实时、准确地反映工作业绩和整体效能的评价体系，促进行政规范；信息化——即通过配齐办公电脑、配全执法办案装备，并将信息化作为推动行政规范的重要手段，全面应用到网上登记、网上年检、移动办案、“信誉通”、绩效考核、视频督察等业务辅助系统，提升规范化层次和科技含量；效能化——即通过制定出台涵盖工商行政各项业务工作指引和工作规范，完善执法责任制和过错责任追究制的执法“制度体系”，横向平行制约和纵向层级防控的执法“监督体系”，执法有依据、行为有规范、程序有监控“责任体系”，确保行政执法活动法制化、制度化、规范化。通过以“四化”推动行政规范，有效地推进了工商所职能转型和监管到位。至年底，全县12个工商所均一次性获得省、市局验收达标。2013年，全年查办案件745宗，没有发生行政复议、行政诉讼与行政赔偿等情况。五是以提升队伍工作合力为出发点，抓好基层领导班子建设。严格执行《党政领导干部选拔任用工作条例》，按照习总书记提出的“好干部”的二十字要求，围绕领导班子“五好”标准，对县局、股室及工商所班子的人事进行调整和交流，不断增强各级班子的战斗力和凝聚力。2013年，先后对可塘、陶河、赤坑、附城、新园等工商所领导班子进行个别调整和充实。同时，企管、机关服务中心等股室进行岗位轮换。整个干部选拔调整工作组织严密、程序规范、公平公正，得到上级党组和干部职工的一致肯定。年内，县工商行政管理局被市政府授予“扶贫双到优秀单位”的光荣称号，局长张辉民被省政府评为“驻村干部优秀个人”。

（蔡春辉）

附：2013年海丰县工商行政管理局领导名录
局　长：张辉民
副局长：彭成悦　罗宗好　林文财　郑海玲

市场物业管理

【概况】　海丰县市场物业管理局成立于2001年，是海丰县政府属下的正科级事业单位，主要负责全县国有市场物业的规划管理、经营服务、开发建设等工作。内设人秘股、财会股、保卫股、市场管理规划股、市场建设规划股5个股室，下设海城、西门、北门、可塘、梅陇、公平、鹅埠共7个市场物业管理所，管辖国有农贸市场14个，市场经营面积约3万多平方米。2013年，县市场物业管理局一方面加强市场的融资租赁工作，提升经济效益；一方面加强市场基础设施建设，改善经营环境，取得较好的经济效益。

【市场融资租赁】　2013年，为充分发挥国有资产的经济效益，在北门市场招租过程中，县市场物业管理局邀请县物价局价格认证中心对北门市场的租赁价格进行评估，并按照相关规定，对市场招租严格实行招投标工作。北门市场原年租金为63万元，经委托第三方公开招租竞投后年租金达147万元。同时通过招商引资的方式，由承租方出资对北门市场实行全面的升级改造工程，将原市场打造成为粤东地区义乌小商品批发城，该项目的落成将对海丰县经济发展提供蓬勃的商机，充分实现了国有资产的保值和增值，发挥了国有资产的最大效益。年内，县市场物业管理局整合梅陇木材市场土地资源，促进经济建设。首先为支持县公路事业的发展，将梅陇木材市场的2985.3平方米用于梅陇环线公路的征地建设。其次将梅陇木材市场部分土地使用权转让，用作扶贫产业园建设用地。根据2013年12月6日海丰县政府常务会议纪要第十五条："关于建设深圳对口扶贫产业园的问题"的相关决定，同意将位于梅陇木材市场的5415平方米的土地使用权，以每平方米1200元的价格转让。此举既符合扶贫产业园项目的建设需求，又推动海丰经济建设。

【市场基础设施建设】　县市场物业管理局管辖市场大部分建立于20世纪80年代，历经风雨、设施陈旧，年内强台风"天兔"对大部分市场造成不同程度的损毁。针对部分老市场均出现水泥柱裂缝、钢筋生锈、卷闸门腐烂、屋顶渗漏、地下排水沟严重堵塞及消防设施破旧不全等情况，县市场物业管理局领导班子多次带队下基层调研，群策群力研究解决方案，在局经济严重困难的情况下，多方筹集资金对部分存在严重安全隐患的老市场进行深化整治工作。陶河市场经县建筑工程质量安全监督站鉴定结构安全评定为C级，存在严重的安全隐患。为确保人民群众生命财产安全，局领导班子经与陶河镇委、镇政府有关领导沟通协商后，采取出了紧急封闭陶河市场，并将原陶河家俬城改造为过渡性市场的应急措施，其后将原陶河市场建筑物拆除并利用东屯池有产权的空地新建一座钢管结构市场，以此改善市场经营环境，提升市场竞争力，保障市民的菜篮子工程。除新建陶河市场外，年内对海城市场、西门市场等4个市场也进行了维修加固，共投入维修市场基础设施的资金款项60多万元。

（黄翰瑜）

附：2013年海丰县市场物业管理局领导名录
局　长：陈晓辉
副局长：黄首诚　刘明杰（挂任附城镇委副书记）

质量技术监督

【概况】　海丰县质量技术监督局（简称县质监局）是汕尾市质量技术监督局直属的正科级行政机构，具有管理全县标准化、计量、质量、生产加工环节食品安全、特种设备安全监察综合管理和行政执法的职能。2013年内设办公室、政策法规股、特种设备安全监察股、质量股、计量股、食品监管股、标准化股、人事教育股8个职能股室，下设直属行政单位海丰县质量技术监督局稽查队，海丰县打击制售假冒伪劣商品违法行为办公室（简称县打假办）为县属挂靠单位，行政和行政执法定编人数共24人。2013年，全局在职人员39人（编内人员24人、聘用人员15人）。下设直属事业单位海丰县质量技术监督检测所（编制11人，在编11人，聘用1人），负责全县量值统一，负责研究和建立县最高计量标准、社会公用计量标准，进行量值传递，执行强制检定、测试任务，为县质监局实施计量监督提供技术保证，并承办有关的计量监督工作。

【标准化与代码管理】 2013年，全县共办理组织机构代码（包括新办、变更、换证、年检、迁址）单位3499家。企业标准备案3家，标准登记33家；全县采标企业9家。完成了《海丰县实施技术标准战略“十二五”规划》（海府办〔2013〕47号）的编写和印发，并组织召开了海丰县实施技术标准战略工作会议；在公平服装专业镇和梅陇金银饰品专业镇，分别举办了服装和金银饰品质量提升培训班。以汕尾市莲苑种植有限公司为龙头企业，向省局申报了广东省绿色茶叶标准化示范区。

【计量检测】 县质检所已建立压力表、天平、衡器、加油机、水表、砝码、钢卷尺、可燃气体报警器等八个计量标准，并开展上述项目检测。加大定量包装商品监管力度，对县内6家商场、13家大米加工厂、8家瓶装液化气充装站、5家集贸市场、17家加油站、10家眼镜店进行检查，均符合标识净含量的要求。年内，从源头抓计量，由县打假办牵头组织质监、工商、农业、卫生等部门，对县城6家集贸市场进行计量专项整治，要求集贸市场管理者加强监管工作，规范市场管理，对仍使用市斤秤的商户进行宣传教育，取得良好效果，商户们均表示认真整改，接受劝诫；联合国税部门加强对加油机监管，从安装、使用、维修和停用等环节实行全方位监督，2013年共封枪停用18枪，维修更换34枪，并与17家加油站签订了计量承诺书；联合稽查加大对全县新建楼盘水表检定的专项检查力度，查处水表未经检定投入使用的新建楼盘3家，立案3宗。

【民生计量】 2013年，全年共检定和校准调试计量器具5985台（套），其中衡器591台、压力表1140个、天平173台（套）、加油枪1130（枪）、水表1050块，检定收入78.68万元，同期比增6%，计划第四季度收入30万元。主要做法：一是积极开展全县“计量惠民——计量器具免费检定”工作，共检定农贸市场33家，免费检定计量器具1901台（件）。二是对集贸市场、商铺、液化气库、食品企业、建材门市、加油站等500多家企业使用的计量器具进行调查摸底并登记造册，予以强制检测和校准调试，认真填写现场检测记录，保证了量值传递和数据完整。三是深入可塘、梅陇两个专业镇的商会联系电子天平检定事宜，达成一定的协议，检定工作有所突破。

【市场监督巡查】 2013年，县质监局继续加大对市场监督巡查力度。对17家加油站进行监督巡查，共巡查次数112次，主要检查加油机的铅封是否完整，油机是否有在检测合格期限使用。采取与国税部门合作和根据本股职能单独监督相结合方式。对全县各加油站使用的加油机实行定期和不定期方法，从安装、使用修理、停用等环节实行全方位的监督。一年来与国税部门联合对10家加油站，55台加油机的更换工作，受理31家加油站88台加油机申请维修、更换铅封工作。对13家眼镜店进行监督巡查，主要检查计量器具使用检测情况，从各企业检查情况来看较好，均未发现有违规现象，使用计量器具均受市、县质检所检测合格。

【“5·20”世界计量日活动】 2013年5月20日，是第13个“世界计量日”。围绕“计量与生活”的宣传主题，制订《海丰县质监局开展2013年“5·20”世界计量日宣传活动实施方案》，成立协调领导小组，深入企业开展计量技术咨询、培训服务，对43家集贸市场管理人员进行计量法规宣传及计量知识培训，并与市场管理单位就计量器具使用制度进行商讨。开展计量执法检查行动，对县城各加油站、肉菜市场、眼镜店及各大中型商场等10多家企业进行监督检查。检查内容包括：加油站油机的铅封是否完好，电子秤计量是否达标，计量器是否经过检定合格，食品定量包装是否足称等。同时，重点还对部分商场超市、粮油市场的大米、面、油及副食品等定量包装商品的净含量进行抽查。检查结果显示，各企业基本上能自觉执行国家规定的计量标准。

【工业产品质量管理】 加强工业企业产品质量网络化监管，制定认证认可监管制度和年度监督计划，分阶段开展对辖区内获证企业的监管工作，合理有效安排时间，认证监管与日常巡查相结合，对登记造册的59张证书43家认证企业加大监管力度，召开各行业企业座谈会，开展网格化检查，努力做到“证前、证中、证后”全面覆盖一体监管；名牌创建有序强力推进，由于海丰县企业对申报名牌工作心存疑虑，积极性不高，名牌工作推动难度大。为了落实好市局的重点工作，县局对符合条件及有意向的企业加大宣传解释工作力度，从消除企业疑虑及服务好企业的角度出发，与企业负责人交心、交情，提高企业的名牌意识，使企业主动申报名牌，已有创世纪服饰和海华拉链等2家企业要求申报并准备前期工作。2013年抽检工业产品（非食品类）320批次，20批次不合格，整年产品合格率为94%；组织召开每季度产品质量分析约谈会，针对各企业不合格产品的不合格项目逐一帮助企业分析问题，查找原因，落实整改。

【“质量强县”工作】 质量强县是推进海丰县企业转型升级的必由之路，是保持产业优势的长久之计，县质监局积极履行质量强县办公室职责，全面推进质量强县工作，更好地发挥了参谋助手、牵头组织、综合协调和主力军作用。加强服务指导，规范管理、质量分析以及产品不合格后处理等工作力度，协助企业争领政府质量奖，“广东百斯盾服饰有限公司”获得了首届“汕尾市政府质量奖”；2013年5月10日召开四大牵头部门及强镇、强业、强企试点单位工作座谈会，及时将试点单位好的做法和经验进行交流推广，以此推进质量强县工作，确保试点工作取得实质性进展。6月24日，由县政府组织，质监局等四个牵头部门对公平镇、海丰县服装商会、珠江啤酒海丰分公司等试点单位工作进行了考核评比，县、镇、企业三级机构协调联动，促进海丰县产品质量的不断提高；协助政府组织完成质量强市示范城市的申报材料。

【管理体系认证与食品农产品认证监管】 根据省质监局《关于开展2013年管理体系认证与食品农产品认证监管工作的通知》的文件要求，为确保上述工作的落实，海丰县质监局迅速制定了认证认可监管制度和年度监督计划，分阶段开展对辖区内获证企业的监管工作，并有效安排时间，实现认证监管工作与日常巡查工作相互结合，重点对食品及服装、塑料制品等生产企业进行监督检查。制定认证认可监管制度和年度监督计划，分阶段开展对辖区内获证企业的监管工作，合理有效安排时间，认证监管与日常巡查相结合，县域内43家认证企业59张证书，其中管理体系认证35张，食品农产品认证8家，产品认证6家，环境认证9家，强制性产品认证1家。在检查中，证书在有效期限范围内的企业基本能按照取证要求开展工作，管理体系运转正常，尚未发现有证书过期或注销的企业继续使用认证标志违法违规行为。通过这次对取得认证认可企业的监管，建立了全县认证认可企业档案，逐一进行了登记造册，并将监管工作列入日常检查计划。

【工业锅炉专项及节能降耗整治】 2013年，县质监局对全县的工业锅炉进行了全方位的排查，突出检查检验机构报送的存在安全隐患的锅炉。检查现场，主要从锅炉安全管理情况、锅炉检验情况和人员持证上岗情况三个方面的内容入手，督促锅炉使用单位建立完善锅炉使用安全管理制度，加强锅炉及其安全附件的日常检查工作，做好锅炉运行和维护保养等各项记录，及时通过定期检验消除锅炉潜在的缺陷和管理中的问题，进一步落实企业“三落实、两有证、一检验”的安全主体责任。加强施工环节和在用锅炉的节能监管，加大对施工现场作业人员资格和施工单位质保体系运转情况的监督检查力度，继续深化安全与节能管理标杆锅炉房建设活动，严厉打击非法节能改造和未经监督检验而实施锅炉化学清洗的行为。共检查使用单位65家，发现存在隐患的使用单位20家。

【特种设备管理及宣传】 2013年，全县登记收录锅炉218台，电梯439台，压力容器422台，起重机械12台，场内专用机动车辆30台，大型游乐设施7台（套），压力管道216条，共合计1344台。年内，加强“飘红设备”的排查治理工作，积极开展现场监察工作，加强对超期未检特种设备的监管力度，对电子监管系统的“飘红设备”逐台进行清理，按规定发出安全监察指令要求企业单位在限期内落实整改措施，对不积极落实整改和长时间得不到整改的企业，移交稽查执法部门进行立案查处；进一步发挥动态监管网的作用，检查使用特种设备使用单位140家，发出监察指令书51份，现场检查记录84份；积极开展承压类特种设备安全大检查和加强重点监控设备管理。对监控设备实施分类管理，督促特种设备使用单位切实落实安全主体责任。通过检查，发现部分企业分别存在安装未告知、设备未办理注册登记和操作人员未持证上岗等违规行为，县质监局依法发出监察指令书，明确期限，严格要求企业进行整改；积极开展电梯和自动扶梯定检、维保专项整治工作，举办电梯应急救援演练，约谈9家电梯安装、维保单位，推进电梯安全监管改革工作，明确电梯安全权责关系；检查电梯使用单位10家，电梯18台，发出安全监察指令书

6份，现场责令存在隐患的设备停止使用，及时纠正电梯使用单位主体责任意识不强、过分依赖电梯维修保养公司的思想行为。做好液氨制冷容器和气瓶专项整治工作，检查液氨制冷使用单位6家，液氨制冷容器68台，制冷管道20条；召开8家气瓶充装单位工作会议，严厉打击充装“超期瓶”“报废瓶”违法行为，进一步加强液化石油气质量监督。开展安全生产大检查专项行动。按照县政府的部署，制订专项工作方案，强化联合行动，严格执法，加大打击整治力度，组织开展专项检查工作，及时发现并协调解决专项行动中存在的突出问题，努力实现专项行动各阶段工作目标。继续推进起重机械专项整治工作，检查企业9家设备12台，重点检查起重机械的安装告知、注册登记和定期检验情况，督促企业认真自查，对存在严重隐患的设备，经责令整改而未整改或者整改不到位的，依法查处立案6宗，罚款3.1万元，逐台消除事故隐患，收到较好效果。

【重特大事故隐患监控】　2013年，海丰县列入重特大事故隐患监控的单位有16家，县质监局加强重点监控设备管理，深入各重点监控设备使用单位进行专项检查，对监控设备实施分类管理，重点检查：各项安全管理制度及落实情况、管理人员和作业人员持证上岗情况、设备和安全防护装置是否在检验有效期内及定期检查维护、是否按规定逐台设备落实安全责任人等，对发现存在问题及时指出并责令改正。

【生产加工环节食品监管】　加强食品质量安全宣传培训。3月21日及5月17日组织举办“食品安全免费培训班”“食品预包装标签解答会”，宣传相关法律法规知识，与企业负责人面对面、点对点进行辅导培训，帮扶企业把好产品标识标签标注关，有效提高各食品企业食品安全责任意识。全县84家食品生产企业参加了培训，讲解修正产品标识68份。加强食品质量监督抽查和风险监测，监管区域覆盖率达到100%，对食品生产企业全面进行巡查回访。按照省、市局定期监督抽查计划，对39家食品生产企业70批次产品进行监督抽查和风险监测，不合格发现率为3.2%；配合市局食品科随机督查食品生产加工企业13家，对企业存在问题提出具体的整改要求，为保证整改落实到位，食品监管人员认真跟踪核查整改落实情况，通过跟踪落实，13家食品企业均能按要求逐条逐项对应进行整改，整改落实比较到位；对未落实整改的企业，及时移交给稽查查处，有效地促进食品生产企业落实主体责任，对获证企业生产管理的再规范和再提高，确保全县食品质量安全；构筑行业生产企业与质监的沟通桥梁，加强行业之间经验交流，分场次分行业召集企业负责人进行约谈，督促食品生产加工企业落实主体责任，切实制订履行各项制度及措施，严格按工艺流程、管理制度和产品标准组织生产，严把出厂关，对添加剂管理要做到“六个专”；加强食品安全检测技术的研究和建设，提高食品生产加工企业在食品生产工艺、食品安全检测技术与食品监控等方面的管理水平。县质监局通过对辖区内86家企业进行筛选，最终推荐4家企业参加论坛，为规范海丰县食品生产加工，提升产品质量和管理水平，加强食品安全检测技术和监控管理，取得良好的社会效益，推动全县生产加工环节食品安全工作再上新的台阶。

【打击生产销售假冒伪劣商品】　2013年，海丰县质监局创新稽查打假思路，业务股室加强行政监管，发现问题逾期未整改的移交稽查执法，为稽查打假提供案源；加强充实稽查执法力量，将稽查现有人员合理安排，组成两个执法小组，并将质量、计量、锅特、食品等业务股室的人员分别充实到两个执法小组中去，做到稽查执法和行政监管两促进，稽查执法分组整队相结合。年内共出动稽查执法人员1186人次，立案103宗，结案92宗，到位罚没款总数达57.2018万元；加强案件后处理司法移送衔接，协同县法院往行政相对人处阐明案件后处理强制执行的程序流程，通过强有力的法律威慑，使案件得到及时执行，其中移交案件3宗，协议办结1宗，执行办结1宗，公告送达1宗。年内，按照县打假办的文件要求，县质监局联合农业局组织执法队伍对县内农资销售经营单位进行执法抽检，检查销售经营单位30家，抽查化肥样品16个，经检验合格率为100%，帮助指导农资销售单位对进货来源严格把关，切实保障农民群众的利益。在食品巡查监督抽检中不合格、未按要求进行整改落实，以及特种设备长期“飘红”、未按规定办理使用登记手续的均予以立案查处，进一步促使监管和执法有机、有效运行，在案件的后期处理中，企业也能按要求落实整改及办理使用登记手续，全年食品类案件14宗，服装鞋类案件23宗，计量类案件7宗，特种设备案件30宗。

（叶　娜）

附：2013年海丰县质量技术监督局领导名录

局　长：柯梁恭

副局长：周木明　陈如源

食品药品监督管理

【概况】 2013年，海丰县食品安全委员会及其办公室（县卫生局）认真履职，加强组织协调和综合监管职责，积极开展食品安全“两建”体系建设，提高群众饮食安全水平和满意度。根据各监管环节食品行业、企业特点，遵循先易后难、统筹协调、分步实施的原则，采取政府推动、部门组织、企业为主、社会参与的方式；由各环节监管部门确定食品安全监管体系建设重点，并具体负责组织与实施。坚持日常监管和专项整治相结合工作方针，加强对特殊药械、重点企业、重点区域、重点地段监管，严厉打击违法经营药械行为。全年共检查药品零售企业1137间次，立案11宗，结案10宗，罚款3.5万多元，没收假劣药品一批，移送公安机关处理2宗，销毁假劣药品4万多元。全县没发生重大食品药品安全事故。

（钟秀业）

【食品安全综合监管】 开展打击食品非法添加和滥用食品添加剂专项整治工作。年内，制订《海丰县农产品质量安全检测计划》，落实企业食品安全主体责任，并要求企业制定食品添加剂使用制度，严格按“GB2760”要求使用食品添加剂。对40多家糕点、饮料、糖果、肉制品、调味料等食品生产加工单位进行了食品添加剂专项检查。加强农药兽药残留专项整治。对蔬菜农药残留进行监测，共抽样检测596批次，检测蔬菜596个，合格率达99.2%。与农药门市店签订了“安全生产承诺书”，纠正不规范经营6家。办理“兽药经营许可证”的企业24家，办证率100%。开展“瘦肉精”等违禁药品检查。对全县屠宰场、养殖场的生猪进行“瘦肉精”和莱克多巴胺的检测，共检测样品600份，检测结果全部呈阴性。加强对生猪私屠滥宰违法行为的监管，查处私宰生猪、菜牛和制售病害牛肉品等各类违法案件162宗，没收肉品3241.4千克，销毁不合格肉品1647千克，罚款20.8万元。加强“地沟油”整治、餐厨废弃物管理和食用油综合治理工作，与15家餐饮单位签订《坚决杜绝使用“地沟油”保障食品质量诚信承诺》。加强对流通环节食用油的抽检力度，抽检食用油23批次，出动执法人员1440人次，检查门店2223户，未发现违法经营“地沟油”行为。检查酒楼、小餐馆、大排档400多间次，学校、幼儿园等集体食堂80多间次，未发现有使用不明来源食用油的情况。创建市级食用油示范餐饮单位6家，县级示范单位33家。450多家餐饮单位设立了《海丰县食品安全监管公示栏》。对全县餐饮单位实行量化分级管理，已完成50%量化评级。全县创建县级“流通环节食品安全示范店”37家，市级“食品安全示范店”4家。推进“信誉通”等食品信息追溯系统应用。至年末，已安装终端设备的有333家。建立健全乳及乳制品质量安全监管责任制，明确有关部门的职责，认真落实流通环节食品抽检工作制度，做好有关食品的常规抽检以及乳制品专项抽检。2013年全县未出现重大食品安全事故。

（陈俊超）

【药品监督与检验】 2013年，药品监督工作以打击药品制假售假工作为中心，强化稽查监管执法，加强与公安、工商等部门的联合执法力度和频率，严厉打击制售假劣药品和违法销售含可待因复方制剂行为的违法犯罪活动，深入推进各类药品安全专项整治工作。在加强“三品一械”日常稽查监管工作的基础上，抓重点品种、重点区域、重点企业，开展各类药品安全专项整治活动；开展了药品领域“三打”专项整治、药品“两打两建”专项整治、打击假劣药品专项整治、打击保健食品“四非”（非法生产、非法经营、非法添加、非法宣传）专项整治、打击违法销售含可待因复方制剂专项整治、非药品冒充药品专项整治、药品流通领域非法渠道购进药品专项整治、广告药品专项整治等活动；全年共出动执法人员2254人次，检查涉药单位1136家次，立案11宗，结案10宗，移送公安机关处理2宗，罚没款3.5万多元，查获违法销售“联邦止咳露”等含可待因复方制剂药品案值7.11万元。

【强化“监检结合模式”】 坚持监督检查和抽

样检验相结合，增强药品抽验工作的代表性和针对性，提高监管效能，全年完成“三品一械”监督性和评价性抽验共262批次，抽检合格率98.17%，靶向命中率31.36%。药品快筛快检202个批次，合格率97.52%。

（黎义华）

【保健食品监管】 2013年，全县共有保健食品经营企业182家，其中2013年新开办21家、换证5家、变更22家、注销22家。积极开展保健食品经营企业日常监督检查，共检查167家次，出动执法人员380人次，未发现严重违法违规情况。通过审评，确定汕尾市泰荣新药特药商场连锁有限公司联河店等10家企业为保健食品经营企业安全示范点。

【化妆品监管】 2013年，海丰县共有化妆品生产企业1家，经营企业56家。全年出动执法人员共108人次，共检查了43家次的化妆品经营企业，未发现严重违法违规行为。

【审批认证服务】 2013年，零售企业“药品经营许可证”新申办25家（已发证），换发“药品经营许可证”的企业有2家，变更“药品经营许可证”的企业有10家。至年末，面向农村配送药品的批发企业共有6家，农村供应点（村级药店）135家，聘请23人为农村药品协管员。

（黎智文）

安全生产监督管理

【概况】 2013年，海丰县安全生产工作坚持“安全第一，预防为主，综合治理”的方针，贯彻落实安全生产“党政同责、一岗双责、齐抓共管”新要求，采取有力措施，开展安全生产“打非治违”专项行动，取得成效，全县安全生产形势总体保持稳定。但安全生产四项指数呈现“两升两降”。据统计，全县发生各类安全事故404起，同比上升4.39%；死亡50人（发生工矿商贸事故2起，死亡2人；道路交通死亡48人，其中经营性死亡人数19人），同比上升2.04%；受伤581人，同比下降11.43%；直接经济损失61.73万元，同比下降4.44%。发生较大道路交通事故1起，死亡3人。

【安全生产考核工作】 根据县委、县政府《关于印发<海丰县科级党政领导班子和领导干部落实科学发展观评价指标体系考评实施细则（试行）>的通知》（海委〔2013〕21号）和《关于开展2013年度安全生产责任制考核工作的通知》（海委办〔2013〕83号）要求，县委、县政府成立海丰县2013年度安全生产责任制考核工作领导小组，由陈德忠县长任组长，许信咏常务副县长和陈紫光常委任副组长，县委办、政府办、监察局、人社局、安监局、总工会等单位负责人为成员，考核领导小组设立三个现场考核组，抽调了县直相关部门领导干部，加强对各镇（场）、经济开发、县直及有关企业的安全生产责任制考核，推进安全生产“党政同责、一岗双责、齐抓共管”制度，进一步落实政府的安全监管主体责任和企业的安全生产主体责任。

【安全生产监督检查】 2013年，为深入贯彻《关于加强危险化学品生产企业日常安全督查工作的指导意见》（粤安监〔2009〕400号）文件，进一步加强和规范危险化学品生产企业安全监管工作，构建危险化学品安全生产长效机制，推动企业安全生产主体责任的落实，依照有关规定，海丰县安监局组织聘请专家20多人次对危险化学品生产企业进行现场督查，针对督查出的安全隐患发出限期整改并按时限进行复查。检查全县危险化学品、烟花爆竹、非煤矿山、工商贸等企业160家生产经营单位，共排查出286处事故隐患并记录在安全大检查记录本，查出的事故隐患100%完成整改。

【安全生产行政许可】 2013年，海丰县安监局根据《危险化学品经营许可证管理办法》《烟花爆竹安全管理条例》和《中华人民共和国行政许可法》等有关法律法规，强化依法行政，严把安全生产行政许可审批关，依法办理危险化学品经营企业许可证6家、烟花爆竹经营商户许可证23家。依据《易制毒化学品管理条例》（国务院第445号令）有关规定办理了海丰县合力源化工有限公司和海丰县新金梅化工经销行两家经营易制毒化学品企业的备案；依据《危险化学品重大危险源监督管理暂行规定》（安监总局第48号令）办理了海丰华城能源有限公司危险化学品重大危险源备案。

【安全生产检查督查】 2013年，海丰县认真贯彻落实国务院、省、市关于做好安全生产工作的重要部署和电视电话会议精神，按照“属地管理”原则以及“谁主管、谁负责”的职责范围，突出重点，加大安全生产检查力度，切实抓好“五一”、国庆、元旦、春节等重大节日期间的安全生产大检查，彻底排查事故隐患，确保节日安全。6月9日召开全县安全生产工作会议，深入贯彻上级工作要求，重点部署开展安全生产大检查工作。县委、县政府多次召开常委扩大会议、政府常务会议，专题听取安全生产大检查情况汇报，专题部署安全生产大检查工作，要求7个检查组认真履职，对各地区、各领域、行业，基层单位、企业全面开展安全生产大检查，全面排查安全隐患。同时县政府成立督查组，对安全生产大检查情况进行督查，确保全生产大检查取得实效。据统计，2013年，全县出动检查人员5680人次，检查3250场次，检查企业、场所等2565家，排查安全隐患4785处，当场责令纠正2153处，督促落实整改1286处，落实安全防范措施1346处。

【安全生产宣传教育】 2013年，海丰县进一步加大安全生产宣传教育培训力度，采取灵活多样方式，切实抓好安全生产法律法规、方针政策的宣传贯彻，特别加强对特种作业人员、企业安全管理人员、生产经营单位从业人员、职业卫生知识等培训，推进职业安全教育，提高从业人员和广大群众安全意识。在6月份“安全生产月”中，突出“强化安全基础，推动安全发展”活动主题，县安委办发挥综合协调作用，精心组织，认真策划好活动月的各项宣传活动，取得较好效果。如：6月4日，在县电大组织开展全县镇级安监系统人员培训；6月6日，在敏兴公司组织开展“职业安全健康”宣讲活动；6月14日，组织安监、教育、公安交警等部门在海丰中学开展“交通安全进校园”启动仪式，进一步推进安全宣传教育，提高广大群众安全意识。据统计，年内全县开展安全生产宣传教育活动12场次，接受教育人员近6万人，发放宣传资料25万份。

【安全生产执法工作】 2013年，海丰县按照《中华人民共和国安全生产法》《生产安全事故报告和调查处理条例》要求，对各类生产安全责任事故，都按程序调查处理，严格责任追究和行政问责。对各地各部门监管不到位，企业主体责任不落实，失职渎职的，一律严肃追究。特别是抓住重大事故典型案件，对责任人坚决从严重处理，决不手软，以有效的问责机制，提高政府执行力。对发生在海丰县境内的2宗一般生产安全事故，认真查清事故原因、性质、责任，并坚决落实防范整改措施。通过依法、认真、严谨的事故调查处理，依法追究教育相关人员，起到了预防事故和扭转安全生产形势的作用。年内，对发生在县战鼓广告有限公司的“4·29”事故和赤石矿区造纸厂“6·29”事故调查处理已结案。

（余海洋）

附：2013年海丰县安全生产监督管理局领导名录

局　长：曾诗贤

副局长：刘启泰　吴玉武

物价管理

【概况】 2013年，海丰县物价工作围绕县委、县政府“三个坚持”“四个争当”“五个发展”的总体发展思路和五个工作年的工作目标，积极发挥物价部门职能作用，加强价格调控监管，拓展价格管理领域，扎实推进价格改革，努力保持价格总水平和价格秩序的基本稳定，为促进全县经济社会又好又快发展和全县人民共建共享“幸福海丰”保驾护航，实现物价管理工作新发展。

【政务环境建设年】 根据县委、县政府关于在全县开展“政务环境建设年”和“机关作风建设年”的工作部署，2013年开展“万众评股室”、民主评议政风行风以及纪律教育学习月活动，按照县委、县政府《工作方案》的要求，坚持把群众满意不满意作为评判工作的尺度和标准。组织全局上下对照评议内容开展自查自纠，有计划、分步骤地推进各项工作深入开展，把活动的每一环节抓紧、抓实、抓出成效。对近年来制定和建立的《物价工作公开的若干规定》《案件审理委员会工作制度》《领导成员党风廉政建设岗位职责》《价格行政执法程序若干规定》《政府价格决策听证办法》《应对价格异动事件工作预案》《考勤制度》《财务制度》等21个制度进行研究、修改、补充、完善，并印发给全局各股室，要求各股室严格贯彻执行。通过强化制度建设，真正做到用制度管人，用制度管事，使

县物价局各项管理工作有章可循，让全体干部职工的行政执法行为都处于制度的监督约束之下，进一步规范价格管理队伍的行政行为，改变服务态度，提高工作效率，进一步树立“为民、务实、高效、廉洁”的价格管理部门形象。

【价格监测】 2013年，海丰县物价局加强对粮油、蔬菜、肉禽蛋等与人民群众日常消费关系密切的农副产品价格和石油气价格的监测，并加强对价格走势的分析，为上级物价部门掌握价格信息、部署平抑物价措施提供了具体、真实、全面的材料依据。一是每月对县城液化石油气实行定点监测，采取动态管理形式，在每周三、周五将液化石油气的批发价格在海丰电视台公布，并建立监测·。从监测情况看，各气库的批发价格都在规定的差率范围内。年内，每瓶平均批发价分别为：1月118元、2月116元、3月111元、4月108元、5月103元、6月98元、7月97元、8月99元、9月105元、10月110元、11月114元、12月128元。二是重点对农资、石油气等进行定时监测，及时了解市场运行情况。全县农资价格总体平稳，农药价格波动不大，化肥2400元/吨，国产复合肥4000元/吨，进口复合肥4200元/吨，过磷酸钙820元/吨。三是根据市物价局《转发省物价局关于开展平价商店价格监测工作的通知》（汕价函〔2011〕131号）文件精神，县物价局负责海丰县平价商店价格监测，做好非平价商店市场价格监测数据的采集、整理、分析和报送工作；做好市场价格巡查、调查、分析和预警等监测工作。

【成本调查与成本监审】 2013年，海丰县根据国家发改委制定的成本调查目录，落实到附城、联安、陶河、赤坑、莲花等乡镇，按时按质认真调查登记，核算汇总上报，为上级领导和经济决策提供依据。对调（定）价费的项目事前进行成本监审。

【公立医院医药价格改革】 根据《广东省人民政府办公厅关于印发广东省县级公立医院综合改革试点意见》（粤府办〔2012〕110号）和汕尾市物价局、卫生局、人力资源和社会保障局、财政局《转发关于广东省县级公立医院医药价格改革试点工作方案的通知》（汕价〔2013〕41号）文件精神，结合海丰县彭湃纪念医院、海丰县中医医院、海丰县妇幼保健医院的实际，解决群众“看病难，看病贵”的问题，建立健全与城乡居民医疗卫生需求相适应的公立医院运行机制，通过公立医院医药价格改革，将县级公立医院补偿方式由服务收费、药品加成和政府补助三个渠道改为服务收费和政府补助两个渠道。按照“总量控制、结构调整”和“统筹协调、同步推进”的原则，县物价局会同县卫生、人社、财政等部门联合制定了《海丰县县级公立医院医药价格改革试点工作方案》，经报市业务主管部门审核通过，自2013年12月1日起实行。

海丰县彭湃纪念医院医药价格调整 2010～2012年三年平均药品加成收入1087.97万元，取消80%药品加成减少收入870.38万元，降低大型设备检查治疗和检验项目价格228.78万元。核定医疗服务价格调整总量1099.16万元。拟调整医疗服务价格如下：

① 诊查费5项：调整前金额115.64万元，调整后183.76万元，调增68.12万元，调幅58.91%。

② 护理费32项：调整前金额183.92万元，调整后407.79万元，调增223.87万元，调幅121.72%。

③ 床位费15项：调整前金额661.82万元，调整后982.61万元，调增320.79万元，调幅48.47%。

④ 手术费包含医疗服务价格项目编码31类：调整前金额894.10万元，调整后1162.33万元，调增268.23万元，调幅30%。

⑤ 治疗费包含医疗服务价格项目编码31类、43类、44类、45类、46类、48类：调整前金额869.34万元，调整后1086.67万元，调增217.33万元，调幅25.00%。

海丰县中医医院医药价格调整 2012年药品加成收入61.30万元，取消80%药品加成减少收入49.04万元，降低大型设备检查治疗检验项目价格11.37万元，核定医疗服务价格调整总量60.41万元，拟调整医疗服务价格如下：

① 诊查费5项：调整前金额9.83万元，调整后13.57万元，调增3.74万元，调幅38.02%。

② 护理费32项：调整前金额24.70万元，调整后38.43万元，调增13.73万元，调幅55.60%。

③ 床位费15项：调整前金额94.34万元，调整后119.09万元，调增24.75万元，调幅26.24%。

④ 手术费包含医疗服务价格项目编码33类：调整前金额81.59万元，调整后91.38万元，调增9.79万元，调幅12.00%。

⑤ 治疗费包含医疗服务价格项目编码31类：调整前金额107.27万元，调整后116.92万元，调增

9.65万元，调幅9.00%。

⑥ 从支持中医及民族诊疗角度出发，拟在中医及民族医诊疗41～47类调增12万元。

海丰县妇幼保健医院医药价格调整　2010～2012三年平均药品加成收入79.53万元，取消80%药品加成减少收入63.63万元，降低大型设备检查治疗和检验项目价格6.54万元，核定医疗服务价格调整总量70.17万元。拟调整医疗服务价格如下：

① 诊查费5项：调整前金额23.66万元，调整后38.71万元，调增15.05万元，调幅63.59%。

② 护理费32项：调整前金额5.40万元，调整后10.80万元，调增5.40万元，调幅100%。

③ 床位费15项：调整前金额16.40万元，调整后23.72万元，调增7.47万元，调幅44.61%。

④ 手术费包含医疗服务价格项目编码33类：调整前金额473.50万元，调整后511.38万元，调增37.88万元，调幅8%。

⑤ 治疗费包含医疗服务价格项目编码31类：调整前金额96.30万元，调整后103.04万元，调增6.74万元，调幅7.00%。

【水价改革】　根据省物价局、住房和城乡建设厅、水利厅《关于进一步完善自来水价格管理有关问题的通知》（粤价〔2012〕232号）要求，按照国家水价政策和省政府有关部署，加快实施居民生活用水阶梯式水价制度，要求在水价调整时同步实行阶梯式水价，不得出台只提高水价而不实施计价方式的改革方案。海丰县物价局按照县委、县政府的工作部署，对县自来水公司2010～2012年度供水成本实施成本监审，在成本监审基础上结合实际进行成本测算，综合平均单位供水成本1.9088元/立方米，按照用水分类合理负担原则，居民生活用水阶梯式计量水价可控制1.68元/立方米。依据《中华人民共和国价格法》和《政府制定价格听证办法》以及省、市推进资源价格改革的决策部署，对县城地区供水实施阶梯式水价提出《县城地区供水价格改革听证方案》，于2013年8月15日举行了县城地区供水价格改革听证会，与会代表本着认真负责、科学客观、实事求是的态度，对县城地区实施供水价格改革方案的必要性和可行性进行热烈的发言和科学论证，一致认为现行两部制计量水价改为实施两部制阶梯式计量水价很有必要。经报请县人民政府批准，同意在县城地区实施两部制阶梯式计量水价。自2013年9月1日起抄见的水量，按调整后两部制阶梯式计量水价执行。居民生活用水第一级（用水量1立方米～25立方米）由原1.45元/立方米，调整为1.68元/立方米；第二级（用水量26立方米～30立方米）为2.52元/立方米；第三级（用水量31立方米以上）为3.36元/立方米；工业用水由原1.50元/立方米，调整为1.80元/立方米；行政事业用水由原1.90元/立方米，调整为2.30元/立方米；经营服务性用水由原2.35元/立方米，调整为2.70元/立方米；消防、防卫、绿化用水由原1.30元/立方米，调整为1.60元/立方米；特种行业用水由原3.10元/立方米，调整为3.50元/立方米。改革后的供水价格体现了资源的合理配置，有利于提高公众节水意识和用水效率。

【推进“平价商店”建设】　根据县委、县政府“关于印发《海丰县2013年度重点项目建设项目督查工作方案的通知》”（海委办〔2013〕21号）文件精神，实施项目带动战略，全力推进平价商店项目建设，进一步加快进度、提升质量，确保海丰县2013年平价商店建设任务如期完成，实现全年平价商店建设计划，继续大力推进“平价商店”稳价惠民建设。至2013年年底，全县已先后在县城地区建成3个超市平价农副产品专营区，并在县城主要社区成功创建24家网点式、连锁型的小型农副产品、粮油平价商店，以及13家进乡镇的农副产品、粮油专营店平价商店和3家平价药店共45家平价商店。县内各平价商店经营正常，运作良好，稳价惠民作用初现。2013年1～12月，全县各大小平价商店累计销售大米约834.4吨、猪肉约380.5吨、蔬菜约1006.2吨，经营额分别约为378.8万元、917.5万元、448.7万元，分别比市场平均价的降幅达5%、5%、10%以上，累计让利消费者约174.5万元。尤其是24家进社区平价商店，以其“小而全、简而实”的特点和平价惠民的作用，受到了广大群众的欢迎和赞誉。

【药品价格“三控”管理】　药品价格关系民生，为切实降低医药费用，减轻群众负担，2013年，县物价局认真贯彻落实《广东省物价局关于对药品价格实行“三控”管理的通知》文件精神，并积极调查管理策略，把实施“三控”管理的着力点放在医保定点药店上。督促和指导医疗机构和药品经营企业严格执行关于对药品价格实行“三控”管理的规定，实行动态管理，力促管理常态化。

【价格调节基金征收】 2013年，根据省物价局、省财政局《关于使用价格调节基金补贴平价商店有关问题的通知》（粤价〔2011〕76号）规定，各级政府应“按照适度补贴的原则对平价商店给予适当的租金补贴”“农副产品价格发生异常波动时，对按照政府价格调控有关规定或者协议约定履行保供稳价义务，组织调运相关农副产品投放市场的平价商店，按照‘先控后补’的原则给予适当补贴”“地方设立的平价商店的补贴以市、县价格调节基金承担为主”。海丰县价格调节基金自2011年7月开征，已初具规模，具备了实施补贴、调控价格的能力，至2013年年底已累计征收额约872多万元。据此，根据县内各平价商店的申请，并视其日常经营状况（包括品种、数量、落实价差幅度等）和重大节假日期间配合政府价格调控措施的情况，尤其是遭受“菲特”水灾和“天兔”台风的严重影响情况，经审核研究，使用价格调节基金，对县内已挂牌经营的平价商店给予适当补贴。全年争取省级价调基金补贴“三项目建设”的总金额167.5万元，确保全县平价商店健康、可持续发展。

【规范收费管理】 一是全面落实国家和省取消、停止收费通知精神。按照财政部、国家发改委《关于公布取消和免征部分行政事业性收费的通知》（财综〔2012〕97号）、《关于公布2011年全国性及中央部门和单位行政事业性收费项目目录的通知》（财综〔2012〕47号）及《关于公布取消和免征一批行政事业性收费的通知》（财综〔2013〕67号）和省物价局、财政局《关于公布现行省定行政事业性收费项目目录的通知》（粤价〔2012〕258号）及《关于进一步减免缓征省级产业转移园内企业32项行政事业性收费的通知》（粤财综〔2013〕33号）的通知精神，全面清理行政事业性收费项目和标准，注销国家和省已明令取消的收费项目。对已到期及取消项目的全部重新换发“广东省收费许可证”。二是认真开展行政事业性年审工作，按照市物价局、财政局、审计局《关于开展2012年度全市行政事业性收费年审工作的通知》（汕价〔2013〕31号）及市物价局《关于开展2012年度经营服务性收费年审工作的通知》（汕价〔2013〕24号）文件要求，从2013年5月30日至6月30日开展收费年审工作。收费综合年审工作采用单位自审和联合会审，一般和重点相结合的综合审查方法。年审分两阶段进行，5月30日至6月8日为收费单位自审阶段，6月9日至6月30日为会审阶段，7月为整改和总结阶段。在年审中，坚持从四个方面进行审查；一审收费许可证中填列的收费项目、标准范围及收费依据与实际执行是否一致；二审上级取消和调整的收费政策是否落实；三审收费许可证是否核发无误，有无收费依据与现行政策不符而发证的，收费项目有无一年以上未收费的，收费单位有无一年以上未收费需注销收费证的情况；四审以前年度收费许可证是否审验或审验中发现的问题是否已改正。通过年审进一步落实国家和省关于取消和降低收费项目的通知精神，圆满完成了年审任务。2013年共审验收费单位44个，收费总额4502.52万元，其中行政事业性收费单位23个，收费额2954.23万元；经营服务性收费单位21个，收费额1548.29万元。三是认真落实行政事业性收费统计报告制度。根据省、市有关文件规定，建立收费统计工作责任制，由专人负责，严格按国家发改委“全国收费动态监管系统”的要求和设置进行数据填报、汇总、分析工作，确保海丰县统计数据全面真实、准确无误。四是完善物业收费管理。2013年，继续加强物业收费管理，对云岭山庄、凯旋花园等收费单位，分别给予核定收费项目和收费标准进行收费。对个别物业管理单位向住户收取物业费时产生误解发生争议，物价部门及时调解，消除误解，得到物业住户的好评。

【完善教育收费监管】 2013年，海丰县加强对学校服务性收费、代收费管理力度。根据省物价局、教育局、财政局、纠风办《关于暂停部分教育收费项目的通知》（粤价〔2013〕93号）要求，整治和规范学校向学生收取文娱活动费以及收取高中生学校借读费的行为，认真贯彻落实国家有关教育收费政策。年内，加强对民办学校收费管理。按省物价局、教育厅《关于规范我省民办中小学校收费管理的通知》（粤价〔2009〕24号）文件精神，继续做好民办学校收费管理工作，合理制定海丰县民办学校收费标准，进一步规范了民办学校收费行为。同时，加强对幼儿园收费管理。按省物价局、教育厅、财政厅《印发〈广东省教育厅、广东省财政厅关于幼儿园管理暂行办法的实施细则〉和〈广东省物价局、广东省教育厅、广东省财政厅关于民办幼儿园收费备案的实施细则〉的通知》（粤价〔2012〕47号）

文件精神，做好幼儿园收费管理工作，进一步规范幼儿园收费行为，维护幼儿、家长和幼儿园的合法权益，促进学前教育健康持续发展。年内，继续严格执行教育收费许可证、收费公示、收费票据等管理制度，根据新的收费政策规定督促学校及时申（换）许可证和变更公示牌内容，实行亮证收费和收费公示制度。

【价格监督检查工作】 2013年，物价监督检查重点抓了市场价格行为规范建设，落实商品和服务实行明码标价制度。主要有：对商品房销售明码标价进行规范，落实一房一价标价公示；规范医保定点药店药品的明码标价，促进市场公平、公正竞争；进一步规范大型商场商品明码标价工作，重点是家具、百货商场。组织开展对医药卫生服务价格、教育收费、液化石油气价格等专项检查。2013年重点进驻检查单位42个，查处违价案件1宗，没收违法所得30119元；责成自纠退款1宗，退款金额54240元。年内，认真做好群众价格投诉举报的调查处理工作。主要有彭湃医院车辆托保收费、梅陇医院X光照片检查收费、其他物业收费和价格专业举报者举报岁宝百货海丰地王店价格欺诈行为等举报6宗。通过及时、细致的调查，依法依规进行处理，并把调查处理结果告知投诉人，取得较好的效果。进一步树立起物价部门的威信，维护了企业和消费者的合法权益。

【价格鉴证认证工作】 2013年，海丰县价格鉴证认证工作始终遵循“依法、公正、准确、及时”的服务宗旨，积极开展价格认证工作，增强服务意识，转变工作作风，为政府、企业和消费者服务。在服务全县重点项目建设和“双转移”工作中，县物价局把做好潮惠高速（海丰段）、碧桂园等重点项目建设的征地和农作物价格评估工作，为海丰县经济建设服务。2013年，价格认证中心共完成公检法委托的涉及财产价格鉴证业务224宗，标的1100多万元；车损业务40宗，标的150多万元；社会资产评估业务20多宗，标的800多万元；为海丰县重点项目的开工建设奠定良好基础。

（黄秩才）

附：2013年海丰县物价局领导名录

局　长：叶胜勇（任至4月）　马学仲（4月起任）
副局长：林伟明　刘火云

审　计

【概况】 2013年，海丰县审计局根据《审计法》和全国、全省、全市审计工作会议精神，深入学习贯彻党的十八大精神，继续坚持“依法审计、服务大局、围绕中心、突出重点、求真务实”的工作方针，认真履行审计监督职责，当好公共财政“卫士”，注重从体制、机制、制度层面揭示、分析和反映问题，充分发挥审计保障国家经济社会健康运行的“免疫系统”功能。经统计，县审计局全年完成审计项目27个，其中：财政预算执行审计项目1个，地税征管审计项目1个，党政领导干部和企业领导人员经济责任审计项目18个，专项资金审计项目4个，专项资金审计调查项目2个，财政财务收支审计项目1个。出具审计决定书13份，审计查出违规金额432万元，管理不规范金额6633万元；应缴财政和税金金额195万元（其中罚款7万元），已上缴财政金额149万元；应归还原渠道金额24万元，已归还原渠道金额13万元；应调账处理金额594万元，已调账处理金额354万元。并针对被审单位的实际情况，提出审计建议70条，已被采纳建议31条，提交审计专题、综合性报告和信息简报6篇，被批示、采用1篇。内部审计项目14个。

【财税审计】 2013年，县审计局在对县财政2012年度预算执行情况审计中着重审核财政预算执行及其他财政专户收支基本情况，重点抽查了价格调节基金等专款的安排使用情况，关注和披露财政风险问题。县财政部门积极抓好财政收入工作，特别是主体收入、国有资本收益、盘活国有资产以及护税协税工作。同时根据政策支持导向，积极争取上级资金的扶持，加大了全县重点项目、义务教育、社会保障、水利建设等社会民生工程的投入。此外财政部门以建立公共财政体系，完善财政机制为目标，努力深化财政改革，进一步完善国库集中支付制度；积极推行公务卡支付改革；做好村级财务管理试点等工作。审计表明：县财政一般预算收入超额完成，其中税收收入超收1869万元，但预算收入结构不够合理，税收收入质量不高；县级支出比年初预算超支6991万元，其中较大超支有：一般公共服务支出、公共安全、社会保障和就业、国土资源气象等事务、其他支出等5个科目共计超支5977

万元占21个科目总超支数的85.5%。审计中还发现存在基金收入未设专户存储管理、占用库款、基建拨款户核算使用以及专项资金使用不规范的问题。根据预算执行审计中发现的问题，县审计局在向人大工作报告中提出了审计建议并督促相关责任单位落实整改措施。年内，县审计局对县地税局2012年度税收征管情况进行审计。重点审查房地产企业营业税、所得税、土地增值税等税种征收情况以及税源管理情况。经审计，地税部门在税收政策执行情况方面，对小微企业税收优惠政策没有很好贯彻落实；税源管理方面，综合治税体系尚未建立，共享机制没搭建或不健全，土地增值税清算不及时，影响了税源管理，特别是在对土地使用税审计时发现，对新征用地没有及时掌握税源信息以及在正常征收中存在漏征漏管和管理不规范，起征、免征时间界限缺乏依据等问题。对此，县审计局向地税部门提出应继续向政府提议建立涉税信息交换与共享平台，加强土地使用税税源管理，确保税收优惠政策落实以及严格规范税收带征方式等建议，随时掌握新增用地和政府储备用地转让的信息，加强对土地使用税的征管力度。

【经济责任审计】 2013年，县经济责任审计工作按照中央两办《规定》要求和全国、全省、全市审计工作会议部署，经县经济责任联席会议成员单位讨论研究确定2013年的经济责任审计项目，重点突出以下几方面：一是突出重点岗位、权力集中、资金、资源密集领域领导干部的审计力度，提高审计监督的针对性和有效性；二是加大对重大经济决策等经济管理活动的审计力度，促进领导干部依法行政、依法管理的意识；三是加大对贯彻落实中央“八项规定”和厉行勤俭节约、反对铺张浪费情况的审计力度，促进转变作风、提高财政资金使用效益；四是继续坚持全局经审“一盘棋”，合理配置审计资源，注重审计质量，防范审计风险。县审计局2013年度已完成经济责任审计项目18个（其中：任中审计2个，离任审计16个），占年度计划的67%，被审计的领导干部18人，其中：乡镇党委书记3人，乡镇镇长3人，县直行政事业机关领导干部11人，国有企业领导人员1人。审计查出违规金额280万元，管理不规范金额1283万元；应缴财政和税金金额136万元，已上缴财政和税金89万元；应归还原渠道资金24万元，已归还原渠道资金12万元；应调账处理资金594万元，已调账处理资金353万元。提交审计报告和审计结果报告36篇，提出审计建议52条，被采纳建议26条。通过审计，对一些单位漏纳税款、未执行政府采购规定、部门预算执行不够严格、违规收费、挤占专项资金、违规转让土地和未经批准变更土地用途、大额现金支付工程款及自行验收结算工程等问题进行了披露和处理处罚，并向被审计单位提出了审计整改意见和审计建议，规范内部管理和完善内控制度，同时促进领导干部遵守各项廉政规定，提高依法行政水平和严格履行职责的自觉性，为海丰县管理、评价和考核使用干部提供了有力的依据。

【专项资金审计和审计调查】 2013年，全县专项资金审计项目有4个：①对2012年度文化事业建设费征管情况进行专项审计。核定2012年县地税局征收入库文化事业建设费127万元。经审计，发现某高尔夫球场为顾客进行娱乐活动所提供的包括饮食服务等其他服务收入以及广告业户提供的其他服务业务收入是否应征收文化事业建设费无严格界定的问题，县审计局建议县地税局需认真、严格核定征收该类费用。②2011年海丰县地方政府债券资金跟踪审计。核定上级拨入海丰县2011年度中央代发地方政府债券转贷资金1742万元，财政部门已于2012年初制定2011年地方政府债券资金控制数分配方案上报县政府，截至审计时止，该资金尚未拨付使用。③扶贫济困日活动捐赠款物募集使用和管理情况专项审计。经审计，截至2013年8月31日止，新增募集到扶贫济困捐赠资金23.67万元，未发现截留、挪用现象。④城镇保障性安居工程专项跟踪审计。经审计，县住房保障体系已经基本建立，但资金的筹集和管理还不到位，保障性住房的分配和管理不规范，经指出后，县政府和县相关部门高度重视，截至审计时止，促进规范资金管理471.64万元和加快3个项目315套保障性住房建设进度。年内，专项资金审计调查项目2个：①县中小学校舍安全工程专项审计调查。连续第四年对校舍安全工程进行跟踪审计，海丰县校安工程应改造面积243123平方米，均已竣工验收投入使用。②2012年度残疾人就业保障金专项审计调查。经调查，县残疾人联合会人员超编、财政预算安排不足，存在挤占县级残疾人就业保障金的问题；老区残疾人康复训练中心因原管理制度不够健全完善存在残疾人康复专款使用不规范的问题，对此县审计局向县残联提出了整改建议。

【财务收支审计】 2013年，根据广东省审计厅的统一安排，县审计局对海丰县广播电视台2011年和2012年上半年财务收支和经营管理情况审计。经审计，发现该台存在未能足额向个人收回代缴的社会保险费；材料采购未实行政府集中采购；有线电视网络改扩建工程及新办公楼室内装修装饰工程未报财政部门进行结算审核；广告承包经营事项未按规定报告县政府及财政部门审批；财务管理和会计核算不规范等问题。对此，县审计局向县广播电视台提出了整改建议，规范财务管理和会计核算。

【配合审计审核】 2013年，县审计局抽调3名审计人员和聘请6名会计师事务所人员联合县财政部门成立县清理化解乡村垫交税费债务联合审核组，对全县19个镇（场）乡村垫交税费债务情况进行审计核实，按照上级的要求逐村、逐项、逐笔、逐年清理、审核、汇总上报，如期完成了清理全县镇村垫交税费债务的工作任务。年内，县审计局抽调6名审计人员配合汕尾市审计局政府性债务审计组对海丰县本级和乡镇（场）的政府性债务进行审计，摸清了海丰县政府性债务的总体规模。广东省审计厅李沁副厅长亲临海丰县指导调研时对海丰审计组的审计工作充分肯定。

【内部审计】 2013年全县有内部审计机构5个，配备专、兼职审计人员15人，开展内部审计项目14个（任中经济责任审计2个、财务收支审计4个、其他项目8个），出具审计报告14篇，审计资金总金额14339万元，管理不规范金额72万元，已纠正金额63万元。提出建议意见54条，被采纳建议意见52条。

【审计机关规范化建设】 2013年，县审计局加强机关规范化建设。一是学习贯彻审计法律法规，提高审计工作质量。2013年，抽派了30人次参加上级各部门组织的新法律法规及业务知识学习培训。二是根据组织、人事部门相关程序实现干部的岗位轮岗，其中：调整的中层干部4人、一般干部职工4人。三是针对县审计局出现空编、审计任务繁重的实际情况，经县政府同意通过人社部门向社会公开招考3名公务员，3名人员11月到任。四是建立健全审计复核制度，配备总审计师负责审计复核工作，提高了审计复核的地位。五是继续加强审计宣传工作。开办审计简报，对审计工作过程中发生的重大事项和重要会议实行审计简报通报制度，全年编写出版审计简报5期，为开展纵向和横向的信息交流开创了新平台。六是加强对审计人员的廉政监督和审计项目的事后监督。坚持对被审计单位不定期开展审计回访，一方面对审计查出问题的整改情况及审计决定的执行落实情况进行跟踪监督，另一方面通过回访对审计人员在开展审计过程中执行廉政纪律和工作纪律的情况进行了解。七是整合审计资源，加强审计工作力量。采取聘用外部有资质的审计人员参与固定资产投资审计和县政府交办的任务。投入近10万元资金聘请了2家会计师事务所8名有资质的审计人员参与了多个项目的审计。八是改进作风，结合纪律教育学习月活动开展整治庸懒散奢等作风自查活动。按照“照镜子、正衣冠、洗洗澡、治治病”的要求，对照重点解决政令不通、精神不振、纪律不严、作风不实、群众观念不强、为政不廉等六方面的要求逐项查摆问题，提出切实可行的整改意见并在全局范围内通告，落实整改责任制，主要领导带头负总责，逐级督促落实，切实改进审计工作作风，完善审计工作机制。

（罗挺中）

附：2013年海丰县审计局领导名录

局　　长：余德钦
副 局 长：骆科俊　叶宽存
总审计师：林伟雄

统　计

【概况】 2013年海丰县统计工作紧紧围绕县委、县政府确定的工作目标，坚持以党的十八大精神为统领，以促进经济发展为中心，以提高基层统计工作和统计数据质量为目的，精心组织第三次全国经济普查工作、人口变动情况和劳动力调查等抽样调查以及统计“四大工程”建设等工作。加快统计信息化进程，加强对经济运行和社会发展的统计监测，为领导决策当好参谋，为企业提供优质的统计服务，努力推进全县经济又好又快发展。

【统计法制建设】 以依法保障统计工作顺利进行为目标，以依法保障统计数据质量为中心，优化统计环境，不断加强统计管理和监督，使统计工作逐步走上法制化、规范化轨道。一是大力开

展统计法制宣传教育工作。各专业经常利用召开业务会议的机会，向调查单位进行统计法制宣传教育；印发“统计法律事务告知书”200多份，发至全县统计人员和有关企事业单位，通过多种形式营造依法统计的良好环境。二是大力开展统计执法检查。9月4～18日，县统计局在全县范围内开展统计执法大检查，全县重点检查18家“三上企业”，详细检查原始记录，统计台账、统计档案、统计报表以及持证上岗等情况。在抽查中，共查出统计违法行为4宗。通过检查，使统计人员和企业领导明确统计数据质量的重要性和统计基础建设的必要性，为确保统计源头数据质量把好关。三是大力开展统计教育培训工作。2013年，全县有78名统计人员参加统计从业资格和统计专业技术资格培训班，其中15名统计人员参加统计从业资格考试，通过率达100%。

【国情国力调查】 2013年，县统计局全力做好第三次全国经济普查工作，围绕“高质量完成经济普查、搞准经济数据”精神，认真抓好各阶段工作任务，从前期的成立机构、落实经费和人员、摸底造册等工作，摸清了全县3000多个单位和两万5000多个个体户的基本情况，为下来的正式普查登记做了坚实的基础。年内，还认真做好人口变动和劳动力抽样调查工作。按照国家、省统计部门的统一部署，县统计局严格执行国家统计局《人口变动情况抽样调查制度》和《劳动力调查制度》，周密细致地安排好各个环节，确保调查数据质量。

【统计分析调研】 2013年，县统计局全面把握经济发展趋势，解读经济发展进程，全力为县委、县政府决策提供准确的信息、科学的判断和可行的政策建议。通过全面总结“十一五”规划海丰经济社会发展情况，为县委、县政府科学谋划“十二五”规划提供坚实基础。积极参与“十二五”规划的调研和编制。加强横向联系，认真做好数据比对工作，加强与各县市统计部门的沟通联系。为充分发挥统计信息咨询、监督和服务的职能作用，对社会的热点问题进行跟踪调查、分析原因，提出建议，2013年编印了《统计信息》8期、《内部通报》12期、《海丰县统计月报》11期，为更方便、及时提供统计信息和经济运行动态，升级改换了海丰县统计信息网（网址：www.hftjxx.com）网页并加强维护和运行，及时做好信息更新，切实提高了统计服务水平。

【统计信息化建设】 2013年，海丰县将统计“四大工程”建设作为了全年工作的一项重点工作，围绕联网直报，狠抓了硬件建设和统计制度改革，以“三上企业”为重点，强力推进网络直报，对传统的统计报表报送方式进行改革完善。积极做好单位名录库比对、核实和确认等工作，研究名录库与常规统计调查单位及单位基本情况数据的统一衔接，深入重点企业进行数据质量抽查，切实提高“三上企业”数据上报质量。县统计局积极争取县政府支持，专门配置了10兆的专线光纤，建立了汕尾市第一个县级网络视频会议室，为海丰县按时、保质完成网上直报任务提供了保障。

（黄俊荣）

附：2013年海丰县统计局领导名录

局　长：李小平

副局长：陈银友　黄洪霞（女）

城镇建设与管理

综　述

2013年，海丰县城镇建设以科学发展观指导城乡规划建设，促进海丰县城镇化进程。以县委《关于制定全县国民经济和社会发展第十二个五年规划的建议》为发展方向，紧紧围绕县委、县政府提出的立足“三个坚持”，勇于“四个争当”，推进“五个发展”的工作思路，全力打造中等现代化城市，实现城乡规划建设管理的全面创新发展，“由县域中心城镇向现代中等城市转变”、“打造宜居宜业城市”的总体要求，强化规划先行意识并严格实施，加强建筑市场监管，加快民计民生工程建设步伐，促进房地产市场健康发展，加强党风廉政建设，切实转变工作作风，促进海丰县经济社会全面发展。

年初，按照县委、县政府确定的重点项目，县住建局着手编制2013年工作计划，从规划、建设、管理等方面做出具体分工安排和优惠政策，为重点项目的顺利建设打下基础。同时，重点做好各类规划的编制工作，一是组织编制了南部片区、北部综合工业片区、西南片区三个控制性详细规划；二是组织编制“三旧”改造项目的专项规划，规划成果已上报省住建厅备案，并依据“三旧”改造的工作部署和要求进行规划调整编制；三是协调各乡镇组织编制总体规划和控制性详细规划及各乡镇产业园区的规划设计；四是狠抓重大项目、重要地段、建筑立面、园林广场的整体景观设计和空间布局规划，相继完成了碧桂园、第一城、正升华府、县城影剧院改造等规划建设项目。

至年末，办理建设工程规划许可证192宗，总建筑面积约70万平方米；办理选址意见书3份，规划设计条件通知书54宗；建设用地规划许可证87宗，用地面积约84万平方米，办理建设工程施工许可证40宗，总建筑面积62万平方米，工程总造价约94728万元；工程竣工备案30宗，竣工面积约61万平方米，竣工建筑工程造价约6.49亿元，验收合格率100%。

城乡规划

【概况】 海丰县历次修编的总体规划，为海丰县的经济社会发展提供科学、有序的规划体系基础，为适应县城发展的需要，县政府已启动新版总体规划的编制工作。县城总体规划已通过县人大审查，已上报市人民政府审批；在全县16个乡镇中，公平、梅陇、可塘、鹅埠、小漠等镇的总体规划已完成修编，城镇规划体系基本完成。县城在总体规划的指导下，基本完成新规划区控制性详细规划的编制工作。同时，政府克服资金短缺困难已造成部分绿道网，县城部分主干道道路绿化、亮化、美化等一批市政配套项目，使全县城镇基础设施不断完善。

【城市总体规划】 2013年，海丰县人民政府在已编制完成的县城总体规划的基础上，编制完成《海丰县县城总体规划（1998～2020）实施评估报告》并组织编制完成《海丰县县城总体规划（2010～2030）》，总体规划已提请县人大常委会审议、通过，并上报汕尾市人民政府审批；同时，组织编制了南部片区、北部综合工业片区、西南片区三个控制性详细规划。为推进海丰县工业产业发展的需要，组织编制“产业转移工业园”1.1平方千米《生态科技城中心启动区修建性详细规划》工作和6个平方千米的《海丰县产业转移园控制性详细规划》；为节约集约利用土地资源，依据省、市“三旧”改造要求，组织编制“三旧”改造项目的专项规划，规划成果已上报省住建厅备案。

【小城镇规划】 2013年，根据国家的有关推进社会主义新农村建设工作部署和《中华人民共和国城乡规划法》的有关要求，县住房和城乡规划建设局对全县16个乡镇各方面情况进行了全面的调查摸底，建立了规划建设档案。公平、梅陇、可塘、鹅埠、小漠等镇的总体规划已完成修编，城镇规划体系基本完成。根据省、市的有关工作要求，海丰县大力推进其他建制镇的总体规划收编，力求在2015年前完成全县建制镇规划编制工作。

【新农村规划】 以农村村居规划为依托，在村居建设和示范带动等方面取得了阶段性成效。2013年，根据省、市相关工作部署，海丰县启动全选16个乡镇的贫困村、规划试点村的规划编制工作，现工作正逐步推进中。省级新农村建设的试点村的新农村建设，按照“统一设计、按图施工、加强管理”的要求加快推进建设，为社会主义新农村建设提供示范。

村镇建设

【村居建设】 根据国家有关推进社会主义新农村建设工作部署和《中华人民共和国城乡规划法》的有关要求，县住建局对全县18个镇场各方面情况进行了全面的调查摸底，建立了规划建设档案。2010年，可塘镇仓前村、后门镇百安村、梅陇镇梅陇村委、黄羌镇坑联村成为第一批市级宜居村庄创建指导点，其中，黄羌镇坑联村已于2011年12月被省住建厅批准为广东省第一批宜居村庄。2011年，平东镇谷刀村委新东村、公平镇胜高楼村、城东镇桂树港村成为第二批汕尾市宜居村庄创建指导点。2013年为响应省开展的“大清洁、乡村美”农村生活垃圾整治专项行动，海丰县积极动员起来，在建立农村生活垃圾保洁制度的同时，着力按“村收集、镇转运、县处理”的办法，全县自然村已基本建设了垃圾收集点，各镇垃圾转运站的建设工作已基本完成，同时投资300多万元购置了一批压缩式垃圾转运车，从而大大改善了农村的生活环境。

建设管理

【建设项目管理】 2013年，为确保城乡建设发展按规划实施，县住建局按职能分工，对办事程序进行了全面梳理，在原有的基础上，总结这几年来的实践经验，遵照法律、法规的要求，重新制定了岗位责任制、理顺办证程序、修改服务指南。并借助“万众评股室”活动的开展全面推出，实现了办证程序化、规范化、格式化，在工程建设的管理上实现了突破。一是落实了批前公示和批后公告的措施，提高了行政审批的透明度、减少了失误、减少了管理的难度；二是制定了规范的验线证明和核实意见，使规划管理贯穿到建设的全过程；三是实行表格化管理，明确了管理事项、管理细节以及处理办法，使办事更严谨、更规范。同时，对违法建设活动实行规范化的处理模式。年内，为加大对违法建设活动的打击力度，县住建局职能股室设置专案组，专门处理群众投诉和规划管理过程中发现的违法违规活动，并按照有关规定，制定了规范的查处程序和统一的处罚标准，确保查处工作合法、公正。通过一系列改进措施，使建设系统工作人员的工作能力和工作作风得到较大的提高和改善，大部分人能够承担起应负的责任，服务态度和服务质量得到很大的改善。特别是窗口服务更加认真、细致，群众办事的时间明显缩短，工作效率显著提高。

【建设工程安全质量管理】 2013年，全县核发建筑工程施工许可证40份，总建筑面积62万平方米，工程总造价约94728万元；工程竣工备案30宗，竣工面积约61万平方米，竣工建筑工程造价约6.49亿元，验收合格率100%。落实工程质量施工安全的主体责任和监管责任，切实抓好建筑工程和施工安全生产各项工作。认真实施建筑施工企业安全生产许可证制度，建立健全了黄牌警告制、不良行为公示制等。年内，全县在建工地没发生过质量安全事故，实现了年初制订的质量安全零事故的目标。对一些存在严重安全隐患的工地实施重点监控和督查，全年共发出停工通知书6份，整改通知书14份；开展对建筑工人的安全培训工作，组织一期民工100多人参加的安全培训班。

【城建行政执法管理】 2013年，依据现行的建设规范标准，加大对建设各主体资质的清查，杜绝无资质进入和跨资质的建筑现象；加大对建设各主体管理人员的资质督查力度，确保工程现场、质量安全保证体系进一步健全。对建筑企业违法违规行为进行坚决查处，强化动态管理。县住房和城乡规划建设局及时将建筑企业的不良行为进行量化扣分。全年共查处各类违法违章建设70宗，其中:立案查处案件43宗、催办报建手续11宗、停工保持原状的6宗、拆除违法违章建筑10多处，建筑面积约3500多平方米。

【燃气市场管理】 2013年，以“安全生产月”为契机，紧密联系海丰县实际，积极采取强有力措施，进一步深化燃气安全专项整治，狠抓安全责任制和安全隐患整改落实，规范燃气市场秩序，有效预防和减少各类安全事故的发生，燃气安全生产管理水平逐步提高，实现了燃气安全运行零事故的目标，促进了海丰县燃气行业的健康发展。通过燃气企业向用户发放“安全用气、天天注意”的宣传资料1.2万多份；同时充分利用电视媒体制作公益广告，大力宣贯新《城镇燃气管理条例》，开展燃气安全“进校园、进社区、进企业、进机关”的“四进”活动，提高了燃气安全生产的知识普及面，增强了群众对液化石油气的理解。全县8家气库及1家管道企业从制度到岗位责任已全部上墙；其次，与各气库签订了安全生产责任书和消防目标管理责任书，进一步明确责任。坚持“安全第一，预防为主”，加强安全生产监督管理，采取每月一小查，每季度重点查办法。全年联合安监、公安、交警、交通等部门共开展燃气安全专项检查20次，对在检查中发现问题的气库、销售点，一律采取强硬措施，依法发出整改通知书，彻底消除安全隐患。据统计，燃气管理所全年巡查气库113次，出动人员近300多人次，排除安全隐患1多处，发出整改通知书2份，强制检测钢瓶2万多个。

房地产与建筑业

【房地产建设】 2013年，县住房和城乡规划建设局在认真做好房地产业发展方面锐意进取、积极探索，按照县住建局的工作部署，积极做好房地产业管理工作，积极开展房地产权登记发证工作，在办理房地产权证登记中，严格依照办证操作程序办事，进一步优化服务，确保办证质量。碧桂园（一期）、海悦名城、地王广场、凯旋花园（二期）、第一城（一期）、正升华府等10个大型高层的房地产项目已全面施工建设，部分项目已竣工验收。

【房地产交易】 县住房和城乡规划建设局房地产交易所为更好地服务群众，依据《中华人民共和国城市房地产管理法》《房屋登记办法》《广东省城镇房地产权登记条例》等法规，在办理房地产登记中，首先要求办证人员严格要求自己，提升服务质量，提高办事效率。从受理、测绘、初审等程序上，严格依照办证程序办事，确保办证质量。2013年共办证11113宗，总收入324.5万元，比2012年同期增长8%。其中房产交易1087宗，建筑面积13.31万平方米，交易额2.43亿元。存量房交易1957宗，建筑面积23.57万平方米。抵押备案登记2307宗，抵押登记2648宗，建筑面积64.27万平方米。商品房预售合同备案登记3114宗，建筑面积44.4万平方米。同时，办理房改上市交易手续180宗，收取房改上市交易费约12万元。

【房地产管理】 县住房和城乡规划建设局认真贯彻执行《城市房地产法》《城市房地产开发经营条例》和《城市商品房销售管理办法》，严格材料审核工作，保证办事质量，在商品房预售管理方面，完善了前期物业管理服务、售前公示、预售资金监管、维修资金交存等制度。2013年，核发“商品房预售许可证”9宗，预售套数2108套，建筑面积33.2万平方米；预结商品房网签合同预售额，增收预售资金监管服务费53.35万元，接受房地产中介服务企业备案7家、物业管理服务企业5家，核准房地产开发企业资质申请6家。

【建立住房保障制度】 按省、市、县安排的工作任务和要求，建立了城镇住房保障制度，安排解决城市低收入住房困难家庭住房保障等各项工作，在全面完成2012年度公共租赁住房建设任务的同时，加快2013年公共租赁住房开工建设，2013年全县保障性住房共2个项目，建设公租房300套。一是海丰县2013年公共租赁住房建设项目：共200套（户），建筑面积约9800平方米，工程造价约1600万元；二是海丰县彭湃中学教师公共租赁住房建设工程项目：共100套（户），建筑面积约4800平方米，工程造价约800万元。至年末，县住房和城乡规划建设局实施的200套公共租赁住房正在主体施工。彭湃中学实施的100套教师公租房正在进行基础施工。

【建筑业管理】　2013年，县住房和城乡规划建设局认真执行省住建厅有关规定，及时将施工企业和相关人员履行情况进行动态管理量化扣分上网。全年检查工程12次，量化扣分记录207条，下发停工通知书1份，暂停施工通知书5份，安全隐患整改通知书85份。通过出台各项规范措施，有效地促进了建筑市场的和谐发展，确保了建筑市场的建设安全。县住房和城乡规划建设局严格按照检测规范和条例，对建筑材料进行检测。为确保检测数据的科学性、准确性、公正性，住建局及时对检测设备进行了更新维护，有效地杜绝了不合格建材的使用。全年共完成砼7350组，灰砂砖35组，砂浆1057组，水泥90组，钢筋原材、焊接及复检8827组，回弹检测6000个测区；钻探总进尺约1万米，标贯4586次，土样951件。

（陈炯城）

附：2013年海丰县住房和规划建设局领导名录

局　长：刘城芳

副局长：陈俊如、李德新、姚宇忠

城镇管理与公用事业

【概况】　2013年，海丰县公用事业局按照县委"三个坚持、四个争当、五个发展"的总体发展思路，以"推动创新发展、建设幸福海丰"为目标，以实现县城"四化"为着力点，结合环境整治年和"文明示范路"创建活动工作要求，进一步采取有效措施，加大整治力度，推进县城市政综合管理再上新台阶。

【市政建设】　根据县"四化"工作要求和年初制订工作计划，加大市政设施改造建设力度，提升县城整体形象。2013年，投资1540万元完成红城大道第二期改造工程（名门路口至蓝天广场）；投资1626万元的第一城周边市政道路建设开工建设，完成总工程量40%；完成了县城西排洪沟、西南片排洪沟改造前期工作；同时，加强市政公用设施日常管理，对县城各主次干道破损路面、排水配套和交通安全设施及时维护抢修，确保交通安全及排水畅通；进一步规范城市道路挖掘、埋设管网和大型广告牌设置的审批和管理。

【亮化建设】　2013年，按照省、市、县关于路灯设施采用LED照明产品有关要求和《海丰县道路照明设施推广应用LED照明产品改造实施方案》，完成了县城LED改造立项等前期工作及红城大道、南门湖路灯节能改造。投入近300万元，在龙津河、红城大道、二环路、美食街设置迎春灯饰，营造喜庆节日氛围。同时，对县城路灯设施进行了全面检修维护，确保路灯安全正常运行。尤其是抗击第19号超强台风"天兔"，路灯管理部门对损毁路灯设施及时抢修，修复路灯灯具500个、电缆5000米及配套设施一批。

【园林绿化】　2013年，园林绿化管理部门继续加大县城绿化管理力度，按照"一街一木"工作目标，完成了红城大道、县城东、西入口处绿化改造升级，对县城二环路、广富路、龙津河两岸等主干道路的树木进行修剪整形，并补植、施肥管理。台风受损绿化树木复植600多株、补植700多株。县城建成区绿化面积达到约2000公顷，绿化覆盖率28.5%，人均公园绿地面积12.5平方米。

【环卫保洁】　根据县委、县政府"环境卫生整治年"工作要求，结合县城实际，重新划定了县城环卫保洁责任路段，采取"强化路段责任，经费质量挂钩"的办法，主干道实行全天保洁，做到定时、定点，生活垃圾随到随清，其他支干道定人负责，定时清运。同时，加强巡查，督促各责任单位、沿街商户、住宅区、农贸市场门前"三包"制度的落实。抗击台风期间，共清运台风残留物2000多车次，8000多吨。2013年，县城生活垃圾产生量约310吨/日，无害化处理量248吨/日，处理率占80%。县城生活垃圾日产日清，得到有效处理。

【治理"脏、乱、差"】　2013年，根据县创建"文明示范路"活动工作要求，结合县城实际，把县城红城大道、二环路、海丽大道、人民南路、广富路、海银路等六条主要道路划定为"文明示范路"，采取"重点整治，分步管理"的工作措施，实行严格管理，使县城地区"秩序混乱、交通拥堵、占道经营、违章搭篷"等突出问题有了明显改观，取得阶段性的成果；其他干道和重点农贸市场采取重点整治与全面管理相结合的办法，强化违规占道、乱摆乱放的规范管理，做到管理到位、责任到位、标准到位。早餐、夜市实行定点限时经营，重点市场路段实行定人定岗巡逻管理，经营秩序有了明显好转。同时，联合交警部门在主要街道、农贸市场周边划定临时停车位和全城重点路段交通标线重新标示。完成停车位近800个，重新划定部分公路标线3820平方米，确保停车有序，交通安全。

（邓伟斌）

附：2013年海丰县公用事业局领导名录

局　长：黄汉标（兼）

副局长：宋南荣　李克如

城镇供水

【概况】　海丰县供水总公司建于1972年6月，是集自来水供给、供水工程安装和社会服务为一体的国有企业，主要承担县城和周边农村的供水任务。2013年，公司有干部职工395人（其中在职275人，退休120人），内设11个股室、2个供水厂。2013年10月8日，海丰县自来水公司更名海丰县供水总公司，企业编制由副科级升格为正科级单位。日供水能力10.5万立方米，供水面积90多平方千米，供水范畴覆盖县城及周边农村，用水户7万多户，用水人口30多万人，供水普及率99%，水质达到新《国标》要求，合格率为100%，基本满足了县城地区人民群众生活用水和工业生产用水需求。

【强化供水管理】　2013年，县供水总公司以供水管理为抓手，以成本管理为核心，强化基础管理。公司着重抓好十方面的工作：一是年初制定全年经济目标；二是落实抄表人员工作责任、区域责任；三是落实每月例会制度；四是加强大口径水表的跟踪管理，实行每月抄表两次；五是抓好水表计量、管网及附属设施管理和规范用水管理等工作环节；六是多方面做好催交水费工作；七是落实抽查制度，抄见率达98%以上；八是加大稽查力度。全年共查处偷水、私接共70多宗，补收水费22万元；九是合理调整计量水价；十是严格工程报装管理。全年完成总产值4762万元，比2012年同期3970万元增长19.95%；供水量达2998万立方米，比上年的2923万立方米增长2.57%；售水量1757万立方米，比上年的1621万立方米增长8.42%；全年上缴国家税费2396万元。

【完善供水设施】　2013年，加大供水设施投入，进一步提高县城供水能力和输配水能力。一是对水厂进行技术改造。对青年水厂原有日供水能力1.5万立方米的老生产线进行技术改造，旧设备进行升级，提高生产效能。二是扩大供水区域。新铺设西三环粉围路段、丰南小区、第一城、海悦名城、富嘉小区等区域的口径110毫米～400毫米供水管道共9180米，扩大供水范围，满足县城经济建设的发展需求。全年新增用户7088户。三是加大对缺水区及农村管网的改造。对附城镇小路碑刘村、浅笏村、粉围村、城南笏仔村、老县委宿舍、城东等缺水区域的供水设施进行改造，解决了5000多户群众用水难的问题。

【确保供水安全】　2013年，县供水总公司把安全生产工作提到重要位置，抓紧抓好抓实。一是完善安全生产职责。公司与各部门签订安全生产责任书，把安全生产落到实处。二是加强对供水主管道、主阀门和消防栓的巡检，以及各水厂、泵站供水机电设备的检修和维护保养，对存在的问题及时进行整改。三是加强水质净化和检测力度。针对连续暴雨、水质变化大、浊度高、偏酸等不良状况，水厂严格把好自来水制作工艺，加大制水净化力度，增加检测频率，加强自来水消毒，确保出厂水水质达标。2013年7月，省水质督察组深入公司两个水厂和管网点进行检查，检测水样的水质106项指标都达到要求。四是对拦河坝水厂取水泵站取水口加设拦护栅，提高供水安全可靠性。由于强台风“天兔”的袭击，水厂供电设施受到严重破坏，公司及时落实供水应急预案，广大员工齐心协力、奋起抗灾抢修，使公司损失降低到最低点，结束了23小时停水时间，在全市中率先供水。

（马　民）

附：2013年海丰县供水总公司领导名录

总 经 理：黎斯凯

副总经理：董位文　唐汉铁

供　电

【概况】　2013年，海丰供电局认真贯彻落实中共十八大精神，以广东电网中长期发展战略统揽全局，持续推进创先工作，主动承担供电企业的社会责任，在抗击一系列重大自然灾害和重要活动、重大节假日保供电中发挥了电力保障作用。全局上下充分发挥积极性与创造性，做了大量细致的工作将指标提升不断向纵深推进，形成团结奋进，全力冲刺的浓厚氛围。累计实现连续安全生产731天，完成供电量12.03亿千瓦时，同比增长5.12%，售电量11.04亿千瓦时，同比增长6.03%，售电量11.041亿千瓦时，同比增长6.03%，累计综合线损率8.19%，同比下降0.79%；综合电压合格率98.18%，同比提升6.61个百分点。

2013年8月17日，海丰县西坑突降暴雨，海丰电力工人横跨大河清除电线上的障碍物

2013年8月17日，海丰县西坑突降暴雨，海丰电力工人抢修被洪水冲倒的变压器

【电网建设】 2013年，以建设“结构合理、技术先进、安全可靠、适度超前”现代化电网为目标，深入研究和全面分析海丰经济发展趋势，结合地方电力需求，建立2014、2015年基建工程项目储备库，稳步推进电网建设。如期完成500千伏海东线、220千伏厦深铁路长沙湾牵引站工程等属地化管理项目建设；开展“一镇一册”镇级配电网规划，继续加大对农网投资力度，重点解决配变线路过载、电压低等突出问题；以点带面推进样板工程建设，不断巩固已取得的示范工程样板成果，着力提升工程建设质量，110千伏鹅埠站10千伏电缆线路新建工程入选省公司“安全、优质、文明”样板工程。

【抗灾抢修复电】 2013年，海丰县经历了“8·16”特大暴雨和“9·22”强台风“天兔”两次严峻考验。面对自然灾害对电网带来的重创，海丰供电局按照“全网一盘棋”的部署，发扬特别能吃苦、特别能战斗、特别讲奉献的优良作风，夜以继日抢修复电，将灾害损失以及对用户供电的影响降到了最低程度，最大限度地保证了受灾地区广大人民群众的生产生活用电。在抗灾复电过程中，海丰供电局的安全生产工作经受住考验，员工社会责任感得到很大提升。

2013年9月22日，强台风“天兔”导致海丰县全县停电，海丰电力工人抢修受损线路

2013年9月，海丰供电局开展设备特巡，紧急消缺，确保节日安全稳定供电

【安全生产管理】 全年最高负荷4次刷新历史记录，最高达25.6万千瓦，同比上升10.82%。海丰供电局始终坚持“安全第一、预防为主、综合治理”的方针和“一切事故都可以预防”的安全理念，积极推进安全风险管理体系暨规范化建设，夯实安全基础，深入细致地开展事故隐患排查治理，突出排查重要领域、重点设备和关键环节隐患，累计开展现场安全督查1120场次，圆满实现“两个杜绝、两个确保、一个减少”的目标。加强停电综合管理，结合主网停电安排配网施工改造，同比减少用户年平均停电时间4.21小时。全面提高电压合格率，满足居民电压质量要求。

【客户营销管理】 海丰供电局践行“客户服务永无止境”的理念，结合“万众评股室”活动，加强营业厅基础设施建设，开展对各供电所营业厅服务形象专项稽查，建立“一户一册”，完善客户信息档案，提升服务质量，第三方客户满意度73分，同比提升13分。同时，积极推行线损“四分”管理，制定降损工作方案，建立闭环管理工作机制，开展线损异常分析和出台线损指标考核办法，加大用电稽查工作力度，对用电类别异常等问题及时进行整改，共查获窃电案件及违约用电21宗，追回损失电费及违约金17.15万元，处理烧表、错接等现象达300余宗。

【党建与企业文化】 2013年，海丰供电局稳步推进党建工作，充实基层党组织和人员，完善党建机构。加强党风廉政建设责任制考核和责任追究，落实领导班子和领导干部党风廉政责任制。制定纠风工作计划，整治庸懒散奢等“四风”问题，改进工作作风。组织慰问280人次，举办女职工健康知识讲座，开展团务知识专项培训。加强宣传工作，累计在省、市、县各级主流媒体发表新闻报道42篇。2013年获得“广东电网公司抗风复电先进集体”“海丰县纳税大户”荣誉称号，海城所被评为全国安康杯“优胜班组”，局女工委获评“广东省巾帼文明岗”，黄鸿成获得全国“五一”劳动奖章。

（陈力维）

附：2013年广东电网汕尾海丰供电局领导名录

局长、党委书记：黄鸿成

党委副书记：余　茂

副局长：吕育昕　刘世雄　吴　奋

海丰供电局海城供电所获全国安康杯“优胜班组”光荣称号

海丰供电局女工委荣获广东省“巾帼文明岗”称号

教科文卫体

jiaoke wen weiti

海丰县莲花山鸡鸣寺

教　育

综　述

【概况】　2013年，在县委、县政府的正确领导下，在上级教育主管部门的精心指导下，局领导班子成员团结一心，按照年初提出的“强管理，提质量，办人民满意教育”的指导思想，以及“两手抓、两加强、两促进”的总体工作思路，带领教育系统全体员工，奋力拼搏，扎实工作，使年初确定的各项工作目标实现了新突破。2013年，全县实施多媒体电教平台建设工程，致力振兴老区教育事业，被中国全面小康论坛组委会、求是杂志社评为2013年中国全面小康“十大民生工程”；在2013年国家基础教育质量监测实施工作中，县教育局被国家教育部基础教育质量监测中心评为“优秀组织奖”；在关心下一代工作中，局关工委被评为市先进集体。回顾2013年的教育工作，既有突破，又有亮点、有实效、有创新，各项工作全面推进，持续深化，和谐发展。

【转变教育观念】　2013年，海丰县广大教师从传统型的教师观向全面发展的学者型教师转变，课堂教学改革试点工作取得明显成效，并得到全面推广，陈旧的教育观念得到进一步转变，课堂教学方式从“以教为本”向“以学为本”转变。全县各级各类学校通过定期举办专题讲座、开办家长学校、定期召开家长会、学校开放日活动等形式，帮助家长更新观念，推动广大家长能以正确的教育方法教育子女，注重对孩子思想道德品质和适应社会能力的培养，从而使家长与学校在教育学生上达到最大的契合，家长对学校教育的满意度进一步提高。

【教育强镇创建工作】　2013年，海丰县规划完成教育强镇创建任务的6个镇中，黄羌、陶河、大湖3个镇已于11月申报省验收，梅陇、联安、平东3个镇也在年底组织申报省验收。学校建设完成情况有了突破。全力推动义务教育规范化学校建设，全县启动实施2013年35所义务教育规范化学校建设项目，至11月底，已完成11所义务教育规范化学校的建设，并被市确认为市级规范化学校；17所正在报市确认。

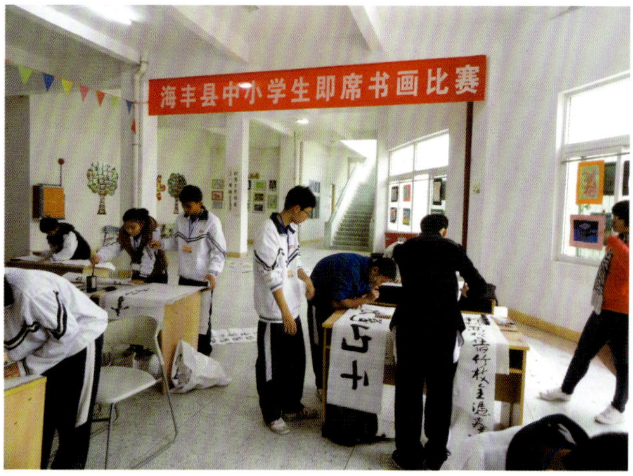

2013年县教育局举办全县书画即席比赛

2013年县教育局举办全县书画即席比赛

【加强教育经费管理】　2013年，加强对各级各类学校编制经费预算工作的督促指导，管好用好经

费，严禁用公用经费发放教师津补贴，严禁私设小金库，严禁学校乱收费；积极配合省审计厅对汕尾市教育专用经费使用情况对海丰县的延伸审计工作，并对审计提出的相关问题进行认真整改，取得明显成效。

县委、县政府召开2014年高考备考会议

海丰县委、县政府召开全县创建教育强县工作推进会

海丰县委、县政府召开全县国家基础教育质量监测动员、说明、培训会

【教育系统党风廉政建设】　2013年，积极开展廉政文化进校园活动，将领导干部廉洁从政、教职员工廉洁从教、学生敬廉崇廉教育作为学校思想政治教育工作的重要内容。年内，全县发放《廉洁修身》免费教育读本3万多册。进一步健全和落实联系群众制度、民主决策制度、校务公开制度、民主监督制度，全县教育系统形成行为规范、动作协调、公开透明、廉洁高效的制度环境。认真贯彻落实民主集中制的根本制度，强化党支委的政治核心作用，严格按照集体领导、民主集中、个别酝酿、会议决定的原则，完善党支委议事和决策机制，提高决策的科学化、民主化水平，维护广大师生的根本利益。局机关和全县学校切实做到班子分工明确，团结协作，相互支持，形成了工作目标明确，思想行动统一，各负其责，齐抓共管，发挥班子集体合力的工作格局。对事关奖励、评优、职务评聘、重大财务开支、基建维修招投标、大宗物品采购等热点问题，都通过召开班子集体研究决策、教职工大会和公示栏公示等形式，及时向干部职工和师生公开，有效预防腐败行为发生，促进了教育系统党风廉政建设。

普通教育

【学前教育】　海丰县积极实施学前教育三年行动计划，推动学前教育快速发展。全面完成了黄羌、陶河、大湖三镇中心幼儿园建设，梅陇、联安、小漠、平东、可塘等镇中心幼儿园建设也得到全面推进。同时切实加强对民办幼儿园建设的扶持和管理，依法规范办园行为，严厉打击非法办园行为，促进学前教育快速发展，切实解决海丰县幼儿入园难问题。至年末，全县学前三年入园率达85%以上。

【落实义务教育保障新机制】　2013年，海丰县义务教育保障新机制得到全面贯彻落实。切实加强义务教育经费的管理使用，使各项经费的管理使用逐步走上制度化、规范化、科学化的轨道。修订出台《关于建立海丰县教育局、镇中心小学财务管理及有关问题的通知》《海丰县教育局、镇中心小学财务结算中心管理补充通知》《海丰县教育系统财务报销管理暂行规定》等管理制度，校财局管工作效果明显，受到一致好评。年内，继续做好中小学教师工资、生均公用经费、免费资金、贫困学生助学金和困难家庭学生生活费补助等经费按时足额发放工作。2013年，全县免收义务教育阶段书杂费7570万元，惠及学生10多万人；免收中职学生学费约250万元，惠及学生995人；发放学前及高中阶段助学金400多万元，惠及学生2965人；发放困难家庭学生生活费补助95.21万元，惠及学生3462人。

【义务教育规范化】 2013年，海丰义务教育规范化学校覆盖率得到大幅度提高。至年底，全县义务教育规范化学校覆盖率达到50%以上。高中阶段教育发展水平和普及程度稳步提高。仁荣中学通过省普通高中教学水平评估，陆安中学、林伟华中学通过市一级学校的督导评估。全县高中阶段教育毛入学率达87.1%。

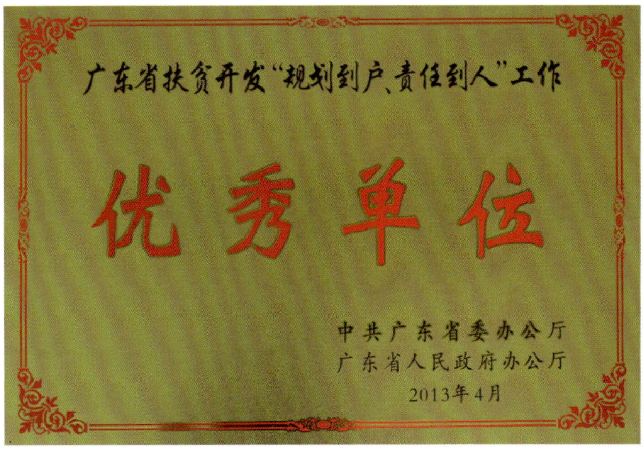

2013年4月，海丰县教育局荣获“广东省扶贫开发‘规划到户、责任到人’工作优秀单位”称号

2013年12月，海丰县教育局荣获2013年国家基础教育质量监测“优秀组织奖”

【义务教育教学质量提高】 2013年，全县教育教学质量实现新突破。义务教育阶段教学质量有明显提升，与2012年相比，2013年中考各项成绩与全市的平均值缩小了差距，进步较为明显，及格率、高分层人数比率都比2012年有大幅度提高。小学毕业知识测试成绩与2012年相比，及格率、红分率都得到提高。2013年高考中，全县本科以上入围人数1113人，比与2012年（1002人）增加111人，增长11.08%，第一批本科和本科以上各批次增长率均在全市各县、市、区中列第二名。理科总分最高分660分（为彭中的温展欧同学），为全市理科状元，实现了理科尖子生培养多年没有全市第一名的突破。

成人教育

【成人文化技术培训】 2013年，海丰县成人文化技术教育有在校生1900多人，教师130多人，设有小学教育、学前教育、会计、计算机应用、汽车运用与维修、电子技术应用、计算机动漫设计与游戏制作、服装设计与工艺、市场营销、法律事务、商务英语、物流服务与管理、航空服务与管理等专业。学校办学门类多样，与汕尾职业技术学院开办“三二分段”教学的联合办学模式，开设五年制大专班；联系广东海洋大学、惠州学院、珠江学院、汕尾职业技术学院等大专院校在学校设大专、本科函授点，为学生继续就读大专、本科创造条件。学校还与广东省轻工职业技术学校、广东省工业贸易职业技术学校等联合办学，交流学习示范学校的办学经验和管理理念。开设“3+证书”高考班，为更多的海丰初中毕业生提供多元的升学机会，2013年参加“3+证书”高考成绩优异，三A录取率达100%。

教育管理

【强化学校管理】 2013年，学校管理工作得到进一步加强。县教育局严格执行《汕尾市教学教研两个常规管理规定》《海丰县义务教育阶段教职工绩效考核办法指导意见》《海丰县义务教育阶段教学质量综合评价方案》《海丰县全面推进中小学生学籍信息管理系统建设工作方案》等一系列文件精

刘小静副市长在县中职调研

神，制定各种工作措施，使学校管理工作不断加强，教师从教行为不断规范，教育教学质量和整体办学水平不断提高。同时，按时、保质完成了学籍信息管理系统建设，按要求全面完成学生信息录入工作任务，全县学生学籍管理得到全面规范。强化教育督导工作，加强对学校教育教学质量、办学规范、等级学校的督导评估。

【教育人事工作】 2013年，积极配合县委组织部，在教育系统遴选拔尖人才5名，进入后备干部人才库；组织完成193人教师资格的认定工作；按照事业单位聘任要求，完成教育系统事业单位的岗位设置及聘任工作；完成初级200人、中级342人、高级129人专业技术职务的评聘及推荐工作。

【招生考试工作】 精心组织教育各类考试工作，以严肃考纪考风为重点，加强制度建设，完善工作措施，以人为本，依法治考，全面加强教育考试环境的综合治理。有效组织了2013年全国普通高考、普通高中学业水平考试、成人高等教育统一考试、高中阶段学校招生考试和小学毕业生知识水平测试的一系列考试工作，基本完成普通高中招生和中职招生任务。

【促进教师专业成长】 2013年，全县处理“吃空饷”“在编不在岗”人员共76人。师资队伍整体素质进一步提高。年内，新招录教师150名，其中，“211工程”本科院校毕业生3人，硕士研究生3人。组织中小学教师参加心理健康教育“C证”培训、英特尔未来教育项目培训、中小学教师职务培训等一系列培训，培训教师3706人次。至年末，全县有省级名校长培养对象12人，国家级骨干教师10人，省特级教师8名，省级骨干教师45人，市级骨干教师54人，县级骨干教师121人，县学科带头人26名。小学、初中、高中教师学历合格率分别达99%、98%、93.9%。首次将县实验中学、红城中学、海丰中学、龙津中学等学校空缺的副校长职位进行公开竞聘。同时成功举办海丰县首届中小学校长论坛。做好山区和农村边远地区义务教育学校教师岗位津贴发放工作，发放标准平均达514元，超过省定标准14元。

海丰县教育局局长张翰文在全县校长论坛上作重要讲话

【教研交流活动】 2013年。举行全县高中中青年教师教学竞赛和义务教育阶段“一人一课”教研活动，评选出优质课一等奖98名、二等奖243名、三等奖139名，并推选部分最优秀的课例，组织全县不同学科的教师进行现场观摩，推广先进的教学方法。组织中小学各学科教师参加“义务教育阶段各学科新课标省级培训”“省初中语文教学设计及录像课例交流活动”“全省小学英语单元教学设计和录像课例交流活动”“广东省中小学英语创建示范教研组成果交流展示活动”“广东省中学语文古典诗歌鉴赏教学研讨会”等一系列教研交流活动。组织全县各级各类学校教师参加全国、省、市举办的各类学科教学竞赛和论文评比，取得较好的成绩。有5所学校获得省团体一等奖、6所学校获得团体二等奖、6所学校获得团体三等奖；1位教师获全国一等奖、2位教师获全国二等奖；2位教师获省一等奖、1位教师获省二等奖、2位教师获省三等奖；有1418篇教师教学论文获市三等奖以上奖项；有6所学校获得省学科竞赛集体三等奖以上。全县中小学生参加全国、省举办的各学科知识竞赛也取得显著成绩，有50位学生获全国一等奖、89位学生获全国二等奖、170位学生获全国三等奖；21位学生获省一等奖、53位学生获省二等奖、92位学生获省三等奖；25位学生获市三等奖以上奖项。认真抓好学校德育工作，积极开展文明礼仪教育，法制教育、理想信念教育、民族精神教育、节俭教育、感恩教育等活动，认真组织好“爱国崇学”系列教育活动、“感恩教育”主题讲座、中小学生礼仪知识竞赛、中小学生即席书画比赛、中小学生安全知识竞赛等各种活动，引导广大师生，增强胸怀祖国、心系社会、关爱他人、孝敬父母、自信自强、增强爱党、爱国、爱社会、爱家乡、爱父母的责任感和自豪感。通过狠抓德育工作，师生良好行为习惯逐渐养成，文明程度得到较快提高。

全县校长论坛

【学校基础设施建设】 为加快推进中小学校舍及设施建设，2013年投资近5000万元，完成教育园区双桂中学征地和首期项目建设；县中职、县实验中学续建项目得到全面推进；投资520万元建设了彭湃中学400米标准运动场；同时，全县中小学校各项基础设施建设得到全面推进，全年累计投入基础设施建设资金8600多万元。

县委、县政府召开义务教育阶段教育教学质量分析会

【教育多媒体工程】 全面推动教育多媒体工程的实施，至11月底，全县已接受社会捐资2200多万元，完成993间教育多媒体教学平台的安装建设，同时县政府增加财政投入3300万元，新的学期全县公办中小学校将实现电教平台全覆盖，全面提升海丰县教育信息化水平。

【学校党建工作】 2013年，全县各地各类学校从讲政治的高度，结合实际，以提高学校领导班子思想政治理论水平和决策能力，提高党员教师整体素质和管理协调能力，提高教职工教书育人和服务育人能力为重点，改进作风，勤勉工作，为推动海丰县教育发展提供了坚强的思想、组织、作风保证。一是加强党的基层组织建设，提高学校党支部统揽全局的能力。局机关和各级各类学校进一步健全学习制度，不断深化对学校各项重点、难点和热点问题的理论思考，树立科学的发展观、正确的业绩观和为民办学的宗旨观，通过各项制度的落实，全县学校领导班子在履职和管理水平上有了新突破。二是继续深入开展创先争优活动。认真落实县委、县政府的部署和要求，紧紧围绕全县教育的总体工作思路，积极开展以“效能建设上创先争优、业务水平上创先争优、服务学生上创先争优、教学竞赛上创先争优、项目建设上创先争优”为主要内容的创先争优活动。大力表彰先进，树立典型，努力营造风清气正、和谐有序的校园环境。2013年，全

县评选表彰了汕尾市先进教师26名、海丰县先进教师151名。三是积极推进学习型党组织建设。组织教育系统全体党员干部深入学习贯彻党的十八大精神、教育规划发展纲要、县第十次党代会精神，努力用先进的理论武装头脑，提高分析问题、解决问题和执行工作计划、措施的针对性和实效性，为教育持续健康发展作出新贡献。四是认真抓好学校党风廉政建设责任制的落实。坚持从严治党的方针，采取有力措施，严格执行党风廉政建设责任制。切实加强警示教育，从思想上筑牢拒腐防变的防线，大力开展反对“四风”和整顿“庸、懒、散”等现象，2013年，全县教育系统没有出现任何贪污腐败行为，教育系统政风行风建设得到全面加强，县教育局被县纪委监察局评为2013年度政风行风满意单位。

【学校安全工作】　2013年，全县投入资金近700万元，完成了全县中小学围墙校门的建设，装配了所有中小学校园视频监控设施，为所有中小学校配齐校园安保设备和消防设备等，为校园安全提供有力的技防保障。组织4次校内食堂卫生专项检查，要求校内食堂必须持有卫生许可证、营业执照，服务人员必须持有健康许可证，食品来源必须登记留样等方面的工作得到全面落实，有效防止假冒伪劣流入学校，杜绝了各类食物中毒事故及食源性疾病的发生；加强对校车的管理，联合公安交警部门开展两次专项整治活动，确保全年没有发生群体性伤害交通安全事故；加强网络信息管理，严格管理校园网，及时发现、封堵网上有害信息的传播；切实加强交通安全教育，联合公安交警部门开展“交通安全教育进校园”活动和禁止未成年人驾驶摩托车上下学专项整治活动，取得较好效果。组织全县中小学校长、分管安全工作副校长、安全管理人员开展2场次的安全知识和应急管理知识培训，进一步提高学校安全管理水平。组织开展4次安全大检查，确保全县学校安全和谐稳定，全年没有发生任何重特大安全事故。超强台风“天兔”袭击海丰后，及时有效组织好灾后救灾抢修复课工作，确保全县学校把损失降低到最低，在第一时间内全面复课。

（林雅棠）

附：2013年度海丰县教育局领导名录

局　长：张翰文

副局长：吴焕新　蔡旭彪　邓务力

学校选介

【海丰县彭湃中学】　是广东省国家级示范性普通高中学校，学校教学设施先进齐全，有千兆校园网，配备多媒体会议厅、计算机室、语音室、功能室及多媒体教室100间；建有体艺馆1座，图书馆1座、学术报告厅1间；2013年改造的新型运动场，设置400米塑胶田径跑道（内含草皮足球场1个），篮球场10个、排球场3个、羽毛球场4个。2013年有82个高中教学班、学生4983人；有教职工376人，专任教师344人，其中特级教师1人、高级教师65人、一级教师154人。学校教师有42人先后参加省普教系统“百千万人才工程”培训以及国家级、省级骨干教师培训，师资队伍建设领先。2013年，学校紧紧围绕提高学校的效益和质量，狠抓教学常规管理，创新集体备课方式，以教研促教学，在教学中进行教研，科学备战高考；在2013年高考中，学校本科上线总人数及上线率均列市重点中学第二名，并包揽海丰县文、理科总分前三名；2013年，学校迎来建校100周年华诞庆典，社会关注，嘉宾云集，充分展示了学校办学历史的辉煌成就，增强了学校的凝聚力，提升了学校知名度；近3年来，学校教育质量逐步提升，全校教师发表在国家、省、市各级刊物的论文有192篇，省级立项重点课题2个，市级立项课题6个。学校先后获“广东省现代教育及技术实验学校”“广东省模范职工之家”“广东省巾帼文明岗”等荣誉称号。

2013年5月4日，县委副书记林建隆（左三）参加彭湃中学“我的青春我的梦主题团日”活动

2013年3月18日，彭湃中学聘请高考专家现场讲课

2013年9月1日，县委副书记林建隆（右一）、副县长卓凛波（右二）深入彭湃中学检查开学工作

2013年11月17日，彭湃中学百年校庆大门

2013年11月17日，彭湃中学百年校庆嘉宾入场

2013年11月17日，校长詹德舜在彭湃中学百年校庆大会上发言

2013年11月，彭湃中学百年校庆师生美术书法摄影作品展

【海丰县陆安中学】 又名海丰县教师进修学校。创办于2006年8月，其前身可追溯到有百年历史的陆安师范。学校用地面积13.67万平方米，建筑面积22996平方米。2013年学校投入资金，用于灾后重建，修整操场，改造学生宿舍，增设监控设施，在初中部教室新安装教学一体机10部，配用网上阅卷系统。2013年年末，全校教职工236人，专任教师228人，本科学历217人，学历达标率95.2%。其中特级教师1人、高级教师15人、中学一级教师95人。设有教学班级55个、学生3200多人，其中高中部42个教学班、学生2500多人。在德育工作方面，

① 陆安中学汉字“你说我写”大赛

② 陆安中学第二次团代会

③ 陆安中学第四届班主任论坛

④ 陆安中学陆安好声音比赛

⑤ 陆安中学第二届文化体艺科技节

⑥ 陆安中学第二届文化体艺科技节海报

完善立体育人模式，创新主题班会形式，开拓性地推行主题班会课程化。班会课让学生自导自演，积极参与，自我管理，自我教育，自我发展，育人效果良好。成功举办了第二届文化体艺科技节，为学生提供观察欣赏、体验表现、实践创造的平台，丰富师生精神文化生活，提升校园的文化艺术品位。在教学教研方面，加强教学教研，力推学案导学，改革课堂教学结构，优化课堂教学模式，打造高效课堂。2013年，初、高中教学质量不断提高。高考各批次均超额完成县下达的高考指标，本科完成率为166.7%，三A以上完成率为120.8%，完成率均居全县前列。中考成绩总分700分以上2人，600分以上16人，500分以上51人。全市前10名内1人，全县前五名内2人（郑喜芬全县第二名，陈远庚全县第四名）。单科成绩列全县前三名的有：陈远庚化学县第一名；郑喜芬物理县第二名；郑喜芬语文县第三名。加强校本教研，编写了英语、历史、地理、生物、化学等学科校本教材，并投入使用。学校大力进行课题研究，其中“普及高中后学生学习动机的培养与激发研究”等5个课题获得市教育科学“十二五”规划课题立项，并于2013年底完成结题。“导学案在高中文言文教学中的有效运用研究”等14个县级微型课题通过结题验收。学校鼓励教师撰写教育教学论文，选送了101篇教育教学论文参加市论文评选。

【海丰县广播电视大学】 创建于1984年，建筑面积10000多平方米，标准教室30间；80座大课室6间；64座语音教室1间；6间多媒体计算机室；2间多媒体报告厅；学校共有教职工37人，其中高级职称有14人、中级职称有10人；开设有教育类、文史类、管理类、政法类、理工类等不同方向20多个（本、专科）专业，至2013年末，学校获学士学位人数：开放教育有18人，合作高校有11人。2013年度在校生1913人，其中本科630人、专科1283人。作为首批通过教育部评估验收合格的开放教育单位，长期以来坚持灵活开放的办学理念，坚持以“一切为了学习者，为了一切学习者”的办学宗旨，为当地社会培养了一大批实用型、技术型的优秀人才，海丰电大成为汕尾地区开放教育中极具特色的办学品牌，学校2010年被中央电大授予“全国示范性基层电大”称号。灵活的办学特色和良好的社会效益赢获得社会各界的赞誉，先后被省、市、县评为“全省广播电视大学系统缴费先进单位”“汕尾市先进基层党组织”“社会主义精神文明建设先进单位”“民主评议行风满意单位”“海丰县先进单位”等称号。一流的教学服务构建了海丰电大开放教育的总体形象。在面临挑战和机遇中，不断提升办学实力，突破惯性思维，树立新观念，促进电大的可持续发展，为构建终身教育体系，建设学习型社会发挥作用。

海丰县广播电视大学

海丰县广播电视大学服务大厅

海丰电大学生服务大厅正门

【海丰县中等职业技术学校】 创建于2009年，

海丰县广播电视大学

坐落于海丰县城莲花山教育园区，被省教育厅列入首批骨干示范性中等职业学校建设项目，于2011年被确定为市重点建设项目，是海丰县唯一一所公办中职学校。学校投入资金8200万元，建成高标准的教学区、生活区、实训区，包括教学楼A、B栋，实训楼A栋，学生宿舍A栋，食堂，校门围墙等。学校实训设备先进，2012年向省教厅争取的中等职业技术教育专业实训中心竞争性分配专项资金500万元，已按要求配备汽车运用与维修和电子技术应用两个专业的实训室。学校将进一步加强实训教学工作及各项设施配套，并于2013年顺利争取到中央财政专项资金400万元，将用于电子及其自动化专业实训基地的建设。同年还争取到省中等职业技术教育专业实训中心竞争性分配专项资金共400万元，其中计算机动漫与游戏制作专业250万元，学期教育专业150万元，资金将用于该两个专业实训中心实训设备的购置，进一步满足学生实习实训的需要。2013年，有在校生1900多人、教师130多人，学校办学门类多样。在教学管理工作方面，学校坚持“以人为本”，不断强化质量意识，强化教学管理，强化考核评估机制，注重对学生进行创新精神和实践能力的培养，全面实施素质教育，取得良好效果，师生们在各项教研、教学实践活动等方面获得多项奖励，教育教学改革取得显著成效，学校招生人数稳步提升，办学规模不断扩大。2013年，学校先后被评汕尾市语言文字规范化示范校，被推荐为全国职业教育先进单位等。

2013年9月21日，海丰电大举行2013年秋季新生开学典礼暨中央电大奖学金颁发仪式

2013年10月11日，省开放大学直属学院院长罗鉴棠（左五）到海丰电大指导中职教育工作

海丰县中等职业技术学校2013年元旦晚会

海丰县中等职业技术学校

海丰县中等职业技术学校2013年元旦晚会合照

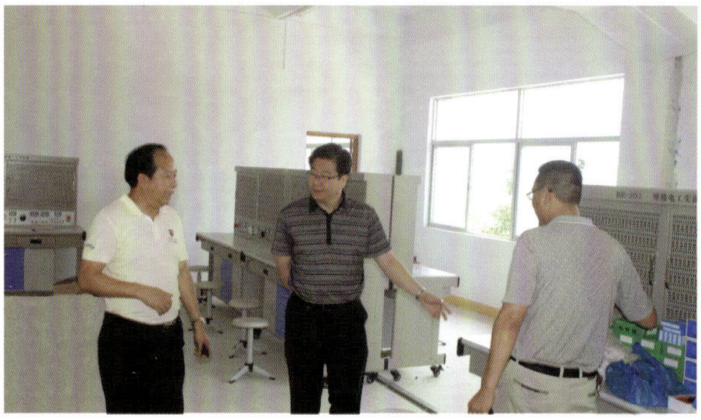

2013年12月10日，汕尾市教育局局长何平（中）在校长林胜吾陪同下参观实训室并指导相关工作

海丰县中等职业技术学校电子实训室

海丰县中等职业技术学校汽修实训室

海丰县中等职业技术学校学生在学校舞蹈室录制参赛作品

【海丰县红城中学】 创办于1958年，半个多世纪的办学历程使学校形成了艰苦创业、严谨治学的优良传统，沉淀了丰富的人文底蕴，具备了强劲的综

合办学实力，是海丰县办学规模最大的全日制公立完全中学，是一所区域性的优质学校。学校坐落于海城二环北路，校园占地66389平方米，建筑面积28219平方米。教学区、运动区、生活区布局井然，师生宿舍楼、餐厅配备齐全，拥有多媒体教学平台、语音室、理化生实验室等一大批现代化设施，有400米环形跑道运动场、足球场、篮球场、排球场，体育设施完善。2013年，全校初、高中共有81个教学班、学生人数5090人。在职教师353人，中、高级职称以上教师210人，硕士研究生学历的教师3名，教师学历达标率100%，国家级、省级、市级骨干教师及学科带头人一批。师资力量雄厚，教学、科研能力强，多次承担国家、省、市科研立项课题并获得表彰。2013年，高考本科上线179人，超额完成上级的指标，被县教育局授以“高考优胜单位”；历年来中考综合评价及上层生比例稳居全县前列，办学效益得到了社会各界的认同。坚持教育的“三个面向”“立德树人、立教育人”，致力于打造“阳光红中、生态校园”的办学目标；以“厚德博学、健康臻美”为校训；以“勤奋、务实、立志、进取”为校风；以“阳光进取，勇攀高峰”为学校精神。科研兴校，面向全体学生，注重体育、美术、音乐特长教育，让每个学生都健康成长，为每一个学生的未来着想。学校先后获得“广东省贯彻《学校体育工作条例》”和“《学校卫生工作条例》先进单位”“广东省体育传统项目学校”“广东省绿色学校”“广东省中小学知识产权实验学校”“广东省安全文明校园”“广东省巾帼文明岗”“广东省体育特色学校”“汕尾市一级学校”“汕尾市文明单位”“文明汕尾三有序示范点”“汕尾市科技创新实验学校”等称号。办学成果显著，先后获得省、市、县多项奖励。

红城中学全景图

红城中学师生宿舍

2013年5月，红城中学课改专家讲课

2013年11月，县长陈德忠（中）深入红城中学调研

2013年11月，县委副书记林建隆（左一）、副县长卓凛波（右前一）深入红城中学调研

【海丰县梅陇中学】 创办于1942年，是一所历史悠久的乡镇完全中学。学校全面贯彻落实党的教育方针，坚持“以德立校、依法治校、科研兴校、质量强校、特色名校”的办学宗旨，秉承“团结、守纪、勤奋、创新”的校训，树立“求索、慎思、开拓、向上”的校风，倡导“博学、敬业、务实、奉献”的教风，培养“知礼、乐学、诚实、进取”的学风，坚持“以人为本、和谐互动、合作探究、全面发展”的办学理念，以教育科学为先导，以创新教育为核心，不断深化教育改革，全面实施素质教育，为国家培养了一批批具有创新能力、综合素质优秀的毕业生。2013年学校乘创办海丰教育强县的东风，积极改善学校办学条件，学校所有教室都拥有多媒体教学平台，教室宽敞明亮，校园环境优雅，建筑物错落有致，水泥校道环绕其间，古木参天，绿树成荫，堪称园林式学校。2013年9月1日由梅陇中学校友陈学军、施寿味、李玉鹏、施国辉以及社会贤达林世潜等先生捐资135万元兴建的学生公寓正式投入使用。

海丰县梅陇中学

【海丰县赤坑中学】 创办于1954年，是一所完全中学，属县一级中学。前身为海丰县第四中学，1958年，更名海丰县赤坑中学。学校地处赤坑镇上埔埡，傍山而建，环境优美，占地面积53330平方米，总建筑面积11553平方米，建有2栋教学楼、1栋综合楼、8栋教师宿舍楼、1栋学生宿舍和1栋食堂。学校配有教学班教学智能一体机，电脑室、多媒体教室、英语人机对话训练室、各类实验功能室、阅览室、音乐室和美术室等。2013年，学校有23个教学班（其中高中部8个、初中部15个），在校学生约1300人，教职员工117人。其中中学高级教师1人、中学一级教师45人，2人先后被评为“广东省南粤教书育人优秀教师”。学校秉承“以人为本，为学生适应未来发展奠基”的理念，以“办好赤坑中学，造福家乡人民”为己任，大力实施素质教育，深化教育教学改革，强化教育教学管理。全校师生以“修身、进学”为校训，围绕“办好初中，发展高中”的办学思路。学校高考、中考备考工作扎实有效，实现了逐年提高和突破。是年高考本科上线完成市、县下达指标的200%；第三批A线上线完成市、县下达指标的150%；超额完成市、县下达的各项奋斗目标。吴光伟校长被评为2013年“汕尾市十佳优秀校长”。

【海丰中学】 海丰中学是一所文化底蕴深厚的县直属中学，坐落于素有“文化墨池”美称的南门湖畔。1994年在原县委、县政府办公旧址复办，占地面积2.55万平方米，校舍建筑面积约2万平方米。2013年在原来基础上平整1号教学楼后面空地、搭建教师车棚、增高学校围墙，校园布局合理，教学设备设施齐全，环境优雅。2013年，学校有43个初中教学班、学生2586多人，年巩固率达98.8%。学校教职工177人，有中学高级教师19人、中学一级教师88人，本科学历以上135人，学历达标率100%。学校坚持“定导向、谋佳策、

下大力、重创新、树品牌”的工作思路，加强教师队伍建设。一是加强师风师德建设，通过系列主题教育活动，广大教师树立了“校荣我荣”的主人翁精神和责任感。二是加强教师培养，鼓励教师参加各级各类竞赛活动，着力提升教师的业务能力，校内形成“学、赶、帮、促”的良好风气。学校秉持“追求人品与学问同步”的德育理念，提出“行为自律、活动自主、管理自治、精神自强”的德育理念。注重学生文明礼貌行为习惯的培养，有序开展各项德育工作，拓展创新德育工作模式，全面提高学生素质。强化教学管理，以校本教研为主，加强课堂教学研究，深入推进课改。2013年，邀请了市、县两级教研室领导到学校指导教学工作，努力构建高效课堂教学模式，着力提高课堂教学效率和质量。2013年，海丰县教学质量现场会暨2013年中考分析会在学校召开，进一步促进了学校教师和教学能力的提升。2013年，荣获“广东省工人先锋号”“汕尾市五四红旗团委”“第十一节汕尾市青少年科技创新大赛优秀组织奖”等称号。2013年，学校有771人参加中考，进入全县前10名有3位同学，进入全县前100名有18位同学，学校获一类地区全县初中阶段教学质量综合评价二等奖。学生参加数学、物理、地理、英语学科竞赛，有63位同学分获国家级、省级奖项。黎敏琪、蔡占衍老师参加汕尾市青少年科技创新大赛，获汕尾市一等奖。有29位同学在参加科技创新大赛、海丰县中学生现场作文比赛、海丰县征文比赛中获奖。

2013年5月，海丰中学荣获“第十一届汕尾市青省年科技创新大赛优秀组织奖”

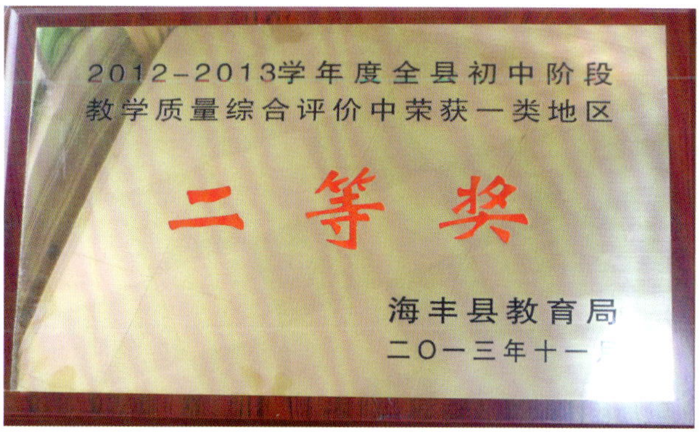

2013年11月，海丰中学荣获全县初中教育质量一类地区二等奖称号

2013年12月，海丰中学荣获“汕尾市五四红旗团委”称号

海丰中学教学现场会

2013年，市县两级教学调研组在海丰中学调研

【海丰县公平英豪学校】 创办于1998年9月，是经汕尾市教育局批准的集小学、初中、高中于一体的全日制民办学校，是汕尾市一级学校、汕尾市绿色学校，汕尾市高中教学水平优秀学校。学校占地面积8.6万平方米，建筑面积3万平方米，校园布局合理，环境优雅，是一所集绿化、美化于一体的园林式学校。全校共有教学班66个、学生数3822人、教职员工250多人。小学部：学生数1800人，入学率达100%，2013年六年级毕业班参加会考继前十二届第十三次获公平镇毕业知识质量监测第一名，课题《新课标下农村小学低年级趣味识字教学研究》，获海丰县教育科学"十五"规划项目结题证书。初中部学生总数1198人，其中初一新生356人、初二416人、初三426人，学生入学率达93.3%，初中部连续六届6次夺得海丰县二类地区综合评价第一名，2013年412人参加中考，500分以上112人，600分以上24人，最高分692分，毕业生升学率达96%。本年度初二学生参加全国数学竞赛，获全国一等奖1人、二等奖1人、三等奖2人，参加广东省中学生物理竞赛，获二等奖2人，三等奖7人。课题《初中生语文预习习惯的现状与对策研究》获海丰县教育科研领导小组通过结题。高中部学生总数825人，其中高一新生429人、高二288人、高三198人，学生入学率达94%。2013届高考继2007年首届高考以来，连续7届双超额完成县下达的各项高考指标，并获海丰县高考优胜单位奖，本届高考参考人数215人，上线人数169人，高考入围率79.3%，其中第一批重本4人、第二批本科38人、第三批专科127人，朱承广理科数学132分，陈慧棉、于付梅英语125分，于付梅语文124分，名列各科前茅。陈宇峰同学考上北京体育大学，填补了汕尾市近20年多来没人考上北体的空白。

2013年7月，海丰县英豪学校陈宇峰（左）同学考上北京体育大学，与肖平董事（右）在英才亭合影

英豪学校多媒体阶梯教室

英豪学校全景图

英豪学校连续七届超额完成县下达的各项高考指标

英豪学校英才亭

【海丰县仁荣中学】 是汕尾市海丰县仁荣实业发展有限公司董事长陈介仁先生于1999年秋季创办的全日制完全中学。学校占地面积7.6万平方米，建筑面积5.8万平方米，累计投入资金2亿元。是国家绿色学校、广东省一级学校、广东省普通高中教学水平优秀学校。2013年，全校拥有60个教学班（其中高中36个、初中24个），学生近3000人，教职员工250多名。2013年高考，在437名应届考生中，第一批重点入围16名，入围率3.75%；第二批A线入围67人，入围率15.3%，本科入围141人，入围率32.3%，一批和本科均超额完成市、县下达的任务。第一批（重点）入围率列海丰县第一名，第二批A线入围率列海丰县第一名；超过600分的有5名，最高分621分。2013年中考，该校学生以743的高分获得海丰县中考成绩第一名（汕尾市中考成绩第7名）；同时有8名学生进入海丰县中考分数前100名。学校领导班子紧紧围绕"巩固、提高、创新发展"的办学思路，以教育教学为方向，以培养品学兼优人才为目标，取得显著成绩。年内，师生100多人无偿献血4万多毫升，为受"天兔"强台风袭击的灾区涌跃捐资3000多元，通过一系列的"爱心"活动，学生道德层次得到提升，扶贫济困、救死扶伤的感人事迹层出不穷，"文明、奉献、诚实、高尚"的校训植根于全体师生的心中。

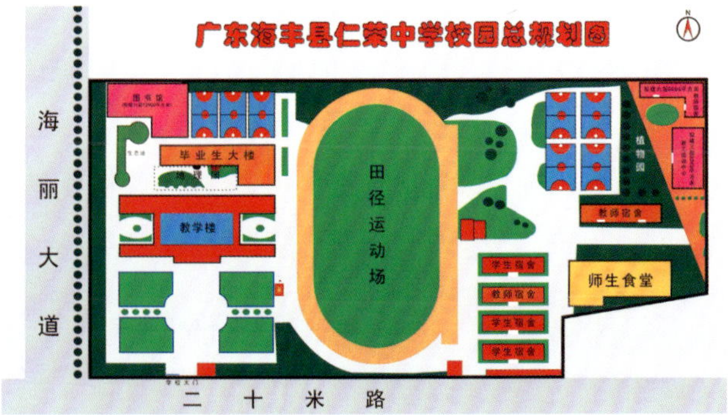

海丰县仁荣中学校园总规划图

2013年12月20日，海丰县仁荣中学举行大型体操运动

海丰县仁荣中学体操场

海丰县仁荣中学

【海丰县德成学校】 创办于2000年，是一所十二年一贯制民办学校。2013年，学校教育教学都取得较好成绩。在2013年的中考中，语文科荣获海丰县优秀学科，综合评价获海丰县第三名，中考升学率98.6%。高考成绩3A以上入围率81.3%，较好地完成上级任务。2013年论文评比中，全校荣获市一等奖3人、市二等奖5人、市三等奖10人；获县级奖项23人次。在县优质课评比中，获一等奖1人、二等

奖5人、三等奖2人。在青年教师教学竞赛中，3位教师都获二等奖。在全国习思英语竞赛中，张倩莹同学荣获三等奖；在广东省第四届中学地理奥林匹克竞赛中，林婉玲同学和陈兴誉同学获省一等奖，缪东岳同学获二等奖，汤东源同学获三等奖；江万振同学、汤东源同学和陈兴誉同学在广东省中学生初二物理竞赛中获省二等奖。

2013年4月30日，德成学校广播操比赛

2013年5月6日，德成学校文科知识竞赛

2013年5月6日，德成学校文科知识竞赛

2013年6月4日，德成学校英文小短文朗诵比赛

【海丰县林伟华中学】 创办于2005年9月，位于海丰县附城镇，是一所由海丰县政府创办、海丰县教育局主管、林伟华先生捐资兴建的公办学校。海丰县委、县政府的规划定位是建成高标准、现代化、园林式的国家示范性学校。学校按国家示范性中学规划建设。建有教学楼1.8万平方米，标准学生宿舍160间，教师宿舍72套，食堂1栋3000多平方米，配备有足够的标准化物理、化学、生物实验室，电脑室、语音室、音乐室、美术室、历史室、图书馆和多媒体教室等功能室。学校领导班子精通业务，善于管理；教师爱岗敬业，教风严谨，专业知识扎实，教育教学能力强，学校教研氛围浓厚。教学秩序井然，校风、教风、学风良好。2013年有高中三个年级48个教学班、学生2900人、教职员工

林伟华中学校园东侧

林伟华中学教学楼斜侧面

182人，专任教师本科达标率97.8%。具有高级职称的教师30人、中级职称79人。国家级骨干教师1人，省级骨干教师5人。学校管理严格、规范，教育理念先进。确立有："学会做人，奠定人生根本；学会学习，迈向成材之路"的校训；"笃志、笃学、自信、自强"的校风；"敬业、博学、务实、创新"的教风；"勤奋、扎实、慎思、灵活"的学风。学校不断深化课程改革，学习、实践先进的教学理念。教学坚持"激发兴趣，培养能力，打好基础，发展个性，稳步提高"的原则。紧抓教研树立严谨教风，严肃纪律树立务实学风，强化常规管理培养学生的良好行为习惯。2008年以来高考成绩逐年提高，本专科入围率在全县同类学校名列前茅。2013年12月，学校通过了汕尾市一级学校的评估。

【海丰县实验中学】　2010年9月在初级中学原城东第二中学的基础上成立海丰县实验中学，为县直属全日制完全中学。位于县城北三环金星山，校园占地面积14万平方米。2013年，学校拥有教职员工293人，其中中学高级职称9人、中学一级职称88人、中学初级职称14人，学历100%达标，硕士2人，学士1人，其余专科以上学历。有教学班75个，其中初中教学班30个、高中教学班45个、学生4500多人。学校坚持"善教无类，着眼整体发展，立足个体成才"的办学理念，大力弘扬校魂——"爱"，积聚校园正能量，以德育主题教育活动为抓手，取得较好成效。在教研方面坚持"教研是教师头顶的蓝天，教学是教师脚下的实地"，大力弘扬"勤教，钻研，创新，奉献"的教风，扎实开展两个常规进课堂的活动，取得较好效果。年内，学校被汕尾市教育局授予2013年高考进步奖；有黎炳如老师的两篇论文《对粤教沪科版八年级物理下册几处内容的商榷》《对粤教沪科版八年级物理上册教材四处错误的探讨》分别发表于陕西师范大学《中学物理教学参考》刊物以及中国教育学会物理教学专业委员会会刊《中学物理》；已获得市课题立项的有：王丽平、刘坤、邵瑞丽、隗彦巍、杨茂敬、彭鸿端等主持的6个课题；有9个微型课题，其中6个已结题验收；另有12月10日有李桂奇老师的课题被县立项。有参加市竞赛论文共391篇。特别是同课异构，新课堂及说课比赛的推出，使教学研究更有针对性。大家敢于互相探讨，表达自己的想法和建议，教学反思得到进一步落实。

【海丰县光明职业技术学校】　创办于1984年，由中国民主同盟海丰县委主办。开设计算机应用、会计电算化、学前教育、成年在职幼师脱产班，民航服务、商务英语（与广东国防科技技师学院联合）等专业及"3+证书"普通高考班。有多媒体、计算机、音乐、电子琴、幼师练功、电子实训、图书室等专业功能室及相应的教学设施设备；有一定的实训场地。学校是省级计算机证书考场；是全县中小学教师计算机培训基地；2012年和2013年高考录取率100%，创校史新高，居全汕尾市"3+证书"高考升学率第一。专业知识扎实，技能考证率高，学生任凭兴趣与特长报考技能证书。2013年，学校有教学班18班、学生726人，其中毕业班119人、高考班50人；各专业考证合格率已达98%；学生有一专多证多能的优势，就业门路广。择业机会多，毕业生就业率98%，其中幼师、财会专业就业率100%，电脑专业就业率95%。有教师30人，专业教师20人。其中高级讲师5名、讲师10名、助理讲师3名，学历达标23人，达标率77.7%。学校实行毕业"多证书"制，促使学生一专多能。学前教育专业学生参加技能考试、均100%合格，全部获国家级专业技能证书；"幼儿教师资格证"。财

海丰县光明职业技术学校

光明职业中学教学楼

会专业94%学生获国家级“会计技能证书”；国家级“会计人员从业证”；各专业学生参加国家初级级计算机考证合格率89%，以上三证是参加“3+证书”高考资格“入场券”。还有，职高二、三年学生参加省级计算机考证，100%获省级计算机中级证书；职高二、三年学生均参加国家普通话水平测试。学校积极推行联合办学，先后与海丰电大、广东省财校、广州华基教育集团公司、广东省国防科技师范学校以及珠三角地区其他名校合作。2012级新生中开设订《民航票务》专业订单培养2个班。学校继续加强与生源学校联系，与各乡镇中学开展生源衔接挂钩工作。2013年，学校共招新生150人，高职高考班52人。连年来毕业生就业率平均98%，其中幼师、财会专业就业率100%，电脑专业就业率95%。2013届各专业毕业生108人就业，就业率96%。此外，已安排2014级学前教育学生60人到内外地10余家幼儿园实习。

科学技术

【概况】 2013年，海丰县科技工作围绕县委、县政府的工作大局，以实施创新驱动为主旋律，以提高自主创新能力为重点，强化科技资源的整合，提高全民科技素质，加快经济增长方式的转变，为建设经济强县、幸福海丰作出应有的贡献。2013年，县下达科技发展基金二批1271万元，实施项目建设27个，科技工作取得新的进步。

【科普宣传】 一是利用“全国科技活动周”和广东省“科技进步活动月”的开展，科技部门牵头，组织协调农业、卫生、水产、畜牧、环保等10多个相关部门、协会，在平东、联安等4个镇开展科技咨询活动。开设科技政策、知识产权、防震减灾、农作物种植、家禽养殖、化肥农药使用、食品安全等政策法规和科普知识的咨询。展出《食品安全与公众健康》《关注环境建设关爱健康生活》《节能减排从我做起》等专题科普展板。发放专利知识、防震减灾、农村实用技术科普资料1万多份。二是开展科普进校园活动。科技、科协联合在海城举办“科学、健康、安全——科普挂图进校园巡展活动”启动仪式。展示80多幅科普展板。利用科普大篷车车载功能，播放食品安全教育短片《安安带你看食品安全》《防震减灾教育》等科普宣传片。现场发放各类科普资料2000多份。积极做好科普画廊进校园的工作。在黄羌中学设置一座长30多米的不锈钢标准化科普画廊，为师生提供一个学习探究科普知识的平台，培养学生科技创新意识，激发学习科技知识的兴趣和潜能。

【科技考核】 科技考核是国家对县（市）科技进步的综合评价。按上级有关要求，县科技部门认真策划，协调各有关部门，做好科技进步考核工作，全面客观反映海丰科技进步工作的实际。根据《广东省科学技术厅关于转发科技部2013年全国县市科技进步考核结果的通知》文件精神，海丰县顺利通

过2013年全国县（市）科技进步考核。

【科技服务】 2013年，海丰县申报上级争取立项项目11个，其中产业技术类5个、信息技术类4个、环境保护类2个。汕尾市柏林电子封装材料有限公司的“金基焊片和覆金基焊片IC封装盖板的研究与制备”项目、海丰县有记养生茶业有限公司的“益肝凉茶泡腾茶片产业化研究”的产学研合作项目，都具有自主知识产权和较高的技术含量，体现了创新能力强和新兴产业的特点。年内，先后有省级项目“科技网络服务能力建设”“无土栽培（水栽法）瓜茄烂根病综合防治技术研究与应用”和“太阳能电子捕鱼灯的研究与开发”共3个通过验收。海丰县海鹏水产科技养殖有限公司承担的“南美白对虾优质健康虾苗繁育与推广”的市级项目也通过市的验收。年内，推荐汕尾市柏林电子封装材料有限公司的“抗氧化型预成型焊片”和“预覆金锡焊片封装盖板”申请广东省高新技术产品认定。引导广东宝塑料科技有限公司实施专利技术，培育知识产权优势企业，成功申请4项国家专利。柏林电子封装材料有限公司和广东宝塑科技有限公司，新增为2013年汕尾市企业研究开发中心。全县已建立市级研究中心4家。

【科技示范基地】 2013年，科技、科协两个部门共建新增设科技示范基地15个。其中广东宝塑科技有限公司、广东易德半导体有限公司、汕尾市柏林电子封装材料有限公司、海丰县有记茶业有限公司、海丰县三凯电子商务等5家新兴产业企业，分别开展了工程塑料系列、半导体技术、益肝茶和电子封装材料的产品技术研发及电子商务技术应用。培育新的增长点，提高产业发展水平。海丰县黄羌镇惠民种养合作社、海丰县金瑞丰生态农业有限公司、海丰县飞龙果蔬种植专业合作社、海丰县润德种养专业合作社等4家农业企业，被认定为“汕尾市广东农业科技园区示范区入园企业”。壮大海丰县农业优势特色产业，推动农业科技成果转化，提高农业科技水平。

【知识产权】 海丰县积极开展专利申报指导和保护工作。2013年举办专利知识讲座一期，各有关部门、企业的管理人员、技术人员40多名参加学习培训。9～10月配合有关部门开展专利执法行动两次，打击制假和侵犯知识产权的行为，规范市场秩序。9月，海丰县立德药业有限公司和海丰县有记养生茶业有限公司，被市知识产权局授予“专利产品销售诚信单位”。2013年全县申请专利275件，比上年增加32%，专利授权共199件，其中发明专利2件、实用新型77件、外观设计120件，总量比上年增加38%。

【防震减灾】 2013年，海丰县配合上级地震部门，完成了省地震预警台选址工作，确定海丰县实验中学、平东镇谷兜小学、联安镇中心小学、赤石中学和大湖镇新置村委作为省地震预警台址，并着手筹备建设。

【LED照明示范应用】 按照全县推广应用LED路灯照明产品的实施方案，2013年完成南湖路灯改造工程、红城大道路灯改造工程和平东镇海陆公路等路灯改造工程共6.4千米，路灯103盏，景观灯1381盏，总动率31067瓦；完成北三环路灯建设新建工程9.7千米，路灯490盏，总功率73500瓦。基本完成年度的推广应用LED照明产品的任务。

（蔡小健）

附：2013年海丰县科技局领导名录

局　长：唐宗平

副局长：蔡伟娜（女）

文 化

综　述

2013年，海丰县文体旅游主管部门全面贯彻落实党的十八大和十八届三中全会精神，以建设文化强县和推进文化繁荣和发展为目标，不断增强文化软实力的建设；紧紧抓住文化建设全覆盖和扩容提质的新机遇，不断完善文化体育公共服务体系；加强广播电影电视行业管理，加大文物和“非遗”项目的挖掘、传承和保护工作。同时，按照中共中央“八项规定”和整治“四风”的文件精神，抓好队伍反腐倡廉、思想政治和组织作风的建设。在全社会物质文明建设高速发展的基础上，努力使人民群众的文化生活更加健康和谐、丰富多彩，为实现中华民族繁荣富强的“中国梦”增添美丽元素。

文化设施建设

【文化站和文化室的新、改、扩建】　2013年，按照省、市下达的年度建设任务，已完成城东、平东、黄羌3个镇级综合文化站的新、改、扩建工程。年初，县文体旅游局专门成立工作小组到基层进行调查，从全县16个镇中筛选部分基础好、有条件的村（社区），结合社会主义新农村、农家书屋、文体小广场等综合配套情况，优先进行文化室的配套建设，按计划完成的有72家，已全面完成本年度农村（社区）文化室的新、改、扩建项目的任务，全县配备行政村文体协管员245人，完成市分配的36家文化室（农家书屋）以奖代补配套设备增添书籍等的配套。全县乡镇文化站（文化室）的陆续建成并实施免费开放，吸引广大群众走进公共文化设施，享受政府提供的公共文化服务。

【乡镇健身广场建设】　2013年，全县镇级体育健身广场建设在原已完成的基础上，投入建设资金195万元，新建平东、陶河、黄羌3个乡镇健身广场3个，完成市下达的建设任务。

【文体设施灾后复产工作】　9月22日，海丰县遭遇历史罕见的超强台风“天兔”的正面袭击，全县文体、旅游基础设施受损严重，据统计，局直属各单位直接经济损失达2343.4万元。受灾后，在上级的统一部署下，立即投入灾后复产工作，想方设法筹措资金，开展自救，主要开展县体育馆屋面抢险加固和红宫红场旧址纪念馆、博物馆、白字戏、西秦戏两个剧团、红城电影院、电影公司等单位的整治维修项目，将损失减少到最低程度，确保了公共文体服务工作的正常开展。

【电影放映“3121”工程】　2013年，县文体旅游局落实7支专业放映队，继续深入农村各个放映点，开展对全县的287个行政村轮流放映电影3400多场，基本实现一村一月放映一场电影的公益服务目标，完成年度省下达的农村电影放映任务。

【广播电视“村村通”工程配套建设】　全县广播电视“村村通”“户户通”工程建设呈现出良好的局面。县广播电视台不断扩容增设频道，使全县90%以上的群众都能清晰地看到电视节目。2013年下半年，根据省广电部门的工作要求，在原有的基础上继续推进“户户通”的建设工程，组织专业队伍，在全县边远地区，特别是偏僻农村安装“户户通”设施9326套，切实把服务延伸到每家每户，做到“开通一户、服务一户”，有效地解决了偏远农村广播电视的盲点，受到省广电部门的充分肯定，县文体旅游局被授予“省广播电视村村通工程优秀奖”和“县级数字影院全覆盖工程优秀奖”称号。

文学·艺术

【书法活动】 2013年，县书法家协会活动频繁。1月29日举办“春联进万家”活动，协会十多名书法家在红城大道为群众义务书写春联400多副；春节期间，举办“迎春书法展”；5月16日，组织协会中的省协会员与深圳市盐田区书协举办书法笔会活动；6月20日、7月3日，分别与梅陇镇、赤坑镇联合举办书法创作交流活动；10月，举办“2013年海丰县墨韵书法展”，省文化厅领导到场参观指导；12月，举办“2013年海丰县书法家协会会员作品展”。会员作品参加全国和各省、市展览、比赛，全年共有24人次获奖或入选。协会交流书画报《水墨印象》正式出版。

【马思聪研究】 2013年，马思聪研究会协助参与了县白字戏剧团根据马思聪先生舞剧《晚霞》改编的白字戏原创剧目《龙宫奇缘》的音乐创作工作。

【楹联活动】 2013年，海丰县楹联学会换届，召开第三届会员代表大会，选举产生新一届领导班子。本年度主要致力于挖掘、搜集楹联文化遗产资料和汕尾地区人文民俗文化资料的搜集、编写。出版第八期《海丰联苑》。年内，会员陈宝荣关于海陆丰人文历史的散文《海陆丰记忆》，由花城出版社出版。

【文学艺术作品成果】 2013年，海丰县主要文学艺术成果有：陈宝荣创作的散文随笔《海陆丰记忆》，12月由花城出版社正式出版；陈燕妮编导、海丰县红红绿绿艺术培训中心表演的少儿舞蹈《启航》，获第二届广东省少儿舞蹈大赛银奖；林景南创作的书法作品，获广东省群众廉政书画作品展银奖、广东省“南雅奖”书法展入展；林敏创作的书法作品“八桂书风”，获第三届书法作品展入展；刘春秋创作的书法作品，获第五届广东省新人新作展优秀奖、汕尾市首届书法电视大赛中青年组三等奖；余作明创作的书法作品，获第五届广东省新人新作展优秀奖；彭国坤创作的书法作品，获第五届广东省新人新作展优秀奖；钟鸣峰创作的书法作品，获第五届广东省新人新作展优秀奖；林树群创作的书法作品，获汕尾市首届书法电视大赛老年组一等奖。

群众文化

【节庆文化活动】 元旦、春节、元宵期间，由文体旅游局主办或承办的以及县文化馆、各镇文化站、各个协会、学会、俱乐部等组织举办各类群众文艺晚会、戏剧晚会、民乐八音、书画展、灯谜、象棋、围棋和各种球类比赛等文体活动遍及城乡，其中由县委、县政府主办、县文体旅游局承办的2013年元宵广场文艺晚会群众反响热烈。县博物馆也开展形式多样的公众宣传文化活动，主要有“海丰县迎春书画展”“中华文明之光大型图片展”“从唐宋陶瓷装饰工艺谈当今仿品赝品的鉴定”讲座及民间鉴定活动等，参观、参加活动人数计达9万多人次。据统计，全年全县城乡举办各类文体活动约520多场次。

【纪念钟敬文诞辰110周年暨首届海丰民俗文化节】 3月，县委、县政府举办纪念钟敬文诞辰110周年暨首届海丰民俗文化节大型活动，其中民俗文化展演和“钟敬文生平图片展”等由县委宣传部和县文体旅游局承办。在县体育场举行的民俗文化大型展演，分为四个展演区，参加展演的有县西秦戏剧团、白字戏剧团、附城圆山村、梅陇金盘围村等单位的西秦戏、白字戏、麒麟舞、五福狮等国家级和省级“非遗”项目以及海丰民谣、八音、白字戏曲坐唱、梅陇龙舞、公平刘亚梅吞吐拳、可塘罗山拳等十几个民俗项目，整个活动参加人数约1万多人。

【文化馆活动】 2013年，海丰县继续以满足基层文化的需要为出发点，按照上级指示，做好实际性的文化工作。元旦、春节期间都有组织举办丰富多彩的文艺晚会，主办或承办、协办的庆“五一”晚会、“5·12”护士节晚会、“南粤幸福活动周”启动仪式、国庆文艺演出以及文化馆指导的机关、企事业单位、社区等文化活动20多场次。开设少儿美术、舞蹈、围棋、电子琴和交谊舞培训班，培训各类文艺苗子和爱好者300多人。组织业余作者开展文学创作，坚持出版《海丰文艺》。

图书·文物

【图书馆】 2013年，县图书馆为争取晋升三级馆，达到省要求的扩容提质条件，向上级申请资金47万元，将3楼面积扩建至400平方米，并将一楼改造为少儿图书馆。工程从3月份开始施工建设，于10月份通过县建设局质监验收，全面完成。同时，为给广大读者提供丰富的精神食粮，图书馆利用上级拨款102万元资金，通过政府采购，完善图书和设施配套建设。

【博物馆】 2013年，按照上级文化公共服务设施达标升级的要求，县博物馆抓好“国家三级博物馆”“广东省公众环境教育基地”两个项目的申报工作，通过对消防设施的更新改造，强化了文物的储藏保管和安防技防等措施；举办多次公众教育活动，积累了大量的材料，因而得到两个考核评估组专家的好评。3月，广东省环境保护厅授予“广东省公众环境教育基地”；5月，国家文物局授予“国家三级博物馆”。

【红宫红场纪念馆】 2013年，利用“全国爱国主义教育基地”品牌，创新网上服务平台，将重大历史事件纪念日、青少年活动教育和预备党员宣誓等有特殊意义的各种活动上传到所设网站，扩大宣传和教育的覆盖面，提升纪念馆的服务质量和海丰县红色旅游知名度。据统计，全年红宫红场网站点击率超过20万人次；免费开放接待县内外参观和游客人数约65万人次。为推动廉政文化建设，7月份，配合县纪委完成五代祠旁的廉政教育长廊建设，丰富了教育基地的活动内容，经省、市纪委和县主要领导多次调研、指导，决定在“海丰红色廉政教育基地”的基础上进一步升级，创建“广东省红色廉政教育基地”。制定创建工作方案，整合周围可供廉政展览的元素，拓宽展览范围，把包括主场馆（由平民医院改造）、红宫红场旧址纪念馆、博物馆、苏维埃政权成立大会场旧址、红台前广场、龙舌埔广场、廉政教育长廊、名人题词牌廊和彭湃故居（包括彭湃烧田契浮雕、六人农会雕像、农民协会旧址和得趣书室）等建设成为融“三馆两场两廊一故居”为一体、占地5.3万平方米的廉政教育基地，年内该项目已完成规划设计，各项配套设施正在紧锣密鼓地进行中。修缮工程建设方面，上半年投入资金约200万元，项目包括大成门、大成殿、两厢配殿、棂星门、畔池、围墙、地台等的加固、翻新和地面维修；完成《海丰红宫红场旧址平民医院修缮设计方案现状勘查报告》和《海丰红宫红场旧址五代祠、配房、围墙及院落地面修缮设计方案》，新建2座旅游厕所和可供残疾人通行的无障碍通道，整改完善了部分供电供水线路，彭湃故居安装了全方位的监控设备。同时，还准备争创国家AAA旅游景区建设，已将初步方案、预算上报县委县政府。

【《海丰县文化志》编修工作】 2013年，《海丰县文化志》初稿在征集意见阶段进展缓慢，主要原因在于编委会部分有关成员以及县内外一些有关专家、文化学者反馈意见、建议尚未统一。

文化遗产保护

【非物质文化遗产保护】 2013年，继续组织全县各“非遗”项目参加展示和展演。在春节期间和3月举办的纪念钟敬文诞辰110周年暨首届海丰民俗文化节大型活动中，国家级“非遗”项目西秦戏、白字戏、麒麟舞，省级“非遗”项目五福狮，市级“非遗”项目吞吐拳、罗山拳、民乐八音、海丰歌谣以及一批传统民俗项目参加了展示、展演。

【西秦戏】 2013年，县西秦戏剧团完成年度演戏195场。挖掘整理了《五台山会兄》《宋江杀惜》《游园耍枪》《赵宠写状》等优秀传统折子戏剧本和音乐曲本，移植排练了《宇宙锋》等新戏。另外，新编历史西秦戏《留取丹心照汗青》获得第九届鲁迅文学艺术奖和首届广东省优秀剧目创作奖。配合中央电视台《戏曲采风》《中国文艺报》等随行拍摄采访；“走进西秦戏”专题节目于5月20日、21日连续两天，在中央电视台11频道《戏曲采风》栏目播出。团长吕维平被评选为汕尾市优秀拔尖人才。下半年，该剧团还组织18名主演员参加汕尾市首届演艺大赛，获得3金5银10铜的奖项。

【白字戏】 2013年，县白字戏剧团完成近170场演出。主要创作排练根据马思聪舞剧《晚霞》改编

的大型白字戏剧目《龙宫奇缘》。该剧聘请国家一级导演执导，排练期间，省内外多名戏曲、音乐专家以及县委、县政府相关领导亲临指导，社会贤达慷慨资助。8月，该剧在汕尾市马思聪艺术中心举行首演。此外，白字剧团还参加市首届演艺大赛中荣获2枚银奖；多次应邀赴港、澳及海南省参加文化交流活动。

文化市场

【文化产业概况】 2013年，全县文化产业有网吧营业场所42家，总投资约3500万元，从业人员460人，其中海城镇17家、附城2家、城东4家、梅陇镇8家、公平镇5家、可塘镇3家、鹅埠镇2家、鲘门1家；有证娱乐场所增加1家，为39家（停业1家），其中游艺娱乐场所16家、歌舞娱乐场所23家，总投资约7800万元，从业人员约930人；新闻出版业65家，其中包装装潢印刷16家、其他印刷23家、出版物（图书）18家、音像制品8家。

【文化市场管理】 县文化主管部门在开展“政风行风”评议和“万众评股室”活动中，不断改进工作作风，强化文化市场的管理工作，完成全县文化经营单位2013年度审核登记换发证件及核验工作140多家，对个别存在安全隐患和消防不符合要求的场所，给予延迟年审并责令限期整改或停业整顿；依法严厉打击无证无照和证照不全及娱乐场所接纳未成年人的违法违规经营行为，加大对非法演出的检查力度；切实规范出版物市场秩序，严厉打击音像制品、书刊教材、软件网络等侵权盗版行为。在做好法制教育和警示教育的基础上，与文化市场的各行业的经营者签订守法经营责任书和安全生产责任书，让经营者明确守法经营的范围，增强守法经营的责任感。元旦、“五一”“十一”期间，对全县娱乐场所、网吧场所开展安全生产检查，并对存在问题进行整改，并与全县娱乐场所、网吧经营场所签订2013年度安全生产责任书；加强社会监督，在全县各乡镇设立网吧违规举报牌和“禁止接纳未成年人上网和超时间经营及安全生产”的警示牌；在全县歌舞娱乐场所的KTV演播系统安装禁毒宣传软件，强制播放禁毒的公益广告。主要做法：一是加强市场监管，净化社会文化环境。县文体旅游局认真制订落实《海丰县春节前后文化市场清理整治工作方案》和《2013年海丰县网吧整治工作方案》，出动执法人员960多人次，出动车辆180多辆次，查处违法违规案件近30宗。其中检查持证网吧经营场所1100多间次，查处网吧违法违规经营近29宗；检查持证KTV娱乐经营场所68间次，检查持证游艺娱乐场所55间次，查处地下电子游戏机室1家；检查书报刊店16家次，音像制品经营店24家次，取缔无证游动商摊4家，没收非法光碟650多张。二是坚持市场巡查制度，加强对市场的监管。重点放在在春节、元旦、“五一”、国庆、寒暑假等节假日前后，对网吧、电子游戏厅、歌舞娱乐场所、音像制品经营单位和出版物市场的监管，对网吧、电子游戏厅违规接纳未成年人、超时经营、音像市场、书刊市场经营盗版音像、图书报刊制品、印刷企业承印非法出版物等违法违规行为进行查处。 三是健全长效机制，发挥服务职能。抓好信息报送工作，按时上报经营单位信息和执法数据；抓好监管平台管理工作，充分发挥网吧监管平台对网上色情违法游戏和信息的屏蔽过滤作用，创造健康、文明的网络文化环境；抓好网吧实名制登记工作，把网吧实名登记工作作为日常检查的主要内容，要求网吧经营者严格核对上网消费者身份证等有效证件，认真做好登记，拒绝未成年人上网。

【版权保护工作】 2013年，全省推进政府机关使用正版软件的工作启动后，经多次讨论研究，制订方案，深入排查和分类指导，确保软件正版化工作正常开展。县划拨经费28.2万元，用于招标采购红旗正版操作系统相关软件，至年末，已经覆盖了全县的51个单位，安装计算机1799台，服务器29台。

（陈海鸣）

附：2013年海丰县文体旅游局领导名录

局　长：卢小娟（女）

副局长：林永隆（任至6月）　陈飞腾

杨爱妮（女）　林益卫（6月起任）

广播电视

【概况】 2013年，广播电视新闻宣传紧紧围绕县中心工作和发展战略目标，以搞活新闻、创新栏目为基，营造新闻宣传强势，深入贯彻落实党的十八大精神和习总书记一系列重要讲话精神，紧紧围绕县“五个活动年”和贯彻执行“八项规定”等的工作部署，深入创新地展开新闻宣传报道工作，以更加开阔的视野和新颖的手法，进一步做活做深新闻工作；积极稳妥地推进有线电视数字化进程，推进海丰县有线电视数字化发展，把数字电视整体转换工作作为海丰网络发展的重要途径，统筹规划、协调发展，事业建设以县城网络为中心，大力发展城乡光纤联网，加大新建设区域的网络建设，并通过继续完善和改进内部管理机制，逐步促使内部管理规范化，有益地促进了经济效益，确保了广电事业健康协调快速发展。

海丰县广播电视台办公大楼

海丰县广播电视台播控电视幕墙

【广播电视体制改革】 认真贯彻落实全省广电网络改革重组的部署和要求，积极稳妥推进网络整合工作。至2013年3月止，省派驻的资产评估机构、会计师事务所、律师事务所三家公司已对海丰台的资产及债权债务的做出了评估，尚未出具相关报告书。按照省广播电视网络公司《关于加快推进县区广电网络整合工作的通知》文件要求，台经与省广电网络公司进行充分交流协商，决定选用“统一经营”模式，报经县广电改革领导小组会议通过，于2013年12月27日在汕尾广电台与广东省广播电视网络股份有限公司正式签订“统一经营”过渡协议，过渡期为3～5年，确定以2014年12月31日为计算经济存量基准日。

行风热线节目直播

海丰县广播电视台——圆墩山发射塔

【广播电视栏目设置】 海丰电视节目频道，每天从8：00至00：00，连续播出16小时。设有《海丰新闻》《政务之窗》《报网之窗》《天气预报》《读书有益》《请您欣赏》《好歌送给你》《电视剧场》《戏曲天地》《一周要闻》《专题报道》《行风热线》《养生与健康》《每周一菜》等十几个主要栏目。广播节目每天播出13小时，从6：30至22：00，12：00～14：30为休息时段；固定节目设有《海丰新闻》《法制在线》《人口与计生》《科普天地》《小喇叭》《老有所养》《音乐先锋》《好歌送给你》等10个栏目。

【广播电视新闻宣传】 广播电视新闻宣传工作紧紧围绕县委、县政府工作中心，把握导向、突出主题，立足于党政机关中心工作、时事政治、经济动向和“以人为本”、科学发展的政治理念，关注海丰县经济政治社会发展、剖析社会百态、展示海丰乡土风情，探访百姓幸福生活和民众诉求；抓住全县各地经济社会发展的新风貌，积极宣传各地各部门在落实科学发展观、构建和谐社会、幸福海丰等新进展、新成果。全年共播出各类新闻4697篇，其中电台2329条、电视台播出2368条，送市电视台播出185条、省电视台播出14条；在《政务之窗》版块发布县政府及社保、交警、环保、市监、计生、安监等相关职能部门的标语、公告、通告等累计700多则，发布时间达5400分钟。

【专题报道】 专题栏目从周一至周日分《与你同行》《龙津两岸》《多棱镜》《民生视点》《关注三农》《养生与健康》《每周一菜》七个专栏播出，每日一辑。突出“五个活动年”中心主题报道，走基层抓精品，创新方法方式，加强深度报道，适时推出系列报道和专题节目。全年重大选题节目主要有以宣传钟敬文诞辰110周年纪念活动为主线，全面系统加强本地民俗风情特色报道，归纳出海丰民俗文化精髓，精心策划推出了《红之韵》《狮之韵》《纸之韵》《茶之韵》《曲之韵》《拳之韵》《戏之韵》《寨之韵》《粿之韵》《街之韵》十集《海丰文化记忆》系列宣传片，专题片制成光盘赠送与会省内外嘉宾，得到广泛的好评；精心摄制了《今日海丰》和《印象海丰》两个推介海丰人文和经济社会发展的专题宣传片，作为县委出外举行团拜会、招商和推介海丰的宣传片；为宣传展示全县扎根农村教师的高尚品格和感人事迹，开辟了《寻找海丰最美乡村教师》专题栏目，播出相关报道26期；在抗击强台风“天兔”中，配合县委、县政府及有关部门做好稳定人心、鼓舞士气工作中，适时推出《我们在一起》系列报道56条；《与你同行》栏目继续推进海丰文化和乡土风情探究，深入各地采编了《走进里仁围》《古老白字戏注入新动力》等专题；《关注三农》结合农田时节，推出《农业机械化助力春耕生产》《打造放心农资助力农业生产》等专题节目。

【电视设施设备建设】 2013年，为加快数字电视整转和全省网络整合步伐，把事业建设主攻方向放在数字电视整体转换筹备实施工作和网络升级改造工作上，强化网络建设总体布局和管理，加快有线电视网络升级改造，积极打造适应、符合数字电视整转的网络技术和管理系统。一是进一步完善网络布局，构建数字电视前端系统。共落实完成了光纤到楼房工程项目95项，并全面完成老机房设备搬迁，以及县城东片传输信号线路割接；至年底完成有线数字电视前端系统、数字电视前端CAS系统招标及安装和调试。二是继续优化县城光纤网络，为数字电视整转夯实基础。全年新增设光节点75个，布设光纤线路约20.563千米，线路抢修、基建迁改19处共3.6千米，全年按期完成县城95个小区6556户电视网络布设和开通，新增入户安装5168户，已拥有有线电视用户达58076户。截至12月，全县已铺设光缆长度202.886千米，县城区总布设光缆长度171.912千米，设光节点达248个；全县联网铺设光缆芯数36芯、乡镇联网光节点13个。三是深化数字平台服务，加强客服软硬件建设。对服务大厅客户端电脑及其配套设备全部进行更新换代，配备具有数字多功能应用的服务系统。并抽调6名年轻女职工组成专门“客服”队伍，为用户提供方便快捷的报障咨询等服务平台。

【安全播出】 为加强广播电视行业网络与信息安全工作，2013年，广播电视台在确保广播电视安全生产和安全播出中注重加强信息系统安全建设，强化风险控制措施，明确发生重大安全问题时的处置流程，确保网络与信息系统安全正常运行，进行了针对性地整改。采用增设编辑监控人员，确保直播节目播出期间，监制、导播、电话编辑、总控值班岗位都有专人负责、人员把关；采取制播隔离，落实专业人员进行常态化管理和维护；改进监控操作装置，提高了防范技术措施和能力等。

【广播电视行业作风建设】 为贯彻中央关于加强改进工作作风、密切联系群众“八项规定”，以及习总书记的一系列重要讲话精神，结合开展“万众评股室”活动和民主评议政风行风“回头看”工作，突出抓好以整治庸懒散奢为重点的纪律作风建设，进一步提升干部职工的精神面貌、工作作风的好转和服务效能的增强。台网络传输管理中心和服务大厅是参加全县“万众评股室”活动的两个窗口单位，在“万评”活动中，通过狠抓考勤纪律和服务质量，将“万评”工作与机关效能建设相结合、与争创文明优质服务行业相结合、与开展纪律作风整顿相结合，把思想和行动统一到以评促改、以评促建的目标上来。为优化网络传输管理中心和服务大厅资源配置，进一步亮化窗口，提供优质服务，重新订制了工作证、台证及统一工作服，并把办事程序和所有工作人员岗位相片张贴上墙，亮化了窗口；适当调整了年轻有朝气、形象佳、表达能力强的女同志到服务大厅岗位工作，使服务大厅环境能够让人耳目一新，进一步提升广播电视台新形象。

【有线电视经营管理】 采取有效措施重点整改网络管理方法，打破原来网络人员固定包片管理，将网管人员按安装、维护、撤迁等工作类别重新进行组合，通过反复核查和反馈，促使较多的多年欠费用户前来缴费。同比，用户入户缴费数增加1000多户，直接增加经济收入100多万元。促进有线电视用户管理规范化，使经营收入稳中有升，全年总收入达到2130万元。其中，事业性收入为1746万元，其他收入384万元。

（李向东）

附：2013年海丰县广播电视台领导名录

台　长：蓝　纯

副台长：郑江利　陈华泰　余俊冰

《海丰报》

【概况】 2013年，海丰报社紧紧围绕县委、县政府提出的“三个坚持、四个争当、五个发展”的总体发展思路，以“建设幸福海丰”为主线，从着眼于大局、大势大事的高度出发，牢牢把握正确的舆论导向，利用消息、通讯、图片新闻、专题报道等形式，突出宣传全县经济、政治、文化、社会等方面的成就和重要会议、重点工作、重大活动及民生问题，圆满完成各项新闻宣传报道任务，为推进海丰县经济社会跨越发展提供了强大精神动力和舆论支撑。全年共出版海丰报48期，刊发各类图片、新闻稿件900多篇（幅），新闻稿件、副刊作品合计130万字，全面反映了海丰县各地各单位2013年度的工作实况，为推进海丰县经济社会跨越发展，建设幸福海丰提供了强大的精神动力和思想保证。

《海丰报》紧扣中心，加大对经济建设、社会建设、文化建设、改善民生等方面的报道力度，让干部群众能在第一时间比较全面地了解海丰县的发展与进步。图片新闻、图文并茂的稿件和文风朴实、短小明快的稿件大幅增加，使新闻报道既鲜活具体又丰富深厚，报纸视觉冲击力、吸引力得到增强；创办特色品牌栏目，提升党报的可读性和影响力；革新报纸版式，加大本地新闻报道量，以短新闻加大信息量，以深度报道增加厚重感，以大新闻图片增强视觉冲击力，提高了报纸整体美观度，受到了县领导的肯定和社会各界的好评。

【重要会议、重大活动报道】 《海丰报》对学习宣传贯彻党的十八大精神、十八届三中全会和县人大、政协“两会”等重要会议、重大活动，报社坚持早策划、细安排，提前确定宣传重点、报道方式，制定详细的报道方案。尤其是学习宣传贯彻党的十八大精神，海丰报除了做好各地各单位学习贯彻党的十八大精神的系列报道外，还在四版开辟《学习十八大精神，建设幸福海丰》专栏，刊载县直机关单位及镇一把手学习十八大的体会。年内，做好一年一度的报社新闻报道重头戏——县人大、政协“两会”的新闻宣传，海丰报除从不同角度报道会议盛况外，还报道上一年工作实绩和本年工作目标展望。在《代表委员访谈录》专版中，分别对代表委员进行采访，对他们积极关心身边政治、参与家乡建设的热情和实绩进行系列报道。在“两会”后，海丰报还对政府工作报告进行摘登，全面地把会议精神传达到千家万户。

【项目建设报道】 2013年，为配合县委、县政府营造全县重点项目建设的浓厚宣传氛围，报社坚持唱响“又好又快发展”主旋律，及时策划、持续报

道，把重点项目进展情况展现在全县人民面前。聚焦企业和重点项目工程建设第一线，全力以赴为重点项目工程建设服务；展示重点项目工程建设日新月异的变化和重点项目重点工程的建设实施如何惠及普通百姓。对重点项目的引进、落户、建设过程，重点企业的成功经验进行采访报道，并定期刊登项目建设进度表，使客商了解海丰县投资环境的情况。例如龙津河整治工程，报社从工程立项启动至今，一直进行连续性跟踪报道，全方位报道整治工程的进展情况。

【海丰报专题栏目】 2013年，报社与县纪委联合开辟《万众评股室》《行风热线》专栏，强化行政执法监督，促使各级行政部门依法行政，提高办事效率，营造了全县风清气正的干事创业氛围。还与县委组织部联合设立专栏，大力宣传全县开展村级组织建设年活动的情况，进一步提高全县基层组织执政能力。

【抗击台风宣传报道】 报社在抗击2013年第19号超强台风“天兔”中，自觉承担主流媒体的政治责任和社会责任，调动一切力量，采取灵活多样的宣传形式，全方位开展防风抗灾工作宣传报道工作。报社领导和新闻采编人员放弃节假日休息，全力投入到抗击台风宣传报道中。组织了多名记者，紧随县领导一起抗击台风，深入报道县领导和全县干群奋力抗击台风的情景，并组织精干力量，分赴各地采访报道受灾的情况和在抗击台风中涌现出来的好人好事。据统计，刊出防灾抗灾新闻40多条。推出了2期图文并茂的4个抗击台风专版。

【“教育强县”创建工作宣传报道】 2013年，《海丰报》大力宣传县委、县政府创建“教育强县”的方针政策和重大决策部署，在推进“教育强县”工作中涌现出的好做法、好经验、好典型。尤其是充分利用彭湃中学建校100周年庆祝活动的契机，推出《百年传薪火，名校续辉煌——庆祝彭湃中学建校100周年》专版，以图文并茂的形式，向社会各界以及全县人民展现了海丰教育的新形象，为进一步宣传海丰、推介海丰，提高海丰教育的知名度做出贡献。

【对外宣传】 2013年，报社克服新闻采编人员少、内宣任务重等困难，在按时保质地完成海丰报新闻宣传任务的同时，积极开展外宣工作，加大向《汕尾日报》等市级以上媒体的投稿力度，扩大海丰县对外知名度和影响力。据统计，2013年在市级媒体刊登稿件500余篇。

【海丰报副刊的组稿编辑工作】 为丰富副刊的版面，报社坚持以海丰的风土人情为主线，激发文学爱好者创作热情，讴歌海丰县三个文明建设，为海丰县文学爱好者提供创作平台。2013年副刊版刊登诗歌、小说、散文等各类文艺作品共300多篇，为广大读者送上丰富的精神食粮。同时，为活跃海丰文学创作氛围，报社除了做好日常的副刊版编辑工作，还利用“三八”节的契机和海丰名人效应，推出女作者作品专版、书画作品专版，推出3个专版纪念钟敬文诞辰110周年。此外，为纪念原海丰县委书记罗校推动海丰经济社会发展所做的工作成绩，报社在他逝世的期间，以文学的形式，特别推出悼念罗校的专版。

（郑建程）

附：2013年海丰报社领导名录

社　长：谢立群（兼）

医疗卫生

综　述

【概况】　2013年，全县共有各类卫生医疗机构582个，其中，医院9家，镇卫生院17家（其中，中心卫生院5家），妇幼保健机构1家，专科疾病防治站2家，预防控制中心1家，卫生监督所1个，中心血库1个，诊所、卫生所、医务室64个，农村卫生室484个，其他医院2家。全县拥有病床2350张，每千人床位2.9张，有卫生技术人员2969人（其中执业医师839人，执业助理医师693人、注册护士842人、其他技术人员155人），乡村医生502人。至年末，全县医疗业务用房面积10.37万平方米。赤坑镇中心卫生院、鲘门镇中心卫生院、平东镇卫生院改扩建项目完成并投入使用；梅陇人民医院、海城镇卫生院已做好立项、用地等前期工作；可塘镇中心卫生院、附城镇卫生院、陶河镇卫生院3家基层卫生院已列入省改扩建项目，并已完成基建前期各项工作，县中医医院完成了门诊、病房的改造工程。这些医疗单位工程的完成进一步改善了全县人民群众就医环境和医疗基础设施，优化了公共卫生服务环境。

2013年10月31日，广东医学院附属彭湃纪念医院挂牌仪式。市政府副秘书长蔡水镜（右一）、广东医学院院长郑学宝（左三）、副县长卓凛波（左一）、彭湃医院院长陈淑军（左二）等参加挂牌仪式

【医药卫生体制改革】　2013年，进一步落实深化医药卫生体制改革各项措施，完善基层运行新机制，积极推进县级公立医院综合改革，有序推动县级公立医院改革。海丰县被确定为全省县级公立医院综合改革首批试点县之一。彭湃纪念医院、中医医院、妇幼保健院坚持公立医院公益性，以破除“以药补医”机制为关键环节，自12月1日开始取消药品加成，将公立医院补偿由服务收费、药品加成收入和财政补助三个渠道改为服务收费和财政补助两个渠道，控制医疗费用增长；大力推行临床路径，开展单病种质量控制，规范医疗行为；推行便民惠民措施，大力推广优质护理，优化服务模式和服务流程，开展“先诊疗、后结算”和志愿者服务；规范医用耗材的集中采购工作；聘请省级权威专家进行业务指导，并派出骨干到省级以上医院进修学习。

（马泽葵　钟秀业　林加樟）

预防与保健

【疾病预防控制】　2013年，海丰县严格执行传染病报告制度，及时收集整理分析传染病报告病例、网络直报审核上报。全县报告疫情直报率比上年有所提高，总发病率为262.11/10万，与上年同期相比（上年发病率为256.20/10万）略有上升，总死亡率为0.123/10万；全县全年未发现SARS、人禽流感病例。开展脊髓灰质炎疫苗补充免疫和含麻疹成分疫苗补充免疫活动。计划免疫接种率调查，建册率100%，发证率100%，“六苗”（卡介苗、麻疹、百白破、糖丸、乙肝、乙脑）全程免疫接种率99.03%；入园入托入学查验预防接种证，儿童接种证查验率98%以上；推广扩大免疫程序疫苗接种，全年免费调拨第一类疫苗11种28.5万人份，一次性注射器301700支，预防接种证17960本，推广二类疫苗接种8种4.8万人份。全县高血压患者估算人数87111人，已管理人数55311人，规范管理人数55311人，糖尿病患者估算人数17236人，已管理人数12526人，规范管理人数12526人。“尤特”“潭美”“天兔”台风后，及时开展灾后消杀防疫，发放漂白粉800多包，漂白精片2500瓶，采集水样20多份，发放宣传单20000多份，开展灾后防疫消毒宣传指导，确保灾后未发生传染病流行情况。2013年，县慢病站共接诊可疑结核病例1219例，确诊肺结核病人476例，提前完成2013年工作任务。全县共在库管理重性精神病患者人数为4178人，死亡2人，规范管理率98%以上，没有肇事肇祸案件，2013年被省精神卫生中心评为“重性精神疾病管理工作先进县”称号。年内，全县通过网络直报性病患者有52例；干预人数209人，人次数213人，同伴教育人数209人，发放宣传材料296份，发放安全套48套。

（陈俊超）

2013年11月9日广东省中医院与海丰县中医医院建立协作医院挂牌仪式。省中医院副院长黄燕（左四）、省中医院医教处副处长胡学军（左三）、副县长卓凛波（右四）、县卫生局局长颜荣林（右三）、县中医院院长李美瑜（右二）等参加挂牌仪式

【妇幼保健】 2013年，认真执行妇幼卫生工作方针，开展全县妇女儿童“两个规划”监测和广东省孕产妇死亡、5岁以下儿童死亡和出生缺陷“三网合一”监测；开展全县三级妇幼保健网队伍管理、妇女儿童保健系列服务，开展“0～6岁儿童健康管理服务”“孕产妇健康管理服务”国家基本公共卫生服务，开展预防艾滋病、梅毒、乙肝母婴传播、新生儿疾病筛查、地中海贫血预防控制、农村妇女宫颈癌、乳腺癌免费筛查等国家重大公共卫生服务妇幼项目。全年全县产妇数15755人，活产数15850人。孕产妇系统管理率97.5%，0～6岁儿童系统管理率94.3%，住院分娩率99.9%，新法接生率100%，非住院分娩新法接生率100%，高危孕产妇监护率100%，低出生体重儿发生率3.7%，围产儿死亡率6.4%，新生儿死亡率3.1%，婴儿死亡率4.4%，0～4岁儿童死亡率6.1%，新生儿出生缺陷率50.5/万，孕产妇死亡率为12.7/10万。

（陈俊超）

【爱国卫生运动】 2013年，积极开展创建卫生城镇、卫生村活动，经省爱卫会验收合格，附城镇圆山村、青年村；城东镇大嶂村、桂树港村；梅陇镇金盘围村、南山罗村；平东镇双墩村、大塘村、南门村、下陂塘村、屯下村等11个村被评为“广东省卫生村”，全县累计卫生村达45个。组织开展改水改厕工作，全县改水累计受益人口80.91万人，占总人口的98.5%，其中自来水受益人口72.55万人，普及率达88.3%；卫生户厕累计18.33万户，卫生厕所普及率88.6%，其中无害化厕所普及率达85.9%。组织开展除“四害”活动，特别在“天兔”台风和防涝灾后积极组织全县开展灭蚊活动，共投入灭蚊药2000多千克，有效预防和控制了病媒传染病的发生。

（林学愚）

2013年6月18日，县政府组织县卫生系统领导到惠东县学习考察县级公立医院改革经验

【卫生知识普及】 2013年，县卫生局及各医疗卫生单位积极开展卫生健康知识普及宣传，印发《预防登革热常识》《除“四害”指南》《农村改厕知识问答》《预防艾滋病》《预防人感染禽流感》、《手足口病预防知识》等宣传资料计65万份，根据实际情况不定期在电视台播放手足口病防治、人感染H7N9禽流感防控知识等。以省卫生村为健康教育示范村，设固定健康教育宣传栏，定期更换内容；各卫生院指导各村委（社区）、乡村医生加强公共卫生知识宣传，加强农村卫生知识宣传教育。

定期培训乡村医生，更新医疗卫生知识，通过他们进一步普及健康知识。加强对公共场所从业人员法律法规知识培训，不断提高食品药品安全和公共卫生安全意识。

（林学愚）

2013年8月10日，县政府召开全县卫生系统开展"规范医疗行为，推进医德建设"誓师大会

卫生监督执法

【卫生监督】 认真执行《传染病防治法》《中华人民共和国食品安全法》《公共场所卫生管理条例》等法律法规，对预防和控制人感染禽流感措施落实情况进行监督检查，打击非法行医，规范消毒用品的监督管理。积极做好高致病性禽流感和各类传染病的卫生监督检查工作，对各类医疗机构在疫情报告，消毒隔离措施、个人防护和医疗废物管理等方面进行监督检查。开展对医疗市场日常监督检查工作，规范了医疗机构的诊疗行为。加强消毒剂、消毒器械和卫生用品等消毒产品的监督管理工作，规范消毒产品秩序。加强餐饮食品安全监督。严格按照《广东省食品卫生许可证发放管理办法》，从源头上把好食品安全关，规范证照管理；对辖区内各类食品生产企业、饮食服务业及集体食堂进行经常性卫生监督；加强节假日期间的食品安全监督力度，确保节日期间的食品卫生安全。开展食品专项监督检查，预防食源性疾病和食物中毒事故的发生。做好食品生产经营从业人员的卫生法律法规知识培训。加强对宾馆、旅业、发廊、商场等服务行业的卫生监督检查。贯彻落实《传染病防治法》，开展对公共场所和有关单位落实传染病控制措施情况的监督检查，确保卫生安全。加强对生活饮用水等的监督检查，开展对全县农村用水、集中式供水单位的专项整顿，对供水单位加强卫生监督管理，防止水源性传染病发生流行。加强对学校卫生的监督检查。2013年共检查公共场所卫生345间，发出"卫生监督意见书"150份，水质检测111份，全县公共场所没有发生公共卫生安全事故。认真执行《中华人民共和国职业病防治法》，加强职业卫生监督，组织开展职业卫生的统计和分析。

【卫生执法】 认真执行《医疗机构管理条例》《生活饮用水管理条例》等法律法规，履行卫生监督执法职责。按照上级卫生部门要求积极开展规范医疗行为打击非法行医专项行动，联合公安部门组成5个行动组，在全县范围内对城乡结合部、重点乡镇进行同步清理清查。2013年检查各类医疗场所400多家，共查处非法行医67宗，其中取缔无证行医34家，查处药店坐堂14家，查处跨区域行送8家，规范中草药店11家，没收药品医疗器械一批，进一步规范了医疗市场服务秩序。处理投诉卫生执法5宗，其中医疗卫生投诉4宗、投诉后门镇集中式供水卫生1宗，维护了群众利益和规范了医疗机构行为。

（卓晖山）

医疗事务

【中医事务】 2013年，海丰县中医医院作为海丰县中医事业发展的主力军，紧紧围绕发展中医的路子，通过弘扬中医药文化，推广中医药服务，改善就医环境等举措，医院业务收入大幅度增长。县中医院通过不断发掘地方中草药及其验方，返聘老药师蔡胜钦，强化中药研究和应用，栽培草药，培训中药技术人员，并取得了良好效果。结合当地实际，通过发掘民间验方，研制出一系列的外用膏、药醋等，疗效明显，深受群众好评。县中医院与广州中医药大学附属骨伤科医院实行技术合作，并与省中医院建立协作医院；医院邀请上级医院专家开办中医药培训班以及西医转中医培训班8场次。全年输送中医药业务骨干到省级医疗机构进修学习20人次。县中医医院还承担对全县基层卫生院人员的学习、带教，促进了海丰县中医药事业不断传承和发展。各镇卫生院设置中医诊室，提供中医药服务，村卫生站（室）与卫生院同步推广中医适宜技术。全县共有50多家个体诊所开始中医服务。

（马泽葵　林加樟　钟秀业）

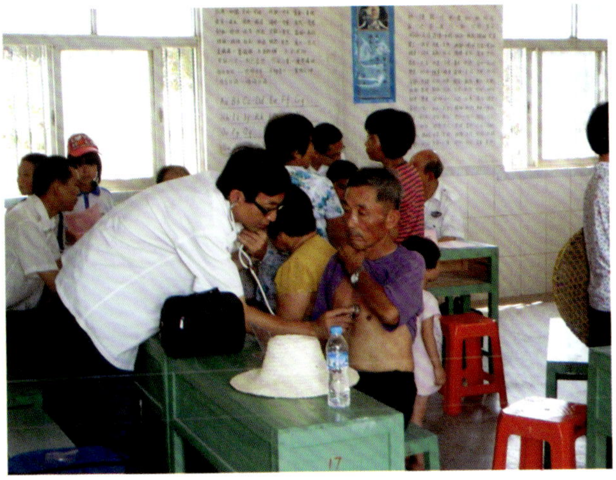

2013年6月21日，县卫生局组织医疗单位为公平镇后山村村民义诊

2013年6月21日，县卫生局组织医疗机构到公平镇后山村开展义诊党日活动

2012年9月29日，海丰县卫生局在红场门口开展幸福南粤活动周义诊活动

【西医事务】　2013年10月，彭湃纪念医院被评为广东医学院附属医院，成为南方医科大学、汕头大学医学院的教学医院，ICU、儿科、肿瘤科是汕尾市重点学科，颅脑科为特色专科。不断优化门急诊基础设施和流程建设，加强门诊手术室的管理和门诊大厅前线服务台的导诊能力，加强专家门诊出诊管理，在门诊、住院收费处增设挂号、收费窗口和叫号系统；在“12580”电话预约和“健康之路”预约系统的基础上增设医院网站网上医疗预约挂号系统，实现在院外内的网络上实时查询医生出诊情况并进行门诊就医预约，同时可在院外查询到一卡通病人在院所做的检验结果；不断建立健全院内HIS、LIS、PACS等信息化系统并进行及时升级更新，全面上马电子病历和电子处方。年内，坚持人才强院战略，采取人才吸收和培养并重的方式，全面提升医院专业技术力量，共吸收应届医护专业毕业生127名。全院中层以上干部30人前往北大深圳医院进行提升管理能力水平培训；派出医师骨干24人往上级医院、医学院进修学习深造，参加短期培训的医师骨干48人；护理骨干外出进修学习35人次，全年派出护士长、护理骨干外出学习91人次。同时，还与省人民医院建立对口帮扶；与中山大学孙逸仙纪念医院建立医疗技术协作；聘请了省级医院的医学教授作为医院的业务顾问，定期到医院进行指导，使医院学科建设得到较快发展，医疗技术水平大幅提升，外转上级医院治疗的病人比例大大降低，有效地缓解群众“看病难”问题。

（马泽葵　林加樟）

医疗卫生管理

【医院管理】　2013年，继续推进医院管理年活动，狠抓以医疗服务质量为核心的检查落实，提升医疗服务质量。规范医疗质量管理。开展不定期检查和年终检查相结合的医疗护理质量检查活动，重点检查医疗、护理、院感、病历等。严格执行医疗机构准入制度和医务人员准入制度，切实做好医师执业注册、护士注册、乡医资格认定工作，完成农村卫生室年度校验换证484个；组织446人参加执业医师与执业助理医师资格考试。积极开展创建“平安医院”活动，提高医院领导和医务人员责任意识、法律意识，召开10多次医疗质量学术交流活动，有效防范医疗纠纷、医疗事故的发生，全年全县未发生重大医疗事故和纠纷。巩固和完善基本药物制度。巩固全县17家乡镇卫生院实施基本药物制度成果，落实基本药物全部配备使用和医保支付政策，推进部分有条件的村卫生站实施基本药物制度，进一步规范基层医疗卫生机构用药行为，进一步减轻患者负担。规范临床护理管理，促进护理工作发展。全年执业护士首次注册81人，全县执业护士共有842人。举办护理人员业务培训班8次。坚持以护理工作“贴近病人、贴近临床、贴近社会”为指导思想，完善和落实11个专科护理的安全质量目标。

（马泽葵　林加樟）

2013年8月8日，卓凛波副县长（中）出席全县卫生系统高级人才座谈会

【卫生科研】 2013年，科研项目与承担单位及主要完成人有：①腹腔镜下诊治输卵管妊娠，由妇幼保健院承担，完成人：卓清花；②高危儿早期干预，由妇幼保健院承担，完成人：黄雅。年内，彭湃纪念医院市级立项11项，完成阶段性小结12项，3个项目完成结题并在汕尾市科技局进行成果登记，科研课题《液基薄层细胞学检测联合阴道镜Leep术在宫颈病变筛查及诊治中的临床应用》获得省级立项。

（马泽葵　林加樟）

【卫生信息化建设】 县卫生局及各医疗机构根据自身实际，不断加强卫生信息化建设。县卫生局开设门户网站，为公众提供卫生政策查询和信息服务，并在网上办事大厅海丰分厅开通网上办事服务。各医疗机构均加大信息化建设力度。县彭湃医院自2010年重建信息系统后，实施了门诊电子挂号、门诊收费、门急诊住院一卡通服务，门诊医生工作站、门诊药房库存管理、住院管理、住院医生、护士工作站、检验系统、体检系统、合理用药系统、电子病历系统、患者自助查询系统、医学影像信息系统（PACS）系统、门诊诊间分诊系统药房排队叫号系统、网站系统、人事系统等均纳入信息化管理。2013年，该院开通全院办公自动化（OA）系统。年底开始实施防统方监测软件系统。随着信息化建设的不断完善，进一步规范医院管理，优化服务办公流程，缩短了患者的挂号、排队、交费和取药的时间。县中医医院、县妇幼保健院均根据自身实际开始网站服务、电子病历、电脑化办公等；县妇幼保健院实现门诊、住院、医技检查“一卡通”的现代化医院模式，并在门诊、住院大厅提供触摸查询系统，满足部门间的业务信息处理和信息共享，提高医院医疗质量和医疗效率。年内，各级各类医疗卫生单位都配备了电脑和宽带连接。县疾控中心、慢病站等公共卫生项目管理单位都实现了数据网络上报，并基本实现信息化管理。各镇卫生院基本实现网络上报数据工作。

（刘建辉　钟秀业）

医院选介

【海丰县彭湃纪念医院】 是汕尾市规模最大、设备最精良、技术力量最强、业务量最大的集医疗、预防、教学、科研于一体的综合性医院，2013年10月正式成为广东医学院附属医院。医院占地面积28707平方米，建筑面积68100多平方米，开放病床800张，在职员工1000多人。设有一级临床科室16个、二级临床科室12个、医技科室13个、职能科室13个。ICU、儿科、肿瘤科是汕尾市重点学科，颅脑科属特色专科。2013年，全年门诊量396558人次，出院病人26824人次，手术量6460例，全院病床平均使用率为91.04%，出院病人平均住院日9.15天，病人人均住院费用7654元。全年医疗业务实现“零纠纷”。医院配置有全市唯一的64排螺旋CT，以及1.5T核磁共振成像设备、直线加速器、DR、腹腔镜、电子胃镜、彩色B超（2部）、全自动生化分析仪（3部）等一批较先进的设备。医院服务辐射全市各县（区），服务人口近200万人。医院坚持人才强院战略，采取人才吸收和培养并重的方式，全面提升医院专业技术力量，共吸收应届毕业生127名。2013年度，全院晋升高级职称共16人，其中正高职称4人、副高职称12人；晋升中级职称21人。注重科研投入和学术交流，2013年度参加短期学术活动的行政干部60人次，派出医师骨干到上级医院、医学院进修学习深造24人，参加短期培训的医师骨干48人；护理骨干外出进修学习35人次，全年派出护士长、护理骨干外出学习达91人次。当年获得市级卫生科研立项11项，完成阶段性小结12项，3个项目完满结题并在汕尾市科技局进行成果登记，科研课题《液基薄层细胞学检测联合阴道镜Leep术在宫颈病变筛查及诊治中的临床应用》获得省级立项。2013年，医院按照县委、县政府的部署，把创建三级甲等医院作为该年度的首要工作来抓，各科（股）室按照“三级综合医院”的标准和要求，全力加快创建工作，努力早日争取达标上等。积极开展县级公立医院综合改革，12月1日起全面实施基本药物零差率销售。医院积极履行公立医院职责，开展多项公益活动。全院干部职工全年为贫困灾区和困难职工累计捐款9万多元；开展大型义诊活动10多次，免费为上千名群众诊病送医送药。

（陈泽忠）

彭湃纪念医院门诊综合楼外景

彭湃纪念医院门诊大厅

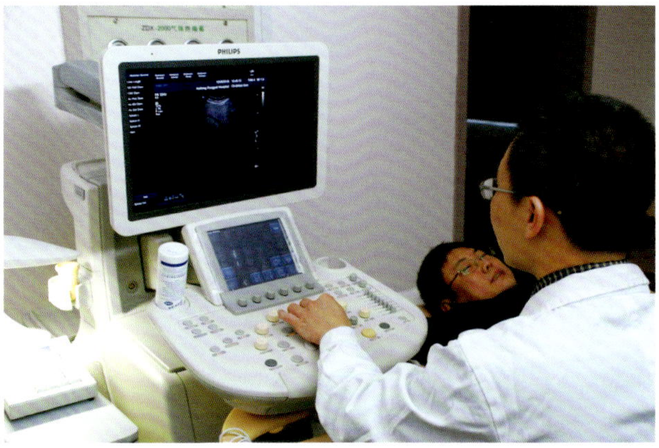

彭湃纪念医院彩色B超机

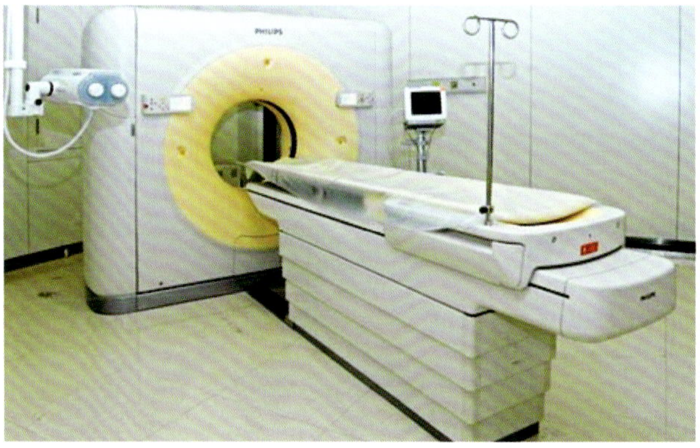

彭湃纪念医院飞利浦64排CT机

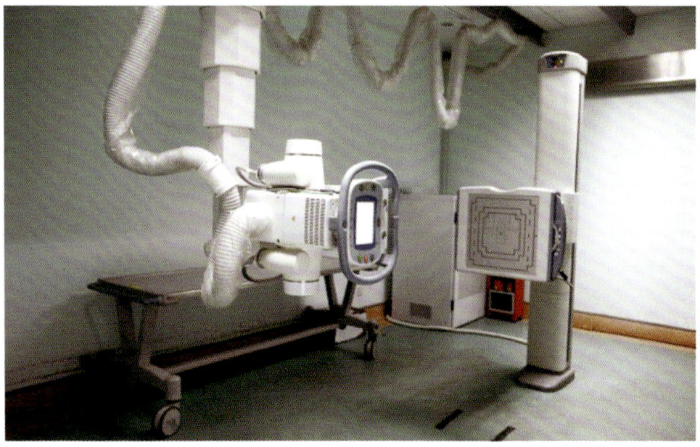

彭湃纪念医院DR数字化X光机

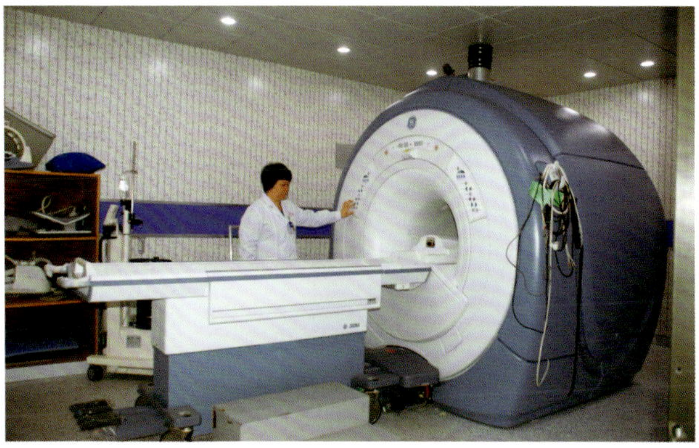

彭湃纪念医院1.5T核磁共振成像设备

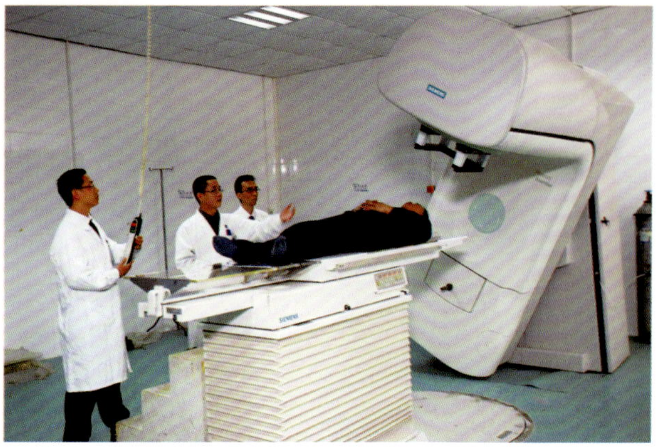

彭湃纪念医院直线加速器

【海丰县中医医院】 是一家集急救、医疗、康复、保健、教学、科研于一体的具有专科特色的县级综合性中医医院，是汕尾市技术力量最雄厚、建院历史最悠久的中医医院。近年来医院加快发展，以建立“二甲”中医院和省中医名院为目标，按照“大专科小综合”的发展思路，努力打造成一所集医疗、保健、康复、教学为一体的花园式医院。医院建筑面积7000平方米，开设病床140张。2013年，年门诊量约8.5万人次，年出院病人2225人次，年手术量734人次。有干部职工223人，卫生技术专业人员180人（其中，中、高级职称34人），聘请上级医院骨伤科教授、博士生、硕士生导师5人。医院设骨伤科、急诊科、内科、康复科等4个一级临床学科，13个二级学科。医院配置有螺旋CT、DR、日本岛津500毫安X光机、骨密度仪、结肠灌注机、康复治疗仪等多种先进医疗设备。骨伤科、康复科二个重点学科配备较为完善的设施设备；2012年，骨伤科被省卫生厅、省中医药管理局定为全省特色专科。医院是韶关学院医学院教学医院，是省人民医院、广州中医药大学附一院技术合作医院，为省药学院附一院联合医疗基地。2013年，省中医院与该院建立协作医院。

（陈学胜）

【海丰县妇幼保健院】 又名海丰县妇女儿童医院，是一所集妇女儿童保健、医疗、科研、教学于一体的县级妇幼保健医疗卫生机构，是汕尾市首家通过卫生部、联合国儿童基金会、世界卫生组织评审的爱婴医院，广东省医院协会会员单位。医院门诊部开设婚前健康检查、孕期、产褥期保健、产后上门随访、妇女儿童健康检查、妇科病查治、妇产儿科专家门诊、不孕症专科、优生优育咨询、新生儿听力筛查、儿童生长发育监测、孕妇学校等系列项目。住院部妇产科配备了温馨套房，开展住院分娩、高危妊娠监护治疗、妇产科各类大中型手术、高新技术和适宜技术。新生儿区开设床位20张，专业特色强，实行全程专人监护，开展新生儿常见病和多发病诊断及治疗、危重新生儿的抢救及处理、早产儿及低体重儿救治等医疗服务。医院一贯遵循妇幼卫生工作方针，认真开展全县三级妇幼保健队伍管理和妇女儿童保健技术指导中心。共有工作用房4448平方米，开放床位110张。2013年，全院干部职工197人，其中高级职称13人、中级职称35人，年门诊量12.6万人次，年住院量8192人次。医院以妇、产、儿科为业务主体，拥有一支素质好、专业水平较高的技术队伍，配备四维彩超、钼钯X线乳腺机、X光、微波治疗仪、全自动生化仪、血球计数仪、心电监护仪、中心供氧和床边传呼系统、腹腔镜、宫腔镜和麻醉呼吸机、新生儿听力筛查等一系列高新设备。2013年，医院先后被省妇联评为“三八红旗集体”，被省委、省政府评为广东省扶贫开发“规划到户、责任到人”工作优秀单位，被县卫生局评为2013年度“海丰县卫生系统先进单位”“海丰县优秀护理集体”“全县卫生系统综合目标管理先进单位”等称号。

（陈冬妮）

附：2013年海丰县卫生局领导名录

局　长：颜荣林

副局长：洪献就　吴仁声　林秀兰（女）

体 育

【概况】 2013年，海丰县体育工作以建设体育强县为目标，体育主管部门致力于推进群众性体育运动和全民健身体育活动的发展，通过举办群众性体育竞技比赛活动，促进体育实力的提高。通过加强体育设施建设和一系列体育竞赛活动，在各方面都取得新的成绩，使海丰县体育事业持续健康发展。

【全民健身活动】 2013年，海丰县开展多项全民健身活动。春节期间举办体育竞赛系列活动，包括三人篮球、围棋、乒乓球、中国象棋、足球等比赛。参加运动员达500多人次。此外，海城、梅陇、鲘门、赤坑镇，仁荣公司等单位先后举办篮球、排球、足球、羽毛球等体育比赛，参加人数达600多人次，通过举办各种形式体育比赛活动，不但活跃了节日气氛，而且对新时期加快体育方式的转型起到积极推动作用。年内，举办“体育节”系列活动，按照上级体育部门的整体工作部署，以“体育节”为契机积极引导，各单位都因地制宜，利用公园、广场、学校操场、俱乐部等活动场所，开展群众喜爱体育活动。广东省“中国体育彩票”国民体质监测万里行暨全民健身志愿服务活动，在海丰县体育馆、海丰县仁荣中学举行通过组织开展现场体侧、专家授课、群众参与互动等形式，提升全民健身强体的意识。海丰县“幸福活动周”启动仪式，内容有广场舞展演、麒麟舞表演、少儿体操展示等表演，参加人数达400人。下半年开始，充分发动群众广泛参与，开展一系列有益于身心健康的文体活动，其中有县老年人体育协会、象棋协会、广场舞；仁荣龙舟队、羽毛球协会等单位和团体，开展经常性的群众文体活动，尤其是仁荣龙舟队、广场健身排舞、羽毛球等项目分别参加中华龙舟大赛、广东省首届千万人群众广场健身排舞展示大赛和“羽林争霸”红牛城市羽毛球赛中都取得了喜人的成绩，其中仁荣龙舟队在中华龙舟大赛（江阴月城站）中荣获女子组200米、500米直道第1名、总成绩第1名；在中国龙舟公开赛总决赛（杭州站）中荣获23人龙舟赛200米直道第3名、500米直道第2名、绕标赛5000米第1名、总成绩第1名。

【国民体质监测】 2013年，全县国民体质测定工作深入开展，建立了国民体质系统数据库，为全民健身活动提供科学的依据。根据上级体育主管部门的工作部署，制订出国民体质监测实施方案和工作计划，成立监测工作小组。从10月份开始，组织15名专业测试人员，深入城镇、机关、农村、工厂共分四个年龄段，测试总人数约1000人，保质保量完成省、市交办的监测任务。

【社会体育指导员】 按照市体育主管部门工作要求，抓好社会体育指导员培训的工作，通过广泛宣传和发动组织，在全县各镇场、机关、企事业单位、学校、工厂和社会团体等单位，挑选出200多名体育业务骨干和体育爱好者举办三级社会体育指导员培训班学习，经考试合格，作为骨干力量再回原单位做引领示范，有效地推动全民健身活动的开展。

【县业余体育运动学校】 县业余体校为拓宽招生渠道，重视有潜质运动员的选拔。2013年上半年体操班输送到深圳集训的运动员有3名，注册男、女运动员各有2名；至年末在训的男运动员有21名，女运动员有16名。7月23～27日，组队参加在中山市举办的“广东省青少年体操锦标赛”，本次比赛有来自广东12个市、县共183名运动员参加各个组别角逐。县体操队经过刻苦集训，选拔了6名（男女各3名）运动员参加男、女乙组女子甲组的比赛，在强手如云的比赛中，海丰县小运动员们不畏强手，勇于拼搏，取得了男子乙组团体第7名、自由体操第4名、个人组双杠第4名、吊环第4名的好成绩。通过参加高规格的体育比赛，积累了竞赛经验，提高了竞赛能力。

【体育彩票工作】 2013年，海丰县体育彩票中心按照年初制定的《目标管理实施方案》，大力进行公益和营销宣传，做好服务保障等工作，体育彩票销售网点在全县已扩充至44个，使该年度继续保持3500万元的销售额，完成上级下达的销售任务，同时为地方增创税收300多万元。

社会生活

Shehui shenghuo

海丰县方饭亭

社会生活

劳动就业·社会保障

【概况】 2013年，海丰县人力资源和社会保障局（以下简称“人社局”）围绕“推动创新发展，建设幸福海丰”的工作中心，以党的十八大和十八届三中全会精神为动力，坚持“民生为本，人才优先”，强化措施，着力推进社会保险和就业工作进程，推进人力资源管理规范化，促进社会和谐稳定发展，全面完成市委、市政府下达的各项工作任务。同时，将海丰县解放以来的劳动档案，主要是招工介绍信存根、职工调动介绍信存根、上山下乡知识青年花名册以及文书档案等移交县档案局整理并管理。

【城乡统筹就业】 2013年，围绕就业民生工程，结合实际做好城乡统筹就业工作，促进就业、创业和再就业。一是组织举办“企业用工招聘会”“民营招聘周”“高校毕业生就业服务日”等各类招聘活动23场次，为求职者和用工单位搭建供求平台。全年全县城镇新增就业人员15381人，完成市下达任务的106%，城镇登记失业率为2.49%。二是积极推进农村劳动力培训转移就业，全年转移就业农村劳动力12163人，完成市下达任务的101%。三是通过多渠道多形式开展高校毕业生就业工作，推荐1000多名高校毕业生到用人单位就业，安排“三支一扶”毕业生11人（其中支教4人、支医2人、扶贫5人）。四是落实就业援助工程，积极帮扶639名就业困难人员走上就业岗位，实现城镇“零就业家庭”动态归零的计划；同时创造残疾人就业的宽松环境，年帮扶残疾人就业90人。五是推进人力资源和社会保障平台建设，创建充分就业社区。按照“五统一”的要求在全县16个镇建立起人力资源和社会保障所，并配套电脑、打印机、复印机和LED屏等设备，通过公开招聘录用45名政府雇员分配到各镇所工作，提高基层人社工作服务水平和质量，并完成了第一批19个充分就业社区的创建工作。

2013年8月1日，海丰县人社局开展民主评议政风行风动员会

【下岗再就业】 县人社局认真贯彻落实再就业优惠政策。一是兑现下岗失业人员再就业社会保险补贴1.4万元，兑现岗位补贴4.3万元，兑现免费职业介绍补贴42.9万元，累计发放小额担保贷款62笔137万元。二是落实兑现税费

优惠政策，鼓励下岗失业人员自主创业和自谋职业，鼓励企业吸纳下岗失业人员就业。三是针对“4050”就业困难人员和农村人均年收入低于1500元的就业困难群体，开展“一对一”帮扶活动，积极做好就业援助工作。2013年，有8023名下岗失业人员实现再就业，完成上级下达任务的115%；有639名就业困难人员走上再就业道路，完成上级下达任务的107%。

【人事管理】 2013年，深化人事制度改革，规范人事管理工作。一是提高全县机关事业单位干部职工津贴，从7月起全县22056名机关事业单位工作人员平均提高津贴补贴每人月200元，月总增资额达441万元。二是进一步完善事业单位岗位管理和公开招考工作，全年已完成对1.5万多名机关事业单位工作人员的考核。三是认真做好公务员培训工作，11月举办公务员职业道德规范全员培训班8期，培训公务员共2467人；举办公务员初任培训班，培训时间12天，共培训公务员210人。四是完成43名公务员的招考录和81名公务员的转正工作。五是认真做好专业技术人员的培训和职称评聘工作，发放初级职称证书360份；7月组织开办企事业管理人员和专业技术人员继续教育培训班6期，每期培训时间3天，参加培训人员共9880人；8月开展网上“广东省专业技术人员继续教育证书”审核认定发证工作，全年发放“广东省专业技术人员继续教育证书”522份。

2013年8月13日，海丰县人社局召开纪律教育学习月动员会

【职业技能培训】 认真贯彻落实省委、省政府和市委、市政府关于职业技能培训和农村劳动力培训转移就业的文件精神，针对海丰县服装业、毛织业、制鞋业、宝石加工业、珠宝首饰业和餐饮业等特色产业工种，开发教材，开展职业技能培训，提高就业人员的职业技术能力，推动就业和农村劳动力转移就业的发展。2013年参加各类职业技能培训的人员有17584人，其中参加农村劳动力转移就业培训的有4952人。在参加职业技能培训中，经职业技能考核鉴定合格，领取职业资格证书的有561人，领取职业能力专项证书的有97人。

【劳动信访与劳动监察】 加强劳动监察和信访维稳工作，维护劳动关系双方合法权益，维护社会和谐稳定发展。2013年开展了以“纠正拖欠农民工工资问题”和“整治非法用工，打击违法犯罪”为重点的专项检查。全年受理举报投诉案件154宗，结案率100%，为869名农民工追回拖欠工资264.1万元；依法对用工单位进行用工检查，下达限期整改指令书43份，对其中2家拖欠农民工工资拒不按期偿还的用工单位，依法作出行政处理决定。接待来信来访群众40起402人次，处理信访案件7宗，处理突发事件5宗。

2013年9月25日，海丰县人社局黄小平局长到后门镇人社服务所了解受强台风“天兔”损坏情况

【劳动仲裁与工伤认定】 2013年，加强劳动争议仲裁工作，贯彻“预防为主、调解为主、基层为主”的方针，严格执行劳动争议办案规程，公平、公正、公开解决劳动争议。全年受案42宗（其中仲裁调解25宗，仲裁裁决12宗，撤诉5宗），不予受理15宗，涉及人数167人，涉及金额4661971.2元；案外调解3宗，涉及金额17万元，结案率100%。年内，加大工伤认定和调处力度，以“为民解困、为民排忧”为工作目

标，以坚持公正、公开、高效、便民为原则，进一步规范职工工伤认定程序，实行快受理、快调查、快认定，最大限度维护职工的合法权益。全年受理工伤认定申请46宗（其中认定工伤案件30宗、协调处理工伤案件16宗），不予受理6宗。同时，对5000多名门诊特定病种患者给予确认。劳动争议仲裁和工伤认定工作，有力地维护了企业和职工的合法权益，为社会稳定发挥了应有的积极作用。

【社保扩面征缴】 2013年，进一步扩大社会保险覆盖面，提高社保基金征缴率。一是养老保险方面。全年全县企业养老保险参保人数99912人，完成市下达扩面任务的101.95%；参加城乡居民养老保险人数281243人，完成市下达任务的99.3%，其中60周岁以上老居民参保79387人，完成市下达任务的99.23%。征缴企业养老保险基金2051.4万元，完成市下达征缴任务的97.69%。全年按时足额支付全县10946名离退休人员养老金18672万元，每人月平均1490元；按时足额支付全县73762名城乡老人居民养老金5753万元，每人月平均基础养老金65元。二是医疗保险方面。全县全年参加城乡基本医疗保险765916人（其中参加职工医疗保险人员74506人），完成市下达任务的98.32%。征缴城乡基本医疗保险基金10228万元，完成市下达任务的126.38%（其中职工医疗保险基金征缴7661万元，完成市下达任务的147.33%）。按时足额发放全县6578名职工的医疗保险待遇4463万元，按时足额发放全县41249名城乡居民医疗保险待遇20203万元。三是失业保险方面。全县参加失业保险46003人，完成市下达任务的100%。征缴失业保险基金1325万元，完成市下达任务的75.71%。支付全县103名失业人员的失业保险待遇106万元。四是工伤保险方面。全县参加工伤保险28002人（其中农民工参保2505人），完成市下达任务的100.01%。征缴工伤保险基金328万元，完成市下达任务的96.4%。支付83人的工伤保险待遇171万元。五是生育保险方面。全县参加生育保险30004人，完成市下达任务的100.01%。征缴生育保险基金277万元，完成市下达任务的108.63%。支付217人的生育保险待遇68万元。

【社保基金管理】 一是县审计部门加强对社保基金的专项审计工作，有效防止挪用基金等违法违纪现象的发生，确保各项基金运行的安全性和完整性。二是对全县10241名企业离退休人员进行领取基本养老金资格认证，有效防止冒领养老金行为。三是明确各项管理规程，严格各项业务办理制度，落实防护措施，将计算机内外网实行物理隔离，确保数据安全。四是采取定期或不定期的方式对各定点医疗机构稽查39次，稽查待遇享受人员1043人，未发现违规现象，有效防止基金流失，提高基金运行的安全性。五是建立健全内部控制体系，从制度上堵塞社保基金的“跑、冒、滴、漏”，杜绝基金管理中违纪违规行为的发生，确保基金完整。六是加强业务档案管理工作力度，全面开展社保业务档案归档工作，全部业务档案实行归档统一管理。

（郭耀鸿）

附：2013年海丰县人力资源和社会保障局领导名录

局　长：黄小平

副局长：陈长征（兼）　吴敬耀　黎光辉　刘小武

人口与计划生育

【概况】 2013年，海丰县人口和计划生育工作坚持以党的十八大和十八届三中全会精神为指导，按照夯实基础、提升水平、巩固“国优”的工作思路，紧紧围绕稳定低生育水平、控制出生人口性别比、做好推行“一证先行”办事制度、开展国家免费孕前优生健康检查等重点工作，求真务实，推进人口计生工作深入开展，保持了良好的人口发展趋势，取得一定成效。据统计，2013年全县共落实“四术”8366例，政策生育率82.57%，性别比105.35，长效节育措施落实率75.43%，长效节育措施及时率65.67%；除此之外，还加强了对流动人口的服务管理，大力推动流动人口基本公共服务均等化。全县清理全员流出人口76447人，其中已婚育龄妇女17667人；清理全员流入人口22646人，其中已婚育龄妇女8096人，查验计划生育证明8038人，开展查环查孕7265人次，在本辖区落实避孕节育措施138例。2013年，海丰县荣获《中国人口报》新闻宣传工作先进单位、广东省年度人口与计划生育达标单位、全省人口计划生育宣教创新项目奖。

【建立和落实计生层级动态管理责任制】 海丰县计

划生育工作坚持党政一把手亲自抓、负总责，形成县、镇、村三级主要领导真抓实干的工作格局。特别是县委书记和县长率先垂范，从自身做起，经常深入基层检查、指导和督促全县人口计生工作，帮助镇、村解决实际困难，发现问题及时解剖，并根据不同情况提出整改和指导意见，全面落实计生层级动态管理责任制。同时，明确规定县驻镇四套班子领导成员与镇党政一把手为该镇计生第一责任人，镇驻村党政成员、县机关、镇、村其他驻队干部负有包村、包户、包人的计生责任，并把干部包干责任和包干对象的情况全部列榜上墙公布，接收群众监督，真正做到计生职责明确、责任到人、监督有力，有序有效地推动全县人口计生工作的扎实、有效开展。

【落实生育节育政策】 2013年，全县围绕“稳定低生育水平，提高出生人口素质”这两大工作任务，坚持“两手抓”的方针，一手抓稳定低生育水平这一主线，一手抓实施优生健康惠民工程这一主业，下大力气做好“少生优生”文章。以数据清理清查为抓手，千方百计稳定低生育水平。全面开展人口数据的清理清查工作，按期按质完成了人口信息的清理入库，最大限度地还原了人口数据的真实面目，回归到真实的生育节育状况。通过人口数据的清理清查，不但建立起一套比较全面、完整、真实、准确的人口信息系统，更可贵的是营造了讲实话、报实数、办实事的良好氛围，进一步健全完善了全县人口信息化建设。实现了市、县、镇三级光纤互联，建立了人口发展动态监测、综合分析、预警预报制度，充分发挥人口信息化管理在稳定低生育水平中的支撑作用。以免费孕前优生健康检查项目为抓手，注重关怀服务，千方百计提高出生人口素质。在全县范围内开展免费孕前优生健康检查项目，并抓好普及优生知识、防治不孕不育、预防出生缺陷、开展早期教育、建立救助机制等五个方面的落实。全县印发“致新婚、计划怀孕夫妇一封信”2万多份，印发“孕前保健优生优育知识彩页”1万多份，提高了计划怀孕夫妇参与孕检的自觉性和积极性。全县2013年目标人群为12512人，到12月止，接受优生健康教育人数14364人次，接受医学检查人数10424人次，孕前优生健康目标人群覆盖率达114.80%，接受医学检查率达83.31%，为全县筑牢起人口素质的第一道防线。

【流动人口计划生育管理】 海丰县紧紧围绕上级关于流动人口服务管理“一证通”和“一盘棋”的工作要求，坚持以人为本的工作宗旨，建立完善流动人口计划生育“统一管理、优质服务新体制和统筹管理、服务均等、信息共享、区域协作、双向考核”新机制，大力推动流动人口计划生育“一盘棋”工作，形成齐抓共管、综合治理流动人口的工作格局，全面提升流动人口计划生育服务水平。

【计生宣传教育】 2013年，全县人口计生宣传教育工作充分发挥其在计生工作中的职能作用，进行了针对性的宣传教育活动。开展了元旦、春节集中宣传服务活动，重点突出开展下乡咨询服务活动，开展“送温暖”慰问工作；宣传优生健康惠民工程；宣传避孕知识，还利用报刊、电视及广播电台等进行计生政策法规和好人好事的宣传。全县18个镇（场）近12万对育龄夫妇不同程度接受到计生政策和知识教育，为全县人口计生工作的顺利开展，起到舆论先导的良好效果。

【开展计生活动】 海丰县按照“每季组织一次计划生育集中服务活动，每年落实三次妇检，年终实行一次考核评估”的工作制度。自2013年5月28日全县推行计划生育“一证先行”办事制度以来，取得一定成效。至12月，全县已开出计划生育证明书1.8万余份，征收社会抚养费1581万元，有力推动人口计生经常性工作顺利开展，切实增加社会抚养费的征收。一方面通过强化领导、联合执法、全面清查、建立有奖举报制度等一系列措施，进一步加大“两非”案件查处力度，保持案件查处的常态化和制度化。另一方面着力健全服务管理制度，增强服务管理针对性和有效性。计生技术服务机构、医疗保健机构等单位建立健全B超管理制度、胎儿性别鉴定、终止妊娠药品管理制度、终止妊娠审批制度、住院分娩实名登记和信息通报制度等工作机制，有力推进了综合治理出生人口性别比偏高的工作，全县出生人口性别比已降到105.35。

【计划生育队伍建设】 按照上级培训干部的要求，把计生培训工作纳入年度干部教育培训规划。2013年度计划培训300多人，实际培训309人，培训的主要内容是计生业务知识专题辅导课、计划生育知识及相关法律法规。通过学习培训，有效提高了计生干部队伍的计划生育政策水平和计生工作能力，增强了全体干部职工的法律意识和责任意识，确保计划生育政策知晓率达100%。年内，全县共提拔5名分管计生工作的干部和4名计生专职干部，县人口和计划生育局提拔2名股级干部，进一步健全了计生干部队伍建设。

（曾宪阔　周初现）

附：2013年海丰县人口与计划生育局领导名录

局　长：郑永城

副局长：吴志胜　黎义坤　黄少文

民　政

【概况】　2013年，海丰县民政局坚持“以人为本、为民解困、为民服务”的民政工作宗旨，继续加强社会管理，加大抗灾救济工作力度，加大优抚双拥工作力度，加大基层组织建设年活动力度，加大殡葬管理力度，积极发挥社会组织协调社会服务经济建设的作用；强化地名公共服务管理，健全老龄工作机制，提高老年人福利待遇，保障老年人权益；依法规范婚姻登记管理，积极配合县计生“一证先行”的工作；认真做好流浪乞讨、孤儿收养、殡仪服务、陵园管理、军人接待、军休服务等工作，积极开展行风评议、万众评股室等活动，取得显著工作成效。

【低保、“五保”与困难救助】　根据上级的有关规定，县政府办印发《关于进一步规范最低生活保障工作的通知》（海府办〔2013〕17号），并于5月25日召开全县低保清理检查工作专题会议，部署对全县的城乡低保户进行一次全面清查。几个月中，海丰县开展了两批次清理活动，共清退8054人。在清退工作中，对符合条件的困难户补办手续后及时列入低保，基本实现在动态管理下的“应保尽保，应退尽退”。至2013年12月底，全县低保救助人数有10941户29615人(其中：城镇3178户8654人，农村7763户20961人）。在低保提标工作中，认真执行省政府的要求，于8月14日召开县政府常务会议，批准低保提标方案，从2013年7月1日起，将城镇低保标准235元提高到335元，补差每人每月122元提高到242元；农村低保标准185提高到245元，补差每人每月80元提高到109元，切实解决了部分困难群众的实际生活问题。根据《广东省农村五保供养工作规定》，海丰县将老年、残疾等无劳动能力、无生活来源又无法定赡养义务的，列入享受农村五保供养待遇。至年末，全县集中供养对象251人；散居对象3997人。从2013年7月1日起，将集中供养对象，每人每月350元提高到450元；散居对象，每人每月220元提高到350元。9月11日县政府再召开常务会议，决定将集中供养对象，每人每月450元提高到530元；散居供养对象，每人每月350元提高到460元。并建立补贴水平增长机制，确保补贴水平稳定增长，确保农村“五保”对象基本生活权益。同时海丰县按要求将中央和省级下拨的资金和县财政配套的孤儿供养资金落实到位，符合条件享受孤儿供养的有485人（其中：集中供养21人，每人每月1000元；分散供养420人，每人每月600元），切实解决了孤儿的基本生活困难。年内，根据《广东省城乡特困居民医疗救助办法》的精神，县政府出台《海丰县城乡特困居民医疗救助实施细则》。申请医疗救助程序：一是由个人向村（居）委申请；二是由村（居）委报镇审核；三是镇审核报县民政部门审批；四是救助对象凭有效身份证到到所在镇民政部门领取救助金。2013年上级补助救助金421万元和县财政配套救助金301万元。已支付医疗助救金530多万元，救助困难群众8716多人次，资助城乡低保对象以及农村“五保”对象、城镇“三无”人员等参保参合，每人年40元，已支付资金186万元。年内，海丰县多次遭受暴雨洪涝袭击，特别是9月22日，第19号强台风“天兔”的正面袭击，致使全县城乡大片房屋倒塌损坏，全倒户有511户（其中：因“天兔”受灾全倒户有231户）。按照上级要求，采取全倒户民房恢复重建资金以自筹为主，由灾民自筹一点、县财政支持一点、挂驻单位帮扶一点、民政部门争取上级补贴一点，社会捐助一点，保险赔偿一点“六个一点”的办法筹措重建资金。将省补助每户1万元，共511万元；市补助每户0.5万元，共255.5万元；县级配套补助“8・16”每户0.5万元和“天兔”每户1万元，共370万元，及时下拨，确保全倒户的重建工作在2014年的元旦前完成，2014年的春节前搬入新居。第19号强台风“天兔”正面袭击海丰，横穿海丰县境。中心风力14级，阵风17级，受毁损失巨大。全县各级及早部署，相继迅速启动防风II级、I级应急响应，全面进入防风作战状态。按照上级民政部门的部署和县委、县政府的要求，县民政局及时购置面包、馒头、即食面、矿泉水、衣被等发放给灾民，帮助灾民解决临时生活困难，支出解决灾民生活专项资金120万元，多汇道筹集资金200多万元，专门用于解决受灾群众生活。上级民

政、财政部门拨给海丰县自然灾害和应急生活救助补助资金750多万元，也及时下拨各镇。县财政列支400万元，由县领导带队，对全县1万户，因病、因灾导致家庭发生困难的城乡低保户和特困群众（包括困难优抚对象和困难退伍军人）进行慰问救济，每户慰问金400元。同时，及时将省级财政下拨的低保等困难群众一次性临时生活和价格补贴725万元，也下拨到位。

【双拥工作和优抚安置】 2013年的双拥工作继续围绕创建全国双拥模范县的目标，进一步巩固“同呼吸、共命运、心连心”的军政军民关系。在“八一”、春节期间，一方面，由县委、县政府组成四个慰问团，慰问汕尾军分区、市消防、市武警、市边防的官兵和驻海丰县的8个驻军单位；另一方面，由县四套班子领导组织各机关事业单位负责同志和企业、社会组织，全面开展广泛持久的拥军优属慰问活动。2013年仅支出慰问在部队立功受奖的现役军人家属、红军失散人员、孤老“三属”、孤老复员军人、在乡1～6级残疾军人、著名烈士家属、军队离退休干部的资金90多万元。在“关爱功臣行动”中，全县对109个单位定点定户挂钩帮扶结对109名孤老烈属、孤老复员军人和六级以上在乡伤残军人，解决他的生活、生产等各项实际问题和困难，产生了良好的社会效应。海丰县服现役义务兵有580人，每人（户）义务兵家庭发给优待金3000元，其中进疆46人，每人（户）义务兵家庭发给优待金9000元，全年全县共发出义务兵家庭优待金202万元。抚恤定补优抚对象住院治疗实行“一站式”结算服务，2013年1～12月份，住院优抚对象197人，非“一站式”结算外地住院优抚对象65人，共付出住院治疗补助金61.14万元。年内，为全县5178名优抚对象分别办理《城镇居民基本医疗保险》和《新型农村合作医疗》，其中属城镇居民的人年缴费120元，属农村居民的人年缴费40元。2013年春节期间，一次性下拨困难补助金141.2万元，为3715名“三难”优抚对象解决困难问题；当年“八一”节前，县又拨给有“三难”问题的2356名优抚对象一次性困难补助97.51万元。根据国家退役士兵安置政策，海丰继续推进退役士兵安置工作改革，实行以“扶持就业为主，发给退役金后自主就业、政府安排工作等多种方式相结合、城乡一体化的安置制度”。全县接收2012年冬季退役士兵、转业士官共286人。其中：农村退役士兵180人、城镇退役士兵102人、转业士官4人。应发放城镇退役士兵自主就业一次性经济补助金168万元，农村退役士兵一次性生产生活补助金129万元；完成7名重点安置对象就业安置的资格审查工作；组织退役士兵参加免费职业教育和技能培训163人；对16名重点安置对象采取公开抽签方式，分配到各接收单位。

【基层村（居）委建设】 2013年，积极开展基层组织建设年的活动，县民政局配合县委组织部深入各镇召开座谈会，对村级班子现状和换届选举工作的新情况、新问题进行调查分析，并形成书面报告供上级领导决策。7月，由县委组织部、县委纪委、县民政局、县财政局、县农业局等部门分片到各地，布置开展村财审计、村干部民主测评、基层组织历史遗留问题排查和矛盾化解，分类排队和调整充实基层组织等工作。10月，全面开展财审、民评、村（居）组织法的宣传活动。至年底，全县基本完成财审、民评、村级换届动员、选举流程方案、县级选举业务培训等工作。并成立海丰县村、社区“两委”换届选举工作领导小组办公室，设置了村（社区）支部选举工作指导组、村（居）委选举工作指导组、秘书综合组、宣传组、信访组和维稳组、督导组等六个工作部门。购置了设备，抽调骨干人员，做好2014年村级换届各项准备工作，为第六届村委会、第五届社区的换届选举工作打下了良好的基础。年内，继续认真抓好2011～2015年的五年村（居）务开民主管理示范创建活动工作，保证按时按质圆满达标。2011年和2012年已上报101个村（居）委已由省厅批准为示范点。2013年已做好44个村社区申报工作。县民政局协同县纪委和县委组织部联合制定印发《海丰县关于进一步规范村级事务民主决策的实施意见》和《海丰县关于进一步规范农村基层村务公开制度的实施方案》，推行农村“六项”制度：一是规范村务公开内容。凡是村民普遍关注的、涉及村民切身利益的村务重大事项予以公开。具体按海民〔2013〕38号文件规定的十七项内容进行公开。二是规范村务公开程序。村务公开方案要依照法规和政策的有关要求提出具体方案，经村务监督委员会的审查，补充、完善后，提交村党支部和村“两委”联席会议讨论确定无误后，向全体村民进行公布。三是规范村务公开时限。按照村务公开内容的性质，分为长期公开、定期公开和即时公开三种时限。长期性的内容采取制度上墙的方式长期公开；动态性、阶段性和常规性的事项原则上每月公开一次，每月10日定为“村务公开日”，有特殊的至少每季度或半年公开一次，涉及财务的事项每月公开一次；临时性的事项，采取张贴公告形式进行随时公开。并在年终召开村民会议或村民代表会议公布全年村务、财务情况。四是规范村务公开形式。在村委会人群比较集中、方便群众阅览的地方设立村务公开栏、公开橱窗进行常年公开；采用广播、信息网络、闭路电视等进行公开；印发村务“明白簿”“公开卡”分发到各村民小组和农户公开；年终召开村民会议或村民代表会议、党员代表和村民代表联席会议等形式进行公开。五是规范村务档案管理。按省民政厅印发的《村委会村务记录“十簿一卷”》的内容指定专人负责分类记录，专箱专柜保存，严格保管，以备查阅。六是规范村务公开监督。全县279个村（居）委全部建立村务监督委员会，负责村务公开、财务公开的检查监督；严格监督村委会执行村民会议或村民代表会议的决定事项的落实，并定期向村民会议或村民代表会议报告；检查、监督村集体资产管理、村财务收支情况和村委会、村集体经济组织的年终财务审计工作；对村干部进行任职届满或离职的审计工作；参与监督年终村委会的村务公开民主管理量化考评和年终民主评议村干部工作；协助镇政府和县纪检实施村务公开《责任追责制》。对不履行、不完全履行或不正确履行职责的，及时把情况报告镇政府和纪检部门，按《责任追究制》的有关规定，对责任人进行问责追究。年内，已在全县各地推行《广东省村民委员会“十簿一卷”》工作制度。即：村民会议、村民代表会议记录簿；村民委员会会议记录簿；村民委员会工作大事记录簿；村民委员会值班记录簿；人民调解记录簿；村“两委”联席会议记录簿；村务监督记录簿；村务公开记录簿；村“一事一议”记录簿；村民委员会公章使用记录簿等“十簿一卷”，作为政务村务公开的重要内容在全县推行。通过引导各地做好村委会的“十簿一卷”工作记录，进一步规范村务公开工作的管理。此项工作还未引起一些基层领导的高度重视，一些村委“十簿一卷”工作制度尚不健全。

【区划地名工作】 按照县委、县政府的要求，县民政局积极配合有关职能部门，调处了梅陇与鲘门、公平与城东、公平与海城、公平与平东等多处边界山林的纠纷工作；为化解潮惠高速征地矛盾，提供边界依据和相关资料凭让。根据上级有关勘界管理的规定，2013年是海丰县与陆丰市行政界线的联检年，年初就组织有关镇对界线的情况进行调查摸底。制定界线联检实施方案，在10月底前，完成界线的联检工作，并就联检中存在问题进行的协商解决和落实界线、界桩管理责任。年内，对2012年已普查的1361条自然村名进行了标准化处理。

【社团组织管理】 依照国务院《社会团体登记管理条例》和《民办非企业单位登记管理暂行条例》的规定，2013年海丰县依法成立登记的社会团体4个，民办非企业单位12个。至年末，全县依法登记的社会组织共有99个，其中社会团体42个、民办非企业单位57个。年内，按照《广东省社会组织年检暂行办法》的有关规定，按时对全县社会组织开展一年一度的年检工作，通过年检工作，促使社会组织依法依规按章程开展活动，建章立制、规范财务制度。继续开展行业自律体系建设和社会组织信用体系建设，继续完善社会组织规范运作、诚信执业、信息公开、公平竞争、奖励惩罚和自律保障六大机制，增强诚信自律和守法意识提高社会组织公信力，为海丰县社会稳定和经济建设、构建幸福海丰发挥积极作用。

【老龄工作】 2013年，海丰县继续贯彻执行“政府主导、社会参与、全民关怀”的老龄工作方针，在“敬老月”、元旦、春节期间，全县各单位、部门开展丰富多彩的老年人活动。全年为全县51名百岁老人发放长寿保健金，每人月100元；为老年人办理“汕尾市老年人优待证”738份。为80～99岁的老人办理高龄津贴金，第一批办理10616人，发放资金189万元，发放51名百岁老人高龄津贴9万元。为进一步贯彻落实《全民健身计划纲要》，促进海丰县群众体育及全民健身工作的开展，县老年社团组织因势利导，积极开展经常性的文体活动，老年人文体活动成为海丰最具特色的项目，深受群众欢迎，产生了良好社会效应。

【婚姻登记管理】 2013年，海丰县民政局婚姻登记机关实现完善服务内容、简化服务程序、压缩服务时间、公开收费项目和标准等工作，增强了婚姻登记的透明度，提升了婚姻登记窗口服务水平。全县全年共办理国内婚姻登记12296对。比2012年增加2000多对。结婚登记10518对，其中新婚登记10050对；再婚登记355对(710人)，复婚登记113对。补领结婚登记435对。离婚登记1310对。补领离婚登记33

对。年内，海丰县婚姻登记机关认真执行市县政府“一证先行”制度，协助县计生部门统一规范了婚姻登记使用的计划生育证明。及时反馈婚姻登记情况，为海丰县计划生育工作掌握育龄夫妇的基本动态情况提供了依据。县婚姻登记机关，积极宣传婚姻法，为依法推行婚姻登记服务工作做出成绩。

【殡葬管理】“乘殡改攻坚之态势，推火化管理常态化”是2013年度海丰县殡葬管理工作最突出的一个特点。年内，海丰县殡葬改革提出“大打绿色殡改翻身战”的口号，把强化火化管理、强化公墓山管理、强化文明节简办丧管理三项工作列入重点内容。全县全年火化遗体3655具。清理乱葬坟1万多次（主要是开发区、高速路的清坟），完成市下达的预计火化率100%，受到市委、市政府的通报表扬。2013年海丰县继续兑现火化管理奖罚制度，对当月火化率达90%的镇（场），每火化一具遗体补助火化管理费2000元；对火化低于90%的镇（场），每火化一具遗体补助火化管理费1500元。火化管理补助实行月结制度，以激励各地推行火化管理责任制的积极性。全县各镇（场）也纷纷参照县的激励措施，结合本地实际制订了本辖区火化管理奖补规定，有力促使了海丰火化管理进入常态化的运作模式。海丰县火化管理工作，成为全市火化管理持续、规范、常态的先进单位。在加大火化管理奖补工作力度的同时，继续推行“连续两个季度火化率低于90%实行问责”的管理制度。县殡葬管理部门在加强常态化管理的同时，重点在每月末和每季度最后20天，对火化率偏低的镇（场），采取发通报、电话联系约谈、召开小灶会剖析原因、开展执法督查、下乡同镇村殡改责任人和殡监员交流殡改工作，通过多种方式的警示、提醒、抓典型，有效防止、控制、杜绝了全县各镇场连续两个季度火化率低于90%的现象出现。2013年，海丰县提倡勤俭办事，不开展评优表彰活动，取消了年度一次性奖励镇（场）殡改先进单位的奖励项目。县殡葬管理工作虽然成绩显著，但是依然存在一些不容忽视的问题：一是修坟造墓破坏绿水青山的现象存在；二是村一级干部暗中秘密收费默许建坟修坟的现象存在。切实强化村级殡葬管理工作成为当前的工作重点。

（王小明　黄建平）

附：2013年海丰县民政局领导名录

局　长：黄小流

副局长：彭小辉　郑木棺　黄海湧（6月起任）

老区建设与扶贫开发

【概况】 海丰县是全国第一个县级苏维埃政权诞生地，是全国十三块红色革命根据地之一，是全国农民运动发源地。新中国成立后，海丰县人民政府对老区建设十分关心。1979年8月31日，海丰县革命委员会发出文件（海委〔1979〕59号），恢复“海丰县革命老根据地建设委员会”机构，下设“海丰县老区建设办公室”（简称老建办）。县老建办成立后，业务工作归口县民政局管理。1990年，老建办升格为正科级单位，并实行独立经济核算，行政上不再归属民政局管理。2000年后，海丰县老区建设划入农口线，但党务工作一直依然是民政局党总支属下的一个党支部。2001年，根据中共海丰县委、县人民政府《印发关于〈海丰县县级党政机构改革方案实施意见〉的通知》（海委〔2001〕16号），县革命老根据地建设委员会办公室与扶贫开发领导小组办公室合署办公，仍为正科级，挂靠县农业局，但因客观原因一直未能理顺。2007年，老建办迁至农村路老水利局三楼。至2009年4月，老建办与扶贫办才正式合署办公，内设扶贫工作股、老区建设工作股。行政编制3名，事业编制6名，其中主任1名（兼扶贫办主任），扶贫办配副主任1名，正副股级领导职数2名。2013年，共有干部职工14人，其中主任、副主任各1人。

【完成年度扶贫工作任务】 2013年，海丰县经省核定的贫困村有50个，贫困户3283户、扶贫人口16176人。其中深圳市帮扶25个贫困村，汕尾市帮扶11个贫困村，海丰帮扶14个贫困村。全省扶贫开发“双到”工作会议召开之后，海丰县认真贯彻落实省会议精神。按照省、市的工作部署，围绕新一轮扶贫开发“双到”工作目标，切实加强领导，落实责任，强化措施，狠抓落实，开创了海丰县扶贫开发“双到”工作良好局面。2013年，全县贫困村、贫困户规划扶持项目7149个，规划投入资金7446万元。全年实际投入资金4150万元，其中县财政配套资金500万元，深圳市帮扶资金3200万元，市、县帮扶单位450万元，较好完成年度各项扶贫工作任务。

【强化扶贫工作组织领导】 县委、县政府高度重视，把新一轮扶贫开发“双到”工作摆上重要议事日程，作为一项突出的政治任务和民心工程来抓，成立由县委书记为组长的扶贫开发“双到”工作领导小组，并加强督查，确保扶贫开发“双到”日常工作的高效运转。各帮扶单位和有关镇、村分别成立领导机构，切实加强对扶贫“双到”工作的领导。县委、县政府多次召开会议专题听取各地各部门“双到”工作汇报，并就“双到”有关工作进行研究部署，同时出台《海丰县2013～2015年扶贫开发“规划到户、责任到人”工作的实施意见》和《关于做好新一轮县直单位挂村帮扶工作有关事项的通知》；县主要领导多次深入到村和贫困户进行调查研究和检查指导；县挂钩镇、村的四套班子领导成员坚持深入基层，加强督导，靠前指挥；各帮扶单位和帮扶干部经常进村入户，抓好各项工作落实，有效地推动了全县扶贫开发“双到”工作的开展。

【落实帮扶责任制度】 2013年，围绕省、市新一轮扶贫开发“双到”工作的总体部署，海丰县实行“县领导牵头、部门包村，干部扶户。贫困户参与”的帮扶责任制度，切实把各贫困村和贫困户的帮扶任务分解到各部门各单位，全面落实挂村挂户责任人，做到定单位、定人、定点、定责包干帮扶。全县50个贫困村中除25个村由深圳龙岗和11个村由市直单位帮扶外，其余14个村由县直单位负责帮扶，县领导分片牵头负责。同时，层层细化扶贫责任，落实帮扶牵头单位和责任单位，明确有扶贫开发任务的县直单位以及所在镇场党委、政府是扶贫开发的责任主体，党政主要负责人及部门一把手为第一责任人，镇场党委、政府是扶贫开发“双到”工作的主要组织者、实施者和责任者，帮扶单位和个人对被帮扶的贫困村和被帮扶的贫困户脱贫负直接责任。在推进扶贫开发“双到”工作中，按照新一轮“规划到户、责任到人”的工作要求，每位机关干部至少挂钩帮扶1个贫困户，确保每一户贫困户都有责任人挂钩帮扶，全县50个贫困村和3283户贫困户均落实了具体的帮扶单位和责任人。在此基础上，海丰县将各级各部门实施扶贫开发“双到”工作进展情况及工作实效列入党政领导干部政绩考核内容，作为机关干部年终考核指标以及干部任用的重要依据，进一步调动各级干部开展扶贫工作的积极性。

【落实帮扶工作措施】 通过深入调研，找准致贫“病根”，科学制订规划，形成具体的扶贫工作思路和明确的扶持目标，实施“靶向疗法”，形成具体的扶贫工作思路和明确的扶持目标，使帮扶工作更具针对性和科学性．按照“一村一策”“一户一法”的要求，加强分类指导，促进各项帮扶措施落到实处。一是落实思想扶贫。帮扶单位、帮扶干部在进村入户时，坚持扶贫先扶志，加强与贫困村“两委”干部的思想交流，消除他们的思想顾虑和精神包袱，鼓励他们把握新一轮“双到”工作带来的发展机遇，树立脱贫信心，当好带头人，在群众中树立良好榜样，激发干群的创业热情，彻底改变落后的精神面貌．针对部分贫困户存在的“等、靠，要”依赖思想，深入到贫困户家中了解生产生活情况、加强交心通气，激发贫困户树立自力更生、勤劳致富的信心和志气。二是落实产业扶贫。把产业化帮扶作为全县新一轮扶贫开发“双到”工作的重要举措来抓，根据海丰实际，深圳市对口帮扶单位创新思维，整合资金，投入2500万元，建设“一园四基地”帮扶贫困村发展集体经济。同时，市、县帮扶单位以高新技术、新兴产业为主，引进发展海亮有机米种植基地，开发福建安溪绿茶生产种植新兴产业，带动贫困户发展经济。三是落实就业扶贫。各帮扶单位从劳务输出上下功夫，积极组织引导贫困户参加各类职业技术培训，实现“培训一人、就业一人，创业一人、脱贫一户”的帮扶目标，使部分贫困家庭有了相对稳定的经济收入．有关部门还针对贫困村实际，积极开展各类农村实用技术培训，从而有效地提高了贫困劳动力的劳动技能和生产水平。四是落实救济扶贫。切实加大低保投入，将缺乏劳动力又符合低保条件的贫困户纳入最低生活保障，在县财政十分紧张的情况下，按照“应保尽保”的原则拨出专款，保障贫困户温饱生活．各级各部门切实加大对有特殊困难贫困户的帮扶救助力度，帮助贫困户适龄子女就读义务教育，使贫困户适龄子女都能够享受义务教育，以及帮助符合条件的贫困户子女免费就读技(职)校；动员贫困户全部参加新型农村合作医疗，使贫困户生产生活得到较好保障。

【加大扶贫工作监督考核力度】 2013年，为推进新一轮扶贫开发“双到”工作扎实有效开展，海丰县加大监督考核工作力度，进一步建立完善了扶贫资金项目监管制度、村务公开制度、建立绩效考评制度、定期汇报制度、监督检查制度和脱贫验收申报制度，促进扶贫工作各项措施的有效落实．通过在各贫困村设立了扶贫开发“规划到户、责任到

人”工作公告栏，把扶贫对象，帮扶单位，帮扶责任人、帮扶措施等情况上墙公示，按受广大群众监督；各贫困村定期召开扶贫开发工作通报会，及时把扶贫开发工作进展以及扶贫资金使用等情况向村民大会或村民代表汇报说明，接受村民评议监督，使扶贫开发各项工作在阳光下运作，做到公平、公正、公开，得到了广大群众的拥护和肯定。在此基础上，全县还进一步加大督促检查力度，采取了现场检查、分片汇报等多种形式进行督促检查，并从县纪委、组织部等有关部门抽调人员组成4个督查小组，实行一月一督查，对全县新一轮扶贫开发“双到”工作进行全面督查，采取“听、看、查”的方法，听取牵头帮扶单位的工作汇报，随机抽查贫困户进村入户了解情况，并到扶持发展项目点现场检查项目落实情况，查看帮扶台账、电脑录入信息、帮扶记录卡、文件资料、督促检查制度、村民自治各项制度、驻村干部工作日记等档案资料以及察看财务公开栏和有关规定公布情况，对扶贫开发的相关内容进行全面检查，将发现的问题及时反馈给各帮扶单位和镇，村，并督促限期整改，从而推动了新一轮扶贫开发“双到”工作的全面深入开展。

【做好扶贫“双到”基础工作】 全县50个贫困村迅速完成帮扶单位对接工作，进驻50个扶贫工作组158名扶贫工作队员，并对驻村干部进行岗前培训，提高驻村干部业务水平。驻村干部认真开展贫困户摸查、核实、公示、确认工作。完成贫困村、户贫困户帮扶对接和建档立卡工作，制定贫困村三年总规划50条、年度帮扶计划150个，贫困户三年总规划3283条，年度帮扶计划7149个。为开展扶贫开发“双到”打好坚实基础。

【启动贫困村、贫困户帮扶项目】 2013年，全县贫困村、贫困户规划扶持项目7149个，项目预算投入资金7446万元，已落实帮扶资金5150万元，其中县政府落实了财政扶贫配套资金500万元，深圳扶贫到位资金3200万元，市、县帮扶单位自筹450万元。大批公共基础设施类、民生类、生产经营类扶贫项目抓紧启动。如县财政局帮扶海城镇埔仔洞村投入资金63万元，创办埔仔洞村茶园基地20公顷。同时投入资金28万元，新建埔仔洞村委办公楼420平方米。公平镇龙岗村、海城镇埔仔洞村、城东镇赤山村都新建了村委办公楼，改善了办公环境。梅陇镇水踏村、附城镇新江村、城东镇梓里村、赤石镇新联村也实施启动了农田水利，村道等基础设施建设项目。有效改善了贫困村生产生活条件和增加贫困村的集体经济收入。年内，对贫困户的帮扶，主要采取如下措施：一是举办劳动技能培训，推动劳务输出，实现“就业脱贫”。全县有劳动能力贫困户2826人参加了农业技能培训，1025人参加了非农业技能培训。使大部分有劳动能力的贫困户掌握一门劳动技能，提高了贫困劳动力的劳动技能，以达到就业一人、脱贫一户。二是帮扶种养物资，实现“种养脱贫”。凡是愿意实施种植或养殖脱贫的农户，为他们购买化肥等种养物资，帮助他们脱贫致富。三是帮扶改建危（旧）房，实现“安居脱贫”。通过多渠道筹措资金，全县完成住房改造1600户。四是扶贫助学。帮助符合条件的623名贫困户子女免费就读惠州市仲恺技术学校、南海腾飞技校等技(职)校。同时对特殊情况的贫困家庭子女给予一定的生活资助，实施“资助脱贫”。如帮扶赤石镇新联村的龙岗区投资管理公司和团区委资助贫困生庄胜坪、庄美丽兄妹三年学费和生活费用；黄羌镇黄羌村单亲纯两女户钟海燕、钟秋燕两姐妹家庭困难，通过帮扶单位发动社会热心人士募捐筹集学费2.5万元，并由热心人士每月资助500元生活费，帮助两姐妹实现上大学、中专的梦想。通过扶贫助学，确保了贫困家庭子女不因贫辍学，顺利完成学业。五是帮扶贫困户全部纳入农村合作医疗；符合条件的贫困户纳入低保，实行民政救济，实现应保尽保。

【培育壮大扶贫龙头企业】 2013年，扶贫农业龙头企业解决了部分贫困户就业问题，增加贫困户收入，带动当地和周边的发展。继续扶持补助海崇畜牧有限公司贷款贴息35万元，加强对扶贫农业龙头企业的扶持。同时扶持培育绿洲蔬菜有限公司，莲花茶业有限公司等扶贫产业化企业，增强带动作用。

【巩固上一轮扶贫成果】 2013年，加强对上一轮产业扶贫项目的跟踪管理，确保扶持项目继续发挥效益。在对一些扶贫产业基地跟踪管理同时，加强了对虎嗷金针菜、莲花山绿茶、梅陇火龙果等扶贫产品的推介，使扶贫产品创造更好的效益，带动更多的农户脱贫致富。

【狠抓“两房”建设】 为切实解决贫困户住房困难问题，海丰县将住房改造建设作为实施新一轮扶贫开发“双到”工作的重要内容和硬任务来抓，积极做好农村低收入住房困难户住房改造建设和“两不具备”整村搬迁工作，较好完成低收入水平住房困难户和因灾住房困难户建设任务。一是科学制订建设规划。在做好对象户逐户核实的基础上，公开、公平、公正制订建设规划，做到了科学和民主统一、短期建设与长期规划协调。二是积极筹措资金。按照省市的要求，海丰县落实了县财政配套资金500万元，并采取农户自筹为主、政府扶持、帮扶单位资助、社会捐助等方式，多方筹措资金，确保贫困户住房改造建设顺利推进。三是狠抓责任落实。按照“任务到镇、工作到村、落实到户”的工作思路，将任务分解到镇、村，一级抓一级，层层抓落实。2013年，全县共完成黄羌镇龟地村、上寨村和海城镇伯公埔等村庄搬迁，搬迁总户数51户，人口202人，获省财政补助51万元。四是抓住重点、以点带面。根据2013年遭受“天兔”强台风侵袭的583户低收入住房困难户，优先列入2013年及2014年改造计划，及时解决受灾贫困户住房困难问题。通过示范带动，全县贫困户住房改造建设工作得到全面开展，取得了较好成效。

（黄信鑫）

附：2013年海丰县老建、扶贫办公室领导名录

主　任：林来佳

副主任：李少芬

消费者权益保护

【组织“3·15”系列活动】 2013年，按照“让消费者更有力量”的消费年主题，突出加强消费教育指导，以“纪念‘3·15’国际消费者权益日”为载体，采用举办宣传咨询服务活动、召开销毁假冒伪劣商品现场会、依借主流媒体开办“3·15”特别宣传报道栏目、举行以普及维权知识为主要内容的灯谜晚会等形式，进一步加大消费宣传教育和引导的力度，促进消费者的提高维权意识，增强参与社会监督的自觉性。

【普及消费维权知识】 结合“六五”普法工作，围绕“让消费者更有力量”，以帮助企业员工养成科学、理性、文明的消费理念，增强自我保护意识和能力为切入点，于8月底在公平金鸟来服饰有限公司建立了全市首个“消费维权普法教育基地”，图文并茂的展板直观地为农民工上了一堂消费维权课，简单明了的消费维权知识宣传单让每位工人朋友有“法”傍身，通过工作人员主动送“法”，亲身传“法”，将消费教育、消费警示、消费知识普及延伸到工厂，真真切切地解决了广大企业员工的维权知识需求，达到了增智扩能促共治的良好效果。

【维权与监督网络建设】 消费者权益保护工作紧紧围绕建立多元共治的消费维权和社会监督体系，在抓好打假治劣、构建放心消费环境的基础上，按照健全基层维权和监督网络，提升消费维权效能的工作要求，继续加大“12315”“五进”工作力度，2013年在县自来水公司、云岭客运站等企事业单位增设了5个消费维权服务站，至年底总数达56个，实实在在拓宽了消费维权工作领域。消费维权和社会监督体系的不断完善与加强，有力地推动了消费维权工作由事后查处向事前防范转变、由事后调解向事前和解转变、由事后处理投诉向事前引导教育转变，进一步畅通了维权诉求渠道，优化了维权机制，提高了维权效能。

【咨询服务与投（申）诉调处】 2013年，县消委会办公室直接受理投诉52件，投诉解决率100%，为消费者挽回经济损失11.8万多元；“12315”申诉举报中心接受群众来人、来电咨询45人次，接受“12315”网络申诉案件111宗，为消费者挽回经济损失11.19万元，接受并转办举报案件73宗；消费维权服务站接受群众来人、来电咨询40232件，同比增长373.38%，基层工商所“12315”申诉举报站受理消费者申（投）诉31件，“12315”“五进”受理消费者申诉1129件，同比增长347.38%。受理并解决消费者申（投）诉案件的成倍增长，凸显了全社会维权监督意识的有效增强和职能部门维权能力与效能的不断提升。

（蔡春辉　谢建作　卓少差）

附：2013年海丰县消费者委员会主要负责人名录

会　长：张辉民（兼）

副会长：古友新　罗宗好　林伟明　周木明

秘书长：谢建作

区镇概况

Quzhen gaikuang

红四师

经济开发区

【简述】 广东海丰经济开发区于1992年12月经广东省人民政府批准设立，是在2006年1月通过国家发改委审核公告的省级开发区。开发区位于海丰县城东侧，与城东镇相邻，北与公平镇接壤，东与黄江河相连。国道324线、省道242线、县城红城大道、北环路纵横贯穿全境，在开发区北面可上在建的潮惠高速公路。地理位置优越，交通便利。

2013年，全区工业总产值82836.6万元，比增4.7%，其中规模以上企业工业产值75431.7万元，比增11.3%；社会固定资产投资14258万元，比增7.1%；社会消费品零售总额5220万元，比增48.1%；地方税收全部收入853万元，比增2.9%。

【园区建设】 2013年，海丰县委、县政府为贯彻落实省委、省政府《关于进一步促进粤东西北地区振兴发展的决定》和汕尾市委、市政府关于“向西融珠”发展战略的具体行动，在经济开发区现有区域的基础上，整合城东北部工业区、金园工业区等土地资源，建设海丰生态科技城，规划面积15平方千米，其中规划6平方千米建设海丰县产业转移工业园。空间结构规划：“一带两轴、一心三片”，即沿黄江河滨水生态景观带；新城大道和省道两条新城扩展轴；新城综合服务中心；西部片区（省道242线以西金园工业区的传统优势产业集聚区），北部片区（物流及高新技术集聚区），中部片区（现代服务业集聚区）。功能分区规划：“一城五园”，即海丰生态科技城；综合服务产业园，传统优势产业园，科技智造产业园，都市农业产业园，现代物流产业园。重点发展精密与技术装备制造、电子信息、服装、珠宝首饰等四大产业。园区计划总投资21亿元，其中投入征地资金15亿元，基础设施投入资金6亿元。分三期建设，首期规划3.2平方千米，其中启动区规划1.2平方千米。

【招商引资】 开发区紧紧围绕县委、县政府大力发展工业的工作部署，以推进产业转型升级、促进工业发展为主攻方向，进一步更新观念，创新招商引资方式。2013年意向在生态科技城投资的项目主要有：计划投资10亿元的南方国际物流城，计划投资3.5亿元的高新软件产学研基地，计划投资1.65亿元的德康威尔技术的直线电机，计划投资8000万元的珠宝首饰机械自动化等7个项目，计划总投资25.58亿元。

【重点项目建设】 2013年，开发区新建和续建的项目主要有：东盛华庭住宅小区二期、东龙制衣厂、康珮宝石首饰厂，老区人民医院住院大楼扩建等项目。投资1亿元的汕尾

海丰县老区经济开发区办公大楼

移动第一本地网通信机楼已开始运营；尤妮佳生活用品有限公司增加投资2000万元，购入4条先进生产线，产品打入马来西亚、东盟、俄罗斯、韩国等国际市场，并成为马来西亚全国医院儿童妇女卫生巾纸制品独家供应商。

海丰县老区经济开发区办公大楼

【基础设施建设】 开发区基础设施日臻完善。园区内拥有1座11万伏的输变电站和1个日供水3万吨的自来水厂，供电供水十分充裕。2013年已完成东城大道、工业大道改造工程；生态科技城与太平洋建设集团合作实施BT模式进行基础设施建设。

【主要产业】 2013年，开发区围绕特色优势传统型、新兴技术应用型、龙头企业关联型等主导产业，重点发展高新产业，优化提升特色产业，稳步推进产业转型升级。至年末，园区内投资规模较大的有：易德电子、大流服饰、佳能食品、金庄电器、三阳饰品、广东汕尾移动第一本地网通信机楼、汕尾市尤妮佳生活用品有限公司、海丰顺盈纸品有限公司、海丰溢盛针织有限公司、汕尾市可喜可乐有限公司、永佳精细化工有限公司、海丰高斯迪首饰厂等企业，形成了以电子、服装、毛织、纸品、珠宝、首饰、食品加工等为支柱的产业体系。

（余达明）

附：2013年广东海丰经济开发区党政领导名录

党委副书记：林舜杰（负责全面工作，任至11月），魏汉锡（8月起任，11月起负责全面工作）

副 书 记：黄荣鑫（任至6月），陈裕斌

管委副主任：林舜杰（负责全面工作，任至11月），魏汉锡（8月起任，11月起负责全面工作），黄荣鑫（任至6月），陈裕斌

海城镇

综合概况

【简述】 海城镇位于县境中部，西距广州290千米，距深圳197千米，东距汕头180千米，水路至香港150千米，历来为海丰县政府所在地，是全县的政治、经济、文化中心，广东省275个中心镇之一。区域总面积231.29平方千米，下辖22个村（社区）委会，户籍人口17.3万人。2013年，海城镇坚持以邓小平理论、“三个代表”重要思想和科学发展为指导，认真贯彻落实党的十八大、十八届三中全会精神，围绕“优环境、强基础、兴产业、促发展”的工作思路，以“创先争优”活动为主线，以“创新管理”为突破口，借助全县开展“五个工作年”的契机，以“促进发展”为载体，突出经济发展、社会和谐、改善民生、基层组织建设等重点，全镇各项工作取得了明显成效。

2013年，全镇完成工农业总产值18.26亿元，比增18.8%。其中：工业总产值16.16亿元，比增20%；农业总产值2.1亿元，比增6.7%。社会商品零售总额130.62亿元，比增18%；全社会固定资产完成总额33.48亿元，比增21%。全年完成本级税收2361万元，完成县任务2247万元的105.07%。其中国税完成976万元、占任务112.06%，地税任务1385万元、占任务100.7%。居民可支配收入15840元，农民人均收入8863元，分别比增11%和11.5%。

【工业经济】 2013年，全面实施“大办工业年”的各项工作部署，充分发挥华成峰集团、金源实业有限公司、新骏佳食品有限公司等企业的龙头带动作用，切实抓好食品、服装、电子等块状经济向现代产业集群转型。鼓励食品和服装企业走品牌之路，加快食品加工等传统特色产业的发展，打造海城特有产品。加快发展珠宝首饰和动漫设计软件开发等新兴产业，进一步调优产业结构，推动产业转型升级。

【重点项目建设】 按照“建设县城南部商住物流区、西北部文化教育旅游区和县城商贸中心区”的思路，大力推进高层亮点楼盘建设。至2013年年末，碧桂园、凯旋花园、地王广场、第一城等四大

海城镇人民政府办公楼

高层亮点楼盘已有部分业主入住；潮惠高速、新怡园小区、桂园新区、新地王大厦、吉园楼、银叠苑住宅区、佳明住宅区、莲翠住宅区、春富苑住宅区、红城中学宿舍、豪利针织厂、莲花山矿泉水厂、鸿发洗涤厂和县气象探测基地等14个项目也都已投建、投产或立项。同时，不断深化“经营城市”的理念，着力提高了城镇管理效率和服务水平，有力地促进了县域中心城市向现代化中等城市转变。

2013年4月，海城镇被评为广东省扶贫开发“规划到户、责任到人”工作先进单位

2013年5月，海城镇被评为汕尾市扶贫开发“规划到户、责任到人”工作先进单位

【旅游发展】 海城镇充分挖掘利用海城镇优越的自然资源和环境，以红色旅游、绿色旅游、古色旅游和便捷的交通，吸引泛珠三角地区的游客到海城镇旅游、观光，努力把海城镇纳入大珠三角1小时经济消费圈，带动区域旅游度假业的发展。2013年着力抓好红色旅游项目、莲花山度假村三期工程、鸡鸣寺扩建工程和莲花山土特产购物中心的上马建设，积极创建和申报莲花山森林公园为国家AAAA级景区，以独特众多的旅游景点和浓烈的地方人文色彩，吸引游客前来观赏、旅游、消费，努力把莲花山建设成为汕尾地区乃至粤东地区的“后花园”，推动海城旅游由过境地向目的地转变，以此带动第三产业上新的台阶。

【基层组织建设】 2013年，进一步深化“抓党建促发展”的理念，按照开展“创先争优”和“基层组织建设年”活动的工作部署，以学习贯彻中共十八大精神、开展党的群众路线教育实践活动前期工作为契机，切实抓好队伍建设，创建“五个好”基层党组织。进一步巩固基层组织活动阵地，投入资金近200万元，新建城北社区、埔仔村委办公楼。扎实抓好“书记项目”的实施工作，进一步创新村账镇管，外来人口和出租屋管理等管理措施。在加强“村账镇管”的基础上，率先全县向村（居）民小组延伸，推行“组账镇代管”，大大提高了农村财务管理透明度，提高了组级财务管理水平。通过实施一系列的措施，达到“提升能力、激发潜力、增加活力”的目标。

（黄晓曼）

附：2013年海城镇党委、政府、人大领导名录

党委书记：林木森（任至11月）
　　　　　黄辉流（11月起任）
副 书 记：庄　政　吴德胜（任至4月）
　　　　　黎宜通（8月起任）　黄胜国（挂任）
镇　　长：庄　政
副 镇 长：吕伟成　施晓彬　林丽容（女）
　　　　　缪惠文（任至3月）
　　　　　叶克练（8月起任）
人大主席：林木森（任至11月）
副 主 席：林炳珠

村（社区）选介

【海城镇北门社区】 位于海丰县城北部，毗邻红场红宫，得名于明代海丰县城北门。20世纪80年代，因县城统一规划需要，从原海城公社城北大队划分出来。地处县城商业中心，商铺林立，海丰地标高26层的地王广场，县城最大的购物中心蓝天广场均在辖区内，2013年有户籍人口9207

人，流动人口1308人。新中国成立前，在中国共产党的领导下，为了中华民族的解放事业而献身的革命烈士，仅北门村就多达18人之多。粤东地区有名的大商号“吉荣”，也出自北门村马厝，早在20世纪30年代，马吉荣创办了海丰第一家钱庄侨批局，为离乡背井、远赴南洋东南亚地区的海外游子服务，为家乡建设做出巨大贡献。新中国成立初期“吉荣”商号的马文举先生，被海丰县人民政府授予“开明绅士”的称号。至今北门村内还保留着完整的明清时代的古建筑“归远堂”“谢氏祠堂”。2011年，北门社区被省授予宜居社区光荣称号。

2013年8月28日海城镇第十五届人民代表大会第四次会议

2013年10月南粤幸福活动周，海城镇举办“幸福睦邻情、海城咸茶会”活动

北门社区居委会在经济社会各项事业发展，构建社会和谐，关注民生，注重民生，实施惠民工程，帮助弱势群体方面取得较大成绩。2011年2月社区换届后，新的领导班子团结协作，同心同德，求真务实，形成坚强的凝聚力和战斗力，围绕经济社会各项事业发展作为重点来抓，克服了重重困难，依法收回被私人非法占用长达15年的北门居委综合楼首层占地面积200平方米和价值近200万元的停车场，保护了集体资产。同时，自筹资金160万元，建起一栋四层、建筑面积570平方的新办公楼，改变了居委会自身办公环境，加强了基层组织建设。在社区管理方面，实行电脑网络信息化管理。2013年，社区推行党员教育联管思想联做，普法教育联抓，社区治安联防联治，公共设施联建，弱势群体联帮，社区文化联办，社区文明联建，和谐社区联创，形成社区内多元化主体优势互补，资源共享，齐抓共管的工作机制，营运宜居社区良好氛围。以加快社区发展，促进社会和谐，提升基层

组织建设和社会管理水平为目标，以加快社区服务平台建设为基础，以完善社区服务功能为关键，群众满意的社区管理新格局。4月初，汕尾市市长吴紫骊在海丰县主要领导陪同下到北门社区调研。6月初，按省人大常委会工作部署，县人大常委会组织海丰县部分省、市人大代表到社区召开座谈会，了解社区经济社会各项事业发展情况。至年末，社区充分发挥地理优势，坚持走集体经济可持续发展思路，正在与实力雄厚的海丰县富景实业发展有限公司洽谈，合作将北门居委综合楼所有的铺面、仓库、停车场打造为大型综合性超市商场，以进一步发展经济。

【海城镇莲花村】 位于海丰县海城镇西北部，原系莲花山镇属下村委，2005年随莲花山镇并入海城镇。2013年辖区面积15平方千米，有5个自然村，有居民168户，总人口约1000多人。

粤东第一名山——莲花山位于境内，莲花山脉也是岭南四大山脉之一，这里是山脉主峰，海拔1377米。主峰方圆5000多公顷。莲花山主峰高耸，云雾缭绕，旁有银瓶山，形成山峦连绵，峡谷陡峻，飞瀑泻潭，松林葱翠，有“雄”“奇”“秀”“幽”特色。“雄”指主峰耸立、高插天际，山形峻峭，气势雄伟。“奇”指群山起伏，峰峦重叠。引人遐想联翩。“秀”指山峭壁之上松木苍茫，峭壁之下涧水潺潺、青山绿水、秀色可餐。“幽”指水随山转，迂回曲折、玉龙喷须、空谷无声。莲花山的气象景观也颇具特色。平时山峰上云缠雾绕、袅袅飞升。当夏天在山上小憩，使人顿觉肌肤生凉，与山下炎炎烈日比之有如两个季节。当在山间忽遇下雨，真让人感其“半天下雨，不知来头”的意境。由于莲花山所具有的特色是为神宿仙游境地，故“鸡鸣寺”就建于此。清康熙三十二年(公元1693年)印真和尚择址于莲花山与银瓶山双峰环抱的鸡心石半山腰上建成“山脚庵”。庵堂建成后，庙人常闻半岭鸡鸣声，便又取名“鸡鸣寺”。此后，香火鼎盛，善信、商贾云集，成为海丰县最负盛名的佛门寺院，旅游胜地。该寺于战争年代被损，至1989年由港澳同胞、社会民众捐资重建。现建成外山门、金鸡报晓大型石雕，三大士阁、大雄宝殿。主体建筑占地4800平方米，吸引全社会各界人士，前来旅游观光。

莲花山周边盛产茶叶。莲花茶叶名闻天下。近年来，莲花茶庄种上名茶约67公顷，产品远销国内外。该村在茶庄带动下，群众开山种果、种茶，种有名茶60多公顷、果树40多公顷。千亩茶园，一片片绿色景象。茶叶作为无害化绿色食品，前来品茶、购茶的社会各界人士络绎不绝。甘甜莲花之泉水泡莲花茶，味道清纯、沁人心脾，使得莲花山之名气广为远扬。随着政府富民政策的贯彻落实，莲花村委广大群众的生活水平不断提高，2013年，人均年收入超过9000元，人民群众安居乐业。全村绿色食品、种果、种茶覆盖率达50%以上，满山都是绿色生态好风光。

城东镇

综合概况

【简述】 城东镇位于海丰县县城东部，处于北纬22° 59′ 、东经115° 21′ ，北倚将军山和骑岭山与公平镇接壤，东峙大嶂山与可塘镇交界，东南面和南面分别与可塘镇、陶河镇相望，西南面和西面分别与附城镇、海城镇相邻。西南距汕尾市区约25千米，西距县城约1千米。1993年1月，改乡为镇，城东镇人民政府设于上埔。1999年3月，划出该镇关东、安东2个行政村归属海丰老区经济开发试验区，2003年6月，关东、安东2个行政村仍归城东镇。辖名园、龙山、赤山、新江、北平、河中、圆墩、后林、大嶂、梓里、后塘、汀洲、安东、关东、台东、东园16个行政村委会和桥东1个社区居委会、119个自然村，157个村民小组。2013年，镇域总面积76平方千米。总人口13.2万人，常住人口9.2万人，另有外来人口近4万人，有港澳同胞、台湾同胞及华侨1.5万多人。

2013年，城东镇工农业总产值73.28亿元，比增24.14%。工业总产值69.41亿元，比增26.4%，其中规模工业产值达56.14亿元，比增27.2%。农业总产值3.87亿元，比增6.9%。社会固定资产投资24.44亿元，比增29%。社会商品零售贸易总额18.24亿元，比增15.1%。农民年人均收入9380元，比增15.1%。完成工商税收12663万元，比增14.08%。规模工业产值、工商税收、外贸出口三大指标占全县举足轻重的地位。

【农业经济】 2013年，城东镇通过土地流转，引入现代农业项目，充分利用土地资源，提高农民收入，吸收先进种植经验。北平村引入合利种植供港无害蔬菜，项目流转耕地面积100公顷，公司注册资金135万美元；大嶂村引入海亮有机农业海丰有限公司种植有机蔬菜，项目流转耕地面积66.67公顷，资金投入约6500万元。

【重点项目建设】 一是上马狮山24米路工程建设；二是东维亚珠宝和龙津水岸装饰材料市场正在筹建；三是龙津华府、金东方财富花园7～9期等大型楼盘正在加紧建设；四是城东自来水扩建改造主体工程已完成并投入使用，自来水水质、水压、供水能力大大提高；五是城东镇社会治安视频监控系统已完成建设，效果明显，社会治安进一步好转。

深圳市龙岗区有关单位帮扶城东镇赤山村座谈会

【抗灾复产工作】 8月16～18日，受“尤特”

强热带风暴和向南季候天气影响，城东镇10多个村委出现灾情、险情，1033公顷农田受浸，受损房屋42间，其中全部倒塌6间，转移群众4500多人，安置群众102人，直接经济价值约4000万元。9月，受15级台风“天兔”影响，城东镇受灾人口约3.6万多人，转移安置群众2356人，农作物受灾面积1306.67公顷，受损养殖场86家，受损面积36.5万平方米，普遍工厂、商场受损，经济损失约1.5亿元。防御、抗击“8·16”“尤特”水灾和“9·22”“天兔”强台风的自然灾害，灾后迅速组织人员解决灾民困难恢复灾后生产；深圳龙岗区对梓里、赤山贫困村扶贫开发工作稳步推进；全面落实“五保”“低保”应保尽保的工作，按时发放年度种粮直补、能繁母猪、农机补贴等惠农资金；以农田整治为重点，大力加强农田水利基础建设。

【基层组织建设】 2013年，城东镇开展“服务中心·共谋发展”党代表视察调研活动，发挥党代表议党议政、监督落实、示范引领和服务大局的作用。6月18日，组织市、县、镇党代表们开展视察调研活动，调研参观城东派出所新运行的“城东镇社会治安视频监控系统”和计生工作“一证先行”政策的落实情况。

【其他各项工作】 2013年，城东镇计生工作推行综合治理实行“一证先行”办事制度，加大了人口和计划生育工作治理力度，确保人口计生工作顺利开展；继续推行火化“一刀切”的政策，确保了全面完成上级下达的火化任务。年内，对“两抢一盗”、吸贩毒、“六合彩”“法轮功”邪教组织等违法犯罪活动保持高压态势；切实抓好教育、文化、卫生、安全生产、工青妇等各项工作；采取多种措施，化解多综信访案件，社会稳定。

（陈高贤）

附：2013年城东镇党委、政府、人大领导名录

书　　记：陈锦锋
副 书 记：王少远　陈耿锋　陈文成（挂任）
镇　　长：王少远
副 镇 长：杨润铖　黄文旭　欧荣锋
人大主席：陈锦锋
副 主 席：黄艳阳

村（社区）选介

【城东镇名园村】 位于城东镇政府所在地西侧，西面接龙津河，北面是丘陵地带与将军山脉交趾，南面和东面分别与桥东、上埔交界，红城大道、县城二环北路、县北三环公路、海紫公路交叉经此，总面积5万平方千米。东晋时开始有人家于此居住，因地处龙津河上游，水源充沛，故昔时称“泌涛园”，但人们谐音而称“陂头园”。新中国成立后，因与桥东村同一辖区而称“名东乡”，1974年析出桥东村、上埔村等设立“桥东大队”，遂改称“名园”，沿用至今。辖区有红花潭、明代泌涛古刹（已毁）、永福宫、登仙宫、北斗宫、先人公妈古墓、明代武略将军虞庆墓，以及海丰农民运动革命烈士林道文、林海秋故居等文物古迹。2013年，村委会辖有20个村民小组。总人口1.2万人，农业人口4498人，非农人口7200多人。

城东镇2013年8月16日水灾现场

名园村主要以发展工业、商贸为主，辅带蔬菜种植，集体经济发展较好。通过在本村闲置土地上建了2幢综合楼，占地1500平方米，建筑面积6000

城东镇2013年9月22日强台风“天兔”受灾现场

城东镇社会治安视频监控中心

村成立环卫队，保证日常环境卫生的清理清查，营造一个整洁、卫生的环境。扶贫助学，解决贫困子女入学困难，奖励多名考上大学的贫困生，资助部分中小学贫困生，另外，还经常关心家庭困难的老党员，老干部、贫困烈军属等。名园村委努力提高计生优质服务，完成镇下达的人口控制指标。切实抓好殡葬管理工作，提倡丧事新办。加大社会治安综合治理力度，维护社会和谐稳定。

【城东镇梓里村】 距城东镇政府所在地约8千米，东面与大嶂村委交界，南面至大嶂村路，西面和北面与后塘村委接壤，城平公路连接广汕公路至公平镇经此。新中国成立前，梓里村属石塘都汀洲约。新中国建立后至1973年属可塘公社汀后大队，1974～1982年属城东公社后塘大队，1983年设立梓里大队，之后又更名梓里管区和村委会，沿用至今。梓里村原有明清时代科举的功名匾和旗杆夹石6副，其中有清光绪（1889年）己丑科进士翁天祐的“文魁”“进士”及朝廷的“圣旨”木刻匾额；海丰农民运动革命烈士翁醒儒（原名翁潭肯）故居，以及清代海丰翁氏祠堂古迹。2013年，梓里村委会辖有梓里上村、下村2个自然村，居住着翁姓1个姓氏。总人口1317人，有旅港同胞120多人。

梓里村地处丘陵地带，农业以种植水稻、番薯，蔬菜为主。有耕地100多公顷、山林100公顷、果林6.67公顷、淡水养殖场3处。2013年，借助于深圳龙岗区扶贫帮困对接，投入40多万元，对辖区自然村道、路灯、灌渠进行修整，基础设备进一步完善，村容村貌发生较大变化。年内，落实计生层级动态管理责任制，年度人口控制指标顺利完成。加大社会治安综合治理力度，着力维护社会和谐稳定。

平方米，增加集体收入。通过“三旧”改造，将原来为旧厂房、木材市场、临时居民点，改造为集观光、休闲、大型商场及高层住宅的金山公园及金山小区，该项目规划面积约13.5万平方米，预计投入资金约13亿元。近年来，投入资金，大力整治村容村貌，2013年投入资金近80万元，修通村内的中路水沟，进一步完善村内的排水排污功能，新铺设通东山水泥村道，并完善水沟等配套设施。同时，

附城镇

综合概况

【简述】 附城镇位于海丰县城南郊，属城乡结合部。辖区总面积69.24平方千米，下辖4个社区委、14个村委会，共有167个自然村，总人口61638人，外来人口近7万人。经济主要是以中高档房地产开发、大中型超市、星级宾馆和酒店餐饮业为主的商贸业较为繁荣；以种植优质水稻、蔬菜和淡水养殖为主的农业基础地位牢固；工业发展则相对滞后。

2013年，全镇完成工农业总产值20.65亿元，其中工业产值17.23亿元、农业产值3.42亿元，分别比增23.25%和5%。规模以上工业产业8.24亿元，比增37.56%；社会商品零售总额23.3亿元，比增16%；全社会固定资产投资13亿元，比增25%；完成国地两税收入8500万元，比增12%。各项经济指标均已全面完成或超额完成上级交办的任务要求，扎实推进附城经济新突破、新发展。

【重点项目建设】 2013年，附城镇坚持把项目建设作为保持经济平稳较快发展的关键举措，想方设法加快项目建设进度，有效破解项目建设过程中的各种困难和问题，力促各重点项目强势推进，不但有效拉动了经济总量的扩大，而且辐射和带动了城乡建设，逐步改变城乡面貌。海悦名城（一期）、云岭山庄（三期）、富汇华庭一期等3个高层高档楼盘已竣工，交付业主使用，富嘉名城、华富花园、正升华府（一期）、雍悦豪苑（二期）等4个高层高档房地产项目加紧建设；龙津河整治工程、百里海堤建设工程等项目正在推进。至2013年年底，市民广场项目已完成约17.3万平方米土地的征地工作，征地款拨付已全面到位，剩余城南社区第四、五、六村民小组面积约9.7万平方米正在协商征地条件。新增项目县城南部新区是按照县委、县政府的规划要求，主力打造的县城南部新亮点，将建成集行政办公、运动健身、高档商住小区、休闲、购物为一体的城市综合体。新区总面积约6平方千米，东临龙津河，西有海丽大道，南与新北相隔丽江河，中间有通往汕尾火车站的40米大道和县城二环路、国道324线交汇经过，区域内已经建成的中高档小区有：雍悦豪苑、海悦名城(一期)、佳豪明庭、海丽花园、永安达花园等，酒店有：嘉年华休闲大酒店。年内，按照创建“教育强镇”的工作要求，筹资184.95万元，于9月开学前在全镇各小学共完成83间多媒体教室的配套建设。

【宜居城乡建设】 2013年，继续深化打造宜居宜业附城的目标，以“环境卫生整治年”“美丽乡村，环卫先行”等活动为载体，把提升城市品位和素质作为重点，坚持把新型农村社区与城镇建设相结合，一手抓建设，一手抓管理，努力打造宜居镇，取得显著成果。一是突出打造宜居特色，加快推进正升华府、雍悦豪苑、富嘉名城、云岭山庄三期等高档房地产项目。二是大力抓好市政管理力度，在全镇定期开展大型市政综合整治专项行动，加强净化、绿化、美化、亮化，使城镇面貌实现根本性改变。农村生活垃圾设施建设工作有效实施，多渠道投入资金120多万元，建成农村垃圾收集点116个、镇垃圾中转站1个，确保全镇环境整洁、有序、优美。三是不断加强“两违”整治工作。镇府坚决执行县委、县政府有关清理“两违”的工作部署和要求，有力地开展了违法用地和违章建筑清理整顿工作，全年共检查出违法用地43宗、违章建设48宗，发出停工通知书48份，并全面落实了整改，营造了整洁、有序、文明的县城环境。

【民生工作】 附城镇积极创新方法方式，不断增强工作合力，有力推动全镇社会各项事业协调健康发展。惠民工程：海悦30米路建设已完成各项前期工作，准备开展招投标；新东扶贫项目机耕路建设已建成通车；联河青年干渠路和北三环路等市政路道得到改造和修建；龙津河三期工程荣港段整修工程正在加紧施工；进一步完善全镇各主要交通路段视频点配套，完成中河、城南社区等光纤铺设，营造安全和谐的生活环境。劳动社保：2013年，全镇城乡居民医疗保险参保人数55278人，参保率达100%；城乡居民养老保险参保人数1.98万人，企业养老保险扩面参保人数1.54万人，金额360万，100%完成县下达的任务。

【计划生育与殡葬改革】 计生方面：深入推行“一证先行”制度，不断推动计生水平迈上新台阶。全镇出生率、自然增长率、综合节育率、计划生育率均控制在上级要求的范围内，2013年春、夏、秋三次计生集中服务活动均顺利完成，并在12月顺利通过省的计生考核。殡改方面：严格落实火化“一刀切”，每月殡改火化率均排在全县前列，丧事大操大办、乱埋乱葬、新修坟墓现象也得到了有效遏止。

【社会治安与综治维稳】 2013年，结合辖区实际，深入开展一系列严打整治斗争和“平安创建”活动。全镇共查处刑事案件60宗，抓获犯罪嫌疑人63人；查处治安案件144宗，抓获各类违法人员201人，全镇治安大局稳中向好。信访维稳方面，矛盾纠纷排查等综治机制都能落实到位，非正常越级上访案件得到有效控制，信访维稳形势有较大好转，2013年全镇共排查矛盾纠纷162宗。其中，各村（社区）受理145宗；镇综治信访维稳中心受理17宗，调处成功16宗，纠纷调解成功率94.1%。

【基层组织建设】 2013年，附城镇党委不断加强领导班子自身建设，结合“政务环境建设年”“基层组织建设年”的活动契机，坚持“四抓四促进”，切实提高驾驭农村工作的能力。一是抓领导班子学习，促进镇领导班子提高思想政治水平。以建立“学习型”领导班子为目标要求，建立健全镇委中心组学习制度，不断增强领导干部的思想觉悟、工作水平和领导能力。二是抓作风建设，促进工作效率。进一步规范了工作流程，提高工作效能，推动服务型政府转变。实行领导挂点包村责任制，负责做好挂点村的各项工作，要求班子成员每月下乡时间不少于10天，着力为群众办实事，树立勤政为民公仆意识，更好地服务于农村各项工作。三是抓好民主集中制建设，促进领导班子团结。严格按照党委的职责范围、议事程序和决策程序办事。凡遇重大问题，都严格执行民主集中制原则，加强领导班子沟通，营造干事创业的良好氛围。四是抓制度建设，促进监督激励机制的健全和落实。先后建立和完善《党委议事规则、决策程序》《请销假制度》，要求从领导做起，增强办事透明度，多做实事，树立良好的干部形象。年内，全镇预备党员转正45名，发展预备党员40名、入党对象16名、入党积极分子18名。

（谢耀富）

附：2013年附城镇党委、政府、人大领导名录

书　　记：陈鸿锐
副 书 记：陈坤宝　李海涛　刘明杰（挂任）
镇　　长：陈坤宝
副 镇 长：薛明汉　张泗锄（任至11月）
　　　　　蔡炫杰
人大主席：陈鸿锐
副 主 席：郑向金（任至11月）

联安镇

综合概况

【简述】 联安镇地处县城西南部，距离县城6.2千米。东有大液河通红海湾，与附城镇一河相隔，西与梅陇相邻，有石塘岭、大箱岭、狮蹄山，镇南便是沿海滩涂，是国际重要湿地的长沙湾畔。北面有群山重叠的莲花山脉，地势呈自西北向东南倾斜，中间为广阔的冲积平原。镇域内东关联安围湿地被称为“中国水鸟之乡”，是100多种水鸟栖身地。随着县城324复线的贯通，成为名副其实的城郊镇。2013年，全镇区域面积50.8平方千米，有耕地面积1597.6公顷，山林面积1124公顷，辖有16个村委、1个社区，全镇总人口37138人，是海丰县的主要产粮区和海淡水养殖基地，也是海丰革命老区之一。

2013年，联安镇紧紧围绕县委提出的“三个坚持、四个推动、五个发展”的总体工作思路；以“全面加快有机产业基地建设、全力打造南粤农业强镇”的发展战略，以创建“镇域经济社会发展综合示范镇”为奋斗目标，充分发挥中国最佳绿色生态名镇的品牌和有机农业园区的优势，积极谋划，大胆创新，精心打造绿色生态农业镇，促进了全镇经济快速发展和社会全面进步。2013年，完成工农业总产值7.6亿元，比2012年增长12%。其中：工业总产值1.2亿元，比增13%；农业总产值5.49亿元，比增4.9%。农民年人均收入6800元，比增17.5%；社会商品零售总额6.63亿元，比增10.2%；全社会固定资产完成总额7.1亿元，比增24.3%；规模企业产值1亿万元，比增14.9%；税收346.8万元，比增35.2%，其中国税35.8万元、地税311万元，分别比增32.5%、38.5%。其他经济指标也有不同程度的增长，综合经济实力和整体竞争力明显提升。

【发展现代农业】 联安镇是一个农业大镇，按照建设南粤农业强镇的战略部署，2013年，全镇围绕突出农业经济，努力构建科学发展新优势这一主题，按照“宜种则种，宜养则养”的原则，立足各地资源优势，注重提高经济效益，深入调整产定布局和产品结构。属平原村委以大力发展以有机水稻、优质蔬菜、水果为主的种植业，属沿海村委要积极发展以水产养殖为主的海洋经济，属沿山的村委以结合山林生态保护发展林业和特色种植业，非水源地带以鼓励支持发展标准化的禽畜规模养殖，切实打造“一镇一业，一村一品”的特色农业。首先是平原村委有机水稻种植方面，大力提高海纳有机水稻示范基地的建设规模和建设标准，通过以点带面不断扩大合作范围，增加有机水稻的种植面积，使联安的有机农业有力推进，品牌价值越来越大，有效地促进了农业生产的发展和农民收入的提高。为全市树立了榜样，赢得了省、市、县领导和农业等有关部门的高度赞赏。在沿海村委中做好海水养殖业发展，积极引导霞埔、优冲、坐头等村委大力实施鱼塭以养殖九节虾、对虾、花虾、蟹和牡蛎为主的“改粗为精”科学养殖工程，促使鱼塭养殖上规模，高效益，在巩固和发展原有养殖基地的基础上，大力开发海滩涂养殖面积和精养面积，多数从事养殖的专业户，技术过关，产量保证，收入可观，全镇海水养殖连年增产又增收，一大批养殖户走上致富路，生活奔上了小康，人人发家致富。由于联安镇海水养殖环境好，技术高，海产品质肥味美，成为远近闻名的养殖名镇，繁荣了联安饮食业，促进了全镇饮食业的大发展，“食塭鱼到联安”成为一大品牌。

【基础设施建设】 2013年，在完成全镇各项农田水利建设任务的同时，同时加大农田水利设施建设资金投入。特别是在业主单位县农业局的大力支持和帮助下，联川、联南、坡平、联英等村委投资1000多万元的500公顷高标准农田的建设项目在着手进行招投标工作。总投资420万元的联新桂岭水库、联川记厝埔水库、联田坑口水库除险加固工程上报立项得到了批准；投资2000万元的大型机电排涝工程和投资1000多万元的新陂溪流域整治工程已上报，这些项目建设的投入，将大大改善农业生产设施，使全镇农业生产抵御自然的能力得到增强。与此同时，联安镇继续坚持在打造城效优势中狠下功夫，通过采取加强基础设施建设与改善投资环境有机推进的办法，重点推进了联安大桥、联田至柴格陂公路、大液至道山公路等建设工程，重新确定联田工业区的发展规划，使打造城郊镇的工作取得显著成效，为推动镇域的经济建设产生较大的作用。招商上投资1亿多元的中嘉纸业制品厂已完成征地工作，并将动工建设；投资3亿多元的影视城已进入征地阶段。

【发展生态旅游】 联安镇有着拥有得天独厚的美丽自然资源，2013年，联安镇继续把培育和发展乡村生态旅游作为工作重点，千方百计开创旅游事业新局面。通过对生态资源的有效整合，至年末，全县三大河流之一的大液河原生态风光，国际重要湿地的红树林、水鸟、滩涂养殖景观，美丽的田园风光以及环绕联安的县城绿道网等一系列宝贵资源已构成了联安镇原生态旅游观光带，成为繁荣联安经济的一项新产业。

【社会管理工作】 2013年，联安镇坚持把发展社会事业和改善民生作为贯彻落实科学发展观的重要任务，坚持“两手抓，两手都要硬”的方针，在抓好经济发展的基础上，更加注重社会建设，更加注重经济社会的协调发展。通过发挥维稳信访综治中心平台作用，妥善处置化解了许多内部矛盾，严打整治斗争、禁毒、打击“两抢一盗”等专项斗争以及反邪教等工作取得明显成效，保持了全镇社会和谐稳定。通过发挥各职能部门作用，全镇不论是计生殡改，还是科教文卫；不论是民计民生，还是维护稳定，始终坚持全面、协调和可持续发展战略，坚定“实”和“拼”的毅力，有力促进了社会各项事业的全面进步。

【惠民工程】 2013年，主要惠民工程：一是狠抓扶贫“双到”工作，取得显著成效。全镇第一轮省级扶贫5个贫困村委以及228户贫困户已实现脱贫，达到预期目标。第二轮省级扶贫4个村委，已制订3年的扶贫规划和方案，解决了一些基础设施建设，改造了一些危房，帮助了一大批贫困户发展生产。二是扶农政策有效落实。一方面认真做好种粮、柴油农机各项补贴的工作，该年度仅种粮直补就发放370多万元；另一方面全镇农村合作医疗参保率达100%，居民医疗保险参保率达95%以上。三是贫困救济送温暖。在做好低保、五保供养、救灾、救济工作，帮助残疾人完成危房改造任务及解决贫困残疾人生活保障问题的同时，配套建设有敬老院1座，供养孤寡老人一批。全年投入到对贫困人口的生活补贴救济和春节前夕开展送温暖活动资金达130多万元。

【基层组织建设】 2013年，继续坚持把加强党的基层组织建设摆在重要位置，始终作为保证全镇经济社会又好又快发展的关键来抓。通过抓方案、抓思想、抓制度、抓队伍、抓好典型，进一步推进“五个好”党支部和“六个好”乡镇党委的创建活动，通过抓基层组织建设，促进联安经济社会的大发展。当前，全镇干部队伍素质高，党性强、有活力、敢担当，执行力显著提高。为建设幸福联安提供坚强的组织保障。

【抗灾救灾】 2013年是联安镇经受自然灾害非常严重的一年，多次风灾、水灾给全镇经济和社会建设带来较大的威胁。特别是“8·16”台风“尤特”带来的特大暴雨，“9·22”超强台风“天兔”的正面袭击这两次较大的自然灾害。分别造成联安镇9000万元和1.35亿元的直接经济损失。在县委、县政府强有力的领导下，联安党委、镇政府采取一系列有力措施，开展抗击天灾工作，取得抗灾较好成绩，全镇上下全力投入到抗灾救灾中去，并迅速恢复生产和生活秩序。

（陈少锐）

附：2013年联安镇党委、政府、人大领导名录

书　　记：黄信乐
副 书 记：吴斐斐　刘美进
镇　　长：吴斐斐
副 镇 长：张文辉（任至8月）
　　　　　吕春程（8月起任）
　　　　　陈扬语
人大主席：黄信乐
副 主 席：杨德枝（任至3月）
　　　　　许家枢（候选人，3月起任）

可塘镇

综合概况

【简述】 可塘镇位于海丰县东部，地处海陆丰、汕尾市城区的结合部，东与陆丰交界，西与城东镇接壤，西南面、南面分别与陶河镇、赤坑镇隔河相望和相邻，北临乌面岭山和大嶂山，是“三县二区”相互连接的经济纽带，地理位置优越，交通便利。可塘有汕尾市“小金三角”之称，是国家“规划建设重点镇”“小城镇综合开发试点镇”、广东省“中心镇”“专业镇技术创新试点镇”“技术集成应用试点镇”和“山区信息化建设试点镇”。1987年，可塘撤区设镇。2013年，全镇总面积76.865平方千米，其中建成区面积6.3平方千米，辖有可塘社区和联金、凤山、溪头、下可塘、东新、陇东、仓前、上达、下达、埔陇、罗南、罗西、黄厝港、罗东、罗北、罗山、城格山、陈厝坡、长桥、可北、可新21个行政村，78个自然村。户籍总人口5.9万人，其中非农业人口1.3万人、农业人口4.6万人；外来人口1.9万人；海内外及港澳同胞近万人。

2013年，全镇工农业总产值58.1亿元，固定资产投资21.4亿元，社会商品零售总额8.4亿元，国、地两税征收1.3亿元，农村居民纯收入7139元，比上年同期6735元增加404元，比增6%，其他各项经济指标都得到较好完成。

【珠宝产业】 珠宝首饰加工业是可塘镇的支柱特色产业。全镇共有珠宝类的加工企业1000多家，从业人员4万多人，珠宝产品的种类达1万多种。主要特色产品有珍珠宝石首饰、仿真及宝石工艺品、地球仪等。产品畅销广州、深圳、上海、浙江及台湾地区等国内市场，远销欧美、东南亚、日本、韩国等国外市场；尤其是水晶首饰产品，占世界加工总量的60%以上。全镇规模以上企业有8家，均为珠宝首饰加工企业，2013年累计产值32.9亿元，分别为：超群（海丰）首饰厂有限公司、海丰县淡水珍珠发展公司、海丰县联兴珍珠首饰有限公司、汕尾市太平洋珠宝有限公司、海丰县盈兴宝石制品有限公司、海丰县健业宝石制品有限公司、海丰县佳多丽有限公司、海丰县金盛宝石有限公司。

可塘镇人民政府大院

【重点项目建设】 市重点建设项目1项：汕尾市垃圾无害化处理中心建设项目，需征用土地42万平方米，项目总规划建设规模为处理能力2100吨/日，估算总投资9.87亿元，其中首期工程占地9万平方米，建设规模为处理能力700吨/日，估算投资5亿元。至年末，已完成厂区36.67公顷土地的征收、地上作物补偿和BOT招投标等工作，首期工程之一的填埋区、调节池等已经基本建成，已进入全面建设阶段。县重点建设项目4项：一是可塘珠宝产业园建设项目，于2003年投建占地3万平方米的珠宝产业园一期工程；珠宝产业园二期工程计划投资5亿元，占地18万平方米，于2012年动工建设，已建成集珠宝加工作坊和销售铺面为一体的厂房32栋，原材料市场、珠宝加工作坊60多家，C区成品展销铺位400多间。二是可塘镇汽车客运站建设项目，占地面积5000平方米，已完成建筑面积1万平方米的项目主体工程。三是东和实业有限公司木板材加工项目，已完成项目建设的申报工作。四是规划建设面积12.5786公顷，计划投资3000万元的公益性公墓园区项目，“三通一平”等基建工程正在有序进行。

广东可塘珠宝交易市场

【农业经济】 2013年，全镇有耕地面积2046.33公顷，水果种植面积162.53公顷，水产养殖180公顷，林业面积约256.67公顷。全年全镇农业总产值8.4亿元，比上年增长6%。农业种植以水稻、番薯、花生、蔬菜等为主，畜牧业方面以养猪、养牛、饲养鸡鹅鸭等为主，全镇上规模的养殖场约48户，有罗北葛薯、可北花卉、北山湖综合种养、埔陇养殖等10多个农业生产基地以上其中水产养殖场约30户。全镇良种覆盖率达98%，其中优质稻达90%。

【村镇基础建设】 2013年，围绕着“专业镇”“中心镇”的建设目标和要求，进一步加大投入，整合资源、优化环境，狠抓基础设施建设。一是加大公路规划建设力度。上马建设可塘至陶河公路，抓好省道241复线的规划立项，仓前至罗南行政村道路的规划建设以及东溪口等行政村通自然村道路建设的扫尾工作。二是进一步美化市容市貌。按照上级“一镇一站，一村多点”的要求，投入资金150万元，在五罗路口建成了可塘镇生活垃圾中转站，每个行政村均建成一个生活垃圾集中堆放点，所有自然村建成一个以上生活垃圾收集点。投入资金100万元完成圆山岭河水环境综合整治二期项目，开展镇区排污渠道清淤，努力改善生活环境，为创建“宜居城镇”打好基础。三是抓好农村（学校师生）饮水安全工程项目建设。项目主要建设内容为现有管网的扩建，就近选取分水节点，铺设新管道至每座学校，解决全镇15座饮水不安全学校8442名师生的安全供水问题，至年末项目已经完成。四是完成可北灌区加固改造工程和朱厝坑水库除险加固工程的建设任务，更大限度地利用水资源，促进当地的农业经济发展，消除当地周边群众的后顾之忧。

【综治信访维稳】 可塘镇严格按照上级提出的“强综治、创平安、促发展”的总体要求，大力开展“法治镇”创建活动，多渠道开展“六五”普法宣传活动，积极抓好“法律六进”主题活动，推进法治文化建设，切实增强全民的法制观念，大力营造文明法治环境。2013年，镇综治信访维稳中心全年接待人民群众来信来访20件，成功办结19件，矛盾纠纷化解率95%以上，为促进可塘镇各项工作和平安建设打下坚实基础，并获得广东省“依法治镇”先进单位荣誉称号；12月4日，全县禁毒集中大清查专项行动在可塘镇拉开帷幕，以禁毒部门为主，协调各警种、派出所、镇政府，全力出击，狠刹毒品犯罪活动。

【基层组织建设】 一是以“基层组织建设年”为活动契机，以加强镇党委自身建设为龙头，建设学习型、创新型党委、服务型政府；做好村两委干部的届中考核，重点提前部署村“两委”换届选举准备工作，通过各种宣传方式(挂横幅，村中广播，张贴标语，印发宣传册等)进行宣传，同时做好换届前的调查摸底工作，完成村（社区）“两委”财务审计及公示。二是牢固树立以人为本、执政为民的理念，落实领导干部驻点责任制度，加强对各部门单位组织建设的领导，班子成员要勤下乡，深入

基层了解民情民意，为群众排忧解难，发现问题解决问题，把问题解决在萌芽状态。三是加强对干部职工的法制教育，严肃法纪，坚持标本兼治、综合治理、惩防并举、注重预防的方针，严格执行党风廉政建设责任制。四是加强机关作风、队伍建设。落实干部职工考勤制度，进一步严肃纪律，整顿机关作风，提高工作效率。五是严格落实，深入实施责任、督查、奖罚机制，切切实实推动各项工作落到实处。

【其他工作】 ①计划生育工作。一是认真贯彻落实计划生育“三为主”和计划生育层级动态管理制度，大力宣传计生法和计生条例，进一步完善干部包干责任制，严格执行计划生育“一票否决制”。二是坚持一线工作，加强流动人口计生管理工作，计生信息化建设进一步完善，计划生育行政执法工作切实开展。三是完善例会制度，建立了较完善的层级动态管理责任制和挂钩帮扶制度。四是加大对计生工作财政投入。②殡葬改革工作。调整充实殡改工作队伍，不断加强对辖区的巡查，并联合县殡改监察大队对殡葬管理市场和“三道二区”坟墓进行全面清理整顿，遏制乱埋乱葬、新修坟墓的现象，严肃查处殡改违规违纪行为，取得良好效果。同时，采取强硬措施，以攻坚克难的精神，强势推行遗体火化“一刀切”，提高火化率；加大宣传力度，转变群众传统的丧葬观念，使殡改工作做到“家喻户晓，人人皆知”。加快公益性公墓山建设进度，确保全镇殡改工作顺利开展。③安全生产工作。建立安全生产长效机制，充分发挥镇安全生产监督站的作用，不断加大对安全隐患检查和整治的力度，着力解决企业中存在的安全生产、环境污染等问题，落实节能减排的各项工作措施，认真查处各种违规现象和行为，确保辖区没有发生安全事故，营造规范、守法、有序、和谐、良性的发展气氛，进一步巩固企业的信誉度，提高知名度。此外，人民武装、环境保护、生猪管理、国土、环保、财贸、统计、档案、工青妇等各项事业稳步发展。

（罗泽奇）

附：2013年可塘镇党委、政府、人大领导名录

党委书记：黄辉流（任至11月）
副 书 记：王铸波　林日盛（8月起任）
　　　　　吕奋腾（挂任）
镇　　长：王铸波
副 镇 长：林德森（8月起任）　吴俊辉
　　　　　陈学杰（8月起任）
人大主席：黄辉流（任至11月）
副 主 席：苏学忠（任至6月）

村（社区）选介

【可塘镇可塘社区】 位于可塘墟，是全镇的商贸、文化、交通中心。国道324线从东北侧通过，省道241线从东北至西南贯穿社区中心，两边为派出所、卫生院、食品公司、银行、工商管理等机关单位所在。集市、商行、企业聚集，有旧街道茶布街、蕃茨街、米街、老鱼街、北门街、宫前街、车仔街、新民街、张厝巷、旧城路等。2013年，社区区域面积1.5平方千米，下辖10个居民小组，总人口1.1万人。可塘社区经济发展迅速，以珠宝业为特色产业，并辐射到周边地区，带动全镇经济发展。自古墟集商贸繁荣，农历每月逢三、六、九为墟日。是多姓聚居的杂姓墟，据1995年统计有48姓，其中林、吴、刘、谢等姓居民较多。由于买卖公平，货物齐全，近邻赤坑镇和陆丰潭西一带的人们也多来此投墟赶集。另外饮食业、手工业等蓬勃发展。社区共有耕地面积42公顷。

【可塘镇联金村】 联金村是镇政府驻地，南毗连可塘社区，北接国道324线。省道241线可塘社区路段贯穿其间，南经可塘社区往汕尾。区域面积1.6平方千米，总人口3100多人，耕地面积42.87公顷。辖有金竹围、古井、东村、下乡、圆山岭5个自然村，为卓姓聚居。20世纪90年代开始，该村位于公路两边的土地被政府征用，设立圆山岭开发区，众多珠宝首饰加工企业在此落户发展，外来人口大量涌入，超群集团、高艺首饰公司等大型企业和可塘珠宝交易市场均位于区内。行政单位相对集中，是镇政府、财政、税务、邮政等所在地。村民多从事工商业。

陶河镇

综合概况

【简述】 陶河镇位于海丰县东南部，处于海丰县内最大的潮汐河——黄江的下游，形似五角形，西北与黄江为界与附城镇隔江相望；北和东北以东溪为界，与城东镇、可塘镇分江而治；西南与红草镇接壤；东南与赤坑、东冲两镇相邻。镇政府所在地设在陶塘圩，距海城16千米，离汕尾22千米，为全镇政治、经济和文化的中心。2013年行政区域面积64.13平方千米，全镇共18个村（社区）委会、64个自然村，总人口3.5万人。

2013年，全镇实现工农业总产值约10.25亿元，比增13.68%。工业产值约7.89亿元，比增17.23%；农业总产值约2.35亿元，比增3.21%。完成固定资产投资约4.79亿元，比增19.5%；农村人均纯收入达到7089元，比增8%。完成本级国地两税232万元。

【农业经济】 2013年，陶河镇农业经济持续稳定增长，镇党委、政府引导群众加快农业结构调整，把结构调整升级的重点放在发展生态农业上，坚持面向市场，着眼效益，突出特色调整结构，提高杨埔良种黑猪种养示范点、霞西优质粮示范点、陶新优质蔬菜示范点、杨北竹笋示范点经济效益。引导特色农产品莲藕、黑猪仔饲养向规模化、基地化、产业化发展，并逐步扩大水果、辣椒、茄子等经济作物的种植面积，产业格局进一步明朗。2013年全镇粮食种植面积3389.5公顷（其中水稻面积3256.1公顷），总产量19536.8吨。

【招商引资】 利用厦深高铁开通和海城至东涌快道即将启建的优势，镇政府抓好陶塘工业园区和桂埔工业园区的布局、管理，加强规划和配套建设。至2013年年末，工业园区配套设施建设逐步完善，投资载体功能显现。成功引进由邱家儒先生出资建设的樱花观赏园落户陶河镇下家村。该项目计划征（租）地20公顷，已租用土地4.6公顷，其中2公顷作为樱花苗培育基地，另2.66公顷已种植1万多株具有观赏价值的樱花树，发展前景良好。

【基础设施建设】 2013年，稳步推进基础设施建设。①投入资金100多万元，在全镇建设63个生活垃圾收集点和一个镇级垃圾中转站，同时改造部分公厕，集中清理农村卫生死角、排水暗沟等，有效治理部分村庄“脏、乱、差”的现象。②加快基础设施建设。霞西村投入资金9万元，改造霞西小学校道；陶联村投入资金5.6万元，用于西排

2013年7月12日，陶河镇创建全省村级组织运作示范镇动员会

洪沟的清淤加固；杨西村投入70多万元，重新铺设自来水管道。③各村兴起修路热潮。陶新村投入100多万元，在大屿村修建长1千米的环村公路；陶东村投入20多万元，在埔尾村修建长450米的村道；杨东村投入26多万元，整修长300多米的太平圩村公路；霞雅村投入30多万元，分别重修甘下村至学校路段公路、美园村进村公路；步雅村投入40多万，修建长400多米的环村公路。④8～12月底，镇政府投入资金30多万元，新建社会劳动保障所服务大厅，配套一批办公设备，改善人社所办公环境，方便了群众办事。⑤重新开通海丰至陶河专线客车。方便了群众来往海丰陶河的需要，改善了交通环境。⑥择址新建农贸市场，加强市场管理，改变市场“脏、乱、差”状况，缓解了节假日期间镇区拥堵问题。

2013年7月，陶河镇召开教育创强动员大会

【民生工作】　2013年，继续做好民生工作。①切实做好农村医疗保障工作。镇全年农村合作医疗参合人数29847人，占应参合人数的94%，全年农合报销金额380多万元，减轻了群众的经济负担。②落实社会保障政策。2013年，全镇登记在册低保户499户共1338人，五保户201户共208人，做到了应保尽保。全年落实优抚资金128万元，医疗救助资金5.8万元，自然灾害救助资金16万元，优抚对象生活补助费11万元，临时优抚慰问金6.5万元。③按时足额发放惠农资金。全年发放种粮直补金额400多万元，同时认真做好综合直补、能繁母猪补贴、农机补贴等惠农资金发放工作。④投入资金45万元，建设镇文化站。站内设少儿活动室、多功能活动厅、书刊阅览室、培训辅导室、展览室等。

【抗灾救灾】　一是“8·16”特大暴雨。受强台风“尤特”外围环流及西南季风影响，自8月15日始，陶河镇连续遭受大雨袭击，在外洪和内涝的双重影响下，镇大部分地区受到重创，霞雅、雅卿、下边、陶西、陶北、陶联、陶新等地农田全部受浸，受损严重。据统计，全镇受灾人口22551人，紧急转移安置1851人，其中投亲靠友人口1013人，借住房屋人口385人，其余人员由镇集中安置在陶东小学和霞西小学；农作物受灾面积达2273.07公顷，其中：农作物成灾面积1313公顷；房屋倒塌1间，损坏房屋28间；损坏涵闸7个，渠道4300米，披头2个，黄江堤坝决堤1次，东溪堤围陶北段坝基镂空300多米，多次过水；溪仔泵站地段低洼多次过水；宫仔水库库容超防限水位；自来水、供电、村公路、通讯等多处损坏，直接经济损失6000多万元。二是“9·22”强台风。2013年第19号强台风“天兔”于9月22日19点40分在汕尾沿海地区登陆，这次台风正面袭击陶河镇，中心风力达14级，阵风17级，同时带来大雨，对该镇农业、水利、交通、供电、市政及校舍、办公楼等带来严重影响，经济损失惨重。据统计，该镇受灾人口28731人，转移群众2645人，成功解救受困人员102人，房屋受损7047间，严重受损1957户共3843间（其中全倒塌3间），一批鱼塘农作物损毁、大量树木被拦腰折断、基础设施损毁严重，全镇直接经济损失1.7亿多元。

【推进教育强镇】　2013年，大力推进加大教育创强工作。在上级有关部门的高度重视和陶河出外乡贤的大力支持下，已投入资金180多万元，建成一所高标准规范化的镇级中心幼儿园；投入资金40多万元，完成20多部小学多媒体设施的安

2013年10月15日，省公安厅副厅长郑东(左一)深入海丰县陶河镇雅卿村调研

装；投入资金70多万元，建成1座占地面积3000多平方米成大生态园；中学多功能教学综合楼也已着力建设，各学校功能室配套逐渐完善，4所规范化学校及7所分教点基础设施建设效果显著，学校拆并工作按规划有序推进，教育创强工作取得明显成效。

【计划生育】 2013年，陶河镇计生部门继续做好计生经常化工作，投入资金10多万元用于全镇各村受台风损坏的计生宣传栏、读报栏、公布栏等硬件配建设。全年共投入计生经费76万元，征收社会抚养费51万元。全镇共出生415人，政策生育率为82.78%，出生人口性别男女比104：83；落实各项节育措施，药具发放率达100%，长效措施落实率68%；投入流动人口服务管理专项活动经费4.5万元。

【综治信访维稳】 2013年，加强综治信访维稳工作。全年共受理来信2宗、来访案件6宗，成功调处6宗，调解成功率100%；立刑事案件6宗破5宗；查处治安案件34宗37人次，强制隔离戒毒22人、治安拘留6人、查处赌博3宗4人；调处民事纠纷23起。

【扶贫“双到”工作】 陶河镇第二轮扶贫“双到”省重点帮扶贫困村分别是陶西、雅卿、杨北村，由深圳龙岗区对口开展为期3年的帮扶。2013年3个村已完成贫困户基本资料录入，上报建设项目等前期工作，帮扶雅卿村的单位已投入资金20万元修建了村前公园，并配套一批体育设施；帮扶杨北村的单位已投入资金12万元用于排洪沟清理工作，完成新建村委会规划、择址工作；其他各贫困村上报的自来水管网、提水站建设、村容村貌等项目，将于2014年动工建设。

【基层组织建设】 7月12日，作为全省100个村级组织运作示范镇先行点之一，组织召开创建村级运作示范镇活动动员大会，同时对照创建目标抓好各项工作落实。把抓班子建设作为村级组织运作示范镇创建出发点，坚持加强村级党员干部队伍建设不放松，充分发挥党支部领导核心作用。建立完善各项规章制度，将与群众权益密切相关的《村规民约》《村干部管理办法》《三务公开制度》等16项规章制度重新整理，印制《陶河镇村级组织运作制度汇编》，明确村级组织职责，完善监督机制，统一制作并上墙村级民政、计生、医保等有关办事流程图，张挂在显著位置上，让来办事的群众一目了然，制作了18个村公开栏，健全18个监委会，把每月15日定为“民主公开日”，随时接受监督。年内，还组织开展“五个好”村党支部评比和“创先争优”主题实践活动。至2013年年末，全镇有党支部32个、正式党1020人、预备党员28人，另有新发展对象19人、入党积极分子34人，党员队伍年轻化、知识化有显著提高。

（黄振启）

附：2013年陶河镇党委、政府、人大领导名录

党委书记：林建新
副 书 记：钟长道　王一济（任至4月）
　　　　　陈梓峰（1月起挂任镇委副书记）
　　　　　张文辉（8月起任）
镇　　长：钟长道

副 镇 长：林志勇　颜小琪
人大主席：林建新
副 主 席：林木如（任至8月）

村（社区）选介

【陶河镇雅卿村】　位于海丰县城东南方10千米处，东邻陶南、桐埔村委，西邻霞雅村委；南接红草镇山地、北面是下边村委。聚落公路在陶河镇西部，县道129线公路贯穿7个自然村而过，距省道242线仅2千米（即陶河路口）。清朝期间由福建迁入建村，原属金锡都霞边约，新中国成立后属第一区，后来改为龙山区，1953年改为龙山区雅卿乡（与现霞雅村委会合并统称），1957年属陶河乡雅卿大队（同时分出霞雅大队），后来改称陶河公社雅卿大队，沿用至1984年，改为陶河区公所雅卿乡；1987年，改为陶河镇雅卿村委；1989年，改为雅卿管理区办事处；1998年为雅卿村民委员会。2013年，雅卿村总面积4.2平方千米，由寨内、振兴、松后、东乙、中兴、新乡、五西7个自然村组成。雅卿村委辖7个自然村，设7个村民小组，总人口1605人，村年人均收入5324元。

20世纪60年代，雅卿村修建有一座小型水库，取名立新水库。2006年，村“两委”发动该村海内外人士捐资近80万元在风柜石山兴建1座可供1万人饮用的自来水站。2008年，在广东省粤科风险投资集团的帮扶下，筹集资金近30万元，建成1座搭简易棚占地面积800平方米的雅卿村综合市场。2009年，又再次受粤科风险投资集团的援建，并发动社会各界人士捐资近45万元，建成了1栋占地面积180平方米（2层）的雅卿村委办公综合大楼，方便了群众办事议事。2013年，被省定为第二批扶贫“双到”重点帮扶村委后，年底由深圳龙岗区帮扶资金20万元建设村前公园，并配备一批活动器材。全村总耕地面积93.8公顷，农业以种植水稻、蔬菜为主，兼种优质荔枝、龙眼等水果。每年农历九月初九（重阳节），雅卿颜姓族人（该村委颜姓的占总人口95%）都要举行隆重的祭祖仪式，各家各户还要用“尖米粉”做成“铜钱果”及“红印桃”作为敬拜先祖的祭品，相传这一习俗已有1200年历史，该习俗已于2010年正式被汕尾市定为非物质文化遗产。

2013年10月23日，市政协主席莫英群率市党代表第三组团队到陶河镇开展接待党员群众活动

赤坑镇

综合概况

【简述】 赤坑镇位于海丰县东南部，是历史悠久的革命老区之一。东北面隔东溪与陆丰相望，西北面与陶河、可塘镇毗邻，西南面与汕尾市城区东涌镇接壤，东南面与田墘、大湖两镇以羊牯岭山脉分界。赤坑镇所在地青坑圩距海丰县城27千米，距汕尾市区15千米，交通四通八达，临近厦深铁路汕尾站2千米，距离深汕高铁埔边出口10千米，省道汕可公路、县道陶赤、赤大等公路穿越镇区。水运经流冲河通东、西溪、进入红海湾与碣石湾。全镇总面积117平方千米，山地资源、水资源丰富。辖青坑1个居民社区和南土、下兰、古流、茅湖、赤花、岗头、尧陂、上埔、船坞、下围、大化、石望、下埔、沙大、社美、仁家、屿仔、吉屿、长围、溪金等20个行政村，共有人口7万多人，有耕地约3466.67公顷（包括坡度在25度以下的旱地，其中：水田2533.33公顷，旱地933.33公顷）、山林地约4066.67公顷、咸淡水约800公顷，是海丰县第三人口大镇，也是全县农业大镇。

2013年，全镇经济社会稳步发展，完成工农业总产值9.9亿元，比增7.4%。其中:工业总产值达到6.6亿元，比增9.5%，规模上工业3156.2万元，规模下工业6.3亿元，比增10%；农业生产总值达到3.4亿元，比增-0.2%。社会消费品零售总额6.1亿元，比增14%；全社会固定资产投资总额4亿元，比增-19.6%。一年来，全镇农民人均纯收入7171元，比增11%；上缴国地两税近1500万元。2013年，由于天气灾害影响，农业生产总值等指标有小幅度的下降，其他各项指标均全额或超额完成。全镇经济发展形势良好，基础设施建设日趋完善，项目建设如期推进，呈现出社会稳定、各项事业齐步迈进的局面。

【农业经济】 赤坑镇是农业大镇，高度重视农业经济发展。2013年由于气候影响较大，农业发展受到严重影响。一是全镇早稻种植1333.33公顷，由于受强台风影响，农田受损受浸，收割情况不大理想，亩产量仅为2102千克左右。二是2000公顷以荔枝为主的水果种植基地在开花期间遭受特大暴雨袭击，挂果面积约1066.67公顷，总产量2万吨，收成情况不大乐观，但市场价格大幅提升，预计总产值近1亿元。三是优质品种“凤山红灯笼”已培育成功，长势良好。四是333.33公顷以罗非鱼为主的淡水养殖基地和400多公顷以虾蟹混养为主的咸水养殖基地受矛盾纠纷、天气影响等因素影响，生产经营效益较上年同期略差。五是全镇拥有上规模养猪场6个，年出栏量约3万多头。“三鸟”饲养大户100多户，预计出栏量在54万羽，总产值约2800万元。较为突出的有古流、大化、沙大、下兰等村委，利用池下养鱼、池上养鸭、池坝种果的立体互利种养模式，取得较好经济效益。

【重点项目建设】 2013年，赤坑镇加大外引内联程度，优化投资环境，突出做好以工业园区为主、特色产业为亮点、基础设施为依托的重点项目建设。①鼎橄山物流工业园区征用土地范围的土地用途规划调整获国土部门批准，已进入园区测设、立项等前期工作。②占地2万平方米、总投资2000多万元的汕尾市利群生态农业有限公司建设工程已完成办公楼和厂房建设，2014年可投资生产。③厦深铁路赤坑段“四电”建设工程已全部完成，确保了国家重点项目的顺利推进。④占地约2.8万平方米的汕尾市第三人民医院已完成征地“三通一平”，可望2014年开始基本建设。⑤预计总投资400多万元的咬破斜环境整治工程二期工程取得实质性进展，已报省环保厅，进入审核、批准程序。

【基础设施建设】 ①投入30多万元建设的镇社会保障服务大厅已投入使用，实现了医疗保险报销、养老保险申报等一条龙的便民服务。②着力解决农

村饮水安全问题，开展建设一、二期农村安全饮水工程，加紧水库建设和管道铺设，确保人民群众饮上放心水。③石望村经规划设计，立项建设，年末已完成社会主义新农村建设第一期工程，第二期工程正积极建设中。

【民生工作】 2013年，赤坑镇深入推进新型农村合作医疗保障制度，进一步健全保障体系，关注弱势群体的生活，切实为贫困户排忧解难，将关注弱势群体、解决民生问题作为构建和谐社会的头等大事来抓，新农合工作成绩明显。2013年全镇农民参加医保人数5.4万人，报销医药费达到600多万元；扶贫开发“双到”工作扎实推进，全镇254户贫困家庭1089人已基本实现脱贫；2013年赤坑镇农业办被广东省委办公厅、省政府办公厅评为广东省扶贫开发“规划到户、责任到人”优秀单位”。年内，积极做好低保户核查工作，进村入户，严格询问，细心观察，确保高质量完成低保户的核查工作；认真做好困难群众救济工作，实施最低生活保障线制度，确保“低保户”应保尽保；按时发放年度种粮直补、农机补贴、危房重建等惠农资金，确保党和政府的惠农惠民政策落到实处。

【综治信访维稳】 2013年，坚持“建设平安赤坑，稳定是第一责任”的原则，进一步完善综治信访维稳中心的运作，全年共受理信访案件18宗，已成功调处18宗，调处率100%，避免了矛盾激发，让矛盾纠纷熄灭于萌芽状态；全镇共立刑事案件17宗，已破案9宗，破案率53%；抓获犯罪嫌疑人11名，其中破获贩毒案件8宗、抓获贩毒人员9人；查处行政案件46宗，抓获各类违法人57名，其中抓获吸毒人员46名、强制戒毒26人，有力震慑了犯罪，为群众挽回经济损失，创造安全、和谐的社会环境。

【教育事业】 2013年度，全镇适龄儿童入学率达99.18%，小学生的毛入学率100%，中学生的毛入学率达100%。“普九”成绩显著，其中小学毕业生升学率达 100%，“三残”儿童入学率达100%以上，小学在校辍学率控制在0.5%以下。2013年秋季，共有104人进入高中继续学习，赤坑中学高中部参加高考人数共有92人，其中上本科线有3人，完成县下达任务的150%，上3A线有13人，完成县下达任务的144%，上专科线有40人。年内，加强学校的硬件建设，多渠道筹资完成一批学校的基础配套设施建设。筹资35万元，已完成16间多媒体教室建设任务。

【群众文化】 以县创建“文化强县”为契机，赤坑镇着力抓好镇综合文化站、文化广场等文化设施建设，全力推进“文化强镇”建设。一是完善村委（社区）文化设施配套，全镇共建立农家书屋等村级图书室21家；二是广电部门加强广播电视管理，认真清理整顿节目源，巩固村村通网络点；三是积极保护和发展正字、白字两种稀有剧种，合理安排镇7大戏剧团和30部放映机的演出及播放时间，丰富人民群众的文化生活，弘扬赤坑“戏剧之乡”的文化传统。2013年全年全镇放映电影1400多场，演出戏剧310多台，大力开发具有赤坑地方特色的人文、民俗、旅游文化，促进文化与经济融合。年内，加强对文化市场的清理、整顿和管理，宣传部门牵头公安、工商、文化部门联合清理黑网吧3间，收缴电脑40多部，净化了文化市场。

【卫生和计划生育】 一是赤坑镇中心卫生院改进服务流程，加强医院管理，贯彻“预防为主”方针和“治病救人”的宗旨，切实做好妇幼保健和防疫工作，2013年全镇确保全年没有疫情和公共医疗卫生事件发生。二是汕尾市第三人民医院已开工建设，预计明年可以基本完成。三是兽医部门做好禽畜防疫，全镇2013年使用针剂3085支，避免了本地区禽畜疫情的发生。四是2013年面临计生工作严峻形势，镇党委、政府召开计生工作专题会，根据实际情况调整充实了计划生育领导小组，深入落实“一证现行”制度，扎实有效地开展计生工作。全镇人口出生率11%，自然增长率6.24%，较好地完成上级各项任务。

【基层组织建设】 2013年，赤坑镇围绕县委加强农村基层组织建设的工作部署，立足镇实际，继续创先争优，成立镇村两级基层组织建设年活动领导机构，扎实推进全镇基层组织先进性建设，进一步完善健全村级组织建设的体制机制，进一步增强村级组织在农村各项工作中的凝聚力、创造力、战斗力。同时，落实镇党政联席会、干部职工上下班、工作汇报、公务接待、大型会议及活动等方面的制度。重视基层党组织班子和党员队伍建设，全镇共有37个党支部，1658名党员，其中预备党员45

人。2013年新发展党员55人。扎实做好基层组织建设工作，为促进全镇经济平稳较快发展和社会和谐稳定提供了坚实的组织保障。

（彭素珍）

附：2013年赤坑镇党、政、人大负责人名录

党委书记：马学仲（任至4月）
余正茂（4月起任）
副书记：郭立坚　黄海湧（任至6月）
余鸿垒（8月起任）
镇长：郭立坚
副镇长：吴忠生（任至8月）　陈岳文
周达明　林木如（8月起任）
人大主席：马学仲（任至4月）
余正茂（4月起任）
人大副主席：曾少群

村（社区）选介

【赤坑镇茅湖村】　位于赤坑镇北侧，距离海丰县城18千米，下辖茅埔、厦陇、客边、新边、美洋、湖仔6个自然，总人口近4000人，农田耕地面积186.67公顷，交通便利，土地肥沃，资源丰富。该村建于300年前，因地处长满茅草的荒埔，故名茅埔。东南部为丘陵，西及北部为河流冲积平原，聚落沿公路东北、西南向呈状块分布。该村旧时建筑多为平房式岩石瓦木结构，改革开放后，新建部分钢筋混凝土楼房。农业以种植水稻、番薯、辣椒为主，年青劳力多外出务工、跑运输等。茅湖有传统的曲班，白字戏剧团。

2013年，茅湖村多渠道筹集资金，集资40多万元建成文体广场1处，约6千平方米，绿化、硬化、亮化设施建设到位，其中有标准篮球场、体育健身器材及其他配套设施；同时，该村还投资40多万元在茅埔村铺设自来水管道，解决了100多户、600多人的安全生活用水；在农田水利方面，在该村八洋埔约600多亩农田修建排灌渠道2条共2000米，涵闸2座，修整机耕路3条4000多米。此外，茅湖小学还配置了多媒体教室、计算机教室等，为学生提供更好的教学环境。茅湖村党支部获2013年度赤坑镇“先进党支部”称号。

【赤坑镇船坞村】　位于赤坑镇西南侧，距离海丰县城20千米处，距离赤坑镇政府约3千米，即龙船溪上游、汕可公路东侧。东与下围、仁家村委辖区交界；西与城区东涌东石村委辖区交界；南与下围村委辖区交界；北与尧陂村、上埔村辖区交界。下辖全福、八发、船坞3个自然村，总人口3100多人，耕地面积166.67公顷。相传古代此处是船只停泊的海岸，建有码头，人们俗称为“船坞”。后因沧海桑田巨变，泊船的船坞不复存在，并逐渐变为滩涂良田。因此，船坞别称“全福村”，寓意“全体村民幸福吉祥”之意。西部为丘陵，东北部及东南部为河流冲积平原。聚落沿东北、西南方向呈块状分布。建筑多为平房式岩石瓦木结构。经济来源以种植优质水稻、辣椒、番薯、玉米等其它经济作物以主，可塘至东涌公路经此。村之北侧，有一座3间房的原“租馆”，是大革命时期“海丰县六区苏维埃南路指挥处”旧址。

2013年，村两委干部积极进行村容村貌、农田水利、交通等各项设施建设。顺利完成了船坞灌区加固改造工程；完成了全福村约2000米的水渠疏通、清淤和整修工作，确保了农田的稳收和农民的增收。积极修复道路，从船坞村至全福村修路基220米，船坞村修机耕路1400米，必发村修路1千米，全福村修机耕路1000米，环村路1500米；清理整治村周边脏、乱、差现象，同时修建垃圾池11个。

大湖镇

综合概况

【简述】 大湖镇位于北纬22.8°、东经115.5°，为海丰县最东端。全境地势西高东低，西南倚大德山，东南、南边和东北三面临海。东北以东溪河中心线为界，与陆丰市上英镇隔河而治；西北毗邻赤坑镇；西南至南部以大德山脉为界，与红海湾田墘街道接壤。镇域总面积58平方千米，其中陆地面积28平方千米，海域面积30平方千米，海岸线长21.8千米。大湖镇距离汕尾市区约30千米，距离海丰县城45千米，距离红海湾内湖7千米，距离陆丰市上英镇6千米，水陆交通便利。

大湖镇因大德、湖仔为该地区较早较大的村庄，合称“大德湖仔”，故取名“大湖”并一直沿用至今。明、清时期，大湖属海丰金锡都，设大德约。民国时期属六区（赤坑）。新中国成立后仍属六区，1964年4月从赤坑划出成立大湖人民公社，1984年3月撤销人民公社设立区公所，1987年撤区设镇至今。至2013年年末，大湖镇管辖石牌社区、高螺、大德、山脚、新置、湖仔等6个村（社区），共有17个自然村，总人口1.26万多人，居民多为汉族。

大湖镇系以养殖业为主、种植业为辅的滨海乡镇。2013年，全镇有各类养殖面积约666.67公顷，耕地面积576.67公顷。全年工农业总产值2.26亿元，其中渔业产值1.541亿元，农业产值3960.57万元，年人均收入为5500元。名优土特产品主要有高螺蚝、东溪虾、蟹以及大湖花生、红肉柚、咸鸭蛋等。

【农业经济】 2013年，按照高效生态农业项目要求，大湖镇党委、政府加强引导、鼓励已在经营的养殖公司加大投资，采用高效养殖技术，对塭池进行技术改造，发展高科技、高效益养殖。至目前，已先后引导了东海湾养殖公司和钰丰、裕民等养殖公司采用高效养殖方法，积极打造养殖产业规模化、产业化。

2013年9月23日，中共中央政治局委员、广东省委书记胡春华（左二）深入海丰县大湖镇石牌社区灾区考察。市委书记温国辉（左一）、市长吴紫骊（右三）陪同考察

2013年9月23日，中共中央政治局委员、广东省委书记胡春华（左三），在市委书记温国辉（后排右二）和县长陈德忠（左一）等的陪同下，深入受灾群众家中了解情况

【抗灾救灾】 9月22日，强台风“天兔”正面袭击大湖镇，据统计，此次台风中全镇受灾人口8200人、受损房屋1970间，全倒15间；鱼塭受灾472公顷（其中高位池73.33公顷、土池398.67公顷），花

生208公顷；基础设施、镇政府大楼都受到损毁。财政所办公楼及全民健身广场室内场倒塌。直接经济损失达1.51多亿元。台风过后，镇党委、政府在上级的大力支持下迅速开展灾后复产工作，依靠群众，带领群众开展自救，积极好各项基础设施的抢修工作，尽快回复正常生产、生活。为帮助群众重建家园，解决群众燃眉之急，在县委、县政府的支持帮助下争取到华成峰投资有限公司投入资金约500多万元，打造石牌新农村建示范点并建设石牌安居小区，取得灾后复产工作胜利。

【重点项目建设】 2013年，完成大湖沿海路口至赤坑大化的129县道拓宽工程；石牌社会主义新农村及石牌安居小区正紧密推进中；大湖至陆丰上英（公路桥）工程已完成招投标手续、进入奠基启动建设阶段，南北堤围除险加固工程已经省水利厅批准建设，同时大湖镇树林公园、南斜湖灌区、水电站改造工程、花生海产品加工基地、大湖镇环境整治工程等一批项目建设在即。

【旅游资源开发】 大湖镇境内拥有大湖鸟类省级自然保护区、始建于明嘉靖十年（1531年）的大德妈祖庙旅游区、延绵21.8千米的海岸线和木麻黄防护林带及螺地等一批名胜景点，以及风光旖旎的高螺湾，有状似乌龟伸颈饮水的海岸滩林带及“大德山马地峡瀑布”“石牌狮山球”“海岩礁石奇观”等景观。谚云：“螺地山向北斗，狮山、象山把水口，空壳山做印斗”，十分壮观。还有位于高螺村新寨内山的清初苏成、苏利驻兵古遗址。此外，海湾观光区、东海湾生态湿地等景观在有序建设中。

（张泗忠）

附：2013年大湖镇党委、政府、人大领导名录

书　记：余长华（任至4月）　罗　恒（4月起任）
副书记：王一济（4月起任）　刘加惠
镇　长：罗　恒（任至4月）　王一济（4月起任）
副镇长：余炳卫　施养雄
主　席：罗　恒（4月起任）
副主席：施明镜

村（社区）选介

【大湖镇湖仔村】 位于大湖镇东部，与陆丰市的上英镇隔河相望，濒临碣石湾大海。湖仔大乡建基于明正德五年（1510年），后扩展到其他10村，整个村域是一个半岛，以海河为背景，村子的陆地犹如小小绿洲，“湖仔”因而得名。2013年，湖仔村下辖10个自然村庄，全村有718户、3500多人，有耕地面积86.67公顷，有养殖面积120公顷，拥有钰丰、裕民等高位养殖龙头养殖企业。在镇党委、政府的努力下新引进2家规模较大的企业，正规划建设中，这些高科技含量的养殖企业将极大带动湖仔村乃至全镇高位养殖业的发展。湖仔村两委不断增强自身战斗力，创新工作方式，不仅保质保量完成镇党委、政府交办的各项中心任务，还在社会主义新农村建设方面取得成绩。投入60多万元铺设了南畔、东福、渡头等自然村的水泥道路；投入资金20多万元改善了农田水利设施；投入资金22万元重新修缮了村委办公楼，并配套各项软硬件设施；修建了5个公厕，并对村道及村民居住环境进行美化亮化，群众满意度、幸福感不断提高。

【大湖镇石牌社区】 位于大湖镇东南部，面向碣石湾大海，背靠妈宫山，东于新置村接壤，西跟山脚村毗邻。有海岸线3000多米，山林400多公顷，其中经济林有200多公顷、防护林133公顷。2013年，全社区有280多户，1700多人，外来居住人口约有近千人，耕地面积53.33公顷，均属旱田，年内，强台风“天兔”的正面袭击给石牌社区造成巨大损失，社区房屋损毁面积达90%，各项基础设施草遭受严重破坏。灾后，省、市、县三级政府高度重视重建工作，省委书记胡春华亲临石牌社区指导工作，并作出要全力做好重建工作的重要批示。为建设“生产发展、生活宽裕、乡风文明、村容整洁、管理民主”的社会主义新农村，落实省委书记重要批示，大湖镇党委、政府积极推进石牌社区重建工作，在县委、县政府的支持帮助下争取到华成峰投资有限公司投入资金约500多万元对石牌社区进行重新规划，建设社会主义新农村示范点。至年末，各项工作有序推进中。

梅陇镇

综合概况

【简述】 梅陇镇位于海丰县西南部，镇政府驻地梅陇圩，距县城16千米，距汕尾市区45千米。东连联安镇，西与鲘门、赤石相毗邻，北靠莲花山脉，南临红海湾，海岸线全长14千米；土地总面积152.25平方千米。辖银丰、银液、梅西、梅星、月池、屿岭、仓兜、联兴、梅联、梅尖、新渔、竹符、东联、新寮、东风、红阳、永红、联平、石洲、石安、石南、围湖、南山、新兴、高中、东港、云路、东家亚、水踏、梅东、梅陇等31个行政村和西兴、梅北、中兴、东兴、梅南等5个社区，计有154个自然村，常住人口约10万人，外来人口3.3万人。

2013年，梅陇镇坚持以中共十八大为指导，按照镇委年初提出的“围绕一个目标，实现两大确保，突出六个全力抓”的工作思路，负重奋进、真抓实干，呈现经济发展进一步加快、社会管理进一步增强、民生福祉进一步改善、队伍素质进一步提升的良好势头。全年完成工农业总产值66.6亿元，同比增长15.2%。其中：完成工业产值59亿元，比增17.6%；完成农业产值7.6亿元，比增4.1%。规模以上工业产值38亿元，比增35.7%。完成固定资产投资15.73亿元，比增30%；社会商品零售总额36亿元，比增28%；外贸出口总额3.4亿元，比增32%，完成外贸出口额3.4亿美元；完成税收5531万元，比增41%，其中国税完成2931万元、地税完成2600万元。

【农业经济】 2013年，全镇粮食种植面积4453.33公顷，其中，水稻4253.33公顷，总产2.6万吨；蔬菜总产量9.8万吨；水产品总产量3.8万吨，比2012年都有不同程度的增产。尤其是在受到强台风“天兔”的正面袭击后，全镇不等不靠，迅速开展灾后复产工作，使受灾损失降到最低程度。年内，新农村建设全面铺开，“大清洁、乡村美”工作扎实推进，农村环境不断改善，尤其是永红、南山等村环境卫生管理工作成绩突出，成为全镇农村卫生管理示范点。新一轮“扶贫双到”工作顺利开展，落实了一批惠民、富民项目。种粮直补、柴油补贴等惠农措施落实到位，农民群众得到更多实惠。农业基础设施建设不断强化，省千里海堤东关联安围段建设工程进展顺利，东江片以及红阳至屿岭片的农田综合整治工程全面动工建设，高标准农业建设示范工程进入招投标程序，鱼仔潭灌区改造工程正在抓紧履行招投标手续，九径水库、马福兰水库加固工程获得省批准立项，梅陇灌区改造工程已完成规划设计，即将上报立项。

【重点项目建设】 2013年是海丰县“项目建设年”，梅陇镇紧紧围绕这一战略部署，认真谋划，把重点项目建设作为拉动新一轮大发展的引擎，全力抓好。梅陇西环路建设工程取得重大进展，各项前期工作全面理妥，征地拆迁工作正在加紧推进，工程招投标工作顺利完成，工程施工快速推进，预计2014年年底能建成通车。梅星高级商住小区20万立方米征地工作全面完成并顺利挂牌拍卖，土地平整扎实推进，项目规划、设计基本完成。天星湖科技园经县政府立项批准，上升为县级园区，年末用地组件全面完成，征地工作正在加紧开展。计划总投资12亿元的华成峰抗衰老中心确定在科技园落户，并已完成规划设计等前期工作。梅西储备地征用工作顺利开展，已达成初步意向，正在进行协议书的签订工作。此外，惠茅甲线梅陇段供电工程全面完成，厦深铁路牵引站供电工程、中石油输油管道等项目建设进展顺利。

【民生工作】 2013年，总投资1600多万元的自来水改造工程全面建成并投入使用，水质明显好转，梅陇人民“饮水难”问题初步得到解决；自来水社会化管理工作稳步推进，年末已进入实际操作阶段。计划总投资3971万元的镇区环境综合整治工程完成工可报告等前期工作，已报省环保厅审批，争取到专项资金250万元，项目即将启动。“强综治、创平安、促发展”创建活动深入开展，矛盾纠纷的排查、调处工作扎实有效，积极开展信访积案化解活动，有效地解决一批信访积案，确保全镇社会安全稳定；积极开展打黑除恶工作，深入开展“禁毒”活动，社会治安进一步好转。“教育强镇”工作全面铺开，在成功举办梅陇中学70周年校庆活动的基础上，进一步加大筹集资金力度，完成全镇中小学的多媒体教育设施建设，提高了现代化教育水平。医疗条件不断改善，城乡居民医疗保险整合推进，参保率不断提高，梅陇人民医院门急诊综合大楼开始建设。

【火灾隐患整治】 2013年初，梅陇镇被列为市级火灾隐患重点整治地区。为实现年底通过市政府检查验收和摘牌销案的目标，镇高度重视，周密部署，坚持落实消防安全监管职责，大力推进消防安全“网格化”管理模式建设，铁腕推进整治工作，从相关部门抽调32名工作人员，成立6个整治小组和1个资料组负责具体工作，投入整治专项经费250万元，配备电脑、数码相机等办公设备和消防基础设施建设，共排查整治“三小”场所957家、劳动密集型企业6家、人员密集场所16家，学校7家，责令限期改正3900余处，关停1家，查封3家，行政处罚8家。在整改中，共新装应急灯1200余个、指示牌1500余个、灭火器1万余个、室内消火栓53个，增设逃生出口76个。通过整治工作，梅陇镇辖区内公共消防设施和多种形式的消防队伍建设全部达标，整治任务基本完成，顺利得到市政府摘牌销案，并取得优秀等次，消防安全形势保持高度稳定。

【综治信访维稳】 2013年，梅陇镇维护稳定及社会治安综合治理工作坚持“打防结合，预防为主”，以创建“大综治”工作格局为目标，不断完善建设好镇综治信访维稳中心和村（社区）维稳工作站两级平台各项工作得到进一步的规范和加强，维护了辖区的政治稳定、社会安定。镇综治维稳中心基本上实现现代化办公，实行“一站式”信访维稳工作机制，实行“四个一”运作方式，中心和司法所全年共受理群众来信来访7宗，办结5宗。镇有治保会36个108人，调解会36个108人。年内调处纠纷98宗，防止激化事件9宗，基本做到小纠纷不出村、大纠纷不出镇。积极预防和及时发现、化解、消除各种社会不安定因素和矛盾纠纷。建立了各种帮教小组36个成员120人。全年帮教违法青年65人，其中明显转化的有50人；帮教刑释解教人员26人，已去邪归正的18人。有效地降低了刑释解教人员重新犯罪率。梅陇派出所共立刑事案件134宗，破案70宗，破案率为52.2%，与2012年同期相比立案数上升24.6%，破案率提高11.8%，抓获各类犯罪嫌疑人92人(其中刑事拘留19人，依法逮捕12人、依法起诉60人、移交其他单位1人)，抓获在逃人员7名，打掉团伙3个7人。边防派出所辖区内共发生刑事案件5起，查处4起，查处率80%。梅陇派出所共查处各类治安案件222宗276人，其中赌博48宗101人、吸毒168宗168人（其中强戒90宗90人、行政拘留54宗54人、刑事拘留16宗16人、社区戒毒8宗8人）、其他治安案件6宗7人；调处各类民事纠纷109宗。边防派出所查处治安案18起，调处矛盾纠纷30起。梅陇交警中队查处各类交通违法行为7850起，受理道路交通事故148起；梅陇法庭一年来共审理案件70宗，结案68宗。调解民事案件38宗。

（施国标）

附：2013年梅陇镇党委、政府、人大领导名录

书　记：郑惠暖
副书记：谢江威　许泽武（任至4月）
　　　　王少明（8月起任）　余炳会（挂职）
镇　长：谢江威
副镇长：林建国　曾钰淮　罗鸿雁
　　　　颜依林（1月起任）
主　席：郑惠暖
副主席：施华森

村（社区）选介

【梅陇镇水踏村】 位于梅陇镇东部狮蹄山下，毗邻联安镇。其村名取之于咸淡沓至，即咸水头，淡水尾。全村有18位革命烈士。是著名“革命老区”。1984年，家家户户用电照明。2002年，开通陇安路，2004年梅陇至水踏公路完成水泥路面铺设。2005年，实行新型农村合作医疗制度，农民看

病减轻经济负担。2008年村委会向村民公开承诺，凡水踏户籍人口，考上本科以上的学生，凭录取通知书到村委会领取500元奖励金。近几年来，各自然村都在美化村容村貌，已筑村道2条约0.8千米，无害化公厕2座，改建鱼塘1个，晒谷町约1000多平方米。2013年，水踏村委辖有6个自然村，638户人家，人口2738人，耕地面积87.2公顷。同时，拟改建的晒谷町约500平方米，祠堂1座，投资约150万元。

【梅陇镇东风村】　位于梅陇镇区西北部角罗山下，南以梅陇村委、梅西村委交界，北以银丰村委交界，西至石罗山，属半丘陵地区。东风村是“革命老区”，共有38位革命烈士。全村共有耕地面积108.53公顷，旱地（弃耕地）66.67公顷，山林地533.33公顷。地理环境比较恶劣，耕地面积大部分都属山坑田及旱地，地面高低不平，很难耕作，是一个地地道道穷山村。1973～1984年先后架起高压线路，村村家家开始用电照明。1999～2005年5年时间实现村村通水泥路。2013年，东风村委辖有9个自然村，设6个村民小组，共有432户，人口2032人。全村的6个村民小组，全部村民100%参加农村合作医疗保险，各个自然村的卫生环境得到改善。

鲘门镇

综合概况

【简述】 鲘门镇位于海丰县城西南部的红海湾畔，距海丰县城31千米，东北面与梅陇镇接壤，西北与赤石镇接壤，西南与小漠镇相邻，西南面向大海。全镇总面积34.5平方千米，海岸线全长23公里，芒屿岛、鸡心岛、江牡岛三岛属鲘门镇管辖。下辖1个社区居委会（鲘门社区）和7个村委会（红泉、红源、民生、民新、民安、百安、朝面山），总户数5025户，常住人口18473人。海陆交通便利，广汕公路（324国道）贯穿全境，深汕高速公路、厦深铁路经过鲘门且都设立站点。全镇有渔业码头2个，大小渔船700多艘，距汕尾港31.5千米，距香港118.5千米。

2013年，全镇经济运行情况良好。全年实现农业总产值3.3亿元，同比增长10%；规模以上工业产值1.15亿元，同比增长43.75%；固定资产投资累计达4.8亿元，同比增长33.3%；国地两税总收入3534.9万元，同比增长32%。其中：国税完成603.9万元（地方本级完成150.59万元），同比增长20%；地税完成2931万元（地方本级完成1952万元），同比增长35%。

【重点项目建设】 一是渔港工程建设稳步推进。鲘门“省二类”渔港建设顺利，2013年5月，渔港一期的主体工程通过专家组评审验收。同时，总投资为5816万元的渔港二期工程现已完成工程招商和监理招投标工作，即将上马建设。二是厦深铁路站台广场建设顺利，积极配合深汕特别合作区做好站台广场施工的协调工作，确保了12月28日厦深铁路正式通车前交付使用。年内，还完成了铁路生活及配套区、消防通道和火车保养点（部分）共约3.4万平方米的补征地工作。

【基础设施建设】 2013年，首先是做好冬修水利：一是灌渠清淤，对民新、红泉、红源等三条主要排洪渠道的淤泥进行清理，总长3200米，清理土方约1600立方米；二是陂头修复，对被台风破坏的6座陂头进行修复，恢复蓄水灌溉功能；三是水闸维修，组织专业技术人员对被强台风“天兔”破坏的民新后澳水闸、红源罟寮水闸、红泉排角水闸等进行维修，以上三项工程共投入40多万元。其次是积极协调自来水承包方落实了自来水厂基础设施的资金投入和整改措施，逐步解决群众饮用水方面存在的问题。

2013年5月26日，鲘门镇委、镇政府召开集资助学座谈会

【教科文卫体事业】 教育“创强”有突破。2013年5月，鲘门召开鲘门镇集资助学动员大会，筹集资金近130万元，先后完成小学多媒体教室、桌椅、防盗网的配备和中学操场、篮球场的建设；文化建设有亮点，成功举办鲘门镇“东成杯”乒乓球赛和“海韵杯”排球赛，群众性文体活动事业蓬勃发展；创卫工作有力度，深入开展“大清洁，乡村美”农村清洁工程专项活动，建成1个垃圾中转站和8个垃圾收集点，购置了20个流动垃圾桶，使农村卫生环境大为改善。此外，加大了新型农村合作医疗的宣传和收缴力度，新型农村合作医疗参合率达到100%，有效地解决了群众就医难、看病贵等问题。

2013年7月22日，鲘门“省二类”渔港现场会

【基层组织建设】 2013年，一是学习进取，与时俱进。鲘门镇党委以建设“学习型班子、学习型机关、学习型干部”为目标，因地制宜，开拓创新，用科学理论提升服务水平，努力打造出一支能自觉学习、团结奋进、开拓进取的领导队伍。二是加强基层组织建设，固本强基。鲘门镇党政领导班子成员带头深入农村、深入基层，认真听取党员、干部、群众的意见和建议，全面调查村级组织经济、制度、队伍建设情况，为2014年村“两委”换届打下坚实的基础。三是做好村务监督，民主公开工作。镇全面落实农村党务、村务、村集体财务各项管理制度，切实加强核查监管工作，定期进行抽查。并组织农村基层党员干部、村民代表认真学习相关文件精神，增强干部群众对推行村务监事会制度重要性的认识。

【计划生育工作】 2013年，继续加大计划生育经费投入，进一步完善计生办公、医疗器械、宣传栏等硬件建设。调整充实了计生工作队伍，提高依法行政水平和服务水平。全面完成计生全员人口信息录入，坚决执行计生“一证先行”的办事制度，顺利通过市县的计生考核，全镇计生工作水平进一步提高。

2013年12月28日，厦深铁路鲘门站正式通车

【综治维稳工作】 2013年，大力开展综治维稳和平安创建活动，建立了治安联防制度，指导各村（社区）村组成立联防队，形成群防群治网络；继续加强反走私队伍和软硬件建设，保持打击走私的高压走势，筑好沿海边防反走私的第一道防线。继续加大信访案件的调处力度，成功化解3宗群众到镇政府集体上访和一宗省级信访积案。

（黄奕添）

附：2013年鲘门镇党委、政府、人大领导名录

书　　记：李锦梅

副 书 记：陈腾渊　吴智强

镇　　长：陈腾渊

副 镇 长：古俊敏　马　论　谢冬曦（1月起任）

人大主席：李锦梅

人大副主席：罗　瑞

小漠镇

综合概况

【简述】 小漠镇位于海丰县西南部，东南临海，西与惠东县黄埠镇接壤，北与鲘门镇隔赤石河相望，西北与鹅埠镇交界。小漠镇因驻地小漠圩而得名。小漠圩原称洪官圩，又名旺官圩。小漠地处红海湾畔，海拔2～5米之间，背山面海，属丘陵地形，海岸线长达19.5千米，浅海滩涂广阔。小漠镇自南向北呈三角形片状分布。全镇总面积34.45平方千米，下辖1个旺官社区及旺渔、东旺、南香、云新、元新、大澳等6个村民委员会，有17个自然村，总人口1.2万余人。

2013年，全镇完成农业总产值3.33亿元，比2012年增长6.88%；工业总产值24.61亿元，比2012年增长39.71%，其中规模以上工业产值23.36亿元，比增37.09%；社会商品零售总额2.81亿元，比增29.37%；固定资产投资10.22亿元，比增32.38%；年人均收入7681元，比增11%。

【建置沿革】 明清时代，小漠行政隶属惠州府归善县稔山区平政司；民国时期，小漠先后隶属惠州府惠阳县第五区、第六区；民国后期（1930年后），先后隶属惠阳县第十七区、八区、十二区（吉隆）；1952年，小漠行政归海丰县第四区管辖；1953年，归海丰县后门区管辖；1960年，小漠并入鹅埠公社；1964年，小漠从鹅埠人民公社中划出，成立小漠人民公社；1984年4月，撤小漠公社成立小漠区公所；1987年4月，小漠区公所改称小漠镇人民政府。小漠人民有着反帝反封建的光荣传统。明朝末期，小漠村民曾配合郑成功的反清复明义军全歼九兴群炮台守军30余名，表现出革命的斗争精神。大革命时期，小漠人民积极投身于反封建官僚豪绅，反国民党反动派的斗争洪流中。南君寮村是当时的红色革命区。1928年，南君寮村成立农会和组织赤卫队，与敌人进行了不折不扣的斗争。1928年9月，南君寮村遭受国民党反动派烧毁洗劫一空。村民逃难他乡，无家可归，12名革命志士在这块土地上献出宝贵的生命。抗日战争和解放战争时期，小漠村民为共产党和游击队员排除艰难险阻，顽强斗争，为海丰人民的翻身解放做出贡献。

【自然资源开发】 小漠镇自然资源十分丰富，濒临沿海，海岸线长达20千米，浅海滩涂广阔，发展海洋经济特别是发展水产养殖，具有得天独厚的自然优势，是海丰县的重点渔业镇和海水养殖专业镇。港口优势明显，乌山海区具有建设10万吨级码头的潜力。小漠渔港是广东省十大重点渔港之一，又是汕尾市沿海渔船主要避风港和休渔期停泊港。旅游资源独特，小漠镇南方澳东西两侧延伸山丘礁岩石，2千米长的沙滩宽阔平坦，沙粒细小均匀，纵深腹地浅水区数十米，海水碧绿清澈，风静浪平，是得天独厚的天然海滨泳场。近年内，小漠镇实施旅游驱动战略。通过积极开展招商活动，引进通天地度假村、昊源游艇会所暨文化创意产业园等旅游项目，为旅游经济的跨越发展注入强大的活力和后劲。

【“三农”工作】 小漠镇坚持把海水养殖业作为强镇富民的支柱产业来抓，积极开展“科技入户”工作，发挥省级农业现代化示范区的示范、带动作用，大力推进科技养殖、生态养殖，使养殖效益不断提高。通过不断深化渔业体制改革，加强渔船技术更新改造，加快渔民转产转业步伐，使渔区经济发展有了新的起色，渔民生活有了大幅度的提高。2013年，全镇水产养殖和海洋捕捞总产量22631吨，总产值28158万元。同时，立足资源优势，积极发展多种经营，大力发展水果、蔬菜等经济作物，提高了农业综合效益，增加了农民收入。切实抓好扶贫工作，加强领导，落实“规划到户，责任到人”工作。惠民措施落实到位，农村低保、五保、休渔困难补助、受灾全倒户以及种粮直补、柴油补贴和家电下乡补贴等惠农补助工作，按时足额发放，使群众得到实惠。

【重点项目建设】　2013年，坚持把重点项目建设作为经济建设的重中之重来抓，集全镇之智，倾全镇之力，予以强势推进。一是华润海丰电厂，省重点建设项目，于2011年7月13日经国家发改委核准落户小漠，项目总征地57万平方米，首期投资83亿元，建设2台100万千瓦燃煤发电机组，配套建设一个10万吨级散货泊位及一个3000吨级重件码头。项目自2011年10月23日动工兴建，至2013年12月止，防波堤工程完成95%，场平工程全面完成，建筑安装工程有序开展，累计完成投资37.18亿元。预计2014年可投入发电。二是华城石化基地，一期工程全面建成投产，全年实现产值17.04亿元，成为海丰县重点的规模以上企业；二期工程进展顺利，5万吨级码头前期工作有序开展。三是九龙湾生态园旅游度假项目，计划总投资12亿元，总征地面积50万平方米。项目征地工作进展顺利，其中香坑地块17.78万平方米已于2012年8月16日在县国土局成功竞拍，南君寮地块约19万平方米的征地工作也基本完成。

【惠民工程】　2013年，小漠镇积极实施“民心工程”，切实为群众办实事、做好事，进一步密切政府和人民群众之间的关系。①小漠至鹅埠产业园区公路获县发改局批准立项建设，并已列入省2013年公路补助计划，得到省交通运输厅专项补助1140万元。②赤石河出海口小漠险段治理工程得到省人大高度重视，列入督办项目并交由省水利厅承办。同时，在县第十四届人民代表大会第三次会议上被列为督办议案。③小漠镇府公共租赁住房建设工程已完成主体工程的建设，并通过上级验收，年末正在开展水电等配套工程。④镇区环境综合整治首期排污管工程由梅州市政建设工程有限公司中标，中标金额156万元，年末工程全面完成。⑤镇区LED路灯铺设工程总投资568万元，已完成第一期工程。

转移受灾群众

回港渔船加固避风

【旅游景点建设】　2013年，总投资5000万元的南方澳度假村，建成了融海洋景色、美食、娱乐于一体的滨海消闲避暑中心，南方澳度假村不断配套完善，成为小漠旅游发展的龙头项目。旅游宣传推介力度进一步加大，以拉大网、休闲娱乐、烧烤、游泳、沙滩排球为主的旅游项目在外界逐步打响，并成为海丰县特色旅游品牌之一。年内，通过积极开展招商活动，引进九龙湾生态园旅游度假村、小漠游艇会所暨文化创意产业园等旅游项目，增强小漠旅游业的发展后劲。小漠镇另有宝华林庵（明末）、狮山深藏寺（明末），正觉庵（明末）等古迹、景点。

【社会各项事业】 2013年，小漠镇社会各项事业全面发展。①教育“创强”工作势头良好，通过召开全镇议教会议和助教兴学座谈会，掀起集资办学热潮，上马了小漠中学和元云小学校园整治工程和中学、元云小学教师宿舍建设工程。同时，在全县范围内率先在全镇中小学配套并全面启动多媒体信息化教学设施，成为全县“创强”工作先进镇，全县教育创强工作会议在小漠镇顺利召开。②“平安小漠”创建活动深入开展，切实加强矛盾和纠纷的排查、调处，坚持把矛盾解决在萌芽状态，维护了社会稳定。文化建设得到加强，群众性文体活动蓬勃开展，文化中心和文化广场工程成功启动，成为全县各乡镇中唯一一座集文体结合的综合文化中心，“农家书屋”工程已全面完成。③计生工作常抓不懈，市、县下达的各项人口控制指标全面完成，计生“一证先行”工作有序开展。④殡改工作强势推进，殡改陋习逐步革除，火化率稳步提高，公益性公墓山首期工程基本完成，并可投入使用。⑤社保扩面征收力度进一步加大，县下达的扩面征收任务全面完成。⑥安全生产警钟长鸣，通过落实安全生产责任制，加大监督管理，采取强有力的措施，认真开展安全生产专项整治，全镇在全年内没有发生安全生产事故。⑦基层民主继续扩大，村务、财务公开深入开展，村级干部队伍建设进一步加强。此外，工会、共青团、妇联、武装、科技、体育等工作也取得较好成绩。

（余威娜）

附：2013年小漠镇党委、政府、人大领导名录

书　记：刘锦荣
副书记：谭梅唇　林大壮
镇　长：谭梅唇
副镇长：涂　木　张小亚
主　席：刘锦荣
副主席：李桂州

村（社区）选介

【小漠镇云新村】 位于海丰县西南部45千米处，东面接壤元新村，南面接壤大沃村，西临惠东县黄埠镇约6千米，北距鹅埠镇西南村约5千米。公路西线有小漠至黄埠公路，东线有小漠至排角接连广汕公路。水资源有2个小（二）型水库，除供本村外，还向元新村委金兴园村、大沃村委沙埔心村以及南方澳度假村供水。2005年云新村全面开展新农村建设，实施建设休闲旅游示范村规划。经过6年多建设，发生巨大变化，全村铺设水泥道路4千米，地下铺设近3千米排污管道，建设无公害公厕5座，改建房屋82座，建设了一座座新楼房，村前进行了绿化、美化。2006年，被评为省“文明卫生村”，2007～2012年被评为县“社会主义新农村”示范村、先进村。2013年，云新村委辖5个自然村，分别为大云坡、埔仔、九香群、新寨、新田坑村，总户数328户，2453人，土地面积约9平方千米，其中耕地94.33公顷、山坡地约666.67公顷。经济以种养、务工为主，主要种植水稻、蔬菜，养殖对虾、螃蟹等；一些人往惠东县黄埠镇鞋业制造厂务工。云新村有小学1所，在校学生200人，适龄儿童入学率达99%；有文化娱乐场所5个。

【小漠镇南香村】 位于小漠镇北侧，拥有丰富的旅游资源，有文化古寺、休闲体育、山水走廊于一体的生态旅游村——香坑生态村，有宝华林庵、狮山深藏庵等景观资源。近年，九龙湾旅游度假项目落户南香村，为该村增添一条旅游风景线。2013年，南香村委辖有南君寮、香坑2个自然村。2012年被评为县“先进村”。2013年，全村总面积718.59公顷，人口1064人。经济生产以海洋养殖为主，特色产品牡蛎，兼以种植水稻和浅海捕捞作业，村人均收入7000元。

赤石镇

综合概况

【简述】 赤石镇位于海丰县西部，东部依双宫岭与梅陇镇相连；东北部依东都岭往北延接白马山，与惠东县和海城镇交界；西北部犁黄凹山接黄竹径而至观音坐凉山，与惠东县多祝镇接壤；西部是亚婆髻山，与惠东吉隆镇相邻；西南是谷岭山，与鹅埠镇交界；南部与小漠镇相邻；东南部依羊蹄岭与后门交界。镇政府驻赤石社区，距县城51千米。全镇区域面积306.8平方千米，其中山地面积占总面积的80%。海拔平均高度500米，最高的水底山主峰禾镰石海拔1282米。赤石河是海丰县第二大河系，干流长36千米，流域面积382平方千米。2013年，全镇辖赤石、园林2个社区，和赤石、大安、新联、新里、新城、明热、冰深、明溪、碗窑、洛坑、圆墩等11个村，以及86个村民小组，总人口24086人。

2013年，赤石镇利用山多地广水丰，资源丰富地利优势，大力实施“农业富镇，工业强镇、旅游兴镇、环境立镇”战略，深化农业结构调整，优化经济发展环境，经济保持平稳持续发展。2013年，全镇工农业总产值127851万元，比增26.54%；全社会固定资产投资55340万元，比增24%；社会商品零售总额达到26277万元，比2012年增长14%；农民人均纯收入7095元，比增11%；城镇居民人均可支配收入15339元，比增8%。

【农业经济】 赤石镇已建成以西番莲、葛薯、柑橘、蜜柚为主的农业生产基地，全镇农作物种植面积2666.67公顷，农业总产值19375万元，比2012年增长3.3%。由于受“9·22”强台风“天兔”影响，2013年全镇柑橘、蜜柚、西番莲、葛薯等收成大幅减少，导致农业总产值增长速度比往年减缓。

【重点项目建设】 2013年，赤石镇农村道路建设工程投入资金450万元，其中：投入300万元建设的赤石镇大安村中心段至北坑林场及龙新至莞塘电站村道，两段村道全长10千米，路面宽度3.5米；完成赤石经鹅埠至惠东吉隆跨境公路明热段的5座过水桥梁的建设，至年末，该公路（赤石镇内）已基本实现双向硬底化；潮惠高速公路（海丰赤石段）工程，100%完成红线内征地工作，并开工建设，工程进度名列全县前茅。年内，引资项目建设步伐加快。田园沐歌温泉旅游度假村投入资金近2亿元进行基础设施建设；在建的大百汇生物科技园项目第一期7.2万平方米基础性工程中的4栋厂房、2栋职工宿舍、1栋办公楼均已全部建成，正在装修。农田水利建设投入资金700多万元。居民建房等投入资金达4000多万元。

2013年1月29日，赤石镇新里大桥举行竣工通车仪式

【抗灾救灾】 2013年9月22日晚7～11时，赤石镇遭受第19号超强台风“天兔”的猛烈袭击，这次超强台风是赤石镇有历史记载最强的一次，风力达56.8米/秒，阵风达17级，造成2人死亡和8人受伤。全镇电力、通信陷入瘫痪状态，直接经济损失达8.7亿多元。灾情发生后，赤石镇开展紧张有序的抢险救灾复产工作，累计投入救灾资金300多万元，对公路、水利渠道等基础设施进行修护；南方电网第一时间派员到赤石镇抢修线路，并在灾后第三天恢复供电；中国电信、移动通信等电信公司也在第一时间派员到该镇

抢修线路和信号基站等设施，为全镇通信的及时恢复做出贡献；同时全镇45户房屋全倒户已全部动工拆除重建，并于春节前全部搬入新居。

2013年4月23日竣工验收后的赤石镇沈坑水库主坝

【水利建设】 赤石河防洪整治工程进展顺利。总投资2840多万元的赤石河防洪整治工程于2012年开工建设，至年末已完成工程总量的90%，完成投资约2338万元，力争在2014年汛期前完工。小型水库除险加固工程顺利竣工投入使用。投资155.77万元的洋坑水库除险加固工程和投资160.47万元的沈坑水库除险加固工程于2012年9月29日开工建设，历经半年多紧张施工，已顺利竣工，4月23日接受专家组现场验收，各项指标和工程量符合设计要求，达到建设标准，正式投入使用，为新城村和新联村防汛抗旱、农业生产生活用水夯实了基础。冬修水利如火如荼，2013年12月19日，赤石镇举行了冬修水利大会战启动仪式暨海丰县赤石镇新联村农田水利帮扶工程开工仪式。

2013年12月19日，赤石镇冬修水利大会战启动仪式暨海丰县赤石镇新联村农田水利帮扶工程开工仪式剪彩现场

【社会保障工作】 2013年，全镇累计新增就业人数460人，比上年增加27.78%，城镇净增就业人数925人，比2012年增加5.7%，下岗再就业人数150人，“4050”人员再就业18人，农村劳动力开展培训人数100人，新增农村劳力转移350人，完成100%。城镇社保扩面完成765人，完成全年任务，基本养老保险按月配套缴交。城乡居民参加医疗保险19650人，全年累计报销449人次，报销总支出近200万元，较好解决了群众就医难的问题。接待事访46宗，工作事件30宗，涉及上访人数310人，帮助追回拖欠工资70万元，在规定期限内结案达100%；受理劳动争议案件5件，全部调解结案。劳动合同签订率100%，鉴证劳动合同250份。全面建立农村居民最低生活保障制度，全镇五保172人、低保382人，五保供养金和低保补助金于每月10日前发放。

2013年12月27日，市县人大代表在县人大常务副主任姚英谋（右二）、县委常委、常务副县长许信咏（左二）、县人大副主任陆德源（左一）等领导深入大百汇生物科技园调研

2013年7月25日，深圳龙岗区坪地街道考察赤石镇新厝林古寨

【综治信访维稳】 2013年，进一步完善综治信访维稳中心的运作，全面建设“平安工程”。积极开展“信访积案化解年”活动，取得较好成效，进一步巩固赤石镇信访形势。年内，全镇综治信访维稳中心共受理信访案件22宗（土地、林地、房产矛盾纠纷17宗，偷挖河沙4宗，其他1宗），比上年减少44%，已办结18宗；司法受理调解民事纠纷5宗，指导和配合村委调处5宗，调解成功率100%。另外，不断增加社会治安综合治理投入，成立治安联防队，设立综治工作站，各村（社区）成立3～5人的巡逻队，定时巡逻，群防群治工作得到明显加强。“无毒村”合格率达90%以上。人民的生命财产得到有效保障，创造了良好的社会政治环境。

【人口与计划生育】 2013，继续坚持计划生育“三为主”方针，紧紧围绕“一法一例”内容，完善层级动态管理责任制和服务工作机制；建立健全计划生育“一证先行”办事制度的工作机制；健全了计生例会制度和服务周制度，坚持经常性工作与突击性活动相结合；建立健全利益导向机制，实施计划生育奖励优惠政策；健全综合治理机制，构建了齐抓共管的工作格局；健全了广东省全员人口信息系统，发挥统计信息在人口工作综合决策、科学管理和优质服务中的基础性和导向性作用。加大宣传投入，全镇投入资金30多万元，制作大型计生墙标、宣传栏、宣传牌，并征订各类计生宣传品8000多份分发给育龄对象，创造良好的计生宣传氛围。全年妇检率达94%以上，出生率13.24‰，自然增长率8.51‰，计划生育率79.62%，全面完成县下达的各项人口控制指标。

【教科文卫体事业】 2013年，赤石镇重视支持教育工作，积极开展集资办学，加大对教育基础设施的投入，努力改善山区办学条件。召开赤石镇第29个教师节座谈会，与参会教师畅谈赤石未来的教育设想，并对全镇教职工进行慰问。“普九”成果进一步巩固，“防流控辍”效果显著。适龄儿童入学率达100%，年巩固率100%，中、小学升学率分别达98%和99%以上。初中毛入学率达98%以上，辍学率降到2%以下，“三残”儿童的入学率达96%以上。年内，文化体育事业稳步发展。对综合文化站办公楼进行了维修，完善了相关配套设施，免费对外开放，为群众开展文化活动提供了场所，创造了条件。国庆期间，赤石镇组织向阳舞队和八音队前往兄弟镇小漠参加“南粤幸福活动周”活动，镇向阳舞队、八音队与小漠、鲘门、鹅埠广场舞蹈队等举行联谊活动。高度重视文化遗产保护工作，持续加大对该镇古寨群保护投入，赤石镇新厝林古寨旅游项目还参与省级财政旅游扶贫项目资金评选活动，虽然最后没能成功获评，但也为赤石镇古寨提高了知名度。赤石镇广播电视在实现村村通的基础上，并利用现有条件对有线电视升级到数字电视，相应增加了电视节目和提高了电视收看效果，丰富了群众的业余文化生活。

【扶贫“双到”工作】 2013年是新一轮三年扶贫“双到”工作的第一年，赤石、新联、新城和新联四个村在帮扶单位和帮扶责任人的努力下，制定帮扶规划、落实帮扶项目和资金。四个村都成立专业种养合作社；投入抗灾复产资金39万元；投入40万元购置两辆农用车；计划购置3套多媒体教室设备，资金已到位；投入农田水利设施、道路等基础设施修复资金48万元。至年末，帮扶单位又划拨了360万元到扶贫账号，计划作为四个村的基础设施建设和集体经济启动资金。建立巩固扶贫开发长效机制，为贫困村脱贫奠定坚实基础。

（林嘉良）

附：2013年赤石镇党委、政府、人大领导名录

党委书记：吴筱聪
副 书 记：林永长　林春生
镇　　长：林永长
副 镇 长：邱平钦　杨镇浩
人大主席：吴筱聪
副 主 席：李志山

鹅埠镇

综合概况

【简述】 鹅埠镇位于海丰县西部，全镇区域总面积100.7平方千米，其中耕地面积880公顷，林地面积6700公顷。鹅埠镇鞋业从20世纪80年代中期开始发展，由最初的家庭作坊式小鞋坊逐渐演变发展成现在初具规模的制鞋专业镇。

2013年，全镇工业总产值24.45亿元，比2012年增长20.98%，其中规模以上工业产值11.92亿元；农业总产值1.56亿元，比增5.41%；农村人均纯收入7616元，比增15.01%；国地两税收入3378万元，比增21.41%，其中国税收入2230万元、地税收入1148万元；全年用电量4887.54万千瓦小时。

【产业转移园区建设】 2013年，鹅埠镇全力支持配合服务深汕产业转移园区建设的各项工作，坚持以深汕产业转移园区为平台和依托，创新招商引资形式，积极配合园区接洽一批科技含量高、技术先进的企业项目，引进一批投资额大，带动性强的高端优质工业项目落户建设，在全镇掀起新一轮的开发建设热潮。至2013年年底，腾讯云计算中心建设项目已依法按程序取得土地，正在施工建设主体工程；海丰县瑞和建筑装饰材料设计研发综合加工项目已建设4栋厂房，完成建筑面积约1.5万平方米；深圳市凌阳实业发展有限公司建设项目征地工作进展顺利，地上附着物补偿工作已全面完成，项目已进入土地平整、钻探阶段；晟火电子科技有限公司建设项目已建设2栋厂房主体工程，完成建筑面积约1万平方米。

【农业经济】 2013年，鹅埠镇充分发挥土地资源优势，巩固农业基础性地位。一是海崇畜牧发展有限公司、开源农产品有限公司和日月湖农业生态园等农业企业不断发展壮大，农业龙头企业的辐射带动作用进一步凸显。引导和帮助农民群众搞好农业结构调整，种养品种得到改良优化，确保农业增效农民增收。二是坚持以农业基础设施建设为重点，不断改善农业生产条件，全面提高农业生产能力和防灾功能。三是进一步保障农民根本利益，坚决贯彻落实种粮直补等各项惠农政策。

2013年12月4日，鹅埠镇十五届人大三次会议

【安全生产】 2013年，结合镇的实际情况和工作特点，全力抓好交通、危险品、烟花爆竹、建筑施工、消防等安全监管工作。对违反安全生产违法行为的企业给予限期整改、责令停产停业整顿、取缔等处罚。加强安全生产知识的宣传，进一步提高人们对安全生

产的认识，建立了全镇安全工作的新格局。

【民生工作】 鹅埠镇坚持以人为本，大力抓好各项惠民实事，让广大群众共享经济发展的成果。一是扎实推进扶贫工作深入开展，制定完善的帮扶规划。同时，严格落实最低生活保障、养老、医疗救助以及农村五保供养等制度，加大对特困群众、弱势群体的社会救济、救助力度，切实解决好群众的生产生活困难。二是坚持省劳动力培训转移政策，实施积极的就业政策，完善以创业带动就业的政策体系和工作机制，推进失地农民社会保障机制的实施。三是完善以村级卫生所为基础的医疗卫生服务体系建设，提高公共卫生服务质量和医疗卫生水平，巩固农村新型合作医疗发展成果，努力解决群众看病难、看病贵的问题。四是以“环境卫生整治年”为契机，深入开展“大清洁，乡村美”农村清洁工程专项活动，通过多方筹资，投入资金提高环卫工人工资待遇，增加运载车辆，建设镇垃圾中转站和各村（社区）垃圾收集点，缩短垃圾囤积时间，对公路两边排水渠进行全面清理，以建设整洁、优美、和谐、生态的城乡环境为目标，不断加快现代新农村建设步伐。同时，继续投入资金对镇自来水工程进行改造，进一步加强对该镇饮用水源地的清理整治和保护，积极实施农村中小学饮水安全改造工程，确保人民群众饮水安全。五是推动文教事业全面发展。文体方面，镇村文化站（室）、文体广场建设日趋完善，篮球、乒乓球、游泳、广场舞等群众性活动进一步推广，城乡群众文体生活日益丰富。教育方面，巩固“两基”成果，不断加大教育投入力度，开展社会集资助学，帮助学校建设多媒体教室，进一步完善办学条件，完善教育措施，落实教育布局调整措施，努力建设教育强镇。

【综治信访维稳】 2013年，继续深入开展“强综治、创平安、促发展”活动，依法打击违法犯罪活动，维护好社会治安稳定。充分发挥信访维稳综治中心作用，加大维稳资金的投入力度，建立落实目标管理长效机制，落实层级包干，加大调处力度，及时妥善化解群众矛盾纠纷。继续大力构建社会治安防控和公共安全防控体系，加大专项治理力度，严厉打击各项违法犯罪行为。

【计划生育工作】 2013年，全面完成各项指标和任务，努力开创人口和计划生育工作新局面。认真落实计生层级动态管理责任制，成立以

鹅埠镇红罗畲族村篝火晚会

书记、镇长为正副组长的计生工作领导小组，做到党政一把手亲自抓，负总责，全面推进“依法管理、村民自治、优质服务、政策推动、综合治理”计划生育新机制；加大计生宣传教育力度和资金投入力度，完善配套镇计生办、计生服务所和村计生服务室的硬件设施，在镇主要路口和人群较集中的地方制作大型计生宣传牌匾和大量计生宣传横幅、标语，做好计生经常性工作；强化激励机制，对镇、村两级计生人员明确各自职责，实行“包片、包村、包组、包户”责任制，签订目标责任书；集中时间和力量，扎实开展以人口清理清查、查环查孕为突破口，以落实政策外怀孕补救措施，纯二女户结扎和征收社会抚养费为重点的计生集中服务活动，全面扫清节育手

红罗畲族村一景

术库存；认真做好例会记录和例会纪要，及时发现新问题、新情况。

【民政工作】 2013年，强化落实优抚安置政策，安排好困难优抚对象生活。鹅埠镇镇认真贯彻落实各项优抚安置政策，做好低保、农村五保、孤儿救助和养老院的工作，积极为优抚安置对象办好事实事，帮助他们解决实际存在的问题，努力提高优抚对象的经济待遇和社会地位，把优抚安置工作落到实处。坚持专款专用的原则，保证每月按时按额发放优抚金、生活救助金和最低生活保障金。年内，严格执行市政府关于殡葬改革遗体火葬“一刀切”政策，镇党委、政府加强领导，强化管理，狠抓责任落实。同时，继续投入资金加快完善镇公益性公墓山及配套设施建设，在全县率先完成镇级公墓山建设任务。

【基层党建工作】 2013年，镇党委紧紧围绕新时期党建工作总目标，不断提高党建工作科学化水平。一是抓好党政班子队伍建设。二是抓制度规范，不断加强作风建设。三是抓好基层组织建设，调整充实村级班子队伍。按照村级组织“五好五有”的要求，镇党委结合全镇村级干部结构现状和实际，对5个村的支部书记和部分干部进行了调整充实。村支书、主任一肩挑达73%，村级班子队伍的号召力、凝聚力、战斗力进一步增强。四是抓好党风廉政建设。

（黄德银）

附：2013年鹅埠镇党委、政府、人大领导名录

党委书记：李特清
副 书 记：吴海林　林坤生
镇　　长：吴海林
副 镇 长：曾广浩　孙火祥
人大主席：李特清
副 主 席：杨致业

公平镇

综合概况

【简述】 公平镇位于海丰县东北部，是已故民俗文学泰斗钟敬文先生的故乡。公平镇东邻平东镇，南与城东镇、海城镇接壤，西与海城镇莲花山森林公园相连，北邻惠东县高潭镇、海丰县黄羌镇和公平水库。公平在唐元和年间（806~820年）已形成圩市，因货物交易兴旺而且合理，故誉公平，俗称公平圩。2004年12月，公平撤乡并镇。镇域总面积127平方千米。有耕地面积1636.8公顷，山地面积8791公顷。下辖23个行政村、119个自然村、7个社区。海丰县林业西坑管理处委托公平镇代管。至2013年年底，公平镇户籍人口70267人，包括外来人口，全镇总人口约11万人。

2013年，全镇实现地区生产总产值72.1亿元，同比增长18.6%。工业总产值64.6亿元，比增54.1%；农业总产2.5亿元，比增4%；第三产业为5亿元，增加值与2012年基本持平；社会消费品零售总额19亿元，比增15%；全社会固定资产投资总额25.9亿元，比增20%；上缴国地两税（县级）1605万元；城镇居民人均可支配收入14980元，比增8%，农村居民人均现金收入8153元，比增22%。各项主要经济指标稳中有进，经济运行质量和经济效益不断提高。

【农业经济】 一是加快新农村建设。2013年，坚持以现代技术带动传统农林业的发展战略，创新发展水平，深入推广"一村一品"生产模式和绿色生态发展的理念，大力推进各地生态的发展，公平镇赤坭村、平一毛多陂村、五联平富寮村3个自然村被县评为县级建设生态文明万村示范点。与此同时，充分发挥五联、赤坭等县级新农村建设示范点的带动作用，多渠道筹集新农村建设资金，以建设新农村示范点为目标，进一步加强村容村貌的建设，提高了农村宜居宜业的总体环境。公平镇笏雅洪厝围村、十三坑白水湖村、桥一村又被县定为社会主义新农村建设示范村。二是加快现代农业发展。继续培育和规范农民专业合作经济组织，大力推行农业标准化生产，努力打造质量品牌。公平镇新学士种养专业合作社被省农业厅确定为广东省菜篮子工程水果基地。三是夯实农业基础。进一步加大农田的水利基础设施建设，夯实农业基础，投入资金60万元对平一村拦水陂头、平二村三家丘拦河坝进行重建；投入资金1000多万元对十三坑桥仔头村及石排村、平二上军田村、平三乌石村、平新桔子园村和五联平富寮村的排灌渠道进行改造加固。与此同时，大力推进赤坭、高北、平二、平三、笏雅和五联行政村361.51公顷高标准基本农田的建设。

广东金鸟来服饰有限公司荣获2013年度汕尾市政府质量奖。图为荣誉证书与奖牌

【青围工业新区建设】 青围工业新区征地是近10年来历届党政第一大难的工作，如何化解征地拆迁中的各种难题，突破征地，拉动全镇新一轮经济的发展是摆在公平镇党政面前的一项艰巨任务。为此，镇党委、政府突出青围工业新区建设这个重点，进一步明确工作思路，调整充实以党政成员为正副组长的10个征地工作组，实施“一对一”战略，逐个做好青湖自然村10个村民小组村民的思想工作，有序推进青围工业新区的征地拆迁工作，取得明显成效。至年底，已和青湖村8个村民小组签订征地协议书，部分征地款也已发到各村民账户。

【服装工业】 2013年，按照县“工业年”的工作要求和部署，镇党委、政府认真制订“工业年”活动工作方案，及时研究和部署“工业年”活动工作。年内，继续坚持“育小、扶中、抓大”的发展方向，指导和帮助有条件的民营企业做大做强，在推进规模化发展上实现新突破，推动上规模工业2家，全镇规模工业达到24家，产值达43.07亿元，与2012年同比增长33.56%。规模以上工业产值占工业总产值的比重66.7%，与2012年同期相比，提高33.6个百分点，有效拉动了全镇经济的持续发展。年内，积极引导服装企业强化质量兴企意识，继续实施名牌带动战略，切实打造自主品牌。2013年金鸟来服饰有限公司获得汕尾市质量奖。同时，认真做好百斯盾申报上市以及创世纪、华盛、步徕登等几家企业申报广东省著名商标的跟踪服务工作，努力推进从产品经营向品牌经营的战略性转变。积极引导服装企业加大研发投入，提高产品技术含量，增加附加值，并根据消费市场高附加值产品设计的竞争策略，设计生产有创意的特色产品、新概念产品，以多样化的设计应对多样化的需求，吸引与满足消费者，提高了市场的占有率。由于订单量逐渐增加，一些企业不断增资扩产，来吉奇服饰有限公司、创世纪服饰有限公司分别投入资金760万元和600万元新建厂房，扩大生产规模。

【城乡建设】 2013年，公平镇扎实抓好城乡建设。一是完善城镇规划。借助潮惠高速公路海丰段的出入口定在公平与城东的交界处，以及县把省道242线城东至公平段公路沿线两旁定位工业长廊的地理优势，重新把脉，逐步完善规划，同时控制、规划好省道242线公平段公路两边工业产业带。二是抓好公路建设。配合上级公路部门做好赤跃公路公平段、省道242线公平至高潭段的建设以及潮惠高速的征地拆迁工作。投入资金120万元完成西山、赤坭以及平三3个行政村自然村路水泥路面的铺设，总长2.6千米。三是认真做好市政建设。为改变镇区市政建设落后的局面，5月份，镇委、镇政府成立市政整治领导小组，认真做好镇区日兴河及几条主要排水渠道的系统规划，并实施达标加固前期工作。整个防洪工程的实施需要投入资金约6000多万元，已向广东省水利厅申请立项，并争取列入重点中心镇的防洪流域规划范畴，尽快上马建设。同时对镇区海紫路富城至乌涂沟变电站段整治工程进行周密研究部署，年末，工程已进入宣传发动阶段。四是加强镇容村貌整治。按照县环境整治年的要求和部署，加大镇容村貌的整治建设力度，新增重型自卸车1部、三轮摩托车8部，在镇区海紫路，平东路两边新建垃圾池22个。至年末，全镇23个行政村中已有13个建立“有人员、有工具、有资金、有制度”的四有保洁管理机制，80%以上的自然村也建设了垃圾收集点。全镇垃圾清运基础设施日臻完善，生活垃圾日产日清，“脏、乱、差”的落后局面得到较大改善。

【抗击自然灾害】 2013年，公平镇遭受百年一遇的“8·16”特大暴雨和“9·22”超强台风的袭击，给群众财产造成重大经济损失共计达5亿多元。在灾害到来之前，公平镇组织全镇干部职工深入到各受灾点，组织群众防风抗灾，安排低洼地块群众提前转移，危险地段安排专人看守。灾害到来时，及时组织受灾群众转移，妥善安置转移群众生活。由于措施得力，组织精密，全镇没有发生人员伤亡，取得了防风抗洪斗争的胜利。灾害过后，全体干部职工立即查看灾情，及时上报。组织群众开展抗灾自救，把灾害损失降低到最低程度。

【综治信访维稳】 2013年，深入开展社会治安专项整治。充分发挥集镇联防队和各村联防队作用，开展社会治安专项整治，严厉打击“双抢一盗”和黄、赌、毒违法犯罪活动，为全镇经济和社会发展创造了良好环境。全年破获吸贩毒案件298宗，处理人员298人，其中，破获贩毒案件27宗，处理27人，强制戒毒90人，行政拘留131人，转社区戒毒50人，已完成全年任务。年内，完善信访维稳中心

建设。牢固树立“抓稳定就是抓发展，抓信访就是抓民生”工作意识，做到认识到位、感情到位、作风到位、能力到位。突出抓好“三个重点”，围绕“三个难点”，着力实现“三个目标”，实现公平和谐稳定发展。全年共受理信访案件20宗，调处率90%，调解成功18宗，只有2宗正在调解中。并成功实现全国“两会”、三中全会及重大节日期间，进省、上京“零”上访目标。

【民生工作】 2013年，在发展经济的同时，镇党委、政府加大力度，不断提高民众生活水平。后山、龙岗、笏雅、平二、西山5个村265户贫困户的新一轮“扶贫开发双到”工作扎实推进。此外，城乡居民医疗保险和养老保险覆盖面逐步扩大，取得较好成效。

【教科文卫事业】 2013年，公平中学中考全县前100名人数有3人，123人入围澎湃中学分数线，入围人数居全县37所中学第3位；英豪学校高三学生（第七届）参加高考，继前六届又传捷报，七度超额完成县市下达的各项高考指标，215人参加高考，上线人数169人，高考入围率79.3%，一本4人超县市下达指标400%，第二批本科以上38人，完成县市下达的指标215%；第三批专科以上169人，完成县市下达指标155%。年内，认真开展文化市场的整顿和管理工作，深入清理黑网吧和地下电子游戏室，净化了文化市场。积极抓好文化阵地建设，不断完善镇综合文化站和村、社区农家书屋的配套设施，丰富人民群众的文化生活。大力推进全民健身运动，成功举办了象棋、乒乓球赛，不断提高广大人民群众身体素质。

【计划生育】 加强层级动态管理，开展“两无”活动，实施育龄妇女档案信息化管理，按时开展妇检，清理清查“四术”库存对象，较好地推进计划生育步入正常化、规范化轨道。2013年，全镇落实“四术”措施838例，出生率为11.56‰，政策生育率为79.55%，死亡人口355人，死亡率为5.1‰，人口自然增长率6.91‰。

【基层组织建设】 2013年，公平镇在基层组织建设中，一是加大“书记”项目建设力度。为认真做好“书记”项目工作，镇党委、政府要求镇党政班子成员、全镇30个村（社区）支部书记积极参与，集思广益，出谋划策，共同攻坚克难。紧紧围绕“关爱农村离任村干部，建立村级离任干部保障机制”书记项目，为关心镇村两级离任干部的生活，解决他们的后顾之忧，保持镇农村干部队伍的稳定，并充分调动镇村两级干部的工作积极性，公平镇以基层组织建设年为契机，从解决农村干部的生活保障入手，制定《公平镇村级离任干部享受生活补贴的暂行规定》，拟对符合补贴要求的农村离任干部，每月发放补贴金。二是大力推进后进村的整改转化。以创先争优为载体，结合村（社区）“两委”换届“回头看”活动，积极探索后进村整顿的有效途径，推进庵前村、龙岗村的后进整顿转化，逐步巩固了后进村整顿转化成果。三是推动党代表工作室建设。公平镇的市、县、镇党代表共115名到党代表工作室轮值接访、进村入户走访调研，耐心诚心听取意见建议，对于党员群众的建议意见，党代表及时梳理答复，对解决难度大或者暂时不能解决的问题，做好耐心细致的解释工作；对于不能及时解决的及时整理反映给相关部门，协助解决，使党代表真正成为群众的“代言人”，进一步维护了社会稳定。四是提升“两新”组织覆盖率。公平镇现共有“两新”组织12个，其中新增“两新”组织5个（4个“两新”组织单独组建，1个“两新”组织联合组建），镇党委为每个“两新”组织指派一名党务工作者，协助配合5个新增“两新”组织的组建、选举工作及指导日常党务工作的开展。五是加强作风建设。为切实抓好镇干部职工“散、懒、庸、奢”等不良作风，公平镇严格落实《党政机关上下班制度》《值班制度》《会议制度》等相关制度，改变部分干部职工无所作为，上下班迟到早退、上网打游戏、出工不出力，工作效率低，不干事、不作为等现象。

（杨乐娜）

附：2013年公平镇党委、政府、人大领导名录

党委书记：卓辅烈（任至4月）　余长华（4月起任）
副 书 记：郑增城　周奋羽　许宝城（挂任）
镇　　长：郑增城
副 镇 长：邓金明　朱伟军　刘莎莎（1月起任）
　　　　　李伟锋（8月起任）
人大主席：余长华（4月起任）
副 主 席：戴智金

平东镇

综合概况

【简述】 平东镇位于海丰县东北部，东北与陆河、陆丰交界，西南与公平水库接壤，西北与黄羌镇毗邻，南与城东、可塘两镇相连。1974年从公平分出建制镇，是一个山区纯农业镇。属革命老根据地“九龙峒”所在地，公平水库移民地区和海丰大湖公平省级自然保护区重要组成部分，生态农业镇。镇政府驻日中圩，距县城22千米。2013年，全镇总面积130平方千米，辖日中社区和坑口、九龙、茅陂、平东、大塘、南门、谷兜、新平、双墩9个行政村，83个村民小组，总人口2.9万人。

2013年，全镇工农业总产值39372万元，其中农业总产值28972万元、比增2.87%，工业企业总产值9500万元、比增28.7%；农民人均年纯收入达6134元，比增11%；国地两税完成1056万元，比增43.2%。被广东省委、省政府办公厅评为“广东省扶贫开发‘规划到户、责任到人’工作优秀单位”。

【农业经济】 2013年，平东镇坚定“建立现代农业生产体系，打造绿色生态文明乡镇”的发展路子，不断加大农业产业结构的调整力度，开创农业发展新模式，促使农业产业快速转型升级，进一步夯实农业基础地位。以省级农业龙头企业陆港种养基地为依托，打造集农业新技术试验、农业新品种试种、农业新科技培训、无公害蔬菜种植为一体的大型现代农业生产体系。以全国民营企业五百强海亮集团为依托，做好有机农产品的基地化、规模化生产，海亮集团有机农业双墩基地已全面进行规划建设，基地面积68.67公顷，预计总投资6000万元，建设蔬菜大棚40公顷。大力倡导优势名牌农产品的规模化生产，着重抓好瓜类、生姜、花生、芝麻、茶叶等一批名优产品的基地化生产，不断提高农业生产效益。2013年全镇农业在连续遭受“8·16”特大暴雨和“9·22”“天兔”超强台风双重袭击的情况下，仍保持有所增长，全年总产值28972万元，比增2.87%，农民人均纯收入6134元，比增11%。

【招商引资】 招商引资取得实效，年内投资3000万元的鸿发木材加工厂正式投产，成为平东镇投资规模最大，设备最先进的大型木材综合加工企业。

【重点项目建设】 2013年，长12千米的潮惠高速公路平东段征地工作基本完成，发放征地款2400多万元，作物、建筑物和坟墓补偿500多万元，工程队已进场全面建设。县重点农业项目海亮集团有机农业基地平东双墩基地项目已正式落户平东，基地总面积68.67公顷，计划投资6000万元，建设高标准蔬菜大棚40公顷，该基地的建设，为平东农业生产闯出一条新路子。

【抗灾救灾】 2013年，平东镇遭受百年一遇的“8·16”特大暴雨和“9·22”超强台风的袭击，给人民群众生命财产造成重大损失，共计达2亿多元。据统计，全镇累计农作物受灾面积2856.33公顷，其中成灾面积1180.33公顷、绝收面积1056.67公顷；水利陂头冲垮、受损31宗；全倒户79户，房屋严重受损2143间，受灾户769户4259人。在大灾面前，平东镇村两级党组织和广大党员干部发挥了战斗堡垒和先锋模范作用，深入群众家中，组织群众转移到安全地带，妥善安置他们的食宿，确保了群众安全。由于指挥得当、责任落实、人员到位，全镇没有发生人员伤亡情况，取得防洪防风的重大胜利。灾情过后，及时组织镇村两级干部职工统计灾情，及时上报并组织协助群众开展抗灾自救，把灾害带来的损失降低到最低程度。灾后及时组织人员，协调资金，筹集物资，确保受灾群众渡过难关，救灾复产，重建家园。全镇79户因灾全倒户重建工程基本完成，发给建房补助168万元，部分群众已搬进新居，确保了大灾之后群众生产生活稳定。

【民生工作】 2013年，农村饮水安全“进村入户”工程全面展开，主管道通达全镇10个村、社区，83个村民小组中已有37个通上自来水，占44.6%；总投资400万元的城平公路平东段5座中小桥项目全面建成通车；总投资300万元的平东镇新卫生院已投入使用；总投资100万元的镇区道路改造工程已完工，完成500米路面硬底化，铺设排污渠道1000米，架设路灯20枝；总投资3600多万元的平东至陆丰西南跨境公路已完成造价审核阶段，即将进入招投标阶段；总投资400万元、占地面积6000平方米的镇文体广场全面建设，初具雏形；总投资130万元的劳动保障服务平台和文化站改造工程已完成主体建筑，进入内装修阶段，即将投入使用。扶贫工作深入开展，双墩、九龙两个被帮扶村扶贫各项前期工作已全部完成，即将全面实施。

【综治信访维稳】 2013年，平东镇不断加强综治信访维稳中心和信访工作站建设，全力做好信访维稳工作，达到了预期的工作目标。大力加强社会治安综合治理，扎实推进平安社区建设，全镇社会和谐稳定。

【教科文卫事业】 2013年，平东镇在教育、卫生等各项事业也取得长足发展。一是大力加强教育强镇创建工作，全年投入各类资金300多万元，建设中小学多媒体教室19间，对校舍和校园环境进行全面改造和整治，发动社会人士为困难学生捐赠书包等学习用具1000套；对优秀教师、班主任和先进工作者进行奖励，促进了教学工作、教学质量的全面提升。二是镇新卫生院已正式投入使用，全年群众医保参保人数2.4万多人，办理医疗补偿800多人次，补偿医药费700多万元。

【计划生育工作】 2013年，全镇出生率、政策生育率、人口自然增长率分别控制在13.5‰、88.45%、7.23‰，达到了预期目标，顺利通过市、县的考核验收。另外，还全面开展计划生育“一证先行”办事制度，严格规定，依法办事，对促进全镇计生管理工作走上规范化、正常化秩序起到较好的促进作用。

【基层组织建设】 2013年，平东镇进一步加强基层组织建设，认真开展党风廉政建设，严格执行“八项规定”；不断壮大和优化党的组织，全年发展新党员7名。

【其他各项工作】 ①武装工作继续保持优良传统，顺利完成征兵任务，在“8·16”特大暴雨和“9·22”强台风“天兔”袭击中，民兵应急分队发挥了重要作用。②民政部门切实加强对全镇低保、五保和困难户的救助工作，积极争取上级扶持和地方自筹，全年共为全镇的低保五保、医疗救助、困难救助、优抚对象等各类人群发放各类救助金900多万元，较好解决困难群众的生活居住问题。③综治信访维稳工作常规化，全年共受理各类信访案件17宗，已办结16宗，办结率94%。④林业部门在森林防火、生态林保护、湿地鸟类保护等方面做了大量工作，成绩显著。⑤城建国土部门加强对违规用地和违规建设的查处和监管力度，有力遏制了非法取土、违法采矿、违规用地、违章建设等违规违法案件的发生。⑥殡葬管理严格执行火化“一刀切”政策，确保火化率100%完成任务，同时还认真做好潮惠高速清迁坟工作。此外，在安全生产、生态保护等方面也都取得显著成绩，为全镇社会和谐、经济发展发挥了作用。

（杨靖海）

附：2013年平东镇党委、政府、人大领导名录

党委书记：余正茂（任至4月）
王奕雄（4月起任）
副 书 记：王奕雄（任至4月）
缪惠文（3月起任）
镇 长：王奕雄（任至4月）
吴德胜（4月起任）
副 镇 长：刘连枝 陈海陆
人大主席：余正茂（任至4月）
王奕雄（4月起任）
副 主 席：许家枢（任至3月）
杨靖海（候选人，8月起）

村（社区）选介

【平东镇日中社区】 位于平东镇东部，是一个以

农为主的社区，农业以种植水稻、番薯、花生以及瓜类作物为主。畜牧业主要以养猪、养牛为主，家禽主要以养鸡鸭为主。社区7个居民小组全部实现村道硬底化，社区东西走向有省道335线海丰至陆河公路横穿而过，向北通行县道126线黄羌至平东公路，向南有城东至平东公路通达陆丰市西南镇和海丰县城东镇、公平镇，交通条件极为便利。社区驻地日中圩，也是平东镇委、镇政府所在地。社区区域总面积8.3平方千米，其中：山地面积372.2公顷，耕地面积163.33公顷，其中水田120公顷、旱地43.33公顷。日中社区辖谷塘、陈塘、上楼、下楼、仁安楼、日中、下石示7个居民小组，2013年年末，全村总户数682户，总人口4653人，其中农业人口3600人。日中社区积极开展新农村建设，投资100多万元对日中旧区进行改造，改变以往“脏乱差”的现象，社区集体收入、居民收入都有了较大增长。

【平东镇茅陂村】 位于平东镇西南部，在大型水库——公平水库西南侧，是海丰大湖公平省级自然保护区的重要组成部分。茅陂村所在“九龙峒”地区是著名革命老区，全村山多地少，是一个以农为主，兼以林业为辅的村庄。农业以种植水稻、生姜、花生以及冬瓜、南瓜等瓜类作物为主。畜牧业主要以养猪为主，家禽主要以养鸡鸭为主。县道城东至平东公路在村中经过，另有村道九龙公路连接省道335线海陆公路，交通便利，全村全部实现村道硬底化；另外，规划建设中的潮州至惠州高速公路也途经该村。村委会驻地楼下村距离集镇12千米，村域总面积17.92平方千米，山地面积1576.87公顷，耕地面积170.67公顷，其中：水田80.67公顷，旱地90公顷。茅陂村辖角仔、青陂、增和塘、凤岐山、径仔背、山仔、新厝、井头、楼下、塘堲下、西山下等11个村民小组，至2013年年末，全村总户数418户、总人口1885人。随着省重点项目潮惠高速公路的建设，将为该村的发展创造更为有利的条件。

黄羌镇

综合概况

【简述】 黄羌镇位于汕尾市海丰县北部，属红色革命老区。东毗邻陆丰市、陆河县，南临公平水库，西连紫金县，北与惠东县高潭镇接壤，是典型的亚热带季风性气候地区。全镇行政区域面积138.4平方千米，其中山地面积10764公顷，台地面积6505.33公顷，水田面积804.14公顷，旱地302.8公顷，林地面积7333.33公顷。全镇下辖18个村委、1个社区、163个自然村，总人口3.8多万人。

2013年，全镇实现社会总产值5.31亿元、工农业总产值3.22亿元，其中工业产值1.32亿元、农业产值1.90亿元，同比增长10%、8%、10.7%、7.2%，人年均收入6260元，同比增加5%。加大对基础设施建设方面的投入力度，固定资产投入4.65亿元，同比增长28%。全年完成工商税收收入675万元，同比增长2%，圆满完成上级下达的任务。

【发展特色农业】 2013年，通过发挥资源和区位优势，进一步推进农业结构调整。一是突出西瓜、金针菜、无公害蔬菜等产业的发展，全镇种植金针菜等特色绿色农作面积200公顷，全镇农民实现增收2000万元；在合门兴办西瓜基地53.33公顷，预计收入可达400万元。二是积极发展淡水养殖业。积极引导黄羌、合门、里坑、建林、双新、双圳等村利用自身水源优势养殖罗非鱼，养殖面积133.34公顷，为各村养殖户实现增收1000多万元。

【新农村建设】 2013年，借助省“一事一议”扶持政策，全镇有8个村8个村级公益事业建设项目已批复实施，项目总投资118.5万元，中央、省、市、县各级财政奖补资金39.5万元；县级示范点坑联村、双新村、官背洋村的新农村建设继续推进，已实施完善村庄规划、供电线路整改、旧房拆迁、农民饮用水、路灯亮化、公厕改造、道路硬化、村庄绿化、河道整治等建设项目。东岭村委罗崋屯村、黄羌村委大面园村及虎噉村委3个村的新农村建设也取得较大成绩，共投入500万元进行村内道路、美化亮化、公共活动场所及环卫设施的建设，村容村貌发生较大变化。

【农业基础设施建设】 2013年，黄羌镇全年总

2013年6月22日，黄羌镇召开教育创强工作推进会

2013年8·16水灾，黄羌镇基层干部救护村民

投入达100多万元，修建陂头14处，解决了全镇166.67公顷“望天田”的灌溉问题。完成防洪堤修复4处共计2000米、渠道21处共计12000米，完成河道整治1000米；完成里坑、虎噉、石山及坑联安全饮水工程建设，水质经检验符合国家饮用水标准，解决了6000多名村民的饮水安全问题。

【抗灾复产工作】 2013年，黄羌镇连续遭遇“8·16”特大洪水和超强台风“天兔”袭击，群众生命财产损失严重，尤其是农田、水利、道路、房屋等基础设施遭受到严重损毁。灾情发生后，镇党委、政府高度重视、全力做好灾后复产工作。一是切实做好全倒房的重建工作。两次灾害中，全镇共有41户全倒房户，按照全倒户的重建必须确保在2014年的元旦前完成、春节前让群众搬入新居的要求。实行党政领导包户责任制、采取灾民自筹一点、县财政支持一点、挂驻单位帮扶一点、民政部门争取上级补贴一点、社会捐助一点、保险赔偿一点“六个一点”的办法筹集重建资金帮助全倒户重建家园。二是全镇投入150万元用于修复重建路桥，修复水利陂头、渠道及河道清淤等。

【重点项目建设】 2013年主要项目建设：一是黄平公路建设工程计划，总投资6000多万元。按照此资金计划重新进行设计、审核，即将进入招投标阶段。二是双新至丰田接陆河公路正在筹备测设环评，并已立项。三是镇劳动保障所已经投入使用。四是镇公墓山续建工程着手筹备动工兴建。五是200公顷农田基本设施改造动工建设。六是投资2820万元的罗嶂河小流域综合治理工程已经省水利厅审批，准备进入测设阶段。七是省已批复的总投资450万元的白面前、竹成、汉塘仔及黄竹沥四处水库的除险加固项目正抓紧进行招投标工作。八是总投资553万元的黄羌双河灌区、松林灌区等工程已报省水利厅审批。九是总投资2400多万元的官田仔整村推进项目进入收尾阶段；河东西仙坝及麻塘移民工程按序推进。十是落实水库移民资金324万元，其中双圳村十三坑水库后期扶贫资金115万元。

【落实惠民惠农政策】 黄羌镇认真做好种粮补贴和种粮综合直补工作，不断提高农民生产积极性。2013年，全镇共有3379户，种植水稻面积1201.52公顷，补贴金额175万元。年内，大力推进新型农村合作医疗，全镇农村合作医疗保险参保32646人，参保率100%。全年累计报销300多万元。落实农业种植保险工作。2013年全镇有17个村委的2053户农户给492.13公顷水稻购买农业种植保险，获得

黄羌镇2013年“8·16”水灾农田受淹

近30万元理赔资金。继续执行好优抚救济制度，全镇已累计发放低保金163.2万元，发放低五保救济金86.4万元。

【安全生产】 认真贯彻落实“安全第一、预防为主、综合治理”的方针和安全生产“一岗双责”责任制，强化领导、加强安全生宣传教育，切实开展全镇范围内的安全生产大检查行动，排查各项安全隐患。2013年共排查安全隐患20多起，查出无证经营12起，责令停工整改5起，没收非法汽油50升、无牌摩托车23辆。全镇全年没有出现任何安全事故，实现“零事故”、“零伤亡”目标。

【教育强镇工作】 2013年，黄羌镇教育强镇工作进入验收阶段，总投入资金1300万元（包括镇中心小学综合楼、黄羌中学综合楼、黄羌中学新教学楼、松林小学综合楼）的建设及东坑小学综合楼改造现已完成；总投资300万元的东岭小学综合楼改造工程已顺利封顶，预计2014年年初可以交付使用；小学阶段多媒体电教平台经多方筹资115万元，建成46间多媒体教室；投入资金300多万元的中心幼儿园建设工程已竣工，正在完善配套设施，即将投入使用。另外，各中小学的教学设施设备、塑胶跑道、篮球场及幼儿园配套设施设备等建设将逐步完善，并着手创建成人文化技术学校及完善社区教育设施设备。

【文化卫生事业】 2013年，投资20多万元修建镇文化站，功能室一应俱全；投入40万元建成镇文化广场；全年全镇演戏300场，放电影600多场，丰富了群众的文化生活；卫生保健和疾病防控能力不断加强，新型农村合作医疗全面实施，卫生医疗条件明显改善，新型农村基本养老保险稳步推进，新农保资金发放工作及时、到位，农村卫生状况进一步改善。

【扶贫“双到”工作】 根据省委、省政府的部署，2013～2015年为新一轮扶贫开发“双到”工作期，黄羌镇双圳和东岭两个贫困村分别由深圳市龙岗区宣传部和住建局牵头对口帮扶。镇协助两个帮扶单位顺利完成前期调查摸底工作，并完成137户贫困户636人的建档立卡、相片上传及制订贫困村3年规划工作，同时完成全镇100户住房困难户的核查录入工作。年内，龙岗区宣传部已投入15万元资金，帮助双圳小学实现多媒体教学。

【综治信访维稳】 2013年，黄羌镇重视普法宣传教育，扎实开展“六五”普法工作，提高公民法律意识。积极开展基层大接访活动，把问题解决在萌芽状态。充分发挥综治维稳中心作用，深入开展“强综治、创平安、促发展”创建活动，采取有效措施，全面推进综治信访维稳防控体系建设，全年没有发生重大恶性案件。

【环境卫生综治整治】 2013年，借助环境卫生整治年和“美丽卫生、环卫先行”环境整治专项活动为契机，全面整治环境卫生，彻底改变农村“脏、乱、差”现象，不断改善和提高人居环境和质量。按照上级“一镇一站，一村多点”的要求，投入110万元建成1个黄羌镇垃圾转运站，投入42万元在全镇19个村（社区）建成自然村垃圾收集点139个；投入1万元新增40多个垃圾桶，安置在黄羌镇区主干道沿途，有效地解决了市场周边、马路边露天垃圾问题；此外镇区配备清洁保洁人员3名、垃圾清运车1辆，确保垃圾日产日清。

【计划生育】 认真贯彻落实“一证先行”办事制度，按县《关于加强人口和计划生育工作综合治理实行“一证先行”办事制度的通知》的工作要求，镇及时召开党政联席会议专题研讨制订落实“一证先行”工作方案，结合黄羌镇实际制定办事流程，充分利用各种方式方法开展“一证先行”制度的宣传，使之家喻户晓。此外还大力宣传计生法和计生条例，进一步完善干部包干责任制，严格执行计划生育“一票否决制”，加强流动人口计生管理工作，计生信息化建设进一步完善，计划生育行政执法工作切实开展。2013年全镇共出生475人，完成“四术”343例。计划生育率79.85%，自然增长率7.64‰，较好完成了上级下达的各项指标任务。

【殡葬改革】 2013年，镇殡改工作通过不断加强巡查，全面清理整顿“三道二区”坟墓，遏制乱埋乱葬、新修坟墓的现象，严肃查处殡改违规违纪行为；加大宣传力度，转变群众传统的丧葬观念，使殡改工作做到“家喻户晓，人人皆知”；同时，镇党委、政府还出台《关于推进殡葬改革加强殡葬管理工作的实施意见》，力求从政策层面上推动殡葬管理工作扎实有效开展。

【基层组织建设】 2013年，继续以村级组织建设年为契机，始终坚持“围绕发展抓党建，抓好党建促发展”的工作思路，突出抓班子、促后进、建机制、强管理，不断提高党建工作水平。一是狠抓村班子建设。着力打造一支能干事、会干事、干成事，不误事的干部队伍。针对合门村党支部班子存在的问题，及时调整更换支部书记，有效扭转被动的工作局面。此外，为解决村干部的后顾之忧，镇还出台《关于调整村级离任干部享受生活补贴的有关规定》，有效地调动了村干部工作的积极性。二是扎实推进后进村整顿。3月开始，镇党委通过派驻工作组，制定针对性的整顿方案，从村班子建设、党员学习、阵地提升、经济发展等多层次入手，加大对双圳村党组织整顿力度。通过整顿，双圳村党支部的战斗力和凝聚力进一步加强。三是创新村级管理工作机制。一方面完善村务管理，健全完善了农村集体“三资”监管机制，对村级“资产、资金、资源”进行建案立档。全面推行村账镇管，促进村级组织财务管理规范化；另一方面建立村级民主决策、民主管理机制，规范党务政务公开的内容程序，确保村级权力在阳光下规范运行。四是加强党员干部联合体管理。以开展党的群众路线教育实践活动开展为契机，不断强化农村党员干部的日常管理，加大教育培训力度，健全后备干部培养和党员发展工作机制。2013年，共发展新党员9名，培养后备干部14名。

（叶军声）

附：2013年黄羌镇党委、政府、人大领导名录

党委书记：陈智钥
副 书 记：罗火贵（任至4月）
　　　　　许泽武（4月起任）　张流超
镇　　长：罗火贵（任至4月）
　　　　　许泽武（4月起任）
副 镇 长：张业敬　李振威（任至8月）
　　　　　欧斌权（8月起任）
人大主席：陈智钥
副 主 席：戴汉泉（任至8月）
　　　　　张志刚（8月起任）

村（社区）选介

【黄羌镇合门村】 位于黄羌镇南部，距离镇政府6千米，与双黄公路相连，地势平缓。1998年，该村靠近公平水库的部分湿地被划入“广东海丰鸟类

省级自然保护区”。合门村委辖下热水村蕴含较为丰富的天然温泉资源，经广东省地质矿产局七五六地质队勘测化验，pH值为9，属重碳酸钠型水。温泉水温长年保持在80℃～90℃，在汕尾地区小有名气。汕尾城区、海城公平及当地不少群众前往洗温泉澡。合门村临近公平水库，村内有新金水库、白面前水库、虾仔坑水库等3座小型水库，是县生态园区。1959年，从公平水库移民迁入黄羌镇管辖，系移民村。全村总面积约8平方千米，下辖合门、田寮、新金、冷井、双新、隆尾、热水等7个自然村，502户、2594人；有耕地总面积90.07公顷，其中水田面积78.4公顷。主要农作物有西瓜、芝麻等。2013年，以扶贫开发“双到”工作为契机，借助中山市国税局与合门村委挂钩扶贫的有利条件，建立了6.87公顷的金针菜种植基地，保证了村集体长期稳定的经济收入。在帮扶贫困户工作上，中山市国税局举办技能培训，推荐村劳动力往中山市企业就业并组织村两委干部和贫困户前往对接参观学习。另外该局还出资修对村办公楼进行修缮，配置一批办公用品；出资4万多元建成黄羌镇合门医疗站。为加快新农村建设，对村环境进行综合整治，在全村7个自然村中建设20平方米的垃圾池10个、公厕7座、三面不见土排污渠道1.2千米。

【黄羌镇双新村】 位于黄羌镇西端，西面与公平镇接壤，距镇政府所在地13千米。海紫公路穿境而过，交通便利。双新村设立于1961年5月，下辖南坑屯、南坑寨、塘尾岭、下塘荫、官背洋、田心、伍狮埔、大园里等8个自然村。全村共323户、1810人，有耕地总面积81.07公顷，其中水田63.47公顷，经济发展为纯农业生产。环境优美，濒临公平水库，水草丰美，养牛业发展较快。2013年，建设村内水泥道路3800米；投入资金修建村委办公楼、修建村文化广场并配置相应体育设施与健身器材；在各自然村村道上安装路灯，方便群众出行；大力改善村内卫生环境，统一修建一批垃圾池，使村民身体健康得到保障；加大对农田水利设施的投入力度，保障群众生产顺利进行。年内，双新村小学、初中入学率达100%，农村最低生活保障覆盖率达100%。村民住房条件日益改善，电话普及率97%，有线电视普及率98%。年内，双新村大力建设社会主义新农村，下辖的官背洋自然村新农村建设成效尤为显著。

双新村委官背洋自然村被海丰县定为建设新农村试点村后，立足山区实际，紧紧围绕社会主义新农村建设的“生产发展、生活富裕、乡风文明、村容整洁、管理民主”方针，积极发动村民发展特色产业，爆米花生产现已初具规模，家家户户都参与该产业，产品远近闻名，大大提高了村民收入。同时，积极响应上级关于新农村建设“不但要建新房，更要建新村”的要求，专门邀请上级设计部门对全村的整体布局进行规划，全面掀起新农村建设热潮。特别是2008年后，官背洋村按照新规划的要求，在上级水利部门和扶贫开发帮扶单位的大力支持下，村多方筹资1200多万元，先后铺筑村通水泥公路并安装路灯，实现自然村道路硬底化，修建篮球场、文化室和一批垃圾池，兴建村牌楼工程，自来水工程；为有效解决村民长期住在低矮平房、危房，生活环境差，人身安全无保障的问题，经征求村民同意后，采取统一拆迁和统一建设的方法，已对全村56套民房、危房进行改造，建成规划一致的新楼房，并对周边环境进行改造建设，改善了村民居住环境，乡风文明建设也得到改善，被县定为精神文明村建设试点单位，2011年被评为广东省卫生村。

黄羌林场

【简述】 黄羌林场地处海丰县东北部山区，毗邻紫金、陆河、惠东和海丰县黄羌镇、公平镇。总面积45.6平方千米，林业用地面积3585.6公顷，其中商品林2654.2公顷、生态公益林881.6公顷。下设朝面山、江西坪、富足园三大林业工区，陆安、麻竹、十字岗、富足园4个村委会，24个自然村，总人口4600多人。辖区内有朝面山、朝阳两大中型水库。黄羌林场是海丰县边、穷、远红色革命老区，也是全市唯一带农队的国有林场。

2013年，全场农村经济总收入1060.7万元，比2012年递增8%；固定资产396万元，比2012年递增15%；社会消费品零售总额194万元，比2012年递增4%；农村人均年收入3135元，比2012年递增12%；种植粮食作物75.33公顷，总产量294吨；种植其他经济作物76.67公顷，总产值413.9万元；牧业收入130.9万元；林业收入610.9万元。

【林业管护】 2013年，黄羌林场加强林区治安秩序的整顿治理和防火工作，场领导班子成员、林业公安派出所及护林工作人员，深入基层做好护林防火的宣传工作，成立以民兵骨干小分队为主体的三防扑救队伍，坚持严格的日常森林防火值班制度，采取“定片、定点、定地段、定人员、定职责”的办法，场与相关管护工作人员签订责任书，建立健全森林防火应急处理机制，提高扑救火灾的能力。据统计全年出动宣传车28车次，新设立防火标牌5个，全年没有发生森林火灾，确保了森林生态资源和人民生命财产的安全。全年没有出现乱砍滥伐现象，较好地维护林区的社会治安秩序，促进了林业的经济稳定发展。

【民生工作】 一是加快新农村建设的步伐，认真抓好环境卫生工作。在省、市、县政府和上级有关部门的大力支持下，2013年，认真做好农村生活垃圾转运站建设工作，建成1个农村生活垃圾转运站和24个农村生活垃圾收集点。二是认真做好“8·16”特大洪水和“9·22”台风“天兔”影响的灾后复产工作。三是根据省市林业主管部门建设通知和方案要求，林场第二批干部职工危旧房改造工程已全面完工，较好解决了广大干部职工的住房问题。四是出台黄羌林场教育基金会章程草案。在11月召开教育基金会成立大会，筹集原始基金40万元，以购股的方式投入到海丰县黄羌林场南煌水电开发有限公司，并按股份制运营模式进行经营。衍生收入用于奖励对教育事业有突出贡献的教师和学习成绩优异的学生及帮助贫困家庭学生完成学业，解决林场学校寄宿生后勤开支。

【碳汇重点生态林工程】 根据广东省森林碳汇重点生态工程建设资金竞争性分配实施方案要求，2012年，全面完成建设森林碳汇重点生态工程74.2公顷。

【基层组织建设】 2013年，黄羌林场党组织一是抓好基层党组织班子建设，培养一批后备干部人才。二是加强党员队伍建设。全年新发展党员10人，至年末共有党员216人。

【计生与殡改工作】 2013年，林场在市、县的统一部署下，开展一年四季高潮服务工作，全年完成结扎28例，放环32例，落实补救措施4例，征收社会抚养费3.5万元，出生率均控制在5.86‰，如期完成县下达的任务指标。年内，殡改工作通过加强宣传等工作，动员全场群众提倡移风易俗，坚决抵制封建迷信等旧传统。全年共火化尸体13具，超额完成上级下达任务。

（陈建东）

附：2013年黄羌林场党政领导名录

书　记：罗坤照
副书记：曾锦坤
场　长：张金城
副场长：池晓宇　宋华贵

梅陇农场

【简述】　梅陇农场地处汕尾市海丰县西南部沿海地区，是广东农垦属下一个以水稻种植生产和水产养殖生产为主、禽畜生产为辅，种、养、加、运、建、服综合经营的中央农业企业，全称“广东省梅陇农场”。梅陇农场大部分土地由滨海滩涂围垦而成，土地平坦连片，土层深厚，土壤肥沃，属亚热带季风气候，全场有海岸线24.5千米，沿海浮游生物丰富，水质、土质十分适宜种养，是省级水稻种植和水产养殖高产示范基地。

2013年，全场实现生产总值28209万元，比增13.9%。其中：第一产业15141万元，比增17.3%；第二产业9274万元，比增5.1%；第三产业3794万元，比增5.1%。人均收入13968元，比增8%。全年总收入550万元，比2012年增长23%，实现利润85万元。

【农业经济】　水稻种植和水产养殖是梅陇农场两大主导产业，2013年，农场把“两水”生产工作当作搞好全场经济建设的头等大事，切实加强农业基础地位，千方百计抓好农田水利建设以及优良品种的引进推广和管理服务等工作，大大加快农业产业化建设进程；切实抓好水产养殖承包管理工作，逐步加强对水产养殖的服务和引导，大力倡导、推广水产健康养殖方式和技术革新试验，不断增加科研投入，积极实施“池底管道增氧”“虾鱼混养”“冬棚养殖”等技术试验和推广，提高养殖户利用先进科技增产增收的能力。但是，由于遭受自然灾害，早造初期到中期接连遭遇春旱和持续强降雨的严重影响，晚造又遭受超强台风“天兔”的正面袭击，农业生产受到严重威胁。虽然通过全场上下的共同努力，全力以赴投入抗灾抢险，加强灾后复产和补救工作，最大程度降低损失，但还是无法避免严重减产。根据农业部门深入调查统计，全场573.33公顷水稻，年平均亩产仅775千克，比往年减产30%左右（其中早造平均亩产为400千克，晚造平均亩产为375千克），由于产量低、稻谷价格不高，农户普遍亏本；水产养殖方面也同样受到不同程度的损失，尤其是基础设施方面受损比较严重。但由于2012年水产品的价格比往年要高出许多，而且及时采取有效补救措施，大多数养殖户还是有所营利，小部分养殖户甚至还取得了高产丰收。据场生产技术部门调研统计，水产东区渡头片有年毛利润每亩2870元、河浦片每亩3815元的养殖户；水产西区周木蓬养殖白对虾2.37公顷，年毛利润4.33万元，即每亩1230元；河浦围福建养殖户2012年承包渔塭开发精养虾池，进行“虾鱼混养”，2013年每亩纯利润1万元以上。

【基础设施建设】　按照省农垦总局“把农场建设成为城市后花园”“建设美丽生态新农场”的工作思路，继续贯彻实施基础设施先行策略，想方设法增加基础设施建设的资金投入，逐步优化农场的经济建设环境：一是投入资金50万元改造渡头围养殖基地电力设施，安装3座250千伏变压器及配套线路。二是“一事一议”财政奖补项目，投入资金240万元，进行东关管区文化室、场部小区绿化、公共环卫设施、村道和照明设施建设改造。三是投入资金294万元，进行危改配套设施建设，重点完成岩前、河浦、澳山、场部、乌树、科研等居民点的道路、绿化、排污和挡土墙等建设。四是后港溪大桥建设工程，采取多渠道筹资的方式，计划投入资金600多万元进行大桥建设，已筹集资金30万元完成工程前期工作和桥墩18座。

【抗灾复产工作】　2013年，由于遭受超强台风“天兔”的正面袭击，全场农业生产全面受灾，职工房屋、仓库厂房、学校、医院以及供电、道路等基础设施受损严重。据统计，风灾造成农场直接经济损失7700多万元。灾情发生后，农场党政高度重视，坚持深入一线、靠前指挥，组织动员全场各级迅速掀起抢险救灾工作热潮，努力将受灾损失降到最低。一是把人民群众的生命财产放在首位，及时转移受困群众235人，确保没有造成人员伤亡。二

梅陇农场科研所精养池

是把抗灾复产的重点放在“两水”主产业，投入大量人力、财力、物力在第一时间对全场种养基地的供电设施、排灌渠道和道路等进行全面抢修，以最短的时间恢复正常生产秩序。三是把抗灾复产工作与一事一议工作紧密结合，切实加强场部基础设施和绿化建设，有效推进农场小城镇建设进程。

【民生工作】 2013年，切实做好“一事一议财政奖补项目”工作。一是把该项工作当作重要的民生工程，通过广泛宣传，让广大职工群众了解掌握政策，充分调动职工群众对实施“一事一议”项目的积极性和主动性。二是认真进行摸排，结合农场小城镇建设规划，充分征求职工群众意见，将符合“一事一议”政策，群众反映比较迫切的项目列入建设规划，并进行反复论证研究，确定年度建设项目。三是加强领导监管，成立“一事一议”项目建设领导机构，对项目建设的原则、范围、程序、进度等进行严格督查，确保项目顺利推进，有效推动农场小城镇建设步伐。

【社会保障】 2013年，继续做好社会保障工作。根据汕尾市社会保障局的指示，农垦职工社会养老保险纳入地方管理，农场严格按照上级要求，对全场参保职工以及离、退休人员的个人信息进行认真核实，按时上报，并于5月份将全场职工社保顺利过渡地方，归属汕尾市社会保障局管理，退休人员的平均工资从2012年的每人每月1060元提高到每人每月1302元，大幅度增加了退休人员的社会保障金。年内，继续做好城乡居民医疗保险和城乡居民社会养老保险工作。梅陇农场根据上级工作部署，认真做好宣传，大力发动广大职工群众参加城乡居民医疗保险，经过职能部门和全场各单位的共同努力，取得较好成绩：全年全场参合人数达7280人，参保率100%；至12月底，参合职工群众中因病住院累计583人次，得到医疗补偿资金291万元，让职工群众真真正正得到实惠，从而大大减轻了农场和职工群众的经济负担。全场参加城乡居民社会养老保险人数505人，其中享受养老待遇人员417人。

【文化生活】 梅陇农场充分利用节假日的契机举办形式多样的文娱体育活动，丰富干部职工的业余文化生活，如端午节龙舟竞赛、篮球比赛书画比赛等。5月份，农场积极配合汕尾农垦局工会成功举办了汕尾垦区首届篮球联谊赛，场篮球队在比赛中取得冠军。

（程少章）

附：2013年梅陇农场党政领导名录

党委书记：陈贤泽
副 书 记：李梅生　陈火斯
纪委书记：余秋伦
场　　长：李梅生
副 场 长：邓建龙　曾　多　庄秋红
工会主席：许淑标

先进人物与先进集体

Xianjin renwu yu xianjin jiti

红四师

先进人物

2013年度海丰县受市厅级以上表彰的先进个人名录

表 7

姓名	工作单位	表彰单位	荣誉称号	授予时间
黄鸿成	广东电网公司汕尾海丰供电局	全国总工会	全国五一劳动奖章	2013
吴贤忠	海丰县赤坑镇人民调解委员会	司法部	全国模范人民调解员	2013-05
黄大毅	海丰县档案局	中共广东省委办公厅 广东省人民政府办公厅	广东省扶贫开发“规划到户、责任到人”工作优秀驻村干部	2013-04
魏贤俊	海丰县地方税务局	省总工会	广东省五一劳动奖章	2013
曾晓东	海丰县公路局	省人力资源与社会保障厅 省交通运输厅	广东省技术能手、广东省交通技术能手	2013-12
叶其诚	海丰县赤石镇人民调解委员会	广东省司法厅	全省人民调解能手	2013-05
戴金洋	海丰县黄羌镇人民调解委员会	广东省司法厅	全省人民调解能手	2013-05
周汉钦	海丰县公平镇人民调解委员会	广东省司法厅	全省人民调解能手	2013-05
陈碧娇	汕尾市海丰县海城镇居委组长	广东省妇联	广东百名好婆婆	2013-01-04
钟玉凤	汕尾市海丰县鲘门镇朝面山村农民	广东省妇联	广东百名好婆婆	2013-01-04
许珠容	汕尾市海丰县后门镇朝面山村农民	广东省妇联	广东百名好婆婆	2013-01-04
彭彩娥	汕尾市海丰县城东镇桥东社区	广东省妇联	广东省“绿色家庭”	2013-11-22
江清婵	汕尾市海丰县梅陇镇德兴首饰厂	广东省妇联	广东省“绿色家庭”	2013-11-22

续表

姓名	工作单位	表彰单位	荣誉称号	授予时间
洪海洋	海丰县档案局	中共汕尾市委 汕尾市人民政府	汕尾市扶贫开发“规划到户、责任到人”工作优秀个人	2013-05
陈晓彬	海丰县供销合作联社	中共汕尾市委办公室 汕尾市人民政府办公室	汕尾市扶贫开发“规划到户、责任到人”工作优秀个人	2013-05
陈亮	海丰县质监局	广东省“三打”专项行动领导小组	全省“三打”专项行动先进个人	2013-02
张辉民	海丰县工商局	汕尾市“三打”专项行动领导小组	全市“三打”专项行动先进个人	2013-01
林文财	海丰县工商局	汕尾市“三打”专项行动领导小组	全市“三打”专项行动先进个人	2013-01
高炯峰	海丰县人民法院	汕尾市中级人民法院	个人三等功	2013-01
张文姣	海丰县人民法院	汕尾市中级人民法院	个人三等功	2013-01
陈小娟	海丰县人民法院	汕尾市中级人民法院	全市法院十佳办案标兵	2013-01
郭利通	海丰县人民法院	汕尾市中级人民法院	全市法院十佳办案标兵	2013-01
高杰群	海丰县人民法院	汕尾市中级人民法院	全市法院十佳办案标兵	2013-01
李捷辉	海丰县人民法院	汕尾市中级人民法院	全市法院十佳办案标兵	2013-01

先进集体

2013年度海丰县受市厅级以上表彰的先进单位名录

表 8

获奖单位	表彰单位	荣誉称号	授予时间
海丰县	全国普及法律常识办公室	全国“六五”普法中期先进县（市、区）	2014-03
海丰县国家税务局	中共广东省委 广东省人民政府	广东省文明单位	2013-12
海丰供电局海城供电所	中华全国总工会 国家安全生产监督管理总局	全国“安康杯”竞赛优胜班组	2013-06
海丰县地税局	中共广东省委办公厅 广东省人民政府办公厅	广东省扶贫开发“规划到户、责任到人”工作优秀单位	2013-04
海丰县广播电视台	中共广东省委办公厅 广东省人民政府办公厅	广东省扶贫开发“规划到户、责任到人”工作优秀单位	2013-04
海丰县供销合作联社	中共广东省委办公厅 广东省人民政府办公厅	广东省扶贫开发“规划到户、责任到人”工作优秀单位	2013-04
海城镇人民政府农业办	中共广东省委办公厅 广东省人民政府办公厅	广东省扶贫开发“规划到户、责任到人”工作优秀单位	2013-04
海城镇人民政府	中共汕尾市委 汕尾市人民政府	汕尾市扶贫开发“规划到户、责任到人”工作优秀单位	2013-05
海丰县人民法院刑庭	广东省高级人民法院	集体二等功	2013-04
海丰县工商局	广东省“三打”专项行动领导小组	全省“三打”专项行动先进集体	2013-02
海丰县妇幼保健院	广东省妇女联合会	广东省“三八红旗集体”	2013-03
海丰县彭湃中学女工委	广东省妇女联合会	广东省巾帼文明岗	2013-03
海丰县妇女联合会	广东省妇女联合会	广东省家庭文化建设工作先进集体	2013-11
海丰供电局	广东省妇女联合会	广东省巾帼文明岗	2013-03
海丰供电局女职工委员会	广东省妇女联合会	广东省巾帼文明岗	2013-03

续表

获奖单位	表彰单位	荣誉称号	授予时间
海丰县人民法院	汕尾市中级人民法院	集体三等功	2013-01
海丰县广播电视台	广东南方广播电视传媒集团	2013年度广播电视安全播出优秀单位	2014-01
海丰县广播电视台	广东南方广播电视传媒集团	十八大广播电视安全播出先进单位	2013-01
海丰县广播电视台	广东省广播电影电视局	广东省广电系统十八大广播电视安全播出先进集体	2013-01
海丰县广播电视台	广东南方广播影视传媒集团	2013年度广播电视安全播出优秀单位	2014-01
广东金鸟莱服饰有限公司	汕尾市人民政府	汕尾市政府质量奖	2013-12

附　录

Fu lu

海丰县莲花山云莲寺

社会经济统计资料

2013年海丰县国民经济和社会发展统计公报

2013年，面对复杂形势和严峻挑战，全县上下坚持以党的十八大精神为统领，牢牢把握“主题主线”和加快转型升级、建设幸福海丰的核心任务，坚定实施工业强县战略，大力促进结构调整和经济发展方式转变，克服各种困难和挑战，社会保持和谐稳定，国民经济保持平稳较快发展，各项社会事业取得新的进步。

一、综合

初步核算，2013年全县生产总值221.7亿元，比2012年增长13.1%。其中：第一产业增加值33.3亿元，增长4.0%，对GDP增长的贡献率为13.3%；第二产业增加值100.0亿元，增长20.5%，对GDP增长的贡献率为51.7%；第三产业增加值88.4亿元，增长6.6%，对GDP增长的贡献率为35.0%。产业结构进一步调整优化，三次产业结构由2012年的15.4∶44.4∶40.2，调整为15.0∶45.1∶39.9。全县人均GDP为27513元，增长12.4%。

“双转移”力度进一步加大，全县新增城镇就业15381人，城镇登记失业率控制在2.49%；转移劳动力12163人，农村劳动力转移就业率达到77.73%。

社会保障制度进一步完善，社会保险覆盖面逐步扩大。2013年年末，全县121685人参加城镇职工基本养老保险，46003人参加失业保险，765916人参加城乡基本医疗保险。社会保险基金全年征缴收入35787万元，年末社会保险基金累计结余61309万元。

二、农业

全年累计完成农业总产值53.74亿元，比2012年增长3.9%。其中：种植业产值27.2亿元，比增1.8%；林业产值1.37亿元，比增8.2%；牧业产值6.35亿元，比增1.0%；渔业产值14.92亿元，比增7.3%；农林牧渔服务业产值3.9亿元，增长9.1%。

全年：粮食作物种植面积34570.6公顷，下降1.3%；其中水稻种植面积30386.1公顷，下降1.7%；油料种植面积3241.9公顷，增长1.3%；蔬菜种植面积18449.5公顷，增长9.9%。

全年：粮食产量152948吨，下降16.6%；其中，水稻产量132900吨，下降18.2%；油料产量5809吨，下降2.5%；蔬菜产量445964吨，增长7.4%；水果产量77145吨，增长5.7%。

全年：肉类总产量23055吨，下降1.9%。其中：猪肉产量11072吨，增长1.2%，禽肉产量9865吨，下降6.6%。全年肉猪出栏量累计14.96万头，增长1.2%，生猪年末存栏量8.42万头，增长1.4%。累计家禽出栏量682.2万羽，下降7.0%。

全年水产品产量147051吨，增长3.0%。其中：海洋捕捞25607吨，与2012年基本持平，海水养殖91601吨，增长3.8%；淡水捕捞2346吨，下降2.7%，淡水养殖27497吨，增长3.8%。

三、工业和建筑业

全年完成工业总产值394.6亿元，增长23.1%，其中，规模以上工业总产值285.3亿元，增长32.9%，占全社会工业总产值的比重由上年66.1%上升为72.3%。全年全部工业完成增加值90.5亿元，增长22.8%。其中，规模以上工业增加值64.4亿元，增长32.5%。

全年资质等级以上建筑企业9个，受国家房地产调控政策影响，全年完成：建筑业总产值3.2亿元，比2012年下降2.4%；利润总额589.5万元，比2012年增长51.5%；利税总额1121.6万元，比2012年增加61.7%。全社会建筑业增加值9.6亿元，增长9.6%。

四、固定资产投资

全年全社会固定资产投资223.9亿元，比2012年增长28.1%。分城乡看：城镇投资204.4亿元，增长24.1%；农村投资19.6亿元，增长94.3%。分投资主体看：国有和集体经济投资37.3亿元，增长42.9%；民间投资178.9亿元，增长94.5%；港澳台、外商经济投资43.1亿元，增长30.2%。

分三次产业看：第一产业投资23.4亿元，增长64.8%；第二产业投资95.4亿元，增长39.5%；第三产业投资105.1亿元，增长8.9%。

全年房地产开发投资9.2亿元，比2012年下降3.6%。按工程用途分：商品住宅投资6.1亿元，下降15.3%；商业营业用房投资0.9亿元，增长50.0%；其他投资1.9亿元，增长26.7%。全年房屋施工面积128.7万平方米，比2012年下降19.0%；全年房屋竣工面积29.0万平方米，增长17.4%；全年商品房销售面积17.9万平方米，下降55.3%。

五、国内贸易

全年社会消费品零售总额198.3亿元，比2012年增长12.4%。分城乡看：城镇消费品零售额141.9亿元，增长12.3%；农村消费品零售额56.4亿元，增长12.7%。分行业看：批发和零售业零售额172.8亿元，增长12.5%；住宿和餐饮业零售额25.5亿元，增长12.1%。

在限额以上法人批发零售业销售额中，粮油食品、饮料、烟酒类销售额7.6亿元，增长10.4%；服装、鞋帽针织品类销售额0.3亿元，下降1.6%。

六、对外经济

全年进出口总额98799万美元，比2012年增长39.8%。其中：贸易出口总值68400万美元，增长38.93%；进口总值30399万美元，增长41.9%，实现顺差38001万美元，增长36.6%。

全年：新签外商直接投资项目15个，合同吸收外资金额9563万美元，下降75.19%；实际使用外商直接投资金额7065万美元，下降44.28%。

七、交通、邮电和旅游

全年：交通运输、仓储和邮政业实现增加值6.6亿元，比2012年增长6.0%。

全年：货物运输总量1250万吨，比2012年增长6.3%；货物运输周转量183388万吨公里，增长3.7%。全年旅客运输总量2617万人，增长6.4%；全年旅客运输周转量304207万人公里，增长4.1%。

全年完成邮电业务总量58209万元，增长4.9%。其中：邮政业务总量3859万元，增长13.7%；电信业务总量54350万元，增长4.4%。

旅游业持续快速发展。据旅游部门统计，全年全县：接待旅客总人数达23653万人次，比2012年增长13.0%；旅游收入13.26亿元，增长15.0%。

八、财政和金融

全年全县财政一般预算收入132107万元，增长16.44%。其中：税收收入83325万元，比增18.01%；非税收入48472万元，比增13.13%。税费比达到0.63:0.37。财政一般预算支出227851万元，增长15.6%。

年末全县银行业金融机构各项存款余额148.3亿元，比年初增长13.0%。其中，城乡居民储蓄存款余额122.6亿元，比年初增长14.0%。年末全县各项贷款余额50.5亿元，比年初增长24.0%。其中：短期贷款余额7.9亿元，比年初增长29.0%；中长期贷款余额42.2亿元，比年初增长23.0%。

九、教育 文化 卫生 体育

全年：中等职业技术教育在校学生数4313人，比2012年增加90.0%；普通中学在校学生数55998人，减少19.7%；小学在校学生数62299人，减少4.5%；幼儿园在园人数12005人，增长33.0%。

年末全县共有：各类专业艺术表演团体2个，文化馆1个，公共图书馆1个，博物馆、纪念馆各1个。全县有线电视用户13.9万户，比2012年增长5.3%。

年末全县拥有：医院、卫生院27个，医院、卫生院床位2623张，增长7.3%；卫生技术人员2969人，其中执业医师和执业助理医师1532人、注册护士788人。

十、人口与人民生活

年末户籍人口825503人。其中，非农业人口为406102人，男性431790人，女性393713人。全县常住人口为80.82万人，增长6.2‰，城镇化率为62.49%。据计生部门统计年报显示，全年出生人口10542人，出生率为12.63‰；死亡人口4344人，死亡率5.2‰；人口自然增长率为7.43‰。

城乡居民生活水平逐步提高。据城乡居民住户抽样调查，2013年，农民人均纯收入为10245.5元，比2012年增长12.1%；农村居民家庭恩格尔系数为46.7%。城镇居民人均可支配收入18200元，比上年增长13.0%。城镇居民家庭恩格尔系数为47.2%。全县单位从业人员年平均工资为33485元，增长2.4%。

2013年海丰县主要经济指标完成情况一览表

表 9

主要经济指标	单位	1-12 月份主要指标完成情况	比去年同期增长（%）	备注
一、地区生产总值	亿元	221.7	13.1	
二、工业总产值	亿元	394.6	23.1	
其中：规模以上工业产值	亿元	285.3	32.9	
规模以上工业增加值	亿元	64.4	32.5	
三、农业总产值	亿元	53.7	3.9	
四、社会商品零售总额	亿元	198.3	12.4	
五、全社会固定资产投资	亿元	223.9	28.1	
六、出口总值	万美元	68400	38.9	外经部门提供
七、实际利用外商直接投资	万美元	7065	-44.3	外经部门提供
八、财政一般预算收入	万元	132107	16.44	财政部门提供
财政一般预算支出	万元	227851	15.6	财政部门提供
九、城镇居民人均可支配收入	元	18200	13	
十、农民人均纯收入	元	10245.5	12.1	

文献选编

中共海丰县委 海丰县人民政府 关于表彰2012年度全县先进单位的决定

海委〔2013〕4号

2012年，我县各级党政机关在上级党委、政府的正确领导下，坚持以邓小平理论和“三个代表”重要思想为指导，认真实践科学发展观，按照省委加快转型升级、建设幸福广东的要求，深入贯彻落实市委第六次党代会精神，围绕县第十次党代会提出突出“一条主轴”、推动“三大创新”、建设“十大工程”的发展思路，特别是县委常委（扩大）会议提出的立足“三个坚持”、勇于“四个争当”、推进“五个发展”总体工作思路，充分发挥县领导班子的集体智慧和领导核心作用，组织、带领全县各级党政机关和广大干部群众抢抓机遇，团结拼搏，狠抓重点项目建设、招商引资、财税征收，以及计生、教育、维稳等工作，使我县经济发展保持较快增长，社会各项事业取得显著成效。为总结成绩，树立典型，弘扬正气，进一步调动全县广大干部群众的积极性，推动创新发展、建设幸福海丰，勇当科学跨越发展先锋，努力把海丰建成全市产业转移升级先行区、县域经济发展排头兵，经各地、各部门认真评选，并经县委、县政府研究同意，决定授予梅陇镇等7个镇为“海丰县2012年度先进镇”，县委办等23个单位为“海丰县2012年度先进单位”，公平镇青围村等28个村（社区）为“海丰县2012年度先进村（社区）”，大湖镇等18个单位为“海丰县2012年度社会主义精神文明建设先进单位”，海城镇等15个单位为“海丰县2012年度扶贫开发‘双到’工作先进单位”，附城镇新山村等10个村为“海丰县2012年度社会主义新农村建设示范村”，城东镇等33个单位为“海丰县2012年度人口和计划生育先进单位”，平东镇等3个单位为“海丰县2012年度殡葬管理先进镇”，可塘镇等9个单位为“海丰县2012年度平安创建和综治工作先进单位”，黄羌镇等6个单位为“海丰县2012年度信访工作先进镇”，县安监局等10个单位为“海丰县2012年度安全生产先进单位”，广东烟草汕尾市有限公司海丰县分公司等38个单位为“海丰县2012年度模范纳税大户”，县住建局等31个单位获34个荣誉称号奖，并给予表彰，以资鼓励。

县委、县政府希望受表彰的单位，积极向上，发扬成绩，再接再厉，再创佳绩，为推动创新发展、建设幸福海丰做出更大的贡献。

县委、县政府号召，全县各地、各单位要认真学习先进单位敢于克服困难、勇于开拓创新的精神，学习先进单位的好经验、好做法，以他们为榜样，把思想和行动统一到党的十八大、省委十一届二次全会和市委六届二次全会精神上来，把握科学发展主题，抓住省委加快转型升级、建设幸福广东的主线，以推动创新发展、建设幸福海丰为目标，以县委十届二次全会精神为动力，按照“五个活动年”的要求，全面推进政治、经济、文化、社会、生态文明和党的建设。

附件1：海丰县2012度先进单位名单

附件2：海丰县2012年度获国家、省部、市厅（局）荣誉称号的先进单位

2013年2月5日

附件1：

海丰县2012年度先进单位名单

一、先进镇（7个）

梅陇镇
附城镇
海城镇
赤石镇
鹅埠镇
小漠镇
联安镇

二、县直先进单位（23个）

县委办公室
县人大办公室
县政府办公室
县政协办公室
县委宣传部
县委老干局
县总工会
县监察局
县公安局
县检察院
县民政局
县卫生局
县实验中学
县国土资源局
县发改局
县中小企业局
县电信局
县质监局
县财政局
县人民银行
县地税局
县林业局
县公平水库管理局

三、先进村（社区）（28个）

海城镇南门社区
海城镇城北社区
海城镇长埔村委
附城镇城南社区
附城镇圆山村委
城东镇龙山村委
城东镇汀洲村委
公平镇长安社区
公平镇青围村委
公平镇白山村委
梅陇镇梅南社区
梅陇镇梅星村委
梅陇镇梅尖村委
可塘镇罗山村委
可塘镇可北村委
赤坑镇青坑村委
赤坑镇赤花村委
联安镇霞埔村委
陶河镇霞雅村委
黄羌镇双圳村委
平东镇双墩村委
小漠镇南香村委
鹅埠镇西湖村委
赤石镇新里村委
后门镇民新村委
大湖镇山脚村委
黄羌林场麻竹村委
梅陇农场燕洲管区

四、专项先进奖

（一）社会主义精神文明建设先进单位（18个）

1.文明镇（8个）
附城镇
大湖镇
赤石镇
黄羌镇
海城镇
联安镇
鲘门镇
平东镇
2.文明单位（10个）
县工商联
县审计局
县人武部
县文体旅游局
县住建局
县物价局
县汽运总公司
县检疫海城办事处
县国税局
县自来水公司

（二）扶贫开发“双到”工作先进单位（15个）

1.扶贫开发“双到”工作先进镇场（7个）
海城镇

梅陇镇
黄羌镇
陶河镇
赤坑镇
大湖镇
黄羌林场
2.扶贫开发“双到”工作县直先进单位（8个）
县政协办公室
县住建局
县民政局
县人社局
县林业局
县供销合作联社
县档案局
县广播电视台

（三）社会主义新农村建设示范村（10个）

海城镇桂望村
附城镇新山村
梅陇镇新寮村
可塘镇溪头村
陶河镇下边村
赤坑镇岗头村
小漠镇旺渔村
黄羌镇黄羌村委大面园村
平东镇平东村委新村
赤石镇赤石村委新厝林村

（四）人口和计划生育先进单位（33个）

1.人口和计划生育先进镇（4个）
海城镇
城东镇
小漠镇
联安镇
2.计划生育兼职成员县直先进单位（4个）
县公安局
县财政局
县民政局
县卫生局
3.人口和计划生育先进村（社区）（25个）
海城镇北门社区
海城镇桂望村委
附城镇联西村委
附城镇新山村委
城东镇圆墩村委
城东镇后林村委
梅陇镇新渔村委
梅陇镇梅陇村委
公平镇新兴社区
公平镇西山村委
可塘镇下可塘村
可塘镇陇东村委
赤坑镇溪金村委
赤坑镇茅湖村委
联安镇唐厝村委
陶河镇杨南村委
大湖镇湖仔村委
黄羌镇东岭村委
平东镇平东村委
小漠镇大澳村委
鹅埠镇西南村委
赤石镇冰深村委
后门镇后门社区
梅陇农场大港管区
黄羌林场十字岗村委

（五）殡葬管理先进镇（3个）

鹅埠镇
附城镇
平东镇

（六）平安创建和综治工作先进单位（9个）

海城镇
附城镇
城东镇
可塘镇
公平镇
联安镇
赤石镇
县公安局
县法院

（七）信访工作先进镇（6个）

海城镇
附城镇
可塘镇
大湖镇
黄羌镇
赤石镇

（八）安全生产先进单位（10个）

海城镇
附城镇
公平镇

小漠镇
大湖镇
经济开发区
梅陇农场
县安监局
县住建局
县海洋与渔业局

（九）模范纳税大户（38个）

广东烟草汕尾市有限公司海丰县分公司
广东电网汕尾海丰供电局
中国移动通信集团广东有限公司海丰分公司
海丰碧桂园房地产开发有限公司
海丰县凯旋实业有限公司
纬兴毛织（海丰）有限公司
海丰县万业房地产有限公司
海丰联岭针织有限公司
海丰县新基房地产开发有限公司
海丰县金桔莱黄金珠宝首饰有限公司
敏兴毛织（海丰）有限公司
汕尾市兴亿房地产有限公司
海丰县协祥盛染织有限公司
海丰县怡和建筑安装工程有限公司
汕尾市骏业房地产有限公司
海丰金伯爵广场
超群（海丰）首饰厂有限公司
海丰县海崇畜牧发展有限公司
海丰县广信鞋业有限公司
海丰县运达时皮业有限公司
汕尾市永业房地产开发有限公司
海丰县华泰房地产开发有限公司
广东华成峰有限公司
海丰县金泰房地产实业有限公司
海丰县和荣贸易有限公司
海丰珠江啤酒分装有限公司
海丰县南湖城市房地产开发有限公司
广东百斯盾服饰有限公司
汕尾市东骏房地产开发有限公司
海丰县东升实业有限公司
海丰县标致实业发展有限公司
海丰县盛科房地产开发有限公司
维多利亚（海丰）轻工实业有限公司
海丰县蓝天贸易有限公司
海丰金鹏国际酒店有限公司
海丰县后门东成饭店
海丰县附城金华酒店
海丰县后门华晖饭店

附件2：

2012年度获国家荣誉称号的先进单位

表 10

序号	获奖单位	表彰单位	荣誉称号	授予时间
1	海丰县住房和城乡规划建设局	人力资源和社会保障部、住房和城乡建设部	全国住房城乡建设系统先进集体	2012年12月

2012年度获省部荣誉称号的先进单位

表 11

序号	获奖单位	表彰单位	荣誉称号	授予时间
1	海丰县海洋与渔业技术推广站	国务院农业部渔业局	全国养殖渔情信息采集工作先进单位	2012年12月
2	海丰县人口和计划生育局	广东省人口计生委	“古韵八音”唱计生全省宣教创新项目	2012年12月
3	海丰县博物馆	广东省文化厅	广东省达标博物馆	2012年9月
4	中共梅陇镇委	广东省卫生厅、广东省红十字会	无偿献血促进奖	2012年10月

续表

序号	获奖单位	表彰单位	荣誉称号	授予时间
5	海丰县白字戏剧团	中共广东省委宣传部、广东省文化厅	广东省第七届戏剧曲艺花会（金奖）	2012年12月
6	海丰县人武部党委	广东省军区党委	先进党委	2012年7月
	海丰县人武部 海丰县人武部	广东省军区	“粤防-12”演习保障先进单位	2012年8月
		广东省军区	先进人武部	2012年12月
7	中国建设银行股份有限公司海丰支行	广东省妇女联合会	巾帼文明岗	2012年3月
8	海丰消防中队	广东省公安厅	集体三等功	2012年2月
9	海丰县人民政府地方志办公室	广东省人力资源和社会保障厅、广东省人民政府地方志办公室	全省地方志工作先进集体	2012年12月
10	县妇女联合会	广东省妇女联合会	家庭文化建设工作先进集体	2012年2月
11	海丰县人民法院	广东省高级人民法院	刑事审判庭获“集体二等功”	2012年4月
12	县纪委监察局信访室	中共广东省纪委、省监察厅	全省纪检监察信访举报工作先进单位	2012年12月
13	海丰县公安局城东派出所	省公安厅	全省“清剿火患”战役先进单位	2012年3月
14	中共海丰县委宣传部	中共广东省委宣传部	广东省第八届精神文明建设“五个一工程”奖	2012年12月
15	海丰县西秦戏剧团	广东省文学艺术界联合会	第九届广东省鲁迅文学艺术奖（艺术类）	2012年12月
16	海丰县委组织部	广东省委组织部	全省提高选人用人公信度示范创建活动先进单位	2013年1月
17	海丰县鸟类省级自然保护区	广东省林业厅	全省林业系统自然保护区建设管理工作先进集体	2012年6月

2012年度获市厅（局）荣誉称号的先进单位

表 12

序号	获奖单位	表彰单位	荣誉称号	授予时间
1	海丰县委老干部局	中共广东省委老干部局	通讯发行先进单位	2012年9月
2	海丰县烟草专卖局工会委员会	广东省妇女联合会、广东省爱心父母大联盟	广东省爱心父母大联盟银奖	2012年8月
3	海丰县人民检察院	广东省人民检察院政治部	广东省检察机关计财装备工作先进集体	2012年11月
4	海丰县人力资源和社会保障局	广东省人力资源和社会保障厅	全省人力资源社会保障系统先进集体	2012年12月

续表

序号	获奖单位	表彰单位	荣誉称号	授予时间
5	海丰县统计局	广东省统计局	广东省企业“一套表”联网直报先进集体	2012年12月
6	海丰县水务局移民办	广东省水利厅	2006～2012年广东省实施水库移民后期扶持工作先进单位	2012年12月
7	公平水库管理局	广东省水利厅	2006～2012年广东省实施水库移民后期扶持工作先进集体	2012年12月
8	中国移动海丰分公司	中共中国移动通信集团广东有限公司汕尾分公司委员会	2011～2012年先进党支部	2012年7月
		中国移动广东公司党组	中国移动广东公司基层党组织	2012年6月
9	海城镇人民政府	中共汕尾市委	2010～2012年度创先争优活动先进基层党组织	2012年6月
10	海丰县经济促进局	汕尾市人民政府	2011年度汕尾市节能先进单位	2012年8月
11	陶河镇人民政府	中共汕尾市委、汕尾市人民政府	人口与计划生育工作先进单位	2012年3月
12	陶河镇下边村委	中共汕尾市委	先进基层党组织	2012年6月
13	黄羌镇虎噉村委	中共汕尾市委	2010～2012年度创先争优先进基层党组织	2012年6月

中共海丰县委　海丰县人民政府
关于创建广东省教育强县的决定

海委〔2013〕14号

各镇（场、经济开发区）党委、人民政府，县直有关单位：

为贯彻落实《广东省教育现代化建设纲要（2004～2020年）》、《广东省中长期教育改革和发展规划纲要（2010～2020年）》和汕尾市《关于贯彻〈广东省中长期教育改革和发展规划纲要（2010～2020年）〉的实施意见》及我县《海丰县创建教育强县规划纲要》（2012～2015）征求意见稿]精神。深入实施科教兴县和人才强县战略，加快我县教育现代化建设，全面提高教育综合实力，为海丰经济社会科学发展、加快发展提供强有力的人才支撑和智力支持，现就我县创建广东省教育强县（以下简称“创强”）作出如下决定。

一、创建教育强县的战略意义

1.创建教育强县是实施科教兴县战略，实现海丰科学发展的基础工程。转变发展方式，推动科学发展，根本靠创新，关键在人才，基础在教育。要实现科教兴县，首先必须是教育强县。我县已经进入大力推进工业化和信息化、经济持续快速发展的黄金时期，必须持续拥有一大批高素质的专业人才和高技能的劳动者，必须继续把教育放在优先发展的战略地位，加快创建教育强县。

2.创建教育强县是促进教育公平、构建和谐社会的民心工程。教育是民生的基础，加快创建教育强县，提升教育整体水平，有利于进一步提高农村劳动力的综合素质，提升就业技能和创业能力，加

快我县农村劳动力向二、三产业转移，实现稳定就业，不断促进城乡经济社会和谐发展。同时，教育公平是实现社会公平的前提，创建教育强县是实现教育公平的重要途径。教育强县是在70%以上的镇创建成为广东省教育强镇基础上建立的，为此，教育强镇是实现教育强县的基础，创建义务教育规范化学校是实现教育强镇的关键。通过创建教育强县，建设规范化学校，推进城乡教育均衡发展，提高教育质量，让每个孩子都能上学、上好学，都能享有优质教育，不断满足人民群众日益增长的教育需求，让经济发展和社会进步的成果惠及全县人民。

二、创建教育强县的指导思想和工作目标

1.指导思想。以邓小平理论、“三个代表”重要思想和科学发展观为指导，进一步解放思想，创新思路，攻坚破难，以超常规、跨越式的发展理念，促进各级各类教育均衡协调发展，增强全县教育的综合实力，全力建设广东省教育强县，加快推进教育现代化，为我县尽快跻身全省县域经济前列提供强有力的人才支撑和智力支持。

2.工作目标。通过创建教育强县，提升教育综合实力，使我县实现学前教育规范化、义务教育均衡化、高中教育普及化、职业教育特色化、社区教育多样化；初步建立人民满意、特色鲜明、和谐发展、充满生机与活力的现代国民教育体系和终身学习体系，充分满足人民群众多样化的学习需求。总体目标是：到2013年底，全县50%的初中、小学达到省规范化学校建设标准，黄羌、梅陇、联安、陶河、平东、大湖6个镇创建成为广东省教育强镇；到2014年7月，全县90%的初中、小学达到省规范化学校建设的标准，海城、附城、城东、公平、小漠、赤石6个镇创建成为广东省教育强镇，全县75%以上镇创建成为广东省教育强镇；到2014年下半年，我县申报广东省教育强县督导验收；到2015年底，全县所有义务教育阶段学校均达到省规范化学校建设的标准，可塘、赤坑、鹅埠、鲘门4个镇创建成为广东省教育强镇；全县100%镇创建成为广东省教育强镇。

三、创建教育强县的主要任务

1.均衡配置义务教育资源。全面推进教育均衡发展工程，统筹城乡义务教育资源配置，把新一轮中小学布局调整工程、中小学规范化学校建设工程、校舍安全工程、教育信息化工程与创建教育强县有机结合。加大力度推进中小学布局调整，按照实事求是、因地制宜、立足长远、统筹规划、分步实施的原则，优化整合教育资源，建设规范化学校，全面改善中小学办学条件，使义务教育学校在区域之间、城乡之间、校际之间实现均衡发展，促进教育公平。

2.切实提升“普高”发展水平。充分发挥彭湃中学国家级示范性高中、仁荣中学省一级普通高中和海丰县中等职业学校的龙头带动作用，加快推进高中阶段学校的办学实力和水平。继续以大力发展中等职业教育为重点，扩大高中阶段教育办学规模，确保到2016年全县高中阶段毛入学率达到90%以上，实现高标准、高质量普及高中阶段教育。健全完善镇主要领导义务教育“防流控辍”的工作责任考核机制和责任追究制度，确保义务教育阶段年辍学率控制在1.5%以下，高中阶段教育年辍学率控制在3%以下，巩固提高普及高中阶段教育成果。

3.大力加强教师队伍建设。各有关部门要严格按照核定的编制配足教师，切实解决有编不用，继续使用临聘教师的问题，确保生师比达到省规定的标准，为教育创强提供坚实的师资保障。加强教师职业理想和职业道德教育，增强广大教师教书育人的责任感和使命感。深入实施强师兴教工程，加大教育人才引进力度，加快培养教育教学骨干、“双师型”教师和学科带头人，造就一批教学名师和学科领军人才。加强教师培训工作，建立健全教师培训机制，设立教师培训经费专户，落实教师培训经费。建立健全中小学教师、校长流动和责任考核机制，以优化教师队伍结构为重点，解决农村中小学教师结构性短缺的问题，落实教师、校长工作责任追究。不断改善教师的工作、学习和生活条件，提高教师的政治地位、社会地位和生活待遇，调动广大教师的工作积极性、主动性和创造性，吸引优秀人才长期从教、终身从教。努力打造一支师德高尚、业务精通、结构合理、充满活力的高素质专业教师队伍。

4.推进各类教育协调发展。重视学前教育，积极实施学前教育三年行动计划，以创办镇中心幼儿园为突破口，提高学前教育的普及程度，构建完善以公办幼儿园和等级幼儿园为示范、以镇中心幼儿园为骨干的学前教育体系。办好特殊教育学校，因地制宜发展残疾儿童学前教育，满足特殊少年儿童教育需要。继续完善“一园多点”、“一线多校”

的职教基地发展格局。大力发展民办职教，努力构建富有地方特色的职业教育体系，加快建设海丰中职重点职教基地。大力发展社区教育，整合优化各种教育培训资源，充分发挥社区、中小学和各级各类教育培训机构的作用，为社区居民参加多形式、多层次的终身学习和教育培训活动提供便利条件。到2016年，全县3~6周岁幼儿入园率达90%上、小学适龄儿童入学率100%、初中毛入学率达100%、适龄残疾儿童少年入学率达到97%以上、高中阶段教育毛入学率达到90%以上、公办普通高中40%以上建成省一级以上学校，中等职业教育与普通高中教育协调发展，高中阶段教育普职比大体相当，80%以上达到广东省颁布的优质学位标准，高标准、高质量普及学前三年教育、从小学到高中阶段的12年教育。

5.全面提高教育教学质量。加强学校教学常规管理，创新教育质量监控手段，全面推进素质教育，促进学生德、智、体、美全面发展。以推进课程改革为重点，深化教学改革，优化教学过程，倡导启发式教学，推行探究式学习，鼓励学生全面发展、个性发展。坚持以人为本，转变教育观念，推动教育创新，培养学生的创新精神和实践能力，提高各类学校人才培养质量。坚定不移地走内涵式发展之路，全面提升各级各类学校的教育教学质量。

四、创建教育强县的保障措施

1.加强组织领导。各镇、各有关部门和各类学校，要把思想和行动统一到县委、县政府的决策上来，把创建教育强县工作作为当前教育事业发展的头等大事来抓。各镇各部门要克服畏难情绪，发扬连续作战精神，强力推进“创强”工作。县、镇成立“创强”工作领导小组，制订切实可行的工作规划，明确责任单位和工作要求，坚定不移地狠抓落实，做到责任到位、措施到位、投入到位。要突出重点，攻坚破难，强力推进，全面完成“创强”各项目标任务。

2.保障经费投入。坚持依法治教，“以县为主”的管理体制。加大教育投入，按照“创强”规划，优先安排教育发展资金，依法实现教育经费的“两个比例”和“三个增长”。到2015年底，全县各级多渠道筹集约10亿元用于创建教育强县。县财政要加大奖惩力度，对创建教育强县作出突出贡献的，采取“以奖代补”方式对镇给予奖励，具体奖补方案由县财政、教育等部门另行研究制定，奖补资金各镇各部门必须确保专款专用。同时，各创强镇要拓宽教育投入渠道，多形式筹集建设资金，多途径盘活闲置资产，动员社会各界捐资助学，鼓励社会力量参与办学，把更多资源集中到“创强”工作上来，确保“创强”目标如期实现。

3.落实教育用地。各镇、各有关单位应执行国家关于教育用地的标准，保障教育发展用地，根据创强规划，实行教育土地资源调整，对教育用地实施管理与监督，防范侵占学校和其它教育机构用地，防范和制止学校与其他教育机构的土地非法交易，采取措施提高教育用地的使用效益，制定教育用地优惠政策，确保各级各类教育新建、扩建工程有序推进，特别是镇中心幼儿园的建设。

4.加强督导考核。各镇各有关单位要落实建设教育强镇的领导责任，将建设教育强镇工作进行任务和责任分解，建立建设教育强镇目标责任制和责任追究制，坚持党政一把手负总责、分管领导负专责、各部门承担相应的具体责任。把“创强”工作完成情况纳入各镇党政领导班子落实科学发展观政绩考核评价指标体系进行考核，考核结果将作为干部选拔、任免和奖惩的重要依据。县委、县政府每年将对通过广东省教育强镇督导验收的单位给予表彰奖励。对执行不力、行动迟缓，没有按时完成“创强”工作任务的镇进行通报，并对主要责任人给予相应的行政处分。

5.营造良好氛围。充分发挥主流新闻媒体的舆论导向作用，立体式、全方位宣传创建教育强县的重大意义，使“创强”工作家喻户晓、深入人心。及时报道各地“创强”工作信息，总结推广各地在“创强”工作中勇于改革创新、奋力攻坚克难的好经验、好做法，形成示范带动效应，营造你追我赶、百舸争流的生动局面。鼓励企事业单位、社会团体及其他社会组织和个人，通过各种形式，支持和参与教育强县建设，努力营造“党以重教为先、政以兴教为责、师以从教为乐、民以支教为荣”的社会氛围，确保全面实现创强目标。

中共海丰县委
海丰县人民政府
2013年4月25日

中共海丰县委关于深入学习贯彻习近平总书记一系列重要讲话精神的通知

海委〔2013〕20号

各镇（场、经济开发区）党委、县直（含驻海）各单位党组（党委）：

党的十八大以来，习近平总书记就坚持和发展中国特色社会主义、做好党和国家的各项工作、实现中华民族伟大复兴的中国梦等重大问题发表一系列重要讲话，提出一系列重要的新思想、新观点、新论断，为我们深入贯彻落实党的十八大精神、做好新形势下各项工作提供了强大思想武器。根据《中共汕尾市委关于深入学习贯彻习近平总书记一系列重要讲话精神的通知》（汕尾发〔2013〕1号）要求，现结合我县实际，就做好学习贯彻习近平总书记一系列重要讲话精神的有关事项通知如下。

一、充分认识学习贯彻习近平总书记一系列重要讲话精神的重要意义

习近平总书记一系列重要讲话，紧密结合我国改革发展面临的新形势、新情况，从推动中国特色社会主义事业发展的实际需要出发，对党和国家工作提出一系列重要要求。讲话思想深刻、内涵丰富，涉及治党治国治军各个方面，涉及经济建设、政治建设、文化建设、社会建设、生态文明建设以及党的建设的各个领域，集中展现了新一届中央领导集体治国理政的理念、思路、目标和信心，为推进党和国家各项事业发展指明了正确方向，注入了强大动力。深入学习贯彻习近平总书记一系列重要讲话精神，对于我们在新的历史起点上坚持和发展中国特色社会主义，实现“两个一百年”奋斗目标和中国梦，对于广东实现“三个定位、两个率先”的目标，对于海丰实施“四大战略”、建设“六大基地”的目标任务，加快“向西融珠”，全面建成小康社会，具有重要而深远的意义。

当前，我县经济社会正处于转型发展的关键时期，机遇与挑战并存。能否实现经济社会的持续、健康、快速发展，考验全县党员领导干部的政治智慧、执政能力和解决现实问题的水平。习近平总书记一系列重要讲话，既有理论的继承和创新，又有实践的总结和发展；既有立足于发展全局的宏观认识，又有着眼于操作层面的具体部署；既有浑厚的历史底蕴，又有丰富的时代内涵，是高度的政治性、理论性、系统性与针对性、指导性的有机统一，是做好新形势下我县各项工作的重要指引，是全体党员领导干部的行动指南。全县广大党员干部特别是领导干部，要把深入学习贯彻习近平总书记一系列重要讲话精神作为一项重大政治任务，切实领会习近平总书记重要讲话的深刻内涵、精神实质，切实把握讲话中体现的重要思想观点和工作要求，切实把思想和行动统一到讲话精神上来。要进一步增强政治意识、大局意识和责任意识，更加自觉地遵守党的纪律特别是政治纪律，坚决维护中央的权威，在思想上、政治上、行动上与以习近平同志为总书记的党中央保持高度一致，确保党的路线方针政策和中央、省委、省政府、市委、市政府的各项决策部署在海丰得到坚决有效的贯彻执行。

二、迅速掀起学习贯彻习近平总书记一系列重要讲话精神的热潮

深入学习贯彻习近平总书记一系列重要讲话精神，是我县当前和今后一个时期一项重大的政治任务。各地各部门要把学习习近平总书记一系列重要讲话精神摆上重要的议事日程，加强组织领导，精心组织部署，迅速在全县掀起学习热潮。

（一）认真制定学习计划。各级党组织要结合实际，统筹安排，认真拟定学习计划，制定学习时间表，明确学习目标和要求，有计划、有步骤、高标准、高质量地开展系统学习。

（二）多种形式开展学习。要坚持领导带头，采取召开党组（党委）中心组学习会、举办学习论坛、邀请专家授课、纳入学校培训课程、个人自学等多种方式开展学习。各级党员领导干部要把通读原文、研读本意作为主要方法，认真领会深刻内涵、吃透精神实质，认真撰写心得体会，不断提高

思想政治水平，坚定理想信念，增强工作本领。要把理论联系实际贯穿始终，坚持学以致用、用以促学，全力推动各项工作加快发展。

（三）广泛开展宣传活动。要认真抓好学习宣传活动，充分利用宣传栏、电视媒体、报刊网络等多种载体，及时宣传报道学习贯彻讲话精神的好经验、好做法，营造浓厚舆论氛围。要有计划地组织开展宣讲活动，将习近平总书记一系列重要讲话精神传达落实到基层和广大群众中去。

三、以习近平总书记一系列重要讲话精神为指导扎实推进各项工作

习近平总书记一系列重要讲话精神，是做好新形势下各项工作的重要指引。各地各部门要全面理解、深刻领会、准确把握讲话的精髓要义，将学习贯彻习近平总书记一系列重要讲话精神与推进我县各项工作有机结合起来，努力把学习成果转化为领导科学发展的实际本领、谋划科学发展的工作思路、促进科学发展的方法措施。

（一）要与贯彻落实省委、省政府《关于进一步促进粤东西北地区振兴发展的决定》紧密结合起来。省委、省政府出台的进一步促进粤东西北地区振兴发展的《决定》，是贯彻习近平总书记一系列重要讲话精神、推动广东科学发展的重要工作措施，为我县加快科学跨越发展带来了重大机遇。各地各部门要以贯彻落实《决定》为契机，牢固树立发展是硬道理的战略思想，切实增强发展意识、机遇意识和责任意识，立足县情，围绕主题主线，积极主动强化与省委、省政府促进粤东西北振兴发展的政策对接，研究谋划我县加快推动重点项目、产业园区等中心工作的具体措施，坚决守住社会稳定和生态保护两条底线。要敢于啃硬骨头，敢于涉险滩，以更大的政治勇气和智慧，加快推进重点领域和关键环节改革，突破制约我县经济社会发展的思维定势和体制性障碍，全力推动海丰振兴发展。

（二）要与全力推动海丰科学发展紧密结合起来。去年以来，我县党政主要领导调整后，通过认真学习贯彻十八大精神，凝聚共识，理清思路，确立了“三个坚持、四个争当、五个发展”的总体发展思路。特别是，在省委十一届二次全会和市委六届二次全会结束后，县委立足海丰当前的发展基础和良好势头，按照省委提出的“三个定位、两个率先”的总目标和省委胡春华书记强调的汕尾要“加快融入珠三角，更加主动地接受珠三角产业辐射带动”的要求，再行加码，提出要突出加快融入珠三角，以开展“五个工作年”活动为抓手，全力推动海丰融入发展、加快发展、率先发展。这些，是非常符合习近平总书记一系列重要讲话精神和省委胡春华书记提出的发展新路径、新要求。各地各部门要通过集中时间组织一系列的学习讨论，进一步统一全县党员干部的思想认识，坚定理想信念，明确发展路径，增强本领，敢抓敢管，促进工业、旅游、农业，以及教育、文化、科技、计生、殡改、维稳等各项工作大落实，推动海丰融入发展、加快发展、率先发展。

（三）要与全面加强和改进新形势下党的建设紧密结合起来。坚持党要管党、从严治党，保持和发展党的先进性和纯洁性，巩固党的执政地位。认真落实省《关于从严治党五年行动计划》，抓紧制定我县的《实施细则》；以“村级组织建设年”活动为抓手，推进“五好班子”创建活动，并着重做好明年的村级换届选举的准备工作，夯实基层政权根基；深入落实中央“八项规定”和《廉政准则》，推进反腐倡廉建设，不断提高党的建设科学化水平。

各地各部门学习贯彻讲话精神情况，请及时报告县委。

中共海丰县委
2013年9月26日

中共海丰县委关于县委常委分工调整的通知
海委〔2013〕26号

各镇（场、经济开发区）党委，县直（含驻海）各单位：

鉴于个别县委领导同志工作变动，现就县委常委分工调整通知如下：

沈木荣同志主持县委和县人大常委会全面工作。

陈德忠同志主持县政府全面工作。

林建隆同志协助沈木荣同志负责县委日常工作，联系县人大、县政协工作，分管维稳、政法、打

私、信访、农村、社会建设、计划生育和教育工作。

刘帆同志兼任县纪委书记，分管纪检和监察工作。

陈紫光同志兼任县委组织部部长、县委党校校长，分管党建、组织、老干部局和县直工委工作。

卢雁慧同志兼任县委宣传部部长，分管宣传、文化、意识形态、精神文明、统战、对台、民族宗教、工会、共青团、妇联工作。

许信咏同志协助陈德忠同志负责县政府日常工作，分管县政府分工及编制工作。

刘剑平同志参与县政府分工。

郑秋汉同志分管武装、民兵、预备役和联系部队工作。

廖汉生同志兼任县委办公室主任，分管机要、保密、党史工作。

陈连郑同志兼任县委政法委书记，分管县公安、检察、法院、司法和综治信访维稳工作。

吕海茵同志分管对口扶贫工作。

县委常委按分工，分别负责相应机构和领导小组的有关工作。

中共海丰县委

2013年12月10日

中共海丰县委　海丰县人民政府
关于贯彻落实《中共广东省委、广东省人民政府关于全面推进新一轮绿化广东大行动的决定》的实施意见

海委〔2013〕27号

为贯彻落实《中共广东省委、广东省人民政府关于全面推进新一轮绿化广东大行动的决定》（粤发〔2013〕11号）和《中共汕尾市委、汕尾市人民政府关于贯彻落实〈中共广东省委、广东省人民政府关于全面推进新一轮绿化广东大行动的决定〉的实施意见》（汕发〔2013〕2号）精神，切实做好我县新一轮绿化大行动工作，全面实施绿色发展战略，提升生态文明建设水平，促进我县经济社会持续健康发展，现结合实际，制定本实施意见。

一、绿化海丰大行动的重要意义

县委、县政府历来高度重视生态建设和林业发展，造林绿化建设取得了显著成绩，海邑大地实现了基本绿化，生态环境明显改善。但是，必须清醒地看到，目前我县林业生态建设仍存在森林资源总量不足、结构不优、质量不高和生态功能脆弱等问题，制约着我县经济社会的可持续发展。全面推进绿化海丰大行动，实施绿色发展战略，提升生态文明建设水平，是建设幸福美丽海丰的重大举措，是贯彻落实党的十八大精神的具体行动，是加快实现“三个坚持、四个争当、五个发展”目标的必然要求。各级党委、政府必须从全局和战略的高度，进一步增强责任感和紧迫感，举全县之力全力推进绿化海丰大行动，加大自然生态系统和环境保护力度，不断开创我县生态文明建设新局面。

二、绿化海丰大行动的指导思想、总体目标和基本原则

（一）指导思想。以邓小平理论、“三个代表”重要思想、科学发展观为指导，紧紧围绕“三个坚持、四个争当、五个发展”的目标，“以绿色发展、生态立县”为主线，树立尊重自然、顺应自然、保护自然的生态文明理念，大力推进森林生态修复和改造，提高森林覆盖率，强化资源管理，提高森林质量，增加森林碳汇，提升生态功能，加快发展现代林业，大力推进生态文明，努力建设美丽海丰，为我县经济社会科学发展提供有力的生态支撑。

（二）总体目标。通过10年左右的努力，将我县建设成为森林生态体系比较完善、林业产业比较发达、林业生态文化繁荣、人与自然和谐的粤东林业生态强县。

到2015年，完成10.6万亩宜林荒山造林和残次林、纯松林、布局不合理桉树林的改造任务，生态景观林带建设初见成效。森林面积达到149.4万亩，森林蓄积量达到270万立方米，森林碳汇储量达到527万吨，林业产业总产值超过10亿元，森林覆盖率达到58%。与2012年相比，新增县级森林公园2个、县级湿地公园1个、镇级森林公园6个。

到2017年，完成16.6万亩宜林荒山造林和残次林、纯松林、布局不合理桉树林的改造任务，初步建成比较完善的森林生态体系，生态景观林带全面建成。森林面积达到154.6万亩，森林蓄积量达到300万立方米，森林碳汇储量达到574万吨，林业产业总产值超过12.8亿元，森林覆盖率达到60%。与2015年相比，新增县级森林公园3个、镇级森林公园6个。

（三）基本原则

1.坚持立足当前与着眼长远相结合。在促进经济社会持续健康发展的同时，坚守生态底线，既解决当前林业发展面临的突出问题，又建立促进生态发展的长效机制，大力发展生态林业和民生林业，做到兴林富民、生态惠民。

2.坚持生态建设与生态修复相结合。尊重自然规律，保护自然生态，坚持质量优先，以自然修复为主，科学发展人工造林和抚育改造，维护生物多样性，以人为本，促进人与自然和谐发展。

3.坚持统筹规划与因地制宜相结合。既要统筹全县生态空间布局，坚持高起点、高标准科学规划，突出整体效益，又要从实际出发，注重实效，适地适树，体现区域特色。

4.坚持政府主导与共建共享相结合。坚持政府主导，建立分级负责和以镇、村为责任主体的工作机制，充分发挥社会各界积极性，组织引导全社会开展造林、育林、护林结合，形成政府主导、全民参与、共建共享的工作格局。

三、绿化海丰大行动的主要任务

（一）全面构建五大生态体系。根据我县不同区域特点，科学构建主体功能定位清晰、建设重点突出、相互协调发展的森林生态体系，为打造粤东林业生态强县夯实基础。

1.北部连绵山体森林生态屏障体系。以北部莲花山脉等连绵山体为主，加强重点生态敏感区域保护，积极开展森林抚育改造、封山育林，增强生态防护功能，构建县域北部森林生态屏障带。

2.沿海防护林生态安全体系。大力实施沿海岸线防护林建设，加强海岸线生态系统的修复和保护，科学合理开展沿海滩涂红树林、沿海基干林带和沿海纵深防护林建设，构建防灾减灾功能与景观效果相结合的沿海防护林生态安全体系。

3.江河、水库等主要水源地森林生态安全体系。以赤石河、黄江、大液河、龙津河、东溪等主要江河流域以及具有饮用水源地功能的公平水库、青年水库、红花地水库等大中型水库集雨区为主，强化水源涵养林、水土保持林和沿江防护林建设，提高水源涵养和水土保持能力。

4.城市森林绿地体系。加强森林公园、湿地公园、自然保护区、生态廊道、城区绿地、环城防护林带、生态控制线等区域绿地建设，提高城市森林绿地总量。重点推进森林进城围城和乡村绿化美化工程建设，尤其要抓好县城绿化和镇墟绿化，提高档次，不断提升林业生态县绿化建设整体水平。

5.交通主干道林带与绿道网生态体系。在深汕高速、潮惠高速、厦深铁路、324国道、242省道、莲花大道等主要交通干线两侧宜林地带，营造具有多树种、多层次、多色彩的生态景观林带。加强城乡道路、水网绿化，提升城市绿带建设水平。推进绿道网绿化升级，突出抓好自行车道和步行系统建设，提升绿道网森林景观与生态效果。

（二）建设四大重点林业生态工程。坚持以大工程推进绿化海丰大行动，着力增强森林碳汇能力，打造森林生态景观，优化城市森林生态，实现我县生态建设大发展、大提升。

1.森林碳汇工程。认真实施森林碳汇重点生态工程建设规划，加快消灭尚存的宜林荒山和改造残次林、纯松林、布局不合理桉树林的步伐，加大封山育林和抚育管护力度，推广应用优良乡土阔叶树种，科学改造林相，营造结构优、功能强、效益高的混交林，优化森林结构，增加森林碳汇。

2.生态景观林带工程。进一步推进深汕高速、潮惠高速、厦深铁路、沿江、沿海生态景观林带建设；对324国道、242省道进行穿插点缀绿化，间种一些造型美、观赏价值高的树木和花草；全面提升生态景观林带整体建设水平，建成多树种、多层次、多色彩的生态廊道。潮惠高速公路建设与生态景观林带建设同步规划、同步施工、同步验收。创新建设和管护模式，确保生态景观林带发挥综合功能与效益。

3.森林进城围城工程。在城市及其周边见空增绿、见缝插绿，对县城建成区、各镇（场）所在地可绿化地段进行多效能、立体化、园林式的绿化，大力推进森林城镇建设；大力推进森林公园、湿地公园、乡镇与社区公园、城区绿地建设，加强道路和建筑物绿化，大力推进绿色社区建设，增加森林面积，实现“城在林里、林在城中”。把森林进城围城作为提升城市发展质量的重要内容，分类制订

并不断完善城区及新建项目绿地率、绿化率控制指标，将森林公园延伸至乡镇，有条件的镇（场）至少建成1个镇级森林公园，着力构建城乡绿化一体化，让人民群众亲近森林、共享森林，提升城乡居民的幸福感。

4.乡村绿化美化工程。实施农村的山、水、田、林、路添绿增绿工程，把进山机耕道路、池塘四周边缘、农田区域道路、灌溉渠、排水沟边缘、进村道路两侧边缘等适宜栽树地段纳入绿化规划范围，进行绿化，着力构建完善的农村绿化网络。至2017年全县建成绿化美化示范村250个，至2023年全县所有乡村实现全面绿化美化。

（三）加强生态公益林和自然保护区建设。优化现有生态公益林布局，将生态区位重要、生态环境脆弱区域的森林和林地划为省级以上生态公益林，使我县生态公益林到2015年增加9万亩。根据实际，划定市、县（市、区）级生态公益林。严格界定生态公益林四至范围，落实权属，强化管理。将生态公益林划为禁止经营区和限制经营区，实行分区经营、分类补偿。加快建设莲花山生态公益林示范区。探索建立饮用水水源涵养林专属地及其管理机制，加大自然保护区建设管理力度，积极探索租赁、补偿、置换等方式，逐步解决自然保护区内集体林地权属问题，加快广东海丰鸟类省级自然保护区申报国家级自然保护区工作步伐。加快海丰县莲花山和海丰县学堂坑两个县级自然保护区建设步伐，到2017年，完成保护区基础设施建设并投入使用。

（四）强化森林资源保护管理。加强现有林木的培育、管护和对古树名木的保护。严格执行林地保护利用规划，严格林地用途管制和定额管理，严禁在交通主干道两侧、沿海、沿江及城镇周边第一重山的林地范围内采石、采矿、取土、建坟及毁林种果。抓好采矿、采石场整治、复绿工作。严格执行森林采伐限额管理制度，实行分类管理。落实部门责任，严格开展木材加工经营联合监管。加强林业有害生物监测防控和检疫工作。强化野生动植物资源监测，实施濒危物种野外回归和重点物种保护工程，健全陆生野生动物疫源疫病防控体系。强化森林防火宣传教育，完善森林火灾应急管理体系。加强林业管护基层队伍及基础设施建设，建立健全镇、村森林资源管护体系。严厉打击破坏森林资源违法犯罪活动。

（五）推动林业创新发展。加强林业科学研究所和科技人才队伍建设，加强生态功能评估、碳汇计量监测、林木良种选育等林业重点领域科技攻关。健全县、镇两级林业科技推广体系，加快成果转化应用和先进实用技术推广。强化林木良种壮苗培育。完善森林生态状况综合监测体系，定期发布林业生态状况公报。推进林业核心业务信息化建设，构建林业综合管理信息化平台，建设森林资源视频监控系统。将森林碳汇纳入碳排放权交易体系，加快林业碳汇抵减碳排放制度建设，依托公共资源交易平台，积极推进林业碳汇交易工作。

（六）发展壮大绿色惠民产业。科学规划林业产业发展，推进森林资源科学合理利用，促进兴林惠民。积极发展珍贵用材林、木本粮油林、特色经济林等林业产业基地，形成特色优势产业群，进一步延长产业链。加大力度培育苗木花卉、竹子和中草药材及野生动植物资源等特色产业，推动木材加工、人造板、家具等产业改造升级，提高精深加工水平。引导林下经济规模化、集约化、标准化发展，打造示范基地和特色产品。大力发展名优珍贵树种，培育大径材，建设木材战略储备基地。以森林公园、湿地公园、自然保护区、森林旅游景区和绿道网为主要载体，打造一批旅游示范基地，加快发展森林生态旅游休闲产业。扶持发展林业龙头企业，打造知名品牌，带动林业产业快速发展。

四、绿化海丰大行动的保障机制

（一）加强组织领导。各级党委、政府要高度重视，把绿化海丰大行动摆上重要议事日程，做到认识到位、责任到位、措施到位。要层层落实工作责任，主要领导要亲自抓、负总责，有关部门要各司其职，互相配合，形成合力。实行县党政领导班子成员挂钩帮扶镇（场）造林绿化和森林防火工作制度，各镇（场）也要参照执行。

（二）狠抓责任落实。各级党委、政府要全面落实造林绿化任期目标责任制，制订新一轮绿化大行动建设规划，层层签订责任书，明确一把手责任，建立导向鲜明、评价科学、奖惩分明、问责严厉的绩效管理机制。要建立部门联动机制，林业、发改、财政、国土、住建、交通、公路、环保、水务、农业、海洋与渔业、旅游等部门要各司其职，密切配合，形成全县新一轮绿化大行动的强大合力。

（三）切实加大投入。从2014年起，除中央、省、市财政资金外，县财政每年新增安排专项资金

1000万元，作为绿化海丰大行动的专项建设资金，重点加强林业生态工程、基础设施和保障能力建设。逐步提高生态公益林效益补偿标准，建立激励性补助和补偿资金发放监管长效机制。充分发挥市场机制的作用，积极引导社会资金投入，拓宽社会投融资渠道，推动造林绿化投资主体多元化。

（四）健全林权制度。进一步提高林权管理水平，确保林权确权发证到位，切实维护林权证的法律效益，保护林权权利人的合法权益。完善林权管理社会化服务体系，逐步建立健全现代林业产权制度。推进产权交易平台建设，规范商品林林地、林木流转。发展林业专业合作组织，探索集体统一经营的山林股份制经营和自留山、责任山集约经营模式。加快推进国有林场分类改革。加强山林权属纠纷调处，妥善解决遗留问题，维护林区社会和谐稳定。

（五）强化绩效管理。把造林绿化工作作为提高竞争力、推进生态文明建设的重要举措，列入县委、县政府年度工作主要任务，并纳入县委、县政府对各镇（场）党委、政府的年度经济社会工作任务的考核范围。研究制定鼓励各地各有关部门多造林、造好林的激励措施。加强监督，对政策措施不到位、工作进度缓慢、完成任务不力、存在质量安全突出问题的，要对相关镇（场）、村领导干部进行约谈，限期进行整改；对问题严重的，要追究相关责任。

（六）加强宣传发动。把林业生态文化纳入文化建设范畴，强化全社会生态文明理念，营造良好氛围。深入开展全民义务植树活动，创新形式，完善举措，健全机制，激发和调动人民群众积极性。通过捐资造林、认种认养等形式，提高义务植树尽责率。

中共海丰县委
海丰县人民政府
2013年12月10日

关于印发《海丰县村级组织建设年工作方案》的通知
海委办〔2013〕2号

各镇（场、经济开发区）党委、人民政府，县直（含驻海）各单位：

经县委、县政府研究，现将《海丰县村级组织建设年工作方案》印发给你们，请结合自身实际，认真贯彻执行。

中共海丰县委办公室
海丰县人民政府办公室
2013年1月10日

海丰县村级组织建设年工作方案

根据《中共广东省委办公厅关于印发〈广东省加强村级基层组织建设五年行动计划〉的通知》（粤办发〔2012〕33号）和《中共海丰县委关于进一步加强基层组织建设的实施意见》（海委〔2012〕14号）精神，为进一步加强村级组织建设，充分发挥村级党组织的战斗堡垒作用，县委、县政府决定2013年为全县村级组织建设年。现结合实际，制定如下工作方案：

一、指导思想

坚持以邓小平理论、“三个代表”重要思想和科学发展观为指导，深入学习贯彻党的十八大精神，围绕县委提出的立足“三个坚持”、勇于“四个争当”、推进“五个发展”的工作思路，继续创先争优，扎实推进全县村级组织先进性建设，进一步完善健全村级组织建设的体制机制，增强村级组织的凝聚力、创造力、战斗力，充分发挥村级组织推动新农村建设、服务群众、凝聚人心、促进和谐的作用，为全县经济社会又好又快发展提供坚强有力的组织保证。

二、目标要求

通过开展村级组织建设年活动，不断探索新形势下加强村级组织建设的新思路新方法，着力解决目前全县村级组织建设中存在的突出问题，力争在强化班子核心、提高队伍素质、发挥示范带动、创建阳光农村、健全运行机制等方面取得突破，力促全县村级组织达到“五好五有”（即：领导班子好、党员队伍好、工作机制好、工作业绩好、群众反映好，有责任、有创新、有核心、有机制、有实绩），进一步提升村级党组织的凝聚力、战斗力和公信力，为2014年村级换届选举做好准备。

三、方法步骤

村级组织建设年活动分四个阶段进行：

（一）制定方案、动员部署阶段（2012年12月至2013年1月前）。县委研究制订出台《海丰县村级组织建设年活动实施方案》，召开开展“村级组织建设年”活动动员大会，对开展活动进行全面动员部署。各镇党委要结合实际，认真研究制定本地区村级组织建设年活动实施方案，及时召开村级组织建设年活动动员会议，有关方案及进展情况于2013年1月28日前报县委组织部。

（二）深入基层、开展调研阶段（2013年2月）。各镇党政班子成员要带头深入农村、深入基层，认真听取党员、干部、群众的意见和建议，开展调查研究。各村（社区）“两委”班子要深入研究本村（社区）在组织建设中存在的问题，提出解决问题的办法和措施。

（三）围绕主题、组织实施阶段（2013年3月至10月）。各镇党委要积极探索新时期村级组织建设的新思路、新方法，把加强村级组织建设作为推进全县基层组织建设的重点工作来抓，按照“五好五有”的目标，采取有效措施扎实推进，特别是要切实加强村级领导班子建设，解决好一批群众反映强烈的热点难点问题，加强民生工程和公共事业配套建设，让广大群众得到实惠。

（四）总结提高、建章立制阶段（2013年11月至12月）。各镇党委要认真总结村级组织建设年活动中积累的好经验、好办法，并把成功做法和经验用制度固定下来，积极探索新时期农村基层组织建设的新思路、新方法，进一步建立健全各项工作制度，努力建立农村党建工作的长效机制。

四、活动内容

（一）开展“强班子、促发展”活动，打造坚强战斗堡垒

1.抓两头促中间，加强分类指导。各镇党委要实施村级班子动态管理，实施“三个一批”计划（巩固一批先进组织，提升一批村级组织，转化一批后进组织），着力做到分类施措。一是巩固一批先进组织。要健全党建示范带动的长效机制，创新“书记项目”，继续开展“党建工作示范点”创建活动，比学赶超，形成以优促优、互励共进的竞争机制，实现创建一个、成功一个、带动一片的工作目标。二是提升一批村级组织。要建立村级组织晋位升级长效机制，按照“好”“较好”“一般”“较差”四个等级的要求，实施“晋位升级”活动，通过排查一批问题突出村，整顿一批问题突出村，解决一批群众反映强烈的突出问题，不断推动“较好”“一般”等级的村级组织实现晋位升级，有效提升基层党建整体水平。三是转化一批后进组织。根据“年年排查，年年整改”的思路，采用“末位帮扶”工作法，由县领导挂点进行综合整治，集中人力、物力、财力，加强民生工程和公共事业建设，通过“五四四”工作措施（即：“五查”：查班子组建、查干部作风、查村务、查财务、查矛盾问题根源。“四访”：访党员干部，凝聚党心，增强战斗力；访乡贤能人，向他们取经问道，探索创收致富方法；访弱势群体，关心群众生活，了解群众疾苦；访矛盾人群，了解基层矛盾的根源易发点，加强稳固防范意识。“四抓”：从抓班子建设入手，强化村级组织建设；从抓规范管理入手，完善村级管理、公开制度；从抓经济发展入手，引导农民发展致富；从抓农村突出问题解决入手，维护社会稳定发展），着力解决一批群众反映强烈的热点难点问题，让广大群众得到实惠，力争当年排查出来的问题突出村组织实现转化。

2.抓队伍促活力，提高队伍素质。各镇党委要加强村级班子建设，重点抓好带头人，要坚持不换思想就换人的原则，破除“论资排辈”的观念大胆启用人才。一要选好配强班子成员，强化班子建设。对威信低、能力差、不想干事的换；对自身问题较多、群众反强烈、作风不正派、不干实事的免；选派有干劲，有文化，想干事、能干事的年轻有为的同志担任支部书记，增强基层党组织战斗力。二要提升基层党员干部综合素质。实施“党员干部大培训计划”，要充分利用县、镇、村三级培训平台，采取“3+1”培训方式（即：互动培训、促进培训、实践培训和交流对比），多种渠道培训业务能力和掌握先进技能，强化他们带领群众致富

的能力。三要加强后备人才队伍建设。继续实施“一村一名大学生村干部”计划，开展选聘高校毕业生到村任职工作。抓好农村党员干部队伍、实用人才队伍、社会工作人才队伍建设，不断增强基层组织活力。

3.抓阵地促美化，完善活动场所建设。加强村级组织办公场所建设，开展全面排查登记，对建筑面积小、建成时间长、存在安全隐患、不能满足工作要求的办公场所进行规划重建，规范村级组织牌子和办公场所署名，强化村级组织的形象标识。加强村级组织活动场所的综合利用，把村级组织活动场所建设成办公议事、党员群众活动、教育培训、服务群众、展示形象的综合阵地。配齐配好办公设备，做到布置规范，软硬件齐全，坚持“六上墙”（党组织设置、党员队伍基本情况、村和村级配套组织基本情况、各项职责制度、经济发展规划和奋斗目标、青妇兵工作安排），实现“五有”设施（有办公桌椅、有村级档案资料、有党员教育学习材料、有学习宣传园地、有电教设备）。

4.抓经济促发展，提升村级集体经济实力。发展壮大村集体经济，有利于增强村级组织的服务实力，有利于增加农民收入，有利于提高以村党支部为核心的村级组织的凝聚力和战斗力。要加强对村级的指导，帮助村级理清发展思路，加快发展步伐。要多种形式发展集体经济，制定农村集体经济发展规划，拓宽收入渠道，拓展发展空间，大力培育资源开发型、服务创收型、入股分红型、物业出租型项目。加大对集体土地的统筹力度，发挥集体土地资源优势，提高土地利用集约化水平和产出效益。通过加强市场、信息、技术服务和政策扶持，帮助找准本村的优势产业，从根本上改善农村生活条件。要推进农村股份合作制改革，鼓励通过股份制形式，在土地、资金、项目等方面开展跨组、跨村合作，实现优势互补、强强联合。

（二）开展“履承诺、办实事”活动，推进民心工程建设

1.强化责任意识，履行“我承诺、我践行”活动事项。要以“亮承诺、抓落实、促发展”活动为载体，深化开展“五承诺三服务”活动，以推动科学发展、促进社会和谐、服务人民群众、加强基层组织建设为目标，结合“村干部述职述廉”活动，履行“我承诺、我践行”活动承诺事项，对本届“两委”班子及成员作出的践诺事项，对照年度计划，进行年终述职考核，对一些不清楚的问题，作出解释说明和答复，主动接受群众监督，力争把承诺事项在任期内完成。完善村级干部绩效考核、目标管理、问责监管等制度，建立村级组织考核评价机制。

2.深入群众接地气，密切党群干群关系。各级领导干部要转变作风，增强为人民谋福利的紧迫感，深入实际、深入基层、深入群众，善于察民情、解民困、济民苦，提升服务水平。加大帮扶力度，以深入开展“五送三互一构建”活动为载体，帮助基层党员群众解决实际问题。在党员干部中推行“下乡事记”的做法，健全完善机关党员干部联系村（社区）党务村务制度，每名党员干部负责联系1～5户农户，帮助基层群众脱贫致富，增强为人民谋利益的责任感。

（三）开展“阳光农村”创建活动，创新村级组织管理机制

1.加大党务、村务、财务公开执行力度。实施“民主公开日”制度，每月固定一天为“民主公开日”，通过公开栏、电子信息平台、党建网络等形式，公开党务、村务、财务以及重大决策事项，全方位接受群众民主监督。设立村务、财务监督机构，村民代表议事、落实村账镇管制度，规范村级财务收支手续，严格财务收支审核，“两委”班子任期、离任审计，定时定点进行财务公开，拓宽举报渠道、落实责任追究。

2.加大“三资”清查、管理工作力度。要加强对现有“三资”情况摸底、造册，开展集体资产核查工作，对货币资金、固定资产、集体资源、经济合同、债权债务等分别进行登记造册，明确产权，建立台账，保护村级集体经济组织成员的合法权益。要创新农村集体资产监管形式，推行建立农村集体资产公开交易平台，逐步实现“统一平台、统一规程、制度健全、管理动态、交易阳光、监控实时、信息共享”的农村集体资产管理新模式。要建立社员（代表）大会、社委会（理事会）和监事会“三会”制度，加强集体资产运营的监督管理，形成有效的自我管理和自我约束机制。

3.加大镇对村、村民小组监管力度。加强对村（社区）重大事项的事前监督，促进村（社区）事务决策科学化和规范化，确保各项工作规范有序、公开透明、协调高效。特别在农民比较关心的财务、村务公开管理、土地征收，集体资产承包，利益再分配等问题上，要延伸至村民小组，切实发

挥镇村两级党委对村民小组的指导监督职能，建立《村级重大事项报告制度》，指导村民小组提高法制意识、服务意识，进一步增强村民小组应对基层复杂问题的能力，不断推进农村管理走向规范化、制度化。

4.加大基层运行机制建设力度。要坚持从日常运作、民主监督管理、工作机制保障等三大块入手，要实行村级决策镇把关，镇党委对村级班子研究决定的重大事项，事前给予指导，事中实行监督，事后进行审查，对不符合法律法规和政策规定的予以纠正。各村务监督委员会统一承担原监事会、村务公开监督小组的监督职能，依法依规对村级重大决策、村务公开、村集体财务管理、村干部廉洁履职等情况实行监督。建立健全集后备干部、现职干部、离任干部“一体化”的干部管理体制，打造规范高效的村级组织运行管理体系。

五、有关要求

（一）加强组织领导。县委成立村级组织建设年工作领导小组，由县委常委、组织部长陈紫光同志任组长，副县长施流德任副组长，县纪委、县委组织部、民政局、农业局、财政局、信访局、扶贫办负责同志为成员，领导小组下设办公室，与县委基层办合署办公，具体负责建设年活动的组织实施。各基层党委要高度重视村级基层组织建设年活动，结合实际，明确工作内容、时间步骤和落实措施，要经常性组织召开会议，专题研究和部署村级组织建设工作，切实履行职责，要为村级组织建设提供必要的人力、物力和财力保障，确保村级组织建设年活动顺利开展。

（二）广泛宣传发动。要加强舆论宣传，充分发挥报刊、广播、电视、互联网等媒体的作用，把村务公开栏作为主要的宣传阵地，精心组织宣传材料，力求做到通俗易懂，及时宣传推广好做法、好经验，积极营造良好的舆论氛围。镇党委要采取座谈会、研讨会、经验交流会等形式，经常组织基层党员干部进行经验交流，对好的提法做法进行深入总结，积极探索村级基层组织建设的创新方法，整理出宣传材料，下发到各村（社区），进行广泛宣传，提升基层组织建设整体水平。

（三）加强督查考评。由县委组织部牵头有关部门抽调专人组成督导检查组，对全县村级组织建设年活动各项工作任务落实情况进行定期或不定期督查指导，帮助各基层党委解决工作中存在的困难和问题。进一步健全完善基层党建工作考核评价制度，坚持每年对全县基层党组织党建工作的情况进行检查考核，其结果作为评价党建工作的重要依据。对领导重视不够、措施不力、工作滞后的及时进行通报；对不认真履行职责，党组织软弱涣散、造成不良影响和严重后果的，要追究相关责任人的责任。

关于印发《海丰县“大办工业年”工作方案》的通知
海委办〔2013〕3号

各镇（场、经济开发区）党委、人民政府，县直（含驻海）各单位：

经县委、县政府研究，现将《海丰县“大办工业年”工作方案》印发给你们，请结合自身实际，认真贯彻执行。

中共海丰县委办公室

海丰县人民政府办公室

2013年1月10日

海丰县“大办工业年”工作方案

为贯彻落实县委、县政府关于在2013年开展“大办工业年”的工作部署，切实加快工业发展步伐，增强工业经济发展后劲。特制定本方案：

一、指导思想

以“三个坚持”、“四个争当”、“五个发展”为指导，围绕县委、县政府大力发展工业的工作部署，以推进产业转型升级、促进工业发展为主攻方向，以改善投资环境、加快园区建设为主要目标，进一步更新观念，创新招商引资方式，力争一批产业链长、关联度大、附加值高、技术水平先进的大项目落户我县，不断壮大工业规模、增强工业发展后劲，推动海丰经济社会科学发展再上新台阶。

二、工作目标

2013年，实现工业总产值比上年同期增长15%以上，工业增加值占全县GDP比重达到39%以上；规模以上工业总产值比上年同期增长25%以上；引进工业项目一批；万元GDP能耗等指标完成市下达的任务。

三、工作措施

（一）完善园区规划管理，加快重点园区建设。各地要在切实加强原有工业园区或工业集中区管理的基础上，重点推进县直属工业园区建设。

1.完善园区总体规划。要做好园区土地规划的调整。县国土资源局要按照园区建设的总体要求，认真做好土地规划的调整及报批手续，确保用地指标的分期落实；要做好园区产业布局的规划。划出高新技术、传统产业和综合配套服务三个功能区，聘请专家对园区产业布局和发展定位进行全面规划；要做好园区建设的规划。县住建局要按照园区的整体布局，认真做好园区建设规划及建设方案报县委、县政府审定。

2.全力做好园区的征地和用地管理工作。重点做好县直属工业园区首期征地100万平方米的工作，确保园区建设的用地需求。县有关职能部门要切实抓好工业园区内闲置土地的清理清查工作，对于长期闲置和低效利用的土地，分别采取有偿收回和收购方式将土地纳入国有土地储备，通过公开出让推向市场，推进园区转型升级。

3.加强园区基础设施配套建设。要充分运用市场机制，创新建园思路和融资方式，采用BT、BOT以及独资、合资、合作和“乡贤资金”等多种形式投入资金，加快园区建设，构建招商引资载体。

4.加强县直属工业园区的管理。按照“精简、统一、高效”原则，成立“海丰县直属工业园区建设领导小组办公室”，与经济开发区合署办公，行使县直属工业园区的开发建设、对外招商、项目准入、管理服务等权限，负责该园区的考核工作。

（责任单位：县经促局、国土资源局、住建局、财政局、经济开发区、中小企业局、相关镇场）

（二）创新招商工作模式，不断增强引资实效。要开展形式多样的招商引资活动。计划2013年举办端午节龙舟竞渡暨经贸洽谈会、深圳汕尾商会合作招商会和港澳招商引进会等三个大型招商活动；要采取以商招商、以诚招商的方式，积极组织我县以珠宝、服装、金银首饰、毛织等特色产业的商品参加国内外的各种展览、展销活动；要组建专业招商队伍。以“建立一支符合现代招商引资工作要求的专业招商队伍”为目标，逐步组建信息搜寻、信息分析、拜访谈判、后续保障等团队，落实产业招商、专业招商、乡贤招商的措施，挖掘客商的内在需求，满足客商发展的需要，促进招商引资工作深度发展；要开展网上招商。独立建设“海丰招商网”，并运用海丰网、县经促信息网、县中小企业网等县内外网络资源，有针对性的将我县的园区情况、发展优势、产业规划、扶持政策、服务环境等信息传递给企业和有需求的客商；要重点瞄准高新技术、高端产业，特别是央企、大型国企和区域性、行业性的龙头骨干企业，争取一批产业链长、附加值高、辐射力强的大项目、好项目落户我县。（责任单位：投资服务中心、县经促局、中小企业局、发改局、国土资源局、住建局、科技局、经济开发区和所在镇）

（三）优化投资服务环境，提升综合服务水平。要认真贯彻落实国家、省、市有关扶持外资民营经济、中小企业发展的政策，切实帮助企业积极开展技术改造和技术创新，提高市场竞争力；要加强和改善政府服务，着力推进适应中小企业特点的金融服务体系建设，积极推动政银企合作，引导金融机构和社会资金支持成长性好、有自主品牌、竞争力、自主创新能力强的企业发展；要完善县投资服务中心工作机构，尽快出台县投资指南和招商引资优惠政策；要实施引进项目的“一条龙”贴身服务，确保企业引得进、稳得住、发展好。（责任单位：县投资服务中心、经促局、中小企业局、财政局、工商局、人社局、人行）

（四）推进产业转型升级，优化提升传统产业。要按照“布局集中、产业集群、资金集聚、用地集约、环境友好”的要求，紧密结合中心镇、专业镇建设，进一步明确各镇的产业定位，因地制宜、因势利导发展特色经济，引导镇级工业集中区

对外开展战略合作，打造专业特色园区，强化关联产业集成，放大产业集聚效应和先发优势，鼓励、引导产业逐步向专业特色园区聚集，进一步做强做大公平服装、可塘珠宝、梅陇金银首饰、城东毛织等特色支柱产业，推动规模以上企业发展和产业集群；要抓好节能减排工作，强化节能减排目标责任制，严格考核标准，逐步引导工业企业进入园区生产，从根本上解决生产零星分散和污染严重的问题，确保节能减排目标的实施。（责任单位：县经促局、中小企业局、发改局、环保局）

（五）推进重点项目建设，培育工商龙头企业。要强化领导干部重点项目负责制，不断加强对重点项目建设的推进、协调和服务工作。重点推进华润海丰电厂、金庄电器、三阳饰品、顺盈糖业、梅陇纸业制品、抗衰老中心、物流产业园等一批重点项目的建设，尽快形成新的经济增长点。银信部门要密切配合我县重点项目建设的发展要求，积极跟进中央投资安排项目的配套贷款，健全企业融资工作机制，做好大项目的融资协调。（责任单位：县发改局、经促局、环保局、国土资源局、住建局、人行、各有关镇场）

四、责任分工

县投资服务中心、经促局作为推进工业发展工作的总牵头部门，负责工业年活动的组织、协调和督查督办工作，及时发现和协调解决活动中存在的问题；协调有关部门全力抓好规模以上工业发展、产业转移和节能减排工作。

县发改局负责对列入开工的重点工业项目实行跟踪服务，确保项目及时立项或争取上报上级部门的项目审批，力争有更多的项目列入国家和省规划。

县财政局要积极筹措落实园区建设、工业发展扶持资金，以及工业年活动经费，大力支持工业发展。

县人行要协调各银行业金融机构，主动会同经促、发改等部门及时了解掌握工业项目的融资情况，加大对企业信贷资金的支持力度。

国土资源局、县住建局要做好全县工业特别是县直属工业园的用地规划和建设规划，及时了解全县工业用地需求，积极协助企业扩展工业发展空间，最大限度地保障工业用地和建设需求。

县工商局要会同县统计、税务、经促部门积极做好经济户口的清理清查工作，全面、真实地反映我县工业经济尤其是规模以上工业企业运行情况，及时向县政府提供有关统计数据。

县科技局要充分发挥县科技发展基金铁作用，用好、用活上级科技三项费用，重点扶持优势产业，支持重点规划建设，培育高新技术产业，提升产业发展水平。

县工商局、质监局要积极推进名牌带动战略和技术标准战略的实施，引导和支持企业争创名标、名牌。税务部门要密切配合，力争今年实施名牌战略和技术标准战略工作有新的突破。

各有关部门要认真履行对社会的各项郑重承诺，简化审批手续，尽力为企业发展提供“一站式”优质服务，坚决制止乱检查、乱罚款、乱收费的现象，维护企业合法权益。

各企业要紧紧抓住我县大办工业活动年的发展机遇，增强企业加快发展的紧迫感和责任感，不断做大做强工业经济。

五、工作要求

（一）加强组织领导。县政府成立实施大办工业活动年工作领导小组。领导小组由刘剑平任组长；谢光、何秀山、林舜杰任副组长。成员单位由县政府办、县经促局、发改局、科技局、财政局、统计局、工商局、质监局、国土资源局、住建局、人社局、环保局、监察局、国税局、地税局、人民银行、文体旅游局等单位主要领导组成。领导小组办公室设在县经促局，由谢光兼任办公室主任，何秀山任副主任，人员从成员单位中抽调。办公室负责工业年的日常协调、组织工作。各镇（场）、各牵头单位和有关部门要成立相应的领导机构，制定出具体实施方案，落实具体工作措施，确保今年工业发展取得显著成效，达到预期目标。

（二）加大宣传力度。各地各单位和新闻媒体要因地制宜、采取各种形式，大力营造“大办工业活动年”的社会氛围，大力宣传先进典型，动员全县人民积极参与大办工业的活动，使全县上下形成人人关心工业发展、全民支持工业建设的良好氛围。

（三）强化奖惩机制。要把推进工业发展的工作目标和任务纳入各镇（场）目标责任，强化考核制度，落实奖惩办法。

（四）加强跟踪监督。各地各有关单位要把“大办工业活动年”的工作作为一项重要经济工作来抓，列入议事日程，落实工作责任。县投资中心设立投诉电话，接受企业的投诉和监督。县委办、县政府办要加强检查督促，以确保活动的顺利开展。

关于印发《海丰县环境卫生整治年工作方案》的通知

海委办〔2013〕9号

各镇（场、经济开发区）党委、人民政府，县直（含驻海）各单位：

经县委、县政府研究，现将《海丰县环境卫生整治年工作方案》印发给你们，请结合自身实际，认真贯彻执行。

中共海丰县委办公室
海丰县人民政府办公室
2013年1月22日

海丰县环境卫生整治年工作方案

根据县委、县政府关于确定2013年为我县环境卫生整治年的工作部署，为扎实开展活动年的工作，推动我县城镇市容市貌和环境卫生管理工作上新水平，结合我县实际，特制定如下工作方案。

一、指导思想

以党的十八大精神为指导，围绕县委提出的“三个坚持、四个争当、五个发展”工作思路，以打造市容市貌整洁、交通秩序良好、人民安居乐业的宜居宜业城市为目标，坚持“统筹兼顾、标本兼治、综合治理、整体推进”的原则，全面开展整治城镇市容和卫生环境的活动，促进城镇面貌的大改观。

二、组织机构

为加强领导，确保环境卫生活动年工作的顺利开展，县成立以余振光副县长为总指挥，施流德副县长为副总指挥，县政府办、监察、公用事业、水务、住建、国土、农业、林业、环保、工商、公安、交通、公路、财政、供电、卫生、电视台、交警、自来水公司，以及县委宣传部、团县委、县直工委和各镇的负责人为成员的环境卫生整治指挥部，指挥部下设办公室，由刘安基兼任主任，林友捷、黄汉标、刘城芳、陈容生、钟伟雄兼任副主任，办公室人员在有关单位抽调。

三、活动内容和责任单位

（一）县城市容和环境卫生的整治

1.违法建（构）筑物整治

清理拆除海尾路、二环路、三环路、红城大道两边及县城公共用地、小区内的违法建（构）筑物，附属设施及逾期未拆除的临时建筑等。

牵头单位：县住建局

责任单位：县国土资源局、县城所在镇及其所属社区、县公用事业局、县公安局。

2.违法用地整治

扎实开展卫片执法查处违法违规用地和占地行为，特别是县城规划区内主干道两侧和城乡结合部的抢建和非法占地行为。拆除各种违法搭建物。

牵头单位：县国土资源局

责任单位：县住建局、各相关镇（场、经济开发区）及所属社区（村委）、县公用事业局、县公安局。

3.龙津河整治

整治龙津河两岸乱搭乱建的建筑物，清运河床淤泥，改善河水水质。

牵头单位：县水务局

责任单位：县公用事业局及其有关单位、县城各镇政府。

4.公共交通秩序整治

①打击取缔各种无牌证机动车辆，整顿公共汽车营运秩序，打击“报废车”“蓝牌车”等非法营运行为。

②翻新主次干道路面交通标线、标识；划定主要街道车辆临时停放标线，制止车辆在街道上乱停乱放，特别是要重新布设好蓝天广场门口、三角站

路口和美食街的临时上落客点和临时停车点。

③规范县城载客二、三轮摩托车的经营秩序。

牵头单位：县交警大队

责任单位：县交通局、县公用事业局、县城各镇及所属公安派出所。

5.市容环境卫生整治

①清理县城主次干道路面、边沟、人行道、下水口、绿化带，以及龙津河、南门湖面的垃圾、杂物；清理住宅小区、城乡结合部、城中村的卫生死角。

②加强垃圾转运站的建设，规范垃圾收集、清运，在县城主干道及公共场所合理设置美观、耐用的果皮箱（垃圾收集点）。

③组织实施“门前三包”制度，督促各单位、沿街门店、居民住宅及市场摊点搞好责任路段和门口的卫生清扫和保洁工作。

④整治市区运输散装货物、建筑余泥不作密封、包扎、盖顶，造成泄漏污染的各种运输车辆。

牵头单位：县公用事业局及县城所在镇（16米以上的道路由县公用事业局负责、16米以下道路由所在镇及所属社区负责）

责任单位：县工商局、县住建局、县公安局、县交警大队。

6.公共设施整治

①对县城各主次干道路面进行全面普查，及时对路面坑洼不平、裂缝断层，管道井盖缺失，人行道彩砖，石板破损，龙津河、南门湖护栏、石椅残缺等进行维护、修补或更新。

②加强对县城在建工地、楼盘的管理，要求建造景观围墙，设置工地运输车辆清洗区，杜绝违章占道堆放建筑材料现象，沙石运载车辆必须按要求进行密封和保护。

③加强对道路挖掘、埋设管网的审批和管理。

④加大对偷盗、破坏城市公共设施行为的打击力度。

牵头单位：县公用事业局

责任单位：县住建局、县城各镇、县公安局及其他相关单位。

7.违章占道经营整治

①清理整顿二环路、红城大道、34米路、广富路等主干道路在人行道设置的冷饮档、烧烤档、大排档。

②清理整顿县城沿街商户各种违章占道经营、店外经营、占道摆放商品行为；整顿乱摆乱卖的流动摊档、小商贩。

牵头单位：县公用事业局

责任单位：县工商局、县公安局、县交通局、县环保局、县卫监所。

8.户外广告设置整治

①清理取缔县城各主次干道乱拉乱挂的布标横幅、沿街商户乱摆乱放的招牌灯箱，以及各种违章设置影响市容市貌的户外广告设施。

②整治县城乱涂鸦、乱张贴的小广告；组织对受污染的建筑物、市政设施、供电设备、通讯设施等进行清洗、粉刷。

③加大对涉嫌违法犯罪的乱涂鸦信息源头的打击力度，采取技术手段用电话号码广告的涉嫌违法犯罪。

牵头单位：县公用事业局

责任单位：县公路局、县公安局、县工商局、县供电局、县电信局。

9.市场秩序整治

①依法查处县城沿街店铺、门市无照经营行为。

②清理整顿县城各农贸市场周边占路为市现象，包括后沟仔市场、人民市场、威豪市场、南门湖市场、蓝天广场、狮山市场等，要求市场周边无占道摆卖、阻塞交通现象，商品划行归市，摊位摆放整齐。

③查处取缔县城无照经营的废品收购站点，确保周边环境卫生整洁。

牵头单位：县工商局

责任单位：县公用事业局、县经贸局、县公安局、县城各镇。

10.环境污染整治

①加强县城工业企业环境监管，确保废水、废气达标排放；严禁酒楼、排档、食肆等油烟、污水乱排。

②加大环境噪声查处力度，严禁娱乐场所噪音扰民、商场使用高分贝音响进行商业活动的行为。

③加强对各大商场、宾馆（酒店）大型冷气槽废气排放、污染管理。开展汽车尾气专项治理，特别是公交、客运车辆要加强检测。

牵头单位：县环保局

责任单位：县公用事业局、县工商局、县公安局、县交警大队。

11.公路环卫整治

①重点加强对海丰境内国道、省道路段和地方

道路（包括县城范围）的养护和管理，及时清理路面遗漏的砂、石、泥和公路两边垃圾及杂草等，保障道路整洁。

②加强对县公路局管辖道路的绿化保洁管理，清理非交通标志。

牵头单位：县交通局

责任单位：县公路局、县地道站、县住建局、县公安局及所在镇府。

12.美化绿化亮化整治

①及时对县城各重点路段以及公园景区的绿化树木、行道树木进行补植、种植、修剪，清除杂草和绿化带内杂物垃圾，查处破坏园林绿化设施的行为。

②县城各机关、企事业单位、社会团体、学校、宾馆、酒楼、商铺等要搞好亮化，霓虹灯饰等要完整亮丽；主次干道、居民小区所有路灯和照明设施要确保运转正常。

牵头单位：县公用事业局

责任单位：县住建局、县城各镇、县公安局、县直工委、县供电局、县电信局。

13.货运站场整治

清理整治无证无照经营、违法运输危险物品及假冒伪劣商品的货运站场；规范货运车辆秩序，禁止各种大型货车在市区内乱停放、装卸货物。

牵头单位：县交通局

责任单位：县工商局、县公用事业局、县公安局、县住建局、县环保局、县自来水公司、县城各镇。

（二）镇（场）环境卫生整治

1.按照“一镇一站、一村一点”的要求，每个镇（场）要建成一个垃圾转运站，各个行政村要建成一个垃圾收集点，每个自然村要有垃圾收集池。

2.多渠道筹措资金，配套镇、村的垃圾收集清运的设施，配齐垃圾清运的人员，并落实责任，确保工作正常运转，确保镇、村垃圾每日能及时收集清运到垃圾处理场。

3.加强对镇容镇貌的综合整治，确保镇、村特别是过境路段卫生整洁、环境优美。

牵头单位：各镇（场）

责任单位：县住建局、县农业局、县环保局。

（三）组织开展城镇环境整治全民参与活动

组织镇（场）、机关干部职工、学校师生、环卫工人，对城镇各相关的责任路段和各主要街道进行全面的卫生大扫除，清理卫生死角，洗刷乱张贴街招广告等；制作大型城市管理宣传画、宣传标语等，加大宣传声势，营造良好的社会氛围，提高全民参与城市管理活动的积极性，使城镇环境卫生管理工作深入人心。

责任单位：县委宣传部、县直工委、团县委、公用事业局、县电视台。

四、实施步骤

（一）宣传发动阶段（2013年1月）

1.召开县城市容市貌综合整治动员大会；各牵头单位必须在动员会后五个工作日内制定具体实施方案报县指挥部办公室。

2.发布整治通告，尤其对违法用地及违法建（构）筑物的钉子户、顽固违章户要先行告知，督促整改。

3.在县城各主次干道悬挂、张贴宣传标语。

4.县公用事业局等相关职能部门派出宣传车上街开展宣传。

（二）全面整治阶段（2013年2～10月）

1.各牵头单位要根据制定的整治实施方案，协调各责任单位，抽调精干人员组成整治队伍，全面开展环境卫生年市容市貌和环境卫生整治的各项工作，确保整治工作按时按质按量全面完成。

2.各地和县直各部门要在县整治指挥部的统一部署下，组织单位的干部职工、学校师生、社区（村委）干部和人民群众定期开展城镇大清洁活动，确保环境卫生活动年取得明显的成效。

（三）检查整改阶段（2013年11月）

这一阶段由县指挥部在成员单位中抽调人员组成检查组，对全县开展环境卫生活动年的各项工作进行全面的检查验收。对任务完成较好的单位给予通报表扬，对工作不力，不能完成任务的单位予以曝光，并责令限期纠正。

（四）转入规范管理阶段（2013年12月起）

通过环境卫生活动年的整治活动，城镇的市容和环境卫生要有较大的变化，各地各职能部门要在此基础上，着眼于巩固提高，建立长效管理机制，转入规范化管理，彻底扭转城镇“脏乱差”的状况，提升城镇的品位。

五、工作要求

1.加强领导，密切配合。各有关单位要高度重视这次综合整治行动，根据本部门的职能和整治任务，制定相应的整治行动方案，明确整治任务和要求，真抓实干；市容市貌综合整治涉及方方面面的

事情，县、镇两级职能部门在整个过程中，要加强协调，密切配合，服从统一指挥，牵头单位牵头组织，责任单位全力支持，按各自职能合理分工，积极参与整治行动。

2.依法整治、文明执法。整治行动必须严格依法依规进行，既要对影响恶劣的违章行为进行坚决取缔，又要对一般违章行为进行教育劝导和规范管理。整治过程中如遇突发性事件应立即向指挥部报告；公安部门要对阻挠执法、暴力抗法者，依法严厉惩处，并通过媒体进行曝光。

3.宣传引导、营造氛围。要充分利用新闻媒体，大力宣传市容市貌综合整治的目的和意义，宣传城市管理相关法律法规，进一步提高市民的环境意识、城市意识和主人翁意识，促使广大市民积极参与整治活动。新闻单位要对整治活动中群众关心的热点、难点、焦点问题进行跟踪报道，发挥舆论导向和舆论监督的作用，推动环境卫生活动年各项工作的开展。

关于印发《政务环境建设年工作方案》的通知

海委办〔2013〕13号

各镇（场、经济开发区）党委、人民政府，县直（含驻海）各单位：

经县委、县政府研究，现将《政务环境建设年工作方案》印发给你们，请结合自身实际，认真贯彻执行。

中共海丰县委办公室

海丰县人民政府办公室

2013年1月21日

政务环境建设年工作方案

根据县委关于“五个活动年”的工作部署，结合海丰县政务环境建设实际，特制订如下工作方案：

一、指导思想

坚持以科学发展观为指导，全面落实党的十八大精神，认真执行中共中央政治局关于改进工作作风，密切联系群众的八项规定，牢固树立“发展环境就是吸引力、就是竞争力、就是生产力”的观念，紧紧围绕“政务环境建设年”活动要求，找准优化政务环境的切入点，创新机制，着力解决我县政务环境中存在的突出问题，推进依法行政、规范行政行为，改进服务意识，提高行政效能，营造良好的政务环境。

二、主要工作目标

通过深入开展“政务环境建设年”活动，进一步深化行政审批改革，打造高效型海丰；进一步推行依法行政规范政务行为，打造法制型海丰；进一步推进和完善电子政务建设，打造透明型海丰；进一步深化机关作风建设，打造服务型海丰。不断改善海丰投资软环境，促进海丰又好又快发展，从而实现经济社会建设新跨越。

三、组织机构

为确保政务环境建设年活动的顺利开展，成立县政务环境建设年活动领导小组，组长由县委常委、纪委书记刘帆同志担任，副组长由县委常委、常务副县长许信咏同志担任，成员单位：县委办、县人大办、县政府办、县政协办、县委组织部、县委宣传部、县直工委、县人社局、县法制局、县编办。办公室设在县纪委，刘帆同志兼任办公室主任，副主任由县委常委、县委办主任廖汉生同志，县纪委副书记、监察局局长林锡清同志，县政府办主任黄坚如同志担任。办公室成员由成员单位抽调人员组成。

四、工作措施

（一）分解任务，明确分工。从优化政务环境角度出发，政务环境建设工作分设行政审批制度改革、法制政府建设、电子政务建设、机关作风建设四个小组，各小组由各牵头单位制订工作方案，明确各自的工作任务及分工，细化工作措施，分头抓好落实。（行政审批制度改革由县编办牵头，法制政府建设由法制局牵头，电子政务建设由县政府办牵头，机关作风建设由县纪委监察局牵头）。

（二）突出重点，破解难点。紧紧抓住政务环境建设各个关键领域和重点环节，集中精力抓重点，破难点，以点带面，全力推进海丰政务环境建设各项工作。

1.进一步深化行政审批改革，打造高效型海丰。进一步完善政务服务考评制度，加强行政审批和监督，进一步创新审批模式，最大限度简化程序，减少审批环节，严格按规定时限办理审批和服务事项；进一步加强政务公开，定期向社会公布新设定或者调整、取消的行政许可项目和非行政许可审批项目，建立健全统一受理行政许可申请、决定送达、后续监督管理、过错责任追究、公众查询监督检查和听证等政务公开各项配套制度；推动行政审批规范运行，提高行政机关工作效能。

2.进一步推进依法行政规范政务行为，打造法制型海丰。进一步规范行政决策程序，规范行政执法行为，加大行政执法监督检查力度，推进行政机关严格依照法定权限和程序行使职权、履行职责。健全行政执法调查规则，建立行政裁量基准制度，规范取证活动和裁量权。坚持推进人性化执法、文明执法，保障执法对象的合法权益。进一步完善依法行政考核制度，为建设法制型海丰提供强有力的法制保障。

3.进一步推进和完善电子政务建设，打造透明型海丰。进一步完善政务信息网，及时、准确地发布政务信息和更新网站内容，实现网站运行绩效评估良好目标，进一步加强集网上信访、在线访谈、在线咨询、效能投诉、公众评议等功能于一体的政民互动平台建设，加大对领导干部网络问政的培训力度，提高电子政务应用水平。

4.进一步深化机关作风建设，打造服务型海丰。依托“万众评股室”专项活动，全面加强机关作风建设。通过深入开展对具执法和服务职能的股室进行评议，进一步净化机关风气，着力解决机关作风方面存在的突出问题，以良好的机关作风影响政风行风，为公务员勤政廉政提供强大助力。

五、工作步骤

（一）启动阶段（2013年1～3月）

各牵头单位分别制订政务环境建设工作方案，落实各工作小组人员，制订具体工作措施；开展调研，对政务环境存在问题进行梳理；拟定年度工作任务进度表；加强宣传，形成良好舆论氛围。

（二）推进阶段（2013年4～11月）

各地各单位以找准政务环境存在的突出问题为切入点，分头推进改善政务环境，开展评议和测评工作，及时改进薄弱环节，促使各项工作措施得到圆满完成。

（三）总结阶段（2013年12月～2014年1月）

对2013年政务环境建设各项活动进行全面总结。

六、工作要求

（一）加强组织领导，落实责任。加强对政务环境建设各项工作的组织领导，做到“分管领导、工作场所、工作人员、推进措施”等方面都能细致考虑，统筹落实。

（二）完善工作机制，规范运行。完善工作联席会议制度、信息报送制度，及时发现和解决政务环境建设存在的问题，不断总结经验，推动各专项工作的开展。

（三）注意统筹兼顾，务求实效。正确处理好政务环境建设工作与本单位本部门业务工作的关系，切实将政务环境建设各项工作任务和分工纳入本单位本部门年度工作要点统一部署，合理安排，协调推进，真正做到“两手抓，两不误，两促进”，确保政务环境建设工作取得实效。

（四）加强宣传发动，营造氛围。大力做好宣传发动工作，加强舆论引导，充分利用新闻媒体、平面媒体和网络媒体，多角度、多层次宣传报道开展政务环境建设的进展及成效。加大选好并树立典型的工作，以典型的示范作用推动政务环境建设向纵深发展。

附：海丰县“万众评股室”活动工作方案

海丰县“万众评股室”活动工作方案

为贯彻落实党的十八大精神，认真执行中共中央政治局关于改进工作作风，密切联系群众的八项

规定，进一步严肃吏治，改进机关作风，提高工作效率，创建“廉洁高效”服务型政府，根据县委在全县开展“机关作风建设年”的工作部署，力促各地各单位具有行政执法职能的股室严格执法，依法依规履职，按效能监察的要求，县委、县政府决定在全县推行“万众评股室”活动，特制订如下方案：

一、组织机构

县纪委监察局牵头县委办、政府办、人大、政协、组织部、政法委、编办、人事局、发改局、法制局、县直属机关党委等单位（成立领导小组另行下发通知）。

二、评议对象

全县各单位具行政执法职能的股室及窗口服务单位。

三、参评者

共为五大类：1.县四套班子领导；2.县直（含驻海）机关副科以上单位；3.各镇（场）党委、政府；4.县以上党代表、人大代表、政协委员；5.以服务对象为主的社会各界人士等。

四、评议内容及时间

评议以制度的制订及公开，制度的执行及效果为内容，评议依季度划分阶段。

（一）评议内容

各被评股室以五方面的制度作为评议依据，并细化量化，对号入座（附各分项及分值）。

第一，首问负责制（18分）

1.办事人到机关单位、部门（科股室）办理事宜，在首问责任人（指最先接待办事人的人员）职责范围内能够解决的，首问责任人应及时处理，必要时提供有关资料，热情耐心地解答对方的询问；

2.办事人提出办理的事项，不属于首问责任人业务职责范围的，首问责任人应当热情相待，属于本单位职责范围的，应主动告知与何股室联系，必要时应为对方联系有关股室和责任人，并指引办事人到有关责任股室，并介绍责任人。

3.办事人办理的事项不属于本单位、本系统职责范围的，首问责任人应主动热情耐心解释，并指引办事人到相关部门办理。

4.首问责任人在接待办事人时，应文明礼貌、热情大方，使用文明礼貌用语，禁用文明忌语。要为办事人着想，不得冷漠待人，不得以任何借口推托、推诿，要充分体现机关工作人员良好的品质素养和乐于助人的精神风貌。

第二，岗位责任制（18分）

1.各股室必须严格依据“三定”方案确定股室的职责、职能，在职责职能范围内依法行政，不越位、缺位。

2.按机关效能建设要求，将本股室所承担的职责职能进行分解，使每个岗位的职责、任务、目标要求等内容具体化，并落实相应责任，做到各司其职，各负其责。

3.岗位责任人因公或因私请假离开岗位，岗位应设有AB岗，当A岗离开岗位，由B岗履行职责，不能因为责任人A离岗而使工作停滞。

4.各岗位实行“一岗双责”，既履行业务工作职责，又要严格遵守党风廉政建设各项规定，依法行政，为政清廉，严格自律，不徇私舞弊，以权谋私。

第三，服务承诺制（18分）

1.各股室须根据职能要求，将对外服务的内容、程序、时限以及服务标准等事项向社会作出公开承诺，保障承诺事项落实，自觉接受群众监督。

2.采取按规定办事程序办事，在规定时限办结，使用规范礼貌用语，廉洁办事，遇特殊情况不能办理及时告知，尽力保障承诺事项落实，自觉接受群众监督。

第四，政务公示制（18分）

1.各股室须从方便群众办事，行政要求公开透明，行政行为接受监督的原则出发公示政务。

2.公示的内容：

①机构设置、行政职能、位置布置；

②办事条件、办事程序、办理时限、收费标准；

③股室各工作人员的相片、名字、部门、职务、职责；

④各机关发布的行政管理相对人具有普遍约束力的规范性文件；

⑤行政处罚决定、复议决定；

⑥其他须公示的内容。

3.公示的形式：以上公示内容可采用墙上悬挂、桌上摆放、佩戴身份牌、编印办事服务指南、公示栏张贴、上网络公示栏以及其他公开形式。

第五，限时办结制度（18分）

1.各股室须根据职责要求，科学、合理地确定所承办事项的办理时限，或严格执行有关文件规定的时限。

2.对要办事项，在服务对象手续完备、材料齐全、符合规定的情况下，工作人员须严格按规定时限办理有关业务事项，不得拖延、推诿、刁难办事人。

3.对限时办结的事项，经办人应即时对服务对象申报的材料和有关手续进行审核，并出具收件回执单，写明所收材料名称、页数、办结取件时间及经办人。

4.对服务对象诉求事项，无正当理由不准延时办理。如特殊情况确需延时办理，经办人要按照职权规定报领导审批，并告知当事人延时办理的理由，分管领导负责监督落实。

（二）评议时间阶段

第一季度：订制度（包括完善原有的制度）、亮制度；

第二季度：执行制度，窗口自评，股室互评，局领导点评；

第三季度：县领导小组组织不定时抽查、反馈、督办整改；

第四季度：县领导小组组织进行评议、评分，公示结果。

注：在上述各阶段若发现不依法履职的单位和个人，先行停职整改，经查实即给予党政纪处理。

五、评议方法

本次活动由县委、县政府统一部署开展，通过多种方式进行评议，并接受社会群众全程监督。为确保评议质量和效果，使群众了解相关情况，被评股室工作职能、办事依据、办事条件、办事程序、办事时限、收费依据和收费标准、办理结果、监督渠道和负责人、具体办事人员名单上墙大厅公布，公开接受监督。在县组织评议之前，各单位要参照本办法，结合实际，制订本单位的评议细则，开展自评。

（一）评议方式

对五大类参评者发放评分表、征求意见表。

1.设计出两种表格：表一为《万众评股室工作评分表》，该表以评议内容的五项制度为基础，细化量分，总分为90分；表二为《万众评股室征求意见表》。

2.对五大类对象通过召开座谈会、走访和设立意见箱等形式，发放和回收《万众评股室征求意见表》，把意见反馈给所在股室，让其加以整改。

3.向社会公开评议专线电话、投诉地址、邮箱、传真等，并在被评股室所在单位和公共场所设立意见箱，接受服务对象乃至全社会群众的评议，广泛征求意见和投诉，由评议领导小组办公室专人负责按月回收材料，作为评议依据之一。

4.对五大类对象发放、回收10000份《万众评股室评分表》。

第一类参评者：县四套班子领导（50份）占15%

第二类参评者：县直（含垂直）机关副科以上的单位（4000份）占15%

第三类参评者：各镇（场）党委、政府（2000份）占15%

第四类参评者：县以上党代表、人大代表、政协委员（150份）占20%

第五类参评者：社会各界人士、服务对象等（3800份）占30%

（二）计分方法

1.采取分项计分综合评价的办法，评议总分为100分，其中评分表90分制，另抽出10分为评议领导小组可控分，即评议领导小组有10分的改分权，以平衡分值，但领导小组对股室加或减分时必须有充分的理由和依据。

2.五大类参评对象的《万众评股室评分表》所评出分数各占不同：第一，县四套班子领导为15%；第二，县直（含垂直）机关副科以上的单位为15%；第三，各镇（场）党委、政府为15%；第四，县以上党代表、人大代表、政协委员为20%；第五，社会各界人士、服务对象为30%。

3.采用电脑录入按占比例进行计分，再加上评议领导小组10分亮分，得出各股室实际分，进行列序。

六、评议结果运用

1.评议结果向县委、县政府报告，并作为衡量被评股室全体工作人员和股室所在单位领导工作绩效的重要依据，以及年度考核的重要内容。

2.被评单位排名前10位的股室，县委、县政府将给予通报表彰或奖励，并作为股室全体工作人员和股室所在单位领导晋升、提拔、评优的重要依据。

3.被评单位排名后10位的股室，县委、县政府给予通报批评。其中，排名后10至7名的，所在股室工作人员当年度不能评先评优；对被评为后6至4名的股室，所在股室工作人员当年度不能评先评优，股室正职建议予以调整，股室副职要作书面检讨；对被评为后3至1名的股室，所在股室工作人员当年度不能评先评优，股室正职建议予以免职，二年内不得担任现职，不得作为股室负责人，股室副职二年内不能提职提级，按规定对所在单位主要领导、分管领导进行诫勉谈话，分管领导在大会进行说明原因和表态整改措施。

4、对驻海丰垂直管理的被评单位的评议结果，县委、县政府将向其所在单位和所在单位的上一级主管机关进行通报，并提出相应奖惩建议，并按省纪委有关规定进行处理。

七、附则

请各单位上报所有具有行政执法职能的股室及窗口服务单位名单以参评。本方案由县“万众评股室”领导小组办公室负责解释。

关于印发《海丰县旅游发展年工作方案》的通知

海委办〔2013〕15号

各镇（场、经济开发区）党委、人民政府，县直（含驻海）各单位：

经县委、县政府同意，现将《海丰县旅游发展年工作方案》印发给你们，请结合自身实际，认真贯彻执行。

中共海丰县委办公室

海丰县人民政府办公室

2013年1月29日

海丰县旅游发展年工作方案

为贯彻落实县委理论学习中心组（扩大）会议关于今年在全县大力开展“五个发展年”的决定，促进海丰县旅游业又好又快发展，特制定2013年度旅游发展年工作方案。

一、指导思想

以党的十八大建设“美丽中国”精神为指导，以科学发展观为统领，按照大旅游、大产业、大市场的发展理念，实行政府主导、市场运作、社会参与，坚持旅游与文化有机融合、与三次产业协调发展，资源保护与开发统筹兼顾，打造特色产品，培育市场主体，强化市场营销，提升城市功能，优化发展环境，全面推动滨海旅游、生态休闲度假目的地建设，并力争三年内达到广东省旅游强县的标准。

二、工作目标

以创建“广东省旅游强县”为契机，大力推进旅游业快速可持续发展，全方位促进海丰县旅游业资源开发更加科学有序，产业支柱地位更加突出，社会和环境效益更加明显，旅游休闲目的地产品、功能、营销、管理和服务体系更加完备，逐步把我县打造成为主题形象鲜明、产品特色突出、基础设施完善、服务质量优良的粤东滨海旅游、生态休闲度假胜地。2013年，全县的接待游客总人数要达到236.5万人次，比上年增长13%；全县旅游总收入达到13.26亿元，比增15%。

三、组织领导

为开展好海丰县旅游工作发展年工作，使此项工作能够落到实处，特成立县旅游发展年工作领导小组：

组长：卢雁慧（县委常委、宣传部部长）

常务副组长：卓凛波（县政府副县长）

副组长：吴智传（县政府办副主任）、卢小娟（县文体旅游局局长）

成员单位：县委宣传部、县政府办、发展和改革局、财政局、文体旅游局、住建局、国土局、安监局、质监局、林业局、环保局、经济促进局、海洋与渔业局、水务局、公用事业局、交通局、公路局、广东海丰鸟类省级自然保护区管理处、海丰广播电视台、消防大队、莲花山森林公园管理处、红宫红场旧址纪念馆、旅游发展总公司。

领导小组下设办公室，主任由县文体旅游局局长卢小娟担任，工作人员在各成员单位抽调。

四、工作重点

（一）积极推进旅游创强工作，促进旅游业整体提升

按照县委、县政府的要求和部署，对照创建《广东省旅游强县检查标准》制订旅游强县的工作方案，统一部署，分工到各个系统，认真做好2013年旅游创强系统工程的既定指标，确保我县旅游创强工作的顺利进行。

（二）抓好旅游规划工作，合理保护和开发旅游资源

在《汕尾市旅游发展总体规划（2012～2025）》和《海丰县旅游发展总体规划》的基础上，聘请具备高级资质的旅游规划设计单位编制《县城中心区域旅游详细规划》、《莲花山森林公园控制性规划》、《国际重要湿地东关联安围分区生态旅游概念性规划》、《大湖风情小镇旅游总体规划（含赤坑咸水温泉）》，切实做好旅游发展规划先行，确保海丰旅游业高起点、高品位和高质量发展，实现经济效益、社会效益和环境的相协调，促进海丰旅游的可持续发展。

（三）加大旅游功能配套力度，提升景区品位

一是加快旅游基础设施建设。重点抓好通往莲花山景区的海银一级公路和县城通往东关联安围国际重要湿地核心区公路的建设，并着手抓好莲花山旅游观光索道立项建设。二是加快红宫红场红色经典旅游景区AAA级景区配套项目建设，争取2013年申报国家AAA级旅游景区。三是整合红宫红场旧址纪念馆、陈炯明都督府、马思聪故居、第一区苏维埃人民政府旧址、大街骑楼建筑群、彭湃故居、赤山约农会旧址、准提阁等景区景点，打造县城历史文化街区。四是加强县内车站、星级酒店、通往旅游景区（点）的公路等符合国家标准的公共信息图形符号的设置，提高旅游接待服务功能。五是做好旅游饭店星评工作，争取申报三星级以上旅游饭店2家（兆凯大酒店、仁荣大酒店），进一步提高我县旅游接待服务水平。六是配合县城东北部科技生态文化新区的规划工作，落实人文景区的选址规划。

（四）加大宣传推介和招商引资工作力度，提升影响力和知名度

进一步整合全县的旅游资源，多渠道、多形式主动“走出去”，到主要客源地宣传推广我县丰富的旅游资源和良好的投资环境，推介旅游项目和产品，争取更多战略投资者参与我县旅游开发建设。特别要积极寻求与经济发达地区和实力雄厚的国内外旅游产业财团进行旅游合作开发，重点将县城五星级旅游饭店，莲花山森林公园和上规模旅游观光、休闲、养生度假山庄，东关联安围国际重要湿地核心区等三个项目推向市场，积极招商引资。同时，要做大做强海丰旅游网站宣传推介咨询等综合性服务工作，提高各景区景点的知名度，提升综合竞争能力，促进海丰旅游经济快速发展。

（五）强化行业管理，提高服务质量

加强对全县旅游企业的指导、管理工作。加大对旅游从业人员的技能、服务和安全方面的培训力度，提高旅游从业人员的素质，树立海丰旅游的良好形象。加大旅游市场安全生产的宣传力度，提高旅游从业人员的安全意识；加大对全县旅游企业的安全生产联合检查力度，狠抓整改落实，确保实现全县旅游零事故。成立县旅游行业协会，加强旅游行风建设和行业自律。邀请人大代表、政协委员组成旅游服务质量监督巡查组，对全县旅游市场进行巡查，全方位提高旅游服务质量，确保旅游业有序、可持续发展。

五、工作步骤及实施安排

（一）为确保创建“广东省旅游强县”工作顺利进行，成立创建旅游强县工作领导小组，并制订旅游强县工作方案。

旅游强县创建工作方案制订的责任单位：县文体旅游局

制订时间：2013年1～3月

（二）编制《县城中心区域旅游详细规划》《莲花山森林公园控制性规划》《国际重要湿地东关联安围分区生态旅游概念性规划》《大湖悠闲滨海小镇旅游总体规划（含赤坑咸水温泉）》四个旅游规划项目。

项目责任单位：县文体旅游局

编制时间：2013年2～8月

（三）规划县城历史文化名人线路，完善红宫红场旧址纪念馆AAA级景区配套建设，申报国家AAA级旅游景区；完善彭湃故居、东江特别委员会旧址、赤山约农会旧址、文天祥公园等旅游配套设施。

项目责任单位：县文体旅游局、红宫红场旧址

纪念馆

项目完成时间：2013年1～12月

（四）借助节庆日举办旅游宣传促销活动，并在十月份举办旅游美食节；组织县旅游相关企业前往广州参加2013年中国旅游产业博览会，推介海丰、宣传海丰，提升海丰旅游影响力和知名度。

活动责任单位：县宣传部、文体旅游局、海丰广播电视台

活动时间：2013年1～12月

（五）发动达到标准的饭店开展旅游饭店星评工作，争取申报三星级以上旅游饭店2家，积极开展招商引资，争取引进新建一家五星级旅游饭店。

星级饭店星评工作责任单位：县文体旅游局

饭店星评时间：2013年1～12月

（六）整合海丰人文、地理、景区、餐饮等旅游资源，创办一个旅游网站，制作一部旅游推介宣传片，编制一个旅游口号、一首旅游歌曲、一本旅游指南，培育一批特色旅游产品。

编制责任单位：县委宣传部、县文体旅游局

编制时间：2013年1～12月

关于印发《〈海丰年鉴·2013〉编写大纲》和《〈海丰年鉴·2013〉基本篇目与编写分工》的通知

海委办〔2013〕17号

各镇（场、经济开发区）党委、人民政府，县直各单位：

《〈海丰年鉴·2013〉编写大纲》和《〈海丰年鉴·2013〉基本篇目与编写分工》已广泛征求各部门意见及多次修改，并经县委、县政府同意，现印发给你们，请各地、各单位根据编写大纲和基本篇目的组稿要求，按时保质完成《海丰年鉴·2013》的编纂工作任务。

中共海丰县委办公室

海丰县人民政府办公室

2013年2月25日

《海丰年鉴·2013》编写大纲

《海丰年鉴·2013》是记述海丰县自然、政治、经济、文化、社会等领域基本情况和发展变化的年度资料性文献，是中共海丰县委、海丰县人民政府主办的地方综合年鉴，是权威、全面、公开出版发行的年度县情资料性工具书。在海丰年鉴编纂委员会的领导下，由海丰县人民政府地方志办公室组织编纂，海丰年鉴编辑部负责组稿、编辑、出版、发行。

一、指导思想

《海丰年鉴·2013》编纂工作的指导思想是：高举中国特色社会主义伟大旗帜，以邓小平理论、“三个代表”重要思想和科学发展观为指导，贯彻落实党的十八大和县第十次党代会精神，实事求是、求真存实、继承创新、与时俱进，坚持对历史负责、对人民负责，全面、准确地记述海丰2012年自然、政治、经济、文化、社会等方面的基本情况和发展变化，反映各地、各行业的新情况、新成就与新特点，为社会大众提供全面、权威的年度县情资料，为海丰经济社会发展服务。

2012年，海丰人民在县委、县政府正确领导下，贯彻落实党的十八大和县第十次党代会精神，深入践行科学发展观，紧紧围绕“加快转型升级、建设幸福海丰”核心任务，着力推进转型升级，着力深化改革开放，着力保障和改善民生，促进经济平稳健康可持续增长，促进社会和谐稳定，推进经济建设、政治建设、文化建设、社会建设以及生态文明建设和党的建设，经济社会平稳较快发展，转型升级与民生改善互促共进，推动科学发展取得新的进展。

《海丰年鉴·2013》要在保持基本资料连续反映的同时，准确把握2012年海丰经济社会发展的

特点，系统地反映各地区、各行业、各部门的新变化、新进展和新问题，使《海丰年鉴》成为各级领导、企事业单位及广大读者了解海丰的重要信息源，成为国内外实业界人士来海丰开展经贸科技文化合作的指南，为海丰改革开放和建设幸福海丰服务。

二、框架结构

《海丰年鉴·2013》采用分类编辑法，主体内容实行条目化设计，基本框架主要由刊名、序言、编辑说明、公益彩页、目录、特载、专记、大事记、综览、百科（各项事业）、人物、附录、索引等部类组成。栏目安排、内容设置着重反映全县社会经济发展的新情况，突出海丰特色，增加信息量，增强可读性。全书拟设“今日海丰”图片专辑、特载、海丰大事记、海丰概况、政治、经济、社会事业与社会生活、村镇建设、人物与光荣名录、文献选编、社会经济发展统计资料等10类（详见《海丰年鉴·2013基本篇目与编写分工》）。

三、组稿要求

《海丰年鉴》是重要的县情资料工具书。2013年的编纂要继续突出全面贯彻落实科学发展观，重点反映全县的大事要闻和重要资料、重要态势、重要人物，体现鲜明的时代特色和地方特点。县直及各镇编委、编写组组长要加强领导，做好统稿、审稿工作。

为确保《海丰年鉴·2013》的质量，各单位编写组与撰稿人要强化质量意识和时效意识，撰稿、编校等环节要严格按照《地方综合年鉴编纂出版规定（试行）》和《广东省地方综合年鉴编纂规范（试行）》（粤志办发〔2011〕1号）和编写大纲与《海丰年鉴·2013基本篇目》要求，切实做到真实、准确，系统、全面，规范、完整，力求思想性、科学性、资料性三者的高度统一。

（一）增强条目题材的新颖性

《海丰年鉴·2013》内容的基本表现形式为条目，条目的选定至关全书的质量。条目要从本地、本部门的实际出发，抓住事物发展的新情况、新特点、新问题选题立目，以“大事不漏，小事不收”为原则，做到为“大事”立目，为“新事”立目，为“特事”立目，为“热门话题”立目，为“经验教训”立目，突出年度特色、地域特色和部门（行业、学科）特色，使年鉴信息真正具有实用价值、鉴戒价值和史料价值。

（二）坚持全面、准确地反映情况

条目写作必须有扎实的材料基础。要以对历史高度负责的精神，努力搜集和详细占有材料，不轻易漏掉任何有价值的题材，既反映成绩和成效，又不回避存在的问题，务求全面、客观、准确。杜绝任何虚假、虚伪的成分，摈弃一切华而不实之词。

（三）增加信息量，增强可读性

年鉴编纂工作的出发点要定位于为大众服务，为大众提供准确、实用的信息上。作为地方综合年鉴，一个地方主要领域的基本情况、主要指标和其他重要信息资料应当齐备。各地、各部门应根据自己所掌握的情况，在撰稿时做好取舍。同时，能用表格说明情况的尽量用表格，以利于读者分析对比，避免数字文字化。

（四）规范写作体裁与格式

1.在写作体裁上，应用语体文、记叙文、少部分用说明文。年鉴文稿要求开门见山，直陈事实，导语、结语皆去掉。述而不评，记而不论，用事实体现观点，寓观点于记叙之中，让读者从事实中得出结论。用词恰如其分，造句合乎规范，语义准确明白，力求鲜明生动，避免僵硬干涩。

2.在写作格式上，年鉴文稿的基本表现形式为条目，分综合性条目和专题性条目两大类，条目标题应反映内容实质，简洁明了，名词化。大条目的字数800字左右，一般条目要求300～400字。

3、在写作内容层次上，除政法、农业、工业、城镇建设、商贸流通、金融、教育、镇村建设等分目设“综述”外，其余分目设“概况”及其他条目。

4、在文字、词语、计量单位、单位名称及统计数字的使用上要规范。使用缩略语有可能造成误解或不解的不用，有些词如“四有”、“四自”等要有具体说明。不用不规范和已废弃的计量单位，如“亩”“市斤”“度”，应用“公顷”“克”“千瓦时”。采用的数字，凡属县统计局统计范围内的，一律以县统计局的为准。计量单位采用国际惯用符号写法，一些出现频率较低的计量表述则仍按传统的汉字写法。

5、在“镇概况”编中，条目应包括该镇的地理位置、土地人口、历史沿革、建置时间、管辖范围、人文特点、自然资源、重点基础设施、主要产业和旅游景点等内容，“概况”后的专题性条目，要立足一年的中心工作，着重反映各镇当年有特色的大事要闻，以及各行各业新发展、新成就、新经验。各镇应选择2～3个有特色的村与社区作介绍，以后逐年轮换介绍。

（五）认真编好“今日海丰”图片专辑

“今日海丰”图片专辑是《海丰年鉴》内容的重要组成部分。它以图文并茂的形式，形象、生动地展示2012年全县的大事要闻和现代化建设成就。拟设：“领导视察”“大事要闻”“友好往来”“城乡新貌”“行业风采”“科教兴县”“法制之光”“旅游天地”“企业风貌”“乡镇之星”等专栏。专辑图片力求融新闻性、史料性和艺术性于一体，版面设计富有创意，风格鲜明，文字精练。整部年鉴拟设100p彩色版面，请各镇、各单位提供2012年度彩色图片3～5张以便选录入编。

四、交稿要求

《海丰年鉴·2013》出版时间定在2013年10月，因此各编写单位要抓早、抓好、抓落实，具体做到：

1.领导要高度重视。要把编纂《海丰年鉴·2013》作为贯彻落实国务院《地方志工作条例》和《广东省地方志工作规定》的具体行动，作为实施海丰文化强县工程的一件重要工作，列入议事日程、摆上重要位置，主要领导督促落实，分管领导要亲自抓负总责，做到领导责任到位。

2.撰稿人员要精干。各地、各单位要尽早落实好精干的撰稿人，把年鉴的撰稿工作抓早抓实，任务到人，做到撰稿人员到位。

3.稿件资料要落实。各撰稿单位、撰稿人于2013年3月份起集中精力开展“今日海丰”图片专辑征集工作；文稿与图片内容均应是2012年度当年的资料；各单位文稿末尾应署上本单位当年在职正副职领导人名单；年鉴资料必须在今年4月上旬上报，4月底前全面完成。报送文稿要打印清楚，加盖公章，同时要交录入文稿的软盘送海丰年鉴编辑部。

地址：海丰县政府大院西栋四楼；联系电话：6865117，6859302，6600171。《海丰年鉴》E-mail地址：swhf999@163.com。

附件：《海丰年鉴·2013》基本篇目与编写分工（略）

关于印发《海丰县2013年度重点项目建设督查工作方案》的通知
海委办〔2013〕21号

各镇（场、经济开发区）党委、人民政府，县直有关单位：

经县委、县政府同意，现将《海丰县2013年度重点项目建设督查工作方案》印发给你们，请认真贯彻执行。

中共海丰县委办公室
海丰县人民政府办公室
2013年3月19日

海丰县2013年度重点项目建设督查工作方案

为切实推进我县2013年度重点项目建设，确保全年目标任务如期完成，特制订如下督查工作方案。

一、指导思想

坚持以科学发展观为统领，认真贯彻落实县委、县政府的决策部署，全力推进重点项目建设，进一步加快进度、提升质量，确保各项重点项目建设任务如期完成，实现全年各项奋斗目标，推动海丰经济社会快速发展。

二、督查目标

以县委、县政府确定的“2013年海丰县重点建设项目计划及责任分工表”的目标任务和预期工作进度为依据，按照项目的轻重缓急，采取抓重点、以点带面抓督查的思路，切实加强对全县2013年度32个重点项目、十大民生实事、20个预备项目推进情况的督促检查，力促全县重点项目早落户、早开工、早投产、早见效。

三、督查内容

根据确定的目标任务，督促检查重点项目前期工作情况和预备项目前期工作情况（包括：项目立项、规划、设计、环评、征地拆迁、资金筹措、招标投标等）、项目投资完成情况、项目进展情况、项目资金到位情况、组织领导和规范管理情况、工程建设质量与安全施工等情况。重点突出对如下几方面内容的督查：

1.项目建设的投资和进度，项目推进中存在的困难和问题，解决问题的意见、建议；

2.县委、县政府对重点建设项目协调确定事项和县督查组提出的督查建议的落实情况；

3.责任单位和项目业主的履约情况，职能部门的履责情况。

四、督查机构

督促检查工作在县委、县政府统一领导下开展，成立专门机构，由县人大、县政协和县相关部门组成督查组负责此项工作。

各责任单位要成立相应的重点项目领导机构，指定项目联系人、设立办公室和联系电话，专门负责此项工作；各相关职能部门要指定一名副职领导为责任人，协调处理项目推进中所出现的问题。

五、督查方法

1.督查准备。开展全面督查之前，县督查组召开一次全体成员、特邀督查员（我县选出的省市县人大代表、省市县政协委员、专家、专业技术人员等），各项目责任领导、责任单位负责人、业主、职能部门负责人等人员参加的工作会议，听取项目情况介绍、通报督查方案、提出工作要求。

2.开展督查。督查组成员、特邀督查员、职能部门、责任领导、责任人、责任单位参加，采取集中和分组督查相结合的形式，通过听取汇报、实地检查、查看资料等方式，了解项目进展情况、掌握存在问题、提出督查意见和建议。

3.督查会商。督查组每月召开一次督查工作例会，每季度召开一次督查工作小结会，年度召开督查工作总结会，对重点项目的进展情况和存在问题进行深入研究和梳理，形成推进意见和建议，并部署下来督查工作。

4.重点督办。针对督查调研和会商中发现的问题，对进度慢、难点多的重点项目，组织相关责任部门实地察看，听取业主的意见和建议，及时向县委、县政府主要领导反馈，并按其批示和要求，积极督促责任领导、责任单位和相关职能部门解决影响项目建设的实际困难和问题。

六、督查制度

1.项目督查月报制。各责任单位、项目业主要于每月5日前，按“海丰县2013年度重点项目建设进度表”的要求，将上一月度重点项目进展情况报送县督查组办公室。

2.限时办结责任制。对县督查组提出的督查意见和建议，被督查单位应及时研究处理交办事项，10个工作日内报送落实情况或进展情况；如有异议，应在3个工作日内书面说明原因。县督查组对未完成督办任务的事项，督促催办。督查事项完成后，县督查组视情进行现场核实，并将完成情况反馈给被督查单位和有关责任领导。

3.督查结果通报制。实行情况通报，定期或不定期在《督查通报》通报重点项目进展情况和存在问题；本着“宜公开、可量化、有形象进度要求”的原则，每季度通过报纸、宣传栏、电子显示屏等媒介向社会公布各项重点项目建设进度。

4.绩效优劣奖惩制。坚持督查效果与绩效考核相结合，督查结果纳入镇和部门绩效考核体系，建立督查考评促进工作落实长效机制，鼓励先进，鞭策后进。对各重点项目建设情况实行“台账管理、量化考评、单独打分”，督查考评的基本分值为100分，实行倒扣分积分管理，扣分周期为一个考评年度，并对扣分情况实行季度通报预警制度（详见“海丰县2013年重点项目建设推进情况自评量分表”“海丰县2013年重点项目职能部门办事情况自评量分表”）。给予完成投资额大、进度快、成绩突出的项目建设责任单位和责任人，排名靠前的，年度建议县委、县政府通报表彰和奖励；对重视不够、工作不力、排名靠后的，将给予通报批评，尤其是对县委、县政府主要领导提出的要求和县督查组建议处理的问题不解决、进度缓慢、影响发展大局的，将视其情况，建议县委、县政府问责。年度总评结果还将提请县委、县政府纳入年度科学发展观考核，以及各类评先评优和选拔任用等评价体系，作为考评依据。

附：海丰县2013年度重点项目建设进度表（略）

海丰县2013年重点项目建设推进情况自评量分表（略）

海丰县2013年重点项目职能部门办事情况自评量分表（略）

关于加强人口和计划生育工作综合治理实行“一证先行”办事制度的通知

海委办〔2013〕38号

各镇（场）党委、人民政府，县直（含驻海）各单位：

为进一步完善“部门配合、齐抓共管、综合治理”的计划生育工作机制，加大人口和计划生育工作治理力度，落实计划生育兼职单位的工作职责，建立与依法行政理念、服务型政府建设相适应的人口管理新体制，确保人口计生工作顺利开展。根据《广东省人口与计划生育条例》《广东省计划生育服务证管理办法》《2012年广东省人口计生委兼职委员单位综合治理工作目标管理责任制考核方案》（粤人口计生考〔2012〕6号），以及中共汕尾市委办公室、汕尾市人民政府办公室《关于实行计划生育证明“一证先行”办事制度的通知》（汕委办〔2003〕28号），结合我县实际，经县委、县政府同意，决定实行计划生育证明“一证先行”办事制度。现就有关事项通知如下：

一、实行计划生育证明“一证先行”办事制度的部门及其内容：

（一）公安部门：办理出生入户、户籍迁移（迁入、迁出）、出入境证件、“农转非”或“非转农”手续及成年流动人口暂住证；交警部门办理申领、年审或换发机动车辆驾驶证；

（二）卫生部门：医疗保健机构为孕妇作孕期检查、孕产接生、人工终止妊娠、办理医学出生证明，申领、年审或变更卫生许可证、健康证，申领、年审或变更药品经营许可证；

（三）民政部门：为补办婚姻登记，办理再婚、离婚、收养、申请低保、社会救济等登记手续；

（四）组织、人力资源和社会保障、妇联等部门：提拔任用干部、录用公务员、办理招工、转正、调动、劳务输出、挂靠档案、下岗优待证、就业失业登记证、失业保险、生育保险、医疗保险及评先、评优等手续；

（五）教育部门：办理幼儿园和中小学新生（包括流入人口子女）入学注册，县外学生转入，申请助学金等手续；

（六）住建部门：办理房屋报建、房屋产权证、房屋租赁许可证的申领、变更或年审等手续；

（七）国土资源部门：办理土地使用证、矿产资源开发申请等手续；

（八）工商部门：申领、年审或变更工商营业执照；

（九）交通部门：申领、年审或换发机动车辆营运证；

（十）财政、农业部门：办理农村种粮直补等惠农补贴手续；

（十一）扶贫办：办理农村危房改造、贫困户帮扶等手续；

（十二）财政、海洋渔业部门：办理柴油补贴等手续。

二、各有关部门在办理上述有关手续时，要查验其有效的计划生育证明，并将证明原件存档备查。对没有镇（场）以上计划生育行政部门出具的有效证明的，各有关部门应暂缓办理有关手续，并在相应事项的办理时限内书面告知其所在镇（场），镇（场）必须依照相关规定跟踪处理。

三、有效的计划生育证明由各镇（场）计生办出具。属我县户籍常住人口的，由户籍地镇（场）计生办出具；属流入人口的到现居住地镇（场）计生办办理，其中，户籍在省内的应提供“广东省计划生育服务证”，户籍地在省外的应提供“流动人口婚育证明”。

四、各有关部门要切实加强领导，结合本部门、本行业的行政职能和工作特点，对落实“一证先行”的工作制定出操作性强的办理制度，报海丰县人口和计划生育局备案。同时，各有关部门主要领导要加强检查督促，确保工作制度的落实。

五、落实“一证先行”办事制度工作情况要实行实名实址登记和建档管理。在开展具体工作中，办理部门应将有关的计划生育证明原件或复印件以及工作记录分类归档保存，并按规定时间将有关人口计生信息通报同级人口计生部门。

六、县人口和计划生育工作领导小组、督查组和考核办对各计生兼职部门和各镇（场）执行“一证先行”办事制度情况，将不定期组织人员进行随机抽查（包括办理部门）、督查和终期考核，并将检查考核的结果作为年度计生兼职单位计划生育工作目标责任制考评的依据，对执行本规定不落实的单位兑现“一票否决”，并对具体承办人员实行责任追究。

中共海丰县委办公室
海丰县人民政府办公室
2013年5月28日

关于印发海丰县2013～2015年扶贫开发“规划到户、责任到人”工作实施意见的通知

海委办〔2013〕43号

各镇（场、经济开发区）党委、人民政府，县直各单位：

经县委、县政府同意，现将《海丰县2013～2015年扶贫开发“规划到户、责任到人”工作的实施意见》印发给你们，请认真贯彻执行。

中共海丰县委办公室
海丰县人民政府办公室
2013年6月7日

海丰县2013～2015年扶贫开发“规划到户、责任到人”工作实施意见

根据《中共广东省委办公厅、广东省人民政府办公厅关于印发〈广东省新一轮扶贫开发“规划到户、责任到人”及重点县（市）帮扶工作的实施方案〉的通知》（粤发〔2013〕14号）、《中共汕尾市委、汕尾市人民政府关于印发〈汕尾市（2013-2015年）扶贫开发“规划到户、责任到人”工作的实施意见〉的通知》（汕委办〔2013〕16号）精神，结合我县扶贫开发工作实际，现就做好新一轮（2013～2015年）扶贫开发“规划到户、责任到人”工作，特制定如下实施意见。

一、指导思想

以邓小平理论、“三个代表”重要思想、科学发展观为指导，以促进城乡协调发展、实现共同富裕、构建和谐汕尾为目标，按照“政府主导、部门联动、社会参与、自力更生、开发扶贫”的原则和新的扶贫标准，创新扶贫开发思路，完善到户定责机制，继续实施“规划到户、责任到人”工作，支持扶贫开发重点县发展县域经济，不断增强综合实力，提高基本公共服务水平。着力改善重点帮扶镇、村发展环境和社会民生事业，大力增强村集体经济实力，大幅增加贫困农户收入，加快脱贫奔康步伐，全面推进我市经济社会发展和新农村建设。

二、帮扶对象

被省认定2011年末全村农民人均纯收入低于5623元（即2011年全省农村农民人均纯收入9372元的60%）、行政村集体经济收入低于3万元（不含3万元）的50条村为重点帮扶村；认定50条重点帮扶村内2011年末家庭人均纯收入低于3093元（即全省农村农民人均纯收入9372元的33%）的相对贫困户3283户、相对贫困人口16176人为贫困户/人口；112条面上非贫困村内相对贫困户5750户和相对贫困人口24478人为贫困户/人口（帮扶分配表另行下发）；市确定的困难镇黄羌镇为新一轮扶贫开发重点镇。

三、目标任务

到2015年，被帮扶的有劳动能力的贫困户人均纯收入达到或超过当年全省农村人均纯收入的45%，并实现稳定脱贫；贫困户家庭医疗、教育、低保、住房等保障政策落实到位。重点帮扶村全

村农民人均纯收入超过当年全省农民人均纯收入的60%，行政村集体经济收入达到或超过5万元；生产生活基础设施建设基本完善，村容整洁，公共服务设施和服务水平明显提高；村“两委”班子战斗力、凝聚力、号召力进一步增强。困难镇经济发展明显加快，产业结构逐步优化，特色优势产业快速发展，县级、镇级财政状况明显好转，综合实力显著增强；社保、医保、低保等制度实现全覆盖。重点县人均生产总值增幅高于全省平均水平，农民人均纯收入超过当年全省农民人均纯收入的75%。

四、政策措施

（一）继续实施对口定点帮扶。全县50个相对贫困村中，深圳市对口帮扶25个贫困村，市直单位帮扶11个贫困村，县直单位挂钩帮扶14个贫困村。继续开展“一户一策一干部”结对帮扶活动。县直副处以上干部每人挂扶3户，正科级干部每人挂扶2户，其他工作人员每人挂扶1户，也可由工作组一对多户进行帮扶。对口帮扶单位安排帮扶责任人帮助贫困户制定发展规划，协助帮扶对象引项目、学技能，向上级有关部门反映需要解决的问题以及联系社会力量参与扶贫开发工作等。

（二）积极多方筹措扶贫资金。除住房改造补贴等专项资金外，在新一轮扶贫开发工作中，省将贫困村划分为三个档次，省财政分别按90万元、75万元和60万元的标准给每个贫困村安排补助引导资金。市财政对新一轮贫困村的投入每年2200万元，包括贫困村生产启动资金、贫困村干部生活补贴及办公费补助和住房改造配套等，连续三年。我县帮扶贫困村及贫困户的生产启动资金将由县财政纳入预算，每年安排贫困村及贫困户的生产启动资金500万元，连续三年。相关部门管理的涉农资金和项目向扶贫开发重点区域倾斜。各驻村帮扶单位除用好补助引导资金外，还应积极筹措扶贫资金。落实村级公益事业一事一议财政奖补政策，各级财政按农民筹资筹劳总额的50%给予补助。积极推广金融扶贫，鼓励探索农户贷款联保方式全面实施扶贫小额贷款贴息制度。鼓励重点帮扶村建立村级互助金。充分发挥市扶贫基金会作用，广泛调动深圳市汕尾商会企业、社会人士积极支持扶贫开发，2013年至2015年“广东扶贫济困日”活动募集的资金，继续重点用于扶贫开发“双到”工作。

（三）加大行业建设扶持力度。被帮扶的重点村村内的交通、农田水利、饮水安全等基础设施和教育、卫生、文化等公共服务项目，由帮扶单位和被帮扶村提出项目建设规划，经镇、县审核报市汇总上报省扶贫办。再由省扶贫办将重点帮扶村建设项目分别报送省农业、交通运输、水利、教育、卫生、文化、人力资源和社会保障、民政等相关部门，由各部门列入年度项目资金计划优先单列安排，按现行财政资金拨付渠道落实到村。

（四）继续推行“两业”扶贫途径。突出产业扶贫和就业扶贫，以资源优势为基础，以镇级规划为指导，按照“一镇一业、一村一品”的规模化生产模式，集中扶持重点帮扶村发展特色优势产业发动企业参与贫困村劳动力就业帮扶，扶持在重点帮扶村兴办能带动贫困户/人口发展生产的企业、生产基地、农民专业合作社。加大技能培训和转移就业力度，落实贫困家庭学生就业促进计划和农村贫困家庭子女免费入读中等职业学校、资助少数民族聚居区大学生上学等政策。深入推进“双转移”战略，促进重点帮扶村富余劳动力转移就业和创业。实施乡贤回归工程和企业回报社会工程。要将最近我县组织调查并确定的帮扶项目提供给深圳市汕尾商会、本地龙头企业，让企业老板们根据项目的可行性、经济实力和优势条件选择帮扶。

（五）努力改善生产生活环境。优先扶持重点帮扶村安全饮水工程、300人以上自然村的村道建设和信息网络建设；优先扶持重点帮扶村开展高标准基本农田建设和农田基础设施整治。结合创建幸福村居行动计划，在原来安居示范村建设基础上，再建设30个“整村推进幸福安居示范村”，抓好公共基础设施配套升级和村容村貌、环境卫生整治。

（六）完善农村民生保障体系。符合最低生活保障条件且有劳动能力的贫困户家庭成员同时享受最低生活保障和扶贫开发政策。低保对象、丧失劳动能力的残疾人、低收入家庭中60周岁以上的老年人和未成年人、农村“五保户”以及低收入重病患者等参加城乡居民医保的个人缴费部分，由政府全额资助，帮助其参加城乡居民基本医疗保险。对农村重度残疾人等困难群体参加新型农村社会养老保险，由县政府为其代缴部分或全部最低标准的养老保险费。继续落实农村低收入住房困难户住房改建和不具备生产生活条件贫困村庄搬迁安置的财政资金补助，优先安排建设用地指标等有关扶持政策。

（七）做好困难镇扶持工作。1.加大基础设施建设扶持力度。县财政及交通、农业、水利、卫生等有关部门要加大对困难镇公共基础设施建设的投入，加快困难镇公路、农田水利、电网、饮水等改造建设，逐步提高困难镇公共基础设施建设水平。2.加大经济社会发展扶持力度。帮助困难镇加快发展教育、科技、文化、卫生等各项社会事业。3.扶持发展现代农业。支持困难镇大力发展特色效益农业、林业和渔业，鼓励各类农业企业到困难镇兴办种养和农产品加工基地，提升农业产业化、集约化、现代化水平，形成“一镇一业、一村一品”发展格局。4.扶持发展特色旅游服务业。支持困难镇因地制宜、按照先规划后开发的原则发展旅游业，优先开发具有地方特色、文化内涵和生态优势的旅游项目。

五、工作要求

（一）加强建档造册管理。认真做好贫困识别工作，各帮扶单位和重点帮扶村所在镇政府要共同调查重点帮扶村、贫困户/人口的真实情况，按村公示，接受群众监督，对符合条件的农户进行分户登记造册。县将按照全省统一制定的“帮扶记录簿”，印发到村到户，由重点帮扶村、贫困户以及帮扶单位驻村工作组组长分别保管。各帮扶单位要按照要求，如实填写“帮扶记录簿”，由村负责人、贫困户主、驻村工作组组长共同签名确认后，及时将帮扶内容录入省扶贫信息系统并主动更新，建立动态帮扶档案，作为考评的重要依据。省、市、县和镇数据库实时联网监测，对扶贫开发对象进行信息化管理。

（二）加强科学规划整治。各帮扶单位要按照整村推进扶贫开发的要求，制定切实可行的三年帮扶规划和年度工作计划，各级住房城乡建设、国土资源、交通运输、水利、农业等相关部门要积极给予指导协助。要突出抓好村庄规划，通过综合治理，达到产业布局合理，村容村貌基本改善的效果。要按照“一村一策、一户一法”要求，采取各种有效帮扶措施，确保每个重点帮扶村至少有一个主导产业、一个农民专业合作社，有劳动能力的贫困户至少挂上一家农业龙头企业或扶贫龙头企业（产业基地）或参加一个农民专业合作社，每一户有意愿的贫困户转移至少一个富余劳动力，实现重点帮扶村、贫困户/人口稳定脱贫。

（三）加强扶贫资金管理。扶贫资金应按扶贫项目进度及时拨付，不得截留、挪用或侵用。实行扶贫开发资金专账管理、封闭运行及报账制。加强和完善社会扶贫捐赠资金管理，提高扶贫开发事业公信力。推行扶贫开发资金管理使用公示和项目绩效评价制度，加强对扶贫开发资金管理使用监督和审计，确保扶贫开发资金安全并发挥效益。省财政和深圳市重点帮扶村安排的补助引导资金，由驻村工作队和所在镇政府及贫困村共同掌握，统筹用于重点帮扶村项目建设，并由村委会对该资金的使用情况予以确认。

（四）加强基层班子建设。各级党委尤其是镇党委要认真贯彻落实《广东省加强村级基层组织建设五年行动计划》，把扶贫开发与基层组织建设紧密结合起来，以加强村级党组织建设为重点，以健全村级组织体系和规范村级组织运作为抓手，坚持抓基层、打基础，抓班子、带队伍，充分发挥村级各种组织的作用，增强村级组织的整体合力。结合村级组织换届选好配强村级领导班子，提高其带领群众脱贫致富的能力。

（五）加强相关制度建设。各级党委、政府在完成本地区帮扶任务的同时，要积极协助帮扶单位开展各项帮扶工作，解决驻村干部实际问题；要定期对帮扶工作进展、帮扶成效及资金落实情况进行跟踪检查，形成“县督查到镇、村，镇督查到户”的一级抓一级，层层抓落实的工作机制。各帮扶单位要落实干部长期驻村制度，至少选派一名优秀年轻干部到重点帮扶村工作。驻村干部的选派要报组织部门批准。帮扶方与被帮扶方要建立双向互动机制，签订扶贫协议，明确双方责任和义务。对积极参与和主动配合帮扶单位完成任务的扶贫开发对象将优先安排扶持项目和资金，对不主动或不配合帮扶单位工作的，暂缓安排扶持项目和资金。

（六）加强考核严格问责。继续执行《广东省扶贫开发工作问责暂行办法》和“单兵教练”制度。健全扶贫开发目标责任考核制度，对全县相对贫困村和非贫困村开展的扶贫工作，根据省、市有关考核规定，年终组织一次考核，每年考核结果与镇党委政府落实科学发展观、帮扶单位政风行风评议考核相挂钩。

六、保障措施

（一）强化组织领导，做好统筹协调。落实党政一把手负总责的扶贫开发工作责任制，各镇要成立扶贫开发领导小组，加强组织领导和督促检查，坚持扶贫与扶智、输血与造血、自治与管理相结合，确保各项政策措施取得实效。实行县、镇党政领导定点联系扶贫制度，强化各级扶贫开发领导小组的统筹协调作用，建立健全适应扶贫开发任务要求的长效工作机制。各镇党政主要领导、各贫困村要本着认真负责的态度，主动与帮扶单位或个人衔接，积极跟进帮扶项目进度，提高帮扶成功率。各有关单位要切实履行职责，在完成本单位帮扶任务的同时，积极安排本部门的项目、资金、技术、信息等资源支持扶贫开发“双到”工作。

（二）强化宣传发动，营造社会氛围。大力宣传报道扶贫开发有关政策和先进典型，弘扬中华民族扶贫济困的优良传统。以“广东扶贫济困日”为活动平台，广泛动员各类社会组织、企业家、港澳台同胞、海外华人华侨、国际慈善机构及非政府组织，在自觉自愿的基础上，积极参与扶贫开发事业。各镇要千方百计为本地经济、民生事业发展，为贫困户早日脱贫牵线搭桥，积极动员有能力、有意愿的民营企业参加定点帮扶工作。鼓励社会组织和热心人士直接与重点帮扶村、贫困户挂钩帮扶。社会组织和个人到贫困地区投资建设将享受有关优惠政策。

（三）强化队伍建设，提升工作水平。镇要明确有专人负责扶贫开发日常工作，落实工作经费。稳定扶贫队伍，充实人员，确保有人干事、有钱办事。县扶贫部门要加强对扶贫开发工作的协调、督查、调研和宣传，及时向县委、政府汇报工作，反映新情况，解决新问题。县将加大对各镇、各帮扶单位扶贫干部队伍培训力度，提高整体素质，增强工作能力。

（四）强化社会监督，完善奖惩机制。要建立扶贫资金使用公告、公示制度，做到项目、资金和效果“三公开”，接受群众监督和审计监督，对挤占、挪用、贪污扶贫资金的，要依法依规严肃查处。对开展扶贫开发工作措施得力、贡献突出的单位和个人、社会组织、扶贫开发对象予以表彰和奖励；对实绩突出、特别优秀的驻村干部予以提拔或重用。

本意见由县扶贫开发领导小组负责组织实施，具体工作由县扶贫开发领导小组办公室负责落实。

附：

海丰县扶贫开发“规划到户、责任到人”工作任务分配表（深圳帮扶部分）

海丰县扶贫开发“规划到户、责任到人”工作任务分配表（汕尾市市直帮扶部分）

海丰县扶贫开发“规划到户、责任到人”工作任务分配表（海丰县帮扶部分）

海丰县扶贫开发“规划到户、责任到人”工作任务分配表（深圳市帮扶部分）

表 13

序号	帮扶单位	重点帮扶村	全村总户数（户）	全村总人口（人）	贫困户／人口			备注
					户数（户）	人数（人）	贫困发生率（%）	
	海丰县	25	13236	64784	1608	8063	12.45	
1	横岗街道办事处	赤坑镇古流村	1219	6059	99	598	9.87	
2	龙城街道办事处	赤坑镇船坞村	524	2726	72	433	15.88	
3	区人大机关	赤坑镇茅湖村	756	3776	51	235	6.22	
4	坪地街道办事处	赤石镇赤石村	510	2450	70	356	14.53	
5	南湾街道办事处	赤石镇新城村	360	1837	93	383	20.85	
6	区投资管理有限公司	赤石镇新联村	539	2635	65	338	12.83	
7	平湖街道办事处	梅陇镇银液村	611	2840	93	427	15.04	
8	龙岗街道办事处	梅陇镇联兴村	606	2682	82	411	15.32	
9	区教育局	梅陇镇东港村	437	1952	62	290	14.86	

续表

序号	帮扶单位	重点帮扶村	全村总户数（户）	全村总人口（人）	贫困户/人口			备注
					户数（户）	人数（人）	贫困发生率（%）	
10	坂田街道办事处	梅陇镇梅西村	944	4165	137	624	14.98	
11	布吉街道办事处	梅陇镇水踏村	558	2450	76	403	16.45	
12	区经济促进局	梅陇镇围湖村	403	1824	60	275	15.08	
13	区政协机关	城东镇赤山村	658	3316	54	293	8.84	
14	区委组织部	城东镇梓里村	202	1120	16	81	7.23	
15	区环保水务局	大湖镇湖仔村	748	3568	62	358	10.03	
16	区民政局	大湖镇山脚村	530	2380	59	330	13.87	
17	公安局	公平镇笏雅村	416	2350	50	340	14.47	
18	区卫生局	公平镇龙岗村	286	1863	44	213	11.43	
19	区住房和建设局	黄羌镇东岭村	534	2673	40	161	6.02	
20	区委宣传部	黄羌镇双圳村	430	2300	56	290	12.61	
21	区文体旅游局	平东镇九龙村	245	1187	59	342	28.81	
22	区检察院	平东镇双墩村	558	3322	70	351	10.57	
23	区委（府）办	陶河镇陶西村	450	1842	40	212	11.51	
24	区纪委	陶河镇雅卿村	295	1605	28	48	2.99	
25	区法院	陶河镇杨北村	417	1862	70	271	14.55	

海丰县扶贫开发“规划到户、责任到人”工作任务分配表（汕尾市市直帮扶部分）

表 14

序号	帮扶单位	贫困村名称	全村总户数（户）	全村总人口（人）	贫困户数（户）	贫困人数（人）	备注
1	市委办、移动汕尾分公司	联安镇联新村	304	1445	39		
2	市人大办	附城镇新东村	328	1655	20		
3	市政协办	鹅埠镇红罗村	52	372	25		
4	市委政法委、中行汕尾分行	联安镇联田村	728	3786	43		
5	市民政局	联安镇永乐村	398	1608	40		
6	市食品药品监督管理局	赤坑镇屿仔村	805	4124	85		
7	市农业局	联安镇友爱村	546	2607	38		
8	市卫生局	陶河镇霞雅村	444	2138	32		

续表

序号	帮扶单位	贫困村名称	全村总户数（户）	全村总人口（人）	贫困户数（户）	贫困人数（人）	备注
9	市住房和城乡建设局	可塘镇可北村	600	3200	16		
10	市城乡规划局	城东镇新江村	640	3286	64		
11	汕尾广播电视台	梅陇镇新寮村	640	2482	90		

海丰县扶贫开发“规划到户、责任到人”工作任务分配表
（海丰县帮扶部分）

表 15

序号	帮扶单位	重点帮扶村	全村总户数（户）	全村总人口（人）	贫困户/人口			备注
					户数（户）	人数（人）	贫困发生率（%）	
1	县地税局	公平镇平二村	367	2041	77	385	18.86	
2	县经促局	后门镇朝面山	145	707	48	240	33.95	
3	县水务局	赤石镇新里村	365	1840	61	402	21.85	
4	县卫生局	公平镇后山村	648	3628	60	343	9.45	
5	县住建局	陶河镇杨西村	413	1823	49	234	12.84	
6	县民政局	小漠镇元新村	224	1250	47	255	20.40	
7	县农业局	赤坑镇社美村	545	3350	46	221	6.60	
8	县财政局	海城镇埔仔村	314	1518	42	193	12.71	
9	县教育局	可塘镇上达村	338	1723	33	164	9.52	
10	县交通运输局	可塘镇罗南村	720	3760	31	173	4.60	
11	县林业局	公平镇西山村	330	1680	25	130	7.74	
12	县环保局	可塘镇埔陇村	328	1645	24	106	6.44	
13	县人社局	附城镇兴洲村	493	2415	20	93	3.85	
14	县国土资源局	陶河镇陶新村	585	2409	35	187	7.76	

关于印发《海丰县开展政务整治行动工作方案》的通知
海委办〔2013〕76号

各镇（场、经济开发区）党委、人民政府，县直（含驻海）各单位：

经县委、县政府研究，现将《海丰县开展政务整治行动工作方案》印发给你们，请结合实际认真贯彻执行。

中共海丰县委办公室
海丰县人民政府办公室
2013年11月15日

海丰县开展政务整治行动工作方案

根据中共汕尾市委办公室、汕尾市人民政府办公室关于印发《汕尾市开展政务整治行动的工作方案》的通知精神（汕尾办发〔2013〕5号），结合我县实际，制订本方案。

一、指导思想

以邓小平理论、“三个代表”重要思想和科学发展观为指导，深入贯彻党的十八大精神、中央关于改进工作作风、密切联系群众的“八项规定”，以改进机关作风、优化政务环境为目标，坚持查改并重，深入整治的原则，紧紧围绕机关作风存在的主要问题，健康有序开展政务整治工作，实现精神面貌明显提升、服务效能明显增强、发展环境明显改善，为加快推进海丰成为宜居宜业宜游新城和汕尾区域发展排头兵提供坚强政治保障。

二、工作重点

重点做好以下六方面工作：

（一）着力推进政务公开和政务服务中心建设

进一步健全政务公开制度，依法及时、准确、全面公开群众普遍关心、涉及群众切身利益的政府信息，不断扩大公民知情权和监督权。坚持以方便群众、服务群众为宗旨，严格按照市委、市政府和县委、县政府有关要求，加快推进县政务服务中心建设，把应纳入政务服务中心办理的审批事项全部纳入。推行“代办制”行政服务和“保姆式”贴身服务，对招商项目要实行专人负责代办全部手续，提供一条龙、一站式服务，全程跟踪落实，限时办结。加强对进驻中心部门工作人员的培训教育和日常管理，严明工作纪律，提升窗口服务形象。逐步规范政务服务中心运作，对设立在中心的政务服务办理机构充分授权，杜绝体外循环，提高行政效能。及时受理群众有关咨询与投诉，并依法处理有关问题。（这项工作由县政府办公室牵头负责，相关职能部门配合）

（二）深入开展明察暗访工作

1.开展作风自查活动。在全县纪律教育学习月活动和“万众评股室”活动期间，针对当前我县各级党员干部作风的实际，认真查摆本地本单位在纪律以及作风建设方面存在的突出问题，以提高政务服务水平、改进政务服务建设为目标，全面发动，深入开展自查自纠。按照严肃纪律、转变作风、提高效能的要求，重点解决政令不通、精神不振、纪律不严、作风不实、群众观念不强、为政不廉等六方面存在问题。自查活动为期两个月，最后形成自查报告，经各地各单位“一把手”签字后分别于12月15日前报送县委书记和县纪委。（这项工作由县纪委监察局牵头负责，各单位配合）

2.开展以整顿庸懒散奢为目的的机关作风暗访工作，促进机关作风进一步好转。以治庸转能、治懒转勤、治散转严、治奢转俭为突破口，针对群众反映比较强烈的热点问题和紧系群众生活、生产的机关作风问题，开展有计划、有针对性的暗访工作，在今年年底前制作一至二期机关作风暗访专题片，处理并曝光一批作风典型案件，着力解决作风建设的突出问题，树立机关新形象。（这项工作由县纪委监察局负责）

（三）加快推进信息化建设

充分整合现有信息化资源，运用现代信息技术拓展电子政务，提高政务服务水平，努力建设廉洁高效的服务型政府。全面推行网上审批和办事，实现政务信息网上公开、投资项目网上审批、社会事务网上办理、公共决策网上互动、政府效能网上监察、跨部门事项并联办理。认真贯彻落实省委、省政府和市委、市政府关于加快网上办事大厅建设工作部署，加大力度推进我县网上办事大厅的建设工作，确保在2013年底前，建成县级网上办事分厅，确保进驻分厅事项应进必进、实时监察。同时，建立和完善电子证照认证制度体系，推进申报材料和证照电子化。引导和鼓励各类企业和社会组织的便民服务在网上平台办理。（这项工作由县政府办公室牵头经促局负责，相关职能部门配合）

（四）推进行政审批制度改革

切实转变政府职能，进一步推进行政审批制度改革，加大审批事项“减、放、转、并”力度，减少审批事项，加快审批流程再造，简化审批流程，

规范审批程序，缩短审批时限。坚决清理限制市场准入、妨碍市场竞争的审批事项。加快商事登记制度改革，在总结经验的基础上，扩大商事制度改革，清理和规范企业登记前置审批许可，大幅简化和规范商事经营资格审批，简化住所登记、实收资本登记和经营范围登记事项，提高商事登记效率。加强对有关部门的业务指导，做好下放审批事项对接工作，依法下放审批权限；按照积极稳妥，成熟先行的原则，逐步做好向社会组织转移职能工作，适时落实一批行政职能给社会组织承担，并完善相关配套措施，确保相关事项转得出，接得住。进一步强化审批监督，压缩审批自由裁量权，提高审批效能，推动行政审批权规范高效运行。（这项工作由县编办牵头负责，相关职能部门配合）

（五）强化主要政务服务机构重点股室的服务水平

以开展2013年县直单位民主评议政风行风工作为契机，在县直主要政务服务机构的重点股室开展民主评议政风行风活动。以评建结合、查改并重，依靠群众、科学评议，创新方式、高效透明为原则，通过多渠道查找存在的主要问题，通过公开承诺和落实整改，回应群众诉求，推动主要政务服务机构的重点股室改进工作作风，提升政务服务水平。（这项工作由县纪委监察局牵头负责，相关职能部门配合）

（六）打造优秀中层干部队伍

加强对干部的管理监督，进一步完善对中层干部的考核办法，按照干部管理权限，采取诫勉谈话、免职待岗、改任非领导职务和就地免职等方式调整不胜任的现职中层领导干部。对不履行或不正确履行法定职责，给国家利益、人民生命财产、公共财产造成重大损失或者恶劣影响的干部，严格问责；构成违纪的，及时严肃予以查处。（这项工作由县纪委监察局和县委组织部按照职责分工负责）

三、组织领导

成立县政务整治行动工作领导小组，组成人员如下：

组　长：刘　帆（县委常委、县纪委书记）

副组长：许信咏（县委常委、常务副县长）、廖汉生（县委常委、县委办公室主任）

成　员：林锡清（县纪委副书记、县监察局局长）、叶胜勇（县政府办公室主任）、陈伟平（县纪委常委）、姚火坤（县委组织部副部长）、陈雪静（县监察局副局长）、邓务刚（县机构和编制委员会办公室主任）、何秀山（县经济促进局局长）

领导小组下设办公室，办公室设在县纪委监察局，由陈雪静同志兼任办公室主任，办公室工作人员从相关成员单位中抽调。

四、工作要求

（一）要精心组织。各地各相关单位要高度重视，精心部署，成立相应工作机构，制定具体实施方案，明确目标任务、工作重点和具体措施，牵头抓总，切实做到组织领导到位，责任落实到位，宣传发动到位。各相关单位要积极配合，明确方向，落实责任，协调有序推进。

（二）要注重实效。各级各单位要切实履行职责，抓住重点难点，认真推进政务整治行动各项工作落实，并定时对工作推进情况进行梳理总结，不断改进工作方法，提升工作效果。要把此次政务整治行动与建立完善长效机制相结合，深入研究探索，逐步完善机制制度建设。

（三）要广泛宣传。行动开展过程中，要充分发挥媒体的舆论导向作用，利用报纸、广播电视、网络、公开栏等平台，广泛宣传政务整治行动的重要意义，及时报道整治行动情况及成果，营造浓厚氛围，提升整治效果。

政务整治行动从10月份开始至12月份结束，为期3个月，行动期间，各地各相关单位须于每月23日前书面向县政务整治行动工作领导小组办公室报送相关工作进展情况。12月23日前，各地各相关单位将政务整治行动总结材料书面报送县政务整治行动工作领导小组办公室。

报刊选摘

人文风貌对外彰显　文化魅力空前提升
海丰勇当县域文化排头兵

原载2013年3月16日《南方日报》

南海物丰，人文蔚然。千古风流，英才辈出。

今日，钟敬文诞辰110周年纪念活动暨海丰首届民俗文化节隆重举行，此次文化盛事仅为海丰近年来加强文化建设、勇当县域文化排头兵的一个缩影。近年来，海丰博物馆已布展开放，展示海丰跨度数千年的悠久历史；文天祥公园喜迎四方宾客，成为集爱国主义、健身休闲、旅游观光于一体的综合性主题公园；马思聪文化艺术馆建设扎实推进，进一步提升海丰历史文化名城的品位；岭南画家、摄影家前来采风，描绘海丰优美动人的画卷；丘东平百年诞辰纪念活动成功举办，让全国专家重新审视其文学成就和人格魅力；纪念马思聪百年诞辰，弘扬他为音乐事业奋斗的可贵精神，媒体纷纷聚焦；西秦戏《留取丹心照汗青》亮相省艺术节、登陆央视并连获“五个一”，稀有剧种被注入新活力……

文化也是软实力。美国著名学者塞缪尔·亨廷顿说过：“今天，真正决定社会发展进程的，既不是资本，也不是土地和劳动，而是文化。”近年来，海丰县对文化建设“系于心、发于力、敏于行”，充分发扬“敢于担当、精细落实、用心倾情、刻意动脑”的海丰精神，大力发掘深厚的历史文化底蕴，努力依托厚重的群众文化基础，积极推动文化事业繁荣和文化产业发展，厚积薄发，成绩斐然。

如今，海丰的文化建设、人文风貌正前所未有地对外彰显，文化魅力、城市美誉度也得以空前提升。众多文化盛事的背后，文化名人精神光芒四射，为海丰经济大建设、大发展提供了坚实的精神动力和智力支持。

巍巍莲花山，悠悠龙津河，海丰——这个广东县域文化排头兵正历练而成！

1.人文蔚然出望邑　人才代代出海丰

海丰，古称岭南望邑，位于广东东南，背山面海，毗邻港澳。据传，因其地临南海，海产丰富，故取意“南海物丰”得名。

早在5000多年前的新石器时代中、晚期，先民们已在此地沿海聚居生息。之后，历夏、商、周至春秋战国为“南蛮”之地，也是“百越族”的一部分。秦始皇三十三年（公元前214年），秦平百越设郡县，次年设南海郡，置龙川、博罗等县，海丰地域隶属南海郡博罗县。东晋成帝元年，析南海郡之东为东官郡，海丰隶属东官郡博罗县。东晋咸和六年（公元331年），从东官郡的博罗县划出部分地区设立海丰县。

千百年来，海丰的原生态文化保存完好。她有着优美的海岸线，是中国蓝色海洋文化的代表；她是中国水鸟之乡，境内既有风景秀丽的群山，也有碧波万顷的南海，有广阔的沿海湿地，也有丰富的淡水湿地，自然资源丰富多样。20集电视连续剧《春暖南粤》曾获第28届中国电视剧“飞天奖”，其拍摄地便多处取景海丰赤石、莲花山等地。

海丰一直地处文化交汇点，素有“广东的云南”之谓，广府、客家、福佬文化在此交汇、糅合、创新，最终示人以绚丽多姿的风貌。在海丰，既有“元宵灯会”“端午节龙舟赛”等传统节日文化，亦保留西秦、白字、正字三个稀有剧种，还有麒麟舞、海丰渔歌、客家山歌、公平八音、海丰木雕、白字坐唱、竹马戏等富有特色的传统文化、民间艺术。甚至，海丰的饮食也自成体系，独具特色，为汕尾成就“中国民间文艺之

乡”作出了贡献。

当历史时针转向近现代，海丰的红色文化更是耀眼。它是彭湃故里，是全国第一个苏维埃政权诞生地。1927年，彭湃在海丰领导创建了中国第一个红色政权——海陆丰苏维埃政府，在全国革命的“红色挂毯”上编织出最亮色图案，为红色政权的建设在理论和实践上积累了经验，开辟了中国革命以农村为基地走向胜利的道路，使海陆丰从此走入中国革命的典册。

水土造文化，文化育英才；文化贯千古，英才代代出。文天祥曾在海丰一带抗元，事迹可歌可泣。他的爱国主义精神影响着一代又一代的海丰人。仅在清代，海丰就曾爆发郑亚长、徐凯率众响应郑成功南下勤王、反清复明的斗争；上演苏成、苏利领导反抗清廷“移民缩界”错误决策的农民起义；还有三点会会首黄履恭、马逢九、黄殿元响应太平天国起义，等等。

大批英才的崛起，成为当地人的珍贵记忆：无产阶级革命家、中国共产党初期领导人、杰出的农民领袖彭湃，辛亥革命元勋、粤军首领、中国致公党创始人陈炯明，陆丰县苏维埃政府县长、印度尼西亚棉兰惠州会馆会长刘廷波，原中国致公党主席陈其尤及其继任者政治活动家黄鼎臣，中央音乐学院首任院长、世界乐坛大师、小提琴演奏家马思聪，中国战地文学的开拓者、著名革命作家丘东平，一代医学名贤、地下党员柯麟，中国民间文艺家协会主席、著名民俗学家钟敬文，中国现代民族学、人类学、民俗学的早期开拓者杨成志，中国著名美学家、哲学家、翻译家马采，音乐教育家陈洪，中国第一位女飞行员李霞卿，当代著名核动力专家、中国工程院院士、中国核潜艇第一任总设计师彭仕禄，中国科学院院士、数学家彭实戈，中国工程院院士、著名船舶专家、核潜艇研究设计专家黄旭华，中国工程院院士、造纸专家陈克复，著名导演徐克……

尤其令世人称道的是，在《南方日报》遴选、报道的第一批、第二批共51位“世纪广东学人”中，海丰的马思聪、钟敬文、马采、杨成志、柯麟皆入选，人数竟占全省的十分之一！

2.薪火相传自难灭　政府扶持结硕果

历代以来，海丰人十分重视文化薪火的传承。

辛亥革命元勋、粤军首领陈炯明重视教育的故事仍广为流传。1918年10月，陈炯明在福建漳州建立闽南护法区后，公费选送留法、留美、留英、留日男女学生83名，一时轰动大江南北。期间，陈炯明指派陈其尤回海丰，选送彭湃、彭泽（彭湃同父异母的弟弟）、李谷珍、林铁史等赴日留学，选送陈祖贻等赴法深造。陈炯明主政南粤之后，广东更兴起一股出国留学的高潮，1921年仅海丰一县被选派的留学生就有黄鼎臣等10余人。

时至当代，海丰紧踏时代鼓点，于创造丰厚物质文明的同时，进一步发掘历史文化底蕴，依托群众文化基础，促进文化艺术繁荣。其间，海丰县委、县政府视文化建设为“经国之大业，不朽之盛事”，从人才、资金、体制等各方面进行大力支持，成绩斐然：

精心制定《海丰县建设文化强县规划纲要（2011~2020年）》。到2020年，构建基本完备的文化创新体系、公共文化服务体系、现代文化市场体系，形成政府管理、行业自律、企事业单位依法运营的文化管理体制和富有活力的文化产品生产经营机制，建立与海丰经济社会发展相适应、文化事业全面繁荣、文化产业兴旺发达的现代文化发展格局，努力把海丰建设成为公民素质优良、社会文明进步、文化事业繁荣、文化产业兴旺、文化生活丰富、文化氛围浓厚、精神家园和谐的文化强县。

不断深入海丰历史文化研究。发挥学校、民间文化团体、档案馆和政协文史委等部门作用，研究、发掘、推广海丰文化；加强对文天祥、彭湃、陈炯明、陈其尤、黄鼎臣、马思聪、钟敬文、丘东平、陈宝寿、柯麟、陈洪、马采等历史文化名人的研究、宣传；开展海丰民俗文化研究，鼓励群众参与；联合高校整理文化遗产，调查、记录境内的福佬话、客家话、占米话、军话、白话、畲语。县财政计划每年安排哲学社会科学经费不少于25万元，资助著作出版，奖励优秀成果。

大力推进各类文学艺术创作。全面推动海丰革命历史题材、海丰名人题材、海丰人移居海外（港澳台）题材、海丰民间文化题材等作品的创作；每年确定一批重点文艺创作项目，县财政计划每年安排专项资金不低于20万元，优先扶持反映海丰地方特色的文艺原创作品的生产；扶持《海丰文艺》、《海丰文学》《青年文艺》《海丰联苑》等文艺刊物的出版，为广大业余作者发表作品提供更多平台；以刊物为依托，海丰文学、楹联、诗词、书法、摄影等社团活动搞得红红火火，一些企业家也受到感染，自发为创作者提供支持，如仁荣实业发展有限公司董事长陈介仁、可塘金盛宝石有限公司董事长王仁洪等曾经为多位作者出书提供资金。目前，海丰的文学艺术队伍不断壮大，创作进入自觉频发期。2010年，海丰县政府出资资助8位青年作家结集出书，乃有8部约150万字的《海丰当代青年文学丛书》面世。

全力抢救文化遗产，挽救濒危戏种。已有300多年历史的西秦戏，是海丰本土的珍稀濒危剧种，曾被列为首批国家非物质文化遗产。为繁荣该剧种，海丰去年推出第一部原创西秦戏《留取丹心照汗青》，在第十一届广东省艺术节一亮相即斩获优秀表演奖等7个奖项，且得到了省委“五个一”工程奖，并开创了县级剧团登上央视的历史。从强大的创作阵容可以看出海丰县委、县政府对此剧的重视程度：广东著名剧作家陈中秋创作剧本，中国戏曲学院艺术教育中心主任涂玲慧教授担任导演，西秦戏国家级非物质文化遗产传承人严木田编曲，吕维平担纲主演文天祥。海丰县全力克服人才紧缺、资金不足等困难，精心打造出这一文艺精品。海丰县委书记沈木荣说：“创作一个文天祥的剧本，挽救一个濒危地方剧种，是一件一举两得的大好事”。另一珍稀剧种白字戏也受到大力扶持，已挖掘、抢救出《肖光祖和番》《刘全忠逗花轿》等约50出失传剧目，积累了50项音像和传统剧目资料，节目亦多次荣获国家、省级奖项。

建设、修缮海丰革命斗争历史纪念馆、文天祥公园、马思聪文化艺术馆等一批文化基础设施，持续广泛开展城乡群众文化活动。宣传文化部门大力开展优秀文艺基层巡演，积极开展群众喜闻乐见的业余读书、摄影、书画、合唱、舞蹈及各类民间文化活动；加强对学生文化艺术素质教育，开设专门课程，开展文艺活动；尤其注重提高农民文化消费能力，大力培育农村文化市场；做大做强海丰端午龙舟节、海城元宵灯会、梅陇正月二十、赤坑南涂新农村书画摄影展和群众广场文化活动等文化品牌，继续组织好元宵文化巡游、文艺演出、戏曲晚会、书画展、猜灯谜等各项节庆文化活动，使之成为弘扬海丰优秀文化、丰富群众文化生活的平台。近年来，群众文化搞得有声有色，由仁荣实业发展有限公司出资组建的海丰仁荣龙舟队，屡获中华龙舟大赛等奖项，队员多为当地渔民、农民，主要从事海产养殖、农业或首饰加工业，但在全国比赛中却屡获佳绩。海丰县代县长陈德忠说：“海丰在文化事业上加大投入，就是要不断提升文化品位，助推海丰经济建设。”

3.唤醒文化强根基　聚人引资挖潜力

新时期下，如何进一步唤醒文化的基础作用，发挥文化的名片效应，产生聚人引资的强大作用？对此，海丰县委、县政府一班人煞费苦心，精心组织一场场文化盛事，努力大打文化牌，积极对外推介海丰。毫无疑问，钟敬文、马思聪、丘东平等文化名人的精神光芒四射，为海丰经济大建设、大发展提供了坚实的精神动力和智力支持。而海丰在向世人展示革命老区的秀美山水、深厚人文底蕴和城市发展新貌的同时，也受到了媒体的高度关注，促进了对外交流，进一步提升了海丰的文化品位和社会知名度。

2010年1月13日是辛亥革命元勋陈炯明诞辰100周年。1月13日—14日，致公党海丰县委员会、海丰陈炯明学术研究会主办的陈炯明学术研究座谈会在海丰隆重召开，来自省内外及本地的专家、学者、教授100多人参加了座谈会，深入、客观地研究历史。

2010年是新四军著名烈士、现代军事文学先驱丘东平诞辰100周年，省作家协会、省社科院哲学文化研究所、海丰县委县政府联合主办的“纪念丘东平诞辰100周年暨丘东平文学学术研讨会”在海丰举行。相关成果辑为《丘东平纪念文集》。2011年7月31日上午，由省作家协会、省社科院哲学文化研究所、海丰县委县政府联合主办的“纪念丘东平烈士殉国70周年暨丘东平纪念文集出版座谈会”在广州举行。同年9月22日上午，县委宣传部举行《丘东平纪念文集》赠书仪式。

2012年是我国著名小提琴演奏家、作曲家和音乐教育家马思聪诞辰100周年。当年5月7日，由省委宣传部和市委、市政府主办，县委、县政府承办的马思聪百年诞辰纪念大会在海丰县隆重举行。马思聪的小妹、中国音乐学院大提琴教授马思芸，著名小提琴演奏家盛中国，著名指挥家卞祖善等嘉宾代表和有关艺术单位专家学者出席纪念大会。原中共中央政治局常委、国务院副总理李岚清特地为此次纪念活动题字：“未完成的思乡曲”，同时还作了一幅马思聪素描作品，并作诗句：“难得音乐一大师，思乡一曲震东西。异国难消思乡梦，遗骨终能回故里”。马思聪百年诞辰纪念音乐会阵容庞大，汇聚了马思聪各个时期不同体裁、风格、题材的音乐精品，盛中国、濑田裕子、向泽沛、杨宝智、彭康亮、周步田、徐娅璐等著名音乐家演绎了《思乡曲》等脍炙人口的曲目，打造了一场高水平的音乐盛宴。

2012年11月，在党的十八大胜利召开期间，海丰县委宣传部精心整合海丰名人资源，策划宣传片《海丰星光》，在南方电视台《岭南风情画》栏目播出。该宣传片由县委书记沈木荣题写片名。上集全方位介绍了海丰概况和革命志士史略，下集翔实地介绍了海丰文化英才、科技精英以及海丰发展前景，通过多角度展示海丰区域地理文化特色，让海内外华人了解海丰这座历史文化名城，进一步提高海丰知名度。

打好文化牌，海丰县还不仅仅限于推介名人，而是因地制宜，从各个文化层面立体推进。

2010年2月26日，海丰县与广东省美术家协会、岭南画派纪念馆在海丰和广州联合举办“红土绿嶂——岭南名画家走进海丰”美术作品巡回展，展出了由陈永锵、许固令、陈孝能、李启色等12位岭南画派画家赴海丰采风所绘的美术作品。

2011年，海丰又连续举行“海风·海丰美术作品展”“记忆·超越——纪念中国共产党建党90周年海丰摄影展”“广东省书画名家下基层·海丰行”等活动，影响很大。

2012年以来，海丰县主动让西秦戏《留取丹心照汗青》不断跨出县门、跨出市门、跨出省门，积极对外交流、参赛、演出，从而让世人记住了海丰的惊艳。

据统计，仅前年一年，围绕建党90周年和建设幸福海丰这一主题，海丰县城乡就举办文艺活动达2000多场次！由于重视文化建设，海丰在国内外的知名度水涨船高，旅游事业发展迎来新的曙光。目前，海丰重点依托红宫红场、彭湃故居、马思聪故居等革命旧址和历史人文景观景点，以及生态资源、海洋资源优势，有效整合旅游资源，推出红色、蓝色、绿色、古色的“四色”旅游新概念，以多样化的旅游线路吸引更多游客的目光，全力打造“养生之地，休闲之都”的旅游新形象。据统计，前年海丰接待旅客总人数达191.75万人次，比上年增长30%；旅游收入10.35亿元，增长16%。

“正面文化是凝聚剂，可以团结人，也是升华剂，可以洗涤人。”海丰县委常委、宣传部长卢雁慧如是说。当一件件文化盛事走进群众生活，当一位位文化名人精神照亮群众心灵，当一幢幢文化建筑“活”在群众周围，海丰到处便充满了活泼知性、蓬勃向上、稳定和谐的文化氛围。如今的海丰，“雷公”唱出来的是“正气歌”“和谐曲”，征地、拆迁已不再是“老大难”问题，重点项目稳步推进，民生工程纷纷落地，发展目标不断实现……

文化就是软实力。文化，正为海丰经济社会各方面的发展打下坚实基础。

海丰的钟敬文（上）、马思聪（左二）、马采（左）、杨成志（右）、柯麟（下）成为《南方日报》“世纪广东学人”专题的报道对象。

南方日报记者　胡亚柱　洪继宇
特约通讯员　谢立群　余作明

依法依规解民忧　群众工作不再难
广东汕尾市海丰县明确各级党政一把手为维稳第一责任人

原载2013年6月19日《南方日报》

华润海丰电厂是广东省重点建设项目，首期投资83亿元，征地面积超57万平方米。但征地工作一开始，有个别群众认为这是高污染项目，会对村民的生产生活尤其是养殖业造成很大影响，甚至可能危害子孙后代的生存环境。

一边是大项目对经济的拉动效应，一边是人民群众切身利益，如何协调好？海丰县党政班子始终坚持依法依规、和谐征地，县委、县政府主要领导亲自挂帅，靠前指挥，经常深入一线，协调解决苗头性、倾向性的突出问题。

党政一把手深入基层察民情

“老大难、老大难，老大出来就不难。”不少海丰干部会用这句话诙谐地形容他们面对矛盾纠纷的原则和态度。

征地工作一度陷入困境，项目建设是否就此搁置？海丰县委、县政府专门成立了征地协调领导小组，先后分工。县委、县政府主要领导负责专抓电厂征地工作，并由县政协一位副主席带队组成征地一线“指挥部”，在电厂选址所在地小漠镇现场协调征地工作和研究、处置征地过程中出现的各种情况；县国土、海洋、林业、物价、公安、法院、检察等部门领导及精干人员组成联合工作组，进驻小漠镇开展各项工作。

在维稳工作中，海丰县明确了第一责任人为各级党政一把手，一把手要坚持亲自抓、亲自管、亲自面对，亲自检查督办；突出村（社区）一线守护责任和镇综合守护稳定的职责，镇处理不了的，镇党政一把手要向县说明原因。只要涉及稳定的事情，无论涉土、涉农，还是涉法涉诉，都是责任范围。

去年，海丰县赤坑镇石望村的群众反映村干部在鱼塭发包、土地等方面的问题，为妥善解决该村的诉求，海丰县落实责任领导包案，专门成立了调查组、维稳组和法制组等三个组，进驻该村开展调查、政策法规宣传工作。在处置过程中，面对不同实际情况和群众不同诉求，海丰县的领导干部发扬“不怕千辛万苦、走遍千家万户、说尽千言万语、想尽千方百计”的精神，常常起早贪黑，把工作做到家家户户。

针对矛盾纠纷的调处，海丰县领导还积极开展“基层接访”“带案下访”“进门探访”和“基层巡访”等活动，深入基层察民情、解民困，将问题解决在基层。同时，县领导干部大接访活动从2008年开展至今，从未间断过。

近段时间以来，海丰县党政领导通过直面群众，处置了联安镇霞埔村鱼塭权属纠纷、大湖镇高螺村鱼塭发包问题、附城镇行政小区征地问题、海城镇搬运站工人社保问题等11宗信访积案。

把握政策解决群众诉求

用心做好群众工作，营造和谐干群氛围，对一项工作的顺利开展至关重要，海丰的干部始终坚信并亲身践行这一点。

在华润海丰电厂征地工作中，发电项目高污染是群众心头的一块“疙瘩”。小漠镇组织征地所涉村的群众代表外出实地考察已建成投入运营的汕尾红海湾电厂。当看到当地经济社会发展和群众生活水平蒸蒸日上，群众的观念渐渐转变了过来。

只要做到设身处地为群众着想，难题就能迎刃而解。“土地是农民赖以生存的第一要素，土地被征，自然希望得到尽可能多的补偿。”对被征地群众的所盼、所虑，海丰的干部心中有数。

小漠镇对项目用地原属9类地区的补偿标准提高到按8类地区的标准进行补偿，并采取就高不就低的原则，尽量让利于民。同时，在补偿标准制定和安置方案的确定上，往法律规定的最高限额上靠。如按规定给村民的留成用地以实际征收的农村集体土地面积的10%至15%安排，就争取按征地面积的15%计算。

经济发展的最终目的是改善民生。在解决征地问题中，党委政府还发现了群众子女读大学补贴、改造自来水管道、农村道路建设及新农村建设补贴等合理诉求。海丰认真解决了上述问题，赢得了更多群众的理解和支持。

坚持使发展红利惠及每一个群众，这样的例子，在海丰处理大项目征地中有很多。有人将这一经验总结为：不折不扣地执行政策规定，最大限度地解决群众诉求。而更为平实的解释则是“站稳群众立场，把握政策方面，心到了，情到了，群众工作不再难。”

提前介入主动化解村务等突出问题

去年5月5日上午，海丰县赤坑镇殡改监察队会同村委干部到沙大村委向曾某某发放违反殡改规定处理通知书。曾某某不服，将生病的父亲（70多岁）抬到村委会。赤坑镇接报后，镇领导带领镇干部和派出所民警到村委会做群众劝说工作，当天下午，群众陆续到村委会围观达100多人，少数滋事者借机起哄，围堵、推打劝说人员，推倒警车4

辆、镇工作用车2辆。

接报后，海丰县委、县政府成立了专门工作组，党政主要领导第一时间赶赴现场指挥处置工作，与群众面对面对话，耐心细致做群众教育疏导工作，承诺对群众提出的诉求进行调查处理。经县、镇干部耐心劝说，围堵群众至当晚11时50分已全部疏散。镇干部协助亲属将生病老人送往县医院治疗。

工作组进村后，了解到村民对村务存有不满，部分村民反映村务不公开透明，质疑村集体资产承包的合法性。针对村民的诉求，县委、县政府对村务进行了公开，并派出纪检、审计小组调查村干部的违法违纪问题。最后，工作组发现村干部确实存在违法违纪行为，并依法对他们进行处理。

对于出现类似的苗头性、倾向性的突出问题，海丰县委、县政府采取有效措施，深入分析原因，与群众面对面倾听诉求，化解矛盾纠纷。针对近几年各种因历史遗留和经济社会活动所引发的社会矛盾纠纷，特别是土地征用、农村村务、企业改制、劳资纠纷、山林权属等突出问题，海丰更是坚持“提前介入、主动化解”的原则，开展常态化的矛盾纠纷排查工作，把突出问题和信访案件排查出来，逐宗落实责任单位、责任人和责任领导包案。

对话

海丰县委书记沈木荣：千方百计实现群众利益最大化

南方日报：这些年，海丰在维稳方面取得了哪些经验？

沈木荣：第一，要稳定，保发展，最关键是要认识到位。凡事都会在认识上下功夫，从稳定和发展两方面予以考虑。比如征地拆迁可能带来一些矛盾纠纷，认识到位就会主动采取措施。这些年，海丰在体制机制、人员机构的设置上，都从维护发展稳定的角度去考量和安排。

第二，要加强班子建设和基层组织建设。这几年，海丰一直将镇一级、村一级的班子建设作为重点，不管是班子搭配，还是村级选举，都围绕强班子、强队伍，为维护稳定打好基础。

第三，要正视发展中存在的问题。如何少出问题、减少矛盾？出发点要考虑农民的利益，减少社会矛盾，更下大力气推动民生事业的发展。经济发展要千方百计保护好农民的利益，能够满足农民的就尽量满足，要让农民在发展中、在重点项目建设中也能够实现利益最大化。华润海丰电厂在征地过程中，一个多月就完成征地工作，比预计时间至少提前半年，如果能提前半年发电，项目发电产生效益了、地方经济发展了、农民也得到了实惠，就是实现了“三赢”的局面。

第四，出了问题要高度重视，要主动化解。不是说能简单处理就简单处理，而是要分析原因，找出矛盾源头，并采取有效措施，点对点、面对面去解决问题。

南方日报：涉及超越政府权力范围的问题，该如何处置？

沈木荣：对于信访维稳来说，要以法律法规为准则。同时，接访要有原则，不能什么事都往下面推，要正面回答，将是非、原因清楚地告诉群众；讲话不能太泛，一定要准，要有权威部门的解释。

策划/统筹：戎明昌

采写：南方日报记者 辛均庆洪继宇 陈捷生

通讯员：黄 轩 余作明

海丰经济民生比翼齐飞加速“向西融珠”步伐

原载2013年11月8日《南方日报》

海丰是全国著名的革命老区，是全国第一个县级苏维埃政权诞生地，相比珠三角，海丰发展仍属落后地区。近年来，海丰以海纳百川的胸怀，招商引资发展工业；热烈拥抱希望的田野，现代农业稳步发展；着力提升专业镇品位，形成了服装、毛织、电子、金银首饰、珠宝加工等主导产品和特色产业，加快转型升级；重点项目和民生工程建设如火如荼推进……生机盎然的海丰大地上，到处洋溢着经济建设热潮，激荡着科学发展新篇。而今，勇于开拓创新的海丰人，在省委加快发展粤东西北千载难逢的机遇面前，再次吹响了新一轮融入珠三角发展、加快自身发展、率先汕尾发展的号角。

按照省委、省政府《关于进一步促进粤东西北地区振兴发展的决定》的要求，海丰举全县之力，着力抓好计划总投资10亿元的海丰生态科技园建设，打造海丰新的发展增长极。此前，省委胡春华书记、汕尾市委温国辉书记先后视察海丰生态科技城，予以了充分肯定。今年初，海丰委托省城乡规划设计院、华南理工大学分别做《县城北部综合片区控制性评规》和《海丰生态科技城发展规划》。而今，该规划已通过县政府审批，城东镇正抓紧一期1.1平方公里的征地工作。同时，该评规工作已经圆满收官，海丰科技城着手进入立项准备阶段。目前，海丰正在积极争取省级政策支持和纳入省级战略，为海丰“向西融珠”发展提供新的引擎和发展优势。

加快重点项目建设推进民生工程

海丰县坚持以科学发展观统领全局，围绕“三个坚持”“四个争当”“五个发展”，全力加快发展步伐，实现经济社会跨越式发展。今年前三季度，海丰经济形势总体良好，各项经济指标都有不同程度增长，经济运行发展逐步提高。全县国内生产总值完成164.1亿元，增长12.0%，完成计划71.1%；全县农业总产值完成39.9亿元，比增5.0%，完成年计划72.4%；前三季度财政一般预算收入97698万元，比增17.9%，完成年计划71.8%。在过去几年里，海丰县先后获得“全省双拥模范县、广东省林业生态县、全省法治县创建活动先进单位、《南粤锦绣工程》文化先进县”等称号。迅速崛起的海丰，被誉为“县域科学发展的一颗新星”。

活力来自哪里？近年来，海丰经济综合实力不断提升，重点项目建设正是拉动海丰经济发展的强大引擎，并使经济发展后劲不断提升。去年，海丰县域经济综合发展力跻身全省除珠三角外67个县（市、区）十强。今年全县32个重点建设项目全面启动、迅速铺开。1至9月份完成投资22亿元，建设进度较快的如华润海丰电厂、梅陇西环路、三阳饰品等，其中三阳饰品正式投产。获得突破性进展的如海丰生态科技城、莲花大道、海亮有机农业基地等项目。

在推进民生工程方面，海丰结合灾后重建工作，加大工作力度，全力推进包括县影剧院、龙津河整治、教育多媒体建设等“十大民心工程”，力争为市民提供一个宜居宜业优质环境。在民生幸福建设方面，海丰走得相当自信。近年来，海丰县政府多渠道筹措资金30多亿元，推进涉及交通水利、饮水安全、污水处理、城市基础设施改造等近40多宗民心工程，解决了一大批民生问题。在去年全省县域民生指数综合排名中，海丰位居全省44个县的第5名，尤其是在与群众利益密切相关的就业工作、教育文化、人居环境、医疗健康、社会保障、公用设施、社会安全等方面都得到了当地广大群众的好评。

推进文化建设拓展悠闲旅游

为缅怀南宋民族英雄文天祥，海丰县在五坡岭兴建了一个占地面积3.5万平方米，集爱国主义教育、健身休闲、旅游观光于一体的综合性主题公园——中国内地首个文天祥纪念公园。

文天祥公园的建设只是海丰推进文化强县建设的一个缩影。近年来，海丰加快建设县体育馆、县影剧院、市民广场等重点文化设施，不断完善配套县革命斗争纪念馆、县图书馆、博物馆、文化馆和青少年活动中心的服务功能，加大对镇级文化站的投入力度，切实抓好各镇文化广场的规划、建设和普及农村“农家书屋”“社区书屋”建设，并利用县城及各镇文化广场和农村小戏台等阵地，大力实施“一镇一品”“一村一品”群众文化活动品牌创建工程。

文化建设的丰硕成果成为海丰在海内外的一张张名片，并为海丰带来了四方游客。依托红宫红场、彭湃故居、钟敬文故居等革命旧址和历史人文景观景点，以及生态资源、海洋资源优势，海丰有效整合旅游资源，推出红色、蓝色、绿色、古色的“四色”旅游新概念，以多样化的旅游线路吸引更多游客的目光，全力打造“珠三角地区优质旅游休闲度假区”的旅游新形象。2013年7月14日，中央电视台国际频道（中央4套）“走遍中国”栏目专题报道了“水鸟之乡”海丰国际重要湿地。2013年7月15日，广东新闻联播（广东沿海行汕尾篇，守护海洋的馈赠）报道了广东省著名的海丰辟门海鲜美食。据统计，去年海丰接待旅客总人数达218.24万人次，比上年增长13.8%；旅游收入11.74亿元，比增13.3%。

坐拥丰厚文化遗产文艺精品迭出

海丰拥有西秦戏、白字戏、正字戏、麒麟舞四大国家非物质文化遗产，还培育出近现代一批文化名人。在首批50人的广东世纪学人评选中，海丰就有马思聪、钟敬文、马采、杨成志、柯麟5人入选。2012年，马思聪诞辰100周年纪念活动，一幅

“世界音乐大师故里，中国民间艺术之乡”的对联，让世人对汕尾、海丰的文化实力刮目相看，2013年，以纪念“中国民俗学之父”钟敬文诞辰110中年为契机，海丰步入广东县域文化建设排头兵行列。

深厚的文化积淀和底蕴，让海丰文化薪火相传，文艺精品迭出。2013年8月15日，白字戏《龙宫奇缘》在汕尾市马思聪艺术中心首演，引起轰动。这是海丰县委、县政府为纪念马思聪诞辰100周年，特邀省内外著名艺术家前来指导和参与精心打造的继西秦戏《留取丹心照汗青》之后的又一戏剧艺术精品。《龙宫奇缘》改编自马思聪晚年在海外精心创作的大型舞剧《晚霞》，该剧取材于《聊斋志异》，在注入海陆丰传统文化的基础上，引入新的时代精神与艺术手段，在导演手法、剧本结构、唱腔设计和舞蹈编排等方面都较大胆的创新，着力展示了海陆丰的民间文艺风情。

就在去年3月，由海丰县委、县政府精心打造，多位戏曲名家参与的新编历史西秦戏《留取丹心照汗青》，在中央电视台戏曲频道全剧播出，开创了汕尾市县级剧团戏剧节目登上央视的先河。

西秦戏，从明末传唱至今，已经四百多年。据了解，在各地及中央电视台登台演出的海丰县西秦戏剧团，正是由清代老牌戏班“庆寿年”发展而来，也是全国仅存的一个专业西秦戏剧团，有着“天下第一团”的美誉。与许多传统剧种一样，随着时代发展，西秦戏也不可避免地遇到了传承的问题，作为首批国家级非物质文化遗产，目前西秦戏仍处于濒危状态。为让西秦戏这一珍稀濒危剧种重获新生，全力打响“戏曲之乡”的文化品牌，海丰县大气魄、大手笔以文天祥在岭南抗元史实为题材，邀请戏剧界的众多名家，精心打造《留取丹心照汗青》这一文艺精品，为古老的稀有剧种注入新的艺术活力。在2011年广东省第十一届艺术节上，《留取丹心照汗青》一举荣获优秀剧目奖、优秀音乐创作奖、导演奖等7个奖项，载誉而归；还得到了广东省委宣传部“五个一”工程奖。

站立在新的时代潮头，海丰将牢固树立和认真落实科学发展观，进一步振奋精神，与时俱进，乘势而上，勇当科学跨越发展先锋，当好汕尾市争当促进区域协调发展排头兵和融珠先锋队。在这片富有开拓精神的红色土地上，海丰将再写改革新篇章，再铸发展新辉煌。

撰文范琛　洪继宇　余作明

汕尾市海丰县龙津派出所副所长马汉强
为了群众　做永不停歇的陀螺

原载2013年10月24日《南方日报》

他曾经不顾液化气瓶随时可能爆炸的危险冲进失火现场关掉燃气阀门；他曾经从不多的薪水中挤出一部分资助4名困难学生完成学业；他曾经三年秘密调查一个特大贩婴团伙使26名婴儿回到父母怀抱……从警17年来，汕尾市海丰县龙津派出所副所长马汉强就像为了群众利益永不停歇的陀螺，累计加班8000多个小时，折合1000多个工作日。

调查三年解救26名婴儿

提起马汉强，最为人们称道的就是2010年轰动全国的“1·22”特大拐卖婴儿案。这起案件的告破，使17名犯罪嫌疑人悉数落网，被贩卖的26名婴儿也大多回到了父母的怀抱。

“海丰名园村有个女人可能在拐卖婴儿。”2006年，马汉强从一名线人口中得知了一条并没有多少跟踪价值的线索。“虽然缺乏具体指向，但我就住在名园村，有调查的便利条件。另外，只有了解一下情况，才能对得起线人对我的信任。”就这样，马汉强开始了长达三年的秘密调查。

经过近两年的摸查，马汉强发现林某具有重大作案嫌疑，便发展线人对其进行近距离观察。“线人告诉我，她家经常有婴儿啼哭声传出，并不时有形迹可疑的陌生男女鬼鬼祟祟地抱着箱子出入其家，而且每次都是不同的人，开的车也总是不同。”

2009年9月底，马汉强终于基本摸清了林某等人的犯罪行为。眼看破案时机成熟，马汉强当机立断，把艰辛搜索的线索移交给海丰县公安局刑警部门。

近年来，马汉强查处刑事案件19件，抓获犯罪嫌疑人52人，解救妇女儿童17名。

一项项服务一片片真情

据马汉强的同事介绍，从警17年来，马汉强就像一个永不停歇的陀螺，在户籍、行政、外勤等部门不停运作。17年间，他累计加班8000多个小时，折合1000多个工作日。

“你可以在外面随便采访群众，10个人中至少有8个人会说他好。”说起自己的好搭档，龙津派出所所长黄明一脸的赞赏。据他介绍，17年间，马汉强用辛勤的汗水创造了零投诉的佳绩。

1996年，马汉强在抓捕逃犯时负伤，落下腰椎间盘突出的毛病。从此，每每工作劳累，他的腰部便疼痛难忍。但他瞒着领导、同事，经常绷着理疗腰带坚守岗位。由于超时的工作、紊乱的饮食，他又患上了慢性胃炎。

2005年，拿着孙子久违的户口簿，罗某在派出所喜极而泣。

现年，70多岁的罗某是当地特困户。由于儿子入狱、儿媳出走，多年来，他和孙子相依为命。随着孙子入学年龄将至，罗某为孙子的户口发了愁：儿子当时按民俗结婚，没办结婚证，仅凭孩子的出生证，并不符合入户条件。

马汉强了解情况后，特事特办，在请示上级部门后，不仅为孩子入户写申请，还到社区、镇找相关部门出具证明。很快，马汉强便把孩子的户口补办完毕。

罗某打心底里感激马汉强，便咬牙包了一个1500元的红包表示感谢。“收了你的钱，我岂不成了卖证的黑警察！”马汉强笑着说。

一面面锦旗一份份大爱

走进马汉强的办公室，悬挂于墙上的一面面大红锦旗格外引人注目。锦旗共有21面。每面锦旗都承载着一份感恩，诉说着马汉强对群众的无私大爱。

2001年8月12日，一位群众找到马汉强，将绣有“情系群众烈火金刚”的锦旗送到了他手中。8月9日下午，辖区一出租屋因液化气瓶胶管漏气发生火灾。马汉强与同事立即赶到现场。马汉强不顾液化气瓶随时可能爆炸的危险，义无反顾地冲进火场。顷刻间，危险解除。

2012年，即将走进大学校园的小惠，找到了马汉强，送来一面锦旗。8年前，小惠一直是个品学兼优的孩子，但一贫如洗的家境将她拉到了辍学的边缘。“马叔叔听说我的情况，便来到我家做父亲的思想工作。”小惠清晰记得当天情景。然而她的父亲却面露难色：“家里这么穷，不让她帮忙赚点钱，家里实在过不下去。”马汉强的话燃起了她心中的希望：“她的学费我包了。安心让孩子上学就是了。”

就这样，马汉强一资助小惠就是8年。据了解，多年来，马汉强累计资助4名困难学生完成了中小学学业。

（记者　周志坤）

海丰医院启动急诊绿色通道

原载2013年9月24日《南方日报》A4版

南方日报讯　昨日中午，强台风“天兔”移出广东，海丰县彭湃纪念医院急诊科的医护人员们终于松了口气。为做好应对台风“天兔”的防御工作，该院迅速成立了临时工作第一小组和第二小组，从22日8时起，进行24小时值班，协调医院各个部门进行抗击台风和救治患者的工作。

为了让台风中受伤的群众能及时得到救治，医院救护车和随车医护人员从22日8时起，进行24小时值班。同时，医院还给予因台风受伤的患者启动急诊绿色通道，实行“治疗，后交费”，以最快的速度救治伤员。

笔者昨日了解到，待伤员救治情况基本稳定后，该院在官方微博上公开了这样一封“表扬信”：“感谢县供电局派出临时发电车，冒着风雨和生命危险支援我院临时发电，确保电力供应充足，为成功实施病人紧急救治工作提供有力保障。感谢默默无闻的清洁工，为医院的卫生和清洁不停忙碌着，给大家创建了一个整洁的环境。其次，感谢急诊全体医务人员，特别是临时加班抽调的医生护士，不顾个人安危，奋战在救治工作的一线上，甚至部分医务人员已经连续救治病人达20小时。”

（曹　斯　谭琳玲）

汕尾仁荣龙舟队女子队勇夺2013中华龙舟大赛冠军

原载2013年6月12日《南方日报》

南方日报讯据中央电视台6月12日新闻联播节目报道，汕尾仁荣龙舟队女子队勇夺2013中华龙舟大赛江苏’江阴月城站女子200米冠军。

此前，6月10至11日汕尾市海丰县仁荣龙舟队于参加中国龙丹公开赛海南、澄迈站比赛，获500米直道竞速第一名；200米第二名；5000米绕标赛第一名；摘总成绩第一名桂冠。

（洪继宇　余作明）

2013年中华龙舟大赛　广东省汕尾市海丰仁荣龙舟队

原载2013年3月9日《新浪体育》

1.队伍名称（中文名称）：广东省汕尾市海丰仁荣龙舟队

2.队伍简介：广东汕尾海丰县仁荣龙舟代表队成立于1998年春，自去年以来公司加大投入，按职业化模式组建龙舟专业队，队员平均年龄32.5岁，该队具有多次参加全国比赛的经验，在历次比赛中均取得良好成绩，尤其是今年以来取得的成绩更为突出。

3.主要比赛成绩：

2011年广东省龙舟争霸赛获第四名；

2011年广东省龙舟锦标赛获第三名；

2011年中华龙舟大赛暨中国龙舟公开赛（江阴·月城站）获得第六名；

2011年参加中国龙舟公开赛（邵武站）获得第三名；

2012年中华龙舟大赛（海南万宁站）获得第四名；

2012年中国龙舟公开赛（西双版纳站）获得第三名；

2012年中国龙舟公开赛（江苏武进站）暨第八届世界龙舟俱乐部锦标赛选拔赛第二名；

2012年中国龙舟公开赛（成都金堂站）第四名；

2012年中国龙舟公开赛（重庆永川站）第二名；

2012年广东省龙舟锦标赛取得250米直道竞速第一名；

2012年中国龙舟公开赛（邵武站）第一名。

2013年中华龙舟大赛　广东省汕尾市海丰仁荣女子队

原载2013年3月9日《新浪体育》

1.队伍名称（中文名称）：广东省汕尾市海丰仁荣女子龙舟队

2.队伍简介：队员都来自老师和学生年龄最大的四十四最小的十三岁，平均年龄二十岁。他们因为喜欢龙舟走到一起组成了现在的广东省汕尾市海丰仁荣女子龙舟队。他们用业余时间训练龙舟，目的是为宣传中国传统文化，促进全名健身而贡献自己的一份力量。

3.主要比赛成绩

2012年中华龙舟大赛（海南万宁站）第四名；

2012年广东省龙舟锦标赛250米直道竞速第一名；500米直道竞速第三名；

2012年惠州国际龙舟邀请赛800米直道竞速第四名；

2012年中华龙舟大赛（南海丹灶站）总决赛第三名；

毛泽东赞彭湃为“农民运动大王”

原载2011年5月30日《南方日报》

彭湃，一个生死于理想的人。

大家都知道原苏联有“红场”，却不知广东也有个“红场”，亦即“红宫广场”。80多年前，这里还被称为“小莫斯科”。这就是海丰。1927年11月，由彭湃领导的农民武装暴动在这里缔造了中国第一个红色政权——海丰县苏维埃政府。

而由于彭湃所领导的农民运动，数以十万计的农民几年前便已发动起来，建成了一个“工友农友的小乐园”，1926年《少年先锋》杂志称赞海丰为“小莫斯科”。而毛泽东称彭湃为“农民运动大王”，“全中国各地都必须办到像海丰这个样子，才可以算得上革命的胜利”。

毛泽东盛赞海丰农民协会

1926年8月，共青团广东区委机关刊物《少年先锋》杂志一位叫杨白的记者来到海丰，3个月后他发表了留存后世的《“小莫斯科”记游》。

“请你由马鬃看到海丰城，又由海丰城看到公平，转看到汕尾，哪一块地方，不撞见工友农友的小乐园——农会工会？哪一班的农友工友，不在他们的小乐园当中，过他们艰难奋斗却是乐也陶陶的生活？”这位记者在当地采访时敏感地发现，海丰使他忆起从前旅居莫斯科时的种种情形，拿来相对照，果然仿佛有些相像，“海丰经过几次革命之后，进步很快，农工运动，以及一般群众运动，都弄得很好，有点莫斯科的精神，所以人家常加以‘小莫斯科的海丰’之称。”

一份保存在红宫陈列室的《少年先锋》再现了当年“小莫斯科的海丰”。1926年，苏俄革命9周年，海丰7万群众举行集会，高呼“十月革命万岁”“中国民族解放万岁”“世界革命万岁”等口号。游行队伍“是由马克思路至十字街，又由中山路转至列宁路”。根据这篇新闻报道，1926年的海丰已经拥有了以无产阶级革命导师马克思和列宁命名的城市干道。

农民运动使当地社会发生了翻天覆地的巨大变化。1926年9月，毛泽东在《农民运动丛刊》序言中说：“陈炯明的故乡，历来土豪劣绅、贪官污吏猬集的海丰县，自从有了5万户25万人之县农民协会，便比广东任何县都要清明——县知事不敢为恶，征收官吏不敢额外括钱，全县没有土匪，土豪劣绅鱼肉人民的事几乎绝迹。”

海丰县2013年财政支农工作亮点纷呈

原载《广东财政新闻联播》

农业、农民、农村事关党和国家事业发展，农业丰则基础强，农民富则国家盛，农村稳则社会安。为了加快农业发展，促进农民增收，保持农村稳定，海丰县财政局紧紧围绕农业工作目标任务，加大支农投入，突出重点，突破难点，充分发挥财政职能，全县财政支农工作呈现六大亮点。

一、财政支农投入稳定增长。2011年以来，该局通过多渠道筹集资金，加大对三农财政资金投入，2011年至2013年全县共投入三农资金18.39亿元，其中：2011年投入5.37亿元、2012年投入6.12亿元、2013年投入6.9亿元，财政支农支出逐年增加，均占当年全县一般预算支出的30%以上，落实了种粮直补、良种补贴、农机具补贴等政策资金，改善了该县农村农民的生产生活条件。

二、农田水利建设稳步推进。积极响应上级“水利管理年”的工作部署，按照“预算内资金优先安排、预算外统筹优先考虑、农民筹资筹劳优先引导、建设资金优先拨付”的思路，2011年以来积极整合各类资金3.85亿元，投入全县农田水利建设工程，完成维修加固工程137宗，除险加固大中小型水库15宗，加高加固堤防15公里等，重点抓紧可塘镇可北灌区和赤坑镇船坞灌区改造、赤坑镇农田示范镇建设、平东镇高效节水灌溉和12宗小型灌区改造等农田水利项目，全面完成14个镇（场）农村学校饮水工程，解决饮水困难和安全20万人，年节水量100万立方米。

三、贯彻落实涉农补贴政策。以深入排查、治理到位，加强领导、监督到位，广泛发动、宣传到位，严抓细节、规范到位，上榜公示、执行到位，“一折通”兑付、发放到位，整改“三重”、落实到位，处理投诉、检查到位等“八个到位”，全程监督，规范管理，实现惠农“红包”实实在在地发到农民手上，2011年以来种粮直补1073万元，综合直补9124万元，良种补贴1912万元，渔业柴油补贴和林业油价补贴17902万元，兑付农机补贴资金146万元，实现190户农户从购置农机具中得到实惠。

四、农村环境整治效果显著。积极推进农村生态文明建设，创建宜居乡村，积极开展“一镇一站，一村一点”生活垃圾处理工作，2013年通过筹集多方资金投入1642万元建设1372个自然村垃圾收集点，投资1800万元建设18个镇（场）生活垃圾设施配套建设，制定出台中心镇污水处理厂建设方案，全面运用“户收集、村集中、镇转运、县处理”的生活垃圾收运处理模式；投入270万元采购农村生活垃圾自动压缩转动车等处理设备，扎实开展农村环境卫生管理工作，改变过往垃圾“围田、围路、围村”的现象。

五、农村社会事业长足发展。2011年以来全县用于农村义务教育经费16.76亿元，用于支持新型农村合作医疗补助资金11.44亿元，实现农民老有所养、病有所医；同时，为丰富广大农民的精神生活，满足人民群众日益增长的文化需要，投入农村文化经费7121万元，推进广播电视“村村通”工程的建设，2013年全县完成“村村通”设施3903套，“户户通”设施9326套，全面实施电影放映“2131”工程，建成农家书屋228家，投入195万元上马建设平东、黄羌、陶河、鹅埠等四个乡镇的农民体育建设工程，优化农村文化体育服务。

六、开展扶贫济困办好实事。积极贯彻落实扶贫开发政策的发展，2011年以来全县投入12108万元扶贫开发经费，创新扶贫政策，强化资金监管，尽快实现全县贫困村的脱贫致富。上一轮（2009～2012年）扶贫开发“双到”工作核定贫困村83个，投入5109万元建设贫困村扶贫项目、基础设施等，村集体经济、村容村貌得到极大改善。2013年，全省新一轮扶贫双到工作正式启动，全县新一轮被核定的相对贫困村50个、3283户、16176人，全县包括该局在内等14个行局挂驻帮扶14个贫困村。同时，大力开展农村低收入住房困难户住房改造工作，全县投入配套资金500万元，逐步完成全省农村低收入住房困难户住房9659户的改造任务，其中已完成2010～2012年工作任务4210户，2013年1600户争取今年初完成。

钟敬文诞辰110周年纪念专辑

钟敬文诞辰110周年纪念大会在广东海丰召开

原载2013年5月6日《中国社会科学在线》

2013年3月16日下午，“钟敬文诞辰110周年纪念大会”在钟敬文教授的故乡广东省海丰县隆重举行。钟敬文教授的女儿钟宜教授、孙子钟焱，中国民俗学会会长、中国社会科学院民族文学研究所所长朝戈金，中国民俗学会荣誉会长、中国社会科学院荣誉学部委员刘魁立，中山大学副校长、广东省民间文艺家协会主席陈春声，中国民俗学会副会长、北京师范大学教授董晓萍，中国民俗学会顾问、中山大学教授叶春生，中国民俗学会副会长、中国社会科学院研究员巴莫曲布嫫，中国民俗学会副会长兼秘书长、中国社会科学院研究员叶涛，中国民俗学会副秘书长、中山大学教授刘晓春，中国民间文艺家协会副秘书长张志学，中国民间文艺家协会研究部主任李亚沙，广东省汕尾市、海丰县的领导等出席了纪念大会。

中共海丰县委副书记、海丰县代县长陈德忠主持纪念大会，海丰县委书记沈木荣致欢迎辞。在致辞中，沈木荣书记介绍了海丰县的基本情况，并代表家乡人民表示，海丰将以“中国民俗学之父”钟敬文教授为荣，深入挖掘海丰丰富的民俗文化资源，将民俗文化资源作为地方资源优势，在促进社会和谐、建设社会主义新农村中发挥积极作用。

钟敬文教授在上个世纪前半叶曾经两度在中山大学任教，他的民俗学研究生涯也起步于中山大学时期。中山大学副校长陈春声教授在致辞中，回顾了中山大学民俗学学科发展的历史，充分肯定了钟敬文教授对中山大学民俗学学科传统的影响，以及对于中国民俗学、民间文艺学的卓越贡献。作为钟敬文教授的弟子，中山大学叶春生教授在致辞中，也深情回顾了钟老在民俗学教学和学术研究方面的诸多贡献。

钟敬文教授在北京师范大学任教长达半个世纪之久，为中国民俗学、民间文学的学科建设和人才培养做出了不可磨灭的贡献。钟敬文教授生前的学术助手、国务院学位委员会委员、北京师范大学教授董晓萍在致辞中，就钟敬文教授的学科建设思想、人才培养战略、尤其是先生的人品、学品等予以高度评价。

中国民俗学会会长朝戈金研究员代表中国民俗学会对海丰市举办这次纪念活动表示感谢。在致辞中，朝戈金指出，钟敬文教授倡议成立中国民俗学会，并担任中国民俗学会的第一任理事长，他特别注重发挥中国民俗学会在新时期民俗学学科建设中的作用。作为钟老的学生，我们一定不辜负钟老的期望，继续组织和建设好中国民俗学会，努力开创中国民俗学的美好未来。

钟敬文教授的孙子钟焱，广东省汕尾市委常委、纪委书记陈少菲也分别在纪念大会上讲话。

今年3月，由中共海丰县委、海丰县人民政府举办的“钟敬文诞辰110周年系列纪念活动”丰富多彩，主要包括钟敬文诞辰110周年纪念大会、钟敬文学术思想座谈会、钟敬文生平事迹图片展、发行钟敬文纪念封、出版《钟敬文笔下的海丰》文集、制作电视系列片《海丰民风民俗巡礼纪念钟敬文诞辰110周年》、海丰首届民俗文化节，通过《南方日报》推出纪念专版等内容。3月16日下午，“钟敬文生平图片展”在海丰县博物馆正式揭幕，展览通过大量的图片和部分实物，全面介绍了钟敬文教授的生平和学术生涯。3月16日晚，“海丰首届民俗文化节”也在海丰体育场多个展演区拉开帷幕，吸引了近万名观众参与。3月17日上午在海丰县委会议室举办“钟敬文学术思想座谈会”；由海丰县委宣传部编选印刷的《钟敬文笔下的海丰》也已经与读者见面。

（中国民俗学会秘书处）

钟敬文：五四之子 民俗之父 性情诗人

原载2013年1月16日《南方日报》

■核心提示

作为“五四”新文化运动大潮冲击下成长的一代，钟敬文把民族民间文化的“发采扬辉”作为自己毕生的事业。2002年，钟敬文逝世后不久，他的老朋友黄苗子撰文这样追忆他：钟敬文是一个渊静潇洒、温良恭俭的书生，具有诗人气质的散文家。可以用“五四之子、民俗之父”八个字概括他整整一个世纪的学问人生。

从早年的民间文艺学到中期的民俗学，再到晚年的“民俗文化学”构想，再到建立“中国民俗学派”，钟敬文也被国际学界誉为“中国民俗学之父”。钟敬文把一生中最主要的时间、精力和智慧，都奉献给了中国的民间文艺学和民俗学。在近80年的学术生涯中，钟敬文基本奠定了中国民间文艺学和民俗学学科体系的理论构架，陆续开拓了中国神话学、传说学、故事学、歌谣学、近现代民间文艺学史、民俗文化学等诸多学科领域。对此，南方日报记者专访了中国社科院教授、民俗学者施爱东，中山大学中国非物质文化遗产研究中心教授刘晓春。

学界地位 被誉为“中国民俗学之父” 最重要的组织者和经营者

南方日报：学界有一种说法，称钟敬文是“中国民俗学之父”。如何评价钟敬文对于现代民俗学的地位和贡献？

施爱东：前任中国民俗学会会长刘魁立曾说：“谈起中国当代民俗学就必然要提到钟敬文，说到钟敬文就必然会想起中国现代民俗学，中国现代民俗学和钟敬文是一对孪生兄弟。”这不仅表现为钟敬文是一个杰出的民俗研究者，更表现为钟敬文是中国现代民俗学最重要的组织者和经营者。

民俗学是五四新文化运动的产物，不是一门传统的学科。一门新学科的创建，需要倡导、呼吁、经营、建构、继承、发展，乃至维护和斗争，钟先生可说参与了整个的全过程，既是开创时期的主要参与者，也是发展时期的主要领导者、规划者，是中国现代民俗学的总设计师。没有钟先生就没有今天的民俗学，如今中国民俗学科60%以上的从业者都是钟先生的弟子或再传弟子。

刘晓春：因为建设新文化、启迪民智的需要，五四时期的知识分子“到民间去”，发现民间，肯定民间的价值。刘半农、周作人、顾颉刚、董作宾，乃至胡适、鲁迅、茅盾等众多著名学者、文学家都或深或浅地介入到民间文学、民俗学的研究之中，为中国现代民间文艺学、民俗学奠定了基础。但他们大多有自己的术业专攻，顾颉刚专攻古史，刘半农的兴趣在语言学，周作人则是小品文名家，唯有钟敬文自始至终，70多年孜孜不倦地在民间文学、民俗学园地默默耕耘。对于中国民俗文化，钟敬文有许多创见性的思考，一如既往地重视民间文化的搜集、记录、整理，他有清醒的学科自觉意识，致力于学科建设与人才培养，被国内外学界誉为“中国民俗学之父”。

钟敬文与家人在一起

南方日报：如果说，中国现代民俗学滥觞于1918年的北京大学歌谣运动。追溯这个源头，五四新文化运动对钟敬文的影响是怎样的？

施爱东：钟先生一生积极追求进步，虽然身居偏僻的广东乡村，却能心怀天下，一直关注和热心参与全国的新文化运动，他不仅努力写稿投稿，也以通信的方式与北方的文化精英保持着密切的联系。随着北大教授的大举南下，钟先生被顾颉刚先生招进中山大学，从此进入了主流学术圈，成为中国现代民俗学开创时期的核心人物之一。

刘晓春：钟敬文一直强调“五四”是他的启蒙老师，五四唤起了他的国家民族意识，引导他走向新文学及民间文学，并一直贯穿在他的思想和生活实践之中。1919年夏天，五四运动迅速蔓延到钟敬文的家乡——海丰北部的公平小镇，他组织同学成立“救国会”，宣传爱国，抵制日货。一如大多数的五四青年，钟敬文开始阅读《新青年》《小说月报》等杂志，对于新诗，尤感兴味，当时的《尝试集》《女神》以及《湖畔》等，自然一一读过。1920年秋冬季节，钟敬文寓居广州期间，购买了一册许德邻编辑的《分类白话诗选》，非常兴奋，反复批读，时光过去70年后，钟敬文还记得该书的形状和封皮的颜色，足见新文化对钟敬文影响之深远。钟敬文还尝试用新诗的形式写作诗歌，1923年（或1924年），他还与陆安师范的另外两位同学马醒、林海秋自费印刷出版了一本名为《三朵花》的新诗集。因诗的缘由，他与当时在海丰的黄埔军校二期学员聂绀弩结下深厚友谊。

1920年代初，北大国学门印行《歌谣》周刊，向全国广泛征集歌谣。此时钟敬文刚从陆安师范毕业，辗转于家乡海丰的小镇教书。1922～1926年间，钟敬文搜集、记录了各种形式的民间歌谣数百首，还有神话、传说、民间故事、笑话等百余则。自1924年起，这些资料经过钟敬文的编注，以专集、散篇的形式，陆续发表在《歌谣》周刊、《语丝》《北京大学国学门周刊》等刊物。1926-1928年间，结集出版了《客音情歌集》《疍歌》《马来情歌》《民间趣事》等。

南方日报：钟敬文与顾颉刚对于中国现代民俗学各产生怎样的影响？

施爱东：顾先生是中国民俗学的主要开创者，钟先生最初是《歌谣周刊》的热心撰稿人之一，并因此与顾先生建立了私人关系，顾先生来到中山大学之后，因与傅斯年一起创办语言历史学研究所，创建了中国第一个民俗学会——中山大学民俗学会，这时，容肇祖和钟敬文成了顾先生这一方面最重要的学术助手。中国民俗学的研究范式主要是由顾颉刚创立的，钟先生作为顾先生的得力助手和好朋友，对顾先生的研究范式既有学习，也有发展，学习了他的历史演进的方法，同时加上了他自己的对于民间传说和故事的类型研究方法。

钟先生在民俗学领域领导核心地位的确立是在1978年以后，他和杨成志一道，反复呼吁复建民俗学科，呼吁创立中国民俗学会，后来由钟敬文先生执笔起草了《建立民俗学及有关研究机构的倡议书》（1978年），这是一份非常重要的历史文献，俗称“七教授上书”，正是这份倡议书，才有了今天的民俗学和中国民俗学会。

通俗地说，中国民俗学的开创时期是顾先生掌舵，钟先生和容肇祖先生干活，到了1980年代的恢复时期，则是顾先生和容先生挂名，钟先生掌舵兼干活。

学术贡献
不是常规研究科学工作者
而是科学革命的建构大师

南方日报：钟敬文一生长达80年时间投身民俗学、民间文学研究，主要有哪些学术贡献？对于中国民俗学的构建，20世纪，这个学科一直夹杂在文学、史学、社会学之间，顾颉刚以一个“历史学家”的立场介入，杨成志一直主张民俗学向“人类学”的转换。请问，钟敬文在这一学科的创立、设置等方面有哪些重要贡献和奠基作用？

刘晓春：首先，钟先生提出了“中华文化三干流学说”。1950年，钟敬文就提出了“口头文学是一种重大的民族文化财产”的前瞻性理念。1982年，钟敬文在当时的杭州大学中文系讲学，提出中华传统文化可以分为三条干流，第一层是由封建社会上层阶级所创造和享用的文化，第二层是市民文化，第三层是广大劳动者创造和传承的文化，其中，中、下层文化即民俗文化，三层文化共同构成了民族传统的优秀文化。正是因为他深刻认识到民间文化对于一个国家、民族文化传统的重要性，改革开放之后，他一直致力于组织、指导、积极参与民族民间文化遗产的发掘保护，主要负责《中国民间文学集成》（故事卷、歌谣卷、谚语卷）的编撰工作，他认为这是修筑中国民间文化的万里长城，任重道远，“吾侪肩负千秋业，无愧前人庇后人”。

其次，他对学科构建有自觉意识。1934～1936年，钟敬文在日本早稻田大学学习，期间完成了《民间文艺学的建设》一文，1936年1月份发表在《艺风》杂志，在国内最早倡议建设民间文艺学学科。钟敬文指出，与作家文学相比，民间文艺学的研究对象是集体创作、集体传承、集体享用的，民间文艺以流动的语言为媒介，是“口传的文艺”，不同于“书本的文艺”，更重要的是，“口传文艺”与民众的生产、生活密切关联，甚至是生活的一部分。

改革开放后，钟敬文一直致力于民俗学学科基本理论建设。1998年12月，在“中国民俗学运动八十周年纪念大会”上，钟敬文主张以“多民族的一国民俗学”研究，建立民俗学的中国学派。他认为，通过理论民俗学、记录民俗学、历史民俗学三方面的建设，以此建立民俗学的中国学派。中国民俗学的功用在于搜集、记录、整理中国各民族的民俗文化财富，增强国民的文化史知识和民族意识、民族情感，帮助国家新文化建设的科学决策，丰富世界人类文化史与民俗学的宝库。

1949年第一次文代会期间：钟敬文（后排中）与艾青、黄药眠、梅兰芳、胡风、冯雪峰等合影

施爱东：郭沫若曾评价钟敬文是民间文艺的研究家，老舍是民间文艺的写作家。钟先生虽然倡导民俗学，但他自己的学术成就主要集中在歌谣、传说、故事，以及民俗学理论与方法几个领域，所以说，郭的评价是非常精准的。钟先生是民间文艺的研究家、民俗学的经营者。

作为民俗学科的代表人物，钟先生密切关注着社会文化与社会生活，努力将民俗研究与社会文化生活结合起来，1990年前后，积多年的文化学思考，他终于提出了“民俗文化学”这一新创概念，立志把它建成一个独立的学科。晚年钟敬文的精神世界依然是十分年轻的。这一学科体系的构想体现了钟敬文对民俗学学科构成的一种战略性思考，这在中国现代学术史上是极其罕见的。“五四”以来，我们大量引入西方学术，从自然科学到社会科学，几乎全盘拷贝了一份西方学科目录，晚年钟敬文提出建立“中国民俗学派”，觉得有自成一派、自立体系的必要。而能够指出这种必要且能够倡导体系建构的，在现代中国民俗学界，只有钟敬文。

从这一点上看，钟敬文并不是一个常规研究的科学工作者，而是科学革命的建构大师。可以说，周作人是中国民俗学的呼吁者，顾先生是中国民俗学的创建者，钟先生是早期民俗学的骨干和积极参与者。由于早期民俗学的这种多学科参与的状况，导致了民俗学定位的不断摇摆。1980年代之后，钟先生已经成为中国民俗学的绝对领导者，但是，他对于民俗学的定位也还处于一种摇摆不定的状态，他对于学科的设想有些过于庞大，实现起来有困难。

南方日报：钟敬文在民俗学教育方面起到什么作用？和现在很多导师放任博士生自流不同，钟敬文先生对学生的要求十分严格，据说标点符号都要修改。

施爱东：钟先生作为一个教育家，最伟大的地方在于因材施教。我在整理他的遗物时，发现两个小本子，上面写满了对于学生的评语和感想，针对不同学生的性格特点和知识结构，施以不同的教学手段。比如，他在一次博士的面试结束后就说，巴莫曲布嫫是野马，刘宗迪是黑马，两个人风格很不一样。他每次备课都非常认真、严谨，有详细的教学提纲，从来不会为了追求课堂效果而脱稿信口开河。对于学生的要求主要在两方面，一是绝对要求实事求是，要求引用的东西一定要准确，要仔细核对，决不允许在学术研究中采取虚构和想象；二是对于写作的要求，他认为论文是写给别人看的，一定要平实，要好看，要清楚知道自己讲什么，还要让别人清楚你讲什么。

刘晓春：钟敬文把自己的生命比作护花的“春

泥”，他不仅仅把民俗学、民间文学这一民众的精神文化当做自己的毕生事业，也通过办高级研讨班、编写教材、招收学生等不同方式，培养中国民俗学的后备人才。钟敬文一直有个愿望，希望写一篇《女娲考》，他积累了大量的资料，但由于工作忙，始终没有成书，有人劝他抛开一切，完成这部专著。但他笑笑说，写出来自然好，但那仅仅是一本书，如果我把这些精力投入到年轻有为的学生身上，那将会收获十本、二十本或更多这样的专著。

1950年代，钟敬文开始招收研究生，第一届研究生中就有至今依然活跃在中国民俗学、非遗保护领域的著名学者乌丙安等。1993年，弟子张紫晨英年早逝，钟敬文顿感学科后备人才的培养迫在眉睫，于是再次出山培养博士研究生，他希望在自己的有生之年能培养25个博士，让他们像种子一样撒在全国各地，落地生根，开花结果。如今，1980年代以来国内培养的民俗学、民间文学博士，已经成长为中国民俗学研究、非物质文化遗产保护的中坚力量，有人称之为中国民俗学的“黄金一代”，其中绝大部分都是由钟敬文及其弟子培养的。

学人精神
既有传统文人家国情怀
又有现代学者自觉意识

南方日报：尽管被一些学者和不少媒体誉为“中国民俗学之父”。但他生前却曾多次说过这样的话：“我去世以后，墓碑上写‘诗人钟敬文’这几个字就够了。”如何评价钟敬文身上的诗人特质？

刘晓春：他是一位性情诗人。上个世纪20～30年代是钟敬文散文创作的高峰期，后结集出版为《荔枝小品》（1927）、《西湖漫拾》（1929）、《湖上散记》（1930）。他的散文一直备受选家、评论家和读者的承认与赞赏。1935年，阿英编《现代十六家小品》，标准甚严，钟敬文与周作人、俞平伯、朱自清、冰心、苏绿漪（雪林）、叶圣陶、茅盾、落华生（许地山）、王统照、郭沫若、郁达夫、徐志摩、鲁迅、陈西滢、林语堂等作家并称现代小品十六家。同年，郁达夫编《中国新文学大系·散文二集》，收录了钟敬文的多篇作品。有人认为钟敬文的散文具有浓厚的个人主义、感伤主义的情调。

对于自己的学问，钟敬文曾经多次自我评价：我的学问，做得最好的并不是民俗学、民间文艺学，而是诗。他甚至很深情、很认真地说过，百年之后能在墓碑刻上“诗人钟敬文”足矣。钟敬文以此表明自己与诗歌乃至文学密切相伴的一生，其实，“诗人”更是他的生存模式、他的人生境界。钟敬文一生作诗上千首，仅安徽教育出版社出版的《钟敬文文集》（诗词卷）就收录了800首，其中大部分是旧体诗。钟敬文历经百年，有大量的诗歌感慨世事的沧桑苦痛，以致“诗人怕问苍生事”。抗战爆发后，钟敬文毅然割舍一切，仅携一部陆游的《剑南集》投笔从戎，写下了“日暮军笳动离席，豪情别意两难平”“辕门草檄每宵分”“春阳如雪照戎装”等壮美诗篇。他的诗记录了自己与柳亚子、郁达夫、冼星海、俞平伯、聂绀弩、冰心、冯雪峰、夏衍等人的交往与深厚情谊，“江南自有春如海，不寄梅花只寄诗”，他以诗的形式，表达他对朋友的一片深情。他曾三次到柳亚子的墓前致奠，在“森森丛柏余清响，寂寂幽花递晚香”中写下了多首感人诗篇。

南方日报：回顾钟敬文80年的学术生涯，他那种坚持不懈、勇攀高峰的学术精神留给后人的启迪是什么？

刘晓春：钟敬文的百年人生，经历了中国社会从传统向现代转换以及民族复兴的重大历史时期。他的诗歌散文体现的个人气质，兼具古典的精致优雅与五四文人的感伤忧郁。他的学问功业，既满怀中国传统文人的家国情感，又深具现代学者的学科自觉意识，执着坚韧，孜孜以求。钟敬文以及五四时期的知识分子对民间文化的发掘、记录、整理、研究，在建立现代民族国家的过程中，对于启迪、动员民众力量，起到了积极的先导作用。在中华民族文化复兴的当代，钟敬文关于民族民间文化的学说及其实践，对于当前的文化自觉、文化自信，坚持文化多样性，以及保护非物质文化遗产，确立民众创造的传统民俗文化在民族国家文化中的正面价值，维护中华民族的文化认同，越来越凸显其重要的理论与实践意义。

撰文：南方日报记者　李　培

钟敬文：移山追日君莫笑　顽石难消一颗心

原载2013年1月16日《南方日报》

南方日报记者　李　培

20世纪风云激荡的百年，定格了一位百岁学人。他以不坠青云之志，将民俗学、民间文学在中国的新芽，浇灌成一棵参天大树。他就是我国民俗学家、民间文学大师钟敬文。

翻开这位世纪老人的人生篇章，我们读到的是炽烈、坚毅而质朴的人生诗篇。动荡的世纪里，他死守理想，历风雨纤尘、万里奔归，成为一座丰碑。

炽烈的理想志向，使钟敬文积跬步以成千里。“千年枯海怒潮腾，我也乘潮一后生。”钟敬文从粤东小镇走出，凭借勤奋和努力，成为“五四”之子。这场唤醒平民意识的新文化运动中，诞生了民间文艺学和民俗学，钟敬文一生以此为学术志向，抱着“做学问是为了民众，做学问不是为了自己”的学术信条，放弃了让他更容易出名的文学创作，最终成就为“中国现代民俗学之父”。

坚毅的品格信念，使钟敬文历尽“仄径与危滩”。一生经历抗日、抗战、“文化革命”等数次磨难，尤其反右派运动后，钟敬文被迫终断学术研究20年之久。但他不曾消沉，披荆斩棘，追逐理想之火，这种执着于人生而又超然于物外的生命范式蕴含着坚定、沉着、乐观、豁达，让他跨上学术巅峰。

质朴的心性情怀，使钟敬文成为后辈师表、一座高峰。他笔下才情万千，百年生涯结交文化名流无数，从鲁迅、顾颉刚、郁达夫、聂绀弩到季羡林、启功等，风雅气度垂范后辈。但他甘做一粒麦穗，撒在泥土里，播种新生。他常说：“我是时代的小人物，生平没有丰功伟绩，没有赫赫声名，只是一个耕耘时间较长、涉猎园地较广的诚实的农夫而已。”直到去世前也没有停下工作，还指导着10多名博士生和访问学者，忙碌到生命尽头。

钟敬文的百岁人生，让我们窥见了一个拓荒者的心路历程，他无惧风雨，忘我投入，为理想跌倒、爬起，一路狂奔。他曾这样说：“我们时代的道路太遥远而崎岖了。几多没有毅力的赶路人，不断地在中途的小站悄然下了车。”而钟敬文的百岁人生启迪后人：“守住一种理想，比获得一种理想远为困难。”

初出茅庐　五四春雷惊醒乡野青年

“五四”新文化运动的一声春雷，惊醒了粤东小镇躲在阁楼中用朱笔点读《左传》、《东坡集》，学做“子曰”文的文学青年钟敬文。没有这三月惊蛰，日后便不可能有一代民俗学大师钟敬文。

青年钟敬文，自幼博览古代典籍，醉心诗词创作。满怀诗人激情的他，在“五四”的洗礼中，耽读于《新青年》《小说月报》等新刊物。这时，不满20岁的钟敬文心存鸿鹄之志，渴望乘惊涛骇浪，展翅而飞，踏上一条迥异于以往的新的学艺路。钟敬文后来曾这样回忆说：“‘五四’的智慧醒觉运动把我的心眼撞开了。”

“五四”前后，时任北京大学校长蔡元培亲自发表“校长启事”，征集全国近世歌谣。1920年冬天成立的北大歌谣研究会，汇集了李大钊、鲁迅、刘半农、胡适、周作人、顾颉刚、常惠、董作宾、朱自清等著名教授。1922年，北大国学门印行《歌谣》周刊，向全国广泛征集歌谣。这份周刊如电光火石般，照亮了在家乡海丰小镇教书的钟敬文的人生路。

“我的这颗心儿，犹如秋江寒潮，忽而澎湃沸腾，忽而悄然沉寂。”原本内心彷徨的钟敬文，冥冥之中，走上了民俗学、民间文学的研究道路，这成为他一生予以寄放身心之所。

钟敬文的故乡是海丰的小镇公平镇，自古民间文化鼎盛，是广东广府、客家和潮汕三大民系交融之地，既有“五步一庙”的民间信仰，又有全国罕见的三个稀有剧种、风格独特的疍歌（惠东渔歌），对民间文化敏感和喜爱，自幼扎根于青年钟敬文的血脉里。接触到《歌谣》的钟敬文“像疯子一样，拼命向周围搜求民歌、谚语和故事，振笔写作关于歌谣的评论文章”，他也给未来的学艺生涯在朦胧中找到了方向。

1924年前后，钟敬文开始把自己在家乡搜集到的百余件民间歌谣、口承故事，投寄到北京大学《歌谣》周刊，这些文章很快得以发表。他搜集编纂的《疍歌》，更被刘大白先生赞为“功绩不容渺视”。当这些一贯被忽视为“破铜烂铁”的“野生文艺”公然刊登在最高学府的校刊上时，一个偏居乡野、默默无名的有志青年，开始崭露头角。

更为重要的是，因《歌谣》周刊，钟敬文开始运用古典文献与民俗学田野调查相结合的方法，积极参与当时热点学术讨论，与董作宾讨论《看见她》，与顾颉刚讨论《孟姜女》。而钟敬文的天赋和勤奋，打动了著名史学家顾颉刚，甘当其引路人。1927年，顾颉刚从北京南下来到中山大学任教后，便推荐钟敬文调任中山大学中文系，成为傅斯年的助教。

当时，从北大纷纷南下的教授如顾颉刚、容肇祖、董作宾等齐聚中大，让这里成为民俗学研究的又一中心。钟敬文满腔热忱投入组织与研究工作，他协助顾颉刚等成立了我国第一个民俗学研究组织——民俗学会，创办民俗学讲习班，编印了《民间文艺》《民俗周刊》及民俗学丛书，推进了民俗学这门崭新学问的萌芽。

此时，这个从粤东僻壤走出的年轻学子，初出茅庐，一鸣惊人，意气风发地登上了中国民俗学的世纪舞台。

求学扶桑　逆境奋起困厄不改志向

遭逢困厄不改志，坚毅苦学成大器，这浓缩在民俗学大师钟敬文的学术路上。1928年，一心沉浸在民俗学研究的钟敬文却招来横祸。学校保守势力借口他经手付印的《吴歌乙集》掺杂“猥亵”内容，解除了他中山大学的教职。

蒙此不白之冤，钟敬文并未就此消沉。“五四”新文学运动的闯将刘大白得知后，慨然相助，将其介绍到杭州工作。经此一劫，钟敬文守得云开见月明，迎来学术事业第一个黄金时期。

西子湖畔的美景勾起钟敬文的诗人情怀，他笔下文思泉涌，大量优美散文小品挥然而就。1929年和1930年先后出版《西湖漫拾》与《湖上散记》，文辞静默、意蕴深远，在文坛成为闪亮新人。其散文成就，收录在其后由郁达夫编著的《新闻学大系·散文二集》（1936年）中，被誉为“清朗绝俗，可以继周作人、冰心的后武”。与笔下绵绵不绝的诗文同时喷薄而出的，还有钟敬文对民俗学、民间文艺学理论研究的更上层楼。

1930年春，钟敬文与钱南扬、娄子匡、江绍原等人发起，在杭州成立了中国民俗学会。钟敬文在学术上迅速成长为栋梁之材，组织编印了《民间》（月刊）、《民俗学集镌》及民俗学丛书。他还致力于民间文学的搜集研究，写下了多篇民间文学的研究文章。一时间杭州成为继北大、中大之后的民俗学研究重镇。及至多年后，分隔台湾的民俗学会还一直尊杭州的中国民俗学会一脉为国内民俗学滥觞。

1934年，为进一步深造民俗学、文化学，他抛下教鞭，偕夫人陈秋帆东渡日本求学。在早稻田大学进修的两年时间里，正是日本民俗学确立的重要时期。日本“民俗学之父”柳田国男创办了乡土研究所，发表了“日本第一部民俗学概论”，钟敬文眼界大开，如饥似渴学习日本和欧洲民俗学、文化学的相关理论。在跟著名神话学家西村真次学习神话学期间，钟敬文在当地的《民族学研究》《民俗学》月刊等学术杂志发表了多种关于神话、传说和民间故事的论著。此外，他向国内学术界发表译著文章17篇，涉及日本民俗学发展、俄罗斯民谣、朝鲜产育迷信、法国民俗学等方面内容。

求学扶桑，让钟敬文在民族学、民俗学、原始社会史和文化史等几个领域钻研下去，成为其日后学术思想的几块基石。留学末期，他深思熟虑后写出《民间文艺学的建设》这篇重要的学术文章，首次向国内学界提出了“民间文艺学”这个全新学科概念，为建设中国自己的民俗学学科体系作出了特殊贡献。

“时危挟笔赴军门，慷慨为文气薄云。”在那个战乱频仍的年代，钟敬文没有做一个躲在书斋的学者。1936年回国后不久抗日战争局势严峻，此后动荡的十余年，他不得不暂停学术研究，挟笔从戎投身抗战文艺创作，创作战地报告文学、编辑《新军》杂志。他陆续结识朱自清、乔冠华、柳亚子、叶圣陶、郭沫若、秦牧等文化名人，以如沸豪情创作文章支持抗战。

在时代漩涡里，钟敬文逐渐放弃了可以迅速成名的文学创作，毅然走向“冷门”的民俗学研究，他清醒地为自己的人生和事业选择了一个终身的方向——民俗学和民间文艺学，历千辛而不辍，尝万苦而自甘。钟敬文对人生和事业的选择，表现出一种“殉道精神”。他曾说：“写散文，我不写，还有别人；民俗学，我不搞，就很少有人坚持下去。”

“移山追日君莫笑，顽石难消一颗心”。老友俞平伯曾赠诗钟敬文，对他身上这种对学术走火入魔般的痴情感佩称赞。

百岁登顶　甘作麦粒终成学界大师

“遥瞩前程红似火，拼同少年竞新鞭”。1979年后，噩梦结束，钟敬文等到了来之不易的大好时光，然而此时他已过古稀之年。但他并未有半点停歇，毫不喘息投入了民间文学和民俗学的恢复之中。

上世纪80年代之后，钟敬文开始肩负学术要职，成为民间文学和民俗学的一面旗帜。1979年，他为恢复民俗学的学术地位而呼吁奔走，亲自邀集顾颉刚、容肇祖、杨堃、杨成志、白寿彝、罗致平等七位著名学者联名倡议建立中国民俗学会。1983年，中国民俗学会成立，钟敬文当选为理事长。

一方面，他脚踏实地，扎实投入基础性研究工作。除了撰写大量学术论文外，他还倾注心血组织编纂《中国民间文学集成》（歌谣卷、故事卷、谚语卷）。此外，两次组织全国高校教师编写了基础教材——《民间文学概论》、《民俗学概论》。

另一方面，他高瞻远瞩，以“中国学问”和“世界眼光”来构建民俗学的发展。钟敬文提出：“民间文学和一般作家文学，是两株树上开出来的形状和色香各异的花朵。”在他的提倡和努力下，民间文艺学被提高到新的研究高度。

在长达80年的研究生涯里，他就像在攀涉一座高峰，不懈怠、不停歇。上世纪90年代，钟敬文提出了以“民俗文化学”代替“民俗学”的设想。晚年，他更是提出“建立中国民俗学派”的构想。

凭借对学术理想“执着如怨鬼”的精神，凭借一个诗人的激情勃发，钟敬文在“年登大耋”之时攀上事业顶峰。他被尊称为“中国民俗学之父”，桃李满园。及至半个世纪以来，全国民俗学、民间文艺学的诸多骨干，都出自他的门下。

“事功未竟意难安”。2001年夏秋间，年届百岁的钟敬文因病住院，而他的学术激情不但没有消退，反而勃发“勇冠三军”（程千帆语）之斗志。他的病房变身研究所，几乎每一天，都有博士登门谈论论文。临终前，他还在进行《中国民俗史》的编写，手下在读的博士生还有15位。

“我一息尚存，就要为所从事的事业竭尽智能。因为它已经成为我整个生命的全部了。”晚年的钟敬文在回忆文章《我与我的时代·祖国》中曾这样写道。钟敬文把自己比喻成一粒麦子：这一粒麦子如果用掉，就一粒都没有了。可如果把一粒麦子种在土里，就会长出麦穗，结出许多麦子。长达80年的问学之路上，他甘作一颗“麦粒”，忍受冬的严寒相逼，最后在春的泥土中萌芽、播撒种子。

而这百岁的不懈跋涉、一生坚毅求索，有多少壮志未酬？又饱尝了多少冷暖甘苦？钟敬文在98岁高龄时写下的这首《拟百岁自省》，杂陈了他身上那种永不消磨的生命意志：

历经仄径与危滩，步履蹒跚到百年。
曾抱壮心奔国难，犹余微尚恋诗篇。
宏思竣想终何补，素食粗衣分自甘。
学艺世功都未了，发挥知有后来贤。

雪虐风饕二十载劫难意志未消磨

解放后，钟敬文终于得以完成心愿，回归一名纯粹学者。“不搞政治，只做学问”，钟敬文曾与老友乔冠华这样吐露心声。半生颠簸，钟敬文认为自己身上有一种崇尚更高自由的学者气质，一种甘于在野甚至隐逸的气质，希望远离政治，安心做学问。

在北京参加第一届人代会不久后，钟敬文进入北师大中文系工作。他开设了民间文学课程，同时讲授现代新诗。讲台上的钟敬文，倜傥风流、潇洒脱俗，深受学生喜爱。1953年，钟敬文在北师大中文系创建了人民口头文学创作教研室，并招收了第一批研究生，巩固了这门新兴学科。

1950年3月，他多年夙愿得以实现，中国民间文艺研究会成立。郭沫若任理事长，钟敬文和老舍担任副理事长。这一时期，他马不停蹄投身学术活动，先后主编会刊《民间文艺集刊》和《民间文学》月刊，还编辑出版《民间文艺新论集》等，驰骋在自己的学术世界。

一夜之间，西风拂拂，叶零如雨。然而，正当他即将迎来收获之季时，一场突如其来的寒风肆虐，让他在此后20年的人生发生突变。

1956年，“整风运动”开始后不久，受时任北京市委宣传部长鼓励，钟敬文本着诗人的真诚和天真，应邀在《人民日报》上发表了《破浪前行》的短文，他“坡老忧时有激言”的文人气质不改，多次热心谏言。结果1958年反右派运动一开始，他便被打成“右派”，被扣上了资产阶级反动学术权威的“大帽子”。

这场政治运动中，他被赶下大学讲台，从一级教授降到三级，被实施管教劳动。半生执笔的双手，颤抖着拿起笤帚清扫落叶、垃圾。之后的“文化大革命”，他成为屡次被批斗、被抄家的对象，被下放到干校劳改，甚至外界一度传来钟敬文已经死去的传闻……

劫复一劫，磨难不断，这20年里，钟敬文身心饱受摧残，但他意志不曾消弭。他写下这样的诗句聊以自慰：“笤帚一枝横直扫，耙子有时兼举。荆棘钩衣，山坡滑脚，稍会樵童趣。一天活了，笑看黄日西注。”

以“笑看黄日西注”的心境，钟敬文在这雪虐风饕的20年里，仍苦心耕耘。他在艰苦环境中，推进我国近代民间文艺学史的拓荒工作，先后撰写了《晚清革命派著作家的民间文艺家》《晚清改良派学者的民间文艺见解》等几篇文章，开始梳理我国古代文献中，神话、传说、歌谣、谚语等民间文学资料。他以夹缝中求生存的意志，在民俗学和民间文艺学的狭长地带“挥了几锄”。

“几株黄落及霜天，触履沙沙一怅然。舍得将身作泥土，春风酬尔绿茵园。”钟敬文于1975年写成的这首《行落叶上有感》，是他坚毅、豁达人生态度的写照。

■学人名片

钟敬文，原名钟谭宗（1903~2002）。出生于广东汕尾海丰公平鱼街，客家人，早年留学日本，曾先后在广州、杭州、桂林、香港等地任教，抗日战争期间从事救亡工作。1950年后任北京师范大学中文系教授、博士生导师。历任中国民间文艺家协会主席，中国民俗学会会长。他从事教育工作80年，为我国培养了大批优秀人才。他还出版有《钟敬文文集》、《民间文艺学及其历史》、《钟敬文学术论著自选集》等百余万字著作，有“中国民俗学之父”的美誉。他毕生致力于教育事业和民间文学、民俗学的教学研究工作，贡献卓著。我国著名的民俗学家、民间文学家、现代散文作家。

【本文参考了《飞鸿遗影——钟敬文传》（安德明　著）、《风雨世纪行——钟敬文传》（杨哲　著）、《钟敬文民间文学论集》、《民间文化大风歌——钟敬文百年华诞纪念文集》（白庚胜、向云驹　主编）、《钟敬文生平·思想及著作》（杨哲　著）等，对中山大学中文系教授、博导叶春生，中山大学非物质文化遗产研究中心教授刘晓春的帮助表示感谢。】

晚年的钟敬文，在狭窄的书房里完成了最后的思考和写作

钟敬文和妻子陈秋帆合影

钟敬文（左）与启功

海丰今日隆重集会纪念这位“中国民俗学之父”
钟敬文：倾注一生开拓民俗学

原载2013年3月16日《南方日报》

今日，海丰县迎来一场大型文化盛事——钟敬文诞辰110周年纪念活动暨海丰首届民俗文化节。钟敬文（1903~2002），海丰人，著名民俗学家、民间文学家、现代散文作家，是我国第一次正式打出民俗学大旗的学者之一，世称“五四之子、民俗之父、性情诗人”。

“千年枯海怒潮腾，我也乘潮一后生”。在唤醒平民意识的新文化运动中，诞生了民间文艺学和民俗学，钟敬文从粤东小镇走出，毕生致力于教育事业和民间文学、民俗学的教学研究工作，贡献卓著。他抱着“做学问是为了民众，做学问不是为了自己”的学术信条，放弃了更容易出名的文学创作，最终成为“中国民俗学之父”。

钟敬文一生历尽“仄径与危滩”，经历抗日、抗战、“文化大革命”等数次磨难，曾被迫中断学术研究20年之久。但他不曾消沉，而是披荆斩棘，追逐理想之火，并最终登上学术巅峰。前中国民俗学会会长刘魁立甚至这样认为：“谈起中国当代民俗学就必然要提到钟敬文，说到钟敬文就必然会想起中国现代民俗学，中国现代民俗学和钟敬文是一对孪生兄弟。”

钟敬文笔下才情万千，百年生涯结交文化名流无数，从鲁迅、顾颉刚、郁达夫、聂绀弩到季羡林、启功等，风雅气度垂范后辈。但他甘做一粒麦穗，撒在泥土里，播种新生。他常说：“我是时代的小人物，生平没有丰功伟绩，没有赫赫声名，只是一个耕耘时间较长、涉猎园地较广的诚实的农夫而已。”直到去世前，他还指导着10多名博士生和访问学者，一直忙碌到生命尽头。

钟敬文的百岁人生让人窥见了一个拓荒者的心路历程：无惧风雨，忘我投入。他曾这样说：“我们时代的道路太遥远而崎岖了。几多没有毅力的赶路人，不断地在中途的小站悄然下了车。”与之对应的则是他的学术价值，中山大学中国非物质文化遗产研究中心教授刘晓春认为：“在中华民族文化复兴的当代，钟敬文关于民族民间文化的学说及其实践，对于当前的文化自觉、文化自信，坚持文化多样性，以及保护非物质文化遗产，确立民众创造的传统民俗文化在民族国家文化中的正面价值，维护中华民族的文化认同，越来越凸显其重要的理论与实践意义。”

此次海丰县委、县政府举办的钟敬文诞辰110周年纪念活动系列，将包括“钟敬文诞辰110周年纪念大会、钟敬文学术思想座谈会、钟敬文生平事迹图片展、发行钟敬文纪念封、出版《钟敬文笔下的海丰》文集、制作电视系列片《海丰民风民俗巡礼——纪念钟敬文诞辰110周年》、海丰首届民俗文化节”等7项内容。海丰县委、县政府欲借此契机，大力弘扬钟敬文所倡导的民俗文化与精神，并以海丰首届民俗文化节为载体，充分展示海丰地区深厚的民俗文化底蕴，进一步提升海丰的知名度和美誉度，为汕尾建市25周年营造浓烈的文化氛围，为勇当县域文化排头兵打下基础。

在此，让我们再一次追忆钟敬文先生的百岁人生，重温他“守住一种理想，比获得一种理想远为困难”的人生启迪吧！

五四春雷，唤起海丰青年新志向

钟敬文，原名钟谭宗，1903年3月20日出生于广东海丰公平鱼街，客家人，自幼博览古代典籍，醉心诗词创作；在“五四”的洗礼中，则耽读于《新青年》《小说月报》等新刊物。钟敬文心存鸿鹄之志，渴望踏上一条迥异于以往的新的学艺路。

“五四”新文化运动的一声春雷，惊醒了海丰小镇上的文学青年钟敬文。时任北京大学校长蔡元培亲自发表“校长启事”，征集全国近世歌谣。1920年冬天成立的北大歌谣研究会，汇集了李大钊、鲁迅、刘半农、胡适、周作人、顾颉刚、常惠、董作宾、朱自清等著名教授。1922年，北大国学门印行《歌谣》周刊之时，刚从陆安师范毕业的钟敬文正辗转于家乡海丰的小镇上

教书。《歌谣》周刊的横空出现，一下子照亮了他的人生路，让他在彷徨中决意走上民俗学、民间文学的研究道路。

钟敬文的故乡海丰，自古民间文化鼎盛，是广东广府、客家和福佬三大民系交融之地，既有“五步一庙”的民间信仰，又有全国罕见的三个稀有剧种、风格独特的疍歌，对民间文化敏感和喜爱，自幼扎根于青年钟敬文的血脉里。接触到《歌谣》周刊的钟敬文开始“像疯子一样，拼命向周围搜求民歌、谚语和故事，振笔写作关于歌谣的评论文章”。

1924年前后，钟敬文把自己在家乡搜集到的百余件民间歌谣、口承故事，投寄到北京大学《歌谣》周刊，这些文章很快得以发表。他搜集编纂的《疍歌》，更被刘大白先生赞为“功绩不容渺视”。当这些一贯被忽视为“破铜烂铁”的“野生文艺”公然刊登在最高学府的校刊上时，一个偏居乡野、默默无名的有志青年，开始崭露头角。

更为重要的是，因《歌谣》周刊，钟敬文开始运用古典文献与民俗学田野调查相结合的方法，积极参与当时热点学术讨论，与董作宾讨论《看见她》，与顾颉刚讨论《孟姜女》。而钟敬文的天赋和勤奋，打动了著名史学家顾颉刚，使其甘当引路人。1927年，顾颉刚从北京南下来到中山大学任教后，便推荐钟敬文调至中山大学中文系任教，成为傅斯年的助教。

当时，从北大纷纷南下的教授如顾颉刚、容肇祖、董作宾等齐聚中大，让这里成为民俗学研究的又一中心。钟敬文满腔热忱投入组织与研究工作，他协助顾颉刚等成立了我国第一个民俗学研究组织——民俗学会，创办民俗学讲习班，编印了《民间文艺》《民俗周刊》及民俗学丛书，推进了民俗学这门崭新学科的萌芽。

从粤东僻壤走出的年轻学子，初出茅庐，一鸣惊人，意气风发地登上了中国民俗学的世纪舞台。

逆境奋起，求学扶桑不改初志

钟敬文曾先后在广州、杭州、桂林、香港、北京等地任教。

1928年，一心沉浸在民俗学研究的钟敬文招来横祸：学校保守势力借口他经手付印的《吴歌乙集》掺杂“猥亵”内容，解除了他中山大学的教职。

但钟敬文并未就此消沉。“五四”新文学运动的闯将刘大白得知后，慨然相助，将其介绍到杭州工作。钟敬文守得云开见月明，迎来学术事业第一个黄金时期。

西子湖畔的美景勾起钟敬文的诗人情怀，他笔下文思泉涌，大量优美散文小品一挥而就。1929年和1930年先后出版《西湖漫拾》与《湖上散记》，文辞静默、意蕴深远，在文坛成为闪亮新人。其散文成就，收录在其后由郁达夫编著的《新闻学大系·散文二集》（1936年）中，被誉为“清朗绝俗，可以继周作人、冰心的后武”。与笔下绵绵不绝的诗文同时喷薄而出的，还有钟敬文对民俗学、民间文艺学理论研究的更上层楼。

1930年春，钟敬文与钱南扬、娄子匡、江绍原等人发起，在杭州成立了中国民俗学会。钟敬文在学术上迅速成长为栋梁之材，组织编印了《民间》（月刊）、《民俗学集镌》及民俗学丛书。他还致力于民间文学的搜集研究，写下了多篇民间文学的研究文章。一时间杭州成为继北大、中大之后的民俗学研究重镇。及至多年后，分隔台湾的民俗学会还一直尊杭州的中国民俗学会一脉为国内民俗学滥觞。

1934年，为进一步深造民俗学、文化学，他抛下教鞭，偕夫人陈秋帆东渡日本求学。在早稻田大学进修的两年时间里，正是日本民俗学确立的重要时期。日本“民俗学之父”柳田国男创办了乡土研究所，发表了“日本第一部民俗学概论”，钟敬文眼界大开，如饥似渴学习日本和欧洲民俗学、文化学的相关理论。在跟著名神话学家西村真次学习神话学期间，钟敬文在当地的《民族学研究》《民俗学》月刊等学术杂志发表了多种关于神话、传说和民间故事的论著。此外，他向国内学术界发表译著17篇，涉及日本民俗学发展、俄罗斯民谣、朝鲜产育迷信、法国民俗学等方面内容。

留学末期，钟敬文深思熟虑后写出《民间文艺学的建设》这篇重要的学术文章，首次向国内学界提出了“民间文艺学”这个全新学科概念，为建设中国自己的民俗学学科体系作出了特殊贡献。在时代漩涡里，钟敬文逐渐放弃了可以迅速成名的文学创作，毅然走向“冷门”的民俗学研究。

“时危执笔赴军门，慷慨为文气薄云”，在那个战乱频仍的年代，钟敬文没有做一个躲在书斋的学者。1936年回国后不久抗日战争局势严峻，此后动荡的十余年，他不得不暂停学术研究，携笔从戎投身抗战文艺创作，创作战地报告文学、编辑《新军》杂志。他陆续结识朱自清、乔冠华、柳亚子、叶圣陶、郭沫若、秦牧等文化名人，以万千豪情创作文章支持抗战。

廿年劫难，夹缝生存仍求学问

解放后，钟敬文终于得以完成心愿，回归一名纯粹学者。“不搞政治，只做学问”，钟敬文曾与老友乔冠华这样吐露心声。

在北京参加第一届人代会不久后，钟敬文进入北师大中文系工作。他开设了民间文学课程，同时讲授现代新诗。讲台上的钟敬文，倜傥风流、潇洒脱俗，深受学生喜爱。1953年，钟敬文在北师大中文系创建了人民口头文学创作教研室，并招收了第一批研究生，巩固了这门新兴学科。

1950年3月，他多年夙愿得以实现，中国民间文艺研究会成立。郭沫若任理事长，钟敬文和老舍担任副理事长。这一时期，他马不停蹄投身学术活动，先后主编会刊《民间文艺集刊》和《民间文学》月刊，还编辑出版《民间文艺新论集》等，驰骋在自己的学术世界。

然而，正当他即将迎来收获之季时，一场突如其来的寒风肆虐，让他在此后20年的人生发生突变。

1956年，“整风运动”开始后不久，受时任北京市委宣传部长鼓励，钟敬文本着诗人的真诚和天真，应邀在《人民日报》上发表了《破浪前行》的短文，他“坡老忧时有激言”的文人气质不改，多次热心谏言。结果1958年反右派运动一开始，他便被打成“右派”，被扣上了资产阶级反动学术权威的“大帽子”。

这场政治运动中，他被赶下大学讲台，从一级教授降到三级，被实施管教劳动。半生执笔的双手，颤抖着拿起笤帚清扫落叶、垃圾。之后的“文化大革命”，他成为屡次被批斗、被抄家的对象，被下放到干校劳改，甚至外界一度传来钟敬文已经死去的传闻……

劫复一劫，磨难不断，这20年里，钟敬文身心饱受摧残，但他意志不曾消沉。他写下这样的诗句聊以自慰：“笤帚一枝横直扫，耙子有时兼举。荆棘钩衣，山坡滑脚，稍会樵童趣。一天活了，笑看黄日西注。”

钟敬文在这雪虐风饕的20年里，仍苦心耕耘。他在艰苦环境中，推进我国近代民间文艺学史的拓荒工作，先后撰写了《晚清革命派著作家的民间文艺家》、《晚清改良派学者的民间文艺见解》等几篇文章，开始梳理我国古代文献中，神话、传说、歌谣、谚语等民间文学资料。他以夹缝中求生存的意志，在民俗学和民间文艺学的狭长地带“挥了几锄”。

百岁登顶，被誉中国民俗学之父

1979年后，噩梦结束，钟敬文已过古稀之年。但他并未有半点停歇，毫不喘息便投入了民间文学和民俗学的恢复之中。

上世纪80年代之后，钟敬文开始肩负学术要职，成为民间文学和民俗学的一面旗帜。1979年，他为恢复民俗学的学术地位而呼吁奔走，亲自邀集顾颉刚、容肇祖、杨堃、杨成志、白寿彝、罗致平等七位著名学者联名倡议建立中国民俗学会。1983年，中国民俗学会成立，钟敬文当选为理事长。

一方面，他脚踏实地，扎实投入基础性研究工作。除了撰写大量学术论文外，他还倾注心血组织编纂《中国民间文学三套集成》（歌谣卷、故事卷、谚语卷）。此外，两次组织全国高校教师编写了基础教材——《民间文学概论》、《民俗学概论》。

另一方面，他高瞻远瞩，以“中国学问”和“世界眼光”来构建民俗学的发展。钟敬文提出：“民间文学和一般作家文学，是两株树上开出来的形状和色香各异的花朵。”在他的提倡和努力下，民间文艺学被提升到新的研究高度。

在长达80年的研究生涯里，他就像在攀涉一座高峰，不懈怠、不停歇。上世纪90年代，钟敬文提出了以“民俗文化学”代替“民俗学”的设想。晚年，他更是提出“建立中国民俗学派”的构想。对此，中国社科院教授、民俗学者施爱东认为：“‘五四’以来，我们大量引入西方学术，从自然科学到社会科学，几乎全盘拷贝了一份西方学科目录，晚年钟敬文提出建立‘中国民俗学派’，觉得有自成一派、自立体系的必要。而能够指出这种必要且能够倡导体系建构的，在现代中国民俗学界，只有钟敬文。从这一点上看，钟敬文并不是一个常规研究的科学工作者，而是科学革命的建构大师。”

凭借对学术理想“执着如怨鬼”的精神，凭借一个诗人的激情勃发，钟敬文在“年登大耋”之时攀上事业顶峰。他被尊称为“中国民俗学之父”，桃李满园。及至半个世纪以来，全国民俗学、民间文艺学的诸多骨干，都出自他的门下。

“事功未竟意难安。”2001年，年近百岁的钟敬文因病住院，而他的学术激情不但没有消退，反而勃发“勇冠三军”（程千帆语）之斗志。他的病房变身研究所，几乎每一天，都有博士登门商讨论文。临终前，他还在进行《中国民俗史》的编写，手下在读的博士生还有15位。

钟敬文一生出版有《钟敬文文集》《民间文艺学及其历史》《钟敬文学术论著自选集》等巨著。而晚年的钟敬文在回忆文章《我与我的时代·祖国》中曾这样写道：“我一息尚存，就要为所从事的事业竭尽智能。因为它已经成为我整个生命的全部了。”钟敬文把自己比喻成一粒麦子：这一粒麦子如果用掉，就一粒都没有了。可如果把一粒麦子种在土里，就会长出麦穗，结出许多麦子。长达80年的问学之路上，他甘作一颗“麦粒”，忍受冬的严寒相逼，最后在春的泥土中萌芽、播撒种子。

这百岁的不懈跋涉、一生的坚毅求索，饱含了多少冷暖甘苦？钟敬文在98岁高龄时写下的《拟百岁自省》中，表达了永不消磨的理想：“学艺世功都未了，发挥知有后来贤！”

南方日报记者　胡亚柱　洪继宇　李　培　特约通讯员　谢立群　余作明

【本文参考了《飞鸿遗影——钟敬文传》（安德明　著）、《风雨世纪行——钟敬文传》（杨哲　著）、《钟敬文民间文学论集》《民间文化大风歌——钟敬文百年华诞纪念文集》（白庚胜、向云驹 主编）、《钟敬文生平·思想及著作》（杨哲　著）等，对中山大学中文系教授、博导叶春生，中山大学非物质文化遗产研究中心教授刘晓春的帮助表示感谢。】

西秦戏《留取丹心照汗青》剧照

海丰首届民俗文化节节目表

表 16

演区	展演内容
地方戏剧展演区	白字戏：西秦戏
民间音乐展演	海丰八音展演、白字戏坐唱展演、民间歌谣展演
麒麟舞、狮舞、龙舞、传统武术展演区	麒麟狮象舞展演、传统武术展演
民俗文化灯谜竞猜区	由县文化馆以地方民俗文化为主题，创作与民间故事、民间文艺和民风民俗等相关的谜条，欢迎群众竞猜

主办单位：中共海丰县委、海丰县人民政府
承办单位：中共海丰县委宣传部
协办单位：海丰县文联、海丰县文体旅游局
时　　间：2013年3月16日晚8时至10时
地　　点：海丰县体育场

钟敬文诞辰110周年纪念活动　暨海丰首届民俗文化节活动表

表 17

活动时间	活动内容
2013年 3 月16日	钟敬文诞辰110周年纪念大会
2013年 3 月17日	钟敬文学术思想座谈会
2013年 3 月	钟敬文生平事迹图片展
2013年 3 月	出版《钟敬文笔下的海丰》文集
2013年 3 月	制作电视系列片《海丰民风民俗巡礼——纪念钟敬文诞辰110周年》
2013年 3 月16日	海丰首届民俗文化节
2013年 3 月9日	钟敬文塑像落成
主办单位：中共海丰县委、海丰县人民政府	

专　文

《海丰县志（1988～2004）》收录陈炯明研究资料有感

中山大学　李吉奎

《海丰县志（1988～2004）》已于2012年出版，它是2005年版的续志。续志编者坚持实事求是、存真求实的原则，翔实地将海丰的历史与现状，予以记述，可谓剪裁得当，结构合理，资料充实，文理清晰，行文规范；志稿通过前的评议具有规格高和规模大，保证了它的质量要求。充分体现了时代性、地方特色与改革开放以来各方面的成果，读后使人感奋。

地方志的功能是存史资政，同时具教化育人的作用，因此，它必须注重质量，讲一个真字，唯真才能取信，才能传诸久远。在这方面，《海丰县志》续志（2012年版）是当之无愧的。这部续志具有明显的地方特色，其中一点是《附录》部分收录了《陈炯明研究资料》，包括几位专家撰写的论文：《陈炯明的理想、情操及其镜鉴》《陈炯明与地方建设》《陈炯明与致公党》《陈炯明研究刍议》及《客观评价陈炯明—兼评〈陈炯明集〉的出版》，对陈氏生平的方方面面，作了客观的介绍和评价。在中国大陆史学界囿于传统的说法，仍将陈炯明作为负面人物继续其污名化的今天，续志的这个举措，不仅十分必要，而且须备十分的胆识，因为它是官书，是信史。有这种倾向性，实难能可贵，也体现了续志的时代性。诚如一位负责的先生所说，续志“将有关陈炯明这位在中国近现代史上叱咤风云但又充满争议的县籍人物的研究文章选录入篇，客观存史，其功过是非则任由评说，不为尊者讳，不为恶者避，充分体现了修志人实事求是的科学态度。”从史学研究角度而言，“不为尊者讳，不为恶者避”，是当然之义。不过，在讲《海丰县志》续志收录陈炯明研究文章的时候去讲“不为恶者避”，就不知所云了。几十年来，史学界（尤其是国民党官方史学），不是把陈炯明当做十恶不赦的“叛贼”吗？而现在史学界的大多数也并未把他当作什么“尊者”。寄斧钺于褒贬，辞费也已！

三十多年来，我在中山大学孙中山研究所工作，与孙中山的研究结下不解之缘。我参加过编《孙中山全集》和《孙中山年谱长编》，写过孙中山研究的专著和小册子，出版过两本孙中山研究的论文集，现在，还在参加《孙中山全集补编》和《孙文全集》的编辑工作，自信作为孙中山研究的从业者，对孙中山生平及其事业，有一定的了解。有关孙中山生平的人和事，林林总总，十天半月也讲不完，但感到孙有一个死结，即有一件事和一个人，即1922年“六一六”之变与陈炯明，却很少人认真去研究。孙陈关系和“六一六”之变，我认为是中国现代改变历史走向的大事变。这不是故作大言，哗众取宠。我的观点，有四个根据：（一）“六一六”之变后，孙中山被逐出广州，回到上海，欲图大举，乃在搞孙段张“三角反直”的同时，开始从事联俄容共的活动，其合作对象是直系吴佩孚与共产国际（被喻为苏俄第二外交部）、中共。联俄容共活动造成国共两党分合无常，两党和战，从1927年迄今，影响中国历史已八十余年，而其起点，是孙陈决裂。孙陈决裂导致苏俄（或共产国际）与中共终止与陈的关系，孙在苏俄心目中的地位重要起来，《孙越宣言》（1923年1月26日）发表后，俄方专注于孙，这便是孙中山第三次入粤组织军政府迄1927年4月的一段历史。至于孙陈决裂陈氏不自觉地导致孙中山决策联俄容共，此举对陈氏而言究竟是功还是罪，据我所知，史学界尚无人语及，以言陈氏“叛国”，则是指桑骂槐了。

（二）孙陈决裂后，粤军也分裂为陈部粤军与孙系许崇智粤军，昔日同袍，今日仇敌，连年征战，徒苦粤民，动乱不已，民生日蹙，盗匪之盛，甲于域中。（三）孙陈决裂后，打着拥孙旗号的“西路讨贼（陈）军”滇桂杨刘军等部，沿江东下，逐走陈氏，霸占广州。杨刘滇桂各客军在珠三角地区横行不法，其恶劣较土匪犹有过之，连孙中山也奈何不得，粤人续有民初以来“亡省”之痛，迄1925年6月肃清杨刘，灾难始告一段落。在肃清滇桂军过程中，黄埔校军立了大功。（四）粤军援闽期间，蒋介石曾充陈氏部属，但关系不洽。迨“六一六”之变，孙召蒋来粤，蒋在白鹅潭随侍数十日，颇有“勤王”味道，故大得孙氏欢心，后续，有派蒋率“孙逸仙博士代表团”游俄，任命蒋为陆军军官学校校长、粤军总司令部参谋长、大元帅行营参谋长等要职。蒋原属反对联俄容共之人，反对无效，便顺应形势，高举孙的旗帜办军校练党军以厚基础。蒋对粤军将领早怀敌意，但因羽毛未丰，二次东征以前，仍不得不有所借重，及至“廖案”发生，蒋氏乘机逐胡（汉民）驱许（崇智），诛逐粤军将领，瓦解了许部粤军。二次东征结束，在粤境之陈部粤军已风流云散，“粤军”从此成为历史名词。蒋氏既成为在粤各军之独大，又借“三二〇”中山舰事件，赶走了汪精卫。担任国民革命军总司令的蒋介石，通过“整理党务案”隐操党权。于是，他成为孙中山的“唯一”信徒，崛起之势，已不可逆转，追原其始，“运气”之来，实发端于“六一六”之变。以上四端，皆彰彰在人耳目者，至于孙陈决裂改变中国历史走向会影响多久，几十年还是几百年，这恐怕是任何人都无法预料的。

陈炯明在中国现代历史上既是如此重要，用一两个词（例如军阀、叛国之类）来给他作终生“定谥”，显然是有悖史实的。陈氏在民国前期（1912–1922）曾两度主政广东，虽有理想，但形格势禁，实展布无多。他禁赌，改编民军，整顿吏治。他有自己的政治理念，赞成联省自治，保境安民，民选县长，全国首行建市（广州），发展教育，支持工会活动，派遣学生留洋。他曾在漳州推行新政，支持新文化运动，与苏俄来往；在广州支持中共广东地方党办广东《群报》，宣传社会主义，并聘请陈独秀主持广东教育行政委员会。凡此种种，岂是“恶者”所能为？

我从积年的学习中体会到，在孙陈关系中，学界对陈炯明的说法是有失实事求是的，基本上沿袭了国民党官方的说法，以偏概全，污名化，图谱化，甚至对半数以上华侨拥戴陈氏出任中国致公党总理，“九一八”后陈氏拒绝日本人拉拢，坚持抗日的史事，也障而不见。陈氏生平廉洁自持，不贪财不二色，领军主政多年，经手银钱无数；失败后落泊香江，难以卒岁，及死，无法善后。一个政党的高级干部做到这个份上，俯仰天人，应无愧怍了。有鉴于此，我想作为一个史学工作者，应该做一些事，向读者介绍史事真相。还历史以一个公道，不是个别人可以做到的，但不对读者说假话，却是治史者的良心必具。人人都说真话，公道就回来了，也就是说，人间自有公道在，不信青史竟成灰。

我最早接触陈炯明研究，是在上世纪八十年代初支持赵立人的研究生论文《论辛亥革命时期的陈炯明》。这是尚未认真拨乱反正时期史学界从正面研究陈氏的第一篇文章。后来，段云章、倪俊明出版了《陈炯明集》，我撰写书评刊在中大学报上。段云章、沈晓敏的《孙文陈炯明史事编年》刊行后，我又为之撰文《关河不窘故将军》，加以介绍。我还发表过其他几篇论文，评述陈氏生平行谊，如《陈炯明与广州设市》《陈炯明与惠州》《1923～1924年间孙陈调和问题研究》《中国致公党为何弃孙取陈》。文章刊登出来后，总是会有一些读者，评论好坏，不可能一致，惟作者本意，但求有益，别无所图。

孙陈决裂的一个重要因素，是孙指责陈破坏北伐大计，亟亟于联络北方武人政客搞联省自治。北伐是武力统一，联治是和平统一。前者是由国人出钱出血，自斫元气，成本大些；后者则因国人缺乏民主训练，操作中易受到武人政客控制，适成武力割据之具，两个选项，各有拥趸，未必宜用孰是孰非作判断。而孙中山坚主以北伐为唯一可行之策者，固自有其原因。溯自1917年春，围绕对德宣战等问题，北京府院之争正烈，段祺瑞得西原借款，搞联日外交，日本对北京政府影响力日益严重；段政府拒绝实施民元《临时约法》及恢复旧国会，为孙中山所不满。孙复收取德国200万元赠款，乃决计开展护法运动，招程璧光舰队及部分众参两院议员南下广州，建立非常国会与西南军政府，与北京对抗。1920年8月5日，孙中山对美国国会议员团说，当时他“所能走的，只有一条路，就是将中国拉开做两半。”孙果然做到了，一国两府，互不承认，国家分裂，内战连年，列强交侵，外蒙古就是

这时落入白俄（随后是赤俄）口中的。孙将国家拉成两半之后，再行武力统一（北伐），北伐未成，转成广东境内内战不休。孙中山第一次护法，是反对段祺瑞；1918年段失败下台后，孙转而联段（后加上奉张，即孙段张三角同盟）反直系（曹锟吴佩孚），故第二次护法，是反对直系。变化不居，手法诡异，孙陈之决裂，即在此第二次护法之际，孙派指责陈联络洛吴（洛阳吴佩孚）者，是否真实不问，而洛吴当时乃孙之敌对势力也，彼亦主张联治者。

实际上，孙中山指责联省自治派是欠妥的，说起来，他是中国第一个力主联治的人。兴中会时期，他提出建立“合众政府”，直至1911年12月他从欧洲返国，仍认定中国最适宜建立美国式联邦政府，只是到了民元他当上临时大总统之后，初尝独立各省自主，并不听命中央之苦，才在1912年1月上旬答复中华民国联合会时指出，“联邦制度，于中国将来为不可行；而今日则必赖各省都督有节度之权，然后可战可守。”这些话颇为费解，但有一点是明确的，即中国将来不能行联邦制，即不能搞联省自治。这样，他便从极力主张行联邦制，转变为反对联治了。不过，在1921年5月5日（当时一些省份联治活动高涨）孙中山就任非常大总统的宣言中，又称各省可“自定省宪法，自选省长”，及“中央分权于各省”，“复以自治主义相结合，以归于统一”，这些，不是联治派的基本诉求吗？可见，孙中山对于联治主张，并未完全拒绝，故以主张联治、反对北伐作为一宗罪行责陈，于理未允，于情过激。为说明造成决裂之一大关节指责炯明之理由缺乏正当性，我发表了一篇题为《孙中山“创立合众政府”与联邦制理想》一文，于澄清史事，或许有些作用。

这几年来，海丰的一些朋友强烈要求重塑陈炯明的形象，做了许多踏实的工作，颇著成效。在力所能及的范围内，我也帮着做了一些事。但是，我有自己的看法，而且与海丰的朋友交换过意见，即（一）陈炯明曾是海丰的品牌，是海丰的名片。由于历史上诸多原因，这个品牌和名片成为海丰的负资产，显然，这种状况是不正常的，一定会改变。改变的工作要认真去做，要争取各级领导部门的理解和支持。在一段时间内，领导部门也许不愿意介入，这是因为陈的历史被歪曲已几十年，官书也如此写，一般相信不疑，加上其他因素，想产生快速效应，不太可能，故需信心与耐心。（二）不要做翻案文章，不要因肯定陈便去否定孙。不要以陈炯明划线，以“竞公”的是非为是非。“六一六”兵变是事前事后都未处理好，陈要负政治责任，不是陈什么都好。他读过许多书，但不识“通权达变”的政治哲学。陈生前就不写悔过书，说无过可悔。怎么能说“无过可悔”？检讨一下，将部属羞辱主公的举措揽过来，自我修理一番，作为老总，这是应有之义。他不此之图，而是忙不迭返省去当总司令，这种做法，绝非明智之举，不半载而被逐出广州，便是自蹈末路了。但他有一点是对的，便是不搞什么翻案，因为他相信，自己为人处世的主要方面是正确的，“功罪是非，自有千秋青史在”（陈挽孙联中之语）。翻案没有什么意思，你翻过来，他可以翻过去，关键是寻找真相，真相查明白了，是非便大白于天下了。（三）研究陈炯明，要将粤军一起研究，这样才有意思，才能向纵深发展。陈部粤军与许部粤军原属粤军整体之部分，就是粤军余绪、国民革命军李济深第四军，其主要干部也是从粤军陈炯明部第一师（师长邓铿）来的，所以，虽然分裂曾互相厮杀，而同袍之义未绝。我最近在《粤海风》杂志上刊出一篇文章，题为《广州许地许氏家族与国民党——以1925年“廖案”发生前后为中心》，里边讲到，1925年第一次东征，右翼东征军（许部粤军及黄埔校军）击败陈部林虎、洪兆麟等部，占领潮汕之后，5月，国民党党政军高层在汕头开会，决定回师镇压杨刘，留许部少量守潮汕，与陈军妥协。5月14日镇压事毕，许崇智复至汕头，与陈军代表谢文炳办理交接手续，6月16日许崇智宣布：“本总司令为巩固粤局起见，决以潮梅收入交与林、洪、叶各部粤军，公开分配，而以彼此合作为条件，自本月16日起实行。”次日，许返省城。炯明不费一枪一弹，重新控制潮梅，加上陈部杨坤如在惠州，此时陈军掌握粤东，形势逆转。须知，6月16日是镇压杨刘（6月10～14日）之后，许崇智这样做，如果不是粤中大佬汪胡廖诸人的集体意志，两部粤军复合，以大局为重，由许去执行的话，许有几颗脑袋？几十番的调和孙陈，还不如汕头协议一举。但陈炯明未善用机会，迨“廖案”发生，蒋介石借机整肃政敌，瓦解了许部粤军，随即有二次东征，陈部粤军之覆亡，也就不待龟蓍了。粤军虽然不存在了，但作为历史陈迹将永载史册，而深入研究，不但是对历史有个交代，且因粤军人脉甚广，予以实际评价，对粤军将佐士卒的后人，也是一种解脱，有利于民族和谐与国家建设。广州中山大学岭南学院有座巨厦“叶葆定堂”。你知道捐建此楼的叶葆定先生是谁吗？他是旅美华人，其父是“六一六”之变的粤军总指挥叶举将军！乃父乃子，变化无形；适时而进，皆大欢喜。看到这个美好的现实，还有什么历史恩怨不能化解？（四）公正评价陈炯明，也有助于准确书写中国致公党早期历史。关于这一层意思，我在去年发表在《粤海风》上的文章《中国致公党为何弃孙取陈》已明白论列，为省篇幅，不赘。要之，无陈竞存则无今日的中国致公党，其党同志固知去芜存菁，厘清史事，慎终追远，克绍前驱，当不无历史意义与现实作用。（五）我曾经和海丰的同志谈到，陈炯明学术研讨会开过了，各界反应是正面的，迈开了新步伐，工作还要做下去。我以为最好成立“陈炯明与粤军研究会”，搞一个“中国致公党与陈炯明历史陈列馆”，后者是实体，前者是“松散联盟”，可附在后者列馆办事。做成这些事不可能没有困难，但只要政府支持，各方协力，专人奔走，应是可达到目的的。现在，海丰县城的将军府陈列已经对外开放了，惠州市也准备建陈炯明的事迹陈列，这是好事，值得充分肯定。在惠州方面来人假广州孙中山大元帅府召集的座谈会上，我表示惠州同志此举确有意义，应予支持。凡事始作者难，亟盼有成，则须协力。

在祝贺《海丰县志（1988～2004）》出版之际，主编蔡忠先生希望我说些话。我乐于共襄盛举，为之欢呼。

2013年10月10日

陈炯明（1878～1933），字竞存，广东省海丰县人。中国军事家，辛亥革命元勋，黄花岗起义领导人之一。曾任两广都督，广东省省长，粤军总司令，定威将军，中国致公党第一、二届总理。

主政期间，倡导联省自治，以和平协商方式统一中国，兴办实业，实行免费教育，禁烟禁赌等，为推翻满清王朝，建立中华民国作出了不朽的贡献。

（录陈炯明铜像碑文）

重要文件目录

2013年中共海丰县委文件目录表

表 18

序号	文号	名称
1	海委〔2013〕1号	关于春节期间开展拥军优属慰问活动的通知
2	海委〔2013〕2号	关于开展2012年度先进单位评选活动的通知
3	海委〔2013〕3号	关于要求批准我县举办钟敬文诞辰110周年纪念活动暨海丰首届民俗文化节的请示
4	海委〔2013〕4号	中共海丰县委　海丰县人民政府关于表彰2012年度全县先进单位的决定
5	海委〔2013〕5号	关于印发《钟敬文诞辰110周年纪念活动暨海丰首届民俗文化节总体工作方案》的通知
6	海委〔2013〕9号	关于调整充实海丰县防汛防旱防风指挥部领导成员的通知
7	海委〔2013〕10号	关于落实海丰县水利工程防汛责任地段抢险队伍带队领导的通知
8	海委〔2013〕11号	关于调整海丰县大中型水利工程防汛指挥及技术负责人的通知
9	海委〔2013〕14号	中共海丰县委　海丰县人民政府关于创建广东省教育强县的决定
10	海委〔2013〕17号	关于举行海丰县白字戏精品剧目《龙宫奇缘》首演仪式的请示
11	海委〔2013〕20号	中共海丰县委关于深入学习贯彻习近平总书记一系列重要讲话精神的通知
12	海委〔2013〕25号	关于召开2013年度海丰县党政党员领导干部民主生活会的请示
13	海委〔2013〕26号	中共海丰县委关于县委常委分工调整的通知
14	海委〔2013〕27号	中共海丰县委　海丰县人民政府关于贯彻落实《中共广东省委、广东省人民政府关于全面推进新一轮绿化广东大行动的决定》的实施意见

2013年中共海丰县委办公室文件目录表

表 19

序号	文号	名称
1	海委办〔2013〕1号	关于成立海丰县人才工作领导小组的通知
2	海委办〔2013〕2号	关于印发《海丰县村级组织建设年工作方案》的通知
3	海委办〔2013〕3号	关于印发《海丰县“大办工业年”工作方案》的通知
4	海委办〔2013〕4号	关于成立海丰县2013年度“五个工作年”活动工作领导小组的通知
5	海委办〔2013〕5号	关于成立海丰县2013年村级组织建设年工作领导小组的通知

续表

序号	文号	名称
6	海委办〔2013〕6号	关于成立海丰县公开选拔科级领导干部领导小组的通知
7	海委办〔2013〕7号	关于成立海丰县公开选拔中学副校长领导小组的通知
8	海委办〔2013〕9号	关于印发《海丰县环境卫生整治年工作方案》的通知
9	海委办〔2013〕12号	关于成立海丰县招商引资工作领导小组的通知
10	海委办〔2013〕13号	关于印发《政务环境建设年工作方案》的通知
11	海委办〔2013〕14号	关于成立海丰县“万众评股室”工作领导小组的通知
12	海委办〔2013〕15号	关于印发《海丰县旅游发展年工作方案》的通知
13	海委办〔2013〕16号	转发中共汕尾市委、汕尾市人民政府《关于创建广东省教育强市的决定》的通知
14	海委办〔2013〕17号	关于印发《〈海丰年鉴·2013〉编写大纲》和《〈海丰年鉴·2013〉基本篇目与编写分工》的通知
15	海委办〔2013〕18号	关于调整《海丰年鉴》编纂委员会成员的通知
16	海委办〔2013〕19号	印发《关于加快转变政府职能深化行政审批制度改革工作方案》的通知
17	海委办〔2013〕21号	关于印发《海丰县2013年度重点项目建设督查工作方案》的通知
18	海委办〔2013〕23号	关于调整和完善海丰县投资服务中心职能及内设机构职责的通知
19	海委办〔2013〕27号	关于调整海丰县推动创新发展，建设幸福海丰工作监督检查领导小组成员的通知
20	海委办〔2013〕29号	转发《中共广东省委办公厅、广东省人民政府办公厅关于印发<广东省人口与计划生育目标管理责任制考评办法>的通知》的通知
21	海委办〔2013〕30号	关于调整县委党务公开工作领导小组成员的通知
22	海委办〔2013〕31号	关于调整海丰县机构编制委员会成员的通知
23	海委办〔2013〕34号	关于成立海丰县创建广东省教育强县工作领导小组的通知
24	海委办〔2013〕36号	关于印发《海丰县创建广东省教育强县工作实施方案》的通知
25	海委办〔2013〕37号	关于成立海丰县村级组织运作示范镇创建活动领导小组的通知
26	海委办〔2013〕38号	关于加强人口和计划生育工作综合治理实行“一证先行”办事制度的通知
27	海委办〔2013〕41号	关于调整海丰县扶贫开发“规划到户、责任到人”工作领导小组的通知
28	海委办〔2013〕43号	关于印发海丰县2013-2015年扶贫开发“规划到户、责任到人”工作实施意见的通知
29	海委办〔2013〕44号	关于印发《海丰县扶持重点工业企业发展试行办法》的通知
30	海委办〔2013〕45号	关于印发2013年海丰县开展“广东扶贫济困日”活动工作方案的通知
31	海委办〔2013〕47号	关于成立海丰县推行“一证先行”办事制度工作领导小组的通知
32	海委办〔2013〕48号	中共海丰县委办公室印发《关于在全县开展“党代表走基层”活动的实施意见》的通知
33	海委办〔2013〕49号	关于印发《海丰县2013年依法治县工作要点》的通知
34	海委办〔2013〕50号	关于成立中共海丰县非公有制经济组织和社会组织工作委员会的通知

续表

序号	文号	名称
35	海委办〔2013〕58号	关于调整海丰县国防动员委员会成员的通知
36	海委办〔2013〕59号	中共海丰县委办公室　海丰县人民政府办公室关于调整海丰县转变政府职能决策咨询委员会成员的通知
37	海委办〔2013〕60号	关于成立“海丰红色廉政教育长廊”筹建领导小组的通知
38	海委办〔2013〕61号	转发《县纪委关于2013年全县开展纪律教育学习月活动的实施意见》的通知
39	海委办〔2013〕62号	关于印发《海丰县政府官方微博工作方案》的通知
40	海委办〔2013〕66号	关于转发《中共广东省委办公厅、广东省人民政府办公厅印发〈关于进一步加强我省人民政协提案办理工作的意见〉的通知》的通知
41	海委办〔2013〕71号	关于成立中共海丰县委党的群众路线教育实践活动领导小组的通知
42	海委办〔2013〕74号	关于成立“海丰红色廉政教育基地”筹建领导小组的通知
43	海委办〔2013〕75号	关于调整充实海丰县村务公开工作领导小组的通知
44	海委办〔2013〕76号	关于印发《海丰县开展政务整治行动工作方案》的通知
45	海委办〔2013〕78号	中共海丰县委办公室关于认真学习宣传贯彻党的十八届三中全会精神的通知
46	海委办〔2013〕80号	关于成立海丰县党委系统信息化工作协调领导小组的通知
47	海委办〔2013〕83号	关于开展2013年度安全生产责任制考核工作的通知
48	海委办〔2013〕84号	关于成立海丰县村、社区“两委”换届选举工作领导小组的通知

2013年海丰县人民政府文件目录表

表 20

序号	文号	标题
1	海府〔2013〕1号	关于要求对海丰县2012年度生态景观林带等三大重点林业生态工程建设进行市级审核的请示
2	海府〔2013〕2号	关于提请审议县政府向深圳市华成峰实业有限公司借款的报告
3	海府〔2013〕3号	关于要求核减海丰县基本农田预留面积的请示
4	海府〔2013〕4号	关于要求拨款解决海丰县兴建免费生态树葬区资金的请示
5	海府〔2013〕5号	关于要求拨款支持海丰县救助管理站项目建设的请示
6	海府〔2013〕6号	关于要求拨款支持帮助海丰县救灾物资储备仓库建设的请示
7	海府〔2013〕7号	关于要求拨款支持海丰县脑瘫儿童训练项目建设的请示
8	海府〔2013〕8号	关于要求拨款支持我县启动海丰革命烈士纪念馆暨革命斗争史纪念馆室内布展及文史资料征集项目的请示
9	海府〔2013〕9号	关于申请将海城至莲花山公路改建工程等4个项目列入市级重点项目的请示
10	海府〔2013〕10号	关于落实海丰县2013年度土地储备整治项目有关问题的决定
11	海府〔2013〕11号	关于调整海丰县创建教育强镇规划的请示

续表

序号	文号	标题
12	海府〔2013〕12号	关于印发《海丰县人民政府工作规则》的通知
13	海府〔2013〕13号	关于要求对海丰县西部四镇（深汕产业转移园区）土地拍卖收支及有关资金进行决算的请示
14	海府〔2013〕14号	关于要求调整海丰县东关联安围达标加固工程省级补助资金的请示
15	海府〔2013〕15号	关于要求调整海丰县东关联安围达标加固工程省级补助资金的请示
16	海府〔2013〕16号	关于要求调整海丰县东关联安围达标加固工程省级补助资金的请示
17	海府〔2013〕17号	关于要求拨款解决我县三宗中型水闸汛前应急抢险资金的请示
18	海府〔2013〕18号	关于要求拨款解决我县三宗中型水闸汛前应急抢险资金的请示
19	海府〔2013〕19号	关于要求拨款解决我县三宗中型水闸汛前应急抢险资金的请示
20	海府〔2013〕20号	关于要求提高海丰县梅陇西环路建设工程补助标准的请示
21	海府〔2013〕21号	关于要求补助海丰县莲花大道工程建设资金的请示
22	海府〔2013〕22号	关于要求补助海丰县莲花大道工程建设资金的请示
23	海府〔2013〕23号	关于要求提高海丰县梅陇西环路建设工程补助标准的请示
24	海府〔2013〕24号	关于要求支持解决困难补助资金的请示
25	海府〔2013〕25号	关于调整县突发公共事件应急委员会成员的通知
26	海府〔2013〕26号	印发海丰县2013年土地储备实施方案的通知
27	海府〔2013〕27号	关于要求将我县鹅埠镇红罗畲族村列入全国少数民族特色村寨保护与发展名录的请示
28	海府〔2013〕28号	关于要求同意我县在本级财政一般预算支出中扣除专项转移支付收入的请示
29	海府〔2013〕29号	关于要求批准设立治理车辆超限超载监测站及流动巡查路段的请示
30	海府〔2013〕30号	关于要求批准海丰县电镀基地统一规划统一定点实施方案的请示
31	海府〔2013〕31号	关于要求拨给我县水毁项目应急抢修资金的请示
32	海府〔2013〕32号	关于进一步加强基层应急管理工作的通知
33	海府〔2013〕33号	关于在赤坑镇新建市劳教所的拟选用地意见
34	海府〔2013〕34号	关于要求上报批准调整海丰县竹仔坑水库饮用水源保护区环境功能区划的请示
35	海府〔2013〕35号	关于做好2010、2011年冬季城镇退役士兵安置工作的通知
36	海府〔2013〕36号	关于要求对《海丰县林地保护利用规划（2010～2020年）》进行审查的请示
37	海府〔2013〕37号	关于海丰县清理化解乡村垫交税费债务审计核实报告
38	海府〔2013〕38号	关于要求调整海丰县东关联安围达标加固工程省级补助资金的请示
39	海府〔2013〕39号	关于要求拨款帮助我县抗击“8·16”特大暴雨救灾资金的请示
40	海府〔2013〕40号	关于要求拨款抢修水毁地方公路桥梁的请示
41	海府〔2013〕41号	海丰县人民政府关于公布海丰县2013年行政审批制度改革事项目录（第一批）的通知

续表

序号	文号	标题
42	海府〔2013〕42号	关于要求拨款解决我县灾民生活及重建家园资金的请示
43	海府〔2013〕43号	关于要求解决我县遭受“8·16”特大暴雨袭击水毁项目抢修资金的请示
44	海府〔2013〕44号	关于要求拨款解决我县灾民生活及重建家园资金的请示
45	海府〔2013〕45号	关于要求拨款支持海丰县大湖镇公路建设资金的请示
46	海府〔2013〕46号	关于调整县政府领导工作分工的通知
47	海府〔2013〕47号	关于要求提高海丰县梅陇西环路建设工程补助标准的请示
48	海府〔2013〕48号	关于要求拨款支持我县交通基础设施灾后复产重建资金的请示
49	海府〔2013〕49号	关于要求拨款支持我县交通基础设施灾后复产重建资金的请示
50	海府〔2013〕50号	海丰县遭受强台风“天兔”正面袭击的灾情及救灾复产情况报告
51	海府〔2013〕51号	关于要求拨款解决灾后重建抢修资金的请示
52	海府〔2013〕52号	关于要求拨款解决灾后重建抢修资金的请示
53	海府〔2013〕53号	关于要求拨款解决灾后重建抢修资金的请示
54	海府〔2013〕54号	关于要求拨款解决灾后重建抢修资金的请示
55	海府〔2013〕55号	关于要求拨款解决灾后重建抢修资金的请示
56	海府〔2013〕56号	关于要求拨给海丰县文化系统受强台风“天兔”损失救灾资金的请示
57	海府〔2013〕57号	关于要求拨给海丰县体育系统受强台风“天兔”损失救灾资金的请示
58	海府〔2013〕58号	关于要求拨给海丰县旅游系统受强台风“天兔”损失救灾资金的请示
59	海府〔2013〕59号	关于拨款支持海丰文物建筑物灾后抢修加固的请示
60	海府〔2013〕60号	关于拨款支持海丰县自来水设施灾后抢修建设的请示
61	海府〔2013〕61号	关于海丰县大湖镇申报广东省教育强镇督导验收的推荐意见
62	海府〔2013〕62号	关于海丰县陶河镇申报广东省教育强镇督导验收的推荐意见
63	海府〔2013〕63号	关于海丰县黄羌镇申报广东省教育强镇督导验收的推荐意见
64	海府〔2013〕64号	关于要求拨款支持创建全国全省廉政教育基地建设经费的请示
65	海府〔2013〕65号	关于要求批准我县生猪定点屠宰厂（场点）资格审核意见的请示
66	海府〔2013〕66号	关于对国道324线南山立交桥进行应急抢修的请示
67	海府〔2013〕67号	关于印发海丰县非农建设用地改变土地用途管理规定的通知
68	海府〔2013〕68号	关于要求将赤石河出海口危险段整治列入省重点项目的请示
69	海府〔2013〕69号	关于印发《广东省海丰县林地保护利用规划》（2010～2020年）的通知
70	海府〔2013〕70号	关于要求迁移110千伏海尖线部分线路的请示
71	海府〔2013〕71号	关于要求审批《海丰县城总体规划（2010～2030年）》的请示
72	海府〔2013〕72号	印发海丰县突发事件总体应急预案的通知
73	海府〔2013〕73号	关于要求海丰县2013年粮食播种面积与粮食产量两项指标不列入考评的请示

续表

序号	文号	标题
74	海府〔2013〕74号	关于要求认定海丰县产业转移工业园为省产业转移工业园的请示
75	海府〔2013〕75号	海丰县人民政府关于改革完善海丰县食品药品监督管理体制的实施意见
76	海府〔2013〕76号	关于成立海丰县产业转移工业园建设领导小组的通知
77	海府〔2013〕77号	关于海丰县梅陇镇申报广东省教育强镇督导验收的推荐意见
78	海府〔2013〕78号	关于海丰县联安镇申报广东省教育强镇督导验收的推荐意见
79	海府〔2013〕79号	关于海丰县平东镇申报广东省教育强镇督导验收的推荐意见
80	海府〔2013〕80号	关于推荐鹅埠镇红罗畲族村为首批全国少数民族特色村寨的请示

2013年海丰县人民政府办公室文件目录表

表 21

序号	文号	标题
1	海府办〔2013〕1号	关于成立海丰县生态景观林带、森林碳汇、森林进城围城工程建设领导小组的通知
2	海府办〔2013〕2号	印发海丰县整治县城占道经营专项行动工作方案的通知
3	海府办〔2013〕3号	关于县政府办职位配置的请示
4	海府办〔2013〕4号	印发海丰县粮食应急预案的通知
5	海府办〔2013〕5号	关于成立海丰县村村通自来水工程领导小组及工程建设指挥部的通知
6	海府办〔2013〕6号	关于成立海丰县海亮集团现代有机农业生产基地项目建设前期工作协调领导小组的通知
7	海府办〔2013〕7号	关于清理政府和各部门规范性文件的通知
8	海府办〔2013〕8号	关于下达2013年度海丰县社会保险扩面征缴任务的通知
9	海府办〔2013〕9号	关于下达海丰县2013年各镇就业工作目标任务的通知
10	海府办〔2013〕10号	关于印发海丰县梅陇镇重点地区火灾隐患整治工作方案的通知
11	海府办〔2013〕11号	印发海丰县2013年度审计项目计划的通知
12	海府办〔2013〕12号	关于成立海丰县民兵武器装备仓库迁建工作领导小组的通知
13	海府办〔2013〕13号	印发2013年海丰县应急管理工作计划的通知
14	海府办〔2013〕14号	关于印发2013年海丰县地质灾害防治方案及海丰县突发性地质灾害防治应急预案的通知
15	海府办〔2013〕15号	印发潮州至惠州高速公路海丰段征地拆迁实施方案的通知
16	海府办〔2013〕16号	关于海丰县村村通自来水工程收费项目实行优惠的通知
17	海府办〔2013〕17号	关于进一步规范最低生活保障工作的通知
18	海府办〔2013〕18号	印发海丰县突发事件信息处理办法的通知
19	海府办〔2013〕19号	转发省政府办公厅《印发广东省突发事件预警信息发布管理办法的通知》的通知

续表

序号	文号	标题
20	海府办〔2013〕20号	印发2013年海丰县粮食库存检查工作实施方案的通知
21	海府办〔2013〕21号	关于印发海丰县森林林木林地权属争议调解处理实施意见的通知
22	海府办〔2013〕22号	印发海丰县地方志资料年报制度实施方案的通知
23	海府办〔2013〕23号	关于印发海丰县县城地区“文明示范路”创建活动实施方案的通知
24	海府办〔2013〕24号	关于印发海丰县城重点市场路段整治管理工作方案的通知
25	海府办〔2013〕25号	关于陈小燕等同志任职的请示
26	海府办〔2013〕26号	关于印发《海丰县县城水源地环境污染整治工作方案》的通知
27	海府办〔2013〕27号	关于开展人员聚集场所与违章搭建彩钢板临时建筑消防安全专项整治行动工作的通知
28	海府办〔2013〕28号	关于要求设立海丰县人民政府金融工作办公室的请示
29	海府办〔2013〕29号	关于下达海丰县2013年国民经济和社会发展计划主要指标的通知
30	海府办〔2013〕30号	关于印发《2013年海丰县人民政府工作报告全年工作安排的责任分工》的通知
31	海府办〔2013〕31号	关于印发海丰县农村财务管理办法的通知
32	海府办〔2013〕32号	关于印发海丰县最严格水资源管理制度实施方案的通知
33	海府办〔2013〕33号	关于印发海丰县县级公立医院综合改革试点工作方案的通知
34	海府办〔2013〕34号	关于要求增加县政府采购中心、县住房公积金管理中心编制的请示
35	海府办〔2013〕35号	关于印发《海丰县中心镇污水处理厂建设实施方案》的通知
36	海府办〔2013〕36号	印发海丰县政策性水稻种植保险实施方案的通知
37	海府办〔2013〕37号	印发《关于集中完善海丰县城工业园区用地手续的工作意见》的通知
38	海府办〔2013〕38号	—
39	海府办〔2013〕39号	关于县政府办职位配置的请示
40	海府办〔2013〕40号	关于要求使用空缺编制的请示
41	海府办〔2013〕41号	关于要求使用空缺编制的请示
42	海府办〔2013〕42号	关于印发海丰县第一次全国可移动文物普查实施方案的通知
43	海府办〔2013〕43号	海丰县人民政府办公室关于印发海丰县群众体育工作方案的通知
44	海府办〔2013〕44号	关于要求调入事业编制人员的请示
45	海府办〔2013〕45号	关于印发《海丰县启动三防应急机制工作方案》的通知
46	海府办〔2013〕46号	关于陈喜群同志任职的请示
47	海府办〔2013〕47号	关于印发《海丰县实施技术标准战略“十二五”规划》的通知
48	海府办〔2013〕48号	印发海丰县农村信用体系建设实施方案的通知
49	海府办〔2013〕49号	印发海丰县信用信息采集与评分管理暂行办法的通知
50	海府办〔2013〕50号	关于要求使用空缺编制的请示

续表

序号	文号	标题
51	海府办〔2013〕51号	关于调整住房公积金缴存比例的通知
52	海府办〔2013〕52号	关于表彰2012年度县节能先进单位和先进个人的通报
53	海府办〔2013〕53号	关于成立海丰县海防与打击走私委员会的通知
54	海府办〔2013〕54号	印发《关于进一步推进规模以上工业加快发展的若干意见》的通知
55	海府办〔2013〕55号	关于要求使用空缺编制的请示
56	海府办〔2013〕56号	关于印发《海丰县地震应急预案》的通知
57	海府办〔2013〕57号	印发海丰县2013年对镇税收收入考核奖励办法的通知
58	海府办〔2013〕58号	印发海丰县2013年征收单位财政收入任务及其考核奖励办法的通知
59	海府办〔2013〕59号	关于调整海丰县处置闲置土地工作领导小组成员的通知
60	海府办〔2013〕60号	关于成立海丰县经济功能区规划建设领导小组的通知
61	海府办〔2013〕61号	关于印发《关于支持海丰县产业转移工业园建设的工作方案》的通知
62	海府办〔2013〕62号	关于要求使用空缺职数的请示
63	海府办〔2013〕63号	关于要求使用空缺职数的请示
64	海府办〔2013〕64号	关于县政府办职位配置的请示
65	海府办〔2013〕65号	关于要求使用空缺编制的请示
66	海府办〔2013〕66号	关于成立海丰县依法行政工作领导小组的通知
67	海府办〔2013〕67号	关于印发《海丰县健全基层水利服务体系实施方案》的通知

海丰县2013年国税纳税超500万元以上企业名录

表 22　　填报单位：（盖章）【单位：万元】　　2014年3月10日

序号	纳税人名称	纳税金额
1	海丰县凯旋实业有限公司	579.21
2	海丰县万业房地产有限公司	698.00
3	敏兴毛织（海丰）有限公司	3948.04
4	纬兴毛织（海丰）有限公司	1283.89
5	海丰联岭针织有限公司	1569.90
6	海丰县新洲塑料制品有限公司	596.32
7	广东电网汕尾海丰供电局	3206.79
8	广东烟草汕尾市有限公司海丰县分公司	6389.67
9	维多利亚（海丰）轻工实业有限公司	518.61
10	海丰县金桔莱黄金珠宝首饰有限公司	1957.72
11	海丰县广信鞋业有限公司	1062.65

续表

序号	纳税人名称	纳税金额
12	海丰县海崇畜牧发展有限公司	626.08
13	超群（海丰）首饰厂有限公司	794.02

海丰县2013年地税纳税超500万元以上企业名录

表 23　　填报单位：（盖章）海丰县地方税务局【单位：万元】　　2014年3月10日

序号	纳税人名称	纳税金额
1	海丰碧桂园房地产开发有限公司	7466
2	广东烟草汕尾市有限公司海丰县分公司	3010
3	海丰县财政局（代扣华润电力（海丰）有限公司）	2593
4	汕尾市骏业房地产有限公司	2340
5	广东电网汕尾海丰供电局	2163
6	汕尾市永业房地产开发有限公司	1584
7	海丰县新基房地产开发有限公司	1534
8	广东华成峰投资有限公司	1524
9	中国电信股份有限公司海丰分公司	1362
10	中国移动通信集团广东有限公司海丰分公司	1357
11	广东深汕西高速公路有限公司	1343
12	敏兴毛织（海丰）有限公司	1253
13	海丰县怡和建筑安装工程有限公司	1127
14	海丰县彭湃纪念医院	1004
15	海丰县建筑安装工程总公司	985
16	广东五华二建工程有限公司	943
17	中国工商银行股份有限公司海丰支行	900
18	纬兴毛织（海丰）有限公司	900
19	广东省化州市第二建筑工程公司	857
20	汕尾岁宝百货有限公司	829
21	海丰县财政局（代扣潮惠高速公路）	824
22	汕头市潮阳建筑工程总公司	820
23	海丰联岭针织有限公司	814
24	中铁港航局集团有限公司	803
25	汕尾市兴亿房地产有限公司	755

续表

序号	纳税人名称	纳税金额
26	地方国营海丰县汽车修配厂	692
27	超群（海丰）首饰厂有限公司	672
28	广东电白建设集团有限公司	652
29	海丰县和荣贸易有限公司	565
30	深圳市金泰丰投资发展有限公司	560
31	汕尾市建安建筑安装工程有限公司	520
32	中国银行股份有限公司汕尾海丰支行	516
33	广东威文服装有限公司	506
34	海丰县公平房地产开发公司	501

索　引

说　明

一、本索引是《海丰年鉴·2014》的内容主题索引。把年鉴所刊登（条目、表格、机构名称、人名、地名）中凡具有独立检索意义的完整资料，均可以通过本索引进行检索。

二、本索引按汉语拼音字母（同音字按声调）顺序排列。类目、分目、次分目作索引款目用黑体排印，其余款目均用宋体排印。表格在款目后注明“表”。

三、标引词后的阿拉伯数字表示内容所在页码。数字后的拉丁字母a、b,分别表示从左到右第一、二栏。内容有交叉的条目，为便于读者检索，在索引中重复出现。

四、“特载”“卷首彩页”“大事记”“附录”等内容不作主题索引。年鉴中未设专条的人名与机构名称未予标引。

A

B

C

D

E

F

G

H

J

K

L

M

N

P

Q

T

W

X

Y

Z

版权声明